LE MINISTÈRE PUBLIC EN MATIÈRE CIVILE ET COMMERCIALE AU MALI

Diakaridia BAGAYOKO

LE MINISTÈRE PUBLIC EN MATIÈRE CIVILE ET COMMERCIALE AU MALI

Préface du Pr Samson Igor Bidossessi GUÈDÈGBÉ

Avant-propos de M. Amadou Ousmane TOURÉ

L'Harmattan

5-7, rue de l'École-Polytechnique ; 75005 Paris

www.editions-harmattan.fr

ISBN : 978-2-336-55562-1
EAN : 9782336555621

DÉDICACE

À Amadou BAGAYOKO, mon mentor bien aimé.

En reconnaissance de tes nombreux efforts, pour avoir surtout été présent dans ma vie scolaire quand il le fallait, pour me sauver des turbulences de l'adolescence !

PRÉFACE

Le présent ouvrage s'intéresse au ministère public au Mali, dans la dimension afférente à ses attributions. Il y est mis en exergue le rôle dévolu aux officiers du ministère public en matière civile et commerciale, cerné sous l'angle de l'état actuel de la pratique judiciaire marquée par un effacement certain des magistrats du parquet dans le cadre du traitement des affaires civiles et/ou commerciales.

Dans la même veine, ce livre s'intéresse au droit judiciaire privé communautaire à travers l'analyse des pratiques judiciaires des cours de justice de la Communauté économique des États de l'Afrique de l'Ouest (CEDEAO), de l'Union économique et monétaire ouest-africaine (UEMOA) et de l'Organisation pour l'harmonisation en Afrique du droit des affaires (OHADA). Il suggère une amélioration du cadre juridique et institutionnel communautaire pour une protection beaucoup plus accrue des droits et libertés.

Les théoriciens et surtout les praticiens du droit y trouveront un intérêt certain dans la découverte. Le texte dément l'affirmation selon laquelle le procès civil n'est la chose que des seules parties privées. Il répond à diverses interrogations telles que poursuit le ministère public en matière civile et commerciale et que justifie son action dans ce domaine du droit ? Quelles sont les modalités du déploiement de l'action du parquet dans ces matières et quels sont les bénéfices que le droit judiciaire privé pourrait en tirer ? Quel est, aussi bien sur le plan national que sur celui communautaire, l'impact de la défaillance du ministère public en matière civile et commerciale ? Quel est l'état de la question, tant au regard des textes que de la pratique et quelles sont les améliorations nécessaires susceptibles d'être envisagées en la matière ?

En guise de réponse à ces différents questionnements, l'ouvrage démontre dans un premier temps la certitude de l'amorphisme ou de l'inertie du ministère public en matière civile et commerciale au Mali. Dans ce cadre, après avoir déterminé les diverses sources de l'inertie du parquet, il est démontré qu'elle se justifie difficilement. Dans un second temps, il apaise en ce qu'il établit que l'amorphisme relevé du ministère public est loin d'être irréversible. C'est pourquoi il est souhaité la réarticulation de l'intervention du parquet en matière civile et commerciale, ce qui, conséquemment, serait de nature à engendrer des bénéfices certains en faveur de la consolidation de la paix sociale.

Le présent livre permet ainsi de découvrir l'autre visage, celui méconnu, voire non assumé, du ministère public. Il contribue à corriger la perception biaisée entretenue autour de cet organe, bien souvent décrit, sans doute à tort, comme une institution à vocation exclusivement répressive. Certes, l'efficience du système judiciaire est largement tributaire de la qualité des normes ainsi que de l'adaptation des institutions judiciaires aux besoins du moment. Mais cette efficience procède, avant tout, de la parfaite maîtrise des rôles dévolus à chacun des acteurs dans l'animation de la vie du sanctuaire judiciaire. Le ministère public est un organe incontournable dans le système judiciaire malien, mais il est loin d'être appréhendé de façon exhaustive. L'utilisation qui en est faite est, sans doute, en deçà de tout le bénéfice que l'on pourrait objectivement en tirer.

Abomey-Calavi, le 22 avril 2025.

Samson Igor Bidossessi GUÈDÈGBÉ,

Agrégé de l'Enseignement supérieur du CAMES,

Titulaire de la Chaire Unesco des droits de la personne humaine et de la démocratie (DPHD) ;

Université d'Abomey-Calavi, République du Bénin ;

E-mail : igorene@yahoo.fr

AVANT-PROPOS

La réflexion pénale est en marche en République du Mali. Une montée en puissance ? Une révolution ? C'est peu dire, pour présenter l'ouvrage de Diakaridia BAGAYOKO, ainsi intitulé : *Le Ministère public en matière civile et commerciale au Mali*. Écrire sur ce thème qui est un désert juridique est toujours un défi. Il l'a relevé.

En effet, dans un style humble, limpide, mais avec rigueur et intransigeance, l'auteur a abordé des questions aussi difficiles qu'importantes, car elles portent sur l'activité d'un organe essentiel du système judiciaire : le parquet et ses magistrats ; ces questions envisagent une vision nouvelle, dynamique et pratique dans la lecture judiciaire des attributions du ministère public. Il s'agit, sans aucun doute, du premier ouvrage scientifique exclusivement consacré au ministère public au Mali, ce qui en fait une œuvre originale et précurseur.

L'auteur lève le voile sur l'une des nombreuses faiblesses du ministère public dans sa participation à l'œuvre de justice au Mali. Ainsi met-il en lumière les nombreuses attributions dévolues aux magistrats du parquet, non pas en matière pénale, mais bien en celles civile et commerciale. Une fois ces questions indiquées, l'auteur démontre à raison qu'elles sont délaissées par les parquetiers au profit essentiellement de celles de nature pénale. Ces différents éléments sont traités dans la première partie de cet ouvrage démontrant l'amorphisme certain du ministère public en matière civile et commerciale. À ce niveau, les sources variées de l'inertie du parquet sont énoncées, et il est expliqué que les justifications avancées pour tenter de soutenir une telle situation sont inopérantes.

La deuxième partie de l'ouvrage donne fort heureusement des apaisements d'autant plus qu'elle explique que le désintérêt relevé du ministère public pour les causes civiles et commerciales n'est, toutefois, pas irréversible. Ainsi, après avoir démontré qu'il est nécessaire de procéder à la réarticulation de l'intervention du ministère public en matière civile et commerciale, l'auteur démontre les avantages qui découleraient de la consolidation de l'office du parquet en ces matières.

Le champ de réflexion de l'auteur s'étend également au droit judiciaire privé communautaire. Sur ce plan, les textes communautaires – régissant la Cour de justice de la Communauté économique des États de l'Afrique de l'Ouest (CEDEAO), celle de l'Union économique et monétaire ouest-africaine (UEMOA) ainsi que celle de l'Organisation pour l'harmonisation en Afrique du droit des affaires (OHADA) – ont été examinés, et les faiblesses liées à l'absence ou à l'insuffisante implication du parquet ont été abordées.

Avec lucidité et courage, l'auteur fait des recommandations majeures pour la présence d'un ministère public auprès des juridictions communautaires ; ses préconisations pour un parquet plus moderne et plus performant couronnent des ambitions pour une justice plus juste et plus équitable. Ainsi recommande-t-il le renforcement du ministère public près la Cour de justice de l'UEMOA qu'il qualifie d'embryonnaire. Il en appelle à la création d'un ministère public auprès de la Cour de justice de la CEDEAO tout comme auprès de la CCJA de l'OHADA. La netteté des propos et le style de l'auteur font de ce livre un chef d'œuvre dans la connaissance totale du parquet.

Parquetier de son état, Diakaridia BAGAYOKO est resté intransigeant et objectif sur l'attitude de ses collègues qui ont délaissé, abandonné les attributions combien méritantes et utiles du parquet, dans certaines procédures qui ont besoin de la présence et de l'estampille du procureur, pour une bonne distribution de la justice.

En somme, il s'agit d'une œuvre aussi bien utile qu'opportune puisqu'elle vient combler le manque de document de référence sur le parquet dans l'une de ses attributions essentielles mais manifestement délaissées au Mali. De ce fait, le monde judiciaire tout autant que celui universitaire trouveront grand intérêt à la découvrir. C'est pourquoi elle est recommandée à tous ceux qui sont désireux d'en savoir davantage sur le ministère public.

Bamako, le 05 mai 2025.

Amadou Ousmane TOURÉ

Président de la Cour Constitutionnelle du Mali

Ancien Procureur Général près la Cour d'appel de Bamako

REMERCIEMENTS

La réalisation de cet ouvrage n'aurait, sans doute, pas été possible sans l'orientation et l'accompagnement fort avisés du professeur Samson Igor Bidossessi GUÈDÈGBÉ, agrégé de l'enseignement supérieur (CAMES) et titulaire de la Chaire Unesco des droits de la personne humaine et de la démocratie de l'Université d'Abomey-Calavi, en République du Bénin. Qu'il trouve ici l'expression tant de ma gratitude sincère que de ma déférente considération. À travers lui, je remercie l'École doctorale des sciences juridiques et politiques de l'Université d'Abomey-Calavi.

Ensuite, il me plaît de remercier ma famille pour tout le sacrifice et l'accompagnement consentis dans le cadre de cette aventure. Les privations affectives occasionnées, quoiqu'irréparables, méritent néanmoins ce petit clin d'œil en guise de preuve d'attachement indéfectible. À mon défunt père qui aurait tant aimé vivre cet événement ; à ma mère, à qui je souhaite pleine santé et longévité.

Également, j'exprime ma bien vive reconnaissance à tous ceux qui ont bien voulu accepter de relire ce présent manuscrit. À cet égard, j'exprime ma profonde gratitude au Dr Boureima KAREMBÉ, au Pr Ibrahim TOURÉ, au Dr Mahamane COULIBALY, au Dr Tiékoura TRAORÉ ainsi qu'au Dr Diomansy I. SISSOKO, tous pour m'avoir constamment et utilement orienté. Je salue sincèrement, par ailleurs les collègues, le Dr Boubacar BADJAGA, Abdoul Aziz POUDIOUGOU, Diakaridia COULIBALY, Hady Macky SALL, Mamoudou FOFANA, Issa Aguibou DIALLO, Koua DIOMA et, surtout, Abdoulaye DICKO dont je suis si admiratif de la perspicacité et profondément confiant en la réussite professionnelle future. Les mots exprimés ici, bien que sincères, sont sans comparaison aucune avec le concours précieux que vous m'avez apporté.

Mes remerciements fraternels à Julius, à Bourama Sory SIDIBÉ, à Elmahamoud Ag HAMED, à Drissa GUINDO, à Bocar GUINDO, à Dosson Gildas Miguel BOCOHONSI ainsi qu'à Mohamed TRAORÉ dit Kara, pour les encouragements.

À tous ceux qui, d'une manière ou d'une autre, ont contribué à l'aboutissement du présent projet !

LISTE DES ABRÉVIATIONS, SIGLES ET ACRONYMES

Aff. : . Affaire
AFDI :Annuaire français de droit international
AJDA : .Actualité juridique de droit administratif
AN/RM : ....Assemblée nationale de la République du Mali
Art. : ..Article
ASACO :...Association de santé communautaire
AUDCG :Acte uniforme portant droit commercial général
AUPC : Acte uniforme portant organisation des procédures collectives d'apurement du passif
AUPSRVE : .Acte uniforme portant organisation des procédures simplifiées de recouvrement et des voies d'exécution
AUSC-GIE : Acte uniforme portant sur les sociétés commerciales et les groupements d'intérêt économique
Bull. civ. :..Bulletin des arrêts de la chambre civile de la Cour de cassation de la République française
Cass. : ..Cour de cassation de la République française
Cass. com. :Chambre commerciale de la Cour de cassation française
CCJA : ..Cour commune de justice et d'arbitrage
CE : ..Conseil d'État
CECA :Communauté européenne du charbon et de l'acier
CEEAC :..Communauté économique des États de l'Afrique centrale
CEDEAO :Communauté économique des États de l'Afrique de l'Ouest
CEDH : ...Cour européenne des droits de l'homme
CEMAC : ...Communauté économique et monétaire de l'Afrique centrale
CGF : .Chaîne graphique du Faso
Ch. :..Chambre
CIJ : Cour internationale de justice
CJCE : .Cour de justice de l'Union européenne
CJ-CEDEAO : .. ... Cour de justice de la communauté économique des États de l'Afrique de l'Ouest
CJ-UEMOA : ...Cour de justice de l'Union économique et monétaire ouest-africaine
Civ. 1re :.1re chambre civile
Civ. 2e :...2e chambre civile
CM/UEMOA : ..Conseil des ministres de l'Union économique et monétaire ouest-africaine
CNRS : ...Centre national de la recherche scientifique
Coll. :..Collection
Com. : ..Commercial

Cons. const. : ..Conseil constitutionnel
Const. : .Constitution
CP :Code pénal
CPCCS :Code de procédure civile, commerciale et sociale
CPCCSAC : Code de procédure civile, commerciale, sociale, administrative et des comptes
CPF :...Code des personnes et de la famille
CPJI : Cour permanente de justice internationale
CPP : .Code de procédure pénale
COJ : ...Code d'organisation judiciaire
CREDIJ : .Centre de recherches et d'études en droit et d'institutions judiciaires en Afrique
CRFPA : .Centre régional de formation professionnelle d'avocats
Crim. : ...Arrêt de la chambre criminelle de la Cour de cassation française
CSCOM :..Centre de santé communautaire
CSM :.Conseil supérieur de la magistrature
D. : ..Droit
DGCE : ...Direction générale du contentieux de l'État
dir. : ..Direction ou sous la direction
DNAJ : ..Direction nationale de l'administration de la justice
éd. : ..Édition
EDJA : ..Éditions juridiques africaines
EDUCI : Éditions universitaires de Côte d'Ivoire
ENM : École nationale de la magistrature
ERSUMA :..École régionale supérieure de la magistrature
F CFA : Franc de la Communauté financière africaine
Gaz. Pal. :.Gazette du Palais
Ibid. : ...Au même endroit
IDEF : ..Institut international du droit d'expression et d'inspiration française
INFJ : Institut national de formation judiciaire
ISJ : ...Inspection des services judiciaires
JCP :Juris-classeur périodique
JO : .Journal officiel
JPCE : ..Justice de paix à compétence étendue
LGDJ :...Librairie générale de droit et de jurisprudence
MARL : .Modes alternatifs de règlement des litiges
Mél. :Mélanges
MJDH-SG :...Ministère de la Justice et des Droits de l'homme, Secrétariat général
N° : .Numéro
Obs. :Observation
OCDE : ..Organisation de coopération et de développement économiques
ODD :Objectifs de développement durable
OHADA : ..Organisation pour l'harmonisation en Afrique du droit des affaires

OMVS : Organisation pour la mise en valeur du fleuve Sénégal
ONU : .Organisation des Nations unies
ONUDC : .Office des Nations unies contre la drogue et le crime
Op. cit. : .Opus citatum/ouvrage déjà cité
Ord. :Ordonnance
p. : Page
PAECSIS : . Programme d'appui au fonctionnement de l'état civil et à la mise en place d'un système d'information sécurisé au Mali
PAJM :..Projet d'appui à la justice au Mali
PNEF : Pôle national économique et financier
P-RM :Président de la République du Mali
PROCAMANO : .Projet de renforcement des capacités des magistrats du Nord
PT-RM :Président de la Transition, République du Mali
PUA : Presses universitaires d'Afrique
PUAM : ..Presses universitaires d'Aix-Marseille
PUF : Presses universitaires de France
PUR : ...Presses universitaires de Rennes
PV : ...Procès-verbal
QPC : ..Question prioritaire de constitutionnalité
Rép. pr. civ. : ...Répertoire de procédure civile
Rev. : .Revue
Rev. proc. coll. : ..Revue de procédures collectives
Rev. trim. dr. comm. : ..Revue trimestrielle de droit commercial
RDA : .Revue de droit administratif
RDP :Revue de droit public
RDPC : .Revue de droit pénal et de criminologie
RGDIP : .Revue générale de droit international public
RGO : Régime général des obligations
RISA :..Revue internationale des sciences administratives
RJTUM : ..Revue juridique Thémis de l'Université de Montréal
RPPFM : ...Projet redevabilité publique et participation des femmes du Mali
RTD civ. :Revue trimestrielle de droit civil
RSC : ..Revue des sciences criminelles
SCI-CCT : ...Société civile immobilière centre commercial de Treichville
SGBCI : Société générale de banque en Côte d'Ivoire
SGG :Secrétariat général du gouvernement
Sylima : .Syndicat libre de la magistrature
t. : ...Tome
TAM : ..Tribunal arbitral mixte franco-allemand
TGI : Tribunal de grande instance
TGI-CI :...Tribunal de grande instance de la commune I
Th. : Thèse
UE : Union européenne
UEMOA :Union économique et monétaire ouest-africaine

UMA : Union du Maghreb arabe
UNIDA : ..Association pour l'unification du droit en Afrique
V. : Voir
Vol. :...Volume

SOMMAIRE

INTRODUCTION GÉNÉRALE

1. Il existe *« [...] des fonctions souvent méconnues du parquet, celles civiles et commerciales. Le divan assez large et épais du contentieux pénal les cache, même s'il ne parviendra jamais à les occulter ; la vie des affaires et son impact dans la société créeront un parquet de type nouveau au Sénégal »*[1]. Cette citation, d'un parquetier éclairé, lève opportunément le voile sur une triste réalité dans la pratique judiciaire de la plupart des États francophones d'Afrique, dont le Mali.

2. En effet, l'observation quotidienne des activités des magistrats du ministère public donne incontestablement d'eux l'impression d'officiers investis d'une mission quasi exclusivement répressive. Ainsi, l'évocation du nom du ministère public renvoie-t-elle, dans l'imaginaire populaire, à la seule procédure pénale[2] où il a, à n'en point douter, une influence certaine[3]. Cela explique que, même chez certains doctrinaires, le parquet semble passer pour un intrus en droit judiciaire privé[4].

3. Au Mali, il est une obligation légale pour les parquetiers de participer à l'animation des audiences civiles et/ou commerciales dans plusieurs affaires. Cette injonction du législateur couvre, entre autres, l'ensemble des affaires communicables[5] au ministère public. Au grand dam de ces prescriptions légales, il est fort rare, dans la pratique, de voir les parquetiers contribuer à l'examen de ces affaires, aux côtés de leurs collègues juges.

4. De tout cela, il appert un contraste indéniable entre l'esprit et l'utilisation faite du ministère public. Un tel constat ne peut, dès lors, que justifier qu'il soit accordé de l'intérêt à une telle question, dans le souci de contribuer à l'amélioration de la qualité de la réponse judiciaire. C'est pourquoi elle

---

[1] Y. DIALLO, *Le Procureur de la République. La pratique du parquet*, Dakar, Éd. L'Harmattan, 2018, p. 28.

[2] Crim., 3 déc. 1991, B. 456. Par cet arrêt, la chambre criminelle proclame qu'une procédure encoure la nullité lorsqu'il n'est pas précisé que le ministère public a été entendu à l'audience ; v. également, Crim., 26 mars 1996, B. 134, la présence du ministère public à toutes les audiences ainsi qu'au prononcé du jugement est présumée en matière pénale.

[3] V., par exemple, les dispositions des articles 3 et 47 de la loi n°°01-80 du 20 août 2001 portant code de procédure pénale (CPP) en République du Mali.

[4] Cela est d'autant plus vrai que la plupart des doctrinaires, tant de droit judiciaire privé que de procédure pénale, ne font qu'effleurer la question relative aux attributions civiles et commerciales du ministère public.

[5] Loi n°°2011-037 du 15 juillet 2011 portant organisation judiciaire en République du Mali, art. 29, al. 3.

retiendra l'attention dans le cadre de la présente étude qui porte sur : le ministère public en matière civile et commerciale au Mali.

5. Dans le paysage juridico-judiciaire au Mali, dont on vient de faire une description sommaire, il est certain que la perception que l'on a du ministère public est fort biaisée. Cela est d'autant plus vrai que dans la réalité de la vie des prétoires, le parquet devrait passer pour un acteur majeur du droit processuel[6]. Une telle appréhension de l'organe suppose qu'il marque sa présence, aussi bien, en procédure pénale qu'en procédure civile[7].

6. Cette lecture fait du parquet une institution majeure du droit processuel, discipline ayant été perçue comme *« ce qui est commun à tous les procès »*[8] ou, encore, *« le droit comparé de l'ensemble des procédures et dont l'objet est d'élaborer une théorie générale du procès »*[9], voire, enfin, *« les principes fondamentaux communs à tous les procès »*[10]. C'est pourquoi les professeurs Roger MERLE et André VITU ont pu affirmer que : *« Le ministère public ou parquet est une institution commune à la procédure pénale et à la procédure civile. »*[11] Ils ont été suivis, dans cette appréhension des attributions de l'institution, par Véronique MIKALEF-TOUDIC[12].

7. Dans cette logique, la législation malienne prévoit l'intervention du ministère public, quasiment, dans tous les pans du droit privé[13]. En effet, l'examen de plusieurs textes non pénaux fait apparaître la faculté, voire, dans certains cas, l'obligation de l'intervention du parquet[14]. Cela vaut tant

---

[6] H. VIZIOZ, « Observations sur l'étude de la procédure », *Revue générale du droit, de la législation et de la jurisprudence en France et à l'étranger*, 1927, réimp., *Études de procédure*, Bière, 1956, p. 19 ; v. également H. MOTULSKY, *Droit processuel*, Paris, Éd. Montchrestien, 1973, p. 3.

[7] Y. DIALLO, *Le Procureur de la République. La pratique du parquet, op. cit.*, p. 447.

[8] G. CORNU et J. FOYER, *Procédure civile*, 3e éd., Paris, PUF, 1996, p. 7.

[9] M. ADAMOU, *L'Essentiel de la procédure pénale*, Cotonou, Éd. CREDIJ, 2022, p. 14.

[10] J. DJOGBENOU, *Introduction à la théorie générale de la justice et du procès*, Cotonou, Éd. CREDIJ, 2022, p. 15.

[11] R. MERLE et A. VITU, *Traité de droit criminel*, t. II : *Procédure pénale*, 5e éd., Paris, Cujas, 2001, p. 285.

[12] V. MIKALEF-TOUDIC, *Le Ministère public, partie principale dans le procès civil*, Éd. Presses universitaires d'Aix-Marseille, Marseille, 2006, n°°10, p. 20.

[13] *« Décrire de façon exhaustive l'activité non pénale des parquets n'est d'ailleurs pas si aisé, tant les textes faisant intervenir le ministère public et définissant les domaines concernés sont variés »*, M. COTTIN, *Les Activités non pénales du parquet*, p. 161, disponible sur https://www.cairn.info/revue-les-cahiers-de-la-justice-2012-2-page-161.htm, consulté le 31 août 2023.

[14] M. BANDRAC, « Vérification de la qualité d'agir », *in* S. GUINCHARD, *Droit et pratique de la procédure civile*, Paris, Éd. Dalloz, 2021, n°°212, 274 et s., p. 57.

pour le droit des personnes[15] et le droit de la famille[16] que pour le droit des affaires et, surtout, le droit des entreprises en difficulté[17] ; le droit des contrats[18], le droit de la responsabilité et des quasi-contrats ou encore le droit des biens, le droit de la propriété littéraire et artistique[19] et, enfin, le droit social[20].

8. Comme on peut le remarquer, une part significative des attributions du parquet se trouve ainsi au-delà de la sphère pénale. Il s'agit, sans doute, de matières tout aussi diversifiées qu'importantes. Leur diversité explique qu'elles touchent, quasiment, tous les aspects du droit privé. Quant à leur importance, cela procède du fait qu'il s'agit de questions incontournables tant pour la société que pour l'Homme. C'est pourquoi il est préoccupant de constater un quelconque désintérêt des parquetiers pour lesdites matières.

9. Cela a conduit Pascal CLÉMENT, alors garde des Sceaux de la République française, à percevoir la nécessité d'influer sur le cours des pratiques des officiers du ministère public de son pays en prenant un engagement fort en ces termes : *« J'insisterais auprès des procureurs généraux afin qu'elle*[21] *soit conçue comme la défense de l'intérêt général dans les procédures commerciales et non comme un instrument destiné essentiellement à la recherche d'infractions pénales. La perception qu'ont les chefs d'entreprises du parquet dans cette matière se traduit encore beaucoup trop*

---

[15] Les questions relatives à la nationalité, à l'état civil, aux nom et prénom, à l'absence et à la disparition, aux droits attachés à la personne, aux incapacités des mineurs et des majeurs protégés, etc.

[16] C'est le cas du mariage et des régimes matrimoniaux, des obligations à caractère alimentaire, de la filiation, de l'autorité parentale, du partage, de l'indivision, des successions et des libéralités, etc.

[17] *« [...] le ministère public est en effet devenu un acteur incontournable du droit des procédures collectives »*. C. DELATTRE, *Le Cadre d'intervention du ministère public en droit des entreprises en difficulté. Pratique des affaires*, Paris, Éd. Joly, 2018, p. 5.

[18] Pour une idée de la notion de contrat en droit financier communautaire, H. D. AMBOULOU, *Le Droit des marchés financiers dans l'espace OHADA*, Paris, Éd. L'Harmattan, n°°57, p. 42.

[19] C. BADOU, *La Protection contre les atteintes aux droits sur les signes distinctifs dans l'espace OAPI*, Paris, Éd. L'Harmattan, 2017, p. 260 et s.

[20] M. COTIN, S. BOUABDALLAH, N. DE JONG, P. DEUMIER, O. GOUT, et al., « Le parquet en matière civile, sociale et commerciale : recensement des textes et étude empirique des activités non pénales du parquet », Rapport de recherche, Mission de recherche Droit et Justice, 2011, p. 502.

[21] Il faut entendre ici par le pronom personnel « elle », l'implication du ministère public dans le traitement des contentieux ayant trait aux entreprises en difficulté.

par la crainte et la méfiance. Ici encore, il convient de redonner confiance. »[22]

10. Dans les parquets, aussi bien d'instance[23] que généraux[24], il est loin d'être une exagération d'affirmer que le ministère public, au-delà de la sphère répressive, est comme ankylosé. Le domaine civil et commercial est le plus impacté par une telle inertie des officiers dédiés à la défense de l'ordre public ainsi que de l'intérêt général. Cet état de fait s'explique par plusieurs facteurs.

11. La qualité de la formation, reçue par les auditeurs de justice ainsi que par les magistrats, est loin d'être satisfaisante sur l'office du ministère public en matière civile et commerciale. Ce pan des attributions des parquetiers est tout simplement survolé dans le cadre des enseignements dispensés par l'Institut national de formation judiciaire (INFJ). Aucune attention n'y est, par ailleurs, accordée dans le cadre de la formation continue délivrée aux magistrats en activité.

12. À ce déficit de formation s'ajoute l'incomplétude et/ou l'ineffectivité du dispositif juridique sur la question. Ainsi, le corpus juridique malien se trouve, dans une certaine mesure, à l'origine de l'amorphisme des officiers du ministère public en matière civile et commerciale. Ledit corpus juridique se caractérise par la dualité du fait de la cohabitation de normes internes avec celles communautaires. Les tares sus-relevées se déteignent sérieusement sur la qualité de la réponse judiciaire sur le plan civil et commercial.

13. Dans un tel contexte, il s'agit sans tarder de convenir du sens à donner aux concepts essentiels du sujet soumis à notre analyse. Cela contribuerait sinon à éviter du moins à réduire les divergences de vues dans la dissection de la question ayant trait à la mission des officiers du ministère public en matière civile et commerciale au Mali.

---

[22] P. CLÉMENT, Intervention au colloque tenu le 13 septembre 2005 à la chambre de commerce et d'industrie de Paris sur le thème « Les apports de la loi de sauvegarde des entreprises : anticipation-négociation », *Gaz. Pal.*, 2005, p. 21.

[23] Par parquet d'instance, il faut entendre la représentation du ministère public près les juridictions du premier degré. Au Mali, il s'agit des tribunaux d'instance (TI) ainsi que des tribunaux de grande instance (TGI). À ce niveau, le chef du parquet porte le titre de procureur de la République. Ce dernier a sous ses ordres des substituts.

[24] Auprès de chaque cour d'appel ainsi que de la Cour suprême, il est institué un parquet général dirigé par un procureur général. Le parquet général de la cour d'appel est animé par, outre le procureur général, un avocat général et des substituts généraux. S'agissant du parquet général de la Cour suprême, le procureur général, son chef, est appuyé par un premier avocat général ainsi que des avocats généraux.

14. Pour ce faire, une judicieuse appréhension du sujet commande que l'on procède à une clarification sémantique de ses mots-clefs. Cela est essentiel, puisque : *« [l]'approximation des concepts, en droit, est presque toujours un danger : incertain, le concept équivoque égare, au lieu de guider. Il sombre dans les limites de l'"à-peu-près" où règne, par manque d'analyse, l'autorité aléatoire des juges »*[25].

15. Dans cette veine, la première notion à élucider est celle de ministère public qui doit être considérée comme synonyme, dans le cadre de la présente étude, de celles de parquet ou de parquetier, d'officier du ministère public, de procureur de la République, de procureur général ou encore de magistrature debout. Le ministère public n'est pas expressément défini par le droit positif malien qui se contente d'en évoquer les attributions saillantes ainsi que certaines des spécificités. La loi portant code de procédure pénale, au Mali, illustre parfaitement cette situation[26]. Cette approche est également observable tant en droit de l'Union européenne[27] que chez plusieurs doctrinaires[28].

16. L'expression « ministère public » est composée de deux vocables à savoir : « ministère » et « public ». Le mot ministère vient du latin *ministerium* qui découle, lui aussi, de *minister* qui signifie ministre ou serviteur[29]. Il est polysémique puisqu'il désigne à la fois une administration placée sous la direction d'un ministre, dans un premier sens, et un office, dans un second sens qu'il convient de retenir dans le cas d'espèce.

---

[25] S. I. B. GUÈDÈGBÉ, « Le crédit-bail mobilier en droit OHADA : Contribution à l'étude de l'affectation de la propriété en garantie d'une créance », thèse de droit, Université d'Abomey-Calavi, Bénin, 2012, p. 28.

[26] Loi n°°01-080 du 20 août 2001 portant code de procédure pénale en République du Mali (CPP), art. 47.

[27] Le Conseil de l'Europe a ainsi pu définir le ministère public comme *« l'autorité chargée de veiller, au nom de la société et dans l'intérêt général, à l'application de la loi lorsqu'elle est pénalement sanctionnée en tenant compte, d'une part, des droits des individus et, d'autre part, de la nécessaire efficacité du système de justice pénale »*. V. recommandations du Conseil des ministres de la Justice de l'Union européenne, le 6 octobre 2000.

[28] V. MIKALEF-TOUDIC, *Le Ministère public, partie principale dans le procès civil*, *op. cit.*, p. 15 ; v. également M. L. RASSAT, *Procédure pénale*, 3e éd., Paris, Éd. Ellipses, 2017, p. 177 ; de même, v. F. DESPORTES et L. LAZERGES-COUSQUER, *Traité de procédure pénale*, 3e éd., Paris, Éd. Economica, 2013, n°°2913 et s., p. 1911 ; ou encore F. DEBOVE, F. FALLETI et I. PONS, *Précis de droit pénal et de procédure pénale*, 8e éd., Paris, Éd. PUF, 2020.

[29] A. REY et J. REY-DEBOVE (dir.), *Le Petit Robert. Dictionnaire alphabétique et analogique de la langue française*, Paris, Nouvelle Édition millésime, 2023, v. ministère, p. 1278.

17. Quant à l'adjectif public, il désigne ce qui est commun à tous et qui n'est donc pas individuel ou privé. C'est l'adjonction de ces deux mots qui forme la notion de ministère public dont il convient, à présent, de rechercher la signification.

18. Pour avoir quelques esquisses de définition de la notion, certains doctrinaires ont avancé des éléments qui, quoiqu'insuffisants, ont tout de même le mérite de conseiller la bonne piste à explorer. Ainsi, le ministère public est-il défini par le professeur Roger PERROT comme des *« magistrats qui sont chargés, non pas de juger, mais de veiller à l'application de la loi, et que l'on a coutume d'appeler par opposition, les "magistrats du ministère public", parce que leur mission consiste uniquement à défendre les intérêts de la collectivité publique, et plus spécialement de la loi qui en est l'expression »*[30].

19. De leur côté, les professeurs Roger MERLE et André VITU l'appréhendent-ils comme *« une institution »* propre à la procédure pénale et à la procédure civile et *« typiquement française »*[31]. On peut ainsi relever chez ces auteurs, en somme, que le ministère public est une institution et qu'il est constitué de magistrats. Il s'agit toutefois là d'un effort important mais tout de même insuffisant pour définir le parquet.

20. De ce fait, il semble nécessaire de procéder, d'une part, à la combinaison des efforts de ces deux catégories d'auteurs et, d'autre part, à la complétion de leurs différentes vues. Celles-ci, à elles seules, sont réductrices des attributions véritables du parquet pour aboutir à une appréhension véritable dudit organe.

21. Ainsi, aboutira-t-on à la conclusion que le ministère public est l'organe institué – au nom de la société et auprès de certaines juridictions[32] – à l'effet de veiller à travers ses officiers propres à :

- la bonne application de la loi, la défense de l'ordre public et de l'intérêt général ainsi qu'à l'accomplissement de certaines missions particulières ;
- notamment, le contrôle administratif de certaines entités ;

---

[30] R. PERROT, *Institutions judiciaires*, 15e éd., Paris, Éd. Montchrestien, 2012, n°°46, p. 46.

[31] R. MERLE et A. VITU, *Traité de droit criminel*, t. II : *Procédure pénale*, 5e éd., *op. cit.*, n°°218, p. 285.

[32] Il est en effet à signaler que le ministère public, en droit malien, n'est pas représenté devant les juridictions administratives. Les rapporteurs publics, qui jouent un rôle comparable à celui des parquetiers devant les tribunaux administratifs, ne relèvent nullement du ministère public, même s'ils sont également des magistrats.

– et la protection des intérêts de certaines personnes dont l'extrême vulnérabilité commande le regard et l'attention de la collectivité.

22. Comme on peut aisément le remarquer, cette appréhension de la notion a l'avantage de ne pas réduire le ministère public à sa seule vocation répressive, comme on a coutume de le constater chez la plupart des auteurs. Une telle approche holistique permet de saisir, de façon judicieuse, ledit organe d'autant qu'elle en détermine la nature, d'une part, ainsi que les attributions, de l'autre.

23. Le ministère public a des caractères spécifiques et est, sur le plan structurel, une institution bien organisée.

24. Concernant les traits caractéristiques des magistrats du parquet, il importe de noter que ces derniers bénéficient tout d'abord d'une indépendance relative[33]. Cela est d'autant plus vrai que s'ils sont totalement indépendants de leurs collègues du siège et des autres parties au procès, il n'en demeure pas moins que la loi les place, sur le plan fonctionnel, mais seulement dans une certaine mesure, sous la responsabilité de leurs chefs hiérarchiques[34] et sous l'autorité du ministre de la Justice, garde des Sceaux[35].

25. Outre leur relative indépendance[36], les magistrats du ministère public sont indivisibles, ce qui a pour corollaire l'interchangeabilité[37]. L'indivisibilité

---

[33] B. BONZOM, « De l'indépendance des magistrats du parquet à l'égard des tribunaux », *Rev. pénit.*, 1984, p. 47 et s., p. 165 et s. ; du même auteur, note sous Crim., 11 déc. 1984, JCP, 1986. II. 20626. Les magistrats du siège ne peuvent blâmer les actes ou paroles des officiers du ministère public, Crim., 14 fév. 1845, D., 1846.I.349 ; 11 déc. 1863, B., 291 ; 13 janv. 1881, B., 12, S., 1881.1.234, D., 1881.1.89 ; ni leur refuser la parole pour leurs réquisitions, ni leur enjoindre d'engager des poursuites à l'encontre d'un individu déterminé pour des faits déterminés, Crim., 23 août 1866, B., 211, D., 1867.1.47 ; 14 déc. 1867, B., 257, S., 1868.1.278, D., 1869.1.488.

[34] CPP, *op. cit.*, art. 50, al. 3.

[35] CPP, *op. cit.*, art. 48.

[36] La subordination hiérarchique explique la relative indépendance des membres du ministère public. L'officier du ministère public qui reçoit des instructions écrites et légales est tenu de les exécuter sous peine d'engager sa responsabilité disciplinaire, voire pénale. Cependant, la subordination hiérarchique a des limites qui évitent qu'elle ne soit source d'abus de la part de l'autorité hiérarchique. En effet, l'opportunité des poursuites s'appréciant *in concreto*, le pouvoir propre des chefs de parquets constitue un tempérament au principe de la subordination hiérarchique. En vertu de ce postulat, la hiérarchie de l'officier du ministère public ne saurait se substituer à lui en cas de refus d'action pour faire diligence à sa place.
Également, une autre limite à la subordination hiérarchique réside dans l'adage de l'ancien droit selon lequel : *« si la plume est serve, la parole est libre »*. En conséquence, s'il est vrai que les instructions régulières (écrites et légales) lient le magistrat du ministère public, il y a lieu de préciser que les parquetiers ne sont tenus de se conformer

du ministère public signifie que les magistrats appartenant à un même parquet ne forment qu'un tout indissociable de sorte que l'acte posé par l'un quelconque d'entre eux les engage tous. Toutefois, il importe de faire observer que les substituts et/ou les avocats généraux ne peuvent engager leur parquet d'appartenance qu'avec l'aval de leur chef de parquet. Autrement, il existerait plusieurs sous-parquets dans le parquet, ce qui contrasterait avec l'indivisibilité devant les caractériser. Ils pourront cependant valablement engager le parquet sans l'aval du premier responsable du parquet, notamment, lorsque ce dernier est empêché.

26. S'agissant de l'interchangeabilité, il est traditionnellement admis que cela fait référence au fait que les officiers du ministère public, au cours d'une même audience ou de l'examen d'une même affaire, peuvent s'interchanger, c'est-à-dire se faire remplacer l'un par l'autre. Cependant, une analyse beaucoup plus pointue autorise à affirmer que l'interchangeabilité englobe la coanimation ; autrement dit, l'occupation en surnombre du banc du ministère public à l'audience par des parquetiers. En effet, la coanimation, qui entraîne forcément la concertation, la complémentarité ainsi que la substitution, est sans doute l'un des variants de l'interchangeabilité. Ces formes de manifestations, entre autres, de la singularité des parquetiers ne sauraient aucunement affecter la régularité des actes que ces derniers posent encore moins vicier la procédure.

27. Les magistrats du parquet sont également, en principe[38], irrécusables[39] et irresponsables[40]. Étant par essence partie au procès et ne poursuivant

---

auxdites instructions que dans les actes écrits. Dans leur prise de position à l'audience, ils bénéficient de la liberté de parole. Ce qui les autorise à aller, s'ils le jugent nécessaire, à l'encontre des instructions écrites versées dans le dossier de la procédure.
Enfin, les instructions données ne doivent pas être manifestement illégales. Comme il est acquis en droit, l'exécution d'un ordre manifestement illégal engage la responsabilité de l'exécutant. La difficulté à ce niveau résiderait éventuellement dans l'appréciation du caractère légal ou illégal de l'ordre reçu. Sous cet angle, il ne devrait pas être difficile, pour le parquetier, de savoir si oui ou non il est en la présence d'un ordre manifestement illégal.

[37] Crim., 26 sept. 1990, B. 322. Par cet arrêt, la chambre criminelle a fait observer qu'il n'est pas indispensable que le même magistrat d'un parquet suive la procédure du début à la fin. Les magistrats d'un même parquet peuvent être plusieurs à intervenir tour à tour dans une même procédure.

[38] Il convient de nuancer le caractère irrécusable des magistrats du parquet, en matière civile et commerciale, d'autant plus que le ministère public est récusable dans plusieurs systèmes juridiques, lorsqu'il intervient notamment comme partie jointe. Sur cet aspect, le droit malien demeure bien à la traîne.

[39] Le caractère irrécusable des magistrats du ministère public devrait, dans certaines situations, être tempéré selon le professeur RASSAT. Il devrait en être ainsi par exemple lorsque l'impartialité subjective du parquetier est contestée. M. L. RASSAT, *Procédure pénale*, 3e éd., Paris, Éd. Ellipses, 2017, p. 80 ; Comp. Crim., 6 janvier 1998, B. 1,

nullement la réalisation d'un quelconque intérêt personnel de ses officiers propres, il se conçoit dès lors que le ministère public relève d'un régime statutaire différent des juges liés, eux, par la totale neutralité.

28. Exclusivement dédiés à la défense des intérêts de la collectivité, les officiers du ministère public sont à l'abri de toute action sur les plans civil, pénal ou encore disciplinaire du fait de l'irresponsabilité dont ils bénéficient. Cependant, ils devraient veiller à ce qu'il ne leur soit reproché que des fautes de service. Dans le cas contraire, les fautes personnelles engageraient leur responsabilité sans qu'ils puissent se prévaloir de l'irresponsabilité du ministère public.

29. À ces traits distinctifs traditionnels, l'on pourrait ajouter l'inconstance[41]. En effet, le parquetier, dans la conduite d'une procédure donnée, n'est aucunement tenu d'adopter une position figée. Ses prises de position, au cours de la procédure, sont non pas statiques mais bien évolutives au gré des réalités que l'évolution des débats ou l'instruction de l'affaire[42] peut révéler. C'est dire, par voie de conséquence, que le magistrat du parquet ne doit jamais perdre de vue que son action doit se caractériser par la souplesse et la flexibilité[43] du fait du caractère mouvant ou dynamique des matières qu'il traite.

30. Sur le plan organisationnel, le ministère public est représenté auprès de l'ensemble des juridictions répressives. C'est ainsi qu'au premier degré il est institué un parquet auprès de chaque tribunal d'instance (TI) et de

---

représentant du ministère public parrain du fils d'un des prévenus. Par ailleurs, en matière civile et lorsque le ministère public agit comme partie jointe comme il sera étudié plus loin dans la présente étude, des tempéraments devraient être apportés au même principe.

40 Crim., 9 déc. 1981, B. 308 ; 9 mars 1983, D. 1983.J.352, note W. JEANDIDIER.

41 V. LE COQ, *Impunités. Une justice à deux vitesses. Pamphlet*, Paris, Nouveau Monde Éditions, 2017, p. 24.

42 En effet, dans une affaire donnée, le parquet peut pendre un réquisitoire introductif à l'entame d'une procédure. Cet acte peut également être suivi d'autres actes de poursuite en cours de procédure tels que des réquisitoires supplétifs, des conclusions et avis écrits, etc. À l'issue de cette même procédure, le ministère public peut prendre un réquisitoire définitif aux fins de non-lieu à suivre s'il estime que les faits incriminés ne constituent pas en réalité une infraction ou que, bien que constitutifs d'infraction, il n'y a pas eu suffisamment de charges à l'encontre de l'inculpé ou même que l'identité de ce dernier n'a pas pu être établie. Autre hypothèse, le parquet peut émettre un second avis à l'antipode du premier qu'il a donné sur une même affaire. Il peut, par exemple, contester une décision juridictionnelle par l'exercice notamment des voies de recours, alors même qu'il y aurait concouru par un avis favorable préalable. S'il est vrai que cela peut paraître quelque peu attentatoire à l'image de l'institution, il n'en demeure pas moins que cette situation n'affecte aucunement la régularité du second avis.

43 D. SALAS, *Les 100 Mots de la justice*, Paris, PUF, 2e éd., 2018, p. 90-91.

chaque tribunal de grande instance[44] (TGI). À ce niveau, le parquet a, à sa tête, un procureur de la République appuyé dans l'exercice de ses fonctions par des substituts[45].

31. Les justices de paix à compétence étendue (JPCE) ne dénotent pas, dans leur composition, de procureur de la République[46]. Le juge de paix à compétence étendue cumule dans ses mains les trois fonctions judiciaires à savoir : la poursuite, l'instruction et le jugement[47] des affaires portées par-devant lui[48].

32. Toutefois, il importe de faire observer que ce type de juridiction est à la fois anachronique et irrespectueux des droits de l'homme. Son anachronisme découle du fait qu'il s'agit d'un modèle judiciaire préconisé surtout à l'accession du Mali à l'indépendance. À cette époque, tout était à bâtir, y compris le système ainsi que les institutions judiciaires. Tout cela devait se faire avec le strict minimum en termes de ressources humaines et financières.

33. Ledit modèle de juridiction est, sous un tout autre angle, fort peu favorable aux droits humains en ce qu'il dévolue l'ensemble des fonctions judiciaires à la base à un seul homme. Ainsi, il n'existe guère à ce niveau la séparation des fonctions judiciaires. Cela ne permet nullement la contradiction dans l'examen des affaires et est, certainement, de nature à favoriser tant des erreurs que des abus. C'est pourquoi le Mali poursuit progressivement la transformation de ses JPCE en tribunaux d'instance en vue d'assurer l'égalité de l'ensemble de ses citoyens devant le service public de la justice.

34. Auprès des juridictions spécialisées, à l'exception du tribunal pour enfants[49], du tribunal militaire ainsi que des pôles spécialisés, les autres juridictions de ce registre (tribunal de commerce et tribunal du travail) n'enregistrent pas de parquet propre. Les fonctions du ministère public, auprès du tribunal de

---

[44] Loi portant organisation judiciaire, *op. cit.*, art. 26.

[45] Il y a lieu cependant de relever que du fait d'une insuffisance sérieuse de personnel magistrat, aucun des procureurs de la République près les tribunaux d'instance n'a de substitut.

[46] CPP, *op. cit.*, art. 36, 45, 46, 55 et 58.

[47] CPP, *op. cit.*, art. 2 et 55.

[48] Il s'agit là d'une juridiction appelée à disparaître de l'ordonnancement juridictionnel au Mali. Les justices de paix à compétence étendue doivent être transformées, progressivement, en tribunaux d'instance. Ce dernier modèle de juridiction est beaucoup plus respectueux des droits fondamentaux de la personne humaine en ce qu'il garantit le procès équitable tout comme la séparation des fonctions judiciaires.

[49] Loi n°°01-081 du 24 août 2001 portant sur la minorité pénale et institution de juridictions pour mineurs en République du Mali, modifiée par la loi n°°07-016 du 16 février 2007, art. 12.

commerce[50], sont assurées par le parquet du TGI dans le ressort duquel cette juridiction spécialisée a son siège[51].

35. S'agissant du tribunal du travail, il y a lieu de relever que la matière sociale, en principe, ne relève pas des matières communicables. Cela a pour conséquence que l'intervention du ministère public devant cette juridiction dépend de l'initiative des parquetiers[52] eux-mêmes ou du juge social[53] qui a la faculté de leur communiquer les affaires dans lesquelles il estime leur participation nécessaire.

36. En tout état de cause, l'absence de l'ensemble des affaires sociales du giron des matières communicables ne semble pas aller de l'intérêt d'une sauvegarde efficiente de l'intérêt général et de l'ordre public. Cela ne favorise guère, par ailleurs, la protection efficiente des intérêts des justiciables dans le domaine social puisque ces derniers ignorent la faculté qu'ils tiennent de la loi de faire intervenir les officiers du ministère public dans l'examen de leurs causes. C'est pourquoi il est nécessaire de faire évoluer l'état actuel du droit positif malien sur ce point.

37. Cela est si vrai que la matière sociale est d'une sensibilité et d'une importance telles qu'une éventuelle présence du ministère public dans l'animation des contentieux relatifs à cette matière contribuerait ne serait-ce qu'à consacrer son pré-positionnement vis-à-vis des nombreuses infractions pouvant être relevées à ce niveau[54].

38. Au second degré, il est institué auprès de chaque cour d'appel[55] un parquet général dirigé par un procureur général[56] ayant sous son autorité un avocat général et des substituts généraux. Cela vaut également, dans une certaine mesure, pour la cour d'assises[57]. La Cour suprême enregistre, quant à elle, un parquet général animé à son tour par un procureur général, un premier

---

50 Pour une idée de la question en droit français, v. notamment C. CALVET, « Voies de recours et droit des entreprises en difficulté », thèse de droit, Université Toulouse-I Capitole, France, 2016, p. 91.

51 Loi n°°2011-037 du15 juillet 2011, *op. cit.*, art. 43.

52 CPCCS, *op. cit.*, art. 433.

53 CPCCS, *op. cit.*, art. 434.

54 Loi n°°92-020 du 18 août 1992 portant code du travail en République du Mali, art. L. 314 et s.

55 De nos jours, il existe trois cours d'appel fonctionnels en République du Mali. Elles sont basées respectivement dans le district de Bamako ainsi que dans les régions de Kayes et de Mopti.

56 Loi n°°2011-037 du 15 juillet 2011, *op. cit.*, art. 9.

57 Pour avoir une idée du rôle du parquet aux assises, P.-M. ABADIE, *Juré d'assises. Témoignage d'une expérience citoyenne et humaine*, Paris, Éd. L'Harmattan, 2012, p. 20 et s.

avocat général ainsi que des avocats généraux[58]. Elle enregistre également dans sa composition des avocats généraux référendaires. La Haute Cour de justice[59] dénotait[60], dans son organisation, un parquet animé par le procureur général de la Cour suprême[61]. Cette dernière juridiction appartient désormais à l'histoire au Mali avec l'avènement de la IVe République.

39. Ces différents parquets devraient intervenir, au-delà de la matière répressive, devant la plupart des formations civiles et/ou commerciales de ces juridictions, en cas de besoin. Leur intervention, auprès des juridictions civiles et commerciales, est, en effet, obligatoire dans certains cas. Une illustration de cette situation est perceptible devant la cour d'appel et la Cour suprême.

40. C'est le cas aussi devant les juridictions du premier degré, notamment, dans toutes les matières communicables[62]. À cet égard, le constat est amer et alarmant d'autant que le parquet, dans la pratique judiciaire au Mali, a un véritable désintérêt pour les questions civiles et commerciales.

41. La seule évocation du nom du ministère public renvoie à l'idée de procès pénal où il est, toujours, partie principale[63]. En effet, bien que partageant avec la victime[64] l'initiative de la mise en mouvement de l'action publique[65], le ministère public et certaines administrations déterminées[66] tiennent de la loi le monopole de l'exercice de l'action publique. Il importe toutefois de préciser que le parquet, seul, est fondé à se pourvoir devant les juridictions répressives au Mali.

---

[58] V. les dispositions de l'article 2 de loi n°°2011-037 du 15 juillet 2011 portant organisation judiciaire combinées à celles de l'article 67 de la loi n°°2016-046 du 23 septembre 2016 portant loi organique fixant l'organisation, les règles de fonctionnement de la Cour suprême et la procédure suivie devant elle.

[59] A. A. DICKO, *Droit des marchés publics au Mali. Cadre harmonisé des marchés publics au sein de l'espace UEMOA. Procédures de passation des marchés des bailleurs de fonds*, Paris, Éd. L'Harmattan, 2018, n°°135, p. 207.

[60] Il y a lieu de relever que, à la faveur de la révision constitutionnelle opérée le 22 juillet 2023, cette juridiction a disparu de l'organisation judiciaire de la République du Mali. Les responsables politiques qui en étaient justiciables répondent, désormais, devant les juridictions répressives de droit commun.

[61] Art. 9 de la loi n°°97-001 du 13 janvier 1997 fixant la composition et les règles de fonctionnement de la Haute Cour de justice ainsi que la procédure suivie devant elle.

[62] Loi n°°2011 du 15 juillet 2011 portant organisation judiciaire, *op. cit.*, art. 29, al. 4.

[63] Crim., 3 déc. 1991, B. 456 ; Crim., 26 mars 1996, B. 134.

[64] Pour une idée de la victime en droit répressif, v. par exemple R. MERLE et A. VITU, *Traité de droit criminel*, t. II, *op. cit.*, n°°78, p. 97.

[65] CPP, *op. cit.*, art. 3, al. 2.

[66] Parmi les administrations habilitées par la loi à transiger avec le délinquant sur l'action publique dans les cas qu'elle détermine, l'on peut citer le service de la douane, le fisc, etc.

42. Également, il y a aussi des infractions dont la répression nécessite impérativement l'action préalable de la victime[67]. Le procès pénal est donc le domaine de prédilection du ministère public[68], ce qui explique que le législateur malien consacre qu'*« [...] il est représenté auprès de chaque juridiction répressive »*[69].

43. La matière civile désigne la *« Partie fondamentale du droit privé comprenant les règles relatives aux personnes (personnalité, état, capacité, etc.), aux biens (patrimoine en général, propriété et autres droits réels, transmission des biens), à la famille (filiation, mariage, etc., droit patrimonial de la famille y compris régimes matrimoniaux et successions), aux obligations (sources diverses, transmission, extinction, etc.), plus spécialement aux divers contrats et aux sûretés (théorie générale du crédit, hypothèque, etc.) »*[70].

44. L'étendue des institutions relevant de cette discipline en fait une matière capitale dans le giron du droit privé. Ceci est d'autant plus vrai que le droit civil a un impact direct sur la vie et le statut de l'homme ainsi que sur ses rapports avec les autres et les biens au sein de la société.

45. S'agissant du droit commercial ou droit des affaires, il convient de faire observer qu'il est autrement désigné, ici, matière commerciale. Le droit commercial s'entend par des règles juridiques régissant les commerçants[71] (personnes physiques et sociétés commerciales[72], personnes morales de droit privé) ainsi que les actes de commerce[73].

46. Pour qui sait l'importance que revêtent les transactions commerciales pour la santé économique d'un État, l'on ne peut qu'accorder le plus grand intérêt à cette autre matière. C'est certainement pour cette raison que le Mali avec bien d'autres États africains œuvrent de façon soutenue pour la consolidation d'un droit communautaire propre aux acteurs du commerce.

47. Les deux disciplines, à savoir le droit civil et le droit commercial, constituent les deux branches principales du droit privé[74]. Cela explique que le droit positif malien, à travers plusieurs dispositions légales et/ou

---

[67] En cas d'infraction touchant à l'intimité de la victime telle que, par exemple, en cas d'injures, de diffamation, d'adultère, etc., le ministère public doit, en principe, subordonner sa réaction à la plainte préalable de la victime des faits.

[68] Crim., 21 mars 2007, B. 88.

[69] CPP, *op. cit.*, art. 47, al. 2.

[70] G. CORNU (dir), *Vocabulaire juridique*, PUF, Paris, 12e éd., 2018, v. civil, p. 157.

[71] « Est commerçant celui qui fait de l'accomplissement d'actes de commerce par nature sa profession ». Acte uniforme portant sur le droit commercial général (AUSG), art. 2.

[72] Acte uniforme portant sur le droit commercial général, *op. cit.*, art. 4 et 5.

[73] Acte uniforme portant sur le droit commercial général, *op. cit.*, art. 3.

[74] G. CORNU (dir.), *Vocabulaire juridique*, *op. cit.*, v. Branche du droit, p. 323-324.

réglementaires, consacre le droit de regard, voire, dans bien de cas, une véritable obligation d'action du ministère public sur plusieurs questions relatives à ces deux matières. Elles constituent deux éléments incontournables du droit malien qu'il convient à présent d'appréhender. Les règles juridiques sont indispensables à la régulation de toute relation humaine[75]. Elles assurent et promeuvent l'harmonie des rapports au sein de la société[76].

48. Toute société autant que tout être humain aspirent à vivre en paix, à jouir de ses libertés[77] et à exercer librement ses droits. Aucune vie paisible[78] en société n'est possible s'il n'existe pas de règles supérieures aux droits subjectifs dont l'observation s'impose à tous les membres de la communauté, sous peine de sanction[79].

49. Tel est justement la vocation du droit, qui peut être défini comme l'*« ensemble des règles de conduite qui, dans une société, gouvernent les relations des hommes entre eux et s'imposent à eux, au besoin, par le moyen de la contrainte étatique »*[80]. De ce droit[81] objectif, les personnes obtiennent des droits[82] subjectifs pour assurer leur épanouissement personnel.

---

[75] J. DJOGBENOU, *Introduction à la théorie générale de la justice et du procès*, *op. cit.*, p. 5.

[76] Elle peut être définie comme étant « La collectivité des membres d'une nation, d'un État, considérée comme sujet et support d'un intérêt collectif… ». G. CORNU (dir.), *Vocabulaire juridique*, *op. cit.*, p. 2046.

[77] H. GROTIUS, *Le Droit de la guerre et de la paix*, traduit par P. PRADIER-FODÉRÉ, 1625, rééd. par D. ALLAND et S. GOYARD-FABRE, Paris, Éd. PUF, coll. : « Léviathan », 1999, spéc. p. 9. Cet auteur, dès le XVIe siècle, décrit justement le besoin de l'homme *« de vivre avec les êtres de son espèce, non pas dans une communauté banale mais dans un état de société paisible »*.

[78] Cette idée d'ordre public, estime Hauriou, se résume à *« l'ordre matériel et extérieur considéré comme un état de fait opposé au désordre, état de paix opposé à l'état de troubles »*. Selon lui, *« pour la police, mérite d'être interdit tout ce qui provoque du désordre, mérite d'être protégé ou toléré tout ce qui n'en provoque point... »*. M. HAURIOU, *Précis élémentaire de droit administratif*, Paris, Éd. Sirey, 1933, spéc., p. 549.

[79] Les Romains avaient alors vu juste quand ils affirmaient que : « *Ubi societas, ubi jus* », c'est-à-dire que dès lors qu'une société se crée, il apparaît aussitôt nécessaire qu'elle se dote de règles juridiques afin de réglementer les rapports entre ses membres.

[80] P. COURBE et J.-S. BERGE, *Introduction générale au droit*, Paris, Dalloz, 17e éd., 2021, p. 3.

[81] G. GUINCHARD, Th. DEBARD (dir.), *Lexique des termes juridiques*, Paris, Éd. Dalloz, 2017, v. *Droit objectif*, p. 822.

[82] Les droits dont le droit objectif sanctionne la violation sont les droits subjectifs, c'est-à-dire les prérogatives reconnues aux sujets de droit par le droit objectif et dont ce dernier sanctionne la violation.

50. La vie en société pose dès lors la délicate équation du maintien et de la préservation de l'ordre public en son sein avec, en face, le souci lancinant de garantir les libertés des individus qui y vivent[83]. Or, *« ordre public et libertés entretiennent une relation aussi essentielle que périlleuse. Elle repose sur le postulat que les libertés ne sauraient prospérer sans la sauvegarde de l'ordre public qui, lui-même, a pour seul objet de protéger les libertés »*[84].

51. Sous l'éclairage de certains philosophes, notamment John LOCKE[85] et Jean-Jacques ROUSSEAU[86], les relations entre l'ordre public et les libertés ainsi que la nécessité pour les individus de convenir et de se soumettre aux règles de la collectivité ont été savamment explicitées.

52. La notion d'ordre public paraît tout autant importante qu'indispensable. *« ... [l]a nécessité impérieuse de l'ordre public lui assure une place particulière dans notre système juridique qui explique en partie son "impérialisme" dans le discours juridique contemporain »*[87]. Notion omniprésente en droit (du droit de la famille[88] au droit administratif[89] en passant par le droit du

---

[83] J. DJOGBENOU, *in* M. ADAMOU, *L'Essentiel de la procédure pénale*, *op. cit.*, p. 10.

[84] P. GERVIER, *La Limitation des droits fondamentaux constitutionnels par l'ordre public*, Université Montesquieu, Bordeaux-IV, 2013.

[85] J. LOCKE, *Traité du gouvernement civil*, traduction de MAZEL (D.), 1728, impr. Desveux, Paris, 1795, rééd. avec introduction, bibliographie, chronologie et notes de S. GOYARD-FABRE, Paris, Flammarion, 2e éd., 1992, p. 200 et s., spéc. p. 214.

[86] J.-J. ROUSSEAU, *Du contrat social*, 1762, rééd. avec présentation, notes, bibliographie et chronologie de B. BERNARDI, Paris, Éd. Flammarion, 2012, spéc. p. 52. Pour Jean-Jacques ROUSSEAU, les hommes n'ont d'autre choix que de conclure un contrat social, c'est-à-dire *« cette forme d'association qui défend et protège de toute la force commune la personne et les biens de chaque associé »*.

[87] J.-C. MARIN; propos introductifs au colloque : « *L'ordre public : regards croisés du Conseil d'état et de la Cour de cassation* », vendredi 24 févr. 2017, p. 2, disponible sur www.courdecassation.fr, consulté le 30 déc. 2022.

[88] A. BENABENT, *L'Ordre public en droit de la famille*, *in* T. REVET (dir.), *L'Ordre public à la fin du XXe siècle*, Dalloz, 1996, p. 27 ; C. DUARD-BERTON, « L'ordre public dans le droit de la famille », thèse de droit, Paris-II, 2004 ; NIBOYET (F.), *L'Ordre public matrimonial*, *op. cit.* ; M. AZAVANT, « L'ordre public et l'état des personnes », thèse de droit, Pau, 2000 ; N. BALBO-IZARN, « Convention entre époux et divorce : contribution à la définition d'un ordre public conjugal de séparation », thèse de droit, Toulon, 2000 ; J. REVEL, « Les conventions entre époux désunis (contribution à l'étude de la notion d'ordre public matrimonial) », *JCP G* 1982. I. 3055.

[89] J. COGNETTI, « La notion d'ordre public, Étude limitée au droit administratif », thèse de droit, Reims, 1998.

travail[90], les relations économiques[91], le droit successoral[92], le droit pénal[93] ou encore le droit international privé[94]), l'ordre public relève de ces préceptes juridiques, comme on le verra plus loin[95], rebelles à l'idée de définition[96].

53. À la lumière de ces différents éléments, l'on comprend aisément que chaque puissance publique a intérêt à disposer de son ordre juridique propre. Cela est le corollaire de la souveraineté des États[97] qui interdit que ces derniers puissent se voir régir par des règles autres que celles auxquelles ils auront librement souscrit. De ce fait, le droit malien désigne l'ensemble des règles juridiques applicables aux rapports entre sujets de droit évoluant dans la sphère territoriale de ce pays.

54. Il s'agit toutefois d'un corpus juridique se caractérisant par la cohabitation de normes internes et communautaires, voire internationales, du fait de l'appartenance du pays à des organisations sous-régionales et régionales[98], d'une part, et internationales, d'autre part. Au bénéfice de ces différents éclairages, l'intervention du ministère public en matière civile et commerciale désigne l'ensemble des techniques et prérogatives, de nature civile et/ou commerciale, reconnues aux parquetiers en vue de la défense et de la protection tant des intérêts de la société que de ceux des personnes frappées de vulnérabilité.

55. Sur le plan historique, l'institution du ministère public, dans le système juridique et judiciaire malien, remonte à l'accession du pays à

---

[90] M. BONNECHÈRE, « L'ordre public au sens du droit du travail », *JCP* 1974, n°°11604, p. 601 ; N. MEYER, *L'Ordre public en droit du travail. Contribution à l'étude de l'ordre public en droit privé*, Paris, Éd. LGDJ, 2006.

[91] G. FARJAT, *L'Ordre public économique*, Paris, Éd. LGDJ, 1963 ; R. SAVATIER, « L'ordre public économique », *Dalloz*, 1965, chr. p. 37 ; J. MESTRE, *L'Ordre public dans les relations économiques*, *in* T. Revet (dir.), *L'Ordre public, op. cit.*, p. 33.

[92] M. BEAUBRUN, « L'ordre public successoral », thèse de droit, Paris-II, 1979.

[93] S. CIMAMONTI, *L'Ordre public et le droit pénal in* T. Revet, *op. cit.*, p. 89 ; A. CERF, *Ordre public, droit pénal et droits fondamentaux in* M.-J. REDOR (dir.), *L'Ordre public : ordre public ou ordres publics ? Ordre public et droits fondamentaux*, Bruxelles, Éd. Bruylant, 2001, p. 63.

[94] P. LAGARDE, *Recherches sur l'ordre public en droit international privé*, Paris, LGDJ, 1959 ; J. FOYER, « Remarques sur l'évolution de l'exception d'ordre public international depuis la thèse de LAGARDE (P.) », *Mélanges P. Lagarde*, Paris, Éd. Dalloz, 2005, p. 285.

[95] *Infra*, p. 187 et s.

[96] P. LAGARDE, *Recherches sur l'ordre public international*, *op. cit.*, p. 174.

[97] P.-F. GONIDEC, *Les Organisations internationales africaines. Étude comparative*, Paris, Éd. L'Harmattan, 1987, p. 55.

[98] M. GLÉLÉ-AHANHANZO, *Introduction à l'Organisation de l'unité africaine et aux organisations régionales africaines*, Paris, LGDJ, 1986, p. 60.

l'indépendance, le 22 septembre 1960. S'il est indéniable qu'il s'agissait là d'un événement historique marqué par une véritable ferveur pour tout un peuple, il n'en demeure pas moins que les défis étaient tout aussi immenses que complexes pour notamment doter le nouvel État d'institutions indispensables à son fonctionnement, voire à sa viabilité.

56. À cet égard, Amadou Aliou N'DIAYE, un ancien hiérarque du sanctuaire judiciaire malien fait un témoignage glaçant. Il écrit que : *« [d]ans le domaine judiciaire, la première République n'a jamais pu relever le défi. Au lieu de mettre en place un pouvoir judiciaire indépendant conformément aux dispositions de la Constitution, elle a préféré traiter l'institution judiciaire comme une dépendance de l'Exécutif, violant délibérément la loi fondamentale. Les magistrats étaient gérés comme les autres fonctionnaires par les mêmes textes statutaires. Ils n'étaient pas inamovibles ; ils devaient être malléables et révocables suivant le bon vouloir de la puissance exécutive »*[99]. Les magistrats devaient se convaincre, à cette époque, qu'ils pouvaient *« aujourd'hui être procureurs généraux et demain juges de paix*[100] *à Kidal*[101] *»*[102].

57. Il est évident que l'on ne saurait attribuer à ce moment de l'histoire du Mali la naissance du ministère public en tant qu'institution. Le passé[103] de l'organe est, dès lors, à chercher ailleurs, sûrement dans le droit français dont les anciennes colonies ont, pour la plupart, épousé le même système juridique à leur accession à l'indépendance. Un auteur bien avisé a partagé ce constat en des termes fort bien appropriés[104].

58. L'état des recherches sur le ministère public ne permet nullement de rattacher les sources de cette institution aux droits romain et grec[105]. En

---

99 A. A. N'DIAYE, *L'Urne et le glaive. Réflexions sur les conceptions socio-politiques et judiciaires au Mali (de 1960 à la troisième République)*, Bamako, Éd. Jamana, 1997, p. 31.

100 Le juge de paix est un magistrat professionnel animant une justice de paix à compétence étendue au Mali. Ce type de juridiction relève toujours de l'organisation judiciaire du pays et se rencontre, encore de nos jours, dans certaines localités. Sa transformation en tribunal d'instance est heureusement en cours.

101 Kidal est la huitième région administrative de la République du Mali. Il est situé au grand nord du pays. Les conditions climatiques, et donc de vie, y sont extrêmement dures.

102 A. A. N'DIAYE, *L'Urne et le glaive. Réflexions sur les conceptions socio-politiques et judiciaires au Mali (de 1960 à la troisième République), op. cit.*, p. 31.

103 M.-L. RASSAT, *Le Ministère public entre son passé et son avenir*, Paris, Éd. LGDJ, 1965, p. 7.

104 M. J. V. KODO, *L'Application des actes uniformes de l'OHADA*, Paris, Éd. PUR, 2010, p. 62 et s.

105 V. MIKALEF-TOUDIC, *Le Ministère public, partie principale dans le procès civil, op. cit.*, n°°2, p. 15.

effet, aussi bien dans la Grèce antique que dans le droit romain, l'initiative de la poursuite appartenait à la personne ayant subi un préjudice lorsque les faits en cause n'étaient pas d'une gravité extrême et n'engendraient pas de dommages à caractère général.

59. Dans le cas contraire, la faculté de poursuivre appartenait à tous les citoyens[106]. Toutefois, la doctrine relève cinq institutions du droit romain desquelles le ministère public, dans sa formule que l'on connaît, émanerait[107].

60. La première de ces institutions est composée *« des censeurs des Romains »*[108], ces premiers magistrats ayant reçu mission, à l'époque, de *« rechercher le vice pour le punir »*[109]. Ils étaient, tout à la fois, accusateurs et juges et s'intéressaient à toute la vie d'un citoyen, contrairement au parquet actuel qui ne fait que poursuivre les seuls faits infractionnels. C'est dire que les censeurs ne sauraient être retenus comme les ancêtres lointains du ministère public.

61. Au milieu du IVe siècle, les empereurs Valens et Valentinien ont, par une loi, permis au sujet de l'Empire romain de recourir à des *defensores civitatis*, c'est-à-dire des défenseurs. Ces deux empereurs décidèrent, en effet, que : *« Pour des raisons d'utilité, nous ordonnons que toute la plèbe du diocèse d'Illyre soit défendue par des patrons contre les injustices des puissants. »*[110]

62. Les *defensores* étaient investis de la fonction de protéger les classes inférieures de la cité contre les abus et veillaient à la sauvegarde de l'ordre public[111]. Ils exerçaient donc un pouvoir de protection et non d'action comme c'est le cas du parquet[112] actuel. Institution éphémère gagnée

---

[106] E. A. TESSIER, « Des origines du ministère public, étendue de son droit d'action en matière civile », thèse de droit, Caen 1868, p. 5 et s. ; H. GUYOT, « Droit français. Étude sur le ministère public en France », thèse de droit, Nancy, Bar-Le-Duc, 1894, p. 92 ; C. PLUYETTE, « Du ministère public », thèse de droit, Rennes, 1877, p. 1 et s.

[107] M.-L. RASSAT, *Le Ministère public entre son passé et son avenir*, *op. cit.*, p. 7.

[108] B. LA ROCHE-FLAVIN, *Treize livres des parlements de France*, 1617, L. II, chap. VII, n°°XIV.

[109] M.-L. RASSAT, *Le Ministère public entre son passé et son avenir*, *op. cit.*, p. 7.

[110] V. Constitution impériale du 27 avril 368 adressée, par les empereurs susnommés, à Probus, préfet d'Italie.

[111] R. GANGHOFFER, *L'Évolution des institutions municipales en Occident et en Orient au Bas-Empire*, 1963, p. 162 et s. ; É. CHÉNON, *Étude historique sur le defensor civitatis*, *Rev. hist. dr.*, 1889, 321.

[112] F. HÉLIE, *Traité de l'instruction criminelle ou Théorie du code d'instruction criminelle*, 2e éd., 1866, t. 1, n°°77.

rapidement par l'inaction[113] en Occident, en Orient, ceux d'entre ses membres qui tentaient de se soustraire de leurs fonctions étaient châtiés[114] par l'empereur Justinien[115] qui a fini par attester son affaissement. Ce deuxième organe aussi est loin de répondre aux caractéristiques actuelles du parquet.

63. La troisième institution romaine, annoncée comme ancêtre lointain du parquet, est constituée de quatre types d'agents chargés, d'une certaine manière, du maintien de l'ordre public. Il s'agit des *irénarques*, *curiosi*, *stationarii* ou *frumentarii*. Ces différents officiers avaient en commun les attributions de police les engageant à une mission de surveillance et de dénonciation aux autorités supérieures des inconduites qu'ils découvraient.

64. Pendant que les *irénarques* semblaient passer pour soit les supérieurs hiérarchiques des *curiosi* et *stationarii*, soit des concurrents[116] à ces derniers, les *frumentarii* ; les *curiosi* et les *stationarii* exerçaient la même fonction à la différence que les deux premiers étaient mobiles[117] dans l'accomplissement de leur mission pendant que le dernier, lui, était à poste fixe[118]. Certains auteurs les considéraient comme de simples agents dénonciateurs de crimes sans pouvoir d'arrestation[119].

65. D'autres affirment le contraire[120] en soutenant qu'ils pouvaient tant arrêter les coupables et recueillir les éléments probatoires que procéder à l'instruction complète des causes[121]. S'agissant de leur statut dans l'empire, certains doctrinaires les considèrent comme des magistrats inférieurs ou des agents subalternes pendant que d'autres y voyaient des magistrats *« puissants, honorés et investis d'une grande confiance de la part de la loi »*[122]. C'est dire que ces agents aux statuts et attributions confus ne

---

113 R. GANGHOFFER, *L'Évolution des institutions municipales en Occident et en Orient au Bas-Empire*, *op. cit.*, p. 167.

114 R. GANGHOFFER, *L'Évolution des institutions municipales en Occident et en Orient au Bas-Empire*, *op. cit.*, p. 170.

115 JUSTINIEN, *Novellæ Constitutiones, quæ post nostri codicis confectionem late sunt*, XV.

116 E. PERIER, *Du ministère public à l'audience civile*, *Rév. crit.*, 1865, 494 et 1866, 55.

117 C. PLUYETTE, *Du ministère public*, thèse de droit, Rennes, 1877, p. 40.

118 F. HÉLIE, *Traité de l'instruction criminelle ou Théorie du code d'instruction criminelle*, *op. cit.*, t. 1, n°°78.

119 *Ibid.*

120 M. L. RASSAT, *Le Ministère entre son passé et son avenir*, *op. cit.*, p. 7.

121 C. PLUYETTE, *Du ministère public*, *op. cit.*, p. 40.

122 C.-J. ROBILLARD, *Considérations sur l'institution du ministère public dans le système de l'accusation judiciaire*, Paris, Éd. Hachette, 1821, p. 42.

sauraient, à leur tour, être considérés comme étant l'origine véritable du ministère public[123].

66. La quatrième et dernière institution à laquelle pourrait être attribuable la paternité du ministère public est ce que le droit romain appelait les *questeurs*. Ces derniers, institués par la dernière loi de la neuvième table, avaient pour fonction la collecte des amendes, la garde du trésor ainsi que la poursuite des parricides[124].

67. Les questions perpétuelles, forme de tribunaux permanents, ont par la suite été créées et présidées par un questeur chargé d'examiner les accusations avant de présider les débats et de prononcer le jugement après avoir formé le tribunal[125]. Cette thèse est quelque peu confortée par d'autres auteurs qui soutiennent que le questeur avait la police de l'audience, la faculté de la suspendre ou même de la renvoyer au jour suivant[126].

68. Toutefois, c'est un autre doctrinaire[127] qui, dans un exercice de dissection de l'étymologie même de la notion, aboutit à la conclusion que le président de la question perpétuelle était un type de juge enquêteur investi du droit de poursuite d'office des crimes. En effet, le terme *question* viendrait étymologiquement, selon cette dernière thèse, de *quærere* (rechercher) et de *quæstio* (connaissance). Là encore, l'hybridité caractérisant le président de la question n'autorise guère à lui attribuer l'origine du ministère public tel que cette institution est connue de nos jours.

69. Le ministère public, dans sa dimension moderne que l'on connaît présentement, a pris corps[128] par l'ordonnance de Philippe le Bel du 23 mars 1303 imposant aux procureurs du roi de prêter le serment de magistrat et de se dédier exclusivement à la défense des causes royales[129]. C'est dire, en

---

[123] M. L. RASSAT, *Le Ministère entre son passé et son avenir*, *op. cit.*, p. 9.

[124] Sur ces aspects, M.-L. RASSAT, *Le Ministère entre son passé et son avenir*, *ibid.*, p. 9 et s.

[125] F. HELIE, *Traité de l'instruction criminelle ou Théorie du code d'instruction criminelle*, *op. cit.*, t. 1, n°°33.

[126] E. LABOULAYE, *Essai sur les lois criminelles des Romains concernant la responsabilité des magistrats*, 1845, p. 326 ; v., également, TESSIER, *Des origines du ministère public*, thèse de droit, Caen, 1868, p. 23.

[127] J.-A. DELPON, *Essai sur l'histoire de l'action publique et du ministère public*, 1830, 2 vol.

[128] F. HÉLIE, *Traité de l'instruction criminelle ou Théorie du code d'instruction criminelle*, *op. cit.*, t. 1, n°°238 ; pour avis contraire, v. J. BECOT, *De l'organisation de la justice répressive aux principales époques historiques*, 1860, p. 231 ; Ph. A. DE MERLIN, *Répertoire universel et raisonné de jurisprudence*, v. Ministère public, § 1.

[129] M.-L. RASSAT, *Le Ministère public entre son passé et son avenir*, *op. cit.*, n°°19, p. 13.

conséquence, qu'il s'agit d'une institution propre à l'ancien droit et au droit révolutionnaire français.

70. Cela correspond à la lecture de Faustin HÉLIE[130], qui y est appuyé par Esmein[131], comme l'attestent ces autres auteurs qui ont soutenu qu'*« il s'agit là d'une institution tout à fait originale du droit judiciaire français, née et formée en France »*[132]. Avant cette époque précise, des institutions intermédiaires ont pu être rencontrées comme ce fut le cas des *« gens du Roi*[133] *»* ou des avocats généraux[134]. Plus tard, au XVIIe siècle, deux ordonnances importantes ont déterminé les attributions des officiers du ministère public.

71. La première, de 1667, a prévu que les jugements intervenus en l'absence des conclusions du parquet encouraient la requête civile. La seconde, prise en 1670, a attribué aux procureurs généraux la plénitude de l'initiative des poursuites criminelles[135]. Un tel historique requiert que l'on procède à la délimitation du sujet soumis à notre analyse.

72. Une étude qui se propose d'examiner le ministère public peut conduire à cerner cette institution sous plusieurs angles. C'est ainsi que, de façon générale, le ministère public peut être étudié en mettant en exergue son organisation et/ou son fonctionnement, d'une part, ou, encore, en spécifiant ses attributions ou en ne s'intéressant qu'à son historique, d'autre part.

73. De façon particulière, le parquet peut susciter de l'intérêt pour être appréhendé sur le terrain exclusivement pénal, sur celui administratif et/ou social, voire dans le domaine commercial et civil. C'est sur ce dernier plan que le ministère public demeure sinon inconnu, du moins peu ou insuffisamment cerné au Mali.

---

[130] F. HÉLIE, *Traité de l'instruction criminelle ou Théorie du code d'instruction criminelle*, *op. cit.*, t. 1.

[131] A. ESMEIN, *Histoire de la procédure criminelle en France*, Éd. L. LAROSE et FORCEL, 1882, disponible sur www.google.com, consulté le 28 décembre 2022.

[132] H. SOLUS et R. PERROT, *Droit judiciaire privé*, 1961, t. 1, n°°847.

[133] E. D. GLASSON, *Histoire du droit et des institutions de la France*, 1895, t. 6, p. 339.

[134] V. MIKALEF-TOUDIC, *Le Ministère public, partie principale dans le procès civil*, *op. cit.*, p. 17.

[135] À propos du ministère public, à cette époque de l'histoire, voir entre autres, L. SOYE, *Du ministère public en matière civile*, thèse de droit, Caen 1882, p. 28 et s. ; A. COQUERET, *Droit français des attributions du ministère public en matière civile*, thèse de droit, Caen 1895, p. 114 ; v. F. J. PANSIER, *Rep. pr. civ.*, Dalloz, 1996, v. ministère public, n°°3 et s. ; v., également, P. CAGNOLI, « Ministère public », *Rep. pr. civ.*, Dalloz, 2004, v. ministère public, n°s°1 et s.

74. Toutefois, même exclusivement en ces dernières matières, le ministère public offre suffisamment matière à discussion et à découverte pour pouvoir être, de façon exhaustive, traité dans le cadre d'un seul exercice scientifique.

75. Ainsi, même en n'abordant ladite institution qu'en matière civile et commerciale au Mali, il reste nécessaire de circonscrire davantage la présente étude. Cela est si vrai que, même sous cet angle, les questions nécessitant l'intervention des parquetiers ainsi que les prérogatives qui leur sont dévolues sont tout aussi délicates qu'immenses. C'est pourquoi le présent travail de recherche ne s'intéressera qu'à l'indifférence actuelle des officiers du ministère public pour ces deux matières.

76. La participation du ministère public au traitement de plusieurs affaires, civiles et/ou commerciales, est rendue obligatoire par diverses normes du droit positif malien. C'est ainsi que, comme ébauché précédemment, la loi portant organisation judiciaire en République du Mali impose la représentation du ministère public à l'audience, notamment, dans l'ensemble des affaires communicables[136].

77. Dans la même veine, l'acte uniforme portant organisation des procédures collectives d'apurement du passif exige la pleine participation des officiers du ministère public au traitement tant des procédures de redressement judiciaire que de celles de liquidation des biens. En plus de ces différentes hypothèses, il est prévu d'autres cas où l'intervention du parquet est fortement recommandée.

78. C'est le cas, entre autres, de l'acte uniforme sur les sociétés commerciales qui consacre le droit de regard du ministère public sur la réunion des conditions légales exigées pour la constitution des sociétés commerciales. Ce même texte invite les officiers du ministère public à s'intéresser à la vie et au fonctionnement des sociétés commerciales, cela, certainement, pour veiller à leur viabilité.

79. Cela est si vrai que les organes sociaux, avec à leur tête les dirigeants, ne devraient nullement être laissés à eux-mêmes dans l'appréciation de certains choix et décisions engageant la société. Tout cela mis bout à bout autorise à affirmer que l'intervention du ministère public, en matière civile et commerciale au Mali, est fortement consacrée.

80. Au même moment, il est constant que les magistrats du parquet ne font guère des affaires civiles et commerciales une de leurs préoccupations dans leur mission de sauvegarde des intérêts de la cité. Dans la pratique judiciaire au Mali, tout, au parquet, sent quasiment le pénal. Cela conduit à une perception déformante de cette institution qui, contrairement à sa posture

---

[136] Loi n°°2011-037 du 15 juillet 2011 portant organisation judiciaire en République du Mali, art. 29, al. 3.

actuelle, devrait marquer sa présence et participer pleinement au traitement judiciaire des autres matières soumises à son regard.

81. Il relève de l'étonnement de voir les magistrats du parquet présents à quelques rares audiences en matière civile au Mali. Ces cas ont trait, essentiellement, aux affaires civiles de prestation de serment ainsi qu'aux procédures de contrainte par corps. Même là, l'apport technique des officiers du ministère public laisse le plus souvent à désirer. Leur présence à ces audiences incline à croire qu'ils y font beaucoup plus de la figuration que de participer, effectivement, au traitement de ces affaires.

82. À ces occasions, le représentant du ministère public se contente, dans la plupart des cas, de suivre les débats entre les parties privées (le requérant ou demandeur et le défendeur). Il ne semble généralement pas donné l'impression qu'il a la latitude de poser des questions de compréhension, voire de faire des observations. Il attend que le juge lui donne la parole, en dernier, pour prononcer la formule traditionnelle ***« le ministère public s'en rapporte »*** ou ***« le parquet requiert l'application de la loi »***.

83. Pis, dans certains cas, les officiers du ministère public prononcent ces formules au rabais sans daigner se tenir debout comme le leur exige la loi et leur statut spécifique. Pour eux comme pour l'opinion dominante, le procès civil est l'affaire des seules parties privées intéressées par la cause. Cela devrait suffire, selon eux, pour expliquer, voire justifier qu'aucun tiers ne s'y intéresse. Les audiences en matière civile et commerciale sont ainsi animées, le plus souvent, par les seules parties privées poursuivant la réalisation de leurs droits devant le juge.

84. Il arrive même souvent que le tribunal de commerce de Bamako conduise des affaires relevant des procédures collectives d'apurement du passif, du début à la fin, sans l'intervention du ministère public. Dans ces cas, ce dernier ne reçoit même pas, dans certains cas, communication de ces affaires. Dans ces conditions, l'on devrait sérieusement se poser des questions sur le sens et la portée de la mention faite par les juges dans leurs décisions laissant croire que le ministère public a été entendu ou qu'il était représenté à l'audience.

85. En dépit de ce tableau fort peu reluisant, des voix s'élèvent curieusement pour saluer, voire magnifier l'action des officiers du ministère public dans l'exercice des prérogatives qui leur sont dévolues. Ainsi, Amadou BA affirme-t-il que : *« Les magistrats du Parquet veillent à l'application des lois et à l'exécution des décisions de justice rendues par les magistrats du siège. »*[137]

---

[137] A. BA, *Mali : la société, la justice et nous*, Bamako, Éd. L'Harmattan, 2022, p. 18.

86. Plus laudatifs sont les propos de Mamadou Ismaïla KONATÉ, ancien ministre de la Justice, garde des Sceaux. Ce dernier a pu affirmer, s'adressant aux parquetiers, que : *« Sans vous, il n'y a pas de justice. Ce n'est pas pour rien qu'à la différence des juges vous n'êtes jamais assis. Vous êtes l'intérêt général »*[138].

87. Il n'échappera pas à l'esprit que ces auteurs estiment ainsi que les fonctions dévolues aux magistrats du parquet au Mali, qu'elles soient de nature pénale ou civile, sont correctement accomplies. D'ailleurs, le second d'entre eux croit-il fermement que si l'institution judiciaire tient au Mali présentement, c'est grâce aux officiers du ministère public. Une telle appréhension des choses est manifestement en discordance avec la réalité constatable dans les prétoires maliens. Il s'agit, sans exagération aucune, d'une présentation biaisée du degré actuel de l'implication du ministère public dans le traitement judiciaire des affaires, surtout de celles civiles et/ou commerciales.

88. Pour tout observateur averti de la scène judiciaire au Mali, l'on est avant tout frappé par l'arborescence et la densité des normes juridiques. Celles-ci, si elles ne sont pas exhaustives, irriguent néanmoins la plupart des domaines nécessitant le regard des organes légiférants. C'est pourquoi le droit positif malien, marqué par un dualisme normatif du fait de la cohabitation entre droit interne et droit communautaire[139], assure une certaine couverture des questions civiles et commerciales.

89. En effet, ces deux matières, de plus en plus, ont des ramifications sur le plan communautaire. Cela se manifeste par l'existence, de nos jours, de plusieurs normes supranationales, d'une part, et par l'existence de véritables juridictions communautaires chargées d'appliquer celles-ci[140], d'autre part.

90. La Communauté économique des États de l'Afrique de l'Ouest (CEDEAO), l'Organisation pour l'harmonisation en Afrique du droit des affaires (OHADA) ou encore l'Union économique et monétaire ouest-africaine (UEMOA) sont, ainsi, des institutions communes à divers pays. Elles ont, de nos jours, un impact indéniable sur le cours de la vie sociale, économique et/ou politique de la plupart des États de la sous-région, dont le Mali[141].

---

[138] M. I. KONATÉ, *Justice en Afrique. Ce grand corps malade. Le cas du Mali. Un ancien ministre témoigne*, Bamako, Éd. La Sahélienne, 2018, p. 86.

[139] D.-Y. EFANGON, *La Réforme des juridictions des comptes dans l'espace CEMAC*, Cameroun, Éd. L'Harmattan, 2018, p. 23.

[140] I. M. FALL, *Les Cours de justice africaines et l'intégration*, Paris, Éd., L'Harmattan, 2021, p. 11.

[141] I. CISSÉ, *Gouvernance d'entreprise, responsabilité sociétale en droit malien*, Paris, Éd. L'Harmattan, 2018, p. 12.

91. Le droit judiciaire privé malien consacre et promeut, dans une large mesure, l'implication des différents acteurs appelés à animer les procédures, de façon générale. En dépit d'une telle invitation, dans la pratique judiciaire au Mali, la mise en œuvre du dispositif juridique est mornement assurée par les différents acteurs.

92. Parmi ces derniers, les magistrats du ministère public s'illustrent, davantage, par une faible participation au traitement judiciaire de la matière civile et commerciale. Hormis les procédures ayant trait aux prestations de serment ainsi qu'à la contrainte par corps, il est rare de voir les officiers du ministère public participer aux audiences civiles et/ou commerciales.

93. Cela explique que des matières importantes comme les questions de nationalité, les causes intéressant les mineurs, notamment, les procédures d'adoption, de garde ou de modification de garde d'enfant, la participation à l'animation des procédures collectives, etc. sont superbement ignorées ou délaissées par les parquets d'instance. De même, le contrôle de l'état civil, des centres d'internement psychiatriques, de certaines activités du greffe ainsi que la matière de l'exécution des décisions de justice sont quasiment méconnus des parquetiers, dans la pratique judiciaire au Mali.

94. L'exaltation des mérites du ministère public, en matière civile et commerciale au Mali, alors même que cet organe s'illustre par une indifférence manifeste pour ces questions est insincère et contre-productive. L'insincérité d'une telle posture découle du fait qu'elle est en totale discordance avec la réalité actuelle de l'intervention du parquet sur les questions civiles et commerciales dans le pays.

95. Cela est conséquemment contre-productif d'autant qu'elle conduit à l'occultation des défaillances majeures du système judiciaire, ce qui, dès lors, déteint sur l'administration efficiente de la justice civile et commerciale. Une telle situation conduit à se demander quelle appréciation on peut faire de l'intervention du ministère public en matière civile et commerciale au Mali. La réponse à cette interrogation centrale incline à s'intéresser à ce qui ferait l'actualité du sujet ainsi qu'à ce qu'il pourrait avoir comme intérêt.

96. La question relative au ministère public, en matière civile et commerciale au Mali, est aussi bien d'actualité que d'intérêts divers. L'actualité du thème découle de l'extension, de plus en plus marquée, du champ de l'intervention du ministère public en ces matières[142]. Cela est d'autant plus vrai que s'il est traditionnel que le ministère public intervînt en matière civile, il est sans

---

[142] N. D. TACHAGO YOUMSSI, *Le Ministère public et les voies d'exécution en droit OHADA, op. cit.*, p. 22.

doute nouveau que ledit organe se voit de plus en plus attribuer des missions[143], surtout, en droit des affaires[144].

97. Aussi, mais surtout, la récurrence des recommandations des missions de contrôle de perfectionnement de l'inspection des services judiciaires à l'endroit des parquets atteste, sans doute également, de l'actualité de la thématique. L'examen d'un tel sujet présente divers intérêts sur les plans théorique et pratique.

98. Sur le plan théorique, l'examen de la question permet, tout d'abord, de contribuer à la mise en lumière des attributions civiles du ministère public. Cet exercice est d'autant plus important que la tendance en doctrine, une fois qu'il s'agit du parquet, est de s'appesantir surtout sur les fonctions répressives de cet organe[145].

99. Cela est si vrai que les recherches documentaires, dans le cadre de la présente étude, n'ont guère permis de découvrir une seule œuvre doctrinale consacrée exclusivement au sujet en droit malien. En tout état de cause, la doctrine française semble, quant à elle, unanime sur l'opportunité de l'intervention du parquet en matière civile et commerciale, même si les études qui y sont consacrées exclusivement sont fort rares comparativement à la matière pénale.

100. Ensuite, l'examen du ministère public permet justement de participer aux efforts entrepris en vue de la correction de cette acception biaisée de l'institution. Il s'agit, sous cet angle, de faire découvrir l'identité réelle et non l'identité affichée du ministère public. Ainsi, l'apport spécifique de la présente étude consisterait-il à diagnostiquer les causes actuelles de l'inertie des parquetiers en ces matières tout en privilégiant des mécanismes susceptibles d'assurer la réorientation et la redynamisation de l'action de ces derniers.

---

[143] À titre de rappel, son intervention est désormais obligatoire dans toutes les affaires communicables, depuis la loi n°°2011 du 15 juillet 2011, modifiée, portant organisation judiciaire en République du Mali. Les dispositions de l'article 29 de ce texte sont, on ne peut plus, expressives sur ce sujet.

[144] V., à cet égard, en droit OHADA les dispositions de l'acte uniforme portant organisation des procédures collectives d'apurement du passif ; sur la même question en droit français, v. Ch. DELATTRE, *Le Cadre d'intervention du ministère public en droit des entreprises en difficultés*, *op. cit.*, n°°1, p. 12.

[145] L. CADIET et E. JEULAND, *Droit judiciaire privé*, Paris, LexisNexis, 9e éd., 2016, n°°365, p. 293 ; R. MERLE et A. VITU, *Traité de droit criminel*, t. II, *op. cit.*, n°°218, p. 285 ; F. DEBOVE, F. FALLETI et I. PONS, *op. cit.*, p. 560 ; v. également F. DESPORTES et L. LAZERGES-COUSQUER, *Traité de procédure pénale*, Paris, Economica, 3e éd., 2013, p. 577.

101. Tout cela pourrait contribuer à investir le ministère public dans la plénitude de ses attributions, ce qui serait certainement gage d'une bonne administration de la justice en matière civile et commerciale. C'est dire, enfin, que l'exercice se veut conséquemment une contribution, quoique modeste, aux efforts doctrinaux déjà consentis[146] sur la question[147].

102. Sous cet angle, il est à relever que s'il est vrai que les différents auteurs sus-spécifiés reconnaissent tous le rôle dévolu au parquet en matière civile et commerciale, il n'en demeure pas moins que jusqu'ici aucune œuvre doctrinale n'a été, spécifiquement, consacrée à l'inertie de cet organe en cette matière. Or, il s'agit là d'un dysfonctionnement connu de plus d'un[148] et qui est inadmissible puisque : *« L'intervention du ministère public, garant de l'ordre public économique, social et gardien de la bonne application de la loi, doit permettre de sécuriser la procédure et d'éviter les abus en tout genre »*[149].

103. Sur le plan pratique, l'étude du parquet sous son visage civil et/ou commercial permet aux acteurs judiciaires, en général, et aux magistrats du parquet, en particulier, d'être mieux outillés sur un aspect non négligeable de leurs attributions. L'étude permettra, dès lors, de changer le regard ou plutôt la perception que l'on se fait du ministère public, au Mali, que l'on tente de faire passer pour une institution exclusivement dédiée au droit pénal[150].

104. Cela contribuera, en conséquence, à davantage responsabiliser le magistrat du parquet en lui faisant jouer un rôle proactif et beaucoup plus

---

146 Pour avoir une certaine idée sur la question en droit OHADA et africain, v., entre autres, S.-P. LEVOA AWONA, *La Cour commune de justice et d'arbitrage*, Paris, Éd. L'Harmattan, 2021, p. 33 et s. ; N. D. TACHAGO YOUMSSI, *Le Ministère public et les voies d'exécution en droit OHADA*, Paris, Éd. L'Harmattan, 2018 ; Y. DIALLO, *Le Procureur de la République. La pratique du parquet*, *op. cit.*, etc.

147 V., entre autres, P.-M. LE CORRE, *Droit et pratiques des procédures collectives*, Paris, Dalloz, 7e éd., 2013, p. 538 et s. ; Ch. DELATTRE, *Le Cadre d'intervention du ministère public en droit des entreprises en difficulté*, *op. cit.* ; M.-L. RASSAT, *Le Ministère public entre son passé et son avenir*, *op. cit.* ; V. MIKALEF-TOUDIC, *Le Ministère public, partie principale dans le procès civil*, *op. cit.* ; Éd. Presses universitaires d'Aix-Marseille, *op. cit.*, ou, encore, M. COTIN, S. BOUABDALLAH, N. DE JONG, P. DEUMIER, O. GOUT, et al., *Le Parquet en matière civile, sociale et commerciale : recensement des textes et étude empirique des activités non pénales du parquet*, *op. cit.*, etc.

148 Ch. DELATTRE, *Le Cadre d'intervention du ministère public en droit des entreprises en difficulté*, *op. cit.*, p. 50.

149 H. B. MAÏGA, *Le Manuel du juge au siège, 1. Le siège civil*, Bamako, Éd. Jamana, 2009, p. 99.

150 J.-P. DINTILHAC, *Le Procureur de la République. La justice au quotidien*, Paris, Éd. L'Harmattan, 2003, p. 11.

important. C'est dire que la pratique judiciaire y gagnerait en efficience pour une régulation sociale beaucoup plus appropriée.

105. Les développements susvisés établissent une contradiction certaine sur la question relative à l'office du ministère public dans le domaine civil et commercial au Mali. Cerner une telle thématique requiert, dès lors, que l'on rétablisse la vérité sur la mesure réelle et actuelle sur le sujet.

106. Dans cette optique, il est utile de commencer par expliquer que contrairement à une certaine présentation idyllique de la situation, le ministère public est loin d'être proactif sur le plan civil et commercial au Mali. C'est après cette présentation de l'état de la situation qu'il s'avérerait conséquemment nécessaire de démontrer qu'en dépit de la défaillance actuelle du parquet en ce pan de ses attributions il ne faudrait nullement désespérer dudit organe. En effet, cette inertie, quoique regrettable, n'est heureusement pas irrémédiable.

107. La présente étude ambitionne de démontrer qu'en dépit de la couverture légale, plus ou moins nette de la matière civile et commerciale par l'action du ministère public, cet organe s'illustre par une véritable indifférence dans le traitement judiciaire du contentieux relatif auxdites matières. Un tel constat, quoique déplorable, n'annihile toutefois pas les chances de réussir l'aiguillage nécessaire de l'action des officiers du ministère public sur ce terrain.

108. En effet, des mesures existent qui pourraient certainement contribuer à une réorientation utile de l'office du parquet dans ces matières. C'est dire, en définitive, que le but recherché est d'établir que la tiédeur du ministère public, en matière civile et commerciale au Mali, est loin d'être une fatalité.

109. Étudier la question relative au ministère public, en matière civile et commerciale, requiert le recours aussi bien aux méthodes exégétique[151] et analytique qu'à celle comparative pour une judicieuse appréhension du sujet. En effet, ces éléments d'attributions du parquet sont consacrés, de façon éparse, par diverses dispositions législatives et réglementaires au Mali.

110. Cette situation exige dès lors un travail préalable de recensement des normes juridiques susceptibles d'être interrogées sur la question. Après une telle détection des textes applicables, il s'impose de les disséquer tant en la forme qu'au fond. Cela permet de saisir les fondements, l'objet, voire les intérêts de l'office du ministère public en ces matières. Enfin, la confrontation des éléments du droit malien avec ceux d'autres pays aide à déceler les avancées et les lacunes des différents systèmes juridiques.

---

[151] M. BANDRAC *in* V. MIKALEF-TOUDIC, *Le Ministère public, partie principale dans le procès civil*, *op. cit.*, p. 9.

111. Cet exercice favorise la recherche de pistes de réflexion, voire de solution améliorative de la qualité tant des normes que des pratiques professionnelles, dans l'optique de la quête de l'efficience du système judiciaire malien. L'essor économique ainsi que l'assainissement et la protection du climat des affaires sont, dans une certaine mesure, à ce prix.

112. Le ministère public, au-delà de la sphère pénale au Mali, est investi de prérogatives étendues et fondamentales tant en droit civil qu'en droit des affaires. Ces attributions, dont la mise en œuvre est indispensable aussi bien pour la bonne administration de la justice civile et commerciale que pour la préservation de l'ordre social et économique, sont toutefois délaissées par les magistrats du parquet au Mali.

113. Toutefois, de cette léthargie, il est bien possible de relever le ministère public et de lui permettre, ainsi, d'exercer la plénitude des missions qui lui sont légalement dévolues. C'est pourquoi, en réponse à la question principale susvisée, la présente étude traite, dans un premier temps, du caractère certain de l'amorphisme du ministère public (première partie). Elle démontre fort heureusement dans un deuxième temps que ledit amorphisme, loin d'être insoluble, est réversible (seconde partie).

PREMIÈRE PARTIE : UN AMORPHISME CERTAIN

114. Les acteurs du procès civil sont nombreux et chacun a un rôle bien précis à jouer[152] dans la conduite des procédures judiciaires. Comme en matière pénale, le juge demeure le personnage central[153] dans la gestion du contentieux civil et/ou commercial, dans le cadre de la justice formelle[154]. Lorsqu'il conduit ses audiences, il est toujours assisté d'un greffier[155] qui, en plus de tenir la plume, authentifie ses actes[156].

115. Face au juge, les parties exercent leurs droits en qualité, soit de requérant, soit de défendeur selon, respectivement, qu'elles soient auteurs de la demande portée en justice ou s'y défendent. Elles ont la faculté de recourir aux services des avocats[157] qui, dès lors qu'ils sont régulièrement constitués, les assistent et/ou les représentent[158] selon les cas.

116. Concernant les acteurs animant la vie judiciaire, le droit positif malien consacre, sur plusieurs questions civiles[159] et commerciales[160], l'intervention du ministère public. Comme il est ébauché ci-dessus[161], ces différentes hypothèses

---

152 Autant le juge ne saurait se retrouver « partie » dans l'instance judiciaire qu'il conduit personnellement, autant une partie au procès ne saurait être « juge » de sa propre cause. Chacun a un rôle à jouer. Chacun doit s'en tenir à son seul rôle. Les différents acteurs ne doivent toutefois pas perdre de vue qu'ils doivent, dans la complémentarité, tous concourir à une bonne administration de la justice.

153 CPCCS, *op. cit.*, art. 44 et s.

154 Toutefois, dans le cadre des modes alternatifs de règlement des conflits, ce rôle revient à une personne privée qui peut être par exemple un arbitre.

155 CPCCS, *op. cit.*, art. 462.

156 Ordonnance n°°05-014/P-RM du 22 mars 2005 portant statut du personnel cadre des greffes et secrétaires des greffes et parquets, art. 8.

157 D. FAKOLY, *Mon séjour en prison*, Paris, Maat Kem Éditions, 2024, p. 23.

158 Règlement n°°5/CM/UEMOA relatif à l'harmonisation des règles régissant la profession d'avocat dans l'espace UEMOA, art. 5.

159 Entre autres, art. 46, 70, 72, 77, 112, 143, 151, 178, 271, 712, 806, 1094 de la loi n°°2011-087 du 30 décembre 2011 portant code des personnes et de la famille au Mali (CPF) ; v., également, art. 62 de la loi n°°87-31/AN-RM du 29 août 1987 portant régime général des obligations en République du Mali (RGO) ; de même, v., CPCCS, art. 45, 184, 290, 316, 356, 380, 417, 428 à 437, 439, 462, 516, 585, 595, 696 et s.

160 V. AUSC-GIE, art. 75, 216, 348, 548, 696, 716, 730, 731, 733 et 899 ; également, l'acte uniforme portant organisation des procédures collectives d'apurement du passif (AUPC) art. 4-8, 4-9, 4-21, 5-11, 13, 17, 23, 29, 30 à 32, 35, 47, 48, 63, 66, 101-1, 101-2, 112 à 116, 123, 124, 129, 139, 140, 145-7, 160, 172, 183, 195, 200, 208, 211, 217, 222, 234, 235 et 237.

161 *Supra*, p. 20-21.

d'intervention du parquet, dans l'animation de ces contentieux, couvrent un champ incontestablement large. Aussi se justifient-elles par, essentiellement, des considérations tenant au bien-être de l'homme et, par-delà, à celui de la société dans laquelle ce dernier mène son existence.

117. En dépit de l'institutionnalisation de leur intervention sur ces nombreuses questions, il se dégage comme constat que les magistrats du ministère public sont sinon invisibles du moins indéniablement effacés dans la conduite des procédures civiles et commerciales au Mali. Cette situation, qui n'est pas sans mettre à mal diverses obligations professionnelles incombant à cette catégorie de magistrats[162], produit un impact négatif sur la distribution de la justice en ce qu'elle biaise substantiellement la qualité de la réponse judiciaire. Cela est d'autant plus vrai qu'à travers l'action des officiers du ministère public, devant les organes juridictionnels officiant en matière civile et/ou commerciale, la puissance publique vise toujours des objectifs[163].

118. Le désintérêt du parquet pour les affaires civile et/ou commerciale ne peut, dès lors, que compromettre l'atteinte de ces objectifs. L'amorphisme du ministère public, en matière civile et commerciale, est de sources variées (titre I) tout en étant, par ailleurs, injustifiable puisque les raisons invoquées à son appui sont, à n'en point douter, inexactes (titre II).

---

[162] Loi n°°02-054 du 16 décembre 2002, *op. cit.*, art. 10 à 15 et 31.

[163] Comme on aura à le spécifier plus loin, dans le cadre de la présente étude, ces objectifs tiennent essentiellement à la protection de l'intérêt général, à la défense de l'ordre public, à la bonne application des lois de la République ou encore à la représentation de certains sujets de droit. Ils sont dégagés par le législateur malien, notamment, à travers des dispositions dont certaines du code de procédure pénale et d'autres du code de procédure civile, commerciale et sociale.

TITRE I : UN AMORPHISME AUX SOURCES VARIÉES

119. Étymologiquement, du grec *amorphos*, le terme amorphe est un adjectif désignant un corps ou une personne *« qui est ou paraît sans énergie*[164] *»*. Il a comme synonymes, entre autres, inertie, mollesse, inaction ou encore indolence. L'amorphisme signifie l'état d'une personne ou d'une institution qui est inactive ou qui est sans énergie. Appliqué au présent sujet, l'amorphisme du ministère public, en matière civile et commerciale, évoque le désintérêt de cet organe pour ces deux matières.

120. Pour qui sait l'intérêt tant pour la société que pour certaines catégories de sujets de droit[165] de voir le parquet pleinement engagé dans ces deux domaines, l'idée d'une quelconque tiédeur de cet organe ne peut que susciter interrogation et, surtout, inquiétude. Or, *« [...] une institution qui n'est pas capable de se transformer pour répondre aux besoins de notre société est vouée à régresser »*[166], d'où l'insatisfaction actuelle de l'office du ministère public dans ces domaines[167].

121. L'amorphisme du ministère public, sur le plan civil et commercial, découle de deux raisons essentielles qui, si elles sont voisines, demeurent tout de même différentes[168]. La première a trait au fait que bien que plusieurs questions civiles et/ou commerciales nécessitent l'intervention du parquet, on n'enregistre que fort rarement la participation des parquetiers[169]. La seconde, tout aussi fondamentale, est relative au fait que le dispositif juridique régissant certaines questions civiles et/ou commerciales est tout à fait insuffisant ou imparfait.

122. Or, la qualité de la réponse judiciaire dépend aussi bien de l'engagement et de la détermination des différents acteurs appelés à animer les procédures que de l'exhaustivité[170] des normes juridiques applicables. Dans la première hypothèse, il s'agit de l'amorphisme tenant à l'ineffectivité des textes (chapitre I) et, dans la seconde, de l'amorphisme tenant à l'incomplétude du droit positif (chapitre II).

---

164 *Le Petit Larousse illustré 2022*, Paris, Éd. Pollina, v. amorphe, p. 72.
165 Notamment, l'État mais aussi et surtout les personnes vulnérables (mineurs et majeurs protégés).
166 J.-L. DEBRÉ, *Ce que je ne pouvais pas dire*, Paris, Éd. Robert Laffont, 2017, p. 228.
167 A. GARAPON, *Bien juger. Essai sur le rituel judiciaire*, Paris, Éd. Odile Jacob, 2001, p. 37.
168 Ph. BILGER, *Pour l'honneur de la justice*, Paris, Éd. Flammarion, 2006, p. 35.
169 P. TRUCHE, *Juger, être jugé. Le magistrat face aux autres et à lui-même*, Paris, Éd. Fayard, 2001, p. 128.
170 É. MAUREL, *Paroles de procureur*, Paris, Éd. Gallimard, 2008 p. 18.

CHAPITRE I : L'AMORPHISME TENANT À L'INEFFECTIVITÉ DES TEXTES

123. L'édiction des normes juridiques[171] est peu de chose si leur mise en œuvre n'est pas correctement assurée par les différents organes institués à cet effet. L'inapplication et l'inobservation des textes découlent soit de l'inopportunité de leur intégration dans l'ordonnancement juridique[172], soit de leur inadaptation aux situations juridiques qu'ils sont censés régir ou, enfin, de l'inopportunité circonstancielle[173] de leur mise en œuvre.

124. Dans la pratique judiciaire au Mali, les magistrats du ministère public manifestent du désintérêt pour le traitement des procédures civiles et/ou commerciales[174]. Cette mollesse des parquetiers, dans l'animation des contentieux ayant trait à ces deux matières du droit privé, quoiqu'anormale[175] ne semble cependant interpeller ni l'État ni les acteurs judiciaires. Ces derniers, pour diverses raisons[176], paraissent se complaire dans cette situation.

125. Cela est curieux d'autant qu'elle engendre des conséquences néfastes sur la qualité de la réponse à apporter par l'institution judiciaire aux nombreuses sollicitations qu'elle enregistre[177]. Le lien entre amorphisme du ministère public et ineffectivité des textes est perceptible aussi bien en matière civile que dans l'animation des contentieux en matière commerciale. C'est pourquoi l'on verra, d'abord, l'inobservation des textes dans le contentieux civil (section I), puis l'inobservation des textes dans le contentieux commercial (section II).

---

[171] B. STIRN, « La qualité de la norme jurisprudentielle » *in Autour de la qualité des normes. Actes du colloque d'Aix-en-Provence des 24 et 25 octobre 2008*, sous la direction de M. FATIN-ROUGE STEFANINI, L. GAY et J. PINI, Bruxelles, Bruylant 2010, cité par A. SALL, *Le Contentieux de la violation des droits de l'homme devant la Cour de justice de la CEDEAO*, Dakar, Éd. L'Harmattan-Sénégal, 2019, p. 236.

[172] V. LE COQ, *Impunités, une justice à deux vitesses, pamphlet*, Paris, Nouveau Monde Éditions, 2017, p. 123.

[173] Pour Pierre TRUCHE, il convient de *« ne pas désarmer l'État. Son arme, c'est la loi, et la violence de la loi est indispensable face à la violence contre la loi. Cette arme est confiée aux juges pour qu'ils l'utilisent. Mais l'État lui-même considère en certaines circonstances que l'usage de cette violence légale est inutile et que les juges peuvent dispenser de peine », op. cit.*, p. 188.

[174] É. MAUREL, *ibid.*, p. 224.

[175] J.-C. MAGENDIE, *Les Sept Péchés capitaux de la justice française*, Paris, Éd. Léo Scheer, 2012, p. 65.

[176] Ces raisons tiennent essentiellement à la méconnaissance du rôle réel des magistrats du ministère public en matière civile et/ou commerciale d'une part et, de l'autre, à la négligence de la part de ceux d'entre eux qui en ont une certaine idée.

[177] V. LE COQ, *Impunités, une justice à deux vitesses, pamphlet, op. cit.*, p. 76.

Section I : L'inobservation des textes dans le contentieux civil

126. L'ineffectivité des normes juridiques, comme l'une des raisons explicatives de l'intervention inefficiente du ministère public en droit judiciaire privé, se ressent avec acuité dans l'animation des procédures judiciaires relatives aux affaires civile et/ou commerciale au Mali. Le contentieux civil désigne l'ensemble des règles juridiques ayant pour vocation de régir les différends de nature exclusivement privée opposant des sujets de droit poursuivant la réalisation d'intérêts du même ordre. Il relève du giron du droit judiciaire privé qui détermine la marche du procès civil[178], régit, également, les différentes institutions ainsi que les acteurs de ce type de procès[179].

127. La procédure, de façon générale, n'a pas bonne réputation aux yeux des doctrinaires[180]. En effet, elle est bien souvent perçue comme absconse, et comme un instrument favorisant la mauvaise foi à la disposition des plaideurs. Cela a été relevé par Maurice AYDALOT, premier président honoraire de la Cour de cassation française, pour qui : *« ... la procédure est beaucoup plus souvent la cousine germaine de la mauvaise foi. Elle accumule en effet les complications, les chausse-trapes, les sources de lenteurs, les oubliettes... et les frais inutiles. Elle permet au plaideur de mauvaise foi, et l'espèce n'est pas rare, de prolonger, de retarder la solution du litige, tout en assurant le plus tranquillement, souvent même le plus ostensiblement du monde son insolvabilité »*[181].

128. L'inobservation des textes dans le contentieux civil au Mali par les officiers du ministère public se remarque facilement aussi bien en matière d'état civil (paragraphe I) que dans les causes intéressant certaines personnes vulnérables (paragraphe II).

---

178 Dans cette acception, la notion a le sens restrictif de « procédure civile », c'est-à-dire les règles juridiques régissant la marche du procès civil. Entendu au sens strict, cela exclut les organes du procès civil alors que les règles régissant la procédure civile ainsi que les organes qui y sont dédiés forment un tout pour la régulation de la vie en société par la justice civile. Sur ces aspects, v. L. CADIET et E. JEULAND, *Droit judiciaire privé*, Paris, LexisNexis, 9e éd., 2016, n°°13, p. 9.

179 Parce que justement les règles procédurales et les organes de la justice civile forment un tout indissociable, des auteurs ont, à juste titre, fait remarquer que la notion de « procédure civile » est réductrice et donc impropre pour désigner l'ensemble du dispositif à la disposition de la justice civile pour assurer sa mission. C'est pour cela que lesdits auteurs préfèrent la notion de « droit judiciaire privé » qui a l'avantage d'englober aussi bien les règles procédurales que les organes du procès civil. H. SOLUS, « Cours de droit judiciaire privé (polycopie) », Faculté de droit de Paris, 1940-1941, inédit ; v. également H. SOLUS et R. PERROT, t. I, n°°4, cité par L. CADIET et E. JEULAND, *Droit judiciaire privé*, *op. cit.*, p. 11.

180 J. VINCENT et S. GUINCHARD, *Précis de procédure civile*, Paris, Dalloz, 27e éd., 2003, p. 1.

181 M. AYDALOT, *Magistrat. Un homme et son métier*, *op. cit.*, p. 187.

Paragraphe I : La léthargie du parquet face à l'état civil

129. L'état des personnes, en droit[182], désigne pour un individu l'ensemble des *« éléments caractéristiques de sa situation juridique*[183] ». Il a une composante politique (notamment la qualité de citoyen ou de national de la personne[184]) et une autre civile (statuts individuel, familial et social). L'état civil revêt une importance toute particulière pour la puissance publique. Cette grande importance découle de ce que plusieurs autres questions fondamentales y sont intimement liées.

En effet, qu'il s'agisse de la question démographique, de la question économique ou encore de celle politique, l'état civil se trouve être l'un des instruments irremplaçables servant d'indicateur sur ces différents plans[185]. L'état civil présente des singularités ou des caractères. Il est, en effet, indivisible, indisponible[186] et imprescriptible[187].

130. Dans la gestion du contentieux relatif à l'état civil, en République du Mali, il est rare de voir le ministère public jouer le rôle qui lui est dévolu par les textes. Cette inaction est perceptible tant concernant les faits d'état civil (A) que s'agissant, plus spécifiquement, de la question de nationalité (B).

A. Les faits d'état civil ignorés par le parquet

131. Les faits d'état civil, quoique non définis par le législateur malien, sont néanmoins évoqués par ce dernier à travers, essentiellement[188], la loi n°°2011-087 du 30 décembre 2011 portant code des personnes et de la famille (CPF). Synonymes de la notion d'état des personnes, ils désignent les événements importants, déterminés par la loi[189], marquant aussi bien l'accession à la personnalité juridique et l'existence juridique de la personne que la cessation de

---

[182] Cette précision est importante d'autant qu'*a priori* la notion « d'état d'une personne » peut facilement orienter l'esprit sur le plan médical, notamment, sur son état physique et, surtout, sur son état de santé.

[183] B. TEYSSIE, *Droit des personnes*, Paris, LexisNexis, 20e éd., 2018, n°°13, p. 11.

[184] Ph. MALAURIE, *Droit des personnes. La protection des mineurs et des majeurs*, Paris, LGDJ, 9e éd., 2017, n°249, p. 101.

[185] N. DIOUF, *L'État civil au Sénégal. Cadre organisationnel et juridique*, Dakar, Abis Éditions, t. 1, 2015, p. 7.

[186] TGI Nice, 30 juin 1976 : D, 1977, 45, note D. HUET-WEILLER : *JCP G* 1977, II, 18597, note M. HARICHAUX-RAMU. – Rappr. TGI Riom, 27 sept. 1967 : D. 1967, 743, note G.A, d'où il ressort qu'un père ne peut renoncer à exercer le droit de visite qui lui a été accordé afin que puisse être préservé un lien, même ténu, avec son enfant. V., également, Cass. 1re civ., 20 janv. 1981 : *Bull. civ. I*, p. 17, n°°22.

[187] V., cependant, Cass. 1re civ., 23 juin 2010 : D. 2010, 1626 ; *AJ Famille*, 2010, 399, obs. S. MILLEVILLE. – *Adde*, Cass. 1re civ., 17 déc. 2008 : *Gaz. Pal.*, 2009, 2703.

[188] Le sujet, en certains de ses aspects, est pris en charge par le CPCCS, en ses articles 97, 432 et 615.

[189] CPF, *op. cit.*, art. 114 à 120.

cette dernière ou encore le lien juridique rattachant une personne à un État donné.

132. Au regard de ces différents éléments relevant du champ de l'état civil, il découle que la notion englobe la naissance, le mariage, le décès ou encore la nationalité de la personne[190]. En conséquence, il convient de préciser que : *« l'état d'une personne n'est pas, à vrai dire, l'ensemble de ses droits et de ses obligations. C'est une situation juridique, au respect de laquelle l'ordre public est intéressé. C'est ce qu'il importe de comprendre pour poser l'importante question de l'indisponibilité de l'état »*[191]. Les contentieux relatifs à la question relèvent, au Mali, de la compétence des tribunaux de grande instance et d'instance[192] (TGI) et (TI).

133. Du fait de l'importance du sujet, le droit positif malien, à travers les dispositions de l'article 432 du décret n°°99-254 du 15 septembre 1999 portant code de procédure civile, commerciale et sociale (CPCCS), l'inscrit parmi les affaires devant impérativement être communiquées au ministère public. Cette communication a pour objet, tout d'abord, de tenir le parquet informé[193] de l'enregistrement d'une affaire civile au rôle général[194]. Aussi, devrait-elle lui permettre de prendre connaissance et d'examiner, minutieusement, les pièces du dossier[195].

135. Enfin, la communication vise à indiquer au parquet la date de l'audience à laquelle l'affaire sera examinée. Toutefois, il est fait obligation au président du tribunal, en plus de la communication du dossier, d'informer spécialement le parquet de la date retenue pour l'examen de l'affaire à l'audience[196]. Il est à

---

[190] Comme on le verra plus loin, notamment dans le point suivant, la nationalité a une connotation beaucoup plus politique que « civile ».

[191] M. GOBERT, « Réflexions sur les sources du droit et les "principes" d'indisponibilité du corps humain et de l'état des personnes. À propos des maternités de substitution », *RTD civ.*, 1992, 519.

[192] Loi n°°2011-037 du 15 juillet 2011 portant organisation judiciaire, art. 25, al. 2.

[193] Chr. DELATTRE, *Le Cadre d'intervention du ministère public en droit des entreprises en difficulté. Pratique des affaires*, Paris, Éd. Joly, 2018, n°°36, p. 43.

[194] Le rôle général est un document important tenu par chaque tribunal de grande instance ou d'instance de même que chaque justice de paix à compétence étendue, tribunal de commerce ou encore tribunal du travail. Il recense l'ensemble des affaires portées devant la juridiction. Il est constitué de six colonnes portant respectivement le numéro d'arrivée, la date d'arrivée, le nom du demandeur, celui du défendeur, la nature de l'affaire et enfin la date du jugement. Il s'agit curieusement là d'un document institué par la pratique judiciaire. Aucun texte du droit positif malien n'en consacre l'existence, à notre connaissance.

[195] CPCCS, *op. cit.*, art. 431 et s.

[196] *« Lorsqu'il y a eu communication, le ministère public est avisé de la date de l'audience »*, CPCCS, *op. cit.*, art. 436.

noter que le ministère public est tenu, en droit malien, d'être présent à l'audience dans toutes les affaires communicables[197].

136. Dans la pratique judiciaire au Mali, le ministère public n'accorde qu'un faible intérêt à l'animation des contentieux relatifs aux faits d'état civil qui sont pourtant garantis[198] par la loi. Cela est d'autant plus vrai que, tout d'abord, les magistrats du parquet ne procèdent que très rarement au contrôle des registres de déclaration et de ceux des actes de l'état civil de leur ressort. Le contrôle de ces registres, en plus d'être une obligation pour le parquet, entre justement dans sa mission générale de surveillance de l'état civil.

137. Cette obligation est d'origine légale puisqu'il est prévu que : *« Le procureur de la République ou le juge de paix à compétence étendue* ***vérifie*** *trimestriellement les registres de déclaration et les registres des actes de l'état civil de son ressort.*

Cette vérification porte sur tous les volets émis par les centres.

Le magistrat dresse un procès-verbal de cette vérification, en précisant les actes défectueux. Il indique les redressements à opérer, éventuellement, provoque des poursuites contre les officiers et agents de déclaration coupables d'infractions pénales. Une ampliation du procès-verbal de vérification est transmise, par voie hiérarchique, à l'officier de l'état civil intéressé, au procureur général et au ministre chargé de l'état civil »[199].

138. En plus de la non-surveillance des services dédiés exclusivement à la tenue de l'état civil, notamment, à la vérification des différents registres de déclaration et d'actes, dans la pratique judiciaire au Mali, il n'est guère courant de noter la présence d'un officier du ministère public aux audiences civiles appelées à examiner les litiges ayant trait à ces questions. Les audiences civiles sont laissées à la seule appréciation du juge ainsi que des parties privées. Or, l'intervention du ministère public à l'occasion des faits d'état civil a plusieurs intérêts.

139. Cela a notamment été reconnu par Éric MAUREL, alors magistrat du parquet en France, qui a soutenu qu' : *« Un des terrains de l'action du parquet français est celui des affaires civiles gracieuses et contentieuses : absence et disparition, rectification d'état civil, changement de nom, adoption, droits des grands-parents, opposition à mariage ou annulation, dispenses à mariage, changement de régime matrimonial, recouvrement public de pension*

---

[197] *« En matière pénale et dans les matières communicables, le ministère public est représenté à l'audience »*, loi n°°2011-037 du 15 juillet 2011 portant organisation judiciaire, *op. cit.*, art. 29.

[198] A.-M. LEROYER, « La notion d'état des personnes » *in Mélanges Gobert*, 2004, p. 247 et s.

[199] CPF, *op. cit.*, art. 112.

alimentaire, contentieux de la nationalité, curatelle et tutelle, légalité de l'hospitalisation en milieu psychiatrique, prélèvement d'organe en urgence, succession vacante ou non réclamée, déclaration judiciaire de naissance ou de décès, contredit sur procédures d'ordre... En ces matières aussi, le parquet se confronte aux coulisses de la vie. »[200]

En effet, ce droit d'action du parquet lui permet naturellement de satisfaire l'objet pour lequel le législateur a cru bon de lui imposer d'agir. Cet objet peut avoir trait, soit à la défense de l'ordre public[201] ou de l'intérêt général, soit à la bonne application de la loi ou encore à la représentation d'un sujet de droit spécifié par la loi.

140. Aussi, est-il évident que, par son intervention, le magistrat du parquet favorise la bonne tenue desdits registres. Cela garantit tant la fiabilité[202] que la sincérité des renseignements recueillis. Ce qui permet, sur les plans politique[203] et économique, de disposer d'un certain nombre d'outils adéquats et crédibles pour apprécier les choix et orientations publics nécessaires.

141. Enfin, il est indéniable que l'intervention du ministère public en matière civile le pré-positionne en cette matière pour détecter d'éventuelles infractions en matière d'état civil. S'il est vrai que les juges, comme tous les autres agents publics, sont tenus de dénoncer au parquet les infractions[204] qu'ils découvrent dans le cadre de l'exercice de leurs fonctions, il n'en demeure pas moins que la

---

200 É. MAUREL, *Paroles de procureur*, Paris, Éd. Gallimard, 2008, p. 159.

201 « *Le parquet étant concerné par tous les domaines touchant l'ordre public, ses interventions ne se limitent pas au droit pénal, même si c'est son rôle principal. Il intervient aussi en droit civil pour l'état des personnes (adoption, état civil, tutelles, etc.), dans les procédures commerciales, prudhommales, etc., pour donner son avis, prendre des réquisitions et le cas échéant interjeter appel* », Ph. COURROYE, *Reste la justice...*, Paris, Éd. Michel Lafon, 2018, p. 484. La notion de prudhomme n'est pas reconnue par le droit malien qui lui préfère celle de droit social.

202 « *Le manque d'authenticité et de fiabilité de l'état civil, la non-inscription encore élevée de personnes, les cas de fraude suscitent bien des contestations relatives à l'âge des prévenus ou des victimes...* », Y. DIALLO, *Le Procureur de la République. La pratique du parquet, op. cit.*, p. 365-366.

203 En matière électorale, l'exactitude du fichier est, dans une large mesure, tributaire de la fiabilité des données d'état civil collectées. Le fichier électoral permet en effet de se faire, d'une part, une certaine idée du nombre de citoyens en âge de voter. D'autre part, il permet de déterminer le taux de participation aux différents scrutins, etc.

204 « *Toute autorité constituée, tout fonctionnaire ou officier public qui, dans l'exercice de ses fonctions, acquerra la connaissance d'un crime ou d'un délit, sera tenu d'en donner avis sur-le-champ au procureur de la République ou au juge de paix à compétence étendue près le tribunal dans le ressort duquel le prévenu pourrait être trouvé et de transmettre à ce magistrat tous les renseignements, procès-verbaux et actes qui y sont relatifs* », CPP, art. 58.

présence du ministère public est une garantie beaucoup plus grande quant à la détection des faits délictueux ainsi qu'à leur répression dans ce domaine[205].

142. En dépit des recommandations régulièrement formulées par l'inspection des services judiciaires[206] (ISJ), à l'occasion de ses différentes missions de contrôle de l'activité des juridictions et des parquets, ces prescriptions légales ne sont jamais appliquées par les magistrats du parquet au Mali. Cette non-application, par les officiers du ministère public, de la réglementation en vigueur, en matière civile, rend sans nul doute le dispositif juridique ineffectif.

143. Il s'agit là d'une situation fortement déplorable quand on sait ce que le dynamisme du ministère public aurait pu apporter comme plus-value à la qualité du service rendu quotidiennement par l'institution judiciaire. Les conséquences découlant actuellement de ce comportement des magistrats du parquet sont autant légion que désastreuses.

144. L'action du ministère public semble se résumer en cette matière à continuellement *« se rapporter »* à quelque chose dont lui-même n'a la moindre idée. Dans la pratique, en effet, les parquets d'instance se contentent simplement de viser la quasi-totalité des dossiers civils qui leur sont communiqués. Ce simple visa vaudrait curieusement, selon eux, conclusions et devrait, dans leur esprit, les épargner d'une présence *« inopportune »* et *« insensée »* aux audiences civiles. C'est pour cela que les parquetiers ne se rencontrent régulièrement aux audiences civiles qu'à l'occasion des seules procédures de prestation de serment, de saisie immobilière ou encore de contrainte par corps[207].

145. En dehors de ces questions, les parquets d'instance, au Mali, semblent se considérer comme des intrus en matière civile[208]. Quant aux parquets généraux près la cour d'appel et la Cour suprême, il est heureux de constater que ces

---

[205] *« Un artiste connu au plan national venait de déposer un dossier de mariage, quand le maire d'une commune basque, agissant en tant qu'officier de l'état civil, m'alerta au vu des documents fournis. Je me fis communiquer le dossier et, sans être un expert, immédiatement je découvris une falsification grossière. La future épouse avait modifié ses documents d'identité et ses actes d'état civil pour se rajeunir d'une dizaine d'années. Ce faux et cet usage de faux entraînèrent une enquête de gendarmerie... »*, É. MAUREL, *op. cit.*, p. 160.

[206] Pour avoir une idée des missions de ce service, voir l'ordonnance n°°00-057 du 28 septembre 2000 portant création de l'inspection des services judiciaires.

[207] La contrainte par corps, qui est un moyen de contrainte à la disposition du juge civil par le recours à la privation de la liberté d'aller et de venir du débiteur, demeure dans le droit positif malien. Elle est consacrée par les dispositions du CPCCS, notamment en ses articles 725 à 731.

[208] A. GARAPON, *Bien juger. Essai sur le rituel judiciaire*, Paris, Éd. Odile Jacob, 2001, p. 37.

derniers sont toujours représentés aux différentes audiences civiles[209]. Il est toutefois rare, même à ce niveau, que ces officiers supérieurs du ministère public prennent position dans la conduite des procédures, notamment, en prenant des conclusions écrites ou orales. Pour ces derniers, la loi n'exigerait leur présence aux audiences civiles et commerciales que pour faire de la figuration.

146. Ce faible engouement des officiers du ministère public est fortement regrettable au regard de l'importance qu'il y a pour l'État de disposer d'un état civil crédible[210]. Un état civil défectueux, en plus d'être désastreux pour l'image de l'État, contribue à fausser la plupart des politiques publiques visant le développement du pays[211]. Puisque : *« Le magistrat ne fait pas de politique quand il constate les réalités pour en tenir compte dans son appréciation de l'intérêt général. »*[212]

147. La naissance, le mariage, le décès de même que les autres éléments entrant[213] dans le cadre de l'état de la personne[214] sont des événements extrêmement importants tant pour la personne[215] concernée que pour l'État. Il en est de même de la nationalité qui, bien que relevant de l'état de la personne, mérite à présent d'être abordée de façon spécifique.

B. Le regard du parquet détourné de la nationalité

148. Le législateur malien ne définit pas la notion de nationalité. Il prend soin, tout de même, d'en déterminer rigoureusement le régime juridique[216]. De

---

209 Cela s'explique par le fait qu'en application des dispositions de l'article 12 de la loi portant organisation judiciaire sus-spécifiée le parquet général est représenté à toutes les audiences, y compris, celles civiles.

210 Y. DIALLO, *Le Procureur de la République. La pratique du parquet*, *op. cit.*, 449.

211 *« Une justice qui aide au développement et qui ne se contente pas de produire des textes et de créer des commissions, tel doit être le chemin »*, M. I. KONATÉ, *Justice en Afrique. Ce grand corps malade*, Bamako, Éd. La Sahélienne, 2018, p. 122.

212 E. DE MONTGOLFIER, *Le Devoir de déplaire*, Paris, Éd. Michel Lafon, 2006, p. 48.

213 Cependant, la jurisprudence milite en faveur de l'exclusion de la vie privée du champ de l'état de la personne. V., notamment, Crim., 16 avril 1980 : *D.* 1981, 68, note J. MESTRE.

214 Pour le cas spécifique de l'âge de la personne, v., par exemple, CAZALS, « L'âge et le droit privé », thèse de droit, Paris-II, 1976 ; également, F. TERRE et D. FENOUILLET, *Droit civil. Les personnes. La famille. Les incapacités*, Paris, Dalloz, 7e éd., 2001, p. 132.

215 *« Tous les métiers doivent interdire l'habitude. Mais plus encore celui de magistrat... Parce qu'on ne traite pas de dossiers mais de destins. Quelles que soient les fonctions exercées, au siège ou au parquet, au civil ou au pénal, ce sont des parcelles de destinées dont nous sommes les dépositaires »*, Ph. COURROYE, *Reste la justice...*, *op. cit.*, p. 16.

216 CPF, *op. cit.*, art. 218 à 277.

connotation fortement politique[217], la nationalité est définie par la Cour internationale de justice (CIJ) comme étant *« un lien juridique ayant à sa base un fait social de rattachement, une solidarité effective d'existence, d'intérêts, de sentiments jointe à une réciprocité de droits et de devoirs. Elle est, peut-on dire, l'expression juridique du fait que l'individu auquel elle est conférée, soit directement par la loi, soit par un acte de l'autorité, est, en fait, plus étroitement rattaché à la population de l'État qui la lui confère qu'à celle de tout autre État »*[218]. Cette appréhension de la notion, qui est largement partageable, met en évidence l'existence d'un lien juridique entre un État, d'une part, et un individu qui en devient le citoyen ou le national, de l'autre.

149. Sujet majeur mais surtout extrêmement sensible[219], la nationalité relève des éléments déterminant l'état de la personne[220]. L'importance de la question a trait au fait que : *« La nationalité crée une allégeance personnelle de l'individu*[221] *envers l'État national ; elle fonde la compétence personnelle de l'État, compétence qui l'autorise à exercer certains pouvoirs sur ses nationaux où qu'ils se trouvent »*[222]. C'est dire, conséquemment, que le lien de nationalité permet de déterminer les nationaux[223] d'un État.

---

[217] J.-C. FARCY, *Magistrats en majesté. Les discours de rentrée aux audiences solennelles des cours d'appel (XIXe-XXe siècles)*, Paris, Éd. CNRS, 1998, p. 408-409.

[218] Affaire Nottebohm (deuxième phase), arrêt du 6 avril 1955 : C. I. J. *Recueil*, 1955, p. 4.

[219] Ces caractères de la notion s'expliquent par le fait que la question de nationalité touche directement et intimement à la souveraineté de l'État. Cela en fait un sujet d'importance capitale pour les États puisque provoquant facilement la jalousie de ces derniers.

[220] B. AUDIT, *Droit international privé*, Economica, Paris, 6e éd., 2010, n°°602, p. 524.

[221] En retour, la nationalité permet au citoyen de jouir d'un certain nombre de droits civils et politiques qu'il peut exiger de l'État. Parmi ces droits, figurent entre autres la postulation aux emplois publics correspondants au profil de compétence du citoyen ou encore le droit d'être électeur et/ou éligible.

[222] P. DAILLIER, A. PELLET, *Droit international public*, Paris, LGDJ, 7e éd., 2002, p. 409.

[223] En droit international, l'emploi des termes « national » et « ressortissant » a conduit à quelques controverses. En effet, dans un premier temps, il a été décidé que « le terme ressortissant… a également trait aux personnes physiques dont la situation juridique est déterminée par le lien personnel de la nationalité qui les unit à l'État » (*CPJI*, arrêt de 1926, Intérêts allemands en Haute-Silésie polonaise, série A, n°°7, p. 70). Or, dans un second temps, on a pu lire dans un autre arrêt que : *« ... l'expression « ressortissant » figurant dans l'article 297 du traité de Versailles n'est pas restreinte aux nationaux d'un État, mais... comprend également tous ceux qui, par quelque rapport juridique autre que la nationalité, relèvent d'un État »* (*Décision du 30 décembre 1927 du tribunal arbitral mixte franco-allemand*, Rec. TAM, vol. VII, p. 655 ; voir aussi la décision du 1er juillet 1923 du TAM anglo-autrichien, REC. TAM, vol. III, p. 236). C'est dire que sur le sujet,

150. L'ensemble de ces nationaux forme la population qui est justement un élément indispensable à la formation de toute puissance publique au regard du droit international public[224]. La sensibilité de la question de nationalité découle, essentiellement, du fait qu'elle touche directement à la souveraineté des États[225]. Ces derniers jouissent d'une marge de manœuvre importante, en la matière, d'autant qu'ils déterminent de façon discrétionnaire[226] les conditions d'acquisition du lien juridique qui les rattache à des personnes déterminées[227].

151. Ces propos liminaires permettent facilement de se convaincre de l'importance de la question de nationalité et, surtout, de comprendre les raisons conduisant les États à la soumettre à un régime juridique rigoureux et spécifique[228]. C'est justement cette spécificité qui explicite qu'en droit de la nationalité, le ministère public soit investi de prérogatives exorbitantes. En effet, il n'y a pas de contentieux relatifs à la nationalité où le ministère public n'intervient pas. Qu'il intervienne comme partie principale[229] ou comme partie jointe, la présence du parquet en cette matière[230] est indispensable d'autant qu'à l'occasion, il représente l'État[231].

152. En effet, *« dans le cadre du contentieux de la nationalité, le ministère public n'a pas la qualité de défenseur des intérêts généraux de la société. Il représente la puissance étatique, il agit afin de faire reconnaître un droit*

---

l'emploi du terme *« national »* est préférable puisqu'objectivement plus adéquat que celui de *« ressortissant »*.

224 T. C. AGBOGBO, « Le droit à la nationalité à l'épreuve de l'apatridie dans les États africains », thèse, Université d'Abomey-Calavi, 2021, p. 11.

225 *« L'État est communément défini comme une collectivité qui se compose d'un territoire et d'une population soumis à un pouvoir politique organisé »* et *« se caractérise par la souveraineté »*, Com. arb. Yougo., avis n°°1, 29 nov. 1991, RGDIP, 1992, p. 264 ; v. également l'avis n°°8, 4 juill. 1992.

226 Civ. 1re, 17 fév. 1982 : *Gaz. Pal.*, 1982. 2. Pan. 224 ; *Rév. crit. DIP*, 1983. 249, note H. Batiffol.

227 Civ. 1re, 14 mars 2012 : *Rev. crit. DIP* 2012. 553, note Marchadier.

228 P. MAYER et V. HEUZE, *Droit international privé*, 7e éd., Paris, Montchrestien, Domat droit privé, 2001, n°°836 et s. ; D. LOCHAK, *Étrangers : de quel droit ?*, Paris, Éd. PUF, 1985, p. 7 ; J. COMBACAU et S. SUR, *Droit international public*, Paris, Montchrestien, Domat droit public, 6e éd., 2004, p. 323 et s. ; D. CARREAU, *Droit international*, A. Pedone, Paris, 7e éd., 2001, n°°555 et s.

229 En cette qualité, le ministère public peut intervenir aussi bien comme requérant que comme défendeur. Pour plus de précision, v. V. MIKALEF-TOUDIC, *Le Ministère public, partie principale dans le procès civil, op. cit.*, p. 37.

230 Cette précision est importante d'autant que d'ordinaire, le ministère public représente non pas l'État mais bien au contraire la société, l'État étant un composant de celle-ci. En matière de nationalité, l'État agit en justice par l'organe du ministère public qui exerce un de ses droits substantiels.

231 J. GUIGUE, *Rep. pr. civ*, Paris, Dalloz, 1re éd., 1979, v. ministère public, n°°131 et s. ; J. MIGUET, « Ministère public », *JCl Proc.*, éd. 1995, fasc. 100, n°°110.

substantiel de l'État »[232]. Comme pour les autres questions relevant de l'état civil, la compétence juridictionnelle, pour connaître du contentieux relatif à la nationalité, est dévolue au tribunal de grande instance ou d'instance[233]. Ces juridictions statuent, en la matière, seulement en premier ressort[234]. Aussi, est-il important de faire observer qu'à l'instar de toutes les causes ayant trait à l'état des personnes la nationalité relève des affaires civiles communicables, par le juge civil, au ministère public[235].

153. D'une matière d'importance aussi capitale, il est regrettable que le ministère public détourne le regard en s'illustrant par une quelconque inertie. C'est pourtant le cas au Mali. En effet, dans le pays, comme à l'occasion du traitement judiciaire des autres affaires civiles, le ministère public ne se considère pas suffisamment intéressé par la question[236].

154. S'il est vrai que le contentieux relatif à la question de nationalité n'est pas légion dans le pays, il n'en demeure pas moins que cet état de fait s'explique, essentiellement, par un certain délaissement de la matière par les parquetiers. Or, l'éradication d'un phénomène aussi inhumain que l'apatridie[237] passe, par exemple, par une implication véritable de l'ensemble des acteurs concernés par la question de nationalité, le parquet étant au cœur de ce dispositif[238].

155. Les recherches effectuées à l'occasion de la présente étude n'ont permis de découvrir qu'un seul cas, au Mali, où le ministère public a initié une action en annulation de la nationalité d'un individu. Cette procédure a été examinée par le TGI de la commune I du district de Bamako. Dans le cas d'espèce, un Pakistanais a sollicité et obtenu, curieusement, de cette juridiction un certificat

---

[232] V. MIKALEF-TOUDIC, *Le Ministère public, partie principale dans le procès civil, op. cit.*, p. 274.

[233] Il s'agit toutefois là des aspects exclusivement civils de la question. En effet, dans le cadre de la gestion des contentieux découlant de la nationalité, des débordements peuvent conduire sur le terrain pénal. Cette situation attribuerait dès lors compétence au juge pénal d'officier.

[234] CPF, *op. cit.*, art. 25, al. 2.

[235] CPCCS, *op. cit.*, art. 432.

[236] Cette situation est curieuse quand on sait que : « L'action principale aux fins d'établir ou de contester la nationalité du défendeur est ouverte au seul procureur de la République, sans préjudice du droit d'intervention des tiers », CPF, *op. cit.*, art. 272. V. également les dispositions de l'article 273 du même texte.

[237] T. C. AGBOGBO, *Le Droit à la nationalité à l'épreuve de l'apatridie dans les États africains, op. cit.*, p. 34.

[238] Ceci est d'autant plus vrai que le législateur déclare que : *« L'action aux fins d'établir ou de décliner la nationalité est ouverte à tout intéressé pour lui-même contre le ministère public qui a seul qualité pour défendre à l'action, sans préjudice du droit d'intervention des tiers.*

En tout état de cause, le procureur de la République est tenu de conclure par écrit y compris devant le juge de paix à compétence étendue », CPF, *op. cit.*, art. 271.

de nationalité. À l'appui de sa demande, il avait produit un extrait d'acte de naissance comportant des mentions erronées. Cela a échappé à la vigilance[239] du tribunal civil qui lui a, malgré tout, délivré un certificat attestant de sa nationalité malienne.

156. Puisque l'intéressé avait besoin de ce document pour constituer son dossier en vue de briguer la présidence d'une association, ses concurrents ont, à cette occasion, découvert le pot aux roses[240]. Ils n'ont pas tardé à dénoncer cette situation au procureur de la République près le TGI de la commune I du district de Bamako. Ce magistrat, comme seule réaction, a saisi son tribunal civil d'attache d'une requête en annulation du certificat de nationalité irrégulièrement délivré.

157. Après l'instruction de l'affaire et les débats, cette juridiction a rendu le 23 novembre 2020 le jugement n°°279 entre le procureur de la République et le Pakistanais. Par ladite décision, le juge civil a estimé la démarche du ministère public bien fondée et a annulé le certificat de nationalité n°°5692/TGI.CI délivré le 1er août 2019 au Pakistanais. Aucun recours n'a été exercé contre ce jugement. Plus tard, le 13 juillet 2022, le président de l'association en question a porté plainte, entre les mains du procureur général près la cour d'appel de Bamako, contre le Pakistanais, pour faux et usage de faux.

158. La gestion faite de cette affaire, par le parquet d'instance près le TGI de la commune I du district de Bamako, appelle deux remarques. Ces observations permettront, à n'en point douter, de se rendre compte que l'office du ministère public en matière civile est loin d'être judicieusement appréhendé dans la pratique judiciaire au Mali.

159. Cette affirmation est d'autant plus fondée que, tout d'abord, à l'examen tant du dossier physique de la procédure que de l'expédition du jugement rendu dans la cause, il n'apparaît nulle part la *« qualité légale »* en vertu de laquelle le procureur de la République sus-spécifié a agi[241].

---

[239] P. TRUCHE, *Juger, être jugé. Le magistrat face autres et à lui-même*, *op. cit.*, p. 171-172.

[240] L'expression découvrir « le pot aux roses » désigne le fait de découvrir ou de dévoiler quelque chose qui est caché ou qui était destiné à ne pas être révélé. Elle est bien connue du monde de l'investigation où les enquêteurs l'utilisent fréquemment.

[241] L'on sait bien qu'en matière civile le procès oppose, le plus souvent, le demandeur, d'un côté, et le défendeur, de l'autre. Mais s'agissant du ministère public, le législateur donne des spécifications précises par rapport au visage type sous lequel cet organe doit officier. Ainsi, le ministère public agit soit comme partie principale (CPCCS, art. 428 à 430), soit comme partie jointe (CPCCS, art. 431 et 432). Dans le cas d'espèce, quand bien même il a initié la procédure et était donc demandeur à l'action, les différents actes de procédure auraient dû expressément spécifier que le parquet agissait comme partie principale.

160. Il y ressort simplement que ce magistrat était le demandeur à l'action. Ensuite, la gravité et, surtout, la sensibilité de la question étaient telles qu'une action au pénal était bien envisageable d'autant que le faux et l'usage de faux constituent des infractions passibles, en principe, de peines criminelles dans la législation malienne[242].

S'il est vrai que le procureur de la République près le TGI de la commune I n'était pas compétent pour connaître de ces infractions, il est curieux, tout de même, qu'il ne les ait pas dénoncées à son homologue qui y est habilité[243]. Cette obligation de dénonciation s'imposait également au juge civil ayant rendu la décision d'annulation du certificat de nationalité incriminé[244].

161. Cet exemple montre bien que les magistrats du parquet, au Mali, ne sont pas suffisamment engagés et outillés pour s'acquitter convenablement de leurs attributions en matière civile, en général, et dans la gestion des contentieux relatifs à la question de nationalité, en particulier.

162. Aussi, convient-il de relever que la rareté des cas à traiter s'explique beaucoup plus par le désintérêt des parquetiers pour les causes civiles que par l'absence de contentieux potentiels à relever. En tout état de cause, l'importance de la question de nationalité pour l'État nécessite que les magistrats du parquet réexaminent leur position sur le sujet au Mali.

163. Comme on vient de le constater, l'inertie du ministère public est facilement constatable en matière d'état des personnes au Mali. À l'égard de certaines personnes vulnérables, la situation est, également, loin d'être meilleure.

---

[242] À cet égard, voir les dispositions des articles 102, 103 et 104 de la loi n°°01-079 du 20 août 2001 portant code pénal en République du Mali. Ce texte a été modifié d'abord par la loi n°°2005-45 du 18 août 2005 puis par celle n°°2016-39 du 7 juillet 2016. Ces différentes modifications n'ont pas concerné les articles sus-spécifiés.

[243] Les infractions de faux et d'usage de faux, au Mali, relèvent de la compétence exclusive du Pôle national économique et financier (PNEF) suivant les dispositions des articles 609 (nouveau) et 610 (nouveau) de la loi n°°2021-051 du 29 septembre 2021 portant modification de la loi n°°01-80 du 20 août 2001, modifiée, portant code de procédure pénale.

[244] Ainsi, l'article 58 du code de procédure pénale prévoit que : *« Toute autorité constituée, tout fonctionnaire ou officier public qui, dans l'exercice de ses fonctions, acquerra la connaissance d'un crime ou d'un délit, sera tenu d'en donner avis sur-le-champ au procureur de la République ou au juge de paix à compétence étendue près le tribunal dans le ressort duquel le prévenu pourrait être trouvé et de transmettre à ce magistrat tous les renseignements, procès-verbaux et actes qui y sont relatifs.*
Toute personne qui aura été témoin d'un attentat soit contre la sûreté publique, soit contre la vie ou la propriété d'un individu, sera tenue d'en donner avis au procureur de la République ou au juge de paix à compétence étendue. »

Paragraphe II : Le manque d'entrain du parquet pour les personnes vulnérables

164. Tirant son origine du droit pénal où elle est prise en compte pour accorder une protection spécifique[245] à une catégorie de personnes ou pour servir de circonstance aggravante de certaines infractions[246], de nos jours, la notion de personnes vulnérables désigne, en droit civil, les personnes protégées[247], jadis appelées les incapables[248]. Elles[249] désignent, en droit civil, une catégorie d'individus aux facultés *« insuffisantes ou devenues diminuées par l'âge ou la maladie... »*[250].

165. Cela englobe les enfants, les personnes âgées, certaines femmes[251] et, enfin, les personnes, de tous âges, atteintes d'une maladie affectant profondément leur aptitude physique mais surtout psychique. La sensibilité de la question justifie la participation du parquet à la prise en charge de ces personnes sur le plan judiciaire, ce qui favorise l'effectivité[252] des droits qui leur sont reconnus.

166. Dans le cadre de la présente étude, il convient de s'intéresser à la situation des malades à travers la question de l'hospitalisation forcée (A), d'une part, et, d'autre part, à la question de l'enfance (B).

---

245 Loi n°°01-081 du 24 août 2001 portant sur la minorité pénale et institution de juridiction pour mineurs en République du Mali.

246 Il en est ainsi, entre autres, des infractions de viol, de pédophilie ou encore de coups et blessures volontaires prévues et réprimées respectivement par les dispositions des articles 226, 228, 207 et 208 du code pénal malien.

247 Ph. MALAURIE, *Droit des personnes. La protection des mineurs et des majeurs*, Paris, LGDJ, 9e éd., p. 261-262.

248 « Toute protection des aliénés, en un sens, les aliène, par cela seul qu'elle les suppose étrangers à l'univers raisonnable [...] Sauvegarde, tutelle, curatelle – quelque précaution qu'on ait eue d'employer des mots courtois et apaisants, n'est-ce pas un statut du malade mental qui est évoqué, donc une mise à part des autres, une ségrégation par le droit ? », J. CARBONNIER, « Préface à J. MASSIP », *La Réforme du droit des incapables majeurs*, Paris, Éd. Defrénois, 1968, reproduite dans *Les Incapacités*, chez le même éditeur, 2002, p. 25 tout comme dans J. CARBONNIER, *Écrits*, Paris, Éd. PUF, 2008, p. 64, sp. p. 69-70.

249 CEDH, 7 juill. 2009, Stagno c/ Belgique, *JCP G* 2010, act. 135, n°°5, n. M. Aznavant ; v., également, CEDH, 16 juill. 2009, Zehenter c/ Autriche, *ib.*

250 Ph. MALAURIE, *Droit des personnes. La protection des mineurs et des majeurs*, *op. cit.*, n°°492, p. 261.

251 Il s'agit de celles frappées d'une certaine précarité dans la société. Relèvent, notamment, de cette catégorie les veuves démunies et les jeunes filles mères, sans ressources et sans subsides.

252 A. CHERIF, « L'effectivité des droits fondamentaux dans l'ordre juridique ivoirien : une étude à la lumière du droit international et comparé », thèse, Université de Genève, 2014, cité par AGBOGBO (T. C.), *op. cit.*, p. 34.

A. Le faible intérêt pour l'hospitalisation forcée

167. Du latin *male habitus* signifiant en mauvais état, le malade[253] est l'être humain dont *« la santé est altérée »* ou *« qui est mentalement perturbé... »*[254]. La maladie est donc l'état d'une personne atteinte d'une pathologie altérant sa santé physique ou psychique. Le droit à la santé est consacré par plusieurs instruments juridiques internationaux[255] et sous-régionaux. Il relève à l'échelon interne, au Mali, des droits fondamentaux du citoyen consacrés par la Constitution[256].

168. L'hôpital est l'un des établissements institués par l'État[257] pour administrer les soins de santé aux citoyens[258]. Les hôpitaux, qui constituent les établissements sanitaires de degré supérieur, sont régis par la loi n°°02-050 du 22 juillet 2002 portant loi hospitalière en République du Mali. Parmi les personnels médicaux, les médecins occupent un rôle important puisque ce sont eux, dans la plupart des cas, qui prennent les grandes décisions en matière médicale[259].

169. La maladie[260] conduit, dans certains cas, les médecins à ordonner l'hospitalisation[261] des patients. Il s'agit là, sans aucun doute, d'une mesure de contrainte pour le malade quoiqu'elle soit censée aller de l'intérêt de ce dernier.

---

[253] *« Le bon fonctionnement de la société veut que le malade trouve un médecin, le plaideur un défenseur, le catholique un confesseur. [...] Il importe donc à l'ordre social que ces confidents nécessaires soient astreints à la discrétion que le silence leur soit imposé sans condition ni réserve car personne n'oserait plus s'adresser à eux si l'on pouvait craindre la divulgation du secret confié »*, E. GARÇON, *Code pénal annoté*, Paris, Éd. Recueil Sirey, 1952, art. 378. V. aussi : Y. MAYAUD, « La condamnation de l'évêque de Bayeux pour non-dénonciation ou le tribut payé à César... », *Dalloz*, 2001, 3454.

[254] *Le Petit Larousse illustré*, Éd. Larousse, v. malade, p. 695.

[255] *Déclaration universelle des droits de l'homme de 1948*, art. 22 et 25 ; v. également la *Charte africaine des droits des peuples et du citoyen*, art. 17 ; et, enfin, le *Protocole à la Charte africaine des droits de l'homme et des peuples relatif aux droits de la femme*, art. 14.

[256] *Const. Rép. du Mali du 22 juillet 2023*, art. 10.

[257] Au Mali, en effet, le système de santé enregistre à la base les associations de santé communautaire (ASACO) et les centres de santé communautaire (CSCOM).

[258] Au Mali, les hôpitaux sont l'œuvre de l'État. Il existe cependant, en appui aux efforts de la puissance publique, des structures privées pour l'administration de soins médicaux. Ces entités privées, dans le pays, portent la dénomination de clinique ou de cabinet de santé.

[259] S'il est vrai que les décisions en matière de politique de santé sont de l'apanage des autorités politiques, il n'en demeure pas moins que celles techniques ou médicales sont du seul ressort des médecins traitants, seuls professionnels, donc habilités en la matière.

[260] M. MAÏGA, *La Responsabilité du professionnel de la santé en contexte africain. Étude de droit malien*, Paris, Éd. L'Harmattan, 2022, p. 13.

[261] Loi n°°02-050 du 22 juillet 2002 portant loi hospitalière, art. 3 et 4.

Elle est commandée soit par la gravité extrême[262] de l'état de santé du patient, soit par la contagiosité[263] de la pathologie dont ce dernier est atteint. Elle peut, également, être motivée par la dangerosité du malade[264]. C'est dire, en définitive, que l'hospitalisation sans le consentement du patient vise, d'une part, la protection du malade lui-même et des tiers et, d'autre part, la préservation de la dignité de l'aliéné mental.

170. L'impérieuse nécessité du respect de la dignité[265] humaine explique que la santé soit au cœur de l'action politique des États modernes. Le Mali ne déroge nullement à ce postulat. La maladie[266] étale, en effet, la faiblesse humaine et le droit à la santé relève de ces matières qui font *« l'honneur du droit »*[267]. Parce qu'elle est sacrée et inviolable[268], quelle que soit la condition dans laquelle elle se trouve, la personne humaine mérite respect et, surtout, considération. C'est pour cette raison essentielle que, suivant la loi malienne, sont communiquées au ministère public, entre autres, *« les causes intéressant les personnes placées dans un établissement d'aliénés lors même qu'elles ne seraient pas mises en tutelle »*[269].

171. Légalement investi de la mission de veiller à la défense tant de l'intérêt général que des droits de certaines personnes vulnérables[270], le ministère public, en matière d'hospitalisation forcée des aliénés, est loin d'être efficace au Mali. Cette situation s'explique par le fait que, d'une part, le dispositif juridique régissant l'hospitalisation forcée est généralement méconnu des parquetiers. D'autre part, dans la pratique, il n'y a aucun contact entre les établissements hospitaliers et le ministère public, dans la prise en charge de la question[271].

---

262 On peut supposer que la gravité de la maladie est la raison principale de la décision d'hospitalisation que les médecins peuvent être amenés à prendre. Cela semble d'autant plus vrai que, sans être professionnel du domaine, la plupart des mesures d'hospitalisation n'ont aucun lien avec l'agressivité du patient ou encore par une quelconque épidémie. Dans ce sens, v. CE 10 avr. 2009 : *RD sanit. soc.*, 2009, 688, note F. DIEU.

263 Il y a effectivement des maladies contagieuses qui nécessitent la mise en quarantaine ou l'isolement du patient. Le virus Ebola, tout comme la Covid-19, demeure un souvenir frais pour l'humanité.

264 Certaines maladies mentales plongent le patient dans une agressivité telle que son internement s'impose tant pour sa propre sécurité que pour celle des tiers.

265 Déclaration universelle des droits de l'homme, *op. cit.*, art. 1er, 22 et 23.

266 Ph. MALAURIE, *Droit des personnes. La protection des mineurs et des majeurs*, *op. cit.*, p. 262.

267 *Ibid.*

268 *Charte africaine des droits de l'homme et des peuples*, *op. cit.*, art. 4.

269 CPCCS, *op. cit.*, art. 432 *in fine*.

270 B. TEYSSIE, *Droit des personnes*, *op. cit.*, n°°901, p. 494.

271 Le contrôle périodique de ces établissements permettrait, sans nul doute, aux magistrats du parquet de s'assurer du respect des droits élémentaires de ces personnes.

172. Les patients se voient interner, lorsque les médecins l'estiment nécessaire sans que certaines mesures préalables soient prises. Également, les recherches sur le sujet conduisent à découvrir qu'une fois la mesure d'internement prise il n'y a, dans la pratique au Mali, aucun mécanisme de contrôle extérieur à la structure hospitalière. Or, quoiqu'atteints de déficience mentale, les aliénés demeurent des êtres humains et méritent, en conséquence, d'être traités avec dignité. C'est pourquoi ce droit aux égards des aliénés est fortement tributaire du droit de regard des officiers du ministère public sur les conditions de leur prise en charge.

173. En plus des aliénés, qui sont souvent l'objet de mesures d'hospitalisation forcée, l'humanité a été mise à rude épreuve, à partir de l'année 2019, par la maladie à coronavirus autrement appelée « la Covid-19 ». La gestion politique mais surtout médicale de cette pandémie a imposé aux autorités sanitaires le recours régulier *« à la mise en quarantaine »*. Cette mesure, qui consiste à rompre tout contact entre le malade et les sujets sains[272], présente des similitudes indéniables avec l'hospitalisation forcée. Il s'agit là d'une situation d'urgence qui a pris de court la planète entière. Le Mali n'a pas échappé à ses méfaits et en a, d'ailleurs, été durement éprouvé.

174. S'il est vrai que les nombreuses mises en quarantaine imposées par l'État n'ont pas conduit à des incidents révélés ayant nécessité le recours à la justice au Mali, il n'en demeure pas moins que la façon dont lesdites mesures ont été conduites est quelque peu critiquable. En effet, comme l'hospitalisation forcée des aliénés, il est déplorable qu'une telle mesure qui nécessite[273] des restrictions importantes de libertés[274] ait été laissée à la seule initiative des autorités sanitaires et sécuritaires.

175. Un droit de regard ou une certaine implication du ministère public aussi bien dans le processus d'ordonnancement de ces mises en quarantaine que de

---

Ce contrôle pourrait être facilité par l'exploitation des registres tenus à ce niveau par, notamment, les professionnels du monde de la santé. Il pourrait également inciter les magistrats du parquet à agir pour la cessation des abus éventuels constatés, voire pour la levée de la mesure d'hospitalisation forcée, au cas où cette mesure ne serait pas justifiée.

[272] Il convient de noter, cependant, qu'il ne saurait être question de rompre le contact entre le malade et le personnel soignant.

[273] M. LE GOUES, « Le consentement du patient en droit de la santé », thèse, Université d'Avignon et des Pays de Vaucluse, France, 2015, p. 27.

[274] Or, « pouvoir se déplacer librement et sans contrainte, sans autorisation de la puissance étatique, constitue un privilège des sociétés démocratiques », X. PHILIPPE, « La liberté d'aller et de venir » *in Libertés et droits fondamentaux* de R. CABRILLAC, Paris, Éd. Dalloz, 2009, p. 331.

leur mise en œuvre aurait, sans aucun doute, favorisé le respect de certains droits fondamentaux[275] de ces personnes.

176. Le ministère public doit s'intéresser, au Mali, à la gestion des contentieux civils, en général, et plus spécifiquement aux causes concernant les personnes placées dans les établissements d'aliénés. Cette implication favoriserait le respect des différents droits de ces dernières. En effet, qu'il s'agisse du droit à l'information de ces patients ou encore de l'impérieuse nécessité de s'assurer, au préalable, de la réunion des conditions exigées pour recourir à l'hospitalisation forcée[276] ou pour la levée de cette mesure, la pleine participation du ministère public au traitement[277] de ces causes contribuerait, certainement, à leur assurer l'efficience[278] recherchée.

177. Les magistrats du parquet doivent veiller au contrôle des registres tenus par les établissements hospitaliers[279] pour sinon empêcher, du moins réduire les cas d'abus[280] à ce niveau. Il y va du respect tant de l'ordre public[281] que de l'intérêt général d'autant qu'aucune société moderne ne doit tirer une quelconque fierté dans le traitement déshumanisant d'une quelconque catégorie d'individus.

178. Aussi, est-il navrant que les mesures de protection juridique[282], prévues en faveur de ces personnes, ne retiennent pas l'attention des parquetiers alors même

---

275 F. BOHNET, *L'Unification de la procédure civile suisse, un modèle pour l'UE ? in La Justice civile en marche*, M. Douchy-Oudot et E. Guinchard (dir), Paris, Dalloz, coll. : « Thèmes et commentaires », série *Études*, 2012, p. 189.

276 Ceci pourrait éviter qu'il ne soit un prétexte de l'état de précarité de ces personnes pour les soumettre, par exemple, à certaines expériences scientifiques. Pour le cas spécifique de la stérilisation des aliénés, v. Cass. civ., 6 juill. 1998, avis : *Bull. civ.*, n°°10 ; *D.* 1998, IR, 208 ; *Defrénois*, 1999, art. 36947, obs. J. MASSIP ; *Dr. famille*, 1998, n°°162, not. Th. Fossier ; cf., également, Fl. BELLIVIER, « Commentaire de la L. 4 juill. 2001 », *RTD civ.* 2001. 972, sp. 977.

277 Il s'agit là du traitement administratif de la question et non du traitement médical. Dans le premier cas autant les autorités médicales que celles administratives et/ou judiciaires interviennent tant disque ; dans le second, ce sont les seules autorités médicales qui décident.

278 Sur ces aspects, v. F. TERRE et D. FENOUILLET, *Droit civil. Les personnes. La famille. Les incapacités*, Paris, Dalloz, 7e éd., 2001, p. 1229.

279 Y. DIALLO, *Le Procureur de la République. La pratique du parquet*, *op. cit.*, p. 111.

280 Pour le cas spécifique de la collision éventuelle entre le médecin et une industrie pharmaceutique, v. A. LAUDE, B. MATHIEU et D. TABUTEAU, *Droit de la santé*, Paris, PUF, 3e éd., 2012, p. 409.

281 B. GARNOT, *Histoire des juges en France, de l'ancien régime à nos jours*, Paris, Éd. Nouveau Monde, 2014, p. 11.

282 CPF, *op. cit.*, art. 709, 713 et surtout 714. Justement, ce dernier article prévoit que : *« La sauvegarde de la justice résulte d'une déclaration faite au procureur de la République dans les conditions ci-après :*
– Le médecin qui constate que la personne à laquelle il donne ses soins, a besoin d'être protégé dans les actes de la vie civile, peut en faire la déclaration au procureur de la

que la loi les a investis de plusieurs missions sur ce plan. Il s'agit là d'une inaction inadmissible des magistrats du ministère public d'autant qu'elle découle d'une inobservation totale de la loi. En effet, *« [l]e procureur de la République du lieu de traitement et le juge civil peuvent visiter ou faire visiter les majeurs protégés par la loi, quel que soit le régime de protection qui leur est applicable »*[283].

179. La sensibilité de la question relative aux troubles mentaux rend insoutenable l'indifférence des magistrats du parquet au sort judiciaire de cette catégorie de personnes. Comme l'a fait observer un ancien garde des Sceaux du Mali *« [l]e respect de la personne humaine, de l'individu et l'observation scrupuleuse des règles et des libertés sont la base d'une vie commune et consensuelle en cité »*[284].

180. Il urge qu'une nouvelle dynamique soit imprimée à l'action du ministère public, en matière civile, au Mali. Dans le cadre d'un tel renouveau, obligation devrait être faite aux parquetiers d'accorder une attention toute particulière aux affaires concernant les personnes atteintes de troubles mentaux. Ces dernières mériteraient bien cela compte tenu de leur extrême précarité, surtout qu'elles relèvent, le plus souvent, des couches sociales les plus défavorisées. Surtout que *« [l]a société a du mal à maîtriser un fléau qui ne cesse d'empirer. La maladie mentale devient une notion aux frontières floues »*[285].

181. Toutefois, les personnes atteintes d'une aliénation mentale ne sont pas les seules vulnérables en manque d'attention des magistrats du ministère public dans la pratique judiciaire au Mali. Les mineurs, également, souffrent du même désintérêt des officiers du parquet.

République du lieu de traitement. Cette déclaration a pour effet de placer le malade sous la sauvegarde de la justice si, elle est accompagnée de l'avis conforme d'un médecin psychiatre ;
– Lorsqu'une personne est soignée dans un établissement public, le médecin est tenu, s'il constate qu'elle se trouve dans la situation prévue à l'alinéa précédent, d'en faire la déclaration au procureur de la République. Cette déclaration a pour effet de placer le malade sous la sauvegarde de la justice ;
– Le juge civil, saisi à la requête du procureur de la République, peut placer la personne sous la sauvegarde de la justice. Le maire est informé de la mise sous sauvegarde de la justice par le procureur ;
– Le juge civil saisi d'une procédure de tutelle ou de curatelle, peut également placer sous sauvegarde de la justice. »

[283] CPF, *op. cit.*, art. 712.

[284] M. I. KONATÉ, *Justice en Afrique. Ce grand corps malade. Le cas du Mali. Un ancien ministre témoigne*, Bamako, Éd. La Sahélienne, 2018, p. 7.

[285] Ph. MALAURIE, *Droit des personnes. La protection des mineurs et des majeurs*, *op. cit.*, p. 323.

B. L'implication insuffisante du parquet pour l'enfance

182. Du latin *infans*, c'est-à-dire *« qui ne parle pas »*, l'enfant désigne en droit le mineur qui, selon le code des personnes et de la famille (CPF), *« ... est la personne qui n'a point atteint l'âge de dix-huit ans accomplis »*[286]. L'enfance, du latin *infantia*, *« bas âge »*, est *« la première période de la vie humaine, de la naissance à l'adolescence »*[287]. Comme on peut le constater, à travers ces quelques notions, le législateur fixe, dans l'existence juridique de la personne humaine, un moment donné qui détermine la fin de la minorité[288] et, en même temps, le départ de la majorité civile[289].

183. L'intérêt d'un tel positionnement est que selon que l'on a affaire à un mineur ou à un majeur, le régime juridique applicable diffère. Être de fragilité extrême et devant impérativement jouir de certains droits spécifiques et fondamentaux, l'enfant se voit consacrer plusieurs normes supranationales. Ainsi en est-il, entre autres, de la Convention internationale des droits de l'enfant[290], sous l'égide des Nations unies, ou encore de la Charte africaine des droits et du bien-être de l'enfant[291].

184. La minorité présente des singularités tant aux yeux du juge pénal que devant la justice civile. C'est pour cette raison que *« concernant la justice des mineurs, protectrice de ces derniers et empreinte de spécificité, il faudra faire la distinction selon que l'on soit dans le cadre des poursuites ou dans le cadre de mesures d'assistance et de protection, étant entendu qu'en la matière la frontière n'est pas étanche »*[292].

---

[286] CPF, *op. cit.*, art. 609.

[287] A. REY et J. REY-DEBOVE (dir.), *Le Petit Robert. Dictionnaire alphabétique et analogique de la langue française*, Paris, Nouvelle Édition millésime, 2022, v. enfance, p. 869.

[288] Il y a lieu de noter qu'il y a deux dérogations au postulat selon lequel la majorité civile est fixée à dix-huit ans. En effet, ces dérogations résultent de l'émancipation. La première hypothèse a trait au mariage du mineur, et la seconde à l'émancipation, suivant décision du juge civil. Sur la question, voir CPF, *op. cit.*, art. 698 et 699.

[289] CPF, *op. cit.*, art. 705. À ce niveau, il y a lieu de relever qu'il y a une similitude entre la majorité civile et celle pénale d'autant que les deux sont fixées en droit malien à dix-huit (18) ans. Si l'article 705 du CPF fixe la majorité civile, la majorité pénale, elle, est fixée par l'article 1er de la loi n°°01-081 du 24 août 2001 portant sur la minorité pénale et institution de juridictions pour mineurs.

[290] Cette Convention date du 20 novembre 1789. Ce texte a été ratifié par la République du Mali le 20 septembre 1990.

[291] Cet instrument sous-régional a été adopté en juillet 1990 à Addis-Abeba. Le texte a été ratifié par le Mali en 1998 et est entré en vigueur le 29 novembre 1999.

[292] Y. DIALLO, *Le Procureur de la République. La pratique du parquet*, *op. cit.*, p. 365.

185. Si l'implication du ministère public est pleinement assurée devant les juridictions répressives dédiées aux mineurs[293], il n'en demeure pas moins que les parquetiers se doivent de fournir des efforts dans la gestion des affaires civiles les concernant. C'est justement ce pan de la question qui intéresse dans le cadre du présent exercice scientifique.

186. Parce qu'il s'agit d'une cause particulièrement sensible que la loi malienne impose la pleine implication du ministère public[294] dans le traitement judiciaire des affaires concernant les mineurs[295]. En matière de protection de l'enfant, le parquet est investi d'énormes prérogatives. *« Le procureur de la République, qui est toujours présenté comme le protecteur naturel de l'enfance, peut d'office saisir par requête le tribunal pour enfants, le juge d'instruction ou le président du tribunal pour enfants pour la prise en charge de mineurs par des mesures de protection. Il peut aussi demander la levée de ces mesures et interjeter appel contre les mesures exécutoires par provision prises par le tribunal. Il peut au plan civil par exemple demander au tribunal la nullité d'un mariage contracté par un mineur. »*[296] Ces propos, d'un fin connaisseur du parquet[297], attestent à suffisance l'importance du rôle dévolu aux magistrats du ministère public en cette matière.

187. En matière de protection de l'enfant, le parquet, chaque fois qu'il estime que l'intérêt du mineur le commande, peut agir[298]. Ainsi, tout d'abord, il peut saisir le juge civil pour que soit ordonnée toute mesure provisoire allant dans l'intérêt de l'enfant[299]. Ensuite, le procureur de la République peut se pourvoir

---

[293] Avec l'existence de juridictions pénales, exclusivement dédiées à la prise en charge de la minorité dans ce domaine du droit, l'implication du ministère public est garantie par l'instauration d'un parquet spécialisé institué auprès de ces juridictions. Il y a lieu de préciser quand même que c'est le seul district de Bamako qui bénéficie d'un tribunal pour enfants avec son parquet propre. Pour plus de précisions sur le sujet, v., entre autres, les articles 7, 11, 12 et 15 de la loi n°°01-081 du 24 août 2001 portant sur la minorité pénale et institution de juridictions pour mineurs en République du Mali.

[294] Loi portant organisation judiciaire, *op. cit.*, art. 29, al. 3.

[295] CPCCS, *op. cit.*, art. 432.

[296] Y. DIALLO, *Le Procureur de la République. La pratique du parquet, op. cit.*, p. 369.

[297] C. A. T. COULIBALY *in* Y. DIALLO, *Le Procureur de la République. La pratique du parquet, op. cit.*, p. 9. Youssoupha DIALLO a, en effet, été procureur de la République près les tribunaux de grande instance de Diourbel et de Ziguinchor, au Sénégal, et exerçait en 2018 les fonctions de substitut général au procureur général près la cour d'appel de Dakar, capitale du même pays.

[298] La sensibilité de la question relative à l'enfance explique que c'est l'un des rares cas en droit civil où le juge, en dépit des exigences découlant de son statut, est fondé à se saisir d'office pour assurer la protection d'un enfant. J. HERON et Th. LE BARS, *Droit judiciaire privé*, Paris, LGDJ, 6e éd., 2015, p. 152.

[299] CPF, *op. cit.*, art. 335.

devant le tribunal pour demander la modification de la garde de l'enfant lorsqu'il estime une telle mesure dans l'intérêt exclusif de ce dernier[300].

188. Il en est de même en cas de reconnaissance d'un enfant lorsque le magistrat du parquet estime devoir contester une telle action parce qu'il y aurait une fraude pouvant préjudicier aux intérêts du mineur[301].

189. Également, le ministère public doit veiller, en matière d'adoption[302], pour que seul l'intérêt supérieur de l'enfant[303] soit mis en avant à cette occasion[304]. De même, pour toutes les mesures d'assistance éducative, le ministère public peut saisir, s'il l'estime nécessaire, le tribunal civil soit pour ordonner de telles mesures, soit pour les réaménager[305].

190. Enfin, qu'il s'agisse de la question de délégation, totale ou partielle, de l'autorité parentale[306], d'administration légale des biens de l'enfant[307] ou encore

---

300 *« Les père et mère conservent dans tous les cas le droit de surveiller l'entretien et l'éducation des enfants et sont tenus d'y contribuer à proportion de leurs revenus. Ils ont également le droit de visite dans les conditions fixées par le juge. La garde, lorsque l'intérêt de l'enfant le commande, peut toujours être modifiée, soit d'office, soit à la requête de la famille ou du Ministère public »*, CPF, *op. cit.*, art. 370.

301 CPF, *op. cit.*, art. 511.

302 M. COULIBALY, « L'adoption et les droits de l'enfant en Afrique francophone : réflexions sur les droits malien et sénégalais », thèse de droit, Université Grenoble Alpes et Université Cheikh Anta Diop, France et Sénégal, 2015, p. 69.

303 *« Tout enfant a droit à la protection et aux soins de ses parents et, si possible, réside avec ces derniers. Aucun enfant ne peut être séparé de ses parents contre son gré, sauf si l'autorité judiciaire décide, conformément aux lois applicables en la matière, que cette séparation est dans l'intérêt supérieur de l'enfant », Charte africaine des droits et du bien-être de l'enfant*, art. 19. 1.

304 *« Toute adoption est faite uniquement en tenant compte de l'intérêt supérieur de l'enfant.*
Elle doit résulter d'une décision du tribunal civil.
La demande d'adoption est adressée soit aux services chargés de la promotion de l'enfance, en cas d'adoption au plan interne ; soit à l'Autorité centrale chargée de la mise en œuvre de l'adoption internationale, en cas d'adoption internationale.
Après enquête, ces services ou l'Autorité centrale saisit le Tribunal civil compétent.
Le jugement est rendu en audience publique, après débats en chambre du conseil, le ministère public entendu ; et en présence de l'adoptant et celle du représentant du service chargé de la promotion de l'enfance.
Le service chargé de la promotion de l'enfance est partie à tout jugement d'adoption. En cette qualité, il peut exercer toute voie de recours », CPF, *op. cit.*, art. 523.

305 CPF, *op. cit.*, art. 577 et 583.

306 CPF, *op. cit.*, art. 587 et 595.

307 C'est ainsi que l'administrateur légal « … doit, lorsque ses intérêts sont en opposition avec ceux du mineur, faire nommer un administrateur ad hoc par le juge.

de tutelle[308], le ministère public est censé jouer un rôle prééminent dans la défense des causes concernant l'enfant.

191. En dépit de cette responsabilisation accrue des officiers du ministère public en matière de protection de l'enfant, les affaires les concernant sont examinées par la justice civile au Mali sans la pleine participation de ces magistrats[309]. Dans la pratique, lorsque les parquetiers reçoivent communication des causes concernant les enfants, ils se contentent de viser[310] les dossiers avant de les renvoyer au juge civil. Les audiences civiles sont, alors, tenues en l'absence du ministère public[311].

192. Se fondant sur le seul visa sur les chemises-dossiers, la plupart des juges maliens attestent dans leurs décisions de la présence du ministère à l'audience. Une telle situation est curieuse d'autant que ce simple visa[312] ne saurait valoir conclusion, *a fortiori*, présence du ministère public aux audiences auxquelles ces affaires auront été examinées[313].

193. Les prétextes avancés par les officiers du ministère public, dans la pratique, sont essentiellement que les causes civiles ne seraient que la chose des seules parties privées opposées dans la procédure. Ils sont ainsi légion à n'avoir jamais conclu dans une affaire civile concernant l'enfance dans l'une des différentes hypothèses qui viennent d'être évoquées. Pour eux, le ministère public ne serait qu'un organe dédié au seul droit criminel dans l'animation duquel il serait incontournable.

À défaut de diligence de l'administrateur légal, le juge peut procéder à cette nomination à la demande du Ministère public, du mineur lui-même ou d'office », CPF, *op. cit.*, art. 600.

308 CPF, *op. cit.*, arts. 620 et 685.

309 Alors qu'*« il importe une application correcte, rigoureuse et efficace des dispositions de la loi... »*, A. A. N'DIAYE, *Droit civil. Droit patrimonial de la famille au Mali. Régimes matrimoniaux, successions et libéralités*, Bamako, Éd. L'Harmattan Mali, 2021, p. 29.

310 Ainsi, les formules traditionnellement utilisées sont, entre autres, *« vu au parquet, le ministère public s'en rapporte »*, *« vu au parquet, le ministère public requiert l'application de la loi »* ou encore, tout simplement, *« vu au parquet »*. De telles formules, à l'évidence, ne sauraient valoir conclusion d'autant qu'elles ne permettent pas de connaître l'avis réel du ministère public sur la cause soumise à l'examen de la juridiction civile.

311 L'absence du ministère public, à l'audience appelée à examiner ces affaires, est une violation des dispositions de l'article 29 de la loi n°°2011-037 du 15 juillet 2011 portant organisation judiciaire, qui imposent que le parquet soit représenté à l'audience dans toutes les affaires communicables.

312 Civ. 2e, 1er sept. 2016, n°°15-14596, *Gaz. Pal.*, 2017, n°°42 p. 70, note Bléry.

313 Ce comportement, de ces magistrats, viole les dispositions de l'article 462, point 4, qui n'autorisent à mentionner le nom du ministère dans le jugement que lorsqu'il a été représenté à l'audience.

194. Dans ces conditions, on peut bien l'affirmer, les attributions civiles relèvent des *« fonctions souvent méconnues du parquet »*[314]. Cela est d'autant plus déplorable que l'intérêt général[315] et l'ordre public[316] ont des ramifications indéniables sur le plan civil[317]. Pourtant, les magistrats du ministère public reconnaissent, quasiment tous, que ces deux impératifs sont les déterminants de leur action mais semblent oublier, au même moment, que les questions civiles y sont incluses[318].

195. De cette situation, il n'est nullement exagéré d'affirmer que les magistrats du ministère public manquent d'entrain pour les affaires civiles, en général et pour les causes concernant les enfants, en particulier. Une fois de plus, cet état de fait influe négativement sur le cours de la justice civile et biaise la qualité de la réponse judiciaire. Elle relève également de la défaillance du système judiciaire, du fait du comportement de certains acteurs de ce domaine. Elle nécessite des correctifs dans les meilleurs délais pour une défense beaucoup plus efficiente des droits humains[319] en général et, plus spécifiquement, à l'égard des personnes vulnérables dont il vient d'être fait cas.

196. L'amorphisme du ministère public ne découle pas uniquement de l'inobservation des textes[320] en matière civile. L'inapplication ou l'application biaisée[321] des textes en droit des affaires explique aussi ladite inertie.

---

[314] DIALLO (Y.), *Le Procureur de la République. La pratique du parquet, op. cit.*, p. 28.

[315] *« Dans la mission de défense de l'intérêt général dévolue par la société au ministère public, un fil conducteur relie toutes les activités du parquet et ses décisions : le respect du droit et des libertés fondamentales »*, É. MAUREL, *Paroles de procureur*, Paris, Éd. Gallimard, 2008, p. 187-188.

[316] « … ils interviennent aussi au civil, surtout lorsque la cause intéresse l'ordre public, le domaine de l'État et des collectivités locales, et les "faibles" (mineurs, aliénés et indigents) », B. GARNOT, *Histoire des juges en France, de l'ancien régime à nos jours*, Paris, Nouveau Édition, 2014, p. 11.

[317] É. MAUREL, *Paroles de procureur, op. cit.*, p. 159.

[318] *« … lorsque le ministère public, […], exerce une action, il ne le fait pas dans son propre intérêt, mais dans l'intérêt général, voire dans l'intérêt de la loi »*, C. CHAINAIS, F. FERRAND, L. MAYER et S. GUINCHARD, *Procédure civile. Droit interne et européen du procès civil*, Paris, Dalloz, 34e éd., 2018, n°°143, p. 122.

[319] *« Les besoins de formation initiale dépendent de l'évolution du contentieux dans les juridictions. Cette formation initiale, comme celle continue, évolue compte tenu des besoins du moment et de certaines exigences pédagogiques. Des matières comme le droit international pénal, le droit international humanitaire, le droit international des droits de l'homme doivent être intégrées dans la formation des futurs magistrats compte tenu de la compétence universelle »*, Y. DIALLO, *Le Procureur de la République. La pratique du parquet, op. cit.*, p. 45.

[320] J. HERON et Th. LE BARS, *Droit judiciaire privé, op. cit.*, p. 48.

[321] *« … la plupart de ceux qui ont la lourde responsabilité de distribuer la justice, au lieu de contribuer à la mise en œuvre de la valorisation de leur mission par la stricte*

Section II : L'inobservation des textes dans le contentieux commercial

197. Le droit commercial est *« rebelle à toute définition claire et précise »*[322], prévient un auteur. Cette caractéristique de la matière découle de ce qu'elle est polysémique, d'une part, et pluridisciplinaire, d'autre part. La polysémie du droit commercial a trait au fait que la discipline recouvre plusieurs réalités qui démontrent le caractère restrictif de son appellation à travers l'adjectif *« commercial »*.

Cela conduit à diverses dénominations possibles pouvant désigner le même sujet. Ainsi, est-il appelé « droit des affaires[323] » par certains doctrinaires, « droit économique[324] » ou encore « droit de l'entreprise[325] », par d'autres.

198. Quant à la pluridisciplinarité de la notion, elle s'explique par le fait que, dans sa dynamique, le droit commercial s'appuie sur plusieurs autres matières (droit fiscal[326], droit du travail, droit civil, droit de la consommation, etc.), avec lesquelles il forme une symbiose indispensable pour l'essor économique. La notion de droit commercial, bien que considérée par certains auteurs comme traditionnelle, voire impropre de nos jours[327], sera néanmoins la dénomination qui sera utilisée dans la présente étude.

199. Ainsi convient-il de noter que : *« Le droit commercial est une branche du droit privé qui régit "le monde des échanges économiques", à savoir certaines*

---

application de la loi, se plient sans remords aux instructions des tenants du pouvoir ou des tenants de la bourse », M. GOÏTA, *Justice au Mali : Juge, Avocat et Témoin. Cahier d'un rebelle*, Sarrebruck, Éditions universitaires européennes, 2019, p. 4.

322 M. DUPUIS, *Droit commercial. Les actes de commerce, le commerçant, le fonds de commerce, les partenaires contractuels de l'entreprise*, Paris, Éd. Ellipses, 2018, p. 4.

323 Y. GUYON, *Droit des affaires. Entreprises en difficultés, redressement judiciaire, faillite*, Paris, Éd. Economica, vol. 2, 2003.

324 C. CHAMPAUD, « Contribution à la définition du droit économique », *D.* 1967, chron. p. 215 ; v., également, JEANTET, « Aspects du droit économique », *Mélanges Hamel*, p. 33 ; M. FREDERICQ souligne-t-il, lui aussi, que l'évolution actuelle paraît tendre vers l'*« absorption du droit commercial par un droit aux contours plus vastes, le droit économique »* (Traité, t. Ier, n°°2, *in fine*) ; G. LYON-CAEN, « Contribution à la recherche d'une définition du droit commercial », *Rev. trim. dr. comm.*, 1949, p. 583.

325 J. PAILLUSSEAU, *Le Big Bang du droit des affaires à la fin du XXe siècle, JCP* 1988-I-3330.

326 P.-S.-A. BADJI, *Droit des sociétés OHADA. Représentation, décisions collectives, contractualisation (SAS, pacte d'actionnaires)*, Dakar, Éd. L'Harmattan Sénégal, 2021, n°°30, p. 38.

327 J. VAN RYN, *Principes de droit commercial*, t. 1er, Bruxelles, Éd. Établissement Émile Bruylant, 1954, p. 3.

activités économiques et les personnes qui s'y livrent, la détermination des unes et des autres étant faite par le Code de commerce[328] *»*[329].

200. L'importance d'une telle matière, surtout pour l'État, explique que le droit positif exige du ministère public de s'y intéresser particulièrement. Cependant, la pratique en la matière est en totale discordance avec les textes. Cela se constate aussi bien en droit des sociétés que surtout en droit des procédures collectives. Il sera donc examiné l'inertie du parquet en droit des sociétés commerciales (paragraphe I) avant de prouver qu'il existe une faible participation de cet organe aux procédures collectives (paragraphe II).

Paragraphe I : Une inertie en droit des sociétés commerciales

201. L'ordre public économique relève de la sphère de contrôle du ministère public. En effet, les magistrats du parquet, véritables sentinelles de la protection de l'intérêt général, se voient attribuer plusieurs missions en droit des sociétés commerciales. Le droit des sociétés commerciales désigne l'ensemble des règles juridiques applicables aux sociétés commerciales qui sont des personnes morales de droit privé.

202. Celles-ci sont définies par le législateur communautaire de l'Organisation pour l'harmonisation en Afrique du droit des affaires (OHADA) qui estime que : *« La société commerciale est créée par deux (2) ou plusieurs personnes qui conviennent, par un contrat, d'affecter à une activité des biens en numéraire ou en nature, ou de l'industrie, dans le but de partager le bénéfice ou de profiter de l'économie qui peut en résulter. Les associés s'engagent à contribuer aux pertes dans les conditions prévues par le présent acte uniforme.*

La société commerciale est créée dans l'intérêt commun des associés. »[330] Le législateur s'est empressé d'ajouter que la société commerciale peut également être créée par une seule personne qui acquiert en ce moment la qualité d'associé unique[331].

203. Pour démontrer l'amorphisme découlant de l'inobservation des textes par les officiers du ministère public en droit des sociétés commerciales, l'on verra d'abord que ces magistrats n'appréhendent pas leur rôle en cette matière (A) avant de constater que cette situation aboutit à la non-application de certaines prescriptions légales (B).

---

328 Dans le cas d'espèce, il faut entendre par là l'acte uniforme sur le droit commercial général et celui sur le droit des sociétés commerciales et du groupement d'intérêt économique.

329 F. DEKEUWER-DEFOSSEZ et E. BLARY-CLÉMENT, *Droit commercial*, Paris, Éd. LGDJ, 2011, p. 40.

330 V. Acte uniforme révisé relatif au droit des sociétés commerciales et du groupement d'intérêt économique (AUSC-GIE), art. 4.

331 AUSC-GIE, *op. cit.*, art. 5.

A. Un rôle non assimilé en droit des sociétés commerciales

204. Le monde des affaires[332] n'est pas fermé au ministère public. Bien au contraire, les magistrats du parquet sont censés y jouer un rôle actif et permanent de veille. Cela favorise, dans une large mesure, aussi bien la sauvegarde des intérêts des tiers non commerçants que la préservation d'un climat sain des échanges économiques et/ou financiers[333]. Ces différents éléments rentrent dans ce qu'il convient d'appeler l'ordre public économique[334]. Une régulation et une défense efficientes de l'ordre public économique sont indispensables à la vitalité et surtout à l'assainissement du climat des affaires[335], lui aussi déterminant pour la promotion des investissements[336].

205. Ainsi, l'intervention ou l'implication du ministère public, dans l'animation de la vie des affaires, est consacrée par plusieurs dispositions du droit positif malien. Les sources de cette intervention découlent aussi bien du droit interne, d'une part, que du droit communautaire, de l'autre. En effet, l'ordre juridique du Mali, à l'instar de celui d'un certain nombre d'États africains[337], se caractérise par la cohabitation de textes édictés tant par l'organe législatif national que par celui communautaire de l'OHADA[338]. Ainsi, en droit interne, l'intervention du

---

[332] E. HALPHEN, *Sept ans de solitude*, Paris, Éd. Denoël, p. 240-241.

[333] *« Si l'on parvenait un jour à priver les organisations criminelles de leurs possibilités de placements financiers, c'est sûr, on leur ôterait un de leurs principaux atouts »*, G. FALCONE et M. PADOVANI, *Cosa Nostra : le juge et les hommes d'honneur*, Paris, Édition°1 Austral, 1991, cité in Th. JEAN-PIERRE, *Le Droit des plus forts*, XO Éd., p. 61.

[334] E. L. R BALEMAKEN, « Le juge et le sauvetage de l'entreprise en difficulté en droit OHADA et en droit français étude de droit comparé », thèse de droit, Université Panthéon-Assas, France, 2013, p. 500.

[335] C'est pourquoi *« les affaires et le droit pénal ne se sont jamais ignorés »*, R. VOUIN, *in* M. DELMAS-MARTY, *Droit pénal des affaires*, Paris, PUF, 1re éd., 1973.

[336] *« Il est évident que le Magistrat indépendant, conscient des responsabilités qui sont les siennes et exerçant sa mission avec probité et compétence, est non seulement un gage de paix et de stabilité sociales mais aussi un facteur de développement économique et un acteur prépondérant dans l'œuvre de consolidation de l'État de droit »*, M. GOÏTA, *Justice au Mali : Juge, Avocat et Témoin. Cahier d'un rebelle*, *op. cit.*, p. 34.

[337] *« ... les Actes uniformes s'appliquent directement dans l'ordre juridique des États parties sans qu'il soit besoin de prendre des actes législatifs particuliers pour en assurer la transposition dans l'ordre juridique interne »*, E. L. R. BALEMAKEN, « Le juge et le sauvetage de l'entreprise en difficulté en droit OHADA et en droit français étude de droit comparé », *op. cit.*, n°°13, p. 16 ; v. surtout l'avis n°°001/2001/EP du 30 avril 2001 donné par la CCJA, RDAI/IBLJ, n°°6, 2001, p. 756.

[338] Il y a lieu de préciser que l'OHADA n'est pas la seule organisation commune à la sous-région ouest-africaine. Dans cet espace, on enregistre également, et entre autres, l'Organisation pour la mise en valeur du fleuve Sénégal (OMVS), l'Union économique et monétaire ouest-africaine (UEMOA).

parquet en droit des sociétés commerciales est prévue, d'abord, par la loi portant organisation judiciaire[339].

206. Ensuite, ladite action est consacrée par le code de procédure civile, commerciale et sociale (CPCCS)[340]. En droit communautaire OHADA[341], l'action du parquet en droit des sociétés tire sa source d'une part dans l'acte uniforme révisé relatif au droit commercial général[342] (AUDCG), ensuite dans l'acte uniforme révisé relatif au droit des sociétés commerciales et du groupement d'intérêt économique[343] (AUSC-GIE) et, enfin, de l'acte uniforme révisé de 2015 portant organisation des procédures collectives d'apurement du passif[344] (AUPC).

207. Les différentes hypothèses où le législateur a ainsi voulu faire intervenir le ministère public ont trait, entre autres, à la régularité de la constitution des sociétés commerciales[345], à l'encadrement de la procédure de liquidation des biens[346] qui ne doit pas s'éterniser, à la nature (obligatoire ou facultative) de l'intervention du parquet ou encore à la préservation par les différents organes sociaux des intérêts de la société. Il apparaît tout aussi nécessaire de préciser que le ministère public est fondé à intervenir, en matière commerciale, dans tous les cas où le législateur donne la faculté à « tout intéressé[347] » d'agir[348].

208. Cela s'explique d'une part par le fait que, dans ces matières, le parquet peut avoir un intérêt spécifique à défendre. Il peut s'agir pour lui de la nécessité d'agir en vue de la défense des intérêts d'une personne protégée, voire pour la défense de l'ordre public ou de l'intérêt général incidemment menacé. D'autre part, le droit d'action du ministère public, dans ces cas, se fonde sur la faculté qui lui est offerte d'agir, devant les instances juridictionnelles commerciales,

---

339 Loi portant organisation judiciaire, *op. cit.*, art. 29, 42, 43 et 44.

340 CPCCS, art. 432 et 434.

341 M.-R. TCHEUMALIEU FANSI, *Droit et pratique bancaire dans l'espace OHADA*, Paris, Éd. L'Harmattan, 2013, p. 19.

342 AUSG, *op. cit.*

343 AUSG, *op. cit.*, art., 75, 216, 348, 548, 716, 730, 731, 733 et 899.

344 Acte uniforme révisé portant organisation des procédures collectives d'apurement du passif du 10 septembre 2015, *JO* spécial du 25 septembre 2015, art. 47 et s.

345 AUSG, *op. cit.*, art. 75 ; « Cette action en régularisation vise donc à corriger les statuts et à les rendre conformes aux exigences légales », A. AKAM AKAM et V. BAKREO, *Droit des sociétés commerciales OHADA*, Paris, Éd. L'Harmattan, 2017, n°°111, p. 63.

346 AUSG, *op. cit.*, art. 216, al. 2.

347 Pour des cas illustratifs, voir, entre autres, AUSG, *op. cit.*, art. 1er, 43, 55, al. 3, art. 58, al. 5, art. 144, al. 2, et 162.

348 Y. DIALLO, *Le Procureur de la République. La pratique du parquet*, *op. cit.*, p. 463.

dans les situations non spécifiées par la loi[349]. C'est dire donc qu'en ces cas il intervient chaque fois qu'il l'estime nécessaire[350].

209. Alors que nombreuses sont ainsi les hypothèses où les officiers du ministère public sont censés intervenir devant les juridictions en matière commerciale, dans la pratique, la participation de ces magistrats à l'animation de ces procédures semble relever de l'étonnement. En effet, les officiers du ministère public, ici, n'appréhendent guère le rôle attendu d'eux en droit des sociétés commerciales.

210. Cette non-assimilation de leurs fonctions découle, d'une part, d'une certaine déformation culturelle[351] liée à la prédominance du pénal dans les activités du ministère public. D'autre part, elle découle du fait que ces magistrats, s'ils n'ignorent pas toujours ce qui est attendu d'eux vis-à-vis des sociétés commerciales, n'assimilent pas le plus souvent les moyens d'action ainsi que les techniques adéquates pour pouvoir officier devant les juridictions compétentes en la matière[352].

211. Cette situation est contrariante quand on sait l'influence négative que cette inaction du parquet peut exercer sur le monde des affaires, en général, et sur la vie des sociétés, en particulier. Cela est d'autant plus vrai que le désintérêt du parquet, dans ce domaine, contribue à laisser exister des sociétés commerciales qui n'ont pas daigné consigner dans leur statut les mentions exigées par la loi ou encore les formalités prescrites.

212. C'est ainsi que le législateur OHADA prévoit que : *« si les statuts ne contiennent pas les mentions exigées par le présent acte uniforme ou si une formalité prescrite par celui-ci pour la constitution de la société a été omise ou irrégulièrement accomplie, tout intéressé peut demander à la juridiction compétente, dans le ressort de laquelle est situé le siège social, que soit ordonnée, sous astreinte, la régularisation de la constitution.* ***Le ministère***

---

349 *« En dehors de ces cas, il peut agir pour la défense de l'ordre public à l'occasion des faits qui portent atteinte à celui-ci »*, CPCCS, *op. cit.*, art. 430. *Les cas dont il s'agit ont trait aux hypothèses légales dans lesquelles le législateur a, lui-même, imposé l'intervention du ministère public.*

350 *« Le ministère public peut prendre communication de celles des autres affaires dans lesquelles il estime devoir intervenir »*, CPCCS, *op. cit.*, art. 433.

351 Cette déformation culturelle tire son origine, comme on aura à le voir plus loin, dans la formation initiale des magistrats. En effet, l'enseignement dispensé aux auditeurs de justice ne prend pas suffisamment en compte les aspects spécifiquement pratiques. Ainsi, le rôle du ministère public en matière civile et commerciale n'est qu'effleuré par les différents intervenants.

352 La plupart des magistrats du ministère public rencontrés, dans le cadre des travaux de recherches à l'occasion de la présente étude, ont affirmé n'avoir jamais pris de conclusions écrites dans un dossier civil ou commercial.

public peut également agir aux mêmes fins »[353]. Le droit de regard du ministère public sur les conditions exactes de constitution d'une société commerciale peut, par exemple, éviter le contournement des formalités exigées à cet effet, ce qui, dans le cas contraire, pourrait nuire aux tiers ou à l'État[354].

213. Également, l'inaction du ministère public[355], dans la vie des sociétés commerciales, peut souvent favoriser des situations nuisibles à leur fonctionnement régulier. Ainsi en est-il de l'éventualité où les dirigeants de sociétés tenteraient d'empêcher la tenue de l'assemblée générale annuelle[356] ou du refus du commissaire aux comptes de dénoncer au parquet les infractions à la loi pénale qu'il aura découvertes[357]. Dans ces deux cas, le ministère public peut utilement agir. Dans le premier cas, son action peut permettre de lever l'obstacle, et, dans le second, il peut solliciter la récusation[358] ou la révocation[359] du commissaire aux comptes.

214. Enfin, l'indifférence du ministère public[360], à la vie des sociétés commerciales, peut engendrer, comme conséquence, l'éternisation des procédures de liquidation. Alors qu'une telle procédure est cantonnée dans un délai maximum de trois (3) ans, l'absence de regard neutre sur la conduite de ces affaires laisse le juge aller à son rythme et surtout suivant sa seule appréciation[361].

---

353 AUSG, *op. cit.*, art. 75.

354 *« Faire des affaires n'est autre que faire de l'argent. Dans cette course à la richesse, les scrupules n'étouffent malheureusement guère les participants dont l'appétit forcené ne connait pas de bornes. L'honnêteté, le respect d'autrui sont des entraves que la cupidité balaie sans vergogne. Le plus fort, c'est-à-dire le plus rusé, devient un seigneur dans cette jungle du monde financier. Ainsi est-il parfaitement naturel que le législateur, par le biais de fort nombreuses incriminations, ait cherché à canaliser quelque peu des débordements quasi inimaginables »*, W. JEANDIDIER, *Droit pénal des affaires*, Paris, Dalloz, 4e éd., 2000, p. 75.

355 *« [...] instruments internationaux d'évaluation de la justice [qui] semble[nt] aujourd'hui ériger l'efficacité, ainsi que ses multiples déclinaisons, en paramètres universels des systèmes judiciaires »*, K. GILBERT, « Indicateurs de l'État : l'efficacité, étalon des qualités de la justice ? », *Gaz. Pal.*, dimanche 25 août 2013 au jeudi 29 août 2013, n°°237-241, doctrine, p. 10-14.

356 AUSG, *op. cit.*, art. 348 et 548.

357 AUSG, *op. cit.*, art. 716, al. 2.

358 AUSG, *op. cit.*, art. 730.

359 AUSG, *op. cit.*, art. 731.

360 F. M. SAWADOGO, « L'application judiciaire du droit des procédures collectives en Afrique francophone, à partir de l'exemple du Burkina Faso », *Penant*, n°°850, 2005, p. 222.

361 *« La clôture de la liquidation doit intervenir dans un délai de trois (3) ans à compter de la dissolution de la société.*

215. Pour une défense judicieuse de l'ordre public économique[362], il est indispensable que les magistrats du ministère public s'investissent pleinement dans la vie des sociétés commerciales. Cette intervention ne devrait concerner, cependant, que les seuls aspects de de la vie des sociétés commerciales où le législateur a consacré ou rendu possible une telle action[363]. Puisqu'il faut éviter par ailleurs un certain étouffement des sociétés commerciales par des actions intempestives et/ou inopportunes du ministère public[364].

216. En définitive, il est évident qu'il s'agit là d'une question éminemment importante dont les magistrats du parquet, au Mali, devront se réapproprier le plus tôt possible. Un tel engagement contribuerait à l'assainissement[365] du monde des affaires d'autant que des sociétés commerciales sont souvent créées, dans le seul dessein de servir de tremplin pour des actions illicites[366]. C'est pourquoi, pour le professeur André AKAM AKAM et Voudwe BAKREO, il ne saurait être admis de *« s'affranchir de l'accomplissement de toutes les*

À défaut, le ministère public ou tout intéressé peut saisir la juridiction compétente dans le ressort de laquelle est situé le siège de la société afin qu'il soit procédé à la liquidation de la société ou, si celle-ci a été commencée, à son achèvement », AUSG, *op. cit.*, art. 216.

[362] P.-G. POUGOUÉ (dir.), *Encyclopédie du droit OHADA*, Paris, Éd. Lamy, 2011, n°°150, p. 61.

[363] En effet, *« il n'est pas sain, pour l'économie d'un pays, que des chefs d'entreprise risquent pour quelque vénielle inadvertance, même pour une audace malchanceuse, et même si finalement aucune condamnation n'intervient, d'avoir à subir le terrible choc psychologique que constitue la comparution devant le tribunal correctionnel »*, J. LARGUIER et Ph. CONTE, *Droit pénal des affaires*, Paris, Armand Colin, 9e éd., 1998, p. 9.

[364] *« La multiplication des affaires a révélé tout à la fois l'absence de responsabilité de la profession, l'inexistence d'une volonté forte de la part de la chancellerie de contrôler ces professionnels et les procédures collectives en général et la faiblesse de la culture économique et financière des parquets, mobilisés sur l'action pénale et malheureusement en panne de moyens »*, A. MONTEBOURG et F. COLCOMBET, *Les Tribunaux de commerce : une justice en faillite ?*, Paris, Éd. Michel Lafon, 1998, p. 206.

[365] *« Le droit OHADA est une illustration de la relation entre droit et économie. Priorisant l'assainissement de l'environnement des affaires, il rencontre les préoccupations de l'analyse économique en mettant à la portée des opérateurs économiques des mécanismes appropriés pour maximiser les chances de sécurisation de leurs activités, de les rentabiliser, d'optimiser leur compétitivité, de se performer ou même de se surperformer »*, P.-G. POUGOUÉ (dir.), *Encyclopédie du droit OHADA*, *op. cit.*, p. 377.

[366] J.-L. WARSMANN, « Rapport n° 856 au nom de la commission des Lois constitutionnelles, de la législation et d'administration générale de la République sur le projet de loi (n°°784), portant adaptation de la justice aux évolutions de la criminalité », [monographie en ligne], sur http://www.assembleenationale.fr/12/pdf/rapports/r0856-t1.pdf., consulté le 25 janvier 2023.

formalités exigées par la loi pour la pleine consistance, la réalité et la sincérité des engagements pris par les fondateurs d'une société... »[367].

217. La non-assimilation, par les officiers du ministère public de leur rôle, aboutit, en toute logique, à l'inapplication ou l'application erronée des dispositions textuelles.

B. Des prévisions textuelles inappliquées

218. Le rôle des décideurs politiques est important dans la régulation[368] des différents secteurs de la vie sociale. Leurs interventions permettent, dans bien des cas, de décliner les grandes orientations qu'ils entendent donner à l'action de l'État ou des acteurs privés dans tel ou tel secteur donné. Tout cela rentre dans ce que l'on peut appeler les politiques publiques.

219. Celles-ci sont conçues, planifiées, mises en œuvre et évaluées par la puissance publique qui se trouve elle aussi, dans certains cas, sous le regard de certaines entités sous-régionales[369], voire internationales[370]. Ainsi s'expliquent, par exemple, les multiples efforts du législateur malien ou communautaire OHADA dans le sens de l'édiction de différents types de normes pour régir la vie des affaires dans les États ayant en partage cette législation commune.

220. Certes, ces actions politiques ne sont pas toujours exhaustives. Parce que certaines dispositions du droit des affaires dans l'espace OHADA demeurent perfectibles[371]. Ces constats apparaissent surtout à l'occasion de la mise en œuvre des différents actes uniformes par les acteurs judiciaires investis à cette fin. Aussi sont-ils relevés, dans certains cas, par les doctrinaires dans le cadre de leur rôle irremplaçable de diffusion, de promotion et surtout d'explicitation du droit sous l'angle théorique[372].

---

367 A. AKAM AKAM et V. BAKREO, *Droit des sociétés commerciales OHADA*, *op. cit.*, n°°95, p. 55.

368 A.-B. FALL, « L'accessibilité à la justice en Afrique » *in Justice et droits de l'homme*, actes du colloque du 28e congrès de l'IDEF, Paris, 2003, p. 329.

369 C'est le cas notamment de la Communauté économique des États de l'Afrique de l'Ouest (CEDEAO) ou encore de l'Union économique et monétaire ouest-africaine (UEMOA), dans les domaines qui les concernent.

370 On peut citer à cet égard l'Organisation des Nations unies (ONU) qui, dans bien des domaines, exerce une certaine surveillance sur la conduite des affaires politiques, humanitaires, économiques des États.

371 E. L. R. BALEMAKEN, « Le juge et la sauvegarde de l'entreprise en difficulté en droit OHADA et en droit français, étude de droit comparé », *op. cit.*, p. 67.

372 F. TERRE, « À propos de la doctrine de la doctrine de la doctrine », *RDA*, février, 2011, p. 38.

221. En effet, l'application des normes permet le plus souvent de déceler, d'une part, leurs insuffisances[373] et, de l'autre, leurs incohérences[374]. C'est ce qui explique que la jurisprudence et la doctrine soient, dans certaines situations, à l'origine soit de certaines initiatives législatives soit, au contraire, de certaines réformes destinées à corriger les tares de textes déjà existants.

222. Cela est si évident que le juge, parce que ne pouvant s'abriter derrière le silence de la loi pour refuser de rendre justice[375], est appelé dans certaines situations rares à inventer des solutions qui, par la suite, peuvent inciter ou inspirer le législateur. C'est ce qui autorise à affirmer, sinon dans tous les cas du moins dans certaines hypothèses, le rôle créateur de droit de la jurisprudence[376]. C'est dire, en conséquence, que la jurisprudence tout comme la doctrine peuvent être considérées comme des sources indirectes ou informelles du droit.

223. S'il est donc salutaire que les autorités politiques soient dans l'anticipation[377] en édictant des normes générales et impersonnelles, destinées à régir des situations envisageables, il n'est pas moins vrai que ces efforts peuvent demeurer vains si ces textes devaient être ignorés ou négligés[378] par les praticiens du droit. C'est ce qui traduit justement la situation actuelle de l'intervention du ministère public en droit des sociétés, dans la pratique judiciaire, au Mali.

224. L'intervention du ministère public est formellement consacrée en droit des sociétés au Mali comme dans les autres États parties au droit uniforme OHADA. Cette consécration découle de normes tant internes que communautaires. Il a déjà été expliqué qu'en droit interne malien plusieurs textes admettent l'action des magistrats du parquet aussi bien en matière civile qu'en matière commerciale[379].

225. Quant au droit uniforme OHADA, il prend également en charge plusieurs aspects de la question. La différence, entre les deux, est tout simplement que

---

[373] S. BOUKARI, « L'application des textes de l'OHADA aux entreprises publiques : l'exemple de l'AUSC et GIE », thèse de droit, Pays-Bas, Maastricht University, 2015, p. 183.

[374] J. AUDRY, « La professionnalisation du juge », thèse de droit, Université de Toulouse, France, 2016, p. 141.

[375] CPF, *op. cit.*, art. 22.

[376] *« Le pouvoir normatif de la jurisprudence est visé à l'article 4 du code civil qui dispose que le juge qui refusera de juger, sous prétexte du silence, de l'obscurité ou de l'insuffisance de la loi, pourra être poursuivi comme coupable de déni de justice »*, P.-S.-A. BADJI, *Pour un droit des affaires. Quand une approche pluridisciplinaire du droit s'impose*, Paris, Éd. L'Harmattan, 2018, n°°88, p. 134 ; sur la même question, v. CPF, *op. cit.*, art. 22.

[377] D. STELLA-BERNARD, « L'emploi des personnes handicapées, la nécessaire anticipation du nouveau dispositif », *JCP S*, 2005, 1293.

[378] E. L. R. BALEMAKEN., « Le juge et la sauvegarde de l'entreprise en difficulté en droit OHADA et en droit français, étude de droit comparé », *op. cit.*, n°°1562, p. 591.

[379] *Supra*, p. 20.

pendant que le droit interne malien s'intéresse surtout au droit processuel ou de la forme[380], le droit communautaire, lui, marque sa prédominance sur le terrain du droit substantiel ou de fond en matière de société commerciale.

226. Ainsi est-il attendu du ministère public de jouer un véritable rôle de sentinelle afin d'assurer, d'une part, la viabilité des sociétés commerciales et, d'autre part, de contribuer à la moralisation des pratiques[381] dans le domaine des affaires. Il est évident que nul mieux que le parquet n'est aussi fondé à poursuivre une telle mission.

227. D'abord, parce que du fait de ses fonctions, le ministère public est garant tant de l'intérêt général que surtout de l'ordre public, y compris de l'ordre public économique[382]. Ensuite, du fait essentiellement que le ministère public est l'organe privilégié chargé de poursuivre la défense des intérêts de l'État devant les organes juridictionnels[383].

228. Enfin, mais surtout, parce que, par son intervention, le parquet contribue à la sauvegarde des intérêts des tiers[384]. Justement, parmi ces tiers, l'on peut dénoter des personnes protégées par la loi. Il est évident que le ministère public est investi par la loi de la mission de contribuer, souvent aux côtés d'autres acteurs, à la protection de cette catégorie de personnes ayant sans nul doute besoin du concours de la société dont le parquet est le porte-parole attitré[385].

229. Or, ces différentes prévisions légales sont, dans une large mesure, inappliquées[386] par les acteurs judiciaires et plus spécifiquement par les officiers du ministère public dans la pratique judiciaire au Mali. Les textes servent à peu de choses s'ils ne trouvent application aux situations qu'ils sont destinés à

[380] Il faut entendre par là les règles de compétence et de procédure applicables en matière commerciale. Elles sont essentiellement prises en charge par la loi portant organisation judiciaire et le code de procédure civile, commerciale et sociale en République du Mali.
[381] R. MASAMBA, « L'OHADA et le climat d'investissement en Afrique », in *Penant*, Éd. Juris Africa, 2006, n°°855, p. 137.
[382] *« Le droit doit faciliter l'activité économique au lieu de la contrarier »*, J. PAILLUSSEAU, « Une révolution juridique en Afrique francophone : l'OHADA », *in Mél. JEANTIN*, Paris, Éd. Dalloz, 1999, p. 93 et s.
[383] Il y a lieu cependant de préciser que le ministère n'a pas le monopole de la représentation de l'État devant les instances juridictionnelles en République du Mali. En effet, dans bien des cas, le parquet partage cette mission avec la direction générale du Contentieux de l'État appelée sous d'autres cieux l'agent judiciaire de l'État.
[384] F. CHÉNEDÉ, « Vérité biologique et intérêt de l'enfant. Cour européenne des droits de l'homme 14 janvier 2016 », *AJ Famille*, avril 2016, n°°04, note p. 213.
[385] R. PERROT, *Les Institutions judiciaires*, Paris, Montchrestien, 15e éd., 2012, p. 46.
[386] J. AUDRY, *La Professionnalisation du juge, op. cit.*, n°°269, p. 503.

régir[387]. Dans ce domaine, il est permis d'affirmer que le déficit de lisibilité est moins imputable au politique qu'à la timidité des acteurs judiciaires avec à leur tête les officiers du ministère public[388].

230. Le ministère public doit s'impliquer, pleinement, dans la régulation du monde des affaires. Il ne s'agit nullement là d'une invite à l'adresse des parquetiers à la seule prise de conscience de leurs responsabilités dans la répression des infractions d'affaires. Il s'agit pour eux, au contraire, de veiller à la mise en œuvre efficiente[389] des différents instruments juridiques à leur disposition pour œuvrer à l'anticipation de la délinquance dans ce domaine.

231. Cela est d'autant plus vrai que les différentes dispositions légales susvisées investissent le ministère public d'une certaine mission de prévention tant de la délinquance que de la « morbidité » des sociétés commerciales. Les magistrats du parquet doivent arrêter de se considérer comme des intrus en matière commerciale, en général, et, en droit des sociétés commerciales, en particulier.

232. Leur implication intelligente,[390] dans la vie des sociétés commerciales, servirait tant l'intérêt général que divers intérêts privés[391]. L'intérêt général s'en trouverait servi en ce que, dans un premier temps, les sociétés commerciales sont pourvoyeuses de recettes fiscales non négligeables pour la puissance publique.

Aussi est-il indéniable qu'elles contribuent à la lutte contre le chômage en offrant divers emplois. Ces différents éléments démontrent tout l'intérêt qu'aurait l'État à veiller à ce que les magistrats du ministère public ne négligent pas leurs attributions en droit des sociétés commerciales.

233. Quant aux intérêts privés, ils gagent dans l'implication véritable du ministère public dans la régulation des sociétés commerciales. L'inertie des particuliers, dans certains cas, peut en effet être comblée par le parquet qui est un acteur judiciaire tout aussi averti que le juge.

234. Également, l'intervention du ministère public dans la vie de la société commerciale sert les intérêts individuels d'autant que la seule ombre des parquetiers dissuade dans bien des cas aussi bien les dirigeants sociaux que les

---

[387] Y. MAYAUD, « L'esclavage, un crime contre l'humanité exclu des sanctions de l'apologie… », note sous Crim., 5 février 2013, n°°11-85.909, *RSC*, janvier-mars 2013, chronique p. 79.
[388] E. SALOMON, « Le juge pénal et l'émotion », thèse de droit, Université Panthéon-Assas, France, 2015, p. 276.
[389] *« Le procès s'inscrit, dans les sociétés contemporaines, dans la perspective de la réalisation du droit, sans laquelle l'effectivité du droit serait illusoire et le droit serait sans intérêt »*, J. DJOGBENOU, *Introduction à la théorie générale de la justice et du procès*, Cotonou, Éd. CREDIJ, 2022, p. 17.
[390] H. BAZEX, « Les facteurs et les effets du stress chez les juges des enfants », *Annales médico-psychologiques*, vol. 170, 2012, p. 130.
[391] Y. DIALLO, *Le Procureur de la République. La pratique du parquet*, *op. cit.*, p. 447.

commissaires aux comptes de certaines légèretés. Cela est si vrai que le procureur de la République est le plus souvent perçu sous son identité exclusivement répressive.

235. En somme, il est évident que l'application effective des prévisions légales appelant l'intervention du ministère public en droit des sociétés commerciales garantirait l'amélioration de la qualité de la réponse judiciaire à apporter au contentieux pouvant être enregistré dans ce domaine. Un tel résultat bénéficierait à tous, aussi bien à l'État qu'aux acteurs économiques ainsi qu'aux tiers. Il bénéficierait également au juge qui trouverait, sans aucun doute, au ministère public un conseiller utile qui l'aiderait dans la réussite de sa mission de distribution de la justice.

236. Les magistrats du ministère public, au Mali, doivent désormais assumer leur double identité d'acteurs répressifs mais également de protecteurs de droit et de jurisconsultes[392] auprès de leurs collègues du siège. *« Évidemment, tous ces acteurs contribuent pour une justice de qualité. Ce qui rend toutefois toute justice SOLIDE (sic) et (RESPECTABLE) (sic), c'est certainement et incontestablement les actions déterminantes du MINISTÈRE PUBLIC (sic). Celui-ci, à lui seul, peut donner à la justice toutes ses lettres de noblesse, ou en faire un PANTIN (sic)… »*[393].

237. L'inertie du ministère public n'est pas propre au seul droit des sociétés commerciales au Mali. Les officiers du ministère public sont, également, loin d'être proactifs en droit des procédures collectives.

Paragraphe II : Une faible participation aux procédures collectives

238. L'intervention du ministère public est expressément consacrée en droit des sociétés commerciales, comme on vient de le constater dans le point précédent de la présente étude. Cette intervention devrait viser essentiellement l'assainissement de l'environnement des affaires en y proscrivant les comportements de nature à troubler le libre jeu économique ou à compromettre la constitution et le fonctionnement régulier des sociétés commerciales[394]. Tout cela est censé participer de la dynamique de prévention des nombreuses difficultés que peuvent rencontrer les sociétés commerciales.

239. Cependant, ces mécanismes, même quand ils sont judicieusement mis en œuvre, peuvent montrer leurs limites dans certains cas. Cette situation conduit la société commerciale dans une crise qui peut être soit passagère soit persistante,

---

392 H. TCHANTCHOU, « La place du parquet ou ministère public dans les procédures judiciaires communautaires : le cas de l'OHADA », *Revue de l'ERSUMA*, n°° 1, p. 492.

393 A. A. D. TALL, Seneweb Blogs, ministère public, cité par Y. DIALLO, *Le Procureur de la République. La pratique du parquet*, *op. cit.*, p. 24.

394 V. P. FOPI TETJOUON, *Droit pénal OHADA. Analyse critique et prospective*, Paris, Éd. L'Harmattan, 2022, p. 26.

voire compromettante. La technique de prise en charge de ces difficultés est organisée par les procédures collectives de prévention et d'apurement du passif.

Celles-ci constituent un *« terme générique désignant toute procédure dans laquelle le règlement des dettes et la liquidation éventuelle des biens du débiteur ne sont pas abandonnés à l'initiative individuelle de chaque créancier, mais organisés de manière à ce que tous les créanciers puissent faire valoir leurs droits : redressement ou liquidation judiciaires… »*[395].

240. Dans la conduite des procédures collectives, devant les juridictions commerciales au Mali, le ministère public ignore bien souvent les règles prescrites par les textes (A), ce qui aboutit, sans doute, à leur participation mitigée (B) à l'animation desdites procédures.

A. Des prescriptions légales ignorées

241. *« Outre la simple communication des affaires commerciales, le parquet se voit attribué des pouvoirs lui permettant d'être au centre de procédures commerciales portant sur les sociétés en difficultés. Son dynamisme permanent dans ce secteur de la justice commerciale est de plus en plus requis »*[396]. Ces propos décrivent, dans une large mesure, l'état actuel de l'intervention du ministère public dans les procédures collectives devant les juridictions commerciales au Mali.

242. L'effectivité[397] d'un système, juridique ou judiciaire, est fonction, d'une part, de l'existence de normes juridiques prenant judicieusement en charge les phénomènes sociaux et, de l'autre, l'application exhaustive de ces normes chaque fois que de besoin. *« L'effectivité est une notion protéiforme qui vise à rendre compte du rôle incontournable du droit dans l'orientation et la structuration des rapports sociaux. L'effectivité cherche à rendre compte d'un écart possible entre ce qui devrait gouverner les rapports sociaux et ce qui les gouverne réellement »*[398].

243. En matière de procédures collectives, le droit positif malien sans être exhaustif est, tout de même, loin d'être déficient[399]. La question est, de façon acceptable, régie par les dispositions juridiques tant internes que

---

[395] G. CORNU (dir.), *Vocabulaire juridique, op. cit.*, v. collectif (ive), p. 434.
[396] Y. DIALLO, *Le Procureur de la République. La pratique du parquet, op. cit.*, p. 462.
[397] B. PACTEAU, « La sécurité juridique, un principe qui nous manque ? », *AJDA*, 1995, n°°H.S, p. 151.
[398] D. GESUALDI-FECTEAU et M. VISOTZKY-CHARLEBOIS, « La notion d'effectivité du droit » *in* S. BERNATCHEZ et B. LALONDE (dir.), *Approches et fondements du droit. Branches et du droit et concepts juridiques*, disponible sur https://www.researchgate.net/publication/338804082, consulté le 5 février 2023.
[399] B. RUTHERS, *Rechtstheorie*, Beck, 3e éd., 2007, n°°35.

communautaires[400]. Qu'il s'agisse de la communication des affaires[401] en matière de procédures collectives, des devoirs des différents organes en la matière ou encore du rôle concrètement attendu des magistrats du parquet, le législateur a consenti des efforts importants qui rendent difficilement acceptables les excuses éventuelles des magistrats du ministère public.

244. La pratique de la loi désigne son application ou sa mise en œuvre dans la vie de tous les jours[402] par les professionnels y habilités aux situations concrètes qui se présentent à ces derniers. S'agissant de textes de loi, s'il est vrai que leur mise en œuvre requiert souvent l'apport de certains acteurs étrangers au sanctuaire judiciaire, il n'en demeure pas moins que, le plus souvent, ce sont les professionnels juridiques et surtout judiciaires qui s'y attellent.

245. Dans le cadre du présent sujet, il est évident que les magistrats du ministère public sont les professionnels judiciaires qui intéresseront au premier plan. La mise en œuvre des textes, dans le cadre du droit des procédures collectives, requiert de la part des magistrats du ministère public, dans un premier temps, de l'engagement et, dans un deuxième temps, de la fidélité[403].

246. L'engagement des magistrats du parquet, dans la conduite des procédures collectives, appelle leur pleine participation à l'animation de celles-ci. Ainsi se doivent-ils d'accorder toute l'attention requise au sort de ces affaires en veillant à la défense scrupuleuse des raisons qui motivent[404] leur intervention. Ces raisons tiennent, d'une part, à la défense de l'intérêt général et, d'autre part, à une protection efficiente de l'ordre public qui, s'agissant des entreprises en difficulté, s'apprécie, surtout, sous l'angle économique.

247. Le droit des sociétés, en général, et celui des entreprises en difficulté, en particulier, intéressent l'intérêt général. Cela est évident quand on sait l'imbrication véritable existant entre le droit et l'économie tout comme entre le droit et la politique. Les effets de la ruine d'une société commerciale se ressentent indéniablement tant sur le plan politique que sur le plan social et humain.

---

400 R. POUND, « Law in Books and Law in Action », *American Law Review*, 1910, vol. 12, p. 15.

401 La source de l'obligation de communication des affaires en matière de procédures collectives découle de la combinaison des articles 432 et 47 respectivement du décret n°°99-254 du 15 septembre 1999 portant code de procédure civile, commerciale et sociale en République du Mali et de l'acte uniforme révisé de l'OHADA portant organisation des procédures collectives d'apurement du passif.

402 P. EWICK et S. SILBEY, *The Common Place of Law: Stories from Everyday Life*, Chicago, The University of Chicago Press, 1998, p. 20.

403 G. ROCHER, « Le regard oblique du sociologue du droit », dans Pierre NOREAU (dir.), *Dans le regard de l'autre*, Montréal, Thémis, 2007, p. 1-5.

404 J.-L. AUTIN, « La motivation des actes administratifs unilatéraux, entre tradition nationale et évolution des droits européens », *RFAP*, n°°137/138, 2011, p. 93.

248. S'agissant de la notion de fidélité des magistrats du ministère public, dans l'animation des procédures collectives, elle renvoie à l'idée que ces magistrats ne doivent pas se contenter d'y marquer leur présence symbolique ou pour la forme. En d'autres termes, les officiers du ministère public ne doivent pas se contenter de faire que de la figuration dans le cadre des procédures collectives. Bien au contraire, lorsqu'ils reçoivent, de la juridiction commerciale, communication de dossiers ayant trait aux entreprises en difficulté, ils se doivent d'interroger les différents textes applicables et surtout de s'y conformer.

249. Comme en matière pénale, ils se doivent de respecter les prévisions légales[405] en prenant les initiatives utiles, les actes nécessaires et surtout les décisions qui s'imposent. Cela requiert qu'ils commencent, tout d'abord, par appréhender judicieusement leurs nombreux rôles et prérogatives dans le cadre de l'animation des procédures collectives. Ensuite, les parquetiers se doivent de développer le réflexe nécessaire[406] et surtout compatible avec la préservation des intérêts en jeu. Puisque les enjeux d'une procédure civile ou commerciale diffèrent, à bien des égards, de ceux en matière pénale.

250. Enfin, ils doivent œuvrer à leur propre acceptation par les autres organes et/ou acteurs en charge de la gestion des procédures collectives. Ils doivent se battre pour relever ce pari d'autant plus que le ministère public n'est pas loin d'être considéré, dans la pratique judiciaire au Mali, comme étranger dans le cadre des procédures judiciaires visant les sociétés commerciales.

251. L'inertie du ministère public est constante en droit judiciaire privé malien, en général, et dans les procédures collectives, en particulier. Dans la pratique, les enquêtes de terrain ont permis de savoir qu'il arrive souvent que des procédures collectives soient conduites, du début à la fin, par le tribunal de commerce de Bamako sans qu'elles soient communiquées au ministère public. Dans les rares cas où cette communication a lieu, elle n'est jamais suivie de l'implication véritable des officiers du ministère public. L'on relève, à cette occasion, les mêmes tares décelables dans l'animation des procédures civiles.

252. Ainsi, une fois qu'ils reçoivent les dossiers qui leur sont communiqués par le tribunal de commerce, les magistrats du parquet, sans daigner les ouvrir pour en

---

[405] Puisque les effets des normes juridiques sont, selon les cas, *« voulus et involontaires, recherchés ou accidentels, directs ou indirects, prévus et inattendus, sociaux, politiques et culturels »*, G. ROCHER (dir.), *Théories et émergence du droit : pluralisme, surdétermination et effectivité*, Montréal, Thémis, 1998, p. 134-135.

[406] *« ... la mise en œuvre formelle du droit impose que l'on s'intéresse aux stratégies et aux schémas d'action des agents chargés de l'application des normes étudiées, la mise en œuvre informelle, quant à elle, permet de rendre compte de la façon dont ces normes sont mobilisées lors d'interactions intervenant dans l'environnement communautaire, professionnel, familial ou scolaire de ses destinataires »*, enseignent D. GESUALDI-FECTEAU (D.) et M. VISOTZKY-CHARLEBOIS, « La notion d'effectivité du droit », *op. cit.*, p. 335.

prendre connaissance et poser les actes nécessaires en conséquence, se contentent simplement de les viser. La formule traditionnelle et magique est aussitôt utilisée : *« le parquet s'en rapporte »*.

Quel que soit le nombre de dossiers ainsi communiqué, le parquet ne met pas plus d'une demi-heure à les viser avant de les retourner immédiatement au cabinet du président du tribunal de commerce. Ce visa, dans la pratique, signe, la plupart du temps, la fin de sa mission dans le cadre des procédures collectives.

253. Une telle façon de faire est, à tout égard, contraire à la loi. En effet, il ne doit pas être vu en la communication des dossiers au ministère public une simple formalité[407]. La communication oblige les magistrats du parquet à agir et à prendre toute leur place tout au long de la procédure chaque fois qu'il s'agit d'une entreprise en difficulté. La pratique en cours, actuellement devant les instances juridictionnelles en République du Mali, nuit gravement aux intérêts[408] aussi bien privés que publics[409]. Elle doit être corrigée dans les meilleurs délais.

254. Dans un contexte sociopolitique marqué par des crises diverses et profondes, toute action pouvant contribuer à l'assainissement et surtout à la consolidation du libre jeu économique doit être fortement recherchée et soutenue. L'implication véritable et efficiente du ministère public dans la conduite des procédures collectives favoriserait sans aucun doute la protection de nombreux emplois. La dissolution d'une entreprise, dans bien des cas, conduit *ipso facto* plusieurs personnes au chômage.

255. Les pratiques[410] professionnelles, au parquet, doivent désormais s'adapter à cette vision des choses. Tel le visage humain qui se présente avec deux yeux, le ministère public doit revendiquer désormais sa double identité, pénale et civile. Il reste entendu que l'identité civile du parquet englobe celles sociale et surtout commerciale. Les officiers du ministère public doivent accorder le même intérêt aussi bien aux procédures répressives qu'à celles civiles ou commerciales.

256. C'est à ce prix que le ministère public deviendrait tant un acteur majeur de la sauvegarde des droits et libertés que surtout un véritable artisan du développement économique et social. Puisqu'il contribuerait au sauvetage des entreprises et au renflouement des caisses de l'État par la préservation des contributions fiscales, le plus souvent conséquentes, drainées par les sociétés

---

407 F. RANGEON, « Réflexions sur l'effectivité du droit », disponible sur https://www.u-picardie.fr, consulté le 06 février 2023.

408 S. R. DOMINIQUE, R. PHILIPPE, « Nature et racines du principe de sécurité juridique : une mise au point » *in Revue internationale de droit comparé*, vol. 55, n°°1, janvier-mars 2003, p. 85.

409 Chr. VIGOUROUX, « Complexité et sécurité juridique », *RJTUM*, 48, 2014, p. 199.

410 N. ROULAND, *Anthropologie juridique*, Paris, Éd. PUF, 1988, p. 150.

commerciales. La pratique judiciaire[411] doit être en phase avec la volonté populaire traduite dans les lois de la République votées par l'organe législatif.

257. Comme le fait opportunément observer Jean-François PERRIN lorsqu'il affirme que : *« l'auteur de la norme juridique poursuit un dessein et, pour atteindre son objectif, il choisit un moyen. Il veut, par exemple, limiter les conséquences des accidents de la circulation routière et, pour ce faire, il prescrit le port obligatoire de la ceinture de sécurité dans les voitures automobiles ou le port obligatoire du casque pour les motocyclistes. On peut ensuite soit observer le degré de réalisation de l'objectif, soit évaluer le degré d'utilisation réelle du moyen. Dans le premier cas – lorsqu'on confronte l'objectif avec son degré d'accomplissement – on mesure l'efficacité d'une norme ou d'un système de normes. Dans le deuxième cas – lorsqu'on mesure si l'injonction prescrite par la norme a effectivement provoqué le comportement prévu – on mesure l'effectivité de la norme »*[412]. La justice tire d'ailleurs, en partie, sa légitimité de l'application des lois qui sont censées émaner du peuple.

258. Ce changement de paradigme permettrait de corriger de graves manquements chez les magistrats du parquet d'autant plus que leur non-participation à l'animation des procédures collectives, alors même que la loi les y oblige, peut donner matière à rechercher leur responsabilité sinon sur le plan pénal du moins sur celui civil et, surtout, disciplinaire.

259. La gravité de l'inertie du ministère public dans l'animation des procédures collectives s'explique essentiellement par le fait qu'il est permis de se poser des questions quant à la régularité des décisions rendues par les juridictions commerciales en totale violation des textes imposant l'implication du parquet en cette matière.

260. La jurisprudence française y répond en soutenant que la décision intervenant dans ces conditions est entachée de nullité[413]. Et le professeur Pierre-Michel LE CORRE de renchérir en affirmant que : *« l'obligation de communication au ministère public constitue une formalité substantielle d'ordre public, dont l'absence entraîne nullité du jugement »*[414].

261. L'ignorance des prescriptions légales conduit les magistrats du ministère public à une participation mitigée à l'animation des procédures collectives.

---

[411] P. AMSELEK, « Le rôle de la pratique dans la formation du droit : Aperçus à propos de l'exemple du droit public français », *RDP*, 1983, p. 1472.

[412] J.-F. PERRIN, *Pour une théorie de la connaissance juridique*, Genève, Éd. Droz, 1979, p. 91.

[413] Ch. mixte, 21 juill. 1978, n°°75-147.31 : *Bull. ch. mixte*, n°°5 ; *Gaz. Pal.*, 1978, II, 579, note Viatte ; *RTD civ.*, 1979. 192, obs. Perrot ; *Rev. sociétés*, 1979, 573, note Chartier.

[414] P.-M. LE CORRE (dir.), *Droit et pratiques des procédures collectives*, Paris, Dalloz, 7e éd., 2013, n°°340. 21, p. 542.

B. Une participation mitigée du parquetier

262. La condition essentielle de l'ouverture d'une procédure collective d'apurement du passif est la cessation des paiements. Celle-ci désigne *« l'état où le débiteur se trouve dans l'impossibilité de faire face à son passif exigible avec son actif disponible, à l'exclusion des situations où les réserves de crédit ou les délais de paiement dont le débiteur bénéficie de la part de ses créanciers lui permettent de faire face à son passif exigible »*[415]. En clair, il s'agit de la situation du débiteur qui se trouve dans des difficultés telles qu'il n'est plus à même de faire face à ses engagements vis-à-vis de ses créanciers même en tenant compte des entrées de fonds envisageables dans son patrimoine.

263. Il s'agit d'une situation fort délicate d'autant que *« les conséquences économiques et sociales de l'ouverture des procédures collectives à l'égard d'une entreprise en difficulté peuvent s'avérer désastreuses autant pour le débiteur que pour les salariés et les créanciers »*[416]. Les procédures collectives mettent aux prises le débiteur et son créancier devant la justice consulaire[417]. En plus de ces protagonistes, d'autres acteurs interviennent dans la conduite de la procédure. L'un d'entre ces derniers est justement le ministère public qui est investi de prérogatives non négligeables dans le droit des procédures collectives[418].

264. Les procédures collectives d'apurement du passif des entreprises en difficulté constituent l'une des matières non pénales où les magistrats du ministère public se voient attribuer des missions tant diverses que fondamentales. *« Dans la procédure de redressement et de liquidation judiciaire des entreprises, le ministère public jouit d'un très large pouvoir d'initiative. Il est qualifié, en effet, non seulement pour demander l'ouverture du redressement judiciaire, mais également pour demander la cessation de l'activité, la mise en liquation, tous droits d'agir qui lui permettent, en opportunité, d'influencer l'orientation de la procédure et le destin de l'entreprise. »*[419]

---

[415] Acte uniforme révisé portant organisation des procédures collectives d'apurement du passif (AUPC), art. 1-3, al. 2.

[416] J. KOM, *Droit des entreprises en difficulté, prévention – traitements – sanctions*, Paris, L'Harmattan, 2e éd., 2021, n°°1, p. 11.

[417] A. BENABENT et Y. GAUDEMET, *Dictionnaire juridique*, Paris, Éd. LGDJ, 2023, p. 104.

[418] Y. SALA, « Rôle et pouvoirs du ministère public, sanctions pénales et loi de sauvegarde des entreprises », *LPA* 2006, n° 35, p. 121.

[419] S. GUINCHARD (dir.), *Droit et pratique de la procédure civile. Droit interne et européen*, Paris, Dalloz, 10e éd., 2020, n°°212. 277, p. 58.

265. En effet, c'est en considération de la spécificité[420] du parquet qu'il en est ainsi. Cette particularité tient, essentiellement, au fait que les officiers du ministère public bénéficient quasiment du monopole du droit d'action lorsque l'intérêt général[421] et, surtout, l'ordre public[422] sont en cause. Le professeur Filiga Michel SAWADOGO corrobore ces propos en affirmant que : *« Les procédures collectives intéressent le ministère public du fait de la place qu'elles font à l'intérêt général et à l'ordre public »*. Il ajoute que *« Depuis des décennies, l'on considère que la sauvegarde de l'entreprise, le maintien de l'activité et de l'emploi et l'apurement du passif intéressent les pouvoirs publics en raison de leur impact sur d'autres entreprises et sur l'ensemble de l'économie. De plus, l'ouverture et le déroulement des procédures collectives peuvent révéler des infractions »*[423].

266. Si le législateur communautaire OHADA a consacré et surtout consolidé[424] l'intervention du ministère public en matière commerciale, en général, et plus spécifiquement en droit des procédures collectives[425], en particulier, c'est aussi parce que les magistrats du parquet sont les mieux indiqués pour accomplir une telle mission.

Cette affirmation se fonde sur le postulat que, de l'ensemble des organes et intervenants dans l'animation de ces procédures, le ministère public est le seul fondé à agir au nom et pour le compte de tous[426]. Cela lui est possible tant et si bien qu'il dispose des moyens et des outils nécessaires pour réussir une articulation acceptable entre les différents intérêts en présence qui sont, par ailleurs et bien souvent, antagoniques.

---

[420] J. BETAILLE, « Les conditions juridiques de l'effectivité de la norme en droit public interne : illustrations en droit de l'urbanisme et en droit de l'environnement », thèse de droit, Université de Limoges, École doctorale n°°88 Pierre Couvrat, France, 2012, p. 33.

[421] L. ASCENSI, *Droit et pratique des saisies et confiscations pénales*, Paris, Dalloz, 2e éd., 2021, n°°113.51, p. 50.

[422] Lyon, 17 juin 1925, *Gaz. Pal.*, 1925. 2. 487 – Req. 4 nov. 1946, S. 1947. 1. 43 – Req. 7 mars 1944, *DP* 1944. 74 – Paris, 5 mars 1956, *D.* 1956. 632, note R. Lindon.

[423] F.-M. SAWADOGO, *OHADA. Droit des entreprises en difficulté*, Bruxelles, Éd. Bruylant, coll. : « Droit uniforme africain », 2002, n°°149, p. 144.

[424] I. FEVILIYE, *Le Droit des affaires commun des États membres de l'OHADA*, Brazzaville, Éd. Primo, 2021, p. 207.

[425] A. FAIZOI, « Le rôle du ministère public dans le cadre des procédures collectives », *LPA*, 2004, n°°187, p. 3.

[426] L'intervention du ministère public est utile, tout d'abord, au juge-commissaire qui y trouve un conseiller sinon impartial du moins désintéressé. Les avis qu'il peut être amené à émettre peuvent ainsi utilement guider le juge-commissaire dans la réussite de sa mission. Ensuite, le regard du parquet, sur les missions du syndic et, enfin, sur celles des contrôleurs, peut contribuer dans une large mesure à éviter les éventuels dérapages ou accointances de leur fait.

267. De façon générale, tout d'abord, *« le débiteur et les créanciers, dans toute procédure collective, peuvent communiquer à l'autorité ou à la juridiction compétente ou au ministère public de l'État concerné tout document ou information susceptible de conduire à l'ouverture de poursuites disciplinaires à l'encontre d'un mandataire judiciaire »*[427].

268. Ensuite, les sanctions disciplinaires pouvant frapper ce dernier, notamment, l'interdiction provisoire, l'avertissement, le blâme avec inscription au dossier, la suspension d'exercer pour une durée qui ne saurait dépasser trois (3) années et, enfin, la radiation de la liste nationale des mandataires judiciaires[428] emportant interdiction définitive d'exercer, doivent être notifiées au ministère public[429].

269. Également, la loi communautaire consacre le droit de recours du parquet contre les décisions du juge consulaire relativement aux contestations ayant trait à la rémunération de l'expert ainsi qu'à celle du syndic[430]. De même, il est prévu l'obligation du greffier de notifier au ministère public les décisions d'homologation ou d'exequatur de l'accord pouvant intervenir entre les parties sous les auspices du juge conciliateur[431], tout comme l'obligation de notifier les décisions ordonnant l'ouverture du règlement préventif[432] ou encore la transmission au parquet par le greffier de la juridiction consulaire d'une copie des décisions désignant les syndics[433].

270. Enfin, l'acte uniforme consacre le droit de saisine de la juridiction compétente en matière commerciale par le ministère public en cas de soupçons de difficultés réelles d'une société à faire face à ses engagements[434].

271. Plus spécifiquement, *« [l]e ministère public est informé du déroulement de la procédure de redressement judiciaire et de liquidation des biens par le juge-commissaire*[435]*. Il peut, à toute époque, requérir communication de tous actes, livres ou documents relatifs à ladite procédure.*

Le défaut de communication d'information ou de document ne peut être invoqué que par le ministère public.

Le ministère public communique au juge-commissaire, sur sa demande ou d'office, tous renseignements utiles à l'administration de la procédure, y compris

---

427 AUPC, *op. cit.*, art. 4-8.

428 Ch. DELATRE, « L'intervention du ministère public dans la désignation des administrateurs et mandataires judiciaires », *Rev. proc. coll.*, 2009/3, 14, p. 31.

429 AUPC, *op. cit.*, art. 4-9.

430 AUPC, *op. cit.*, art. 4-21.

431 AUPC, *op. cit.*, art. 11.

432 AUPC, *op. cit.*, art. 17.

433 AUPC, *op. cit.*, art 35.

434 AUPC, *op. cit.*, art. 29.

435 A. Y. SIBIBE, *Droit et pratique du droit au Mali*, Bamako, Éd. Jamana, 2007, p. 51.

toute information provenant d'une procédure pénale concernant le débiteur, nonobstant le secret de l'instruction »[436].

272. En dépit de cet ensemble de dispositions, toutes limpides, la participation du ministère public à l'animation des procédures collectives est, sans aucun doute, mitigée. C'est dire, conséquemment, qu'entre les textes et leur mise en œuvre le fossé est grand. Comme y convainc Adama Yoro SIDIBÉ lorsqu'il écrit que : *« [i]l y a lieu d'aller au-delà des affirmations de principe pour se pencher plus sérieusement sur une analyse objective et étoffée du droit et de la pratique du droit en République du Mali dans l'espoir de débusquer les facteurs ou causes qui empêchent celui-ci de triompher »*[437].

273. La représentation du ministère public aux audiences dédiées à la conduite des procédures collectives au Mali passe pour un phénomène rare. Il s'agit toutefois d'une situation dont le ministère public malien est loin d'avoir le monopole, puisque des données scientifiques existent qui autorisent d'affirmer que c'est le cas également au Sénégal[438] ou encore au Cameroun[439]. C'est dire donc qu'il s'agit d'une insuffisance propre à la quasi-totalité de l'espace communautaire OHADA.

274. Toujours au Mali, dans la pratique judiciaire, il arrive quelquefois que le tribunal de commerce communique les dossiers de procédures collectives à son parquet d'attache. Ce dernier n'est jamais présent aux audiences et ne conclut que très rarement dans ces causes. La formule traditionnellement utilisée par les officiers du ministère public est de mentionner sur les chemises-dossiers que le *« le ministère public requiert l'application de la loi »* ou que *« le ministère public s'en rapporte »*.

275. Ce hiatus entre la norme juridique et sa pratique, en droit judiciaire privé malien, s'explique soit par la méconnaissance soit par la négligence des magistrats du parquet. Les magistrats du siège animant les juridictions officiant en matière commerciale y sont également pour quelque chose pour la simple

---

436 AUPC, *op. cit.*, art. 47.

437 A. Y. SIBIBÉ, *Droit et pratique du droit au Mali, op. cit.*, p. 16.

438 Cette affirmation est d'autant plus exacte qu'un magistrat du parquet sénégalais a pu soutenir que : *« ... les fonctions souvent méconnues du parquet, celles civiles et commerciales. Le divan assez large et épais du contentieux pénal les cache, même s'il ne parviendra jamais à les occulter ; la vie des affaires et son impact dans la société créeront un parquet de type nouveau au Sénégal »*, Y. DIALLO, *Le Procureur de la République. La pratique du parquet, op. cit.*, p. 28.

439 Au Cameroun, la situation semble identique. Une auteure a pu soutenir, en effet, que : *« Mais dans la réalité, cette efficacité est limitée par la participation tardive du parquet dans les procédures de redressement judiciaire et de liquidation des biens. L'on peut aussi déplorer son inexplicable absence dans les procédures de conciliation et de règlement préventif »*, J. KOM, *Droit des entreprises en difficulté, prévention – traitements – sanctions, op. cit.*, n°°261, p. 144.

raison que les affaires, dans certains cas, ne sont pas du tout communiquées au ministère public. Cela participe des pratiques professionnelles à déplorer. Puisqu'il s'agit d'une violation manifeste de la loi de la part des juges assurant la distribution de la justice commerciale.

276. Conformément à la volonté du législateur et dans l'intérêt supérieur de l'État, la participation du ministère public à la conduite des procédures collectives doit être pleine et vérifiable. Cette pleine implication du parquet est conforme à la volonté du législateur d'autant plus que les diverses dispositions légales, sus-spécifiées, la consacrent si elles ne l'imposent pas.

277. Le respect du principe de la séparation des pouvoirs[440] commande bien que la volonté du législateur soit respectée par les magistrats, toutes les fois qu'il la décline à travers des textes clairs et suffisants. Il y va sans doute de l'efficacité et surtout de l'efficience de la réponse judiciaire aux multiples sollicitations en matière de régulation et d'assainissement de l'environnement des affaires. La participation des magistrats du parquet doit être vérifiable à travers, d'une part, leur présence aux audiences des juridictions commerciales et, de l'autre, les divers actes écrits qu'ils peuvent produire dans les procédures.

278. Sous cet angle, les parquetiers doivent prendre des conclusions écrites bien structurées et bien motivées dans les procédures civiles. C'est ainsi qu'ils feraient œuvre utile dans le sens de la sauvegarde des intérêts de l'État sur le plan économique et conséquemment sur le plan financier et social. Le ministère public ne doit jamais perdre de vue qu'une partie tout aussi essentielle de ses attributions réside dans les domaines civil et surtout commercial et que l'intérêt général et l'ordre public ne sont pas en cause uniquement sur le plan répressif.

279. Comme on peut aisément le relever, à travers les différents éléments ci-dessus exposés, le ministère public est loin d'être proactif en matière civile et commerciale. Si l'ineffectivité des textes explique, en partie, cette situation, l'incomplétude des textes, également, relève des éléments explicatifs d'une telle carence.

---

[440] H. HARDY, « Le principe de sécurité juridique au sens du droit de la Convention européenne des droits de l'homme », thèse de droit, Université Montpellier, France, 2019.

CHAPITRE II : L'AMORPHISME RÉSULTANT DE L'INCOMPLÉTUDE DU DROIT POSITIF

280. La pratique judiciaire, actuellement au Mali, conduit facilement au constat de l'inertie du ministère public dans ses attributions non pénales. La matière civile et commerciale ressent avec beaucoup d'acuité cette indifférence des parquetiers. S'il est évident, comme il vient d'être démontré dans le chapitre précédent, que cette défaillance est attribuable dans une certaine mesure à l'ineffectivité des textes, il n'en reste pas moins vrai que d'autres raisons expliquent ce phénomène. Parmi ces autres raisons, il y a sans doute l'insuffisance ou plutôt l'incomplétude des normes juridiques.

281. L'incomplétude désigne l'état d'une chose qui est incomplète. Est incomplet un élément qui a des insuffisances ou qui est inachevé. Appliquée dans le cas d'espèce, l'incomplétude du droit positif fait allusion à l'inachèvement, l'insuffisance, voire la carence des normes relevant de l'ordre juridique en vigueur dans un espace donné pour assurer la prise en charge exhaustive des différentes situations juridiques envisageables. Dans le cas d'espèce, il s'agit des diverses situations possibles sous l'angle du droit civil et commercial, dans ses traits spécifiques à l'action du ministère public.

282. L'intervention du ministère public, en matière civile et commerciale au Mali, en certains de ses aspects, recèle de véritables défaillances imputables à l'état actuel des textes applicables en la matière. Il s'agit là d'une situation qui, dans une large mesure, handicape l'action des officiers du ministère public. En effet, le rayonnement du parquet ainsi que l'efficience de ses actions sont, essentiellement, tributaires de l'exhaustivité des normes juridiques régissant son office.

283. L'incomplétude du droit positif, dans le cadre de la présente étude, se matérialise par des tares manifestes aussi bien en droit civil qu'en droit commercial (section I). Cette situation a, sans aucun doute, des incidences négatives (section II).

Section I : Une incomplétude manifeste

284. Le droit malien, comme tout autre système juridique, se caractérise par des imperfections qui, d'ailleurs, sont inhérentes à toute œuvre humaine. Elles se révèlent à l'occasion de l'application des normes et conduisent souvent à des réformes correctrices et/ou amélioratrices. L'anticipation n'est pas toujours chose facile dans l'édiction des normes d'autant que les phénomènes sociaux sont autant mouvants qu'imprévisibles.

285. Sur les questions appelant ou susceptibles d'appeler l'intervention du ministère public, au Mali, un examen même superficiel des normes en vigueur permet de déceler des tares surtout en droit civil et commercial, matière qui intéresse au premier plan, dans le cadre de la présente étude. L'hétéroclisme de l'ordre juridique malien, du fait de la cohabitation des normes internes avec celles communautaires, commande que toute analyse de la question tienne compte de cette donnée.

286. Pour une judicieuse appréhension de la question, il sied que l'on s'intéresse dans un premier temps aux déficits du droit interne (paragraphe I) avant d'aborder, dans un second temps, la question relative à l'allergie du droit communautaire à l'intervention du ministère public dans ces deux matières (paragraphe II).

Paragraphe I : En droit interne

287. Les insuffisances textuelles handicapant les magistrats du ministère public, dans leurs actions en matière civile et commerciale au Mali, se ressentent en droit interne. Celui-ci désigne l'ensemble des normes juridiques inspirées et édictées par l'organe législatif sur le plan national. Il diffère du droit international et du droit communautaire qui sont édictés par des organes supra-étatiques.

288. Le droit interne malien recèle des insuffisances, au regard de l'office du ministère public, en matière civile et commerciale. Ces déficits, qui sont loin d'être négligeables, engendrent un impact négatif sur la qualité de la distribution de la justice sur le plan civil et commercial. Les tares ainsi décelables en droit interne sont légion. Cependant, il sera question, dans le cadre du présent exercice, de deux d'entre elles du fait de leur saillance.

289. Ainsi, sera-t-il abordé, d'une part, le statut mitigé du ministère public en droit judiciaire privé malien (A) et, d'autre part, la question relative à la réglementation imprécise de la communication des affaires au parquet (B).

A. Le statut mitigé du ministère public

290. Du latin *status*, état, dérivant lui aussi de *stare*, se tenir debout, la notion de statut renvoie à l'ensemble des règles juridiques régissant l'admission, le déroulement de la carrière, les droits et obligations, la discipline ainsi que la cessation de fonction des agents relevant d'un ordre professionnel donné[441].

S'agissant des magistrats, en République du Mali, ils relèvent d'un statut autonome[442] consacré par la loi n°°02-054 du 16 décembre 2002 portant statut de la magistrature. Ce texte s'applique aussi bien aux magistrats de l'ordre judiciaire qu'à ceux de l'ordre administratif. Aussi s'applique-t-il tant aux

---

441 G. CORNU (dir.), *Vocabulaire juridique, op. cit.*, v. statut, p. 2085.

442 CE. 15 oct. 1986, req. n°°67857. – CE 9 avr. 2004, req. n°°24 3001 : *D.*, 2004. 1284 : annulation d'une circulaire du ministre de la Justice sur la réduction du temps de travail prise sur le fondement d'un décret non applicable aux magistrats de l'ordre judiciaire.

magistrats du siège qu'à ceux du parquet[443]. Ces derniers, cependant, relèvent à bien des égards d'un régime juridique spécifique.

291. Du point de vue statutaire, il est traditionnellement admis que le ministère public est un corps hiérarchisé ayant à sa tête le ministre de la Justice, garde des Sceaux[444]. Cette subordination hiérarchique est abordée, surtout sur le plan pénal, pour expliquer le droit d'impulsion dont bénéficient les supérieurs hiérarchiques, vis-à-vis de leurs subordonnés, dans l'animation de l'action publique.

C'est à cet égard que l'on évoque le droit, pour les officiers supérieurs du parquet, de donner des instructions de poursuite dont l'inexécution par les subordonnés pourrait, dans certains cas, valoir des sanctions.

292. Ainsi, le garde des Sceaux peut-il donner, au procureur général près la cour d'appel, des instructions tendant à ce que ce dernier fasse engager des poursuites dans une affaire donnée. Le procureur général près la cour d'appel a, à son tour, la faculté d'enjoindre aux procureurs de la République d'engager des poursuites. Une fois que les instructions données sont régulières, leur exécution s'impose aux magistrats du parquet. C'est dire que ces derniers pourraient voir leur responsabilité disciplinaire engagée, lorsqu'ils refusent de s'y plier.

293. Toutefois, en vertu du principe dit du pouvoir propre des chefs de parquet, l'autorité hiérarchique ne saurait se substituer aux parquetiers récalcitrants pour poser en leur lieu et place les actes requis. Ce schéma de mise en œuvre des actions du ministère public est, sans aucun doute, propre au droit criminel[445]. D'ailleurs, il est expressément prévu et réglementé, dans ses grandes lignes, par le code de procédure pénale en vigueur au Mali.

294. En matière civile et commerciale, la situation est totalement différente. Pendant que la plupart des auteurs, en France, soutiennent la pleine et entière

---

[443] Il y a lieu toutefois de préciser que le statut de la magistrature ne s'applique qu'aux seuls magistrats professionnels. N'y relèvent guère les juges occasionnels des tribunaux de commerce, des tribunaux du travail ou encore les assesseurs tant en matière civile qu'en matière pénale. Sur la question, CE, ass., 2 févr. 1962, Beausse, Lebon 82.

[444] Comme l'attestent ces propos de Henry NALLET, alors ministre de la Justice, garde des Sceaux de François MITTERAND : *« Les juges sont indépendants, mais les procureurs doivent obéir »*, cité par V. LE COQ, *Impunités. Une justice à deux vitesses. Pamphlet*, Nouveau Monde Éditions, Paris, 2017, p. 20.

[445] Le conseil constitutionnel français estime qu'*« il découle de l'indépendance de l'autorité judiciaire, à laquelle appartiennent les magistrats du parquet, un principe selon lequel le ministère public exerce librement, en recherchant la protection des intérêts de la société, l'action publique devant les juridictions pénales »*, Cons. const., 22 juill. 2016, n°°2016-555 QPC : *AJDA* 2016. 1925 ; *D.*, 2016. 1569 ; *D.*, 2017. 1328, obs. N. Jacquinot et R. Vaillant ; Constitutions 2016. 532, chron. ; Constitutions 2016. 651, chron. L. Alice Bouvier ; *RSC* 2016. 529, obs. S. Detraz.

subordination hiérarchique des officiers du ministère public en ces matières[446], d'autres doctrinaires, au contraire, admettent quelques réserves sur la question. Les premiers, pour démontrer la validité des ordres d'agir ou de ne pas agir[447] à l'endroit des officiers du ministère public, se fondent sur la prétendue nature de l'institution.

295. Selon eux, le caractère hiérarchisé du ministère public suffirait pour soutenir que ses officiers, même en matière civile, ne devraient pas rechigner les instructions de leurs supérieurs hiérarchiques. Sans l'admettre expressément, ces auteurs opèrent une transposition du schéma de la subordination hiérarchique en matière pénale sur le plan civil. Ce qui équivaut à une certaine banalisation de la question d'autant que cette façon de l'aborder ne permet aucunement une judicieuse appréhension du sujet.

296. C'est pourquoi la deuxième catégorie de doctrinaires[448] invite plutôt à questionner les différents textes applicables en matière civile et à y déduire la position juridique réelle sur la question relative à la subordination hiérarchique des magistrats du parquet en cette matière. Ainsi, ces auteurs font le constat que le code de procédure civile français est totalement muet sur les questions ayant trait à l'organisation et au fonctionnement du ministère public.

297. Ils estiment cependant que des bribes de solution se dégagent de l'article 5 de l'ordonnance du 23 décembre 1958 consacrant le statut des magistrats de l'ordre judiciaire, toujours en France. Cet article prévoit en effet que : *« les magistrats du parquet sont placés sous la direction et le contrôle de leurs chefs hiérarchiques et sous l'autorité du garde des Sceaux, ministre de la Justice.*

À l'audience leur parole est libre ».

298. Interprétant ces dispositions, ils soutiennent qu'il résulte là des éléments juridiques suffisants pour affirmer que les magistrats du parquet peuvent recevoir des instructions tant en matière pénale qu'en matière civile. Ils

446 J.-B.-E. GARSONNET et C. CESAR-BRU, *Traité théorique et pratique de procédure civile et commerciale*, Paris, Sirey, 3e éd., 1912, t. 1, n°°179 ; – GLASSON et TISSIER, *Traité théorique et pratique d'organisation judiciaire, de compétence et de procédure civile*, Paris, Sirey, 3e éd., 1925, t. 1, n°°111 ; – R. JAPIOT, *Traité élémentaire de procédure civile et commerciale*, 3e éd., 1935, n°°228 ; – R. MOREL, *Traité élémentaire de procédure civile*, 2e éd., 1949, n°°157 ; – G. CORNU et J. FOYER, *Procédure civile*, 1958, p. 242 ; – H. SOLUS et R. PERROT, *Droit judiciaire privé*, 1961, t. 1, n°°853 ; – P. CUCHE et J. VINCENT, *Précis de procédure civile*, Paris, Dalloz, 13e éd., 1963, n°°157.

447 Les expressions d'ordre d'agir et de ne pas agir sont empruntées à la professeure Michèle-Laure RASSAT, *Le Ministère public entre son passé et son avenir, op. cit.*, p. 104.

448 Le chef de fil de cette catégorie de doctrinaires est, sans doute, la professeure RASSAT dans son ouvrage dédié au ministère public entre son passé et son avenir. M.-L. RASSAT, *Le Ministère public entre son passé et son avenir, op. cit.*, p. 107.

expliquent que si ce texte n'est pas aussi explicite sur la possibilité pour le garde des Sceaux[449] de donner des instructions d'agir ou de ne pas agir en matière civile, que la situation paraît tout autre pour le procureur général près la cour d'appel qui, selon eux, est investi d'un pouvoir de « direction et de contrôle » sur les officiers du ministère public de son ressort.

299. Ce pouvoir de direction concernerait l'action des magistrats du parquet, aussi bien en matière pénale qu'en matière civile. Ils terminent en précisant que la combinaison des dispositions de cet article 5 avec la coutume observée au parquet aboutit à l'admission des ordres d'agir et de ne pas agir en matière civile à l'endroit des officiers du parquet. Si telle est la position du problème en France, l'autonomie des systèmes juridiques autorise à affirmer que la situation n'est pas tout à fait identique au Mali.

300. Sur la question relative à la subordination hiérarchique, le droit positif malien semble fort peu disert sur ce trait de caractère du ministère public. En effet, qu'il s'agisse de la loi portant organisation judiciaire ou encore du décret portant code de procédure civile, commerciale et sociale en République du Mali, rares sont les dispositions de ces deux textes qui indiquent, même de façon voilée, la dépendance professionnelle des officiers du ministère public en ces matières.

Cette lecture des choses semble d'autant plus fondée que, pendant que la loi portant organisation judiciaire au Mali se contente de spécifier les juridictions bénéficiant d'un parquet dans leur organisation, le code de procédure civile, commerciale et sociale, lui, décline simplement les modes d'action du parquet ainsi que les affaires devant lui être communiquées.

301. Ces observations valent également pour le droit uniforme OHADA qui, lui aussi, n'aborde nullement la question. Il est vrai, cependant, qu'à l'instar de la France la loi n°°02-054 du 16 décembre 2002 portant statut de la magistrature au Mali effleure la question en des termes voilés.

Les dispositions des alinéas 1er et 2 de l'article 10 de ce texte prévoient que : *« Les magistrats du parquet des cours et des tribunaux sont placés sous la direction et le contrôle de leurs chefs hiérarchiques et sous l'autorité du ministre chargé de la Justice.*

[449] Des dispositions de l'article 5 de l'ordonnance du 23 décembre 1958, le garde des Sceaux, ministre de la Justice a « autorité » sur les membres du ministère public. *« [...] le mot "autorité" n'ayant aucune signification juridique particulière et pouvant désigner aussi bien le seul pouvoir disciplinaire du ministre de la Justice qu'un pouvoir juridique plus complet... »*, M.-L. RASSAT, *Le Ministère public entre son passé et son avenir, op. cit.*, n°°134, p. 107.

Ils ont la liberté de parole à l'audience. » Il s'agit là d'un véritable mimétisme de la part du législateur malien qui, à quelques différences de mots près, s'est fondamentalement inspiré de son homologue français sur la question.

302. La question relative à la subordination des magistrats du parquet, en matière civile et commerciale au Mali, doit être analysée en faisant bien la part des choses selon que l'on soit en matière pénale ou en matière civile. D'une part, la situation ne présente aucune difficulté en matière pénale où les dispositions des articles 47[450], 49[451] et 50[452] du code de procédure pénale donnent toutes les précisions nécessaires sur le sujet.

303. D'autre part, c'est en matière civile que la question demeure entière. En effet, les textes régissant le droit judiciaire privé observent un silence quasi entier sur le sujet[453]. Cette situation semble avoir toute sa signification.

---

[450] « *Le ministère public exerce l'action publique et requiert l'application de la loi. Il est représenté auprès de chaque juridiction répressive.*
Il assure l'exécution des décisions de justice.
Il est tenu de prendre des réquisitions écrites conformes aux instructions qui lui sont données dans les conditions prévues aux articles 48 et 49 ci-dessous », CPP, *op. cit.*, art. 47.

[451] « *Le ministre de la Justice peut dénoncer au procureur général les infractions à la loi pénale dont il a connaissance, lui enjoindre d'engager ou de faire engager des poursuites ou de saisir la juridiction compétente de telles réquisitions écrites que le ministre juge opportunes* », CPP, *op. cit.*, art. 49.

[452] « *Le procureur général a autorité sur tous les officiers du ministère public du ressort de la cour d'appel.*
À l'égard de ces magistrats, il a les mêmes prérogatives que celles reconnues au ministre de la Justice à l'article précédent.
Tous les officiers et agents de la police judiciaire sont placés sous la surveillance du procureur général. Il peut les charger de recueillir tous renseignements qu'il estime utiles à une bonne administration de la justice », CPP, *op. cit.*, art. 50.

[453] Le silence observé par le code de procédure civile, commerciale et sociale n'est pas tout-à-fait entier en ce que les dispositions de l'article 628 dudit texte prévoient que : « *Le ministre de la Justice peut prescrire au procureur général de déférer à la chambre compétente de la Cour suprême, les actes par lesquels les juges excèdent leurs pouvoirs. Les parties sont mises en cause par le procureur général qui leur fixe des délais pour produire leur mémoire ampliatif et en défense ; le ministère d'avocat n'est pas obligatoire. La chambre saisie annule ces actes s'il y a lieu et l'annulation vaut à l'égard de tous. Le pourvoi d'ordre du ministre de la Justice, et le pourvoi du procureur général dans l'intérêt de la loi sont formés par une déclaration au greffe de la Cour suprême et notifiés au greffe de la juridiction qui a rendu la décision. Le pourvoi d'ordre du ministre de la Justice, et le pourvoi dans l'intérêt de la loi, ne sont enfermés dans aucun délai.* » C'est dire donc que la seule nuance qu'apporte le droit positif malien sur la question a trait au pourvoi d'ordre du ministre de la Justice suivant les dispositions sus-spécifiées. Précisons toutefois que cette dérogation est peu de chose quant à la réalité juridique sur le sujet.

Le code de procédure civile, commerciale et sociale en République du Mali ne prévoit, excepté le cas du pourvoi d'ordre, rien en ce qui concerne les rapports entre le ministre de la Justice et les officiers du ministère public[454] dans l'animation des procédures relevant de ces trois matières. Dans la même veine, ledit texte demeure muet sur la question relative à la subordination hiérarchique des magistrats du parquet dans le traitement des affaires civiles, commerciales et sociales.

304. On peut estimer qu'en se gardant de déterminer les traits caractéristiques du ministère public, dans l'animation des affaires civiles et commerciales, l'autorité réglementaire[455], au Mali, n'a tout simplement pas estimé nécessaire que les officiers du ministère public aient pu avoir les mains liées en ces matières comme c'est le cas en matière pénale.

305. Toujours dans le même sens, il semble discutable de déduire de la coutume ou des seules dispositions de l'article 10 sus-spécifié, du statut de la magistrature, la source de la subordination hiérarchique des magistrats du parquet au Mali. La notion de coutume est difficilement soutenable au Mali s'agissant de l'action du parquet en matière civile puisque l'inertie de cet organe est connue de tous pour se permettre de se baser sur quelques pratiques à son égard sur ce terrain[456].

306. S'agissant des dispositions de l'article 10 susvisé, il semble plutôt qu'il faille privilégier l'esprit de ce texte qui, de ce que l'on peut penser, se rapporte à la situation du ministère public en matière pénale comme le législateur l'a expressément spécifié dans le code de procédure pénale. Il est soutenable que c'est proprement prêter à tort au législateur une intention qu'il n'a pas et qu'il n'a pas exprimée que de soutenir que la source de la subordination hiérarchique des officiers du ministère public en matière civile, au Mali, puisse découler des dispositions de l'article 10 de la loi portant statut de la magistrature.

307. Mieux, soutenir la subordination hiérarchique des magistrats du parquet, alors même que le pouvoir exécutif qui détiendrait un tel pouvoir s'est délibérément abstenu de le consacrer de façon expresse dans la norme qu'il a lui-même édictée pour réguler le procès civil, reviendrait à lui permettre de se

---

[454] L. BELFANTI, *Magistrat*, Paris, Éd. Dalloz, 2019, n°°439, p. 157.

[455] Le code de procédure civile, commerciale et sociale est régi par un décret. Voir Const., *op. cit.*, art. 116.

[456] S'il est compréhensible que des auteurs aient pu estimer, en France, que la source de la subordination des magistrats du ministère public puisse découler de la coutume, il en va autrement au Mali pour la bonne et simple raison qu'il n'existe quasiment pas de précédent en droit judiciaire malien, à l'état des recherches effectuées, où la nécessité s'est posée pour le garde des Sceaux d'instruire un procureur général d'agir ou de faire agir en matière civile et/ou commerciale. Dès lors, si l'on évoque la coutume dans le cas malien, cela devrait être pour, au contraire, consolider l'idée qu'il n'y a pas de dépendance possible du parquet vis-à-vis de la hiérarchie en ces matières.

prévaloir de sa propre turpitude. C'est pour l'ensemble de ces raisons que l'on pense que les textes régissant la justice civile n'établissant aucun lien de subordination entre le garde des Sceaux et le procureur général près la cour d'appel[457], l'action des officiers du ministère public doit, dès lors, être considérée comme libre et indépendante au Mali.

308. Un autre aspect rendant le statut des magistrats du parquet mitigé, au Mali, est relatif à l'existence même d'un lien fonctionnel entre le garde des Sceaux et le ministère public. L'existence d'un tel lien s'accommode difficilement avec le principe de la séparation des pouvoirs. En effet, le cordon ombilical[458] liant le ministre de la Justice, membre éminent du pouvoir exécutif, au ministère public, organe judiciaire par excellence, peut bien être interprété comme une immixtion du pouvoir exécutif dans les affaires dévolues au pouvoir judiciaire.

309. Cette situation pourrait bien être perçue comme une atteinte à l'indépendance du pouvoir judiciaire. C'est pourquoi le maintien du parquet sous la férule du pouvoir exécutif semble anachronique et antidémocratique[459].

310. Au regard de ces différents éléments, il est évident qu'il se dégage des insuffisances d'ordre juridique sur le statut des magistrats du ministère public en matière civile et commerciale au Mali. Toutefois, il ne s'agit nullement là d'un cas isolé puisque l'incomplétude des textes est également perceptible dans la réglementation de la question de communication des affaires civiles et/ou commerciales au Mali.

B. L'imprécision de la réglementation des matières communicables

311. En droit interne malien, l'incomplétude des normes juridiques est perceptible à travers les dispositions du code de procédure civile, commerciale et sociale régissant la communication de certaines affaires au ministère public. Il s'agit d'une mesure d'administration judiciaire instituée en droit judiciaire privé.

Elle a pour objet d'obliger les juridictions civiles et/ou commerciales à porter certaines affaires enregistrées au rôle général à la connaissance du ministère public qui devra dès lors commencer par s'intéresser à leur traitement. La communication des affaires civiles et/ou commerciales revêt essentiellement

---

457 Le procureur général près la cour d'appel est, en effet, dans la chaîne de subordination hiérarchique, le seul interlocuteur du ministre de la Justice, garde des Sceaux.

458 P. RANCE, *Les Ennemis jurés. Juges et politiques*, Paris, Éd. Robert Laffont, 2020, p. 21.

459 Si cette subordination du ministère public au pouvoir exécutif s'expliquait jadis, il en va autrement de nos jours où les exigences de gouvernance démocratique tolèrent mal que des trois pouvoirs appelés à assurer le fonctionnement de l'État, le pouvoir judiciaire puisse continuer à demeurer sous les aisselles du pouvoir exécutif et du pouvoir législatif. La pleine émancipation du pouvoir judiciaire équilibrerait la balance et éviterait les excès des deux autres pouvoirs, tous deux politiques par ailleurs.

deux formes en droit malien. Il s'agit, d'une part, de la communication légale ou obligatoire[460] et, d'autre part, de la communication judiciaire ou facultative[461].

312. La communication des affaires civiles et commerciales est consacrée par les dispositions des articles 431 à 436 de ce code. Si l'article 431[462] fait le lien entre la qualité du ministère public comme partie jointe et la communication des affaires, l'article 432[463], lui, détermine les matières communicables. L'article 433[464] prévoit la faculté pour le ministère public de prendre communication des affaires autres que celles retenues par l'article 432 pendant que l'article 434[465] consacre le droit pour le juge civil ou commercial de provoquer, à son initiative, la communication au ministère public d'affaires facultativement communicables.

---

[460] La communication légale, comme son nom l'indique, est la communication imposée par la loi qui, effectivement, oblige le juge civil et/ou commercial à communiquer au ministère public certaines affaires expressément spécifiées par le législateur. Il s'agit en conséquence d'une communication obligatoire dont l'inobservation peut être sanctionnée par la rétractation de la décision qui l'aura méconnue.

[461] La communication judiciaire est celle dont l'initiative émane soit du juge civil ou commercial, soit du ministère public. Elle est, contrairement à la communication légale, facultative d'autant qu'elle dépend de la seule volonté du juge ou du magistrat du parquet qui en apprécie l'opportunité.

[462] *« Le ministère public est partie jointe lorsqu'il intervient pour faire connaître son avis sur l'application de la loi dans une affaire dont il a communication »*, CPCCS, *op. cit.*, art. 431.

[463] *« Le ministère public doit avoir communication :*

- *des affaires qui concernent l'ordre public, l'État, le domaine, les communes, les établissements publics, les dons et legs au profit des pauvres ;*
- *les procédures qui concernent l'état des personnes et les tutelles ;*
- *les procédures collectives ;*
- *les déclinatoires sur compétence ;*
- *les règlements de juges, les récusations et renvois pour parenté et alliance ;*
- *les demandes en désaveu formulés contre un Avocat ;*
- *les prises à parties ;*
- *les causes concernant ou intéressant les personnes présumées absentes ;*
- *les causes de femmes non autorisées par leurs maris, ou même autorisées lorsqu'il s'agit de leur dot, et qu'elles sont mariées sous le régime dotal, les causes des mineurs, et généralement toutes celles où l'une des parties est défendue par un curateur ;*
- *les causes intéressant les personnes placées dans un établissement d'aliénés lors même qu'elles ne seraient pas mises en tutelle »*, CPCCS, *op. cit.*, art. 432.

[464] *« Le ministère public peut prendre communication de celles des autres affaires dans lesquelles il estime devoir intervenir »*, CPCCS, *op. cit.*, art. 433.

[465] *« Le juge peut d'office décider la communication de celles des autres affaires dans lesquelles il estime nécessaire l'intervention du ministère public »*, CPCCS, *op. cit.*, art. 434.

313. Quant à l'article 435, il prévoit que : *« La communication au ministère public est, sauf disposition particulière, faite à la diligence du juge. Elle doit avoir lieu en temps utile pour ne pas retarder le jugement. »* Enfin, l'article 436[466] prévoit l'obligation pour le juge d'informer le ministère public de la date d'audience dans les affaires communicables.

314. De la glose de ces différentes dispositions, il appert que la question relative à la communication des affaires au ministère public est prise en charge de façon imprécise par le code de procédure civile, commerciale et sociale en vigueur en République du Mali. Cette imprécision découle essentiellement des termes utilisés à l'article 435 du CPCCS. Parlant de la communication des affaires, l'alinéa 2 de cet article prévoit tout simplement qu' : *« [...] elle doit avoir lieu en temps utile pour ne pas retarder le jugement »*.

315. Comme on peut aisément le constater, ces dispositions relèvent du paradoxe. En effet, bien qu'elles entrevoient un problème majeur pouvant découler de la communication des affaires, notamment, le risque d'alourdissement ou d'allongement du temps de traitement de la procédure, ledit texte manque d'anticipation en ce qu'il ne fait rien pour impartir un délai aussi bien au juge civil pour la communication des affaires qu'au ministère public pour retourner les dossiers en vue de leur jugement.

316. L'autorité réglementaire, sans le savoir, réunit là les conditions véritables de la lenteur au profit de certains acteurs du procès civil et/ou commercial, en l'occurrence le juge et le ministère public. D'abord le juge, parce qu'en imposant à ce dernier que la communication ait lieu *« en temps utile pour ne pas retarder le jugement »*, le code sus-spécifié n'en fait pas assez pour la bonne raison qu'en lieu et place de cette formule, il aurait été judicieux de fixer clairement un délai au juge pour la communication des affaires. Cela aurait pu objectivement réduire les marges de manœuvre de celui-ci et écarter, du coup, tout risque de retarder le jugement de l'affaire de son fait.

317. Ensuite, de la même manière, le code de procédure civile, commerciale et sociale aurait dû impartir au ministère public un délai précis de traitement des affaires avant de les retourner au juge pour l'audience. L'imposition d'un délai précis à observer a pour avantage essentiel qu'elle évite aux acteurs appelés à poser des actes dans les dossiers d'aller à leur rythme.

318. Dans la situation présente, le risque est grand que les magistrats du ministère public traînent avec les dossiers civils et/ou commerciaux et de retarder, par ce seul fait, le jugement de ces affaires. Puisque lorsque le dossier n'est pas retourné au juge, à temps, c'est le renvoi de la cause qui s'impose. Ce

466 *« Lorsqu'il y a eu communication, le ministère public est avisé de la date de l'audience »*, CPCCS, *op. cit.*, art. 436.

renvoi peut engendrer plusieurs désagréments surtout dans les affaires contentieuses.

319. En effet, le report de l'examen d'une affaire peut engendrer des surplus de coût à la charge des plaideurs. Outre les pertes inutiles de temps et des déplacements vains, le renvoi peut aboutir dans certains cas à l'augmentation inopportune des frais de procédures. Puisque dans certaines situations les conseils des parties peuvent avoir à se déplacer d'une ville à une autre et faire ainsi face à des frais de déplacement et d'hébergement appelés débours en droit[467]. Aussi mais surtout, l'efficacité d'un système judiciaire se mesure, dans une certaine mesure, par la diligence[468] mise dans le traitement des affaires.

320. C'est pour ces différentes raisons que certaines législations étrangères ont vite perçu le danger et se sont inscrites dans la dynamique de l'anticipation en imposant, expressément, un délai de traitement au ministère public. Les législateurs béninois et ivoirien relèvent fort heureusement de cette école. En effet, la République du Bénin impartit un délai de huit jours, maximum, au ministère public avant de retourner le dossier au juge[469].

S'agissant de la République de Côte d'Ivoire, ce délai est de trois (3) jours[470]. Une telle approche résout le problème et favorise les chances de voir les procédures judiciaires conduites de façon diligente.

321. L'imprécision de la réglementation des affaires communicables, au Mali, est d'autant plus étonnante que le code de procédure civile, commerciale et sociale a ébauché la question sans toutefois aller au bout de sa logique. En effet, c'est seulement en matière de contrainte par corps que ledit texte impose un

---

[467] Ceci est d'autant plus vrai que rares sont les localités à l'intérieur du Mali disposant d'un cabinet d'avocat y ayant leur résidence. La faible couverture du territoire en service d'avocat est en effet une réalité. Les conseils préfèrent se baser dans les quelques grands centres urbains.

[468] *« Il faut développer à travers les pièces du dossier et de l'ordre public, en quoi les réquisitions sont données dans un sens ou dans un autre. Il faut dire son point de vue qui ne doit pas être laconique mais clair et précis en droit. En tout état de cause, le parquet ne doit participer à la lenteur dans le traitement de ces procédures. Ces réquisitions et avis doivent être faits avec diligence et la procédure retournée au greffe civil et commercial de la juridiction »*, Y. DIALLO, *Le Procureur de la République. La pratique du parquet*, *op. cit.*, p. 451.

[469] *« Dans toutes les causes, le ministère public peut demander communication des pièces ou copie du dossier de la procédure à charge d'en faire retour sous huitaine. La communication est faite à la diligence du juge par transmission d'une photocopie des éléments sollicités »*, loi n°°2008-07 du 28 février 2011 portant code de procédure civile, commerciale, sociale, administrative et des comptes (CPCCSAC) en République du Bénin, art. 220.

[470] P.-G. POUGOUÉ et F. T. KOLLOKO, *La Saisie immobilière dans l'espace OHADA*, Yaoundé, Presse universitaire d'Afrique, 3e éd., 2016, n°°218, p. 116.

délai au ministère public. À cet égard, il est prévu que le parquet dispose de soixante-douze heures[471] pour retourner le dossier au siège. Ce positionnement est d'autant plus paradoxal que la contrainte par corps est une institution anachronique[472] dont la légalité est, par ailleurs, sujette à caution[473].

322. Plutôt que d'avoir une si belle inspiration vis-à-vis des affaires civiles et commerciales dont la communication s'explique objectivement, il est regrettable que cette précision ne soit faite qu'en matière seulement d'exercice de moyens coercitifs déployés pour le recouvrement d'une dette civile. Il est à espérer que les correctifs idoines soient apportés sur la question en vue de permettre à l'État malien de respecter ses engagements internationaux, notamment en matière d'interdiction de toute forme de privation de la liberté d'aller et de venir pour des dettes.

323. En somme, il est évident qu'en matière de communication des affaires civiles et commerciales au Mali, il existe des insuffisances textuelles. Cette incomplétude des normes juridiques en vigueur participe des raisons pouvant expliquer, dans une certaine mesure, l'amorphisme du ministère public en droit judiciaire privé au Mali.

En effet, la réglementation efficiente et rigoureuse des procédures civiles, commerciales et sociales peut être un facteur incitatif, voire contraignant des magistrats du parquet à s'impliquer aux côtés de leurs collègues du siège dans l'examen de ces affaires.

324. La précision de la réglementation de la communication des affaires civiles et commerciales facilite, par ailleurs, la recherche de la responsabilité des magistrats[474] du parquet qui négligeraient un tel pan de leurs attributions. Cette

---

[471] *« La contrainte par corps est mise en œuvre par une requête écrite du créancier transmise au juge des référés du tribunal du domicile du débiteur. La requête devra obligatoirement être accompagnée de l'original ou des copies certifiées conformes de la décision de justice, ou des titres établissant la créance, ainsi que les actes extra-judiciaires constatant le refus du débiteur de payer et l'épuisement de l'exercice de toutes les voies ordinaires d'exécution et de recouvrement. Le dossier de l'affaire est communiqué au ministère public lequel doit le faire retourner dans les soixante-douze heures de la communication avec son avis »*, CPCCS, *op. cit.*, art. 726.

[472] S. F. CISSOUMA, *Droit civil. Les obligations au Mali*, Bamako, Éd. Amecom, 1re éd. , 2011, n°°353, p. 171.

[473] Voir à cet égard les dispositions de l'article 11 du Pacte international relatif aux droits civils et politiques.

[474] *« De la réprimande à la révocation en passant par le déplacement d'office ou le retrait de certaines fonctions, la gamme des sanctions permet une meilleure redistribution des rôles dans l'intérêt du justiciable »*, P. TRUCHE, *Juger, être jugé : le magistrat face aux autres et à lui-même*, Paris, Éd. Fayard, 2001, p. 54.

responsabilité peut être civile[475] ou, surtout, disciplinaire[476]. Dans un contexte de crise de gouvernance marqué par le souhait de rendre effective l'obligation de redevabilité des acteurs judiciaires, les magistrats du ministère public se doivent d'être regardants sur l'accomplissement correct de leurs différentes obligations.

325. Il s'agit là de mesures indispensables à l'amélioration de la qualité de la réponse judiciaire devant être apportée aux nombreux conflits en matière civile et commerciale. Toutefois, le droit communautaire aussi ne regarde pas le parquet d'un bon œil dans ces deux matières.

Paragraphe II : En droit communautaire

326. Le droit communautaire désigne l'ensemble des règles juridiques uniformes appelées à s'appliquer à des États donnés, relevant d'une union[477], dans un ou des domaine(s) bien spécifié(s). L'Afrique n'est pas restée en marge de ces types d'initiatives qui favorisent le développement par la culture de la solidarité entre États tout en promouvant, entre eux, la paix et la cohésion[478].

---

[475] S'agissant de la prise à partie des magistrats en République du Mali, voir notamment l'article 343 du code de procédure civile, commerciale et sociale qui prévoit que : *« Les juges peuvent être pris à partie dans les cas suivants :*

- *s'il y a dol, fraude, concussion ou faute lourde professionnelle qu'on prétendrait avoir été commis, soit dans le cours de l'instruction, soit lors des jugements ;*
- *si la prise à partie est expressément prononcée par la loi ;*
- *si la loi déclare les juges responsables, à peine de dommages-intérêts ;*
- *s'il y a déni de justice.*

L'État est civilement responsable des condamnations ou dommages-intérêts qui seront prononcés à raison de ces faits contre les magistrats, sauf son recours contre ces derniers. »

[476] À cet égard, l'article 71 de la loi portant statut de la magistrature au Mali prévoit que : *« Tout manquement par un magistrat aux devoirs de son état à l'honneur, à la délicatesse ou à la dignité constitue une faute disciplinaire. Constitue de la part du magistrat une faute professionnelle, toute violation grave des règles de procédures, tout abus de droit notoire, tout manque avéré de diligence dans l'accomplissement de sa mission. Sans préjudice des poursuites pénales ou civiles éventuelles, toute faute professionnelle peut donner lieu à des poursuites et des sanctions disciplinaires conformément au présent statut. »*

[477] D'ailleurs, à l'origine, le droit communautaire était appelé droit de l'Union d'autant que la matière a pris corps à l'occasion de la création de l'Union européenne (UE) dans les années 1950.

[478] *« Le rythme de succession ou de remodelage des communautés sous-régionales africaines montre que les précédents échecs n'ont pas annihilé les espoirs d'y trouver les ressources nécessaires à l'unification sous-régionale et plus tard continentale. Véhiculant une vision euphorique des rapports entre ses membres, la communauté apparaît en outre comme un cadre de fraternisation et de paix, comme le plus sûr instrument de développement »*, M. KAMTO, « La Communauté économique des États de l'Afrique centrale (CEEAC), une communauté de plus », *AFDI*, 1997, p. 858-862.

Ainsi y dénote-t-on plusieurs espaces communautaires ayant chacun son système de normes juridiques propre.

327. À cet égard, l'Afrique de l'Ouest enregistre diverses entités sous-régionales qui conjuguent les efforts des États dans plusieurs domaines différents. C'est ainsi que la zone ouest-africaine enregistre, entre autres, l'Union économique et monétaire ouest-africaine (UEMOA), la Communauté économique des États de l'Afrique de l'Ouest (CEDEAO) et l'Organisation pour l'harmonisation en Afrique du droit des affaires (OHADA). Cette dernière organisation n'est, toutefois, pas propre à la seule sphère ouest du continent.

328. Dans le cadre de la présente étude, les trois organisations intéresseront dans leurs dimensions institutionnelles et, plus spécifiquement, au regard des mécanismes prévus en vue de la régulation des litiges pouvant découler de la mise en œuvre de leurs différentes normes. C'est dire conséquemment que l'analyse, dans le cas d'espèce, portera essentiellement sur la configuration actuelle des juridictions communautaires instituées dans ces espaces d'intégration.

329. Sous cet angle, il se dégage comme constat que certaines juridictions communautaires ne dénotent pas de parquet dans leur organisation (A). Cela engendre comme conséquence une absence de protection ou une protection inadéquate de l'intérêt général communautaire (B). C'est dire que l'incomplétude des normes juridiques applicables au Mali se ressent aussi bien en droit interne qu'en droit communautaire.

A. Une méfiance actée vis-à-vis du parquet

330. Dans le paysage juridictionnel supranational[479] dont le Mali relève, il existe des Cours de justice qui ne dénotent pas de parquet dans leur organisation[480]. Ce constat apparaît facilement à tout observateur de la chose judiciaire puisque le système juridique malien s'inspire profondément de celui français avec lequel ils sont, tous les deux, de tradition romano-civiliste[481] à l'opposé de la *common law* en vigueur dans les États anglo-saxons.

---

479 Z. ZANKIA, « Le dialogue entre les juridictions nationales et communautaires », *in* B.-R. GUIMDO DONGMO (dir.), *Le Dialogue des juges. Une analyse des rapports fonctionnels entre les juges*, Paris, Éd. L'Harmattan, 2022, p. 90.

480 A. AKAM AKAM, *Les Deux Visages de la juridicité. Écrits sur le droit et la justice en Afrique*, Paris, Éd. L'Harmattan, 2020, p. 64. Dans la présentation de la composition et du fonctionnement de la CCJA, cet auteur se conforme aux prescriptions des textes communautaires régissant cette juridiction et ne mentionne dès lors pas le ministère public.

481 C'est pour cette raison fondamentale qu'il a pu être soutenu que la « la jurisprudence française […], à bien des égards, est le socle commun sur lequel s'est édifiée la pratique judiciaire de la plupart des États de l'espace OHADA », S. I. B. GUÈDÈGBÉ, « Le crédit-bail mobilier en droit OHADA : Contribution à l'étude de l'affectation de la

331. Dans le système juridique romano-civiliste, le système judiciaire est fondamentalement conçu avec deux types de magistrats présentant diverses similitudes sur le plan statutaire[482]. Si le juge s'y trouve au centre, l'on dénote une quasi-omniprésence des magistrats du ministère public qui officient, auprès de leurs collègues du siège, dans l'animation de la plupart des juridictions de l'ordre judiciaire à l'échelon interne.

332. Au Mali, justement, à l'exception du tribunal du travail[483], l'ensemble des autres juridictions de l'ordre judiciaire enregistre dans leur composition un parquet représentant le ministère public[484]. C'est dire qu'à l'échelon interne, dans le pays, à l'instar des autres États ayant en partage le système romano-civiliste, le ministère public est fortement présent dans le paysage judiciaire.

333. L'existence d'espaces et d'institutions communautaires impose, corrélativement, la conception ainsi que l'institution de mécanismes de contrôle et de régulation en vue de gérer les éventuels conflits pouvant naître. Si certains de ces organes de contrôle et de régulation sont de nature politique ou administrative, il est évident que les organes juridictionnels sont indispensables[485] dans la prise en charge des différends au sein des entités modernes et surtout démocratiques.

334. C'est ce qui justifie l'existence, de nos jours, de plusieurs juridictions supérieures à l'échelon continental[486] ou sous-régional. La CCJA qui, à travers

---

propriété en garantie d'une créance », thèse de droit, Université d'Abomey-Calavi, Bénin, 2012, p. 29.

[482] Si les magistrats du siège et ceux du ministère public relèvent du même statut consacré par une loi, il n'en demeure pas moins qu'à l'intérieur il existe des spécificités propres à chaque catégorie de magistrats. Au rang de ces spécificités, l'on enregistre par exemple l'indépendance relative des officiers du ministère public du fait de leur subordination au ministre de la Justice, ce qui est loin d'être le cas chez les magistrats du siège autrement appelés juges.

[483] V. La loi portant organisation judiciaire en République du Mali, *op. cit.*, art. 35 à 39.

[484] Il y a lieu de préciser toutefois que certaines juridictions de l'ordre judiciaire au Mali, bien qu'enregistrant dans leur composition la présence du ministère public, ne disposent cependant pas de parquet propre. La loi détermine à leur compte un parquet d'attache. C'est le cas par exemple du tribunal de commerce de Bamako qui, ne disposant pas d'un parquet autonome, se voit dans l'obligation de se référer au parquet du tribunal de grande instance de son ressort, dans le cadre de la communication des affaires relevant de sa compétence.

[485] *« Il n'y a pas de loi commune lorsque l'unification législative ne s'est pas accompagnée d'une unification juridictionnelle »*, P. MEYER et V. HEUZE, *Droit international privé*, Paris, Montchrestien, 10e éd., 2010, p. 93.

[486] M. FALL, *Les Cours de justice africaines et l'intégration*, Dakar, Éd. L'Harmattan-Sénégal, 2021, n°°20, p. 49.

sa jurisprudence, *« met le droit OHADA en mouvement »*[487] a été perçue par la doctrine comme un *« modèle spécifique et sans précédent, unique en son genre »*[488] ou, plus encore, comme *« l'une des plus osées de l'histoire des institutions internationales »*[489].

335. Sur le plan communautaire, le Mali appartient à plusieurs juridictions sous-régionales instituées au compte de diverses unions de nature politique, économique ou encore financière. Il s'agit, entre autres, de la Cour de justice de l'UEMOA, la Cour de justice de la CEDEAO et, enfin, la Cour commune de justice et d'arbitrage (CCJA) de l'OHADA. De ces trois cours de justice dont la République du Mali relève, l'examen des textes institutifs révèle que seule la Cour de justice de l'UEMOA dispose, dans sa composition, d'un ministère public.

336. Le droit communautaire UEMOA a décidé de la création d'une Cour de justice le 29 janvier 2003. C'est, en effet, le Traité modifié de l'Union économique et monétaire ouest-africaine qui, en ses articles 16 modifié et 38, a formellement prévu une Cour de justice destinée à connaître des litiges relatifs tant au Traité instituant l'UEMOA qu'aux matières régies par cette norme supranationale[490].

337. L'objectif poursuivi par la création d'une telle institution judiciaire est de disposer d'un outil devant *« assurer une interprétation et une application uniformes du droit issu de l'Union, ainsi que d'arbitrer les conflits d'interprétation entre les États membres »*[491]. Le protocole additionnel n°°1 au Traité du 29 janvier 2003 instituant l'UEMOA, détermine, en son article 2, les membres de la Cour de justice. Il y résulte qu'en plus des juges et des greffiers[492] cette haute juridiction enregistre parmi ses animateurs des avocats généraux. Sans préciser en quoi consistent réellement les fonctions de ces derniers, les textes communautaires prévoient tout simplement qu'ils assistent la Cour dans l'accomplissement de ses missions.

338. S'il est à saluer que leur intervention soit consacrée dans toutes les affaires dont la Cour peut être saisie, et qu'aussi ils sont tenus aux obligations

---

487 E. D. FOTSO, *OHADA. Recueil de jurisprudence CCJA*, Paris, Éd. Legiafrica, 2018, p. 9.

488 G. NGOUMTSA ANOU, *OHADA et conflits de lois*, Paris, Éd. LGDJ, 2013, p. 14 et 17.

489 D. NDOYE (D.), *La Cour commune de justice et d'Arbitrage des pays de l'OHADA*, Dakar, Éd. EDJA, 2009, p. 11.

490 Protocole n°°1 au traité du 29 janvier 2003 instituant l'UEMOA, art. 1er.

491 B. MARTOR, N. PILKINGTON, D. SELLERS et S. THOUVENOT, *Le Droit uniforme africain des affaires, issu de l'OHADA*, Paris, LexisNexis, 2e éd., 2009, n°°1399, p. 327-328.

492 Il y a lieu de préciser qu'il est prévu que le greffier de la Cour de justice de l'UEMOA puisse avoir des adjoints devant être nommés dans les mêmes conditions.

d'indépendance et d'impartialité, il est cependant regrettable que les textes n'aient pas approximativement spécifié leurs missions. C'est dire en définitive qu'il serait plutôt judicieux de parler en droit communautaire UEMOA d'un ministère public en gestation ou embryonnaire.

339. Le besoin de clarification demeure en effet grand à l'égard des avocats généraux de la Cour de justice de l'UEMOA. Cette clarification devra concerner tant les spécificités statutaires devant les régir que, surtout, les grandes lignes de leurs attributions dans l'animation de la Cour[493]. Au regard de ce constat, il est évident que des efforts importants restent à faire en vue du renforcement du parquet naissant auprès de la Cour de justice de l'UEMOA.

340. La Cour de justice de la CEDEAO ainsi que la Cour commune de justice et d'arbitrage de l'OHADA n'enregistrent, curieusement, pas de ministère public dans leur composition. En effet, aucune disposition des normes juridiques supranationales régissant ces deux institutions n'évoque l'idée d'un parquet auprès de ces juridictions communautaires. S'il s'agit là d'un choix politique opéré par les États membres de ces différentes organisations[494], il n'en demeure pas moins que cette situation est, pour le moins, étonnante.

341. L'étrangeté de cette posture du droit communautaire découle d'une certaine ignorance du bénéfice que pourrait apporter l'éventuelle participation de magistrats spécifiquement dédiés à la défense aussi bien de l'ordre public que des intérêts communautaires pouvant être en jeu, dans le cadre de l'animation des procédures judiciaires conduites par ces cours de justice. S'il est vrai que dans le cadre du droit OHADA on assiste à la rencontre d'États appartenant aux deux traditions juridiques, il n'en demeure pas moins que le système romano-civiliste semble primer.

342. En effet, s'il est vrai que le Traité révisé de l'OHADA institue le français, l'anglais, l'espagnol et le portugais comme langues de travail de l'OHADA, il

---

[493] Prévoir tout simplement que les avocats généraux assistent la Cour de justice de l'UEMOA, dans l'accomplissement de ses fonctions, est une formule amphibologique. La nature ainsi que la teneur véritable de cette assistance auraient dû être précisées par le législateur communautaire. S'agit-il d'une assistance matérielle dans la préparation des audiences ou dans la rédaction des arrêts ou s'agit-il, au contraire, d'une assistance technique à l'image du rôle du ministère public à l'échelon interne ? Le moins que l'on puisse dire, c'est qu'il y a confusion sur le rôle attribué aux avocats généraux dans l'animation de la Cour de justice de l'UEMOA.

[494] Il est malheureusement une réalité en Afrique, voire à l'échelon planétaire que les décideurs politiques n'investissent pas suffisamment dans les institutions judiciaires. Cette situation est regrettable quand on sait que, dans les sociétés démocratiques, le seul contre-pouvoir véritable susceptible de réguler le jeu politique demeure la justice. Celle-ci ne peut mener de façon efficiente cette mission que lorsqu'on lui en donne les moyens. Malheureusement, ici comme sous d'autres cieux, la justice demeure toujours le parent pauvre des trois pouvoirs constitutionnellement consacrés.

est toutefois prévu *« qu'en cas de divergence entre les différentes traductions la version française fait foi »*[495]. Ceci dénote une certaine prégnance ou imbibition du droit OHADA par le système civiliste que la plupart des États membres de la CCJA ont hérité du droit français[496].

343. Le moins que l'on puisse dire, au regard de ce constat troublant, c'est que les droits communautaires sus-spécifiés ne sont pas du tout favorables à l'idée d'une présence effective d'un ministère public dans le paysage juridictionnel propre à l'union économique et monétaire ouest-africaine et à l'organisation pour l'harmonisation en Afrique du droit des affaires. La viabilité et l'essor des différentes organisations communautaires sont essentiellement tributaires de l'existence de mécanismes efficients de contrôle et de régulation.

344. La décision des États membres des différentes unions sus-décrites de doter ces organisations d'institutions judiciaires est un pas important dans la consolidation de leurs actions[497]. Ce pas deviendrait encore plus décisif lorsque les diverses Cours supérieures de justice créées disposeront des différents organes indispensables à l'efficacité de leur mission de distribution de la justice. Parmi ces organes, il est évident que le ministère public est un maillon essentiel.

345. L'institution de parquets auprès de la Cour de justice de la CEDEAO ainsi que de la cour commune de justice et d'arbitrage de l'OHADA tout comme le renforcement du parquet embryonnaire auprès de la Cour de justice de l'UEMOA renforceraient sans aucun doute le système judiciaire communautaire. Pour qui sait l'importance du rôle du ministère public, aussi bien dans l'animation des procédures judiciaires que surtout dans la facilitation de la communication entre l'institution judiciaire et les justiciables ou encore le monde extérieur au prétoire, l'on ne peut que déplorer la configuration actuelle des juridictions communautaires.

346. Aucune contrainte budgétaire ne devrait être opposée à l'idée de renforcement des Cours de justice communautaires. L'objectif recherché étant la consolidation de l'intégration[498] politique et économique des États ainsi que des peuples par la conception et la mise en œuvre de politiques courageuses, voire

---

[495] B. MARTOR, N. PILKINGTON, D. SELLERS et S. THOUVENOT, *Le Droit uniforme africain des affaires, issu de l'OHADA*, *op. cit.*, n°°75, p. 18.

[496] Pour avoir une idée plus ou moins nette de la question, v. le Traité révisé de l'OHADA du 17 octobre 2008 à Québec, au Canada, art. 42 révisé.

[497] L'uniformisation étant ainsi perçue *« comme une méthode plus radicale de l'intégration juridique puisqu'elle consiste à effacer les différences entre les législations nationales en leur substituant un texte unique, rédigé en des termes identiques pour tous les États concernés »*, J. ISSA-SAYEGH, « Quelques aspects techniques de l'intégration juridique : l'exemple des actes uniformes de l'OHADA », *Revue de droit uniforme*, 1999, p. 6.

[498] P.-A. TOURÉ, *La Juridiction compétente, statuant à bref délai dans l'espace OHADA : un objet judiciaire non identifié ?*, Paris, Éd. L'Harmattan, 2021, p. 36.

audacieuses. Tout développement et tout épanouissement de l'homme passent par le droit.

La justice[499] est indispensable à la mise en œuvre de celui-ci. Une juridiction sans ministère public est sans doute obligée d'appliquer le droit en se fondant sur les seules préoccupations et visions des parties privées. Celles-ci sont naturellement enclines à la partialité d'autant qu'elles ne poursuivent et ne défendent que leurs seuls intérêts.

347. Des réformes urgentes et ambitieuses s'avèrent nécessaires en vue de corriger ces handicaps[500]. Les Cours de justice de la CEDEAO et de l'OHADA méritent, chacune, son parquet propre. Cela leur assurerait de la visibilité et, surtout, plus de voix tant auprès des décideurs politiques des différentes Unions que des opinions publiques des espaces concernés.

C'est dire qu'il est souhaitable que les différents organes normatifs communautaires soient bien avisés de compenser judicieusement la renonciation des États membres à un pan de leur souveraineté[501] en œuvrant à bâtir un système judiciaire solide et crédible.

348. L'absence de ministère public dans la composition des juridictions communautaires sus-spécifiées engendre surtout un impact négatif sur les intérêts des différentes entités sous-régionales qui se trouvent sans véritable protection.

B. Des intérêts communautaires sans protection

349. La création de juridictions supérieures, au sein des espaces communautaires de la CEDEAO et de l'OHADA, participe de la volonté des États membres desdites organisations de réussir un maillage institutionnel susceptible de leur permettre d'atteindre les objectifs d'intégrations[502] politique, économique et financière qu'ils se sont fixés.

---

[499] Même si malheureusement *« [...] les juges ont toujours été traités avec une certaine condescendance quand ce n'est pas avec mépris par les gouvernements »*, S. PORTELLI, *Juger. Spirale sécuritaire, libertés en danger*, Paris, Les Éditions de l'Atelier, 2011, p. 16.

[500] *« La science juridique n'échappe pas au mouvement universel du progrès. L'approfondissement des acquis et surtout les découvertes entretiennent une mutation permanente, faisant du droit une science sociale aux antipodes de la rigidité dont il est maintes fois taxé »*, W. JEANDIDIER, *op. cit.*, p. 1.

[501] B. BADJAGA, *Le Présumé innocent face à la justice et à la presse au Mali*, Bamako, Éd. La Sahélienne, 2015, p. 45.

[502] B. MERCADAL, « Préface à P.-G. POUGOUÉ » (dir.), *Encyclopédie du droit OHADA*, Paris, Éd. Lamy, 2011, disponible sur http://kalieu-elongo.com, consulté le 22 février 2023.

Cette volonté exprimée et désormais assumée par les décideurs politiques de la sous-région se décline progressivement à travers la mise en œuvre et le perfectionnement des diverses institutions indispensables à l'application des deux droits communautaires[503].

350. La Cour de justice de la CEDEAO ainsi que celle de l'OHADA relèvent toutes les deux de ce registre. Comme toute œuvre de l'Homme, elles demeurent perfectibles[504] en ce que leur composition actuelle nécessite des réaménagements. Leur renforcement commande l'adjonction d'autres compétences à la liste de leurs animateurs actuels.

C'est sous cet angle que la création, auprès des deux juridictions supérieures, de parquets propres améliorerait le visage de la justice communautaire dans la sous-région[505]. C'est ce que des auteurs ont, à bon droit, compris et partagent le souhait de création d'un ministère public devant la Cour commune de justice et d'arbitrage[506].

---

503 S'agissant par exemple de l'OHADA, le système institutionnel était initialement composé de trois institutions en plus de la Cour commune de justice et d'arbitrage (CCJA). Il s'agit du Conseil des ministres, du secrétariat permanent et, enfin, de l'école régionale supérieure de la magistrature. Le Traité révisé en a ajouté la conférence des chefs d'État et de gouvernement (voir art. 27 révisé). Sur l'ensemble de ces aspects, B. MARTOR, N. PILKINGTON, D. SELLERS et S. THOUVENOT, *Le Droit uniforme africain des affaires, issu de l'OHADA*, *op. cit.*, p. 9 et s.

504 *« On ne se prive pas de discourir sur l'institution judiciaire, autorité pérenne dans son principe, mais manipulée, voire contournée, selon les époques et les intérêts, et présumée perfectible... »*, P. TRUCHE, *Juger, être jugé : le magistrat face aux autres et à lui-même, op. cit.*, p. 8.

505 *« Le verbe est alors une arme redoutable, car en requérant le magistrat implique le corps social dans l'application de la loi. La parole du ministère public, nul ne peut la déterminer ou la contraindre, ni le pouvoir politique ni le juge. C'est bien parce qu'il est libre dans cette parole que le magistrat du parquet a le devoir d'y faire preuve de pondération, de mesure, de rigueur. Parce qu'il peut se lever et dire non, sa vigilance, à l'égard de lui-même, doit être sans faille. Il n'y parvient pas toujours »*, É. MAUREL, *Paroles de procureur*, Paris, Éd. Gallimard, 2008, p. 284.

506 P.-G. POUGOUE et Y. R. KALIEU ELONGO, *Introduction critique à l'OHADA*, n°°28 ; J. ISSA-SAYEGH et J. LOHOUES-OBLE, *OHADA. Harmonisation du droit des affaires*, Bruxelles, Éd. Bruylant, 2002, n°°453 ; F. ANOUKAHA, « L'OHADA en marche », *Annales de la FSJP de l'Université de Dschang*, Éd. PUA, t. VI, 2002, p. 18 ; A.-F. TJOUEN, *Les Rapports entre les juridictions suprêmes nationales et la Cour commune de justice et d'arbitrage de l'Organisation pour l'harmonisation en Afrique du droit des affaires (OHADA)*, thèse de droit, Paris-II, 2006, p. 261 et s. ; E. NSIE, « La Cour commune de justice et d'arbitrage », *Penant*, n°°828, septembre-décembre 1998, p. 312 ; L. BENKEMOUN, « Les rapports entre les juridictions de cassation nationales et la CCJA de l'OHADA : aspects conceptuels et évaluation », Colloque international tenu à Lomé (Togo) du 6 au 9 juin 2006 sur le thème : « Les rapports entre les

351. L'idée de doter la Cour de justice de la CEDEAO ainsi que la Cour commune de justice et d'arbitrage de l'OHADA d'un ministère public contribuerait, sans doute, à une meilleure défense des intérêts communautaires auprès de ces juridictions. À l'image de la configuration de l'institution judiciaire à l'échelon interne, les cours de justice communautaires doivent disposer d'organes propres dédiés à la défense des droits collectifs au sein des différentes unions.

352. Il est difficilement contestable, en droit processuel, que le ministère public soit l'organe le mieux indiqué pour assurer la protection des intérêts de la société et la défense de l'ordre public. S'il existe d'autres organismes dédiés à la poursuite de certains aspects bien déterminés de cette mission, il n'en demeure pas moins que les magistrats du parquet bénéficient du monopole de l'action en faveur des intérêts généraux de la société.

353. C'est ainsi que, comme on l'a ébauché plus haut dans le cadre de la présente étude, les officiers du ministère public, au-delà de la sphère pénale, sont légalement investis de plusieurs prérogatives en matière civile et commerciale. Leurs actions concernent sur ce plan aussi bien la protection des personnes protégées par la loi que le contrôle rigoureux de l'état civil, des officiers de cette matière ainsi que les actes qu'ils posent à l'occasion.

Aussi, s'intéressent-ils particulièrement aux éventuels contentieux relatifs à la question de nationalité ou encore à une saine animation de la vie des affaires, notamment, en suivant de près la vie des sociétés commerciales et la conduite des procédures collectives.

354. Il est évident que nul autre organe n'aurait pu mieux jouer un tel rôle que le ministère public. Il est impensable d'attendre, par exemple, des juges animant les juridictions communautaires de ne se préoccuper que des seuls intérêts généraux communautaires. Leur rôle est tout autre en ce que les exigences statutaires auxquelles ils sont soumis les engagent à l'impartialité et à l'indépendance. Ils doivent trancher les litiges en ne se préoccupant guère de la qualité des parties en face. Ce qui n'est pas le cas des magistrats du parquet qui intègrent d'autres dimensions dans leur analyse des différentes situations en vue d'utilement orienter les juges.

355. Or, le monde moderne se construit autour des grands ensembles. Les États, conscients de la faiblesse de leur voix lorsqu'ils évoluent de façon solitaire, ont tendance de plus en plus à fédérer leurs efforts au sein d'organisations sous-régionales, régionales, voire internationales. Cette dynamique d'intégration[507]

---

juridictions de cassation nationales et la Cour commune de justice et d'arbitrage de l'OHADA : bilan et perspective », *Penant*, n°°860, juillet-septembre 2007, p. 303.

[507] P.-G. POUGOUÉ, « OHADA, instrument d'intégration juridique », *Revue africaine des sciences juridiques*, vol. II, n°°2, 2001, p. 12.

donne, à certains égards, un prolongement aux droits et devoirs tant des États que de leurs citoyens sur un plan supranational.

Cela est d'autant plus vrai qu'il s'agisse de la Communauté économique des États de l'Afrique de l'Ouest ou de l'Organisation pour l'harmonisation en Afrique du droit des affaires, toutes ces deux organisations ont des intérêts propres et communs à l'ensemble de leurs États membres.

356. C'est ce qui justifie l'existence d'institutions communautaires différentes des institutions nationales de chacun des pays membres. L'espace communautaire a incontestablement son ordre public ainsi que ses intérêts généraux propres. Il s'explique difficilement que les institutions judiciaires instituées au compte de ces entités ne disposent, dès lors, pas d'organes exclusivement dédiés à la défense de l'intérêt général et de l'ordre public au sein de la communauté.

Même si pour certains auteurs cette *« ... absence de ministère public devant la CCJA s'explique notamment par le fait que la CCJA doit rester incompétente pour connaître des litiges relatifs aux infractions prévues par le droit de l'OHADA »*[508]. Cette situation ne favorise que les seuls intérêts individuels ou privés au détriment de l'intérêt général communautaire.

357. L'institution d'un ministère public communautaire, en plus de permettre une défense judicieuse de l'ordre public et de l'intérêt général sur le plan sous-régional, permettrait, dans une certaine mesure, de contribuer au renforcement du respect du principe du contradictoire devant les organes juridictionnels supranationaux.

En effet, les procédures devant les juridictions communautaires ne mettent aux prises que les États membres entre eux ou ceux-ci et leurs ressortissants. Si les États ont ainsi recours, pour la défense de leurs intérêts devant les cours de justice communautaires, à des organismes spécialisés[509] ou à des avocats, les particuliers, eux, constituent les seuls avocats pour faire valoir leurs arguments.

358. Il est évident que cette présentation de la situation ne sauvegarde pas, de façon judicieuse, les intérêts généraux communautaires d'autant que devant ces cours de justice, aucun organe propre n'officie pour veiller à la défense de l'ordre public et de l'intérêt général de l'union.

C'est dire donc, que l'exigence de procès équitable devant les cours de justice sous-régionale commanderait la création de parquets propres auprès de ces deux juridictions. Cela favoriserait le respect par les juges communautaires du

---

[508] P.-G. POUGOUÉ (dir.), *Encyclopédie du droit OHADA*, Paris, Éd. Lamy, 2011, n°°19, p. 591, disponible sur http://kalieu-elongo.com, consulté le 22 février 2023.

[509] Au Mali, c'est la direction générale du Contentieux de l'État qui joue ce rôle pendant que dans d'autres États tels que la France, cet organe est plutôt dénommé agent judiciaire du trésor ou de l'État.

principe du contradictoire à l'égard des organisations communes à savoir : la CEDEAO et l'OHADA.

359. Organe chargé, par ailleurs, de la mise en œuvre correcte des normes juridiques[510], les parquets qui pourraient être institués auprès des cours de justice de la CEDEAO et de l'OHADA veilleraient à la bonne application des différents textes en vigueur au sein de ces deux organisations.

360. Véritables savants du droit, à l'instar de leurs collègues juges, les officiers du ministère public favorisent l'application judicieuse des normes juridiques en apportant à la juridiction à laquelle ils sont rattachés, leur regard et surtout leur expertise. Ils le font en émettant des avis fort éclairés qui, dans la pratique, orientent utilement les juridictions dans leur mission de distribution de la justice.

361. La crédibilité de tout système judiciaire, de nos jours, est tributaire du respect des principes modernes régissant le droit processuel[511]. La légitimité de tout procès dépend essentiellement de son caractère équitable. L'équité d'un procès est contestable lorsque le juge n'aura pas veillé à l'égalité des armes ou encore au respect du principe du contradictoire. Or, devant les Cours de justice de la CEDEAO et de l'OHADA, des griefs légitimes peuvent présentement être portés à l'encontre des décisions rendues du fait d'une prise en compte biaisée des intérêts des différentes organisations communautaires[512].

362. Sur ce terrain, la CEDEAO et l'OHADA seraient bien avisées de s'inspirer davantage des systèmes judiciaires de leurs différents États membres en dotant les deux cours de justice, chacune de son parquet propre[513]. Aussi devraient-

---

[510] *« [...] il ne faut pas oublier que le rôle du ministère public ne se limite pas au déclenchement éventuel et à l'exercice de l'action publique. Devant les cours suprêmes nationales en effet, le rôle du ministère public consiste aussi à veiller, travers le pourvoi dans l'intérêt de la loi et le pourvoi pour excès de pouvoir, à l'application correcte de la loi par les juges du fond »*, P.-G. POUGOUÉ (dir.), *Encyclopédie du droit OHADA*, *op. cit.*, p. 591.

[511] *« Les délais, la publicité, le contradictoire. Ils risqueraient de demeurer lettre morte si une réforme fondamentale n'était pas accomplie qui leur donnerait sens et possibilité d'exister »*, Ph. BILGER, *Pour l'honneur de la justice*, Paris, Éd. Flammarion, 2006, p. 67.

[512] Comme le fait observer Éric MAUREL : *« Il existe une éthique de l'audience. Le magistrat du parquet peut user de sa liberté de parole pour autant qu'il respecte les principes du débat contradictoire, de la loyauté et de l'égalité des armes, qu'il soutienne avec la même détermination la culpabilité ou l'innocence et n'hésite pas à manifester et à expliquer ses doutes »*, É. MAUREL, *Paroles de procureur, op. cit.*, p. 269.

[513] *« Le ministère public n'a pas d'adversaires, car le procès n'est pas un combat singulier. Mais il a des contradicteurs, et c'est fort heureux. L'accusation est respectueuse de la défense qui la pousse à la rigueur. Laisser à ceux qui n'ont rien à dire les attaques personnelles contre le contradicteur ; elles ne font plaisir qu'à eux et desservent leur cause »*, P. TRUCHE, *Juger, être jugé. Le magistrat face aux autres et à lui-même, op. cit.*, p. 185.

elles aller à l'école de l'Union économique et monétaire ouest-africaine dont la Cour de justice dénote dans sa composition un parquet même s'il n'est qu'au stade embryonnaire.

Il y irait aussi bien de la visibilité que surtout de la crédibilité desdits organes juridictionnels. Ainsi réussiraient-elles une régulation judicieuse de l'ordre public surtout économique d'autant que les deux entités ont en commun la participation à l'assainissement du jeu économique dans la sous-région[514].

363. Les intérêts communautaires méritent d'être protégés pour l'essor du jeu économique et la promotion d'un climat sain des affaires dans l'espace sous-régional. Le dynamisme et le renforcement des organisations communautaires sont, en partie, à ce prix. Y passe, également, une judicieuse protection des droits et libertés des ressortissants des différents États membres desdites organisations.

Puisque le ministère public ne défend pas que les seuls intérêts d'une catégorie donnée de sujet de droit. Il est investi de la mission de défense de l'intérêt général dans lequel chacun retrouve son compte. C'est ce qui en fait un organe incontournable dans l'animation du droit judiciaire privé tant national que communautaire.

364. Comme on vient de le remarquer, à travers les lignes qui précèdent, l'incomplétude du droit positif malien se manifeste par l'existence de tares dans les normes aussi bien internes que communautaires, l'ordre juridique malien se caractérisant par la cohabitation de ces deux gammes de textes. Cette incomplétude n'est pas, par ailleurs, sans engendrer des incidences négatives.

Section II : Les incidences négatives de l'incomplétude des textes

365. L'incomplétude des textes a des incidences négatives indéniables. L'ordre juridique idéal est celui qui appréhende les situations juridiques de façon exhaustive ou efficiente. Cette exhaustivité requiert de l'organe normatif aussi bien l'approche globale ou pluridisciplinaire dans l'édiction des normes que, surtout, le sens de l'anticipation sur les événements.

366. Toute insuffisance ou incomplétude des normes juridiques a un impact négatif certain d'autant qu'elle oblige leur applicateur à recourir à des solutions substitutives, ce qui n'est pas toujours sans heurter des principes de droit consacrés. Ainsi, il y'a un rapport certain entre l'incomplétude des textes en matière civile et commerciale et l'insécurité juridique (paragraphe I), d'une part, ce qui peut être générateur d'insécurité judiciaire (paragraphe II), d'autre part.

---

[514] Il y a urgence d'aller à la création de ce ministère public pour améliorer notamment la qualité de la réponse judiciaire devant être apportée par les cours de justice de l'UEMOA et de la CEDEAO aux multiples demandes de justice qui leur sont adressées.

Paragraphe I : L'insécurité juridique

367. L'insécurité juridique peut être définie comme l'inaptitude ou l'inefficience du droit positif à assurer la protection efficiente aux sujets de droit auxquels il s'applique. C'est pourquoi la convenance et l'exhaustivité des normes juridiques favorisent la prise en charge des intérêts tant de la société que des personnes privées. Dans la situation inverse, l'incomplétude des textes conjuguée à l'amorphisme du ministère public, en matière civile et commerciale, deviennent des facteurs indéniables d'insécurité juridique.

368. Un ordre juridique efficient réunit les conditions afin que les sujets de droit puissent savoir, à l'avance, à quoi s'en tenir. Il leur assure donc la prévenance nécessaire avant de se présenter sous son visage sanctionnateur. C'est pourquoi l'insécurité juridique peut naître de l'imprévisibilité de la norme juridique (A), d'un côté, et recéler les germes de l'arbitraire (B), de l'autre.

A. L'imprévisibilité du droit positif

369. L'imprévisibilité du droit positif est l'une des dimensions de l'insécurité juridique qui, elle-même, est une des incidences négatives découlant de l'incomplétude des textes. Cette incomplétude des textes relève, à son tour, des causes explicatives de l'amorphisme du ministère public dans l'animation des procédures judiciaires ayant trait aux affaires civiles et/ou commerciales.

370. L'imprévisibilité[515] est le caractère de ce qui est imprévisible. Est imprévisible[516], tout fait, situation ou événement qui est inattendu ou qui n'est pas prévoyable. L'imprévisibilité se rapporte alors aux situations ou événements qui, par leur nature, se caractérisent par l'imprévision.

371. Transposée sur le plan strictement juridique, la notion d'imprévisibilité est loin d'être étrangère à cette matière. Elle irrigue fortement le droit et y revêt plusieurs sens. On la rencontre aussi bien en droit administratif que surtout en droit civil, plus précisément en droit des obligations, le droit des contrats dérivant, lui aussi, essentiellement de celui-là. Au regard du droit administratif, la notion d'imprévisibilité[517] apparaît surtout dans le cadre du régime juridique des contrats administratifs et, plus spécifiquement, dans la détermination de la réunion des conditions du cas de force majeure[518].

---

[515] A. REY et J. REY-DEBOVE (dir.), *Le Petit Robert. Dictionnaire alphabétique et analogique de la langue française*, Paris, Nouvelle Éd. millésime, 2022, v. imprévisibilité, p. 1293.

[516] *Ibid.*

[517] R. SIMAR, D. DE JONGHE et M. VANDERSTRAETEN, « La force majeure en droit administratif : balises théoriques et illustrations », disponible sur : https://dial.uclouvain.be, consulté le 05 mars 2023.

[518] B. LOMBAERT et M. NIHOUL, *« Tous les moyens sont-ils bons pour s'exonérer d'une taxe en matière d'immeubles abandonnés ? Politique fiscale, proportionnalité du*

372. En droit privé, l'imprévision pose d'énormes difficultés quant à la mise en harmonie ou la conciliation des intérêts en présence. Cela est attesté par le professeur Denis MAZEAUD qui explique que *« Quoi qu'il en soit, l'ingérence exceptionnelle du juge en cas d'imprévision nous semble souhaitable, du moins si l'on accepte d'en finir avec l'image irréaliste du contrat conçu comme une nature morte, figure abstraite déconnectée des réalités politiques, économiques et sociales, et qu'on l'envisage comme un organisme vivant et sensible à l'environnement qui l'entoure, susceptible comme tel d'évolution et de modifications »*[519].

373. Dans la même veine, Pierre MOISAN ajoute que *« Le contrat ressemble beaucoup à un pari sur l'avenir qu'à l'agencement prédéterminé et incontournable de ses éléments constitutifs. Ainsi l'usure du temps pourra remettre en cause l'utilité économique de l'opération, révéler l'inadéquation de ses contreparties, voire engendrer des embûches »*[520].

374. Qu'il s'agisse donc du droit public (droit administratif) ou du droit privé (droit des obligations), l'imprévisibilité renvoie fondamentalement, dans les deux cas de figure, à la théorie de l'imprévision[521] en matière contractuelle. C'est dire que la notion relève des institutions qui *« s'appliquent de manière transversale à toutes les branches du droit »*[522]. La théorie de l'imprévision se manifeste lorsqu'*« une partie confrontée à des circonstances extérieures imprévisibles lors de la conclusion d'un contrat et qui, sans la mettre dans l'impossibilité absolue d'exécuter ses prestations, rendent celles-ci tellement*

---

taux, preuve de la publication d'un règlement et force majeure exonératoire », note sous Civ. Bruxelles, 16 janvier 2003, Droit communal, 2003, p. 55, no 15 ; Voy. par ex. CE, 14 février 2012, n° 217.957, BAJ Architects, p. 4 et CE, 19 octobre 2001, n° 99.928, Vurec, p. 3, s'exprimant dans les mêmes termes : *« un événement ne constitue une force majeure que s'il présente le triple caractère d'irrésistibilité, d'imprévisibilité et d'extériorité »* ; cf. not., en droit français, F. LEMAIRE, « La force majeure : un événement irrésistible », *Rev. dr. publ. sc. pol.*, 1999, p. 1722-1740.

[519] D. MAZEAUD, « L'arrêt Canal "moins" ? », *Recueil Dalloz*, 2010, p. 3.

[520] P. MOISAN, *Technique contractuelle et gestion des risques dans les contrats internationaux*, vol. 34, n°°2, 1994, *Les Cahiers de droit*, Faculté de droit de l'Université Laval.

[521] F. TERRE, Ph. SIMLER et Y. LEQUETTE, *Droit civil : les obligations*, Paris, 9e éd., Dalloz, 2005, p. 32.

[522] S. SEYS, D. DE JONGHE et F. TULKENS, « Les principes généraux du droit », in *Les Sources du droit revisitées*, vol. 2 : *Normes internes infraconstitutionnelles*, Limal, Anthemis, 2012, p. 505 ; B. LOMBAERT et M. NIHOUL, « Tous les moyens sont-ils bons pour s'exonérer d'une taxe en matière d'immeubles abandonnés ? Politique fiscale, proportionnalité du taux, preuve de la publication d'un règlement et force majeure exonératoire », *op. cit.*, n°°15, p. 55.

onéreuses, qu'à défaut d'un rééquilibrage des obligations contractuelles, la réalisation de l'objet du contrat se trouverait sérieusement compromise »[523].

375. Cela veut dire, par voie de conséquence, que ladite théorie[524] trouve application chaque fois qu'il s'agit de faire face à des situations inattendues dans une relation contractuelle. C'est ce qu'explique justement Ludovic MARIGNOL lorsqu'il qualifie la notion de prévisibilité d'*« instrument de protection des prévisions des contractants contre les événements imprévisibles, que comme un biais efficace par lequel le juge assure la police du contrat, parfois contre la volonté expresse des parties »*[525].

376. Cependant, dans le cadre de la présente étude, la notion n'intéresse que sous l'angle de la théorie du droit, c'est-à-dire, non pas spécifiquement en droit des contrats, mais de façon générale. C'est pourquoi on y attribue le sens de prévoyance, c'est-à-dire comme la *« Vertu du bon père de famille consistant à discerner les risques normalement prévisibles afin d'en éviter la réalisation ou d'en garantir les conséquences dommageables »*[526]. Ainsi, convient-il d'entendre par l'imprévisibilité du droit positif le manque d'anticipation ou de prévoyance de l'organe normatif, sur les événements, dans un ordre juridique donné.

377. L'exhaustivité ou l'efficience d'un ordre juridique est indéniablement un facteur déterminant de son attractivité[527]. Cela favorise surtout les investissements[528] dans un espace donné d'autant que les investisseurs se déterminent dans la phase prospective de leurs opérations en tenant compte, essentiellement, de la stabilité politique, économique et sociale des États. Or, ces

---

[523] J.-L. DEVOLVE, *Rép. civ. Dalloz*, v. imprévision, n°°1.

[524] D. I. SISSOKO, « Les mécanismes réactifs à la modification du contrat en droit positif malien », in *Justice en question*, revue trimestrielle de droit, d'informations juridiques et judiciaires du Syndicat libre de la magistrature, Sylima, n°°004, Bamako, 2022, p. 51.

[525] L. MARIGNOL, « La prévisibilité en droit des contrats », thèse de droit, Université Toulouse Capitole, France, 2017, p. 105.

[526] G. CORNU (dir.), *Vocabulaire juridique, op. cit.*, v. prévoyance, p. 1699.

[527] Pour une appréhension de la question spécifiquement en France, v. not., le Baromètre de l'attractivité de la France 2013, disponible sur : https://www.slideshare.net/christopherobinet/baromtre-de-lattractivit-de-la-france-2013-france-dernier-appel, consulté le 06 mars 2023.

[528] S. SEIFELNASR, « Regards croisés sur la théorie de l'imprévision en droit des pays arabes et en droit français », thèse de droit, Université Montpellier, France, 2020, p. 118 ; également, B. RECEVEUR, « La force obligatoire du contrat de société contribution à l'étude des relations entre droit des contrats et droit des sociétés », thèse de droit, Université de Cergy-Pontoise, France, 2013, p. 372.

éléments dépendent, dans une large mesure, de l'état plus ou moins rassurant du droit en vigueur dans un État donné[529].

378. Dans l'édiction des normes juridiques, les organes normatifs au sein des États se doivent de veiller à assurer aux sujets de droit, en général, et aux investisseurs, en particulier, la protection et surtout la prévisibilité nécessaire. Cela évoque l'idée de sécurité juridique, comme le spécifie le droit de l'Union européenne, en ce que *« le principe de sécurité juridique exige, notamment, que les règles de droit soient claires, précises et prévisibles dans leurs effets, en particulier lorsqu'elles peuvent avoir sur les individus et les entreprises des conséquences défavorables »*[530].

379. Une telle politique normative assure la promotion des investissements, d'une part, et une protection efficiente des droits et libertés fondamentaux, d'autre part. L'essor des investissements favorise la croissance économique[531] à la condition que l'ordre juridique d'accueil recèle de suffisamment de garanties tant pour la sécurité juridique[532] que pour la facilitation de la conduite des affaires aux acteurs économiques.

380. La sécurité juridique, dans une certaine mesure, est fonction de la prévisibilité[533] des normes juridiques en vigueur. Cela réduit la marge de l'aléa dans les calculs économiques, voire dans les plans d'affaires ou d'investissements[534].

381. Le jeu économique, en effet, requiert la prise en compte de plusieurs facteurs, parmi lesquels l'état de la législation dans un pays ou un espace donné. La sécurité juridique consiste, dès lors, en l'exigence attendue des normes qui doivent se caractériser par l'accessibilité[535], l'intelligibilité[536], la stabilité et

---

[529] A. CUISINIER, *Le Solidarisme contractuel*, Paris, Litec, LexisNexis, 2006 ; aussi, J. GHESTIN, « L'interprétation d'un arrêt de la Cour de cassation », *D.*, 2004. 2239.

[530] CJCE, 17 juill. 2008, ASM Brescia SpA, aff. C-347/06.

[531] L. MARIGNOL, *La Prévisibilité en droit des contrats*, *op. cit.*, p. 13.

[532] *« Les principes de sécurité juridique et de protection des particuliers exigent que, dans les domaines couverts par le droit communautaire, les règles du droit des États membres soient formulées de manière non équivoque qui permette aux personnes concernées de connaître leurs droits et obligations d'une manière claire et précise et aux juridictions nationales d'en assurer le respect »*, CJCE, 21 juin 1988, Commission c/ Italie, aff. 257/86, Rec. p. 3249.

[533] A. A. RAMSES, « Réflexions sur la théorie de l'imprévision en droit OHADA des contrats », *Penant*, n°°910, janvier-mars 2020, p. 72.

[534] J.-F. JAMET, « Comment recréer un environnement économique européen prévisible ? », *Question d'Europe* (Fondation Robert-Schuman), n°°191, disponible sur https://www.robert-chuman.ue, consulté 17 janvier 2011.

[535] CEDH, 26 avril 1979, n°°6538/74, Sunday Times c/ Royaume-Uni, § 49.

surtout la prévisibilité, toutes indispensables à leur judicieuse appréhension par les sujets de droit[537]. Ainsi, le *« brouhaha normatif »* a-t-il été considéré par un auteur comme *« une grande difficulté »*[538].

382. S'agissant de la protection des droits et libertés fondamentaux, l'imprévisibilité du droit positif peut également être source d'insécurité juridique. Cela est d'autant plus vrai que la norme juridique se doit de marquer un positionnement clair et anticipatif[539] sur les situations de sorte à permettre aux sujets de droit de savoir leur impact éventuel sur leurs droits et libertés.

383. L'imprévisibilité du droit positif, telle qu'ainsi spécifiée, peut relever des éléments à prendre en compte pour apprécier de l'attractivité[540] ou non d'un ordre juridique donné. S'agissant du Mali, il est évident que la question revêt une importance toute particulière. État confronté à une crise multiforme depuis plus d'une décennie, le pays tarde à se tracer un chemin pour se développer.

Ce développement est justement tributaire de plusieurs paramètres au rang desquels l'épineuse problématique relative à la mobilisation du crédit pour assurer le financement des nombreux projets, privés et surtout publics.

384. La facilitation de la mobilisation du financement dépend certes de certaines données économiques et politiques. Mais il s'agit d'une question n'occultant pas également l'identité normative d'un État donné. C'est sur ce plan que

---

[536] CJCE, 26 mai 1982, Allemagne c/ Commission, aff. 44/81, Rec. p. 1855 : « le principe de sécurité juridique exige qu'une disposition fixant un délai de forclusion [...] soit [...] claire et précise ».

[537] Comme l'explique le Conseil d'État français dans un de ses rapports : *« Le principe de sécurité juridique implique que les citoyens soient, sans que cela appelle de leur part des efforts insurmontables, en mesure de déterminer ce qui est permis et ce qui est défendu par le droit applicable. Pour parvenir à ce résultat, les normes édictées doivent être claires et intelligibles, et ne pas être soumises, dans le temps, à des variations trop fréquentes, ni surtout imprévisibles »*, CE, Rapport, « Sécurité juridique et complexité du droit », 2006, p. 282.

[538] CHARPENEL (Y.), *Le Glaive et la Rustine. 15 questions pour sortir la justice française de l'impasse*, Paris, éd. Economica, 2012, p. 4.

[539] O. GOUT, note sous Civ.1, 28 avril 2011 : *D.* 2012.47 ; également, X. DIEUX, préf. M. HANOTIAU, *Le Respect dû aux anticipations légitimes d'autrui. Essai sur la genèse d'un principe général de droit*, Paris, Bruylant, LGDJ, 1995.

[540] B. DU MARAIS, « Entre la Jamaïque et le Kiribati, Quelques réflexions sur l'attractivité du droit français dans la compétition économique internationale », Rapport public du Conseil d'État, 2005, p. 377 et s. ; v. « France, vers des orientations stratégiques plus claires », Examen de l'OCDE de la réforme de la réglementation, OCDE, 2004, p. 136. Le manque d'attractivité y est perçu comme l'état *« d'un environnement juridique et social considéré comme peu propice aux affaires, non seulement à cause de ses rigidités et de ses lourdeurs, mais également à cause d'un manque de prévisibilité et de cohérence »*.

l'efficience et l'efficacité[541] du système juridique sont prises en compte pour se prémunir de l'insécurité juridique. Or, il a déjà été touché du doigt plusieurs imperfections de l'arsenal juridique malien et communautaire qui sont loin de rassurer sur le terrain de la sécurité juridique.

385. Parmi les différentes insuffisances relevées, la question spécifique relative à la réunion des conditions juridiques adéquates en vue d'assurer la pleine exécution des décisions de justice en matière civile et commerciale mérite de retenir l'attention. Un système juridique soucieux de la sécurité juridique[542] des sujets de droit doit s'attacher à ce que les décisions de justice soient respectées et surtout qu'elles sortent leurs entiers effets.

Sous cet angle, l'exécution correcte des décisions de justice en matière civile et commerciale, au Mali ainsi que dans les autres États membres de l'OHADA, pâtirait sans aucun doute de la posture actuelle du droit communautaire OHADA ainsi que de sa juridiction commune à savoir la CCJA. Cette question comme tant d'autres nécessitent des réformes urgentes du droit OHADA.

386. Ces réformes seraient un véritable gage de consolidation de la sécurité juridique[543] tant souhaitable pour les sujets de droit, surtout pour les acteurs économiques[544] qui sont particulièrement attentifs à ce type de question. Cela est d'autant plus vrai que : *« L'entreprise d'harmonisation du droit des affaires en Afrique a des visées économiques. Il s'agit d'établir un courant de confiance en faveur des économies des États Parties, en vue de créer un nouveau pôle de développement en Afrique. Persuadés que cela suppose la mise en place d'un droit des affaires harmonisé, simple, moderne et adapté, afin de faciliter l'activité des entreprises, les États Parties se sont dits conscients qu'il est*

---

541 *« La sécurité, c'est non moins la confiance qu'on peut placer dans l'effectivité de la sauvegarde de l'ordre public et dans la sanction des illégalités ou désordres d'autrui quand ils nuisent à ses propres droits, tout autant bien sûr que l'assurance pour chacun de sa propre sûreté personnelle »*, B. PACTEAU, « La sécurité juridique, un principe qui nous manque ? », *AJDA*, 1995, n°°H.S, p. 151 ; aussi O. DUTHEILLET DE LAMOTHE, « La sécurité juridique : le point de vue du juge constitutionnel » *in Sécurité juridique et complexité du droit*, Rapport public du Conseil d'État, Paris, Éd. La Documentation française, 2006, p. 368. Pour une étude globale sur le sujet, lire M. NICOD, « Qu'en est-il de la sécurité des personnes et des biens ? », Paris, Presses universitaires des sciences sociales de Toulouse, LGDJ, 2008.

542 *« La sécurité juridique occupe une place importante parmi les notions qui sous-tendent certaines solutions jurisprudentielles, elle ne saurait cependant atteindre [...] un degré de force et de cohérence tel qu'elle puisse servir à orienter l'interprète de façon précise et univoque »*, M. DE SALVIA, « La place de la notion de sécurité juridique dans la jurisprudence de la Cour européenne des droits de l'homme », CCC, 2001, n°°11.

543 H. KELSEN, *Théorie pure du droit*, Traduction française de la 2e édition de la *Reine Rechtslehre* par Charles EISENMANN, Paris, Dalloz, 1962, p. 419.

544 M. DIOUF, « L'intervention du juge dans la vie des sociétés commerciales », thèse de droit, Université Cheick Anta DIOP, Sénégal, 2007, n°°10 20, p. 390.

essentiel que ce droit soit appliqué avec diligence, dans des conditions propres à garantir la sécurité juridique des activités économiques, afin de favoriser l'essor de celles-ci et d'encourager l'investissement »[545].

387. L'imprévisibilité du droit positif, bien que non négligeable dans les facteurs à prendre en compte par les sujets de droit, n'est cependant pas la seule conséquence résultant de l'insécurité juridique[546]. Celle-ci peut conduire, également, à un autre phénomène tout aussi regrettable à savoir le risque d'arbitraire.

B. Le risque d'arbitraire

388. Le risque d'arbitraire relève des conséquences possibles de l'insécurité juridique[547] telle qu'il vient d'être examiné. L'arbitraire, du latin *arbitrarius*, est loin d'être monosémique. En effet, le mot est défini, par le vocabulaire juridique, soit comme le *« caractère injuste d'une décision (ou du pouvoir de la prendre) ou d'une distinction qui n'est pas conforme aux exigences de la raison ou d'une morale et souvent dénuée de pertinence »*, soit perçu dans le sens du *« Caractère d'une décision (not. d'une mesure individuelle et spéciale) qui n'est pas le résultat de l'application d'une règle existante mais le produit d'une volonté libre »*[548].

389. Au regard de ces différentes significations possibles de la notion, l'on pourrait, à juste titre, déduire et surtout simplifier en disant que l'arbitraire doit s'entendre de l'iniquité d'une mesure ou d'une décision. L'on se retrouve alors en la présence d'un acte ou d'une décision injuste, inéquitable ou inégalitaire, ce qui est forcément générateur d'insécurité juridique[549].

Il est donc tout le contraire d'*« une garantie de sécurité pour les citoyens qui connaissent à l'avance le droit qui pourra leur être appliqué et n'ont pas à redouter d'être visés par des mesures individuelles susceptibles d'arbitraire ou*

545 N. AKA, A. FÉNÉON et J.-M. TCHAKOUA, *Le Nouveau Droit de l'arbitrage et de la médiation en Afrique*, Paris, Éd. LGDJ – Lextenso, 2018, p. 21.

546 Ph. JESTAZ, *Connaissance du droit. Le droit*, Paris, Dalloz, 10e éd., 2018, p. 81.

547 *« En tout état de cause, l'impératif de sécurité juridique est inhérent au droit et en constitue nécessairement l'une des valeurs fondamentales. On attend du droit qu'il garantisse la sécurité, de sorte que l'on puisse prévoir la solution des situations juridiques et compter sur elle, grâce à des moyens de contraintes garantissant la réalisation des droits »*, J.-L. BERGEL, « La Sécurité juridique », *Revue du notariat*, 110 (2), 2008, p. 273, disponible sur. https://doi.org/10.7202/1045538ar, consulté le 13 avril 2023 à 17 h 49 mn.

548 G. CORNU (dir.), *Vocabulaire juridique*, *op. cit.*, v. arbitraire, p. 203.

549 G. RIPERT, *Le Déclin du droit. Études sur la législation contemporaine*, Paris, LGDJ, 1949, p. 3 et 154.

de partialité ; en ce sens, la généralité de la loi est la condition de l'état de droit »[550].

390. L'incomplétude des normes juridiques d'application dans un État donné ne peut qu'enregistrer le risque d'arbitraire parmi ses conséquences éventuelles. Quand un ordre juridique présente des défaillances, du fait de son manque d'exhaustivité ou de complétude, le risque apparaît aussitôt que des situations juridiques, bien qu'identiques, ne reçoivent cependant pas le même traitement. Justement, l'incomplétude des textes accroît le pouvoir d'interprétation du magistrat dans sa quête de solution aux situations le plus souvent inextricables qui se présentent à lui. Elle n'est pas toujours favorable à l'exigence d'État de droit[551].

391. Quelles que soient ses méthodes et le domaine où le droit trouve application, l'interprétation des normes juridiques recèle des risques d'abus de la part de l'interprétateur[552]. Cela s'explique par le fait que l'interprétation accorde une place beaucoup plus grande à la subjectivité d'autant qu'elle permet difficilement à l'interprétateur de se démarquer de ses motivations ainsi que de ses sentiments personnels.

392. La prévisibilité[553] et l'exhaustivité des normes juridiques, au contraire, accroissent les chances de leur mise en œuvre objective d'autant que dans ce cas de figure, l'interprétateur se retrouve avec les mains quasiment liées ; ce qui l'oblige, autant que faire se peut, à rester fidèle à l'esprit du texte.

C'est pourquoi selon Jérémie Van MEERBEECK : *« Alors que le principe de légalité, dans son acception classique, tend à prévenir l'arbitraire dans le chef des autorités étatiques, celui de sécurité juridique vise la prévisibilité du droit, afin de permettre aux sujets de droit de planifier leurs comportements sur la base du droit applicable, et le respect de leurs attentes légitimes »*[554].

393. L'arbitraire, quel qu'en soit le type, constitue toujours un danger pour l'harmonie ou plutôt l'ordre au sein de toute entité. Il est essentiellement de deux

---

550 G. BURDEAU, « Essai sur l'évolution de la loi en droit français », *Arch. Phil. Dr.*, 1939, p. 7.

551 D. LABETOULLE, « Principe de légalité et principe de sécurité », *in L'État de droit. Mélanges en l'honneur de G. Braibant*, Paris, Dalloz, 1996, p. 403 ; également, J. CHEVALLIER, *L'État post-moderne*, Paris, LDGJ, 3e éd., 2008, p. 101 et 102.

552 J. V. MEERBEECK, *De la certitude à la confiance. Le principe de sécurité juridique dans la jurisprudence de la Cour de justice de l'Union européenne*, Limal, Bruxelles, Anthemis, Université Saint-Louis, 2014, p. 314-315.

553 *« Une norme est "prévisible" lorsqu'elle offre une certaine garantie contre des atteintes arbitraires de la puissance publique »*, CEDH, arrêt Centro Europa 7 S.R.L. et di Stefano/Italie, 7 juin 2012, n° 38433/09, § 143.

554 J.-V. MEERBEECK, « Les principes de légalité et de sécurité juridique : des faux amis ? », disponible sur www.https://dial.uclouvain.be ; consulté le 07 mars 2023.

formes. Il peut être juridique ou encore judiciaire. Sous sa forme juridique, il est le fait de l'organe normatif tandis que l'arbitraire judiciaire, lui, est du fait des acteurs assurant l'animation des institutions judiciaires, en général, et, des organes juridictionnels, en particulier.

394. Qu'il soit d'ordre juridique ou judiciaire, il a ceci de propre qu'il se caractérise toujours par la négativité. Aucun sujet de droit ne peut se complaire dans l'injustice. L'arbitraire est, en effet, toujours subi par le sujet de droit qui en est l'objet[555]. Il n'est jamais accepté ou consenti.

395. Le risque d'arbitraire, loin de rassurer les sujets de droit et de surcroît les investisseurs, influe négativement sur l'attractivité d'un État sous l'angle de la protection des droits de l'Homme. Il constitue un frein à l'essor économique d'autant plus qu'il engendre un impact négatif sur les transactions commerciales et financières. Le risque d'arbitraire affecte donc l'attirance et surtout la prospérité d'un marché économique et financier donné.

396. Recelant incontestablement les germes de l'instabilité ou des troubles au bon ordre politique, économique et social, l'arbitraire mérite d'être, autant que faire se peut, évité tant dans l'édiction des normes juridiques[556] que surtout dans la distribution de la justice au sein d'un État ou d'un espace. Un État convaincu d'arbitraire peut voir sa responsabilité civile engagée vis-à-vis de ses ressortissants ou de l'un d'entre ces derniers.

397. Cette responsabilité peut être mise en jeu aussi bien devant les instances juridictionnelles nationales que devant celles sous-régionales, voire internationales. La même responsabilité peut être recherchée devant des instances non juridictionnelles, notamment devant des autorités administratives indépendantes par exemple.

398. De la même manière, tout agent public qui réserve un traitement inégalitaire ou inique à des citoyens se retrouvant dans les mêmes conditions juridiques peut voir sa responsabilité engagée. Si comme l'État, son employeur, l'agent public peut avoir à faire face aux conséquences de ses agissements sur le

---

[555] *« L'exigence que la loi soit suffisamment claire et accessible découle plus du principe de sécurité juridique que du principe de légalité pris dans son acception classique ».* P. POPELIER, « La loi aujourd'hui (le principe de légalité) » *in* I. HACHEZ (dir.), *Les Sources du droit revisitées*, vol. 2, Bruxelles, Facultés universitaires Saint-Louis, p. 41 et 42.

[556] *« En général, le Législateur a – quel que soit le contenu de la norme qu'il prend – le désir que celle-ci soit effective et efficace. "Effective", c'est-à-dire que la norme produise des effets, qu'elle ne reste pas lettre morte ; "efficace" : que la norme produise les effets désirés, qu'elle n'ait pas des effets pervers, qu'elle oriente les comportements de manière à atteindre l'objectif souhaité »*, P. DELNOY, « Le rôle des légistes dans la détermination du contenu des normes », p. 3, disponible sur https://www.justice.gc.ca, consulté le 08 mars 2023.

plan civil, il est important de mentionner que l'étendue de sa responsabilité est plus grande que celle de la puissance publique.

399. En effet, l'agent public, en plus de la responsabilité sur le plan civil, peut avoir à répondre, d'une part, devant l'organe disciplinaire dont il relève. Les sanctions encourues à ce niveau varient, selon les cas, entre le simple avertissement et la révocation. D'autre part, l'agent public peut voir sa responsabilité pénale engagée consécutivement à un traitement arbitraire qu'il aurait réservé à un ou à des citoyens.

400. Dans cette veine, plusieurs dispositions du code pénal malien[557] prévoient et répriment des comportements dont les fonctionnaires pourraient se rendre coupables dans l'exercice ou à l'occasion de l'exercice de leurs fonctions. Les différents agents publics visés sont, entre autres, les magistrats, les régisseurs de maisons d'arrêt, tout agent intervenant dans le processus de passation et d'exécution des marchés publics, les agents de la force publique intervenant dans le cadre de l'exécution de certaines missions dévolues à l'institution judiciaire.

401. Ainsi, l'article 65 de ce texte prévoit que : *« Lorsqu'un fonctionnaire public aura ordonné ou fait quelque acte arbitraire ou attentatoire soit à la liberté individuelle, soit aux droits civiques d'un ou plusieurs citoyens, soit à la Constitution, il sera privé de ses droits civiques »*. Plus loin, plusieurs autres articles du même texte abondent dans le même sens en prenant en charge diverses éventualités infractionnelles. C'est le cas, entre autres, des articles 71[558], 83, 102, 103[559], 108[560], 112[561], 113 à 119, 120 à 123-3[562].

---

557 Loi n°°01-79 du 20 août 2001 modifiée par la loi n°°2005-45 du 18 août 2005, elle-même, modifiée par la loi n°°2016-39 du 7 juillet 2016 portant code pénal (CP) en République du Mali.

558 *« Les régisseurs et les surveillants des établissements pénitentiaires qui auront reçu un prisonnier sans mandat ou jugement ou sans ordre provisoire du gouvernement, ceux qui l'auront retenu ou refusé de le représenter à l'officier de police judiciaire ou au porteur de ses ordres sans justifier de la défense du procureur de la République ou du juge ; ceux qui auront refusé d'exhiber leurs registres à l'officier de police judiciaire, seront considérés comme coupables de détention arbitraire et punis de six mois à deux ans d'emprisonnement et d'une amende de 20 000 à 240 000 FCFA »*, CP, *op. cit.*, art. 71.

559 *« Tout fonctionnaire, au sens du présent Code, qui aura commis un faux dans l'exercice de ses fonctions, sera puni de la réclusion de cinq à vingt ans et facultativement de cinq à vingt ans d'interdiction de séjour. Le faux commis par toute autre personne sera puni de cinq à dix ans de réclusion et facultativement de cinq à dix ans d'interdiction de séjour. Lorsque le préjudice certain ou éventuel sera évaluable en argent et inférieur à 50 000 FCFA, la peine sera, quel que soit l'auteur, un emprisonnement de deux à cinq ans. L'interdiction de séjour pourra en outre être prononcée pour deux à cinq ans »*, CP, *op. cit.*, art. 103.

402. Le risque d'arbitraire dans un État, du fait de l'incomplétude du droit positif, gagne en proportion surtout lorsque les organes dédiés à la défense des intérêts de la société manquent de proactivité. Cette situation concerne, entre autres, le ministère public qui, dans le paysage judiciaire malien, s'illustre par une véritable inertie. Fortement regrettable, cet amorphisme s'explique, à son tour, dans une certaine mesure, par l'incomplétude des textes. Tout cela aboutit à un risque réel d'arbitraire à l'encontre des sujets de droit.

403. Les officiers du ministère public doivent s'intéresser aux affaires civiles et commerciales. Pour ce faire, le droit positif doit être, dans la mesure du possible, exhaustif pour réduire significativement le risque d'arbitraire.

404. L'incomplétude des textes n'a pas pour seule incidence l'insécurité juridique même si celle-ci est loin d'être négligeable. L'insuffisance du droit positif engendre également, comme conséquence, l'insécurité judiciaire qu'il convient à présent d'examiner.

Paragraphe II : L'insécurité judiciaire

405. L'insécurité judiciaire doit s'entendre de tout danger pouvant courir du fait de l'institution judiciaire et de ses acteurs à l'encontre des tiers, et plus spécifiquement des justiciables. La notion, dans le cadre de la présente étude, n'intéresse qu'en matière d'exécution des décisions de justice, ce qui a trait à la

---

[560] *« Les fonctionnaires, leurs commis ou préposés qui, dans une intention frauduleuse, ordonneront de percevoir et exigeront ou recevront ce qu'ils savent n'être pas dû pour droits, taxes, contributions, revenus, salaires ou traitements seront punis de :*
- *deux à cinq ans d'emprisonnement si la totalité des sommes in dûment exigées ou reçues ou dont la perception a été ordonnée a été égale ou inférieure à 50 000 FCFA ;*
- *cinq à dix ans de réclusion, si la totalité des sommes indûment exigées ou reçus ou dont la perception a été ordonnée a été égale ou supérieure à 50 000 FCFA. La tentative de ce délit sera punie comme le délit lui-même »*, CP, *op. cit.*, art. 108.

[561] *« Toute personne physique dépositaire de l'autorité publique, chargée d'une mission de service public, investie d'un mandat électif, exerçant des fonctions de représentant, administrateur ou agent de l'État ou d'une collectivité publique, d'un établissement public ou d'une société d'État, d'une société à participation financière publique majoritaire, d'une personne morale de droit privé agissant pour le compte de l'État ou d'une personne morale de droit public bénéficiant de son concours financier ou de sa garantie, ainsi que toute autre personne agissant pour le compte d'une des personnes susmentionnées, ainsi que leurs complices, qui aura procuré ou tenté de procurer à autrui un avantage injustifié par un acte contraire aux règles du code des marchés publics, ayant pour objet de garantir la liberté d'accès et d'égalité des candidats dans les marchés publics, sera punie d'un emprisonnement de deux mois à dix-huit mois et d'une amende de 5 000 000 à 100 000 000 de francs ou de l'une de ces deux peines seulement »*, CP, *op. cit.*, art. 112.

[562] Ces différents articles prévoient et répriment les infractions de corruption dans les secteurs public et privé, de fractionnement de marchés publics, de faux et d'usage de faux, etc.

« réalisation effective des dispositions »[563] d'une décision de justice, en matière civile et commerciale, afin que cette dernière sorte ses pleins et entiers effets[564]. Elle permet de marquer l'effectivité de la norme juridique.

406. Le ministère public relève des organes chargés de l'exécution des décisions de justice en droit malien, même s'il s'y illustre par une véritable inertie porteuse d'insécurité judiciaire d'autant plus que celle-ci révèle un véritable handicap de cet organe dans l'accomplissement exhaustif de ses missions, en ces matières (A). Par ailleurs, toujours du fait des parquetiers, l'on assiste, dans la pratique judiciaire au Mali, à une application timide ou mitigée des sanctions, en matière civile et commerciale (B).

A. Une entrave indéniable à l'office du ministère public

407. Le ministère public relève des organes chargés, par la loi, de poursuivre l'exécution des décisions de justice et des autres titres exécutoires[565]. Si l'acte uniforme de l'OHADA portant organisation des procédures simplifiées de recouvrement et des voies d'exécution (AUPSRVE) désigne l'huissier[566] comme l'agent d'exécution principal[567], il n'en demeure pas moins que le concours d'autres acteurs s'avère indispensable, dans la pratique, pour garantir le succès de la mesure.

408. C'est ainsi que le même texte communautaire, plus loin, consacre l'obligation pour l'État[568] de contribuer à l'exécution forcée sous peine

---

[563] G. CORNU (dir.), *Vocabulaire juridique*, v. Exécution, *op. cit.*, p. 935.

[564] P. CALLE, « L'efficience des décisions de justice civile » *in Droit et économie du procès civil*, Paris, LGDJ, 2010, 219 ; G. DEHARO, « Ce qu'exécuter veut dire… Une approche théorique de la notion d'exécution », *Dr. et proc.*, 2005/4, 208 ; P. HEBRAUD, « L'exécution des jugements civils », *RID comp.* 1957, 170. L'effectivité des décisions de justice, Journées Ass. H. Capitant, Paris et Aix 1985, Éd. Economica, 1987. XVIe Congrès des IEJ, « Les difficultés d'exécution des décisions de justice », Rennes, mai 1985 : rapport général J. NORMAND *in Mél. H. COSNARD*, Paris, Éd. Économica, 1990, p. 393.

[565] S'agissant du droit à l'exécution forcée des titres exécutoires notariés par exemple, cf. CEDH 21 avr. 1998, Estima Jorge c/ Portugal, req. n°°24550/94.

[566] I. BERTHE, *Sur le chemin des saisies. L'huissier de justice d'hier à demain*, Paris, Éd. L'Harmattan, 2017, p. 17.

[567] Acte uniforme portant organisation des procédures simplifiées de recouvrement et des voies d'exécution (AUPSRVE), art. 41 et s.

[568] *« L'État est tenu de prêter son concours à l'exécution des décisions et des autres titres exécutoires. La formule exécutoire vaut réquisition directe de la force publique. La carence ou le refus de l'État de prêter son concours engage sa responsabilité »*, AUPSRVE, *op. cit.*, art. 29. Sur le même sujet, la Cour européenne des droits de l'homme a décidé que s'il est possible d'*« admettre que les États interviennent dans une procédure d'exécution d'une décision de justice, pareille intervention ne peut avoir comme conséquence d'empêcher, d'invalider ou encore de retarder de manière excessive l'exécution, ni moins encore, de remettre en question le fond de cette*

d'engager sa responsabilité tout en prévoyant que l'apposition de la formule exécutoire, sur les titres exécutoires, équivaut à la réquisition de la force publique[569].

409. L'AUPSRVE n'évoque le ministère public que lorsqu'il aménage les modalités de visa de l'acte de saisie dans l'hypothèse où la saisie est opérée entre les mains des receveurs, dépositaires ou administrateurs de caisses ou de deniers publics. Il est prévu, à cet égard, que la validité de la saisie soit la condition de la délivrance de l'acte qui la consacre à la personne préposée pour la recevoir ou à la personne déléguée par elle.

En cas de refus par cette personne de viser l'original de l'acte, la saisie n'est valide que lorsque l'original aura été visé par le ministère public qui devra, dans ce cas, aviser immédiatement les chefs des administrations concernées[570].

410. Tentant d'expliquer ce manque d'intérêt du droit communautaire pour le parquet, Matadi Nenga GAMANDA a relevé que dans le droit de l'exécution forcée de l'OHADA *« le Ministère public qui apparaît toujours dans toute instance ordinaire disparaît presque furtivement. C'est ici que l'on comprend que les officiers du Ministère public ont leur rôle important bien précis, mais qu'en réalité, dans les instances privées, ce rôle devait être amoindri pour éviter la bureaucratie »*[571].

Il s'agit là, néanmoins d'une prise de position fort critiquable comme on aura à le démontrer plus loin dans la présente étude. En effet, la nature privée d'une affaire n'est pas une raison suffisante, en elle-même, pour interdire aux officiers du ministère public d'y exercer un droit de regard.

411. Pour retrouver les véritables sources de l'intervention du ministère public, dans le cadre de l'exécution des décisions de justice et des autres actes exécutoires, il faut interroger le droit interne malien. C'est ainsi que l'on découvre que plusieurs dispositions du code de procédure civile, commerciale et sociale déterminent expressément les organes[572] chargés de l'exécution des décisions de justice et spécifient la mission dévolue au ministère public dans ce cadre.

---

décision », CEDH, 28 juill. 1999, Immobilare Saffi c/ Italie, req. n°°22774/93, § 64 à 66. Aussi a-t-elle, par ailleurs, estimé que : *« les États ont l'obligation positive de mettre en place un système qui soit effectif en pratique comme en droit et qui assure l'exécution des décisions judiciaires définitives entre personnes privées »*, CEDH, 7 juin 2005, Fouklev c/ Ukraine, req. n°°71186/01, § 84.

569 AUPSRVE, *op. cit.*, art. 29.

570 AUPSRVE, *op. cit.*, art. 159.

571 M.-N. GAMANDA, « Préface à K.-A. MUNEMEKA », *Le Droit OHADA de l'exécution forcée*, Éd. Academia – L'Harmattan, Paris, 2019, p. 7.

572 S. GUINCHARD, T. MOUSSA, N. CAYROL et E. DE LEIRIS (dir.), *Droit et pratique des voies d'exécution*, Paris, Dalloz Action, 10e éd., 2022, p. 257 et s.

Ainsi est-il prévu que *« Le Procureur de la République veille à l'exécution des jugements et autres titres exécutoires*[573] » ou qu'*« il peut enjoindre à tous les huissiers de justice de son ressort de prêter leur ministère.*

Il poursuit d'office, l'exécution des décisions de justice dans les cas spécifiés par la loi »[574].

412. Mais plus haut dans le même texte, il est prévu les conditions générales et spécifiques de l'exécution du jugement. S'agissant des conditions générales, le décret consacre la formule exécutoire et prévoit à cet effet que : *« Nul jugement, nul acte ne pourra être mis à exécution s'il n'est revêtu par un mandement aux officiers de justice ainsi conçu :*

"République du Mali" :

"Au nom du Peuple malien..." et terminé par la formule : "En conséquence, la République du Mali mande et ordonne à tous huissiers de justice, sur ce requis, de mettre ledit arrêt (ou ledit jugement) à exécution, aux procureurs généraux et aux procureurs de la République près la cour d'appel et les tribunaux de première instance d'y tenir la main, à tous commandants et officiers de la force publique de prêter main-forte lorsqu'ils en seront légalement requis" »[575]. Les conditions spécifiques ont trait à l'épuisement des voies de recours[576] ou à l'expiration du délai pour ce faire[577].

413. Véritable droit fondamental[578], la nécessité de l'exécution forcée des décisions de justice[579] découle du besoin même d'assurer le maintien et la viabilité d'un ordre juridique[580] donné. Cette lecture est partagée par le professeur Joseph DJOGBENOU qui, dans le même ordre d'idée, estime que *« La circulation de la créance n'est possible que si l'exécution des engagements*

---

[573] CPCCS, *op. cit.*, art. 696.
[574] CPCCS, *op. cit.*, art. 697.
[575] CPCCS, *op. cit.*, art. 507.
[576] S'agissant de la mise en œuvre des décisions judiciaires sur le plan pénal, L. ASCENSI, *Droit et pratique des saisies et confiscations pénales*, Paris, Dalloz, 2e éd., 2021, n°°132.51, p. 180 et s.
[577] CPCCS, *op. cit.*, art. 505.
[578] CEDH, 18 avr. 2002, *Ouzounis c/ Grèce*, req. n°°49144/99 ; F. FERRAND, « La fondamentalisation de l'exécution forcée » *in* C. BRENNER (dir.), *Le Droit de l'exécution forcée : entre mythe et réalité* ; « Droit et procédures », *EJT*, 2007, 13 s. ; v. également : « Regards croisés sur l'effectivité de l'exécution forcée », Actes du colloque du 22 nov. 2016 à Lyon, *Dr. et proc.*, 2017, p. 1.
[579] Le droit français lui accorde la valeur constitutionnelle en ce que le Conseil constitutionnel de ce pays a estimé que : *« Le droit des personnes à exercer un recours juridictionnel effectif comprend celui d'obtenir l'exécution des décisions juridictionnelles »*, Cons. const., 10 nov. 2017, n°°2017-672 QPC, § 6.
[580] CEDH, arrêt *Horsby c/ Grèce* du 19 mars 1997, *Recueil des arrêts et décisions 1997-II*, p. 510-511, § 40.

est assurée »[581]. Les voies d'exécution sont gage de la sécurité juridique ainsi que de l'effectivité des normes juridiques au sein de l'espace communautaire OHADA[582].

414. Le droit de l'exécution forcée a pu être défini comme *« l'ensemble des voies de droit qui sont mises à la disposition des créanciers pour leur permettre d'obtenir ce qui leur est dû, au besoin par la coercition*[583]*»* ou encore *« des procédures légales mises à la disposition du créancier pour lui permettre d'obtenir l'exécution forcée de sa créance, lorsque le débiteur n'exécute pas volontairement »*[584].

415. C'est dire qu'il s'agit, tout simplement, d'un ensemble de moyens et de mécanismes, coercitifs au besoin, légalement organisés et mis à la disposition du créancier, en vue de faire sortir les effets pleins et entiers du titre exécutoire dont il dispose à l'encontre de son débiteur défaillant[585]. Cette faculté de pouvoir éventuellement recourir à la force, dans le cadre de la mise en œuvre du titre exécutoire[586], fait des voies d'exécution une matière laissant manifester l'imperium[587] du juge civil ou commercial.

416. Il est inconcevable d'envisager un système juridique, consacré à l'exécution forcée des décisions de justice, qui écarterait totalement le ministère public. C'est pourquoi, parmi les organes légalement et expressément dédiés à la mise en œuvre des décisions de justice, en général, et des décisions de justice en matière civile et/ou commerciale, en particulier, on retrouve le parquet. Quelques raisons majeures semblent justifier la dévolution d'un tel rôle aux magistrats du parquet en cette matière.

417. D'abord, l'impérieuse nécessité d'œuvrer à la sauvegarde d'un climat social harmonieux et organisé appelle nécessairement, dans le domaine

---

[581] J. DJOGBENOU, *L'Exécution forcée. Droit OHADA*, Cotonou, 2e éd, CREDIJ, 2011, n°°2, p. 5.

[582] *« Si l'entreprise intéresse les règles de fond, la réforme des règles de procédure n'en est pas moins concernée, l'efficacité du droit substantiel ou matériel ne pouvant être efficacement appréciée qu'en raison de sa mise en œuvre »*, P.-G. POUGOUÉ et F. T. KOLLOKO, *La Saisie immobilière dans l'espace OHADA*, Yaoundé, Presse universitaire d'Afrique, 3e éd., 2016, nos°1 et 2, p. 7.

[583] R. PERROT et Ph. THERY, *Procédures civiles d'exécution*, Paris, Dalloz, 3e éd., 2013, p. 1.

[584] K.-A. MUNEMEKA, *Le Droit OHADA de l'exécution forcée*, Paris, Éd. L'Harmattan, 2019, p. 9.

[585] S. S. KUATETEMEGHE, *La Protection du débiteur dans les procédures individuelles d'exécution*, Paris, Éd. L'Harmattan, 2004, p. 21.

[586] Civ. 2e, 30 janv. 2014, n°°12-29.246, P II, n°°30.

[587] *« ... Elle suppose toujours une pression légitime exercée sur le débiteur en vertu d'un ordre du Souverain. À ce titre, les procédures civiles d'exécution relèvent du domaine de l'imperium »*, R. PERROT et Ph. THERY, *Procédures civiles d'exécution, ibid.*

judiciaire, à l'intervention des magistrats du parquet. L'apport de ces derniers, à la conduite et à la réussite de l'exécution forcée, est essentiel d'autant plus que l'inexécution des décisions de justice sape l'autorité de l'État et écorne la crédibilité de l'institution judiciaire.

418. Comme l'ont fait, en des termes fort justes, remarquer des processualistes[588] de renom : *« Pour des raisons évidentes à l'ordre social, l'exécution des décisions de justice, et plus largement des titres exécutoires, est une question fondamentale pour l'État, car elle vise à assurer la crédibilité de ses institutions juridictionnelles à l'égard des justiciables et intéresse à ce titre nécessairement l'ordre public. En effet, lorsqu'un débiteur n'exécute pas son obligation, c'est la société tout entière qui s'en trouve affectée et, dans ce cas, il est de la responsabilité de l'État que le créancier qui dispose d'un titre exécutoire puisse compter sur l'assistance de la puissance publique pour obtenir l'exécution forcée de son titre »*[589].

419. Ensuite, le droit ou plutôt l'obligation de surveillance dévolue au ministère public sur les auxiliaires de justice, en général, et sur les huissiers-commissaires de justice[590], en particulier, explique que ce dernier puisse recevoir des injonctions du procureur de la République en vue de la bonne conduite de l'exécution forcée[591].

Son implication dans le processus de mise œuvre des décisions faciliterait, par ailleurs, le déclenchement éventuel de poursuites à l'encontre de l'huissier qui refuserait par exemple de prêter main-forte à l'exécution d'une décision de justice lorsqu'il en serait régulièrement requis[592].

420. Enfin, l'exécution forcée des décisions de justice n'étant pas sans rapport avec l'ordre public, l'intervention du ministère public dans sa mise en œuvre ne peut aller que de soi. Il ne saurait être opposé au parquet, en la matière, quelque défaut de qualité ou d'intérêt d'autant que : *« Les procédures civiles d'exécution ne concernent pas seulement les intérêts privés d'un créancier et d'un débiteur. Dans un domaine où l'essentiel consiste à faire entrer le droit dans les faits, au*

[588] G. CORNU (dir.), *Vocabulaire juridique, op. cit.*, v. processualiste, p. 1718.

[589] S. GUINCHARD, T. MOUSSA, N. CAYROL et E. DE LEIRIS (dir.), *Droit et pratique des voies d'exécution, op. cit.*, n°°0231. 05, p. 331.

[590] Cass. 1re civ., 9 mai 2001, n°°00-16.319 : *Bull. civ.* I, n°°127, s'agissant du droit de regard du ministère public sur l'office des notaires.

[591] CPCCS, *op. cit.*, art. 696 et 697.

[592] L'huissier commissaire de justice qui refuserait de poursuivre l'exécution d'une décision de justice tomberait sous le coup de poursuites disciplinaires conformément aux dispositions de l'article 37 de la loi n°°2016-053 du 20 décembre 2016 portant statut des huissiers-commissaires de justice au Mali.

besoin par la contrainte, afin que soit obéi l'ordre du juge et respecté la force exécutoire des titres, l'ordre public est nécessairement intéressé »[593].

421. Au regard de ces différents éléments, il est incompréhensible que l'acte uniforme portant organisation des procédures simplifiées de recouvrement et des voies d'exécution ait ignoré le ministère public dans ce concert des agents dédiés à l'exécution forcée des décisions de justice. Cette mésestime du droit communautaire pour les parquetiers a fini par être curieusement et ouvertement assumée par la Cour commune de justice et d'arbitrage.

422. Cette juridiction, à travers sa jurisprudence, n'a pas manqué de désapprouver même la communication de certaines affaires relevant du droit OHADA au ministère public[594], notamment, celles ayant trait aux voies d'exécution. Ce positionnement de la CCJA est critiquable, voire fantaisiste[595] d'autant plus que l'intervention du ministère public, dans l'animation des procédures judiciaires ainsi que dans le cadre de l'exécution des décisions y découlant, loin d'être contraire à la lettre et à l'esprit de la norme communautaire, est tout simplement complétive de ladite norme.

423. Il s'agit, en effet, d'un vide juridique découlant du droit communautaire OHADA dont le comblement par les normes internes des États membres ne saurait, en aucun cas, contrarier l'AUPSRVE, dont les droits internes ne peuvent contester la primauté[596], *« toute pratique judiciaire devant être conforme à la loi au risque de créer une insécurité judiciaire »*[597].

424. En tout état de cause, il urge que le législateur communautaire, aussi bien sur cette question précise que sur d'autres concernant le ministère public, fasse œuvre de clarification et surtout d'évolution. Il devrait ne pas perdre de vue, ce faisant, les fondements ou les raisons objectives expliquant la consécration actuelle de l'intervention du ministère public dans la matière civile et commerciale dans la plupart des États membres de l'OHADA.

425. Parmi ces raisons, figure le souci de parvenir à un système judiciaire efficace et efficient. Jean-Claude MAGENDIE s'inscrit dans cette logique

---

593 R. PERROT et Ph. THERY, *Procédures civiles d'exécution, op. cit.*, n°°362, p. 366.

594 V. en effet l'arrêt n°°003/2002 du 10 janvier 2002 de la Cour commune de justice et d'arbitrage désapprouvant la communication au parquet des affaires en matière d'incident de saisie immobilière ou encore un autre arrêt de la CCJA en date du 3 juillet 2008 cautionnant l'examen en chambre du conseil des incidents de saisie.

595 J. DJOGBENOU, « Le contrôle de constitutionnalité des décisions de justice : une fantaisie de plus ? », disponible sur disponible sur https://www.ohada.com, consulté le 03 avril 2023 à 11 h 04 mn.

596 J. ISSA-SAYEGH et J. LOHOUES-OBLE, *OHADA. Harmonisation du droit des affaires*, Bruxelles, Éd. Bruylant, coll. : « Droit uniforme africain », 2002, n°°15, p. 10.

597 P.-G. POUGOUÉ et F. T. KOLLOKO, *La Saisie immobilière dans l'espace OHADA, op. cit.*, n°°219, p. 117.

lorsqu'il affirme qu'*« Une justice de qualité doit permettre, malgré l'aléa inhérent à tout procès, de déterminer, à travers l'examen de la procédure, des règles de preuves, des règles de fond, de l'état de la jurisprudence, les chances raisonnables de succès ou d'échec »*[598].

426. L'ambiguïté actuelle de l'intervention du ministère public dans le cadre de l'exécution forcée ainsi que d'autres éléments expliquent de nos jours la mise en œuvre mitigée des sanctions en matière civile et commerciale au Mali.

B. Une mise en œuvre mitigée des sanctions

427. La sanction[599] demeure l'un des traits caractéristiques essentiels de la règle de droit et elle distingue cette dernière d'autres notions voisines[600] avec lesquelles elle n'est pas sans analogie[601]. Elle est définie comme *« toute mesure – même réparatrice – justifiée par la violation d'une obligation »* ou encore *« tout moyen destiné à assurer le respect et l'exécution effective d'un droit ou d'une obligation »*[602].

428. Sur le plan judiciaire, les sanctions découlent des décisions des juridictions, civiles et/ou commerciales, dans le cadre de la présente étude pour contraindre ou imposer à un sujet de droit l'accomplissement ou le non-accomplissement d'un fait précis.

429. L'institution judiciaire servirait à peu de chose si les décisions juridictionnelles devaient être ignorées de ceux auxquels elles sont destinées. Autrement dit, elles n'auraient aucun sens, dans la régulation des rapports sociaux, si leur application devait être négociée ou dépendre du bon vouloir de ceux dont elles sont censées vaincre la résistance. Ce souci de se convaincre de l'impérieuse nécessité de veiller à l'effectivité des jugements et arrêts rendus par les juridictions a, de tout temps, été éprouvé. Un philosophe réputé de son temps a pu ainsi écrire pendant le siècle des Lumières en France que : *« quand je vais*

---

598 J.-C. MAGENDIE, *Les Sept Péchés capitaux de la justice française*, Paris, Éd. Léo Scheer, 2012, p. 105.

599 *« Tandis que les violations de la morale seraient sanctionnées dans le cadre interne, celui de la conscience, les sanctions des violations du droit auraient une origine externe et se relieraient à l'autorité contraignante des pouvoirs publics »*, F. TERRE, *Introduction générale au droit*, Paris, Dalloz, 10e éd., 2015, n°°13, p. 13.

600 Parmi ces notions, l'on peut citer, entre autres, la morale et la religion.

601 *« La règle de droit entretient des rapports très étroits avec les autres règles de conduite sécrétées par la société. Aussi, n'est-il pas toujours aisé de les démêler »*, R. DEGNI-SEGUI, *Introduction au droit*, Abidjan, EDUCI, 2009, p. 17.

602 G. CORNU (dir.), *Vocabulaire juridique*, *op. cit.*, v. sanction, points 2 et 3, p. 1988.

dans un pays, je n'examine pas s'il y a de bonnes lois, mais si on exécute celles qui y sont, car il y a de bonnes lois partout »[603].

430. Au Mali, le constat en matière d'exécution des décisions de justice est amer tant et si bien que l'on relève une véritable timidité dans la mise en œuvre des jugements et arrêts rendus par les juridictions civiles et commerciales. Un observateur avisé a pu écrire à cet égard que : *« ... les citoyens sont confrontés à des difficultés parfois inextricables en matière d'exécution des décisions judiciaires. À telle enseigne qu'il est permis de s'interroger sur l'utilité du procès »*[604].

431. Cela confirme le constat fait par Joseph KI-ZERBO lorsqu'il écrit que : *« dans le maquis des législations modernes qui régissent la vie quotidienne des Africains, il y a une rencontre souvent conflictuelle, une confrontation douloureuse et traumatique de la société avec des règles imposées par un État largement inspiré parfois textuellement et mot à mot de l'extérieur »*[605].

432. Comme dans l'animation des procédures judiciaires, en matière civile et commerciale, le ministère public fait preuve de mollesse dans le cadre de l'exécution des décisions judiciaires dans ces deux matières. Cette situation engendre un impact désastreux sur le système judiciaire en ce qu'elle biaise sérieusement et inadmissiblement la qualité de la réponse judiciaire.

L'institution judiciaire, atteinte ainsi dans sa crédibilité, se trouve fortement handicapée dans l'accomplissement de sa mission d'autant que l'inexécution de ses décisions engendre, conséquemment, l'ineffectivité du droit.

433. Les citoyens, quand bien même leurs droits seraient concrétisés par le juge à travers sa décision, se buteraient dès lors au problème de la mise en application de celle-ci. Ils auraient ainsi gagné leurs procès et non leurs droits, ou du moins n'auraient pas joui de leurs droits judiciairement sanctionnés ou protégés.

434. Cela est regrettable quand on sait qu'en plus d'assurer la sauvegarde de leurs droits, leur avis doit également compter, car, *« ... de plus en plus, le citoyen s'intéresse au fonctionnement de la justice, donne son point de vue, fait des critiques et la perception qu'il a de la justice est mise en exergue. Cette perception défavorable ou non doit compter. L'institution judiciaire n'est pas « un sanctuaire » où seuls les acteurs intra-muros ont droit de cité, mais un*

---

[603] MONTESQUIEU *(De l'esprit des lois, 1748)* cité par J. C. B. BONZI, « Préface à V. J. P. SILGA », *La Pratique de la saisie-attribution des créances en droit OHADA*, Ouagadougou, Éd. CGF, 2021, p. 13.

[604] R. PLATE, avant-propos à « Gouvernance de la justice au Mali », une étude de la fondation Friedrich-Ebert-Stiftung, novembre 2007, p. 5. Disponible sur www.google.com, consulté le 2 janv. 2023.

[605] J. KI-ZERBO, cité par Z. MOULAYE, A. DIABATE et Y. DOUMBIA, *Gouvernance de la justice au Mali, op. cit.*, p. 14.

service public. Le citoyen, le Peuple au nom de qui la justice est rendue a son mot à dire non pas pour tenir la plume au magistrat, le conspuer, ôter la liberté de défense à l'avocat, faire opposition à l'huissier exécutant, ou violenter un mandataire judiciaire, mais pour formuler des critiques objectives sur le fonctionnement de la justice, la manière de servir ou la tenue de ses acteurs. L'administration de la justice doit en tenir compte pour améliorer son fonctionnement »[606].

435. De l'inertie des officiers du ministère public en matière d'exécution des décisions judiciaires, plusieurs raisons peuvent être avancées. La première de ces raisons a trait au fait qu'au Mali, la question relative à l'exécution même des décisions de justice est loin d'être judicieusement appréhendée par les parquetiers en général. C'est dire que la situation spécifique relative aux décisions civiles et commerciales est concernée par cette chape d'ankylose.

Cette non-maîtrise de la question explique, dans une large mesure, que dans la pratique judiciaire au Mali, la surveillance exercée par le ministère public sur les huissiers-commissaires de justice est loin d'être effective[607].

436. Laissés quasiment à eux-mêmes, les huissiers-commissaires de justice n'évoluent, alors, que sous la seule férule de leur ordre d'appartenance[608]. Pour qui sait le risque et surtout le poids du corporatisme[609] dans le paysage professionnel au Mali, les chances de sanction à l'encontre des dérives tant personnelles que professionnelles deviennent ainsi minimes. Surtout que de tous les auxiliaires de justice, les huissiers-commissaires de justice semblent être les plus protégés en matière de poursuites pénales[610].

En effet, en République du Mali, l'arrestation d'un huissier-commissaire de justice est subordonnée, curieusement, à l'autorisation du ministre de la Justice. Cela viole allègrement le principe de la séparation des pouvoirs puisqu'une telle situation place l'institution judiciaire sous l'autorité d'un membre du pouvoir exécutif.

437. La seconde des raisons de l'inaction des officiers du ministère public, dans le cadre de l'exécution des décisions judiciaires, a trait à la confusion qu'entretient la Cour commune de justice et d'arbitrage de l'OHADA dans ce

---

606 Y. DIALLO, *Le Procureur de la République. La pratique du parquet*, *op. cit.*, p. 184.

607 Loi n°°2016-053 du 20 décembre 2016 portant statut des huissiers – commissaires de justice, art. 4, 8, 39 et 44.

608 Loi portant statut des huissiers – commissaires de justice, *op. cit.*, art. 19 et 21.

609 S'agissant par exemple des magistrats, Jacques VERGES, estimant la responsabilité des erreurs judiciaires exclusivement imputable à ces derniers, a pu écrire qu'*« il n'y a pas d'excuses aux erreurs judiciaires et celles qu'on entend souvent de la bouche des organisations corporatistes des magistrats sont inacceptables »*. J. VERGES, *Les Erreurs judiciaires*, Paris, Éd. PUF, 2002, p. 4.

610 Loi portant statut des huissiers-commissaires de justice, *op. cit.*, art. 44.

domaine. En faisant une interprétation restrictive et exclusive de l'acte uniforme portant organisation des procédures simplifiées de recouvrement et des voies d'exécution et en y écartant tout autre organe que ceux reconnus par cette norme communautaire, la CCJA s'inscrit dans une posture confusionnelle[611].

438. Un tel positionnement de la juridiction communautaire, qui assimile le ministère public quasiment à un intrus dans le cadre du droit des voies d'exécution, contribue à réduire les chances d'exécution des décisions judiciaires. En effet, elle rompt quasiment le « cordon ombilical » entre le ministère public et l'huissier-commissaire de justice, l'agent d'exécution principal.

439. Elle pourrait créer également chez les magistrats du parquet un sentiment de déconsidération, ce qui est loin d'être incitatif dans le sens de l'accomplissement plein et entier des prérogatives légales qui leur sont conférées. Cela pourrait avoir comme conséquence que l'huissier-commissaire de justice pourrait ne plus se croire sous quelque emprise du ministère public, ce qui, à regret, accroîtrait les risques de manquements disciplinaires de cet auxiliaire de justice.

440. Enfin, la troisième raison de l'inaction du ministère public dans le cadre de l'exécution des décisions de justice, semble tenir à la méconnaissance des parquetiers de toute l'étendue de la notion d'ordre public. En effet, les risques de débordement ou d'incident sont si élevés en matière d'exécution forcée qu'une telle question ne peut pas ne pas avoir des rapports avec l'ordre public dont la préservation incombe essentiellement au ministère public[612].

441. L'inertie des officiers du ministère public, dans le cadre de l'exécution des décisions de justice en matière civile et commerciale engendre, comme effet majeur, l'affaissement de l'autorité de l'État pris en ses institutions judiciaires. Elle sape les principes de démocratie, d'État de droit, voire de séparation des pouvoirs.

Elle est source d'insécurité juridique et est défavorable à la promotion des investissements au sein de l'espace communautaire OHADA. C'est justement sous cet angle que la posture actuelle de la CCJA à l'égard de la question relative à l'exécution forcée des décisions judiciaires paraît le plus incompréhensible.

---

[611] *« ... s'il est vrai que l'acte uniforme n'a consacré aucune disposition favorable à l'intervention du ministère public dans les procédures de saisie immobilière, aucune disposition dudit acte ne l'interdit pour autant »*, P.-G. POUGOUÉ et F. T. KOLLOKO, *La Saisie immobilière dans l'espace OHADA, op. cit.*, n°°215, p. 114.

[612] LOCHOUARN, « Le rôle du ministère public dans les procédures civiles d'exécution », *Rev. huiss.*, 1999, p. 3 et s.

442. En se montrant allergiques à toute idée de voir les magistrats du parquet intervenir dans le cadre de l'exécution forcée, les juges communautaires de l'OHADA réduisent, sans le savoir, les chances d'obtenir l'exécution correcte des décisions judiciaires dans les matières régies par les actes uniformes. Si tant est que l'objectif du droit OHADA est la promotion des investissements et le renforcement ou la consolidation de la sécurité juridique[613], il est curieux dès lors que certaines de ses institutions développent un réflexe marginaliste envers le ministère public.

443. Les voies d'exécution sans les officiers du ministère public constituent sans doute un droit handicapé, ineffectif et inefficace[614]. Cette méfiance vis-à-vis du parquet sur le plan communautaire ne saurait se justifier par la crainte de l'hybridité identitaire des officiers du ministère public d'autant qu'il n'est pas au-dessus des moyens de l'OHADA de pallier toute forme de restriction des États à l'action de cet organe en matière d'exécution forcée.

444. Pour l'ensemble de ces raisons, le droit de l'exécution forcée dans l'espace OHADA aurait son salut, d'une part, dans la relecture de l'acte uniforme portant organisation des procédures simplifiées de recouvrement et des voies d'exécution et, d'autre part, dans un revirement jurisprudentiel sans délai de sa juridiction communautaire.

Cela est d'autant plus nécessaire que : *« L'approche que fait la CCJA de la question de l'exécution provisoire n'est pas holistique et équilibrée*[615] *»* même si *« Elle peut s'expliquer par le fait que le Législateur OHADA a lui-même procédé à une réglementation parcellaire ou partielle »*[616].

445. L'espoir est loin d'être permis sur la question pour le moment d'autant que l'OHADA a réitéré récemment sa méfiance, vis-à-vis du parquet, à l'occasion

---

613 À cet égard, on peut par exemple lire dans le préambule du Traité de Port-Louis, institutif de l'OHADA que : *« Persuadés que la réalisation de ces objectifs suppose la mise en place dans leurs États d'un Droit des Affaires harmonisé, simple, moderne et adapté, afin de faciliter l'activité des entreprises ;*
Conscients qu'il est essentiel que ce droit soit appliqué avec diligence, dans les conditions propres à garantir la sécurité juridique des activités économiques, afin de favoriser l'essor de celles-ci et d'encourager l'investissement. »

614 *« ... les titres exécutoires seraient inefficaces s'il n'est pas prévu par le législateur des mesures de coercition pour contraindre le débiteur à exécuter son obligation »*, J. DJOGBENOU, *L'Exécution forcée. Droit OHADA, op. cit.*, n°°18, p. 26.

615 V. J. P. SILGA, *La Pratique de la saisie-attribution des créances en droit OHADA, op. cit.*, p. 270.

616 *Ibid.*

de la révision de l'acte uniforme portant organisation des procédures simplifiées de recouvrement et des voies d'exécution, intervenue le 15 novembre 2023[617].

446. Si, comme on vient de le voir, il existe une corrélation entre l'incomplétude des textes et l'exécution des décisions de justice, il n'en demeure pas moins que les justifications de cette situation sont, par ailleurs, embarrassantes.

Conclusion du titre I

447. Comme on vient de le constater, dans la pratique judiciaire au Mali, en général, et dans l'animation des procédures civiles et commerciales, en particulier, il découle une insatisfaction indéniable de l'action du ministère public. Cette situation qui a un impact négatif sur la qualité de la réponse judiciaire quotidiennement donnée à ces types d'affaires s'explique par, d'une part, la non-application ou l'application biaisée des textes. D'autre part, elle s'explique également soit par l'obsolescence, soit par l'inadéquation du droit positif devant régir la mission des officiers du ministère public en la matière.

448. C'est dire donc que, dans le premier cas, la défaillance est imputable aux officiers du ministère public. Ces derniers, soit par méconnaissance, soit par désintérêt, ne s'acquittent guère convenablement de leurs attributions pour une animation efficiente des procédures civiles et/ou commerciales. Dans le second cas, l'insatisfaction de l'action des parquetiers, en ces matières, est loin de leur être imputable. En effet, l'incomplétude du droit positif est une situation exclusivement imputable aux autorités normatives.

449. Ainsi, l'ineffectivité des textes ainsi que l'incomplétude de ces textes expliquent parfaitement l'insatisfaction actuelle de l'intervention du ministère public en matière civile et commerciale au Mali. On aura relevé que ces deux causes de l'amorphisme du ministère public se ressentent aussi bien en droit civil qu'en droit commercial.

450. Pour autant qu'elles soient explicatives de l'inertie des officiers du ministère public en matière civile et commerciale au Mali, l'ineffectivité et l'incomplétude des textes laissent entier, sur un tout autre plan, le problème ayant trait aux justifications avancées dans la pratique judiciaire au Mali. Ces justifications sont manifestement embarrassantes d'autant que leur pertinence est fort bien sujette à caution.

---

[617] Ce texte, en effet, n'a daigné apporter aucune amélioration au sort du ministère public dans le cadre de la mise en œuvre des voies d'exécution au sein de l'espace communautaire.

TITRE II : UN AMORPHISME AUX JUSTIFICATIONS EMBARRASSANTES

451. L'idée que le ministère public soit utile, voire indispensable à l'animation du contentieux civil et commercial est contestée si elle n'est d'ailleurs pas ignorée de la plupart des acteurs judiciaires au Mali[618]. Le comble est que cette lecture est partagée, également, par des officiers du ministère public qui s'illustrent, curieusement, par un amorphisme inexplicable dans la conduite des affaires civiles et commerciales par les organes juridictionnels institués à cet effet.

452. Cette perception inexacte de leur propre office, en droit judiciaire privé au Mali, explique que les parquetiers manifestent un désintérêt incontestable pour les questions autres que pénales. Ces magistrats sont suivis et encouragés en cela par leurs collègues du siège ainsi que par les autres personnels judiciaires qui les estiment légitimes uniquement dans leur posture répressive.

453. Pourtant, un examen attentif, objectif et approfondi de la question conduit immanquablement à des conclusions totalement différentes. En effet, les raisons qui motivent l'action des officiers du ministère public en matière répressive sont, d'une part, également invocables en contentieux civil et commercial. D'autre part, cette perception est totalement biaisée dans la mesure où, le droit civil et le droit commercial, en bien de leurs aspects, attribuent au ministère public un rôle de veille, d'appui et d'assistance.

454. Dans ces conditions, l'inaction ou l'amorphisme des officiers du ministère public en matière civile et commerciale au Mali ne peut être qu'inadmissible[619]. Cela est d'autant plus vrai qu'un tel désintérêt engendre un impact négatif sur la qualité de la réponse judiciaire, d'une part, et, d'autre part, constitue une méconnaissance ou un refus intolérable de la part des parquetiers d'un pan non négligeable de leurs attributions.

455. C'est dire en conséquence que le système et la pratique judiciaires, au Mali, gagneraient dans l'abandon de ce vieux réflexe totalement anachronique au regard des fonctions véritables de cette institution. L'insatisfaction de l'action du ministère public en matière civile et commerciale tient, dès lors et sans doute, à des justifications embarrassantes de son amorphisme.

456. C'est pourquoi il peut être estimé que les arguments avancés à l'amorphisme des officiers du ministère public, en matière civile et commerciale, sont inadéquats (Chapitre I). Le caractère inopérant de ces arguments découle, sans nul doute, du délaissement des justifications de l'action du parquet en ces matières, les enjeux desquelles justifications sont superbement ignorés pour se convaincre de leur pertinence (Chapitre II).

---

618 Il s'agit essentiellement là des juges ou magistrats du siège, des greffiers, des avocats ou encore des huissiers-commissaires de justice.

619 « La notion de pouvoir implique celle d'effectivité », J. AUDRY, « La professionnalisation du juge », thèse de droit, Université de Toulon, France, 2016, p. 130.

CHAPITRE I : DES ARGUMENTS INADÉQUATS

457. La pertinence d'un moyen ou d'un argument, en droit, est essentiellement fonction de sa cohérence, de sa justesse ou plutôt de son efficience. Un argument inadéquat renvoie à l'idée d'un moyen inopérant puisqu'indéfendable juridiquement. Dans le cadre de la présente étude, la notion désigne le caractère inopérant des explications données à l'inertie des magistrats du parquet.

458. L'action des officiers du ministère public, en matière civile et commerciale, est connue et surtout encouragée par peu de professionnels judiciaires au Mali. Les arguments que les opposants à l'intervention du parquet avancent à l'appui de leur démarche sont nombreux. La pratique judiciaire, ici, est basée sur une perception fortement erronée de la nature et surtout du rôle des institutions ou des différents organes du droit judiciaire privé. Les officiers du ministère public, quant à eux, sont quasiment perçus comme des magistrats n'ayant qu'un seul visage, celui pénal ou répressif.

459. Cet entendement biaisé des prérogatives véritables ainsi que du rôle des parquetiers, dans l'animation des contentieux civils et commerciaux, influe négativement sur la bonne distribution de la justice dans ces deux domaines. En effet, la perception édulcorée de l'action des officiers du ministère public procède d'une certaine dénaturation du contenu ainsi que de l'esprit du droit positif sur des questions fondamentales. C'est pourquoi, dans une certaine mesure, elle compromet la sécurité juridique et est susceptible d'affecter l'essor des investissements.

460. Les arguments mis en avant pour tenter d'expliquer l'amorphisme des magistrats du ministère public, dans l'animation des procédures judiciaires, civiles et/ou commerciales, tiennent fondamentalement à deux raisons. La première est relative à la nature du procès civil (section I) tandis que la seconde, elle, a trait à la qualité de la formation des magistrats du ministère public (section II).

Section I : Des arguments inadéquats tenant à la nature du procès civil

461. La nature du procès civil est invoquée parmi les arguments dits suffisants pour convaincre de l'inopportunité de l'intervention des officiers du ministère public en matière civile et commerciale au Mali. L'amorphisme des officiers du ministère public, dans l'animation des affaires civiles et/ou commerciales, serait justifié ou justifiable d'autant que le ministère public serait investi de fonctions à connotation « exclusivement » pénale.

462. Cette confusion est faite, curieusement, par des acteurs censés être les mieux à même de cerner et d'appréhender les rouages de l'institution judiciaire. Il s'agit surtout des autres acteurs judiciaires qui côtoient quotidiennement les magistrats du ministère public et qui, par conséquent, sont les mieux indiqués pour savoir ce qui est attendu d'eux.

463. Cette lecture des fonctions du ministère public est loin de la vérité tant et si bien que le parquet poursuit devant les organes juridictionnels civil et/ou commercial quasiment les mêmes objectifs qu'en matière pénale. Il relève donc des organes aussi bien du droit répressif que de ceux dédiés au droit civil et/ou commercial.

464. Le procès civil aurait, selon les opposants au parquet sur ce terrain, une nature purement privée (paragraphe I) pour justifier que les officiers du ministère public n'y soient proactifs. Cette nature prétendument privée du procès civil justifierait que ces magistrats s'y désintéressent (paragraphe II).

Paragraphe I : La nature prétendument privée du procès civil

465. Le procès civil renvoie à l'idée de règles juridiques déterminant le processus, les moyens ainsi que les acteurs appelés à matérialiser la réalisation judiciaire des droits de nature civile des justiciables. Il accorde une large place à la volonté de ces derniers qui, contrairement à la posture qui les enveloppe en matière pénale, exercent une influence indéniable sur le cours de l'affaire.

466. Les partisans d'un procès civil sans ministère public sont légion au Mali et estiment que la procédure civile est de nature exclusivement privée. De ce fait, ils dénient toute qualité et tout intérêt pour les officiers du ministère public de contribuer à la réalisation des droits, par essence, privés. Toutefois, à l'analyse, il s'agit là, sans conteste, d'une acception biaisée de l'idée de cette matière (A) d'autant que le procès civil est au service d'intérêts divers (B).

A. Une acception biaisée de l'idée de procès civil

467. La notion de procès ainsi que celle de procédure émanent toutes les deux du mot latin *procedere* signifiant aller de l'avant. Cette identité originaire vaut aux deux notions une certaine synonymie d'autant plus que le procès désigne, dans certaines conditions, la procédure. De façon beaucoup plus précise, le procès désigne le *« Litige soumis à un tribunal »* ou la *« contestation pendante devant une juridiction »*[620]. C'est dire donc que le procès désigne l'état d'une affaire, en cours de traitement, devant un organe juridictionnel privé ou public[621].

468. Les procès sont de natures diverses. Il existe, entre autres, le procès civil, le procès pénal, le procès disciplinaire ou encore le procès administratif. Ces différents types de procès se regroupent tous, sous l'angle d'un certain

---

[620] G. CORNU, *Vocabulaire juridique*, *op. cit.*, p. 1718.

[621] J. VINCENT, S. GUINCHARD, G. MONTAGNIER et A. VARINARD, *Institutions judiciaires. Organisation – Juridictions – Gens de justice*, Paris, Dalloz, 7e éd., 2003, n°°45, p. 56-57.

rapprochement, dans la dénomination spécifique de droit processuel[622] qui détermine les grands traits communs à chacun d'entre eux[623]. C'est dire *ipso facto* qu'à côté de ces règles générales communes aux différents types de procès, il existe des règles spécifiques à chaque catégorie de procès.

469. Dans le cadre de la présente étude, l'on s'intéressera au seul procès civil. Celui-ci retiendra l'attention en l'aspect unique ayant trait à sa nature qui, du fait d'une certaine confusion, soulève des controverses, somme toute, inopportunes. Cette confusion est relative, dans le cadre du présent exercice, à l'identité réelle et le rôle véritable des officiers du ministère public dans l'examen des procédures judiciaires en matière civile et commerciale.

470. Dans la pratique judiciaire au Mali, le traitement réservé aux affaires civiles et commerciales légitime des interrogations quant à la conformité des pratiques professionnelles avec les textes organisant le droit processuel applicable à ces deux matières[624]. En effet, la nature privée du procès civil est systématiquement mise en avant, à l'occasion du traitement des procédures civiles et/ou commerciales pour tenter de justifier l'intervention exclusive des seules parties privées[625] avec en face, le juge.

471. Des plaideurs privés aux juges en passant par les avocats et surtout les officiers du ministère public eux-mêmes, l'idée est fortement cultivée, voire entretenue que le procès civil est la chose des seules parties privées ou que le parquet n'a rien à avoir avec le procès civil. Les plus modérés admettent simplement que le ministère public puisse intervenir seulement dans les affaires de prestation de serment ou de contrainte par corps qui, selon eux, nécessitent sa représentation[626].

472. Le comble de l'histoire est la perception qu'ont les magistrats du parquet, les principaux concernés, de leur rôle ou mission dans l'animation des procédures civiles et/ou commerciales. Dans les parquets au Mali, les affaires pénales sont les seules qui retiennent véritablement l'attention des magistrats et

---

[622] L. CADIET et E. JEULAND, *Droit judiciaire privé*, Paris, LexisNexis, 9e éd., 2016, n°°12, p. 9.

[623] Même si l'idée d'un droit commun du procès ou d'un droit processuel général commence, de plus en plus, à émerger. Sur ces aspects, E. JEULAND, *Droit processuel général*, Paris, LGDJ, 3e éd., 2014.

[624] A. Y. SIDIBÉ, *Droit et pratique du droit au Mali*, Bamako, Éd. Jamana, 2007, p. 19.

[625] Il faut entendre par cette notion le demandeur et le défendeur avec, éventuellement, leurs conseils et les tiers intervenants.

[626] Notons, à cet égard, qu'en dépit de l'amorphisme des magistrats du parquet, quasi unanimement reconnu de l'ensemble des acteurs judiciaires maliens, ces magistrats montent cependant à l'audience à l'occasion de l'examen de l'ensemble des affaires relatives à la prestation de serment et à la contrainte par corps. Le seul hic à ce niveau pourrait avoir trait à la qualité de leurs conclusions orales ou plutôt à l'apport éventuel de leur concours à l'action de leurs collègues juges au siège.

même du personnel subalterne. Les procureurs et leurs substituts s'affairent quotidiennement autour du courrier et surtout des nombreux procès-verbaux émanant des unités d'enquête[627].

473. Des différents secrétariats[628] du parquet au cabinet du procureur de la République en passant par les bureaux des substituts, le discours ne porte fondamentalement que sur les notions de « soit-transmis »[629], « de plainte[630] », d'« ordonnance de soit-communiqué »[631], de « réquisitoire [632]», de « mandat[633] »

---

627 Cette dénomination désigne les commissariats de police et les brigades de gendarmerie accomplissant les fonctions de police judiciaire. Animée par des officiers et des agents, la police judiciaire est exercée sous la direction du procureur de la République. Sur cet aspect, R. MERLE et A. VITU, *Traité de droit criminel*, tome II : *Procédure pénale*, Paris, CUJAS, 5e éd., 2001, n°°236, p. 303 et s. ; également, F. DESPORTES et L. LAZERGES-COUSQUER, *Traité de procédure pénale*, Paris, Economica, 3e éd., 2013, n°°1540, p. 1023.

628 La plupart des parquets au Mali disposent de deux secrétariats. Il y a un secrétariat général servant de cheville-ouvrière du parquet et un secrétariat particulier à la disposition du procureur de la République. Ce secrétariat particulier s'attelle surtout à l'organisation des visites au procureur de la République (accueil, annonce, information, etc.).

629 Le soit-transmis *(S-T)* est un acte écrit du parquet qui a essentiellement deux sens. C'est un acte valant, d'une part, délégation de pouvoir. En effet, le procureur de la République qui transmet par soit-transmis une plainte à une unité d'enquête délègue par ce seul fait son pouvoir d'enquête à l'officier de police judiciaire destinataire. Le procureur de la République est investi des mêmes prérogatives que les officiers de police judiciaire. Il a la latitude de mener lui-même les enquêtes comme il peut les déléguer par soit-transmis aux officiers de police judiciaires. D'autre part, le soit-transmis, comme son nom l'indique, est un écrit matérialisant la transmission du courrier ainsi que des dossiers à l'interne d'une juridiction ou entre juridictions de même degré. Il prend la forme de bordereau d'envoi lorsque deux juridictions de degrés différents ou une juridiction et service, administratif ou privé, se communiquent des dossiers ou des courriers. Il s'agit toutefois là de règles découlant de la pratique judiciaire au Mali, aucun texte n'organisant la matière. Le *S-T* a valeur interruptive de la prescription de l'action publique. Précisons également que c'est un acte qui est utilisé par le magistrat instructeur.

630 La plainte désigne l'« Acte par lequel la victime d'une infraction ou son représentant porte ce fait à la connaissance de l'autorité compétente », il « prend le nom de dénonciation lorsqu'il émane d'un tiers », G. CORNU (dir.), *Vocabulaire juridique*, *op. cit.*, v. plainte, p. 1625.

631 L'ordonnance de soit-communiqué est un acte émanant en principe du juge d'instruction à l'occasion de la communication des affaires en cours d'instruction. Il indique l'identité de son auteur, les numéros du registre d'instruction et du répertoire du parquet, l'objet de la communication, la date de l'acte, le sceau ainsi que la signature du juge qui en est l'auteur. C'est un acte d'instruction qui ne saurait, en conséquence, en aucun cas être pris par un magistrat du parquet.

632 Encore appelé réquisition, le réquisitoire désigne le positionnement du parquet sur une question de droit donnée. Ce positionnement peut se faire oralement ou par écrit. Le réquisitoire est donc soit oral, soit écrit.

ou encore de « procès-verbaux, P.V[634] ». Tout respire pénal chez les parquetiers au point que dans l'imaginaire populaire le procureur de la République est perçu comme celui qui a la clef de la prison.

474. Cette perception biaisée des attributions des officiers du ministère public conduit conséquemment à la relégation des affaires civiles et/ou commerciales au second plan dans les parquets[635]. Ainsi, dans la pratique, le magistrat du parquet n'accorde qu'une partie infime de son temps aux affaires civiles et/ou commerciales communicables.

475. Une fois qu'il reçoit communication de ces dossiers, il renoue avec la routine des visas identiques et conformes sur l'ensemble des chemises-dossiers. Ces avis sont curieusement pris pour des conclusions aussi bien par les parquetiers que par leurs collègues du siège. Cette pratique malheureuse a si gagné les officiers du ministère public au Mali qu'il arrive souvent qu'ils oublient ou ignorent que la loi exige leur présence à l'audience aux côtés des juges.

476. Les avocats qui assurent la défense des intérêts de leurs clients ou qui les représentent, en matière civile et/ou commerciale, semblent pour la plupart gagnés par les mêmes maux à savoir le suivisme, le conformisme, la confusion, l'insouciance et surtout la légèreté. Il est curieux qu'en leur qualité de professionnels du droit au service des justiciables, ils ne veillent pas toujours et surtout de façon rigoureuse au strict respect des règles de procédures.

En effet, ils sont fondés à maugréer contre l'indifférence des parquetiers pour les affaires civiles et/ou commerciales tant en usant du droit de recours contre les décisions qui méconnaissent cette intervention qu'en faisant activer les dispositifs disciplinaires existants[636].

477. Ainsi, la méconnaissance ou la négligence des acteurs judiciaires engendrent, de nos jours, un impact négatif majeur sur la régularité et la qualité

---

[633] Le mandat est l'ordre donné à la force publique par un magistrat de l'ordre judiciaire soit pour déposer une personne dans un centre de détention (mandat de dépôt), soit pour rechercher une personne et la conduire à la maison d'arrêt indiquée sur le mandat (mandat d'arrêt) ou, enfin, pour conduire de force une personne devant lui (mandat d'amener). C'est un acte écrit.

[634] Le procès-verbal, communément appelé (P-V), est l'acte écrit dressé soit par un magistrat, soit par un officier de police judiciaire pour constater une infraction ou l'accomplissement d'une formalité prescrite par la loi. Dans son contexte d'emploi sus-spécifié, il désigne l'acte écrit émanant d'un officier de police judiciaire.

[635] L'écrasante majorité des magistrats du parquet rencontrés, dans le cadre des présents travaux de recherche, ont clairement confessé n'avoir jamais pris une seule conclusion écrite dans une affaire civile ou commerciale durant toute leur carrière.

[636] Quelles qu'en puissent être les chances de succès, rien n'interdit à un avocat de dénoncer aux structures compétentes de contrôle et/ou disciplinaires la violation de la loi par un magistrat.

des décisions rendues par les juridictions civiles et/ou commerciales. Cette situation préoccupante ne semble interpeller curieusement personne. Nul ne s'intéresse à l'état de l'application des textes de procédures en ces matières.

478. L'essentiel semble être que justice soit rendue et peu importe le comment. L'effectivité des règles procédurales en matière civile et/ou commerciale est loin d'être un sujet de préoccupation. Cela peut pourtant entraîner souvent des réformes textuelles insensées d'autant que l'ineffectivité des normes juridiques n'est guère favorable à l'évaluation objective de leur pertinence.

479. Les explications données par la plupart de ces acteurs portent essentiellement sur la nature de la mission du ministère public. En effet, dans et hors les prétoires au Mali, les magistrats du parquet sont considérés comme des acteurs exclusivement pénaux ne devant officier qu'auprès des juridictions répressives.

Le procès civil est perçu comme ne devant intéresser que les parties demanderesse et défenderesse. Il poursuivrait la réalisation d'intérêts privés qui ne devraient pas regarder les parquetiers. Ces derniers ne devraient défendre que l'ordre public et les intérêts de la société qui n'apparaîtraient qu'en matière pénale.

480. Or, les raisons qui justifient l'intervention des magistrats du ministère public en procédure pénale se retrouvent également en droit judiciaire privé. Cela est si vrai que le Code de procédure civile, commerciale et sociale consacre et légitime l'action du parquet chaque fois que l'ordre public et l'intérêt général sont en cause[637].

Ces deux notions, qui constituent les raisons essentielles de l'action du ministère public en matière répressive, balisent également la mission de ces mêmes magistrats en droits civil et commercial. Comme l'indique en d'autres termes Éric MAUREL, *« Dans la mission de défense de l'intérêt général dévolue par la société au ministère public, un fil conducteur relie toutes les activités du parquet et ses décisions : le respect du droit et des libertés fondamentales »*[638].

481. C'est dire, en somme, que les arguments sus-rapportés procèdent, pour l'essentiel, d'une acception totalement biaisée de l'idée de procès civil. Le ministère public n'a pas à être considéré comme étranger au droit judiciaire privé. Sa très faible participation à l'animation des procédures civiles et/ou commerciales est tant injustifiable qu'inadmissible au regard des enjeux.

482. Une réorganisation des fonctions du ministère public est nécessaire au Mali en vue de préserver la plénitude et l'efficience de la mission dévolue à cet organe incontournable. Elle devrait intégrer l'impérieuse nécessité d'une

---

637 Décret n°°99-254 du 15 septembre 1999 portant code de procédure civile, commerciale et sociale en République du Mali (CPCCS), art. 431 et s.

638 É. MAUREL, *Paroles de procureur*, Paris, Éd. Gallimard, 2008, p. 187-188.

réarticulation et surtout d'une réappropriation des missions véritables des officiers du parquet tant par les magistrats que par les autres personnels judiciaires. Le ministère public a qualité à agir devant les organes juridictionnels civils et/ou commerciaux. Cette qualité découle du droit positif malien.

483. Dès lors, l'argument avancé à l'appui d'une certaine volonté cherchant à écarter les magistrats du ministère public du champ procédural concernant les affaires civiles et/ou commerciales est inopérant. Cela est d'autant plus évident qu'en plus de sa qualité indiscutable d'organe à part entière du droit judiciaire privé au Mali, le ministère public y voit sa légitimité renforcée du fait que la procédure civile ne met pas en cause que les seuls intérêts privés.

B. La procédure civile au service d'intérêts divers

484. La perception excessivement biaisée de la procédure civile, motif injustement pris de sa nature privée, se manifeste également sur le terrain des intérêts dont la matière se donne pour mission de poursuivre la réalisation.

485. Quoiqu'enregistrant l'intercession ou l'intervention d'un tiers[639], agent incarnant la puissance publique dans bien des cas[640], le procès civil sert de tremplin pour les plaideurs afin de transcender la conflictualité de leurs rapports et de contribuer, ainsi, à la régulation de la vie sociale[641].

Comme l'a si justement fait observer Paul RICŒUR, *« C'est cette juste distance entre les partenaires affrontés, trop près dans le conflit et trop éloignés l'un de l'autre dans l'ignorance, la haine ou le mépris, qui résume assez bien, je crois, les deux aspects de l'acte de juger : d'un côté, trancher, mettre fin à l'incertitude, séparer les parties ; de l'autre, faire reconnaître par chacun la part que l'autre prend à la même société que lui »*[642]. La finalité de tous procès est, en effet, directement ou indirectement de contribuer à la préservation de la paix sociale[643].

---

[639] Ce tiers n'est personne d'autre que le juge qui est présenté comme « l'instrument » de la solution du litige. L. CADIET et E. JEULAND, *Droit judiciaire privé*, Paris, LexisNexis, 9e éd., 2016, n°°4, p. 2.

[640] Dans d'autres cas, en effet, la justice civile et/ou commerciale est rendue par un tiers qui n'est ni agent public encore moins représentant de la puissance publique. Dans ces cas, c'est une personne privée, investie de la confiance des parties litigantes, qui officie. L'hypothèse renvoie surtout aux modes alternatifs de règlement des conflits.

[641] L. CADIET, J. NORMAND et S. AMRANI-MEKKI, *Théorie générale du procès*, Paris, Éd. PUF, 2013, n°s°14 et s.

[642] P. RICŒUR, *Le Juste*, Paris, Éd. Esprit, 1995, p. 192.

[643] C'est dire qu'il s'agit d'une matière importante même si malheureusement *« Le procès est un dispositif très complexe et très sophistiqué, tributaire d'un espace – physique et procédural – homogène qui permet de combiner en une unité de temps, de lieu et d'action une mise en langage, une mise en sens et une mise en scène. La procédure est un accord préalable sur la règle du jeu, c'est-à-dire sur la manière juste*

486. L'idée communément véhiculée et majoritairement partagée, dans et hors les prétoires maliens, concernant la procédure civile ou le procès[644] civil, est de faire croire que ce type de procès ne poursuivrait que la protection et la matérialisation des seuls intérêts privés[645]. Le procès civil est, dit-on, la chose des parties. Ces dernières l'utiliseraient en conséquence pour assurer, selon l'opinion dominante, la défense de leurs seuls intérêts. Dans cette optique, le demandeur ou requérant se servirait du cadre procédural pour demander à l'organe juridictionnel compétent la reconnaissance, la sanction ou la réalisation d'un droit.

487. Le défendeur, lui, utiliserait le même cadre pour reconnaître, chercher à négocier ou, le plus souvent, contester les griefs formulés à son encontre par la partie adverse qui est l'initiateur de l'instance. Pour plus d'un, la justice civile n'aurait ainsi comme mission que la réalisation, exclusivement, des droits et intérêts de ces « parties au procès » que seraient le requérant et le défendeur.

488. Cette lecture du procès civil est, au regard des traits caractéristiques réels de la matière, somme toute tronquée[646]. Elle l'est d'autant plus que, d'une part, les partisans d'une procédure civile sans ministère public se confondent en contradictions lorsqu'ils soutiennent, d'une part, que les officiers du parquet n'ont pas à se mêler du procès civil et que, d'autre part, il s'agirait là d'une chose des seules « parties ». Il s'agit là de deux arguments confusément inconciliables du fait de leurs caractères totalement contradictoires.

489. En effet, cette appréhension des choses laisse curieusement croire qu'il ne faudrait entendre par la notion de « partie » que les seules personnes privées se pourvoyant devant les juridictions civiles et/ou commerciales, comme demandeur ou défendeur. Or, aussi bien en matière pénale qu'en droits civil et commercial, les officiers du ministère public ont dans les deux cas, eux aussi, la qualité de partie au procès[647].

490. Contrairement à la procédure pénale où ils sont toujours partie principale, en matière civile et commerciale, les parquetiers sont investis de la double qualité de partie principale ou de partie jointe selon les différentes hypothèses

---

de faire sens », M. AYDALOT, *Magistrat*, Paris, Éd. Robert Laffont, coll. : « Un homme et son métier », 1976, p. 281.

644 A. Y. SIDIBÉ, *Droit et pratique du droit au Mali*, Bamako, Éd. Jamana, 2007, p. 17.

645 C'est ce qui expliquerait *« qu'en pratique le ministère public en dépit du rôle qui lui est dévolu par la loi, [...], s'intéresse très peu ... au procès civil »*, H. B. MAÏGA, *Le Manuel du juge au siège*, Bamako, Éd. Jamana, 2009, p. 99.

646 *« Le procès est un dispositif très complexe et très sophistiqué, tributaire d'un espace – physique et procédural – homogène qui permet de combiner en une unité de temps, de lieu et d'action une mise en langage, une mise en sens et une mise en scène. La procédure est un accord préalable sur la règle du jeu, c'est-à-dire sur la manière juste de faire sens »*, A. GARAPON, *Bien juger. Essai sur le rituel judiciaire, op. cit.*, p. 281.

647 V., à cet égard, le CPCCS, art. 428 et s.

déterminées par la loi. Ainsi ont-ils, à la manière d'une personne privée, le droit de saisir par requête ou assignation une juridiction civile ou commerciale, de produire des conclusions écrites comme le ferait personnellement un particulier ou par l'organe de son conseil, de prendre la parole à l'audience pour développer ses moyens ou de contester les griefs portés à son encontre.

491. C'est dire, dès lors, que les personnes privées n'ont nullement le monopole de la qualité de partie au procès comme le laisse croire une certaine opinion fortement propagée en milieu judiciaire. Une telle confusion n'est compréhensible que chez les seuls non-initiés ou chez les seuls juristes non acteurs judiciaires. Même là, il serait difficile de faire des concessions aux doctrinaires qui, quotidiennement, en véritables savants du droit, professent le droit et nourrissent la science juridique de contributions scientifiques indispensables tant à son essor qu'à son épanouissement.

492. Il est donc inexact d'affirmer que le procès civil n'est la chose que des seules parties privées et que les officiers du ministère public n'y auraient rien à chercher. Cette perception des choses est tronquée puisque la réalité des choses est, sur la question, toute autre comme on vient de le relever. La même confusion se constate, sur bien d'autres aspects de la procédure civile, pour toujours tenter de convaincre de l'inutilité ou de l'inopportunité de l'intervention du ministère public en cette matière.

493. D'autre part mais surtout, la volonté de marginaliser le ministère public dans l'animation des procédures civiles et/ou commerciales au Mali dénote du non-sens d'autant plus que la procédure civile ne met pas en cause que des intérêts individuels. Contrairement à l'opinion majoritaire qui soutient le contraire, la procédure civile contribue également à la défense ou à la protection de divers autres types d'intérêts que spécifiquement individuels.

494. En effet, le ministère public est légalement fondé à intervenir dans toutes les affaires mettant en cause l'ordre public, les intérêts publics, les intérêts professionnels et/ou collectifs et surtout l'intérêt général[648]. S'agissant de l'ordre public et de l'intérêt général, ces deux notions feront l'objet de développements approfondis plus loin dans le cadre de la présente étude.

495. L'intérêt public[649] désigne toute activité, toute mission visant le bien public ou l'avantage de tous[650]. Quoiqu'ayant des similitudes avec la notion d'intérêt général, l'intérêt public présente quelques différences avec cette première notion. En effet, tandis que l'intérêt général a trait au bien ou à l'avantage de la

---

[648] *« L'intérêt général n'est plus connaissable directement par la technocratie ou par la science, mais uniquement par la procédure »*, A. GARAPON, *Bien juger. Essai sur le rituel judiciaire, op. cit.*, p. 229.

[649] S. GUINCHARD (dir.), *Droit et pratique de la procédure civile. Droit interne et européen*, Paris, Dalloz, 10e éd., 2021, n°°212. 261, p. 56 et s.

[650] G. CORNU, *Vocabulaire juridique, op. cit.*, v. intérêt, p. 2210-2211.

collectivité ou de la société, l'intérêt public, lui, désigne au sens strict tout bien ou avantage réalisé par une institution ou un organisme auquel est assignée une mission de service public. Ainsi en est-il, à titre indicatif et illustratif de l'État, des collectivités territoriales, etc. Ces différentes entités sont investies de la fonction d'œuvrer à la réalisation d'intérêts ou de profits publics.

496. L'État et les autres organismes publics sont les artisans de la réalisation de l'intérêt public et sont représentés, devant les organes juridictionnels au Mali, par la direction générale du Contentieux de l'État. *A contrario*, le ministère public est l'organe investi du monopole de la défense de l'intérêt général devant les différentes juridictions de l'ordre judiciaire au Mali.

497. Sans doute, dans certains cas, des affaires visant un intérêt public se retrouvent-elles devant les juridictions civiles et/ou commerciales. Lorsque c'est le cas, les officiers du ministère public ont la faculté ou l'obligation, selon les cas, à se pourvoir devant ces juridictions et d'œuvrer, du mieux qu'ils peuvent, à la défense des intérêts ainsi en cause.

498. L'intérêt professionnel désigne l'avantage ou ce qui va au profit d'une organisation professionnelle bien déterminée. Il se rapproche beaucoup de l'intérêt collectif qui est l'intérêt commun de l'ensemble des membres d'une profession donnée. Ces deux types d'intérêt ont en commun de viser la réalisation de droits professionnels[651]. Ayant sans doute des liens potentiels avec l'ordre public, tous litiges y relatifs devraient enregistrer l'intervention du ministère public.

499. Au regard de ces éléments explicatifs, l'on s'aperçoit très facilement que la procédure civile ne met pas en cause que des intérêts strictement personnels ou privés. Lesdits éléments permettent de se rendre à l'évidence que le procès civil, en plus d'être le cadre de réalisation de droits et d'intérêts individuels, est également un instrument privilégié de défense d'autres intérêts tant publics et/ou généraux que collectifs.

C'est dire qu'aussi bien les sujets de droit relevant de la catégorie juridique des personnes morales de droit public comme de droit privé que la société, de façon générale, sont de potentiels justiciables pouvant utiliser le droit processuel pour la concrétisation, voire la consécration de leurs droits.

500. Il n'y a qu'une appréhension erronée de la nature, de l'objet et des moyens d'action du procès civil qui puisse conduire à le considérer comme étant un cadre inapproprié pour l'intervention du ministère public. Véritables sentinelles de l'effectivité et de l'efficience des règles juridiques, la proactivité et l'extrême

---

[651] Cass., ch. réun., 5 avr. 1913 : *DP* 1914, 1. 65, note Nast ; v. également Soc. 3 oct. 2007, n°°05-44.652, NP ; *JCP S* 2008. 1011, comm. Dumont.

vigilance des officiers du ministère public sont des facteurs déterminants de la pleine préservation de l'ordre public[652] social, économique, voire politique.

La maîtrise de cette question, comme tant d'autres relevant des méandres du droit judiciaire privé, est essentielle pour une judicieuse distribution de la justice civile dans le pays par les acteurs judiciaires.

501. Quand bien même elle sert de cadre privilégié pour les particuliers de réussir la protection et la réalisation de leurs droits, il est essentiel de ne pas perdre de vue que la procédure civile est avant tout un instrument de l'État dans le cadre de sa traditionnelle mission de distribution de la justice.

C'est la puissance publique qui détermine les règles régissant aussi bien l'organisation et les modalités de mise en œuvre du procès civil que, surtout, les acteurs publics y officiant. La mise en avant excessive de la nature privée de la procédure civile fait courir le risque de confondre ce droit processuel à la « justice privée »[653] dont l'une des formes de survivance est l'arbitrage[654] bien connu du système juridique malien.

502. Là encore, les arguments avancés par les détracteurs de l'intervention du ministère public en matière civile et commerciale sont, à n'en point douter, inopérants. La nature privée de la procédure civile est loin d'être un motif suffisant pour y interdire l'accès aux magistrats du ministère public.

L'appropriation ou la réappropriation de ces règles contribuerait, sans doute, à renforcer le système judiciaire du pays d'autant qu'elle en accroîtrait tant sa qualité que sa crédibilité. La parfaite maîtrise des instruments juridiques ainsi que leur mise en œuvre effective, par les différents acteurs judiciaires, sont des garanties certaines de la protection aussi bien de la bonne gouvernance que des droits de l'Homme.

503. La nature prétendument privée de la procédure civile est donc le premier élément que l'on peut retenir au compte des arguments infondés mis en avant pour tenter, à tort, de justifier la mise à l'écart du ministère public dans l'animation des procédures civiles et/ou commerciales. Il en est un deuxième, non négligeable dans le même ordre d'idée, à savoir cette fois-ci le désintérêt des magistrats du ministère public pour ces deux types d'affaires.

---

[652] J. VERGES, *Malheur aux pauvres*, Paris, Éd. Plon, 2006, p. 7.

[653] *« L'arbitrage, mécanisme de justice privée par lequel les litiges sont tranchés par un tiers, nommé arbitre, choisi par les parties, devient le mode par excellence de règlement des différends relatifs aux transactions dans le commerce international. Son développement s'explique essentiellement par la volonté des opérateurs économiques internationaux de se soustraire aux contraintes de la justice de droit commun »*, M. DIAKITÉ, « L'arbitrage institutionnel Ohada, instrument émergent de sécurisation juridique et judiciaire des activités économiques en Afrique », thèse de droit, Université Toulouse-I Capitole, France, 2016, p. 10.

[654] A. GARAPON, *Bien juger. Essai sur le rituel judiciaire, op. cit.*, p. 60.

Paragraphe II : Un désintérêt évident du parquet

504. La procédure civile est, à n'en pas douter, l'objet d'une perception bien souvent biaisée de la part des acteurs judiciaires au Mali. Cette appréhension erronée des choses conduit les magistrats du parquet, dans la pratique, à se désintéresser des affaires civiles et/ou commerciales qui ne sont alors examinées que par les seuls juges et avocats. Ainsi, les juges, sans s'assurer de la réunion de toutes les conditions juridiques requises, tranchent dans bien des cas les litiges entre les parties litigantes en rendant leurs décisions.

505. Les avocats, quant à eux, se contentent, dans la plupart des cas, d'assister ou de représenter leurs clients sans sérieusement s'intéresser aux détails techniques et procéduraux en vue de l'atteinte de l'objectif d'un procès équitable. Ni la forme ni le fond ne semble réellement compter dans la conduite des procédures civiles et/ou commerciales. Ainsi donc, en lieu et place du respect des règles, on assiste à un conformisme ou un suivisme qui corrode tant l'image que le sens de l'action judiciaire.

506. Dans le cadre du traitement judiciaire des affaires civiles et/ou commerciales par les juridictions de droit commun au Mali, les officiers du ministère public brillent le plus souvent par leur absence. Dans les cas où ils sont présents dans le cadre desdites procédures, aux côtés de leurs collègues juges, la qualité de leurs contributions laisse dans la plupart des cas à désirer.

507. Ce désintérêt manifeste des parquetiers pour le droit judiciaire privé déteint sur la qualité de leurs pratiques professionnelles qui paraissent aussitôt critiquables (A). Lesdites pratiques, parce qu'elles jurent avec l'orthodoxie devant présider à la judicieuse animation des juridictions civiles et commerciales, engendrent alors, en toute logique, des conséquences non négligeables sur les décisions de justice (B).

A. Des pratiques professionnelles critiquables

508. Les pratiques professionnelles peuvent être considérées comme la façon dont les agents, publics ou privés, relevant d'une corporation donnée exercent leurs fonctions. Ces fonctions leur sont assignées soit par la loi, soit par leur statut juridique ou encore par la coutume observée au sein de leur domaine d'intervention.

509. Comme l'explique Érick MAUREL : *« Le néophyte peut s'inquiéter d'apprendre que « son » procureur a autant de missions à remplir et de si nombreux cas à traiter dans des champs d'action aussi éloignés que des adoptions et des meurtres, des procédures collectives et des trafics de stupéfiants. Mais, comme tout service public, toute entreprise, tout navire, le fonctionnement d'un parquet repose sur une définition et une répartition des tâches comme sur une détermination d'objectifs et de modes d'action pour y parvenir. Le travail accompli par chacun est le produit d'une technique* *professionnelle et de pratiques qui trouvent leur fondement dans le droit et dans des méthodes sans cesse évaluées et donc en constante évolution »*[655].

510. Les activités professionnelles ainsi définies et circonscrites deviennent critiquables ou condamnables lorsqu'elles s'exercent en totale méconnaissance des règles et principes devant les régir. En d'autres termes, il est permis de parler de pratiques critiquables chaque fois qu'il peut être établi que l'orthodoxie requise n'a pas présidé au comportement professionnel d'un agent donné[656]. Dans le cadre de la présente étude, les pratiques professionnelles critiquables visées sont celles des magistrats du ministère public au Mali.

511. Agents publics, au même titre que les juges professionnels, les officiers du ministère public ont leurs missions et prérogatives déclinées, essentiellement, par les textes régissant le droit processuel. En complément de ces normes de procédure, lesdits magistrats ont leur office déterminé, également, par aussi bien la loi portant organisation judiciaire que celle portant statut de la magistrature en République du Mali ainsi que le code de déontologie y annexé.

512. En droit judiciaire privé, seul aspect processuel qui intéresse dans le cas d'espèce, le texte principal applicable est sans doute le code de procédure civile, commerciale et sociale objet du Décret n°99-254 du 15 septembre 1999, modifié par celui n°09-220/P-RM du 11 mai 2009. Cette norme recèle de multiples dispositions déterminant le rôle, les fonctions, les modalités d'actions ainsi que le champ d'intervention du ministère public dans les matières placées sous son emprise.

513. Ainsi découvre-t-on, d'abord, que les officiers du ministère public ont la faculté d'assister à l'exécution des mesures d'instruction ordonnées par le juge civil quand bien même le parquet ne serait pas partie au procès[657]. Ensuite, l'officier du ministère public ayant assisté à une opération d'expertise a-t-il le droit d'exiger que soient consignées dans le rapport d'expertise les observations qu'il aura formulées[658].

---

[655] É. MAUREL, *Paroles de procureur, op. cit.*, p. 179.

[656] *« Qui juge publiquement doit être jugé publiquement. La responsabilité disciplinaire, effectivement mise en œuvre, rappelle la véritable dimension de la profession. Elle trace la voie de l'éthique du magistrat, et lorsqu'elle est intégrée par chacun, rend sans objet le recours à d'autres formes de responsabilités. Se dégage alors le fondement de l'engagement pris solennellement, publiquement, devant leurs aînés par ceux qui choisissent cette profession. Ce serment n'est pas une formalité administrative nécessaire mais surannée. En le violant, le magistrat se parjure ; il trompe ceux avec lesquels il travaille et ceux qui, s'adressant à lui, attendent de lui qu'il respecte des engagements aux fortes exigences morales »*, P. TRUCHE, *Juger, être jugé. Le magistrat face aux autres et à lui-même*, Paris, Éd. Fayard, 2001, p. 55.

[657] CPCCS, *op. cit.*, art. 184.

[658] CPCCS, *op. cit.*, art. 290.

514. Aussi est-il consacré l'obligation de communication au ministère public des procédures d'inscription de faux[659], les requêtes civiles[660] ainsi que des demandes en désaveu[661] et bien d'autres types d'affaires[662]. Également, le ministère public est tenu de donner son avis sur les demandes de renvoi pour cause de suspicion légitime[663] et de règlements de juges[664].

515. De même, le parquet doit-il agir suivant l'un des modes d'action spécifiés en droit judiciaire privé au Mali[665] ; il a le droit de voir figurer le nom de son représentant chaque fois qu'il a été représenté à l'audience[666]. Enfin, le même texte impose au ministère public de veiller à l'exécution des jugements et autres titres exécutoires d'autant qu'il relève des organes d'exécution[667].

516. La loi n°°2011-037 du 15 juillet 2011 portant organisation judiciaire en République du Mali prévoit-elle aussi, à son tour, l'obligation pour le ministère public d'être présent à l'audience chaque fois que la cour d'appel statue[668] ou chaque fois qu'il s'agit d'une matière communicable[669] devant le tribunal de grande instance ou le tribunal d'instance. Le ministère public a, par ailleurs, le droit de requérir la tenue de l'assemblée générale[670] de sa juridiction d'attache.

517. La loi n°°02-054 du 16 décembre 2002 portant statut de la magistrature consacre le principe de la subordination hiérarchique des magistrats du ministère public[671]. Le code de déontologie annexé au statut de la magistrature est beaucoup plus expressif. On peut y relever tout d'abord que : *« Le Magistrat doit promouvoir et développer en toute circonstance des normes élevées de conduite.*

Il doit en particulier éviter tout comportement susceptible d'ébranler la confiance du public en la primauté du droit et en l'indépendance de la magistrature. »[672] Ces dispositions s'appliquent indistinctement aux magistrats du siège et du parquet.

---

659 CPCCS, *op. cit.*, art. 316.
660 CPCCS, *op. cit.*, art. 595.
661 CPCCS, *op. cit.*, art. 356.
662 CPCCS, *op. cit.*, art. 432.
663 CPCCS, *op. cit.*, art. 363.
664 CPCCS, *op. cit.*, art. 417.
665 CPCCS, *op. cit.*, art. 428, 429 et 431.
666 CPCCS, *op. cit.*, art. 462.
667 CPCCS, *op. cit.*, art. 696.
668 Loi n°°2011-037 du 15 juillet 2011 portant organisation judiciaire, art. 12, al. 2.
669 Loi n°°2011-037 du 15 juillet 2011, *op. cit.*, art. 29, al. 4.
670 Loi n°°2011-037 du 15 juillet 2011 *op. cit.*, art. 14 (pour la cour d'appel) et 31 (pour le TGI).
671 La loi n°°02-054 du 16 décembre 2002 portant statut de la magistrature, art. 10.
672 Code de déontologie annexé au statut de la magistrature, art. 4.

518. À l'égard des officiers du ministère public, elles imposent l'exemplarité tant sur le plan professionnel que dans la vie privée. En effet, l'objectif poursuivi est d'éviter que le magistrat, par son comportement, ne soit pas à la base d'un quelconque discrédit pouvant atteindre l'institution judiciaire ou faire douter de la prééminence du droit dans la régulation des rapports sociaux[673].

C'est pourquoi, il est insisté sur les valeurs d'intégrité[674], de diligence[675], d'égalité[676] et d'impartialité[677]. Ces différentes obligations ont pour objet de protéger l'image tant de la personne du magistrat lui-même que de l'institution judiciaire qu'il incarne aux yeux des usagers du service public de la justice[678].

519. Ces différentes règles procédurales et obligations professionnelles, si elles étaient toutes respectées, eussent donné sans doute un visage meilleur aux pratiques judiciaires en matière civile et commerciale au Mali. Cela est d'autant plus vrai que l'effectivité[679] et surtout la crédibilité de l'action des acteurs judiciaires sont fonction, dans une large mesure, de la conformité de leurs actes et comportements aux normes censées les régir.

520. En procédant à une confrontation des différentes règles applicables aux procès civil et/ou commercial avec le comportement des officiers du ministère public dans leur animation au Mali, l'on constate tout simplement que les pratiques en cours sont, dans bien des cas, en total discordance avec les normes.

En effet, pendant que plusieurs dispositions réglementaires et légales imposent aux officiers du ministère public de participer pleinement à l'animation des procédures civiles et/ou commerciales, la tendance dans les prétoires maliens est, au contraire, à une certaine mise à la touche du parquet dans ces matières.

521. Une perception biaisée de l'idée de procès civil tout comme la méconnaissance par les parquetiers de la plupart de leurs attributions non pénales est, en effet, à l'origine de nos jours d'un véritable désintérêt du

---

[673] *« Hors du tribunal, il est recommandé aux magistrats de faire attention à leur contenance, par exemple en ne marchant ni trop lentement ni trop vite, incarnant, dans leur maintien, la dignité et la droiture de l'institution, à l'image de la langue juridique qu'ils utilisent, économes de gestes et de paroles, avares de mots, nets dans la démarche et dans la tenue, comme ils le sont dans la rédaction de leurs arrêts »*, B. GARNOT, *Histoire des juges en France, de l'Ancien Régime à nos jours*, Nouveau Monde Éditions, 2014, p. 77-78.

[674] Code de déontologie annexé au statut de la magistrature, *op. cit.*, art. 8.

[675] Code de déontologie annexé au statut de la magistrature, *op. cit.*, art. 10.

[676] Code de déontologie annexé au statut de la magistrature, *op. cit.*, art. 11.

[677] Code de déontologie annexé au statut de la magistrature, *op. cit.*, art. 12 et 13.

[678] *« Un pays sombre quand précisément l'État et ceux qui légitimement l'incarnent n'assument pas leurs responsabilités »*, J.-L. DEBRÉ, *Ce que je ne pouvais pas dire*, Paris, Éd. Robert Lafon, 2016, p. 172.

[679] J. CARBONNIER, « Effectivité et ineffectivité de la règle de droit », *L'Année sociologique*, LVII, 1958, p. 3-17.

ministère public pour les affaires civiles et/ou commerciales. Cela se manifeste, dans la pratique, par la piètre qualité des actes du parquet dans le cadre de l'animation desdites procédures.

522. Dans certains cas, en matière civile et/ou commerciale, quand bien même il est exigé du ministère public d'agir, ses officiers ne sont jamais présents. Dans les autres cas où ils se résolvent à agir, la non-maîtrise des spécificités de leurs prérogatives ainsi que leur désintérêt pour les affaires civiles et commerciales les rendent d'un apport négligeable au juge appelé à trancher.

Pour preuve, non seulement les officiers du ministère public refusent de monter aux côtés de leurs collègues juges, dans le cadre du jugement de certaines affaires bien spécifiées par la loi, mais aussi et surtout la qualité des actes par eux posés laisse objectivement à désirer. Il est rarissime de tomber sur des avis ou conclusions écrits d'un magistrat du ministère public dans le cadre d'une affaire civile ou commerciale au Mali.

523. Comme il a déjà été expliqué plus haut dans la présente étude[680], une confusion terrible est faite dans la pratique entre les notions de conclusion et de visa. Les officiers du ministère public se contentent de viser les dossiers en ces matières et assimilent à tort ce simple visa à une conclusion.

Il s'agit bien là d'une méprise ou d'un fourvoiement d'autant plus que la conclusion obéit à une technique rédactionnelle et démonstrative totalement différente de l'avis qui ne se matérialise que par une simple mention portée sur un acte ou sur un dossier.

524. La conclusion, tout comme le réquisitoire, est un acte structuré, en principe, en trois parties à savoir l'en-tête, le corps et le dispositif. L'en-tête mentionne, entre autres, le nom de la juridiction, le parquet auteur de la conclusion, les numéros du rôle général et du registre civil ou commercial, le nom du magistrat du parquet auteur de l'acte.

525. Le corps enregistre la narration des faits, les prétentions et les moyens du requérant et éventuellement du défendeur et, enfin, la démonstration juridique du parquet. Le dispositif consacre l'avis du ministère public sur l'affaire soumise à l'examen du juge civil ou commercial, sa signature et, enfin, son sceau.

526. Il s'agit là d'un exercice redouté, voire totalement méconnu de la plupart des officiers du ministère public dans la pratique judiciaire au Mali. Cela explique le fait que les affaires civiles et commerciales soient examinées sans le regard ou l'avis du parquet. Ce dernier, s'il était conscient de l'importance de

---

680 *Supra*, p. 37 et s.

son rôle en la matière, aurait pu être utile au juge qui aurait pu bénéficier de son avis éclairé et, dans bien des cas, impartial[681].

527. Cet ensemble d'insuffisances autorise à affirmer que les pratiques professionnelles des officiers du ministère public, en matière civile et commerciale au Mali, sont dans la plupart des cas critiquables. Lesdites pratiques, en plus de corroder l'image des magistrats peu soucieux de l'exercice régulier de leurs différentes attributions, déteignent sur la qualité de la réponse judiciaire qui se trouve, dès lors, biaisée.

528. Il urge que les acteurs judiciaires, en général, et les magistrats du parquet, en particulier, se réapproprient la plénitude des dimensions des attributions dévolues au ministère public en matière civile et commerciale au Mali. Cette réappropriation les inciterait certainement à corriger leur perception du procès civil. Elle leur permettrait également d'assumer l'identité exacte du ministère public pour comprendre que les pratiques professionnelles actuelles du parquet sont loin d'être encourageables.

529. S'il est ainsi évident que les pratiques professionnelles qui viennent d'être décrites sont critiquables, il n'en demeure pas moins qu'elles engendrent des conséquences graves sur les décisions de justice en matière civile et/ou commerciale.

B. Des conséquences graves sur les décisions de justice

530. Les décisions de justice sont les réponses apportées par les différents organes juridictionnels aux demandes qui leur sont soumises par les plaideurs mutuellement opposés par une situation conflictuelle. Elles sont sources de droit, dans certains cas, et mettent fin à des situations de troubles, dans d'autres. Elles ont une force contraignante[682] dès lors qu'elles acquièrent sinon l'autorité de la chose jugée[683] du moins la force de chose jugée[684]. Elles matérialisent en effet l'*imperium*[685] à la suite la *jurisdictio*[686] du juge.

---

681 *« Les magistrats du parquet, représentants de la société, défenseurs de l'intérêt général, tenus à un devoir d'impartialité, ne sauraient être symboliquement placés sur le même rang que les parties »*, V. DUVAL, présidente de l'Union syndicale des magistrats (USM) de France s'adressant au ministre de la Justice, garde des Sceaux de ce pays, citée par Y. DIALLO, *Le Procureur de la République. La pratique du parquet*, Dakar, Éd. L'Harmattan-Sénégal, 2018, p. 25

682 *« L'atteinte à l'autorité des jugements ruine la sécurité juridique sans laquelle il n'y a pas de liberté, ce qui explique que la Cour européenne des droits de l'homme ait fait du droit à l'exécution des jugements un droit substantiel »*, J.-C. MAGENDIE, *Les Sept Péchés capitaux de la justice française*, Paris, Éd. Léo Scheer, 2012, p. 39.

683 L. CADIET et E. JEULAND, *Droit judiciaire privé*, Manuel, Paris, LexisNexis, 7e éd., 2011, n°°733, p. 540.

684 Une décision de justice acquiert la force de chose jugée lorsqu'elle est définitive, c'est-à-dire lorsqu'aucune voie de recours ne peut plus être exercée à son encontre. Il

531. L'action judiciaire, au Mali, est marquée par une certaine allergie envers et de la part des officiers du ministère public dans le cadre du traitement des affaires civiles et commerciales. En effet, dans la distribution de la justice dans ces deux matières, il est rarissime de voir les parquetiers participer à l'animation de ces procédures. Ces derniers ne semblent guère se considérer comme intéressés par l'examen de ces causes qu'ils abandonnent quasiment entre les mains des seuls magistrats du siège entourés, dans certains cas, des conseils des parties privées.

532. Comme à l'égard de l'état civil[687] ou encore des établissements recevant les aliénés[688] qu'ils ont délaissés, les parquetiers se complaisent dans une véritable indifférence envers les causes civiles considérées alors, à tort, comme la chose des seules parties privées. Ainsi, les actes processuels attendus d'eux demeurent inaccomplis dans la quasi-totalité de ces affaires qui, malgré tout, suivent leur cheminement sans la moindre réaction de l'un quelconque des acteurs de la chaîne.

533. Cette situation est totalement étrange puisque le droit judiciaire privé malien impose, dans bien de situations en ces domaines, la pleine implication des magistrats du parquet. À cet égard, il est exigé par exemple des officiers du ministère public d'être présents à l'audience chaque fois qu'il est question de juger une cause relevant des affaires communicables[689] par le code de procédure civile, commerciale et sociale (CPCCS)[690].

534. Dans la même veine, même s'agissant d'affaires non communicables, le CPCCS offre la faculté au ministère public de se pourvoir devant les organes juridictionnels en charge de ces questions, chaque fois que certains intérêts essentiels sont en cause[691]. Le même texte va plus loin en consacrant qu' : *« En cas d'absence ou empêchement des procureurs de la République et de leurs substituts, ils seront remplacés par l'un des juges suppléants »*[692]. Cela dénote

---

s'agit donc d'une décision à même d'être exécutée dès lors que la partie qui entend en poursuivre l'exécution est munie d'une grosse, c'est-à-dire d'une expédition revêtue de la formule exécutoire. Sur ces aspects, v. Cass. 1re civ., 1er juill. 1992 : *Bull. civ.* 1992, I, n°° 194 ; *RTD civ.* 1993, 657, obs. PERROT.

685 L. CADIET et E. JEULAND, *Droit judiciaire privé, op. cit.*, n°°744, p. 548.

686 L. DUGUIT, « L'acte administratif et l'acte juridictionnel », *RDP*, 1906, p. 446.

687 *Supra*, p. 31.

688 *Supra*, p. 43.

689 CPCCS, *op. cit.*, art. 432.

690 *« En matière pénale et dans les matières communicables, le ministère public est représenté à l'audience »*, loi n°°2011-037 du 15 juillet 2011 portant organisation judiciaire du Mali, art. 29, al. 4.

691 CPCCS, *op. cit.*, art. 433 et 434.

692 CPCCS, *op. cit.*, art. 437.

toute l'importance qu'attache le droit judiciaire privé malien à l'intervention des officiers du ministère public en matière civile et commerciale.

535. Le ministère public est, en effet, le seul organe judiciaire, juridiquement habilité pour exercer certaines actions[693] ou poursuivre la défense de certains intérêts devant les juridictions officiant en matière civile et commerciale. Tout cela autorise à affirmer que les officiers du ministère public constituent le véritable fer de lance du système judiciaire malien du fait tant de la diversité de leurs missions que de l'extrême importance de celles-ci[694].

536. Au regard de cette situation, il est loin d'être superfétatoire de se demander quant à la régularité des décisions judiciaires rendues au mépris total des dispositions textuelles sus-spécifiées. En effet, pendant que la communication de plusieurs affaires civiles ou commerciales est exigée par le CPCCS, la plupart des juridictions compétentes en matière civile ou commerciale rendent quotidiennement leurs décisions sans la moindre participation préalable des parquetiers à l'examen desdites affaires. Ce texte impose, également, la représentation du ministère public à l'audience, dans moult cas de figure.

537. Les affaires civiles et commerciales sont instruites dans ces conditions, débattues par les parties privées et tranchées par les magistrats du siège sans l'intervention des officiers du ministère public. S'il est vrai que la délibération[695], sur les causes civiles et/ou commerciales, est l'affaire des seuls juges, il n'en demeure pas moins que les étapes qui précèdent cette phase du procès doivent noter la présence et la pleine participation des magistrats du parquet.

538. L'absence du ministère public, dans l'examen des affaires civiles et commerciales, engendre dès lors des conséquences fondamentalement néfastes

---

[693] Il en est ainsi, entre autres, en cas de contentieux portant sur la nationalité où le ministère public est forcément demandeur ou défendeur, selon les cas. C'est pourquoi l'article 271 de la loi n°°2011-087 du 30 décembre 2011 portant code des personnes et de la famille en République du Mali prévoit que : *« L'action aux fins d'établir ou de décliner la nationalité est ouverte à tout intéressé pour lui-même contre le ministère public qui a seul qualité pour défendre à l'action, sans préjudice du droit d'intervention des tiers.*
En tout état de cause, le procureur de la République est tenu de conclure par écrit y compris devant le juge de paix à compétence étendue. »

[694] *« Évidemment, tous ces acteurs contribuent pour une justice de qualité. Ce qui rend toutefois toute justice SOLIDE (sic) et (RESPECTABLE) (sic), c'est certainement et incontestablement les actions déterminantes du MINISTÈRE PUBLIC (sic). Celui-ci, à lui seul, peut donner à la justice toutes ses lettres de noblesse, ou en faire un PANTIN (sic)... »*. Blog Almamy Abdoul Demba TALL, Seneweb Blogs, ministère public, cité par Y. DIALLO, *Le Procureur de la République. La pratique du parquet, op. cit.*, p. 24.

[695] G. CORNU, *Vocabulaire juridique, op. cit.*, v. délibération, p. 695.

sur les décisions de justice rendues dans ces conditions. La régularité de celles-ci s'en trouve dès lors sérieusement affectée.

C'est pourquoi le code de procédure civile, commerciale et sociale prévoit dans ce cas de figure que : *« **Les jugements** contradictoires rendus en dernier ressort par les juridictions de première instance et d'appel, les jugements par défaut rendus aussi en dernier ressort, et qui ne sont plus susceptibles d'opposition, **pourront être rétractés,** sur la requête de ceux qui y auront été parties ou dûment appelés pour les causes ci-après :*

• *s'il y a eu dol personnel ;*

• *si les formes prescrites à peine de nullité ont été violées soit avant, soit lors des jugements, pourvu que la nullité n'ait pas été couverte par les parties ;*

• *s'il a été prononcé sur choses non demandées ;*

• *s'il a été adjugé plus qu'il n'a été demandé ;*

• *s'il a été omis de prononcer sur l'un des chefs de demande ;*

• *s'il y a contrariété de jugements en dernier ressort entre les mêmes parties, et sur les mêmes moyens, devant les mêmes Cours ou tribunaux ;*

• *si, dans un même jugement, il y a des dispositions contraires ;*

• ***si, dans les cas où la loi exige la communication au ministère public, cette communication n'a pas eu lieu, et que le jugement ait été rendu contre celui pour qui elle était ordonnée ;***

• *si l'on a jugé sur pièces reconnues ou déclarées fausses depuis le jugement ;*

• *si, depuis le jugement, il a été recouvré des pièces décisives et qui avaient été retenues par le fait de la partie adverse »*[696].

539. À la lumière de ces dispositions, il appert que la requête civile est la procédure indiquée pour obtenir la rétractation des décisions de justice rendues en matière civile ou commerciale sans la participation du ministère public qui aurait dû intervenir. La requête civile relève des voies extraordinaires de recours[697] instituées par le droit positif malien. Elle est l'une des dérogations à la règle qui veut que le jugement, dès son prononcé, dessaisisse le juge[698].

---

696 CPCCS, *op. cit.*, art. 585 ; v. également les dispositions de l'article 487 du même texte qui donne le pouvoir au juge de rétracter sa décision, entre autres, en matière de requête civile.

697 C'est-à-dire que contrairement à l'appel, les voies de recours extraordinaires ne s'exercent que dans des cas strictement spécifiés par la loi.

698 Le droit romain a consacré le principe par le brocard *Lata sententia judex desinit esse judex*, c'est-à-dire que, « la sentence une fois rendue, le juge cesse d'être juge de la

540. Sous un angle purement comparatif, la requête civile a disparu en droit positif français. Elle a été succédée[699] par le recours en révision, jugé plus moderne et plus pratique dans le sens du rapprochement entre le droit judiciaire privé et la procédure pénale et même de la procédure administrative[700].

541. La rétractation des décisions rendues par les juridictions officiant en matière civile et commerciale, sur la base de la requête civile du fait de la non-participation du parquet à l'examen des affaires de cet ordre, est une sanction susceptible de frapper la plupart des décisions de justice au Mali. Cela est d'autant plus vrai que les cas sont légion où les affaires relevant de ces deux domaines sont tranchées quotidiennement sans l'implication préalable du ministère public.

542. Cette conséquence néfaste de l'inertie des officiers du ministère public dans l'animation des procédures civiles et/ou commerciales semble méconnue tant des magistrats, du siège et du parquet, que surtout des plaideurs privés et de leurs conseils. En effet, les recherches sur le terrain n'ont guère permis de découvrir le moindre cas où un avocat ou un quelconque plaideur a pu user d'une telle voie de recours.

Là encore, le conformisme et le suivisme semblent bien produire leurs effets, en l'occurrence, l'appauvrissement du niveau du débat technique ainsi que la qualité en berne des pratiques professionnelles. Tout cela entre en ligne de compte dans la détermination des causes explicatives de l'inadéquation de la réponse judiciaire en matière de contentieux civil et commercial dans le pays.

543. La non-implication du ministère public dans le traitement des affaires civiles et commerciales peut ainsi être un facteur pouvant injustement retarder l'exécution des décisions de justice. Elle laisse planer le risque de l'exercice de la requête civile, comme recours à l'encontre de la décision judiciaire.

544. Il est cependant heureux de constater que le droit positif malien a cantonné l'exercice dudit recours dans un délai relativement raisonnable. En effet, il est consacré un maximum d'un mois à compter de la signification de la décision pour exercer la requête civile.

---

cause ». La règle est connue du droit positif malien à travers le CPCCS qui, en l'alinéa 1er de son article 487 prévoit que : « Le jugement dès son prononcé dessaisit le juge de la contestation qu'il tranche. » Le même texte s'empresse d'apporter un tempérament à ce principe en prévoyant à l'alinéa 2 du même article que : « Toutefois, le juge a le pouvoir de rétracter sa décision en cas d'opposition, de tierce opposition ou de requête civile. »

[699] D. D'AMBRA, « Recours en révision » *in Droit et pratique de la procédure civile*, S. GUINCHARD (dir.), Paris, Dalloz Action, 10e éd., 2020, n°°652, p. 2183.

[700] L. CADIET et E. JEULAND, *Droit judiciaire privé*, Manuel, Paris, LexisNexis, 7e éd., 2011, n°°856, p. 619.

545. En tout état de cause, il est évident qu'il s'agit tout de même d'un risque de retardement de l'exécution d'une décision de justice. Or, le respect du délai raisonnable dans l'examen ou le traitement des affaires soumises aux instances juridictionnelles relève des exigences de procès équitable. Tout système judiciaire qui ne s'évertuerait pas à imprimer la célérité à son action gagnerait difficilement le pari de la confiance[701] et de la crédibilité[702].

546. L'inaction du ministère public dans l'animation des procédures civiles et/ou commerciales est donc une pratique à corriger. Il y va aussi bien de l'intérêt des officiers du parquet eux-mêmes que de l'État ainsi que des plaideurs privés. La correction de ladite pratique soignerait l'image et la crédibilité de l'État à travers son système judiciaire.

Elle arrangerait les plaideurs qui ne courraient guère alors le risque de voir retarder l'exécution de leurs décisions de justice par l'éventualité de l'exercice de la requête civile qui pourrait aboutir à la rétractation de leurs décisions. Les officiers du ministère public doivent se considérer comme des acteurs à part entière du droit judiciaire privé. Ils se doivent d'intégrer que la défense des intérêts de la société ainsi que de l'ordre public déborde largement du seul domaine pénal.

547. Le désintérêt du ministère public pour les affaires civiles et commerciales est regrettable pour les multiples raisons que l'on vient d'évoquer. Il l'est davantage d'autant plus que les efforts consentis dans le sens de la formation des magistrats sont loin d'être efficients et surtout considérables.

Section II : L'insuffisante qualification professionnelle invoquée

548. En plus d'une certaine perception biaisée de la nature du procès civil exagérément mise en avant pour tenter de justifier l'inopportunité de l'intervention du ministère public dans les procédures civiles et/ou commerciales au Mali, la qualité de la formation des magistrats aussi est souvent évoquée dans ce registre.

En effet, la « déformation professionnelle » des officiers du ministère public, caractérisée par leur propension à privilégier le volet répressif de leurs

---

701 *« Si nous avions des éclaireurs, des personnalités exceptionnelles pour ouvrir la route et servir d'exemples, de proche en proche, la confiance se répandrait, il y aurait moins de privilèges, plus de démocratie, moins d'enfermement, plus de familiarité avec la société, moins de bureaucratie, plus d'efficacité, le respect de nous-mêmes nous ferait devenir dignes de la vertu et maîtres de l'institution. Nous n'aurions plus peur d'être jugés »*, Ph. BILGER, *Pour l'honneur de la justice*, Paris, Éd. Flammarion, 2006, p. 111.

702 *« Il n'est pas de pire écueil pour la justice que de se croire intemporelle et universelle. Elle est faite pour son temps et pour son peuple. Elle doit être adaptée à son siècle et aux besoins des hommes de la cité. Sans cela elle perdrait la crédibilité qui est comme son poumon. Et, pour être crédible, elle doit être comprise »*, M. AYDALOT, *Magistrat. Un homme et son métier*, Paris, Éd. Robert Laffont, 1976, p. 195.

attributions, prend sa source depuis la phase de leur initiation à la pratique judiciaire. Elle est entretenue pendant leur carrière professionnelle par la quasi-absence de leur imprégnation véritable aux spécificités de leur rôle en droit judiciaire privé.

549. Défi majeur pour l'État du Mali, la formation continue est bien un des tremplins sûrs pour réussir l'amélioration de la qualité du service public en faveur de ses usagers dans les différents domaines d'intervention de la puissance publique. Le besoin de formation au bénéfice des acteurs judiciaires, en général, et des magistrats, de façon spécifique, doit être une préoccupation majeure de l'État d'autant que la justice relève de ses missions régaliennes.

550. Pour démontrer le lien entre l'amorphisme des officiers du ministère public et la qualité défectueuse du système de formation institué en leur faveur au Mali, l'on s'intéressera, d'une part, à la formation initiale des auditeurs de justice qui paraît inadéquate (paragraphe I). Dans la même veine, il sera démontré, d'autre part, que le système de formation continue actuel des magistrats est, également, défaillant sous l'angle civil (paragraphe II).

Paragraphe I : Une formation initiale inadéquate

551. La carrière de magistrat commence après une phase de formation. Cette formation suit immédiatement l'admission au concours de recrutement. Les magistrats stagiaires sont appelés « auditeurs de justice »[703]. Les lauréats du concours sont nommés auditeurs de justice par arrêté du ministre de la Justice, garde des Sceaux. Ils subissent une formation de 18 mois organisée en deux phases. La première phase est consacrée à la formation théorique et la seconde, aux stages pratiques.

552. La formation théorique, qui intéresse prioritairement dans le présent point de l'étude, s'étend sur une période de neuf (9) mois. Elle est assurée par l'Institut national de formation judiciaire (INFJ)[704]. Cette école porte le nom de maître Demba DIALLO, un illustre avocat défunt du barreau du Mali. L'INFJ, dans son schéma actuel, a été créé par l'ordonnance n°°037/PR-M du 15 août 2001. Il a succédé à son ancienne formule régie par la loi 86-03/AN-RM du 16 janvier 1986, qui, elle aussi, est née des cendres de l'ex-Centre national de formation des magistrats, structure qui avait vu le jour en 1981.

---

[703] Cette appellation prête fortement à confusion pour la raison toute simple que la notion d'auditeur de justice désigne à la fois un grade et des agents, notamment, les magistrats stagiaires. Cette confusion est entretenue par le statut de la magistrature, en plusieurs de ses dispositions, en l'occurrence les articles 2, 18 à 23.

[704] *« La formation professionnelle des auditeurs de justice s'étend sur une période de deux années. Elle est assurée au sein de l'Institut national de formation judiciaire par un enseignement approprié et des stages »*, loi n°°02-054 du 16 décembre 2002 portant statut de la magistrature, art. 24, al. 1er.

553. L'INFJ reçoit les auditeurs de justice des trois ordres[705] nécessitant une formation de base à savoir les ordres : judiciaire, administratif et militaire. Il assure également la formation initiale des greffiers et secrétaires de greffes et parquets stagiaires, des surveillants de prison, des aspirants notaires, des avocats stagiaires, etc.

554. En passant au crible la formation théorique des auditeurs de justice de l'ordre judiciaire au Mali, l'on découvre qu'elle n'assure pas judicieusement l'initiation de ces derniers à la dimension des attributions du ministère public relative au volet non pénal. Ainsi, est-il quasiment occulté le rôle du ministère public en matière civile et commerciale. Cela dénote d'une véritable prépondérance du volet pénal (A) dans le cadre de la formation théorique ; ce qui conduit à la quasi-occultation des attributions du parquet dans les domaines civil et commercial (B).

A. Une prépondérance du volet pénal

555. La prépondérance est un nom dérivant de l'adjectif prépondérant émanant du latin *praeponderans*, de *praeponderare* qui signifie « peser plus, l'emporter »[706]. La prépondérance désigne donc l'état de ce qui se caractérise par une certaine prééminence, qui est dominant ou influent.

La prépondérance du volet pénal[707], dans la formation des magistrats, fait ainsi allusion à l'intérêt beaucoup plus grand accordé au droit pénal dans le renforcement des capacités de ces derniers, ce qui se fait au détriment des autres volets relevant du programme d'ensemble.

556. Le programme de formation des auditeurs de justice à l'INFJ est quelque peu diversifié. Si certaines matières dispensées sont communes aux auditeurs de justice des différents ordres, d'autres sont propres à un ordre spécifique. Au rang des matières communes, l'on dénombre, entre autres, l'initiation à l'informatique et surtout la déontologie. La première se justifie par les exigences actuelles du

---

[705] Il s'agit des auditeurs de justice de l'ordre judiciaire, de l'ordre administratif ainsi que de l'ordre militaire. Si les deux premiers relèvent du statut de la magistrature, il en va autrement de ceux de l'ordre militaire qui relèvent eux d'un autre statut. Toutefois, il est à signaler que la magistrature malienne est en passe de connaître un nouvel ordre, notamment, celui des comptes. L'ordonnance consacrant cette évolution attend d'être ratifiée par le Conseil national de transition (CNT).

[706] A. REY et J. REY-DEBOVE (dir.), *Le Petit Robert de la langue française*, Paris, Nouvelle Édition millésime, 2022, v. prépondérance et prépondérant, p. 2008.

[707] J.-C. MAGENDIE, *Les Sept Péchés capitaux de la justice française*, Paris, Éd. Léo Scheer, 2012, p. 97 ; v. également P. DEVEDJIAN, *Le Temps des juges*, Paris, Éd. Flammarion, 1996, p. 196.

monde moderne enregistrant un essor indéniable du numérique[708] et de ses moyens et matériels d'action.

557. La seconde a pour objet d'apprendre aux auditeurs de Justice les obligations statutaires auxquelles ils sont soumis tant dans la pratique de leurs futures fonctions que dans leur vie privée[709]. Puisqu'il est attendu du magistrat *« un effort permanent de comportement, d'argumentation, d'écoute, bref, une légitimité professionnelle qui obéisse à de hauts standards éthiques »*[710].

L'assimilation de la déontologie leur est donc indispensable non seulement pour le respect dû à leur état, mais aussi et surtout pour qu'ils puissent échapper au danger de désincarnation aux yeux du monde extérieur au sanctuaire judiciaire. C'est ce que vise essentiellement le serment[711] de magistrat.

558. S'agissant des cours propres à chaque ordre, il sera spécifiquement tenu compte de ceux dispensés au compte de l'ordre judiciaire. Ce choix s'explique par le fait que les officiers du ministère public sont, essentiellement, de cet ordre en droit malien. En effet, contrairement aux juges qui, ici, sont soit des magistrats professionnels, soit des magistrats occasionnels[712], le ministère public est animé, exclusivement par des magistrats professionnels de l'ordre judiciaire au Mali.

Ceci aurait pu être un atout pour leur maîtrise véritable de leurs fonctions, singulièrement techniques, s'ils prenaient toute la mesure des nombreuses attentes, légitimes et profondes, fondées en eux par l'État et le peuple, pour une distribution efficiente de la justice dans le pays.

559. Dans le cadre de leur formation initiale, les auditeurs de justice de l'ordre judiciaire reçoivent, en plus des matières communes, plusieurs cours censés les préparer à l'exercice correct de leurs futures fonctions. Parmi les cours dispensés, on note, entre autres, le siège civil, le siège correctionnel, le droit communautaire, l'instruction, le ministère public ou encore l'organisation judiciaire. Il s'agit de matières intrinsèquement pratiques, destinées à initier les futurs magistrats, essentiellement, à l'animation des procédures civile, commerciale, sociale ainsi que pénale.

---

[708] Ch. VIGOUROUX, *Du juste exercice de la force*, Paris, Éd. Odile Jacob, 2017, p. 221.

[709] J. JOLY-HURARD et J. VANONI, *La Déontologie du magistrat*, Paris, Dalloz, 4e éd., 2020, p. 12.

[710] D. SALAS, *Dictionnaire de la culture juridique*, D. ALLAND et S. RIALS (dir.), Paris, PUF, coll. : « Quadrige », 2003, v. « Juge aujourd'hui ».

[711] A. GARAPON, J. ALLARD et F. GROS, *Les Vertus du juge*, Paris, Éd. Dalloz, 2008, p. 4.

[712] Comme c'est le cas pour les assesseurs complétant la formation de certaines juridictions tant pénale (cour d'assises) que civile (tribunal civil en matière coutumière et tribunal du travail) ou commerciale (les juges consulaires).

560. Comme on peut aisément le relever, la plupart de ces matières font, d'une part, intervenir le ministère public et ont, d'autre part, fondamentalement trait au droit pénal. En effet, aussi bien l'animation des sièges, civil et correctionnel, que la conduite de l'instruction préparatoire sont susceptibles de faire intervenir les officiers du ministère public.

561. De l'autre côté, les cours consacrés au siège correctionnel, à l'instruction préparatoire et au ministère public concernent, sans doute, le droit pénal. De cette présentation sommaire du programme de formation des auditeurs de justice de l'ordre judiciaire au Mali, il se dégage d'emblée un constat. Ce regard panoramique sur le champ d'initiation des futurs magistrats établit sans conteste une véritable prééminence ou prépondérance du volet pénal dans leur formation.

562. Cette prépondérance se ressent, dans un premier temps, à travers le seul nombre des matières consacrées, directement ou indirectement, aux attributions pénales du ministère public. Dans un second temps, ce sentiment se renforce quand on s'intéresse au contenu des cours dispensés. Sous cet angle, les cours de siège correctionnel, d'instruction préparatoire ou encore de ministère public accroissent tant la maîtrise que le goût des fonctions répressives chez les auditeurs de justice. Les autres aspects relevant des fonctions des officiers du ministère public sont rarement évoqués, *a fortiori* enseignés.

563. À titre illustratif, le cours de ministère public dispensé aux auditeurs de justice, en 2009, fait environ 23 pages[713]. Dans ce document, il n'est consacré environ qu'une seule page au rôle du ministère public en matière civile. L'analyse des éléments avancés, à ce niveau, permet de se rendre à l'évidence que le cours dispensé est loin d'être exhaustif pour une véritable appréhension des attributions du parquet en matière civile.

En effet, il n'y est énuméré que, d'une part, la liste des affaires communicables telle que prescrite par les dispositions de l'article 432 du CPCCS.

564. D'autre part, il est rapporté quelques cas de figure où le ministère public intervient soit comme partie jointe, soit comme partie principale. Toutefois, ni les raisons justifiant une telle intervention en matière civile ni même les spécificités propres aux deux modalités d'action du parquet en cette matière ne sont précisées.

565. Cette présentation banale, voire simpliste des choses procède d'une lecture totalement biaisée. Le cours de ministère public doit permettre aux auditeurs de justice d'avoir une vue d'ensemble sur la totalité des questions relevant des

---

[713] Ledit cours a été dispensé par feu Mamadou Tidiane DEMBÉLÉ, un ancien magistrat du parquet ayant occupé dans sa carrière divers postes de responsabilité au sein du ministère public. Il a terminé d'ailleurs sa carrière comme procureur général de la Cour suprême du Mali, après avoir été procureur de la République et procureur général près la cour d'appel de Bamako, *inédit*.

attributions de cet organe. Il doit initier également les futurs magistrats à la conception, à la structuration démonstratrice et convaincante et à la production des différents actes procéduraux susceptibles d'être accomplis par les officiers du ministère public.

566. C'est dire, conséquemment, que la formation initiale doit avoir une vocation beaucoup plus pratique que théorique pour permettre une mise en œuvre intelligible et efficiente des normes juridiques aux diverses situations factuelles, le plus souvent inextricables, qui se présentent aux praticiens[714].

567. Or, nulle part dans le cours sus-spécifié l'accent n'est mis sur ces éléments importants qui devraient caractériser les enseignements donnés aux auditeurs de justice par l'INFJ. Ledit cours privilégie beaucoup plus une approche théorique basée sur la seule exégèse au détriment de celle épistémologique et/ou analytique, seule à même de permettre aux auditeurs de justice de découvrir le parquet dans toutes ses dimensions.

S'il est vrai que depuis quelques années des efforts sont accomplis pour améliorer les choses, notamment par l'organisation de procès fictifs par et pour les auditeurs de justice[715], il n'en demeure pas moins que le contenu des cours mérite davantage d'approfondissement.

568. Dans cette veine, l'accent doit être prioritairement mis sur les aspects spécifiquement pratiques. Cela suppose un choix rigoureux des encadreurs qui doivent être prioritairement désignés parmi les praticiens aguerris disposant au même moment d'une culture scientifique avérée. Un tel profil est, objectivement, le mieux indiqué[716] pour pouvoir disposer de magistrats aux compétences exceptionnelle et plurielle pour une animation efficiente des juridictions et parquets.

569. Cette situation engendre, dès le départ, une certaine déformation professionnelle d'autant plus que la prééminence du pénal dans le cadre de la formation initiale occulte les autres pans non moins importants du rôle du parquet. Elle favorise un délaissement véritable des attributions autres que pénales dès le stade initiatique, ce qui créé démesurément des vocations pour les fonctions pénales au détriment d'autres non moins importantes du ministère

---

[714] I. E. S. MAÏGA, « Rapport de stage », disponible à la bibliothèque de l'Institut national de formation judiciaire, déposé en mars 2010, *inédit*.

[715] Il y a lieu également de saluer le développement du réseau relationnel ou partenarial de l'Institut national de formation judiciaire. En effet, cette structure est désormais en contact avec plusieurs organismes partageant la même vocation, ce qui est une source certaine d'enrichissement.

[716] Il s'agit néanmoins là d'un critère difficile à satisfaire dans le cas malien puisque le goût de la science et de la recherche est loin d'être suffisamment partagé en milieu judiciaire dans le pays. Le nombre de magistrats s'étant donné la peine de poursuivre des études post-universitaires se compte au bout des doigts.

public. Comme le fait opportunément observer Youssoupha DIALLO en ses dires qui ont été rapportés plus haut dans le cadre de la présente étude[717].

570. Cet ensemble de réalités explique, dans une large mesure, l'inertie du ministère public en matière civile et/ou commerciale au Mali. Les officiers du ministère public sortent de leur formation initiale imprégnés uniquement et sérieusement de leurs attributions en matière répressive. Cela a pour conséquence qu'une fois versés dans la pratique judiciaire, les nouveaux parquetiers se trouvent sans repères solides dans l'animation des procédures en matière civile et commerciale, par exemple.

571. Ne sachant pas le plus souvent comment se frayer un chemin, ils optent tout simplement pour le délaissement de ces affaires. C'est pourquoi l'institution judiciaire au Mali est plongée dans un conformisme regrettable et un suivisme aveugle, profondément, nuisibles à l'amélioration de la qualité des pratiques professionnelles. La prépondérance du volet pénal dans la formation initiale des auditeurs de justice contribue ainsi, sans le vouloir ou le savoir, à un véritable dévoiement du ministère public en tant qu'institution.

572. Cette situation, comme bien d'autres, mérite d'être corrigée dans les meilleurs délais. Le crédit de l'institution judiciaire en dépend dans une large mesure. L'État se doit de doter l'INFJ de ressources nécessaires à l'atteinte d'un tel objectif. Sous cet angle, le budget de fonctionnement de l'école mérite d'être substantiellement renforcé au regard des enjeux. Puisque la justice relève des outils de développement d'une nation en ce qu'elle sauvegarde la paix et la stabilité ainsi que les droits humains, toutes choses indispensables à l'essor social et économique de l'État.

573. De ce constat, il découle sans doute que le ministère public n'est véritablement enseigné et appréhendé au Mali que sous son visage répressif. Un tel état de fait participe de la défiguration de cet organe judiciaire d'autant plus que ses autres missions s'en trouvent profondément affectées. C'est le cas, entre autres, de ses attributions civiles qui sont quasiment occultées au cours de l'enseignement de ladite institution à l'institut national de formation judiciaire.

B. Une quasi-occultation des attributions civiles du parquet

574. Les contentieux soumis à l'examen des juridictions de l'ordre judiciaire sont loin de relever, exclusivement, du pénal. Cela est une évidence, même si le nombre des affaires pénales est considérable dans le volume global du contentieux déféré devant les instances juridictionnelles au Mali.

Une telle situation peut s'expliquer, d'une part, par l'existence de mécanismes ou de modes alternatifs de règlement des conflits[718] en matière civile et commerciale

---

[717] *Supra*, p. 1.

[718] J. VINCENT et S. GUINCHARD, *Précis de procédure civile*, Paris, Dalloz, 27e éd., 2003, p. 7 et 1145 ; l'essor de ces mécanismes n'est plus contestable d'autant que

et, d'autre part, par le fait que le procès pénal n'est pas toujours subordonné à l'acquiescement de la victime de l'infraction[719].

575. Comme on a pu le constater dans le point précédent de la présente étude, la formation initiale[720] des auditeurs de justice au Mali est marquée par une prépondérance du volet pénal sur les autres pans des attributions du ministère public. Cet état de fait laisse conséquemment entrevoir un délaissement des prérogatives du ministère public en matière civile et commerciale.

576. À s'y intéresser de plus près, les cours dispensés aux auditeurs de justice, par l'institut national de formation judiciaire, occultent sérieusement les attributions civiles des officiers du ministère public. Cela est d'autant plus vrai que le seul fait de donner aux auditeurs de justice la liste des affaires civiles et commerciales communicables n'est guère suffisant pour permettre à ces derniers de maîtriser la gestion de ces questions, complexes par ailleurs, une fois investis dans les fonctions de magistrat du parquet.

577. Les attributions civiles et commerciales du parquet sont occultées au cours de la formation initiale d'autant plus que les enseignements actuels, dans ce cadre, sont insusceptibles de permettre aux futurs magistrats du parquet tant de découvrir l'ensemble des questions de ces deux ordres nécessitant leur intervention que d'acquérir les techniques professionnelles requises pour les traiter[721].

578. L'étude de cas pratiques ainsi que l'initiation à la mise en œuvre concrète des règles procédurales devraient prédominer dans les enseignements délivrés par

---

« Plusieurs études récentes démontrent que la pratique des modes alternatifs de règlement des litiges (MARL) connaît un engouement croissant, autant comme réponse aux insuffisances des systèmes judiciaires qu'en raison de leurs qualités propres », D. C. SOSSA, préface à l'ouvrage *Le Nouveau Droit de l'arbitrage et de la médiation en Afrique (OHADA). Commentaires de l'acte uniforme relatif au droit de l'arbitrage, du Règlement d'arbitrage de la CCJA et de l'acte uniforme relatif à la médiation, du 23 novembre 2017*, Paris, Éd. LGDJ, 2018, p. 7.

[719] Il existe, en effet, plusieurs infractions ne causant pas de préjudice direct à une victime. Pour la répression de ces infractions, le ministère public n'a nullement besoin du feu vert d'un quelconque plaignant. D'ailleurs, l'initiative de poursuite du parquet n'est subordonnée à l'acquiescement de la victime de l'infraction que dans des cas très rares atteignant celle-ci dans son intimité ou dans sa vie privée.

[720] É. MAUREL, *Paroles de procureur*, Paris, Éd. Gallimard, 2008, p. 249.

[721] *« ... les réquisitions du parquet doivent éclairer le tribunal sur la politique pénale du ministère public, sur son appréhension des faits, sur leur analyse juridique et technique, sur la vision qu'il a de la personne jugée, sur l'incidence des infractions commises sur le fonctionnement de la société, sur le degré de répression souhaité ou sur la clémence envisagée, voire sur la relaxe ou l'acquittement ou même une nullité de procédure »*, É. MAUREL, *Paroles de procureur, op. cit.*, p. 71.

l'institut de formation qui ne doit jamais perdre de vue sa vocation essentiellement pratique ou professionnalisante.

579. À l'issue de la formation théorique à l'INFJ, les auditeurs de justice doivent pouvoir véritablement appréhender la conception ainsi que l'établissement des différents actes relevant des attributions du ministère public. Dans ce cadre, ils doivent être à même de prendre des conclusions tant orales que, surtout, écrites, aussi bien judicieusement structurées que savamment motivées pour pouvoir jouer de façon efficiente leur rôle de commissaire de la loi. Cela est important d'autant que *« Les attributions du ministère public, bien comprises, sont les plus belles qui existent »*[722].

580. Ayant en effet pour fonctions, entre autres, de veiller à la saine application de la loi et de poursuivre la défense tant de l'intérêt général que de l'ordre public, les futurs parquetiers doivent être suffisamment outillés pour contribuer à l'animation des procédures civiles et commerciales, aux côtés de leurs collègues juges. Cela serait l'un des meilleurs gages pour une justice civile et commerciale plus performante[723] et plus crédible[724].

Une telle justice favoriserait, par ailleurs, l'essor économique et social du Mali. C'est dire que l'on devrait aller désormais vers *« Une justice qui aide au développement et qui ne se contente pas de produire des textes et de créer des commissions, tel doit être le chemin »*[725].

581. Pour accorder tout l'intérêt dû aux attributions du ministère public en matière civile et commerciale, l'INFJ se doit prioritairement de commencer par l'aguerrissement de ses formateurs à ces thématiques. Il devra, par la suite, réexaminer certains programmes de formation en vue de tenir suffisamment compte, entre autres, des volets, civil et commercial, dans les matières conduisant les auditeurs de justice à découvrir les différentes attributions du ministère public.

582. Enfin, ces nouveaux aspects devraient entrer en ligne de compte dans l'évaluation des aptitudes des auditeurs de justice à pouvoir éventuellement exercer les fonctions de magistrat du parquet. Puisque s'agissant de formation professionnalisante, il doit être évité le scénario adopté par les théoriciens à l'égard des attributions civiles du ministère public.

---

722 A. DE MOLÈNES, *Traité pratique des fonctions du procureur du Roi*, Paris, Éd. Hachette Livre, t. 1, 1843, p. 1.

723 *« Quelle que soit l'organisation, c'est une démarche de qualité et de performance qui est mise en œuvre. C'est simplement le souci d'offrir le meilleur service public au justiciable en s'assurant de la compétence des professionnels. Cela se fait avec les moyens dont chaque procureur dispose. Parfois, pour y parvenir, il lui faut des ressources d'ingéniosité »*, É. MAUREL, *Paroles de procureur, op. cit.*, p. 178.

724 Ph. BILGER, *Pour l'honneur de la justice*, Paris, Éd. Flammarion, 2006, p. 21.

725 M. I. KONATÉ, *Justice en Afrique. Ce grand corps malade*, Bamako, Éd. La Sahélienne, 2018, p. 122.

Un tel scénario a été relevé, avec élégance, par Véronique MIKALEF-TOUDIC qui a soutenu et surtout déploré que : *« D'une manière générale, la doctrine ne consacre pas de longs développements à l'intervention du magistrat du parquet devant les juridictions civiles. Elle utilise les éléments donnés par le législateur pour distinguer et opposer la qualité de partie jointe à celle de partie principale »*[726].

583. Ces différents éléments sont importants puisque l'objectif ultime recherché est de relever le pari d'une distribution efficiente de la justice civile au Mali. Il s'agit là d'une question fondamentale quand on sait l'apport que peut consentir un système judiciaire efficace. En effet, la justice est un facteur déterminant tant pour le développement que pour la protection des droits humains.

Une justice civile crédible et efficiente contribue à la préservation de la paix sociale, ce qui est indispensable aux investissements et donc à l'essor économique. Elle est également essentielle pour la protection des droits des citoyens en ce que le droit judiciaire privé joue un rôle important dans la saine régulation des droits patrimoniaux et extrapatrimoniaux.

584. Le renouveau du ministère public au Mali doit prendre son envol à l'école de formation professionnelle des magistrats ainsi que des futurs magistrats. Cela passe tant par la diversification que par l'approfondissement des programmes de formation. Il nécessite une volonté politique ambitieuse et courageuse pour doter l'INFJ de moyens matériels, humains et surtout financiers conséquents pour lui permettre de faire judicieusement face à ses missions.

585. La prise en compte des attributions civiles et commerciales du ministère public contribuerait ainsi à corriger la perception biaisée de cet organe dans le paysage judiciaire malien. Puisque comme l'a fait observer un parquetier sénégalais, parlant du procureur de la République, *« L'évocation de son titre suscite la crainte ou le respect... Il est généralement bien connu, mais pas forcément dans ses véritables attributions »*[727].

586. À l'instar de la formation initiale, le déficit de formation continue relève également des causes explicatives de l'inertie du ministère public en matière civile et commerciale au Mali.

Paragraphe II : Une formation continue défaillante

587. La formation continue désigne le renforcement des capacités des agents déjà investis dans les fonctions auxquelles leur employeur les a destinés. Lesdites fonctions correspondent, dans la plupart des cas, au profil de compétence des agents. Les magistrats, du fait de la délicatesse et de l'extrême complexité de leur mission, relèvent des agents publics dont le besoin de formation est autant

---

[726] V. MIKALEF-TOUDIC, *Le Ministère public, partie principale dans le procès civil*, Marseille, Éd. Presses universitaires d'Aix-Marseille, 2006, n°°24, p. 33.

[727] Y. DIALLO, *Le Procureur de la République. La pratique du parquet*, *op. cit.*, p. 21.

perpétuel qu'incommensurable. Ce besoin de remise à niveau permanent se trouve davantage accentué chez les officiers du ministère public qui sont à l'avant-garde de l'action judiciaire.

588. De tous les défauts que l'on puisse reprocher à un magistrat, l'inculture[728] et l'incuriosité passent pour les plus exécrables[729]. Heureusement que la formation est un remède efficace pour relever de ces tares infamantes. La formation continue des magistrats est indispensable tant au relèvement de leur niveau professionnel que pour la prise en compte des évolutions qu'enregistrent les différentes matières qu'ils traitent quotidiennement.

589. Dans le cas malien, en plus d'une défaillance systémique observable de la formation continue des magistrats (A), l'on se rend à l'évidence que les attributions spécifiques du parquet, en matière civile et commerciale, sont particulièrement négligées (B).

A. Une défaillance systémique observable

590. La nécessité pour le magistrat de se connaître et surtout d'appréhender sérieusement son métier a gravement été rappelée par Henri François D'AGUESSEAU, ancien magistrat mais surtout ancien chancelier de France. Ce brillant esprit de son temps, dans un discours à l'allure de véritable commandement, intimait sans détour à ses collègues : *« Instruisez-vous, juges de la terre. Ne comptez ni sur cet esprit qui vous éblouit, ni même sur ce zèle qui vous anime. En vain vous aimerez la justice, si vous ne vous appliquez pas à la connaître. Malheur au magistrat qui la trahit en la connaissant ! mais malheur aussi à celui qui l'abandonne, parce qu'il ne la connaît pas ! »*[730].

591. Les fonctions de magistrat exigent de ceux qui les exercent, cumulativement, une moralité et une compétence indiscutables[731]. Le magistrat doit être d'une bonne moralité. Cela suppose une quasi-irréprochabilité comportementale tant sur le plan professionnel que dans sa vie privée.

592. S'agissant de la compétence, elle renvoie, ici,[732] à l'aptitude technique pour l'accomplissement exhaustif des fonctions dévolues aux magistrats. Un bel esprit

---

728 A. GARAPON, *Bien juger. Essai sur le rituel judiciaire*, Paris, Éd. Odile Jacob, 2001, p. 11.

729 C. N. ROBERT, *L'Impératif sacrificiel*, Éd. d'en bas, Paris, 1986, p. 7.

730 H. F. D'AGUESSEAU, « De l'esprit et de la science. Mercuriale prononcée à la Saint-Martin », 1704, *in* M. E. FALCONNET, *Œuvres de D'Aguesseau*, t. I : *Mercuriales*, Paris, Chez Napoléon CHAIX et Cie, Imprimeurs-Éditeurs, 1865, p. 220.

731 *« Indispensable, la compétence juridique, en effet, n'est pas suffisante : il est nécessaire, en même temps, de faire preuve de qualités morales éminentes »*, B. GARNOT, *Histoire des juges en France, de l'ancien régime à nos jours*, Paris, Nouveau Monde Éditions, 2014, p. 73.

732 Dans un autre contexte, la compétence pourrait désigner celle ou celui d'entre les juridictions ou les magistrats qui est juridiquement habilité(e) à connaître d'une affaire

de la littérature française, auteur des fables, a pu écrire à ce sujet qu' : *« Un baudet chargé de reliques s'imaginait qu'on l'adorait [...]. D'un magistrat ignorant c'est la robe qu'on salue »*[733].

593. Le crédit et la légitimité de l'institution judiciaire sont largement tributaires de ces deux impératifs. L'exercice des fonctions judiciaires s'accommode mal, en effet, avec la médiocrité[734]. Cela affecte profondément l'image du sanctuaire judiciaire ainsi que celle du juge aux yeux du justiciable et du peuple, au nom duquel la justice est rendue.

Une ancienne magistrate, s'adressant à ses collègues, a pu écrire à ce sujet que : *« La société est en droit de nous répéter : vous avez reçu de moi une tâche importante et difficile ; vous l'avez acceptée, peut-être même sollicitée. Soyez donc les dignes ministres de ma justice, et pour l'être en effet, consacrez aux études qu'elle vous demande une partie des loisirs qu'elle vous laisse. Entre un juge ignorant et un juge méchant, la différence est peu de chose quant aux résultats »*[735].

594. C'est dire qu'en plus d'une formation initiale complète, approfondie et efficiente, la puissance publique se doit de veiller résolument au renforcement des capacités des gens de justice, en général, et des magistrats, en particulier.

595. La formation continue des magistrats est essentiellement financée par l'État, lequel est appuyé, en cela, par certains de ses partenaires dits techniques et financiers. Elle est principalement assurée par l'Institut national de formation judiciaire (INFJ) dont elle constitue une déclinaison des vocations déterminées.

Dans le cadre de l'accomplissement de cette mission, l'INFJ est épaulé par d'autres écoles ou organismes. C'est ainsi qu'en vertu d'un partenariat avec l'École nationale de la magistrature (ENM) de la République française, des sessions de formation sont souvent organisées à l'intention de magistrats maliens.

596. C'est le cas également de l'École régionale supérieure de la magistrature (ERSUMA) de l'Organisation pour l'harmonisation en Afrique du droit des affaires (OHADA) qui contribue, elle aussi, au renforcement des capacités des magistrats maliens par essentiellement l'organisation de séminaires périodiques

---

donnée. C'est dans ce sens que l'on parlerait de compétence matérielle, personnelle ou encore territoriale. Ce sens n'est pas ce qui intéresse ici dans le contexte d'emploi du mot.

[733] J. de LA FONTAINE, *L'Âne portant des reliques in* A. GARAPON, *Bien Juger. Essai sur le rituel judiciaire, op. cit.*, p. 11.

[734] *« Qu'on la rencontre chez des magistrats ou des avocats, toujours la médiocrité me semble consternante »*, E. DE MONTGOLFIER, *Le Devoir de déplaire*, Paris, Éd. Michel Lafon, 2006, p. 80.

[735] F.-A.-V. SEREL DESFORGES, *Lettres sur la magistrature de l'ordre judiciaire par un magistrat de cet ordre*, édité chez G. Pissin librairie, 1838, disponible sur http://books.google.com/books?, consulté le 09 avr. 2023.

de formation. Les sessions de cette école se déroulent, le plus souvent, à son siège à Porto-Novo au Bénin ou sont, quelquefois, délocalisées dans un des États membres. En plus de ces écoles, certains projets ou organismes concourent également à la formation continue des magistrats au Mali.

597. Il en est ainsi, entre autres, de l'Office des Nations unies contre la drogue et le crime (ONUDC), du Programme de renforcement des capacités et d'amélioration de la performance en matière pénale des magistrats du Nord du Mali (PROCAMANO), du projet Redevabilité publique et participation des femmes au Mali (RPPFM), du Programme d'appui au fonctionnement de l'état civil et à la mise en place d'un système d'information sécurisé (PAECSIS).

598. L'état actuel du niveau professionnel ou de maîtrise des fonctions des magistrats au Mali est, de façon générale, déplorable. La corporation est progressivement gagnée par sinon l'inculture du moins une véritable incuriosité[736] qui corrode sérieusement l'image de l'institution judiciaire. Si cet état de fait peut s'expliquer, dans une certaine mesure, par la qualité des recrutements, il n'en demeure pas moins qu'il en existe d'autres facteurs explicatifs non moins importants. Parmi ceux-ci, il y a l'absence d'une politique objective de motivation des magistrats, d'une part, et l'insuffisance et l'inadéquation du système de formation continue, d'autre part.

599. Au Mali, la politique judiciaire est largement marquée par la quasi-absence de critères prédéfinis pour l'encouragement et la promotion des magistrats[737]. Le système actuel de notation de ces derniers mérite, à bien des égards, d'être amélioré. Les conditions actuelles, dans lesquelles est organisée la mobilité du personnel magistrat, sont loin d'être objectives. Il en va de même de l'ascension au sein du corps, notamment, de l'accession aux postes de responsabilité. C'est dire donc qu'il est nécessaire d'aller à la normalisation ainsi qu'à l'objectivation du plan de carrière des magistrats.

600. Au rang toujours des autres facteurs pouvant expliquer l'incuriosité des magistrats maliens, il y a surtout l'insuffisance et l'inadéquation du système de formation continue, telle qu'actuellement conçu et mis en œuvre. La formation continue des magistrats constitue un défi majeur à relever dans le pays. Elle est butée à un manque de moyens, essentiellement, d'ordre financier, ce qui découle largement d'un manque de volonté politique.

601. Une mauvaise répartition des quelques opportunités de formation entre les différents ressorts judiciaires est aussi à relever et surtout à déplorer. En effet, pendant que les magistrats servant dans la capitale ont beaucoup plus de chance

---

736 M. AYDALOT, *Magistrat. Un homme et son métier, op. cit.*, p. 294.

737 Le seul effort fait sur ce plan est la détermination par le statut de la magistrature d'un simple critère d'ancienneté pour pouvoir occuper certains postes de responsabilité.

de bénéficier d'opportunités de renforcement de leurs capacités, ceux en service à l'intérieur du pays sont, le plus souvent, oubliés.

602. À un moment où les attentes fondées sur l'institution judiciaire sont nombreuses et profondes, la formation continue des magistrats doit être intensifiée, voire rendue obligatoire. Un magistrat mieux formé est beaucoup plus enclin à poser des actes sérieusement pensés et surtout susceptibles d'intégrer les divers enjeux possibles d'une affaire[738].

603. Aussi, est-il bon de signaler que les nouvelles formes que revêtent de plus en plus les contentieux de type nouveau nécessitent une perpétuelle adaptation professionnelle des magistrats[739]. Cela vaut aussi bien en matière répressive que dans les autres domaines du droit dont la matière civile et commerciale[740].

604. Le besoin de renforcement des capacités se ressent au contact des magistrats, même si la plupart de ces derniers sont loin de le percevoir[741]. Une telle situation engendre un impact négatif sur la qualité des pratiques professionnelles. La crédibilité et l'efficacité d'un système judiciaire sont fonction de sa performance.

605. La performance, elle, est tributaire à son tour de la parfaite maîtrise du métier par les magistrats. Dès lors, pour convenablement s'acquitter de son devoir de régulation des rapports sociaux par la distribution de la justice, la puissance publique doit suffisamment investir dans le renforcement des capacités de ses magistrats.

606. Un ancien garde des Sceaux malien a pu reconnaître à cet égard que : *« Les maux et le malaise dont souffre la justice en Afrique sont connus : c'est le décalage réel qui existe entre les grands principes et leur mise en œuvre pratique ; la dissension entre les grandes affirmations ou autres envolées lyriques et les réalisations concrètes ; la discorde entre les vieilles conceptions héritées d'un passé colonial et les mentalités décalées de nos pays ; l'insuffisance*

---

[738] *« Juger au nom du peuple français me semble justifier que, sans l'entendre, on puisse au moins l'écouter. La Justice doit s'inscrire dans la réflexion, pas dans l'arrogance d'un pouvoir qui tiendrait sa légitimité institutionnelle pour un blanc-seing »*, É. DE MONTGOLFIER, *Le Devoir de déplaire, op. cit.*, p. 35.

[739] La cybercriminalité relève par exemple de ses matières nouvelles pour les magistrats maliens. En tant que criminalité spécifique, elle n'a été véritablement prise en charge par le droit positif malien que par la loi n°°2019-056 du 05 décembre 2019 portant répression de la cybercriminalité.

[740] Cela est d'autant plus vrai que le droit uniforme OHADA, par exemple, pour un nombre important de magistrats maliens, constitue un droit nouveau qu'ils n'ont pas découvert aux cours de leurs études universitaires.

[741] M. LEGRAND, *Les Secrets d'un juge. Comment la justice se fait le bras armé du pouvoir*, Paris, Fayard, 2015, p. 284 ; v. aussi Ph. BILGER, *Pour l'honneur de la justice, op. cit.*, p. 25.

des moyens et la faible mobilisation des ressources publiques qui lui sont attribuées. Mais surtout, une véritable absence de volonté politique à entreprendre des actions vigoureuses et efficaces pour faire évoluer la justice en tant qu'institution et structure »[742]. Dans le même registre, l'État se doit d'encourager et surtout de faciliter les initiatives personnelles des magistrats désireux de se former sur fonds propres.

607. S'il résulte de ces différents éléments que la formation continue des magistrats est bien une équation difficile au Mali, le même sentiment apparaît quand on s'intéresse spécifiquement aux attributions civiles et commerciales du ministère public qui sont, quasiment, ignorées dans les efforts de perfectionnement du personnel judiciaire.

B. Une négligence certaine des attributions civiles et commerciales

608. La formation continue des magistrats[743], de façon générale, est loin d'être assurée convenablement au Mali. De ce constat, l'on ne peut qu'inférer la même réalité dans les matières spécifiques dont le traitement des aspects pathologiques est dévolu aux magistrats. Sous cet angle, le rôle du ministère public, en matière civile et commerciale, est digne aussi bien d'attention que d'intérêt. Dans ces deux matières du droit privé, en leurs aspects relatifs à l'intervention des officiers du ministère public, les efforts de l'État en matière de renforcement des capacités des magistrats sont quasiment infinitésimaux.

609. Le ministère public, censé jouer un rôle important dans les matières civiles comme celles commerciales, brille par sa passivité dans ces deux domaines. Cette intervention est fortement souhaitée, par le législateur, dans le cadre de la conduite des procédures judiciaires afférentes auxdites matières. C'est dire, en conséquence, que le législateur estime les officiers du ministère public utiles dans lesdits domaines tant sous l'angle du droit substantiel ou matériel que de celui du droit procédural ou de forme. Sur ces deux plans, cependant, l'inertie ou l'amorphisme des parquetiers est frappante dans la pratique judiciaire au Mali comme dans la plupart des États d'obédience francophone.

610. Les mérites de la formation continue des magistrats ont été vantés par Noël Durbois TACHAGO YOUMSSI. Cet auteur a, fort opportunément, expliqué que : *« [...] pour que l'intervention du ministère public en matière [d]e droit des affaires OHADA soit pertinente et concoure ainsi à la qualité de la justice, il est ... indispensable que les magistrats reçoivent une formation adéquate en droit*

---

[742] M. I. KONATÉ, *Justice en Afrique. Ce grand corps malade*, Bamako, Éd. La Sahélienne, 2018, p. 16.
[743] B. GARNOT, *Histoire des juges en France, de l'ancien régime à nos jours, op. cit.*, p. 80.

des affaires OHADA »[744]. Cette affirmation est tout à fait à propos, au regard de l'état actuel des pratiques en cours dans les parquets au Mali sur les questions civiles et commerciales.

611. Que l'indifférence des officiers du ministère public pour les affaires civiles et commerciales découle de la méconnaissance ou du simple désintérêt, il demeure évident que le renforcement de leurs capacités professionnelles passe pour un tremplin sûr afin d'enregistrer quelques améliorations dans la distribution de la justice sur ces deux plans[745].

612. Dans ses efforts déployés dans le sens de la formation continue des magistrats[746], l'État du Mali serait bien avisé de sortir des sentiers battus pour inciter la magistrature à accorder beaucoup plus d'intérêts aux aspects nouveaux du droit[747] ainsi qu'aux matières délaissées[748] de cette discipline, dans sa gouvernance pour une meilleure distribution de la justice. Sous cet angle, un intérêt particulier mériterait d'être accordé au rôle du ministère public, en matière civile et commerciale.

613. Cela soignerait, substantiellement, le visage du parquet malien et, partant, de l'institution judiciaire dans sa quasi-globalité. Puisque les officiers du ministère public jouent un rôle irremplaçable aussi bien dans l'animation des juridictions de l'ordre judiciaire que dans la gouvernance même de l'institution judiciaire. Ils sont, sans doute, à l'avant-garde de la vie des prétoires et servent de trait d'union entre l'institution judiciaire et le monde extérieur.

614. Les attributions du ministère public sont loin d'être judicieusement appréhendées par les différents acteurs judiciaires. Les prérogatives et la mission du parquet, en matière civile et commerciale, ne sont guère prises en compte dans

---

744 N. D. TACHAGO YOUMSSI, *Le Ministère public et les voies d'exécution en droit OHADA. Étude à partir du droit positif camerounais*, Cameroun, Éd. L'Harmattan, 2018, p. 69.

745 *« La compétence fonde la légitimité technique. Elle est assurée par un concours anonyme ou par le choix d'une commission indépendante au vu d'un passé professionnel irréprochable. Elle doit être perfectionnée par une formation continue de haut niveau »*, V. MIKALEF-TOUDIC, *Le Ministère public, partie principale dans le procès civil*, Marseille, Éd. Presses universitaires d'Aix-Marseille, 2006, p. 164.

746 Sur un plan purement comparatif, les éléments existent qui indiquent le goût immodéré des magistrats français pour la formation continue. Ainsi a-t-on relevé que dans ce pays : *« Les magistrats sont très preneurs de la formation continue, car c'est l'un des rares moments où ils échangent »*, A. VOLGELWEITH, vice-président du TGI d'Aix-en-Provence *in* D. VERDEILHANT, *Les Magistrats sur le divan*, Paris, Éd. du Rocher, 2017, p. 362.

747 De nos jours, à l'instar du droit OHADA, la cybercriminalité et la lutte antiterroriste constituent, entre autres, des domaines nouveaux du droit au Mali.

748 À ce sujet, nul ne peut contester que, par exemple, les attributions du ministère public en matière civile et commerciale sont délaissées dans la pratique judiciaire au Mali.

les sessions de formation périodiquement organisées par l'INFJ ou par les autres structures intervenant dans le domaine du renforcement des capacités.

Cette situation explique que des questions importantes comme l'état civil, la nationalité, les personnes vulnérables, la vie des sociétés commerciales ou encore les procédures collectives sont totalement délaissées par les parquetiers non outillés pour leur accorder la prise en charge requise.

615. Or, l'intérêt est grand pour le corps social que les officiers dédiés à la défense de sa cause s'intéressent à tout ce qui le concerne. C'est pourquoi l'inertie actuelle des parquetiers face au traitement judiciaire des affaires civiles et/ou commerciales est fortement déplorable[749]. Cela est d'autant plus vrai que moult aspects de ces matières intéressent soit l'ordre public, soit indirectement l'intérêt général ou encore des sujets de droit vulnérables dont la défense requiert, dans bien des cas, le concours du corps social à travers ses représentants.

616. De ce fait, des réflexions doivent être menées en vue de trouver les voies et moyens pour remédier à cette situation. Sans être exclusive, la formation continue des parquetiers pourrait constituer un moyen efficace pour contribuer à leur plus grande conscientisation sur l'intérêt qu'il faille accorder à leur rôle sur les questions civiles et commerciales. Cette formation continue mériterait d'être sérieusement pensée et surtout optimisée et intensifiée.

617. L'intensification et surtout l'optimisation de la formation continue sont des moyens privilégiés en vue de corriger l'indifférence des officiers du ministère public pour les affaires civiles et commerciales au Mali. L'optimisation de la formation continue des magistrats passe par l'adoption par l'État d'une politique ambitieuse et courageuse.

Cette politique pourrait définir les différents axes principaux et subsidiaires dans le cadre de la formation continue des acteurs judiciaires, de façon générale, et des magistrats, en particulier. Aussi pourrait-elle déterminer les sources de financement susceptibles d'être retenues[750] en vue de l'atteinte de l'objectif ayant trait à un renforcement capacitaire indispensable des magistrats.

---

[749] *« En cas de cessation d'activité, de dissolution ou de nullité de la société, et faute de requête aux fins de radiation dans les délais requis, le parquet peut bien le faire, l'article 36 de l'acte uniforme qui énumère les personnes pouvant déposer la requête termine par admettre tout autre intéressé. Il y a lieu de remarquer plus décisivement que le ministère public est au cœur de la gestion des sociétés en difficultés »*, Y. DIALLO, *Le Procureur de la République. La pratique du parquet*, *op. cit.*, p. 463.

[750] À cet égard, c'est l'occasion d'attirer l'attention des décideurs politiques sur le fait que les différentes institutions exerçant une quelconque fonction régalienne de l'État ne devraient être financées que par la puissance publique elle-même et sur ses fonds propres. La tendance dans la plupart des États de la sous-région de laisser les « partenaires techniques et financiers » concevoir, déterminer pratiquement et contribuer à la mise en œuvre des politiques publiques en matière de gouvernance judiciaire est

618. L'État doit demeurer le principal mobilisateur de fonds pour la formation de ses magistrats, puisque *« Les fonctions régaliennes exigent que ceux qui les exercent soient respectés »*[751]. Les partenaires techniques et financiers pourront jouer un simple rôle d'appui. La politique de formation continue pourrait également déterminer et organiser les différents services appelés à concourir ou à assurer la mise en œuvre de la formation continue des magistrats. Elle devrait, enfin, rendre la formation continue obligatoire pour l'ensemble des magistrats et en subordonner, dans une large mesure, leur ascension professionnelle.

619. Pour un État en pleine reconstruction à la suite d'une crise aiguë, multiforme et multidimensionnelle, la réhabilitation de l'institution judiciaire doit relever des actions prioritaires. Cela est d'autant plus vrai que la justice est la seule institution publique fondée à réguler l'ensemble des domaines d'intervention de la puissance publique. Sa réhabilitation est, dans une large mesure, tributaire du réarmement moral et surtout technique de ses acteurs, avec à leur tête les officiers du ministère public.

620. Le renouveau de la justice au Mali doit être marqué par l'émergence d'un type nouveau de parquetier maniant le droit aussi bien sous son visage répressif que celui civil. Un tel officier du ministère public contribuerait, sans doute, au respect de la volonté du peuple d'autant qu'il veillerait ainsi au respect de la légalité à travers l'assurance de l'effectivité des normes juridiques. La loi, fût-elle bien écrite, est peu de chose si sa mise en œuvre devait rester aléatoire et personne, mieux que le magistrat du parquet, n'est investie de la garantie d'une telle mission.

621. Comme on vient de le relever, les arguments avancés dans la pratique pour tenter de justifier l'amorphisme du ministère public dans l'animation des affaires civiles et commerciales sont, pour la plupart, infondés. Cependant, il existe des raisons véritables qui justifient la pleine intervention du parquet dans ces deux matières, même si les enjeux de telles justifications sont ignorés.

---

fortement à déplorer. La justice est un service régalien de l'État. Ses acteurs ne doivent être traités et formés que par la puissance publique. Il ne s'agit nullement d'occulter la nécessité de l'entraide et de la coopération judiciaire ou encore de rejeter toutes offres de formation des partenaires. L'idée c'est de faire tout simplement en sorte que l'institution judiciaire de l'État ne soit utilisée à des fins d'espionnage par des puissances extérieures au nom d'une prétendue volonté d'aider les « États pauvres » ou en voie de développement.

[751] E. DE MONTGOLFIER, *Le Devoir de déplaire*, Paris, Éd. Michel Lafon, 2006, p. 221.

CHAPITRE II : DES JUSTIFICATIONS DÉLAISSÉES AUX ENJEUX IGNORÉS

622. Qu'il s'agisse de la nature prétendument privée du procès civil ou de la qualité de la formation des magistrats mise en avant pour tenter d'expliquer l'inertie des officiers du ministère public en droit judiciaire privé au Mali, les détracteurs de l'intervention du parquet, en matière civile et commerciale, font une analyse partielle dont l'impertinence conduit à des conclusions biaisées.

En effet, leur regard ne porte que sur quelques aspects de la question relative au rôle du ministère public dans l'examen des affaires civiles et commerciales. Cela est, par essence, problématique quand on sait que l'approche globale, seule, permet de prendre en compte les différentes dimensions d'une question en vue de parvenir à des résultats objectifs, possiblement efficients.

623. Les éléments ainsi négligés dans la perception du parquet, au Mali, ont trait aux raisons qui peuvent expliquer l'intervention de cet organe au-delà de la sphère pénale ainsi que les implications éventuelles d'une telle action. L'importance de ces autres aspects, relatifs toujours aux officiers du ministère public, explique sans doute que leur omission d'un quelconque champ d'analyse aboutisse à une méprise évidente de cette institution. Une appréhension véritable du ministère public ainsi que de son rôle commande dès lors d'intégrer impérativement ces pans incontournables.

624. Pour expliquer les raisons ainsi que les inflexions de l'action du ministère public en matière civile et commerciale, on verra, dans un premier temps, qu'une telle action repose sur des justifications délaissées (Section I) et, dans un second temps, que ses enjeux sont également ignorés (Section II).

Section I : Des justifications délaissées

625. L'intervention du ministère public, en matière civile et commerciale, est guidée par divers éléments. Ces raisons sont, pour la plupart, identiques à celles qui caractérisent la même action en matière pénale. Leur assimilation est indispensable pour la judicieuse appréhension tant du sens que des motivations véritables de l'office du parquet en ces matières. Il s'agit néanmoins d'éléments délaissés en ce qu'en bien des cas ils sont soit méconnus, soit négligés par ceux qui se proposent de parler des parquetiers.

626. L'action du ministère public, en droit judiciaire privé au Mali, se justifie par des raisons qui, quoique toutes importantes, ne sont cependant pas du même registre. C'est pourquoi lesdites raisons seront classifiées, dans le cadre de la présente étude, en raison principale et en celles secondaires.

627. Suivant ce schéma, l'on cernera, dans un premier temps, l'intérêt général, comme justification principale (paragraphe I) avant de s'intéresser à l'ordre public ainsi qu'à la représentation d'autrui, les justifications secondaires (paragraphe II).

Paragraphe I : L'intérêt général, justification principale

628. L'intérêt général est la justification principale de l'intervention des officiers du ministère public en matière civile et commerciale, en général, et, en droit judiciaire privé, en particulier. Comme on aura à le constater, il s'agit d'une notion éminemment importante et surtout omniprésente en droit. Cela est d'autant plus vrai qu'on la rencontre aussi bien en droit privé qu'en droit public et, bien plus, dans la plupart des matières de ces deux grandes branches du droit. On la rencontre également en droit pénal.

629. Cette dernière discipline jouit, selon plusieurs doctrinaires[752], de son autonomie qui la détache des deux principales branches du droit. Il a pu être avancé à ce titre que : *« [...] le droit criminel, en raison du particularisme de son objet, de sa fonction, et de sa structure interne, constitue une branche autonome du Droit, au même titre que le droit public ou le droit privé, et peut-être même plus nettement encore »*[753] ou, encore, que : *« L'affirmation de l'autonomie du droit pénal trouve sa justification dans la nature et l'importance des valeurs protégées qui transcendent le formalisme d'autres branches du droit »*[754].

630. Ces éléments liminaires expliquent bien que l'intérêt général est une notion quasi insaisissable, d'une part (A). Il serait intéressant, dans ces conditions, de démontrer les rapports entre l'intérêt général et l'action du ministère public en matière civile et commerciale (B), d'autre part.

A. La quasi-insaisissabilité de la notion d'intérêt général

631. Comme dans la plupart des cas, l'intérêt général relève des notions, aussi bien juridiques que politiques, qui sont insusceptibles de recevoir une définition unanimement partagée. Ce caractère de la notion a justement été relevé et savamment démontré par John LOCKE[755] qui a été, en cela, soutenu par bien d'autres doctrinaires[756].

---

[752] *« Du fait de son caractère sanctionnateur, le droit pénal est donc un droit autonome qui ne se laisse inclure totalement ni dans les matières de droit privé ni dans celles de droit public »*, J. PRADEL, *Droit pénal général, manuel*, Paris, CUJAS, 17e éd., 2008, n°°78, p. 77 ; v., également, P. ROUBIER, *Théorie générale du droit*, Paris, Sirey, 3e éd., 1951, p. 313-314.

[753] R. MERLE et A. VITU, *Traité de droit criminel. Problèmes généraux de la science criminelle. Droit pénal général*, Paris, CUJAS, 7e éd., 1997, n°°147, p. 217.

[754] F. DEBOVE, F. FALLETI et I. PONS, *Précis de droit pénal et de procédure pénale*, Paris, PUF, 8e éd., 2020, p. 28.

[755] « ... the names of simple ideas, and those only, are incapable of being defined », *An essay concerning human hunderstanding*, Book III, ch. 4, para. 7, ed. by J.W. Yolton, 1974, London, Dent, Everyman's library, t. 2, p. 27.

[756] D. LOSCHAK, *Le Rôle politique du juge administratif français*, Paris, Éd. LGDJ, 1972, p. 138-149.

Tout cela paraphrase Augustin D'HIPPONE[757] quand il affirme que : *« Ce(s) mot(s) quand nous (les) prononçons, nous en avons à coup sûr l'intelligence et de même quand nous (les) entendons prononcer par d'autres. Qu'est-ce donc que (l'intérêt général) ? Si personne ne m'interroge, je le sais ; si je veux répondre à cette demande, je l'ignore. »*

632. Toutefois, en dépit de ces difficultés apparentes de définition de la notion d'intérêt général, d'autres auteurs se sont évertués à lui trouver une certaine signification, même si pour se faire ces derniers mettent en avant, dans leurs démarches, les fonctions du concept[758]. Ainsi, selon la conception anglo-saxonne de la notion, l'intérêt général *« ... est formé par l'ensemble des intérêts particuliers »*[759]. Cette conception est d'inspiration libérale ou utilitariste et triomphe, notamment, dans la théorie économique du choix et les théories libérales de la justice[760].

633. À l'antipode de cette conception, l'on retrouve la deuxième conception d'essence volontariste. Elle est celle correspondant à la tradition française dont s'inspirent profondément les systèmes juridiques des États francophones d'Afrique au rang desquels, il y a le Mali. Elle est basée « sur la conviction que l'intérêt général ne peut se résumer à la conjonction aléatoire d'intérêts économiques privés mais doit la dépasser par un processus décisionnel dont l'application relève de l'État »[761].

634. Au regard de ces deux conceptions de la notion, ainsi que des manifestations de celle-ci, l'on pourrait entendre par intérêt général la mission et/ou l'objectif d'un service public ou d'une personne morale, auquel est assigné un tel rôle, en vue de pourvoir à la satisfaction d'un besoin spécifique de l'ensemble des membres de la société.

635. Tel qu'ainsi appréhendé, l'intérêt général doit être distingué, très soigneusement, de certaines notions qui lui sont voisines et avec lesquelles il pourrait facilement prêter à confusion. Ainsi, l'intérêt général doit être distingué de l'intérêt collectif tout comme de l'intérêt d'autrui.

636. L'intérêt collectif renvoie à l'hypothèse où *« ... un plaideur exerce une action, non dans son intérêt propre, mais dans l'intérêt de la catégorie sociale*

---

757 A. D'HIPPONE, *Les Confessions*, disponible sur https://www.grainesdepaix.org, consulté le 03 juin 2022, à 10 h 58 mn.
758 J. CHEVALLIER, « L'intérêt général dans l'Administration française », *RISA*, IV, 1975, p. 325.
759 « L'intérêt général et les intérêts particuliers », cité par le groupe de travail Intérêt général *in* Rapport collectif sur l'intérêt général, novembre 2015, p. 10, disponible sur www.vie-publique.fr, consulté le 30 avril 2023.
760 P.-H. DUTHEIL et A. VACCARO, *Étude sur la rénovation de l'intérêt général en France*, avril 2013, p. 8.
761 *Ibid.*

qu'il prétend représenter »[762]. Il est différent de l'intérêt général[763] qui vise non pas l'intérêt d'un groupe donné mais celui de la collectivité, de la société tout entière ou de l'ensemble de ses membres. L'intérêt collectif consacre la capacité d'agir des syndicats au nom des membres de leurs professions. Ce droit d'action des syndicats, acquis depuis longtemps, est d'origine jurisprudentielle[764]. Il consacre également le pouvoir d'agir, quoique limité[765], des associations.

637. La défense de l'intérêt d'autrui a trait au fait pour le titulaire d'une action d'agir non pas pour son propre compte mais bien pour le compte d'autrui. Cet autrui peut être un groupement ou une personne physique. La défense de l'intérêt d'autrui est constitutive d'une véritable action de substitution[766]. La notion d'intérêt d'autrui sera davantage explicitée, plus loin, dans le cadre des développements consacrés à la représentation d'autrui par les officiers du ministère public.

Comme il appert des lignes qui précèdent, le rapprochement terminologique entre l'intérêt général et ces notions voisines ne doit pas conduire à leur confusion.

638. L'intérêt général est une notion à la croisée des chemins entre la philosophie, la politique[767] et le droit. Il a donc un caractère multidimensionnel ou plutôt multidisciplinaire. La notion n'intéresse, dans le cadre de la présente étude, que dans sa seule acception juridique et, plus encore, dans ses liens avec les droits, civil et commercial, d'une part, et, de l'autre avec le ministère public, organe incontournable en droit judiciaire privé.

---

[762] L. CADIET et E. JEULAND, *Droit judiciaire privé, op. cit.*, n°°380, p. 269.

[763] Cass. civ., 19 déc. 1995 : *JCP* 1996, I, 3925, n°°15, obs. RAIMBAULT (action fondée sur une atteinte à la vie privée : non) et 28 nov. 1995 : *JCP* 1996, I, 3925, n°°16, obs. CHEVILLARD.

[764] Cass. ch. réunies, 5 avr. 1913 : *DP* 1914, 1, 65, rapp. FALCIMAIGNE, concl. SARRUT et note NAST ; *S.* 1920, 1, 49, note A. MESTRE.

[765] Cass. ch. réunies, 15 janv. 1923 : *S.* 1924, 1, 49, rapp. BOULLOCHE et note CHAVEGRIN ; *DP* 1924, 1, 153, concl. MERILLON et note ROLLAND.

[766] Cette qualification a été discutée, mais écartée, à propos de l'action du ministre de l'Économie tendant à la cessation de pratiques prohibées, l'annulation des clauses ou contrats illicites, la répétition de l'indu et au prononcé d'une amende civile (C. com., art. L. 442-6, III) : Cass. com., 8 juill. 2008 : *JCP* 2008, act. 507, obs. LUCIANI et I, 206, n°°14, obs. SERINET ; *D.* 2008, 2046, note BANDRAC, qui y voit une action autonome de protection du fonctionnement du marché et de la concurrence, dont on peut penser qu'elle est plus proche de l'action du ministère public…, affranchie du consentement ou de la présence des fournisseurs lésés, et qui ne saurait donc être déclarée irrecevable au motif qu'il s'agirait d'une action de substitution exercée. Cons. const., 13 mai 2011, n°°2011-126 QPC ; L. CADIET et E. JEULAND, *Droit judiciaire privé, op. cit.*, p. 276.

[767] J.-C. FARCY, *Magistrats en majesté. Les discours de rentrée aux audiences solennelles des cours d'appel (XIXe-XXe siècles)*, Paris, Éd. CNRS, 1998, p. 408-409.

639. Ainsi, sur le plan strictement juridique, en l'absence d'une définition claire et précise pouvant faire l'unanimité, il faut essentiellement retenir que : *« l'intérêt général est la pierre angulaire de l'action publique*[768] *»*[769]. Des doctrinaires publicistes ont pu, à cet égard, soutenir que : *« Le moteur de l'action administrative..., c'est la poursuite de l'intérêt général... »*[770] ou, encore, que : *« Le service public est une activité d'intérêt général assurée soit par une personne publique soit par une personne privée rattachée à une personne publique et soumise à un régime juridique particulier »*[771].

Le professeur René CHAPUS a, quant à lui, soutenu que : *« Ce que peut avoir de relief la détention de prérogatives de puissance publique par l'administration ne doit pas dissimuler qu'elle n'en dispose [...] que pour assurer au mieux le service de l'intérêt général, c'est-à-dire les services publics »*[772].

640. Comme on peut facilement le relever, ces différents auteurs évoquent la notion d'intérêt général à travers la définition ou les missions d'une autre notion, à savoir celle de service public. Une telle démarche se comprend aisément quand on sait que, comme l'administration générale, la justice relève également des services publics. Elle occupe d'ailleurs une place de choix parmi ceux-ci en ce qu'elle relève, par ailleurs, des missions régaliennes de la puissance publique.

641. Le professeur Roger PERROT a, fort opportunément dans cette veine, pu écrire que : *« De tout temps, la justice a été considérée comme un attribut essentiel de la Souveraineté. Dans l'ancienne France, on exprimait cette idée en disant que « toute justice émane du Roi. » De nos jours, les jugements sont rendus « au nom du Peuple français ». Mais l'idée reste la même : seul le Souverain est habilité à rendre la justice et, on concevrait mal que l'État ne s'en réserve pas le monopole exclusif »*[773].

642. Sur le plan purement pratique, la mise en œuvre de l'intérêt général embarrasse bien souvent le juriste[774], même si celui-ci s'en sert parfois pour trouver la solution à certaines situations auxquelles le droit paraît fournir peu de pistes pour le règlement. Puisqu'en effet, *« le juge s'appuie sur (l'intérêt*

---

768 Par action publique, ici, il faut entendre l'action de la puissance publique c'est-à-dire l'État. Puisque la notion d'« action publique », tout court, a un tout autre sens en procédure pénale. Ce qui n'est pas le sens qu'il faille retenir dans le contexte présent.

769 C. E., jurisprudence et avis, Rapport public sur l'intérêt général, 1999.

770 J. WALINE, *Droit administratif*, Paris, Dalloz, 23e éd., 2010, n°3, p. 3.

771 D. SY, *Droit administratif*, Dakar, L'Harmattan, 3e éd., 2021, p. 409.

772 R. CHAPUS, *Droit administratif général*, Paris, Montchrestien, t. 1, 15e éd., 2001, n°742, p. 573.

773 R. PERROT, *Institutions judiciaires*, Paris, Lextenso – Éd. Montchrestien, 15e éd., 2012, n°61, p.63.

774 P. MAZEAUD, vœux, en qualité de président du Conseil constitutionnel, au Président de la République, 3 janv. 2006, disponible sur www.conseil-constitutionnel.fr, consulté le 19 août 2023 à 21 h 24.

général) lorsqu'il manque d'éléments juridiques pour prendre et sans doute plus encore pour motiver sa décision »[775].

643. Même s'il est légitime, au regard de ce qui précède, de redouter d'éventuels recours abusifs à la notion, il est évident qu'elle constitue à travers l'emploi qui pourrait en être fait sinon une échappatoire du moins un moyen pour le magistrat de se soustraire des conséquences du déni de justice. L'éventualité de l'abus[776], dans l'usage de la notion, pourrait facilement découler de ce qu'il appartient au magistrat d'y donner du contenu et d'en déterminer le sens qu'il croit convenable. L'absence de définition légale favorise, à n'en point douter, ce risque de débordement d'autant que la liberté d'interprétation du magistrat est moins rigoureuse en matière civile et commerciale qu'en droit criminel.

644. L'intérêt général, comme on vient de le découvrir, passe pour une caractéristique essentielle du service public de la justice. L'institution judiciaire poursuit, en effet, non pas la satisfaction des besoins de ses différents acteurs mais plutôt la prise en charge des préoccupations de la collectivité entière ainsi que de tous les membres qui y relèvent. L'importance de la notion d'intérêt général explique que sa prééminence déborde la sphère pénale pour se manifester également en droit privé, en général, et en droits, civil et commercial, en particulier.

645. Il se comprend aisément, en conséquence, qu'elle soit la justification principale de l'intervention du parquet en matière civile et commerciale. L'on peut affirmer dans ces conditions qu'il existe des liens étroits entre les notions d'intérêt général, d'une part et, de ministère public, d'autre part. Ces rapports expliquent que la première sert, en bien des cas, de boussole à la seconde dans l'accomplissement de ses missions.

646. Si l'on peut affirmer, après cette esquisse exploratoire de la notion d'intérêt général, qu'à défaut d'un entendement unanime on a une certaine idée de celle-ci, cherchons à présent à découvrir ce qu'elle pourrait avoir comme rapport avec l'action du ministère public en matière civile et commerciale.

B. Le lien indissoluble entre le parquet et l'intérêt général

647. Comme il a déjà été effleuré plus haut[777], l'intérêt général n'est pas sans rapport avec le ministère public officiant en matière civile et commerciale, même si lesdits liens paraissent, *a priori*, difficiles à saisir. Mais un examen attentif et approfondi des différentes notions, à savoir l'intérêt général, le ministère public et le droit civil, permet de dissiper très rapidement ce préjugé.

---

[775] D. TRUCHET, *L'Intérêt général dans la jurisprudence du Conseil d'État*, 1999, disponible sur www.conseil-etat.fr, consulté le 20 août 2023 à 22 h05.
[776] P. TRUCHE, *Juger, être jugé. Le magistrat face aux autres et à lui-même*, Paris, Éd. Fayard, 2001, p. 33.
[777] *Supra*, p. 172 et s.

648. Le droit positif malien, à l'image de celui béninois dans une certaine mesure[778], ne mentionne pas expressément l'intérêt général parmi les raisons légales pouvant légitimer l'intervention du parquet en matière civile et commerciale. C'est de façon tacite, notamment, à travers certaines dispositions du décret n°°99-254/P-RM du 15 septembre 1999 portant code de procédure civile, commerciale et sociale en République du Mali[779] (CPCCS)[780] que l'on entrevoit l'idée[781].

649. En effet, certaines questions relevant du droit civil sont d'une importance et/ou d'une sensibilité telle(s) qu'elles ne sauraient être abandonnées entre les mains des seuls individus, fussent-ils, titulaires des droits y découlant[782]. L'usage que ces derniers pourraient faire de ces droits individuels pourrait déborder de la sphère privée et nuire, dans certains cas, à la collectivité.

C'est pourquoi, Mme la professeure Michèle-Laure RASSAT a pu affirmer qu'*« On ne peut pas dire que l'État y soit totalement indifférent car la collectivité a intérêt à ce que les règles de fond du droit positif soient respectées et à ce que l'harmonie règne, autant que faire se peut, entre les individus »*[783].

650. S'il est donc une chose que des droits et libertés soient reconnus aux personnes privées, pour leur dignité et leur plein épanouissement, il en est une autre que la jouissance desdits droits et libertés soit encadrée par la puissance publique. Cet encadrement par l'État le conduit conséquemment à agir, à travers ses services compétents, en vue d'assurer la régulation et la discipline indispensables au maintien de l'ordre et de la quiétude publics.

651. C'est ce qui justifie que, dans l'exécution de sa mission de distribution de la justice, l'État agit à travers le service public de la justice. Au sein de l'institution judiciaire, l'organe le mieux indiqué pour poursuivre la défense de l'intérêt général est, sans doute, le ministère public qui dispose de ses officiers propres

---

[778] Ici, le droit positif béninois est évoqué de façon nuancée puisque le seul texte que l'on a consulté, à savoir la loi n°°2008-07 du 28 février 2011 portant code de procédure civile, commerciale, sociale, administrative et des comptes (CPCCSAC), ne consacre en aucune de ses dispositions la notion d'intérêt général. C'est dire en conséquence que l'on assiste à une véritable similitude de positionnement des deux droits positifs sur la question.

[779] V. le décret n°°99-254/P-RM du 15 septembre 1999 portant code de procédure civile, commerciale et sociale (CPCCS) qui prévoit en son article 429 que : *« Le ministère public agit d'office dans les cas spécifiés par la loi »*.

[780] Ce texte a subi une modification par le décret n°°09-220/P-RM du 11 mai 2009.

[781] En ce qui concerne la situation au Bénin, v. le CPCCAC, *op. cit.*, art. 32 et 417.

[782] *« Des affaires purement civiles et qui devraient être de l'apanage des parties peuvent être d'une telle sensibilité qu'elles concernent l'intérêt général »*, Y. DIALLO, *Le Procureur de la République. La pratique du parquet, op. cit.*, p. 447.

[783] M.-L. RASSAT, *Le Ministère public entre son passé et son avenir, op. cit.*, n°°8, p. 14.

différents des juges appelés à trancher les litiges soumis aux organes juridictionnels.

652. Dans la mission de défense de l'intérêt général devant les organes juridictionnels, le ministère public bénéficie sinon d'un monopole[784] du moins d'une prééminence incontestable[785]. Un tel rôle lui sied plus qu'à tous les autres acteurs judiciaires[786] d'autant plus qu'homme public, le magistrat du parquet doit être exclusivement animé par *« la seule considération de l'utilité publique »*[787].

Ni les parties privées et leurs conseils ni le juge encore moins l'huissier-commissaire de justice ne seraient autant mieux indiqués et fondés à assurer *« ... la poursuite de l'intérêt général, ou encore de l'utilité publique, ou, dans une perspective plus philosophique, du bien commun »*[788].

653. L'existence d'un rapport si étroit entre l'intérêt général et le ministère public ne doit, cependant, pas conduire à penser que les parquetiers sont les

---

[784] Au Mali, l'on peut affirmer qu'il résulte par exemple des dispositions de l'article 25 de la loi n°°2016-006 du 24 février 2016 portant organisation de la concurrence. Cet article dispose en effet qu'en matière de régulation de la concurrence : *« Les décisions sont prises par le Directeur en charge de la Concurrence qui peut transiger avec les personnes poursuivies, à leur demande, pour infraction à la présente loi. »* Lesdites dispositions continuent en ajoutant un deuxième alinéa qui prévoit que : *« Le directeur en charge de la concurrence peut déléguer ses pouvoirs aux chefs de divisions centrales ou aux directeurs régionaux. »*

Ces dispositions consacrent des prérogatives en faveur des agents du service de la concurrence, concurremment aux droits reconnus au ministère public, voire à la direction générale du Contentieux de l'État. Cela peut se comprendre dans la mesure où il s'agit d'une matière spéciale avec des spécificités dont on comprendrait le caractère dérogatoire au droit commun.

[785] Pour une idée de la question en droit français, A. B. WETTERWALD, E. BONIS et Y. CAPDEPON, *Procédure civile*, Paris, Éd. Cujas, 2017, n°°170, p. 82 et 83 ; v. le code de commerce français, art. L. 442-6 III.

[786] Il n'y aurait aucun sens d'investir une partie privée au procès civil de la mission de défendre l'intérêt général. Une telle partie n'est mue ou ne peut être mue que par la volonté de sauvegarder ses propres intérêts, lesquels sont forcément individuels. Tandis que le parquet n'a aucun intérêt personnel ou intrinsèquement privé à défendre devant les juridictions civiles et/ou commerciales. Dans le même ordre d'idée, il est inadmissible d'attribuer au juge la faculté de s'autosaisir au nom d'un prétendu besoin de défense ou de préservation de l'intérêt général. Le juge mérite de rester dans sa posture d'arbitre pour ne pas se voir reprocher une quelconque partialité. Ce qui n'est pas le cas du ministère public qui, par essence, est naturellement partie au procès même s'il est loin d'être une partie ordinaire.

[787] H. F. D'AGUESSEAU, Huitième mercuriale : « L'homme public », prononcée à Pâques, 1706, in M. E. FALCONNET, *Œuvres de D'Aguesseau*, t. 1er : *Mercuriales*, Paris, Chez Napoléon CHAIX et Cie, Imprimeurs-Editeurs, 1865, p. 223.

[788] J. WALINE, *Droit administratif*, *op. cit.*, n°°3, p. 3.

représentants de l'État auprès des instances juridictionnelles. Une telle acception de l'institution est entièrement biaisée puisqu'elle fait du ministère public un organe administratif et est, par ailleurs, réductrice tant de son identité que de son rôle. En effet, il est important de préciser que s'il est vrai qu'il peut arriver que les officiers du ministère public agissent au compte de l'État, il n'en demeure pas moins qu'ils n'officient qu'au seul nom de la collectivité[789].

654. L'action du ministère public n'est donc exercée qu'au nom de la société, quel que soit l'objectif recherché. Même l'existence de la subordination des membres du ministère public ne devrait faire perdre de vue que le ministère public n'est jamais que *« le représentant de la société et le commissaire de la loi qui en est l'expression »*[790].

655. En vérité, le seul représentant de l'État, en justice au Mali, est la direction générale du Contentieux de l'État (DGCE)[791]. Ce service central, relevant de la primature et rattaché sur le plan fonctionnel au Secrétariat Général du Gouvernement (S.G.G) s'évertue, autant que faire se peut, à assurer devant les instances juridictionnelles la représentation de la puissance publique ainsi que la défense de ses intérêts.

656. La création d'un service public dédié exclusivement à la poursuite d'une telle mission est loin d'être une exclusivité malienne. La plupart des États disposent d'un outil du genre, même si des dissemblances peuvent être notées dans les formes et les appellations utilisées. Une telle mission est, par exemple, assurée en France[792] par l'agent judiciaire du trésor.

657. Au regard de ces différents éléments, il convient de noter qu'aussi bien le ministère public que la DGCE sont tous les deux habilités à agir dans l'intérêt ou au compte de l'État. Le service en charge de la concurrence tout comme l'administration fiscale, peuvent également ester en justice au compte de l'État. Cependant, ces administrations spécialisées doivent[793] se faire représenter et/ou

---

789 Sur ces aspects, L. CADIET et E. JEULAND, *Droit judiciaire privé*, Paris, LexisNexis, 9e éd., 2016, n°°365, p. 293.

790 L. CADIET et E. JEULAND, *Droit judiciaire privé, op. cit.*, n°°372, p. 265.

791 Ord., n°°2014-018/P-RM du 03 octobre 2014 portant création de la direction générale du Contentieux de l'État (DGCE), art. 2 et 3.

792 Les actions dirigées contre l'État en France sont, en principe, formées à l'encontre de l'agent judiciaire du Trésor : v. L. n°°55-366, 3 avr. 1955, art. 38 ; L. CADIET et E. JEULAND, *Droit judiciaire privé, op. cit.*, n°°373, p. 265.

793 La décision de l'État du Mali de créer un service dédié exclusivement à la défense de ses intérêts auprès des organes juridictionnels et arbitraux s'explique essentiellement par le souci d'éviter la saignée financière avec le recours aux avocats. Ces derniers exigent, en effet, chaque fois qu'il s'agit de l'État, des honoraires faramineux. Or, avec la DGCE, des agents publics, professionnels du droit par ailleurs, assurent l'animation de ce service. C'est pourquoi on y rencontre des magistrats aussi bien de l'ordre judiciaire que de l'ordre administratif, des professeurs de droit, des administrateurs civils, etc.

assister par la direction générale du contentieux de l'État, une fois qu'un organe juridictionnel ou arbitral doit être saisi[794].

Aussi, est-il exigé du ministère public d'intervenir dans les procédures judiciaires visant la prise en charge de ces intérêts publics[795]. Les causes civiles et commerciales concernant la puissance publique relèvent en effet des affaires communicables, ce qui a pour conséquence qu'à l'audience, le ministère public doit être représenté[796].

658. Le monopole est défini par le professeur Gérard CORNU comme le *« [r]égime de droit (monopole de droit) ou situation de fait (monopole de fait) ayant pour objet ou résultat de soustraire à toute concurrence sur un marché une entreprise privée ou un organe ou établissement public... »*[797]. Il s'agit donc de l'attribution exclusive de la jouissance ou de l'exercice d'un droit à un ou plusieurs sujets de droit bien déterminés dans un espace donné.

659. Le monopole de la défense de l'intérêt général par le ministère public signifie donc que c'est le parquet seul, sous réserve de ce qui a déjà été dit relativement aux administrations spécialisées, qui est habilité à exercer, devant les instances juridictionnelles, la mission de défense et de protection des droits de la collectivité. Cette situation ne peut qu'engendrer dès lors des conséquences.

660. La première conséquence est justement que toute action intentée au nom et pour le compte de la société et qui n'émanerait pas du ministère public ou d'un organe habileté concurremment avec lui, devrait être rejetée. À vrai dire, c'est la demande même de la personne portant une telle action qui doit être déclarée irrecevable pour défaut de qualité, le rejet intervenant au fond. Puisque *« [l]a qualité pour agir désigne le titre juridique qui donne le droit d'agir »*[798].

A contrario, les magistrats du ministère public ne doivent exercer d'action n'entrant pas dans le cadre de l'intérêt général, telle par exemple agir pour un

---

[794] À cet égard, le décret n°°2014-0849/PRM du 12 novembre 2014 fixant l'organisation et les modalités de fonctionnement de la direction générale du Contentieux de l'État (DGCE), en son article 4, al. 1er et 2, dispose que : *« À peine de nullité, le directeur général est destinataire de tous les actes de procédure juridictionnelle et arbitrale intéressant l'État et les organismes publics relevant de son domaine de compétence.*
Il lui est communiqué les actes de procédure intéressant les collectivités territoriales et les organismes publics ne relevant pas de son domaine de compétence chaque fois qu'il est appelé à intervenir, sur sa demande expresse ou de par la loi, dans une procédure contentieuse donnée. »

[795] CPCCS, *op. cit.*, art. 432. 1.

[796] Loi n°°2011-037 du 15 juillet 2011 portant organisation judiciaire en République du Mali, art. 29, al. 3.

[797] G. CORNU (dir.), *Vocabulaire juridique*, *op. cit.*, p. 598.

[798] A. B. WETTERWALD, E. BONIS et Y. CAPDEPON, *Procédure civile*, *op. cit.*, n°°164, p. 79.

intérêt individuel, que lorsque cela est expressément admis par la loi, comme on l'a vu avec les personnes vulnérables[799].

661. Une autre conséquence est que, dans le traitement des causes où l'intérêt général est en jeu, il doit impérativement résulter du dossier la mention ou la preuve que le ministère public a été saisi par la juridiction civile. De même, lorsque dans l'accomplissement de sa mission de défense de l'intérêt général il arrive au ministère public de succomber, la juridiction civile saisie de la cause ne saurait être fondée à le condamner aux frais qui sont supportés par l'État[800]. Il ne saurait non plus être condamné à supporter les frais engagés par la partie gagnante qui devra, elle-même, supporter ceux-ci[801].

662. Enfin, les magistrats du ministère public ne doivent souffrir de quelques restrictions que ce soit dans leur action au nom et au compte de la société. Tout comme les plaideurs ordinaires, ils doivent pouvoir librement agir et surtout faire valoir les arguments qu'ils estiment convenables au succès de leurs prétentions.

663. Si la défense de l'intérêt général est la justification principale de l'intervention du ministère public en matière civile et commerciale, il va sans dire que ladite intervention a des justifications secondaires qui méritent, à présent, de retenir l'attention.

Paragraphe II : Les justifications secondaires

664. L'intervention du ministère public, en matière civile et commerciale au Mali, est motivée, en plus du souci d'assurer la défense de l'intérêt général, par bien d'autres raisons. Ces dernières, cependant, dans un souci de catégorisation, seront considérées ici comme étant les motivations subsidiaires de l'action des officiers du ministère public en droit judiciaire privé, plus spécifiquement, dans la sphère civile et commerciale.

665. Le caractère secondaire de ces autres raisons n'est nullement synonyme de leur faible importance ou l'expression d'un quelconque désintérêt les concernant. Elles sont tout autant nécessaires à la compréhension du sujet qu'indispensables à son examen efficient et approfondi.

666. Les justifications secondaires de l'intervention du ministère public en matière civile et commerciale ont donc trait à la défense de l'ordre public (A), d'une part, et à la représentation d'autrui (B), d'autre part.

---

[799] *Supra*, p. 42 et s.

[800] En l'espèce, les dépens sont mis, par les juridictions, à la charge du trésor public, conformément aux dispositions de l'article 131. 1. de la loi n°°2018-009 du 12 février 2018 portant modification de la loi n°°06-067 du 29 décembre 2006, modifiée, portant code général des impôts au Mali.

[801] Cass. com., 2 nov. 1994 : *JCP* 1994, II, 22337, note PERDRIAU.

A. La défense de l'ordre public

667. La découverte du sens d'une notion est indispensable à son judicieux emploi dans le jeu de la communication. Or, il y a bien des notions qui sont polysémiques[802], ce qui, par conséquent, appelle à la vigilance dans leur usage, puisqu'en ce cas c'est seulement le paramètre contextuel qui doit être mis en avant dans la détermination du sens qu'il faille leur donner. L'ordre public relève justement de ces notions fort complexes à être cernées et qui incarnent aussi bien la polysémie que la polymorphie.

668. Le caractère polysémique[803] de la notion a été relevé par plusieurs doctrinaires qui n'ont eu comme seul consensus sur l'ordre public que sa *« définition a donné lieu à de nombreuses controverses »*[804]. Quant au trait polymorphique de la notion, il fait allusion au fait que l'ordre public embrasse quasiment tous les domaines du droit, ce qui en fait, selon un auteur, une « des notions les plus usitées en droit »[805].

C'est ainsi qu'entre autres le droit de la famille[806], le droit du travail[807], le droit successoral[808], les relations économiques[809], le droit pénal[810], le droit

[802] J.-M. SAUVE, « L'ordre public, Regards croisés du Conseil d'État et de la Cour de cassation », p. 2, disponible sur le site de la Cour de cassation française : www.courdecassation.fr, consulté le 04 avril 2023.

[803] L. JULLIOT DE LA MORANDIÈRE, « L'ordre public en droit privé interne », *Études Capitant*, 1939, p. 381 et s. ; G. RIPPERT, « L'ordre économique et la liberté contractuelle », *Études Gény*, 1934, 1939, t. II, p. 437 et s. ; Ph. MALAURIE, *L'Ordre public et le contrat. Étude de droit civil comparé : France, Angleterre, URSS*, Paris, 1951 ; P. RAYNAUD, « L'ordre public économique. Les cours de droit », 1956-1966.

[804] F. TERRE, Ph. SIMLER et Y. LEQUETTE, *Droit civil. Les obligations*, Paris, Dalloz, 11e éd., 2013, n°°372, p. 418.

[805] D. TOUNKARA, « L'ordre public procédural ouest-africain : contribution à la théorie du procès équitable en Afrique de l'Ouest », n°°1, p. 2, disponible sur http://afrilex.u-bordeaux.fr, consulté le 06 mai 2023.

[806] A. BENABENT, « L'ordre public en droit de la famille » *in* T. REVET (dir.), *L'Ordre public à la fin du XXe siècle*, Dalloz, 1996, p. 27 ; C. DUARD-BERTON, « L'ordre public dans le droit de la famille », thèse de droit, Paris-II, 2004 ; F. NIBOYET, « L'ordre public matrimonial », *RTD civ.*, revue trimestrielle de droit civil, 2008, 03, p. 577 ; M. AZAVANT, « L'ordre public et l'état des personnes », thèse de droit, Pau, 2000 ; N. BALBO-IZARN, « Convention entre époux et divorce : contribution à la définition d'un ordre public conjugal de séparation », thèse de droit, Toulon, 2000 ; J. REVEL, « Les conventions entre époux désunis. Contribution à l'étude de la notion d'ordre public matrimonial », *JCP G* 1982, I,3055.

[807] M. BONNECHERE, « L'ordre public au sens du droit du travail », *JCP* 1974, n°°11604, p. 601 ; N. MEYER, *L'Ordre public en droit du travail. Contribution à l'étude de l'ordre public en droit privé*, Paris, Éd. LGDJ, 2006.

[808] M. BEAUBRUN, « L'ordre public successoral », thèse de droit, Paris-II, France, 1979.

international privé[811] ou encore le droit communautaire[812] se retrouvent, chacun, avec l'empreinte de la notion d'ordre public.

669. Parlant de l'ordre public, un professeur de droit[813] n'affirma-t-il pas que *« nul n'a jamais pu en définir le sens, chacun en vante l'obscurité et tout le monde s'en sert »* ? C'est dire déjà que, si la notion n'est pas insaisissable, elle paraît tout de même ne pas être perçue des uns et des autres de façon nette et unanime.

Dans ces conditions, la meilleure piste à explorer est conseillée par Jean Marc-Sauvé qui soutient que : *« lorsque les définitions sont malaisées ou controversées et que les concepts se font insaisissables, un retour aux principes fondamentaux s'impose »*[814].

670. Ainsi, l'ordre public étant perçu par certains publicistes[815] comme une notion essentiellement fonctionnelle[816], il a donc pu être perçu comme un *« état dans lequel les libertés s'exercent le mieux »*[817] et qui garantit les *« exigences fondamentales du contrat social, implicites et permanentes »*[818]. À l'opposé, le

---

[809] G. FARJAT, *L'Ordre public économique*, Éd. LGDJ, 1963 ; R. SAVATIER, « L'ordre public économique », *D.* 1965, chron. p. 37 ; J. MESTRE, « L'ordre public dans les relations économiques » *in* T. REVET (dir.), *L'Ordre public à la fin du XXe siècle*, Paris, Dalloz, 1996, p. 33.

[810] S. CIMAMONTI, « L'ordre public et le droit pénal » *in* T. REVET, *L'Ordre public à la fin du XXe siècle*, Dalloz, 1996, p. 89 ; A. CERF, « Ordre public, droit pénal et droits fondamentaux » *in* M.-J. REDOR (dir.), *L'Ordre public : ordre public ou ordres publics ? Ordre public et droits fondamentaux*, Bruxelles, Éd. Bruylant, 2001, p. 63.

[811] P. LAGARDE, *Recherches sur l'ordre public en droit international privé*, Paris, LGDJ, 1959 ; J. FOYER, « Remarques sur l'évolution de l'exception d'ordre public international depuis la thèse de P. Lagarde », *Mélanges P. Lagarde*, Paris, Dalloz, 2005, p. 285.

[812] M. CASTILLO et R. CHEMIN, « La réserve d'ordre public en droit communautaire » *in* M.-J. REDOR (dir.), *L'Ordre public : ordre public ou ordres publics ? Ordre public et droits fondamentaux*, Bruxelles, Éd. Bruylant, 2001, p. 133 ; M. BOUTARD LABARDE, « L'ordre public en droit communautaire » *in* T. REVET (dir.), *L'Ordre public à la fin du XXe siècle*, *op. cit.*, p. 83.

[813] Ph. MALAURIE cité par M. GAUTIER dans « L'ordre public » *in* J.-B. AUBY (dir), *L'Influence du droit européen sur les catégories du droit public*, Paris, Dalloz, 2010, p. 317.

[814] J.-M. SAUVE, « L'ordre public. Regards croisés du Conseil d'État et de la Cour de cassation », *op. cit.*, p. 1.

[815] Il faut entendre par là que les spécialistes du droit public avec les privatistes, c'est-à-dire les spécialistes du droit privé, forment la communauté des juristes.

[816] D. SIMON, « L'ordre public », *op. cit.*, note 2, p. 325.

[817] B. SEILLER, « La notion de police administrative », *RFDA*, 2015, p. 877.

[818] CE, « Étude relative aux possibilités juridiques d'interdiction du port du voile intégral », Rapport adopté par l'assemblée générale plénière du Conseil d'État le 25 mars 2010, p. 26-27.

professeur Jacques GHESTIN, un privatiste, a fait observer que : *« la notion d'ordre public utilisée par le législateur n'a reçu de définition ni dans la loi, ni même, semble-t-il, dans la doctrine. Il s'agit bien d'une notion à contenu variable indéterminé, qui ne peut être précisée que par les applications qui en sont faites »*[819].

671. Au même moment, la notion d'ordre public est mise en avant en matière pénale, soit pour tenter de justifier l'opportunité des poursuites, soit pour justifier une certaine mise à mal de l'égalité de tous devant la loi pénale[820]. Une telle lecture permet de se rendre à l'évidence que la notion renvoie à la nécessité, pour l'État, d'assurer le bon fonctionnement des services publics ainsi que la sécurité et la moralité des rapports entre particuliers au sein de la cité. C'est dire que la préservation de l'ordre public permet de garantir le libre exercice des droits et libertés de chacun[821].

672. La doctrine distingue, entre autres[822], l'ordre public interne de l'ordre public international[823], l'ordre public social[824] de l'ordre public économique[825]. L'ordre public social est le *« caractère s'attachant à la plupart des règles légales ou réglementaires de droit du travail et en vertu duquel les stipulations conventionnelles ou contractuelles qui seraient contraires, dans un sens défavorable aux salariés, au contenu des règles étatiques sont invalides »*[826].

673. L'ordre public économique, quant à lui, est dit de protection ou de direction par les auteurs. Il faut entendre par *« ordre public de protection l'ensemble des règles du droit positif régissant de manière impérative les rapports contractuels, dans le but de protéger l'une des parties au contrat »*[827] et par ordre public de direction, *« les règles de droit impératif ayant pour but une meilleure*

---

819 J. GHESTIN, « L'ordre public, notion à contenu variable en droit privé français », *in Les Notions à contenu variable en droit*, Travaux du Centre national de recherches de logique, Éd. Bruylant, Bruxelles, 1984, p. 77.

820 J. VERGÈS, *Dictionnaire amoureux de la justice*, Paris, Éd. Plon, 2002, p. 432 et s.

821 J. PETIT, « Les ordonnances Dieudonné : séparer le bon grain de l'ivraie », *AJDA*, 2014, p. 871.

822 Pour avoir une idée d'autres aspects de la question, v. A. BENABENT, *Droit civil. Les obligations*, Paris, Montchrestien, 11e éd., 2007, n°°160 et s., p. 123 et s.

823 V. Civ., 25 mai 1948, Lautour : *D.* 1948. 357, note P. L.-P., *Rev. crit. DIP* 1949. 89, note H. Batiffol, Grands arrêts DIP, n°°19 ; v. aussi R. LIBCHABER, « L'exception d'ordre public en droit international privé » *in L'Ordre public à la fin du XXe siècle*, 1996, p. 65.

824 A. BENABENT, *Droit civil. Les obligations*, *op. cit.*, n°°160, p. 124.

825 Ph. MALAURIE, L. AYNES et STOFFEL-MUNCK, *Droit des obligations*, Paris, LGDJ, 7e éd., 2015, n°°650, p. 328.

826 Lexique des termes juridiques, Paris, Dalloz, 25e éd., 2017.

827 M. CUMYN, « Les sanctions des lois d'ordre public touchant à la Justice contractuelle : leurs finalités, leur efficacité », disponible sur www.themis.umontreal.ca, consulté le 03 mai 2023.

organisation des rapports contractuels dans l'intérêt général de la société »[828]. Par ailleurs, en droit processuel, une règle est dite d'ordre public[829] lorsque sa violation est susceptible d'être invoquée par les deux parties, soulevée par le ministère public et relevée d'office par la juridiction saisie.

674. L'ordre public est d'origine textuelle ou virtuelle. Le premier tire sa source de la loi et le second, encore appelé implicite, de la jurisprudence. Ainsi, *« Dans le silence des textes, les juges peuvent conférer un caractère d'ordre public à une disposition s'ils estiment que son respect est nécessaire à la sauvegarde des intérêts de la société... »*[830].

675. Ces différentes dimensions de l'ordre public conduisent dès lors à s'interroger sur ses liens éventuels avec le ministère public. Pour mieux saisir les rapports entre les deux notions, il convient de s'intéresser à une autre notion, à savoir l'action en justice. Perçue comme une *« notion subtile dont la nature juridique est plurielle »*[831], l'action en justice désigne la prérogative reconnue aux sujets de droit de saisir les organes juridictionnels afin de la consécration de leurs droits ou intérêts légitimes[832].

Cette définition vaut lorsqu'on se met du côté du requérant, c'est-à-dire de la personne qui prend l'initiative du déclenchement du procès civil. Appréhendée de l'autre côté, elle signifie le droit du défendeur de discuter le bien-fondé de la prétention soutenue à son encontre.

676. S'agissant de l'action du ministère public en matière civile et commerciale, la base légale[833] constitue les dispositions de l'article 430 du code de procédure civile, commerciale et sociale (CPCCS) qui disposent qu' : *« ... il [le Ministère public] peut agir pour la défense de l'ordre public à l'occasion des faits qui portent atteinte à celui-ci »*[834].

---

828 M. CUMYN, « Les sanctions des lois d'ordre public touchant à la justice contractuelle : leurs finalités, leur efficacité », *ibid.*

829 « ... la loi prend parfois le soin de marquer, par une disposition spéciale, la règle qu'elle édicte du sceau de l'ordre public », F. TERRE, Ph. SIMLER et Y. LEQUETTE, *Droit civil. Les obligations*, *op. cit.*, n°°375, p. 421.

830 F. TERRE, Ph. SIMLER et Y. LEQUETTE, *Droit civil. Les obligations*, *op. cit.*, n°°375, p. 422.

831 C. CHAINAIS, F. FERRAND et S. GUINCHARD, *Procédure civile – Droit interne et européen du procès civil*, Paris, Précis Dalloz, 33e éd., 2016, n°°148.

832 *« Dans une société qui a rejeté tout recours à la vengeance privée, l'État est le seul dispensateur de la justice et l'action est le moyen d'exiger de lui qu'il rende la justice à celui qui la lui demande »*, R. MERLE et A. VITU, *Traité de droit criminel*, t. II : *Procédure pénale*, Paris, CUJAS, 5e éd., 2001, p. 41.

833 La légalité, ici, doit être entendue *lato sensu* d'autant que le texte dont il est question est un acte réglementaire, en l'occurrence, un décret.

834 Décret n°°99-254/P-RM du 15 septembre 1999 portant code de procédure civile, commerciale et sociale.

677. Comme on l'a déjà affirmé, l'ordre public est la justification principale de l'intervention du ministère public en matière pénale. Toutefois, l'analyse des dispositions de l'article 430 susvisé du CPCCS fait expressément mention de la même notion parmi les hypothèses où le parquet est fondé à intervenir aussi bien en matière civile qu'en celle commerciale. Sur ce plan, une analyse approfondie s'impose afin de faire la part des choses.

678. Tout d'abord, il est essentiel de noter que l'intervention du ministère public en matière civile et commerciale, en faveur de l'ordre public, est facultative. Ce caractère facultatif est consacré par le texte régissant la question, notamment, les dispositions susvisées de l'article 430 qui prévoient que : *« ...il [le ministère public] peut agir... »*. Cela engendre comme conséquence que, tout comme le parquet apprécie l'opportunité des poursuites en matière pénale, face à une atteinte à l'ordre public ne revêtant pas une connotation pénale[835], il se décide en fonction de la nécessité d'agir ou de ne pas agir.

679. Ensuite, l'action du ministère public en faveur de l'ordre public doit être motivée par la défense ou la protection de l'utilité ou de la paix publiques chaque fois qu'il y est porté atteinte. Ces exigences découlent également des mêmes dispositions légales consacrant la notion. Enfin, il ne saurait être fait grief aux officiers du ministère public d'agir dans une cause ayant trait à l'ordre public. Cette précision est importante d'autant que le ministère public a non seulement qualité mais aussi intérêt à officier en faveur de l'ordre public.

680. Il appert clairement de ce qui précède que l'ordre public relève des raisons qui expliquent l'incursion des officiers du parquet en matière civile et commerciale au Mali et qu'une telle action se justifie amplement. Mais au-delà de l'intérêt général et de l'ordre public, il existe une dernière raison méconnue qui justifie tout autant l'intervention du ministère public en matière civile.

B. La représentation d'autrui

681. La représentation d'autrui est l'autre justification secondaire de l'intervention du ministère public dans l'animation du contentieux judiciaire, en matière civile et commerciale, au Mali. Elle complète donc la liste des différentes justifications de l'action des officiers du parquet en droit judiciaire privé, puisque l'on aura déjà examiné les deux premières raisons explicatives de ladite action, à savoir l'intérêt général[836], d'une part, et l'ordre public[837], de l'autre.

---

[835] Les atteintes à l'ordre public ne relèvent de la compétence des juridictions répressives que lorsque les faits les sous-tendant répondent aux critères déterminés par un texte répressif posant une incrimination. Au-delà, c'est sur le plan civil, le plus souvent, que les conséquences desdites atteintes peuvent être recherchées.

[836] *Supra*, p. 172 et s.

[837] *Supra*, p. 183 et s.

682. L'habilitation légale du ministère public de pouvoir représenter autrui n'est pas définie par la loi malienne[838] et les quelques doctrinaires qui se sont intéressés au sujet ne semblent pas en avoir éprouvé la nécessité[839]. En l'absence d'éléments d'inspiration d'ordre légal ou doctrinaire, l'on pourrait y voir le mécanisme juridique par lequel la loi, seule, autorise le ministère public à agir, devant les organes juridictionnels compétents sur des questions de droit privé, au nom de la société mais pour le compte de sujets de droit bien déterminés, en vue de la défense ou de la réalisation de certains droits de ces derniers.

683. Investi donc de la qualité de représentant, les conséquences de l'action judiciaire du parquet n'engagent, en principe, que le représenté, sujet de droit en lieu et place duquel il aura agi. En d'autres termes, la notion d'autrui désigne tout autre sujet de droit que sa propre personne.

684. Appliquée au présent cas d'étude, la représentation d'autrui renvoie donc au fait pour le ministère public d'agir en faveur d'un sujet de droit déterminé par la loi et pour une raison bien déterminée. C'est dire conséquemment qu'il s'agit d'une institution propre au droit judiciaire privé, même si des notions voisines existent dans d'autres domaines du droit[840].

685. Comme déjà effleurée, la représentation d'autrui par le ministère public, en droit malien, trouve son siège légal[841] dans le décret n°99-254/P-RM du 15 septembre 1999 précité portant code de procédure civile, commerciale et sociale (CPCCS). L'article 428 de ce texte prévoit que : *« Le ministère public peut agir comme partie principale ou intervenir comme partie jointe.* ***Il représente autrui dans les cas que la loi détermine*** *»*.

686. Ces dispositions, qui sont le pendant de celles découlant de l'article 421 du nouveau code de procédure civile français, semblent, a priori, déterminer les hypothèses dans lesquelles les officiers du ministère public sont fondés à intervenir dans les affaires civiles et commerciales.

En effet, des auteurs ont pu ainsi soutenir que le parquet agit en matière civile sinon dans trois, du moins dans deux cas, à savoir : lorsqu'il agit comme partie

[838] Ni le décret portant code de procédure civile, commerciale et sociale au Mali ni la loi portant organisation judiciaire, encore moins celle portant statut de la magistrature, ne définit, en effet, la notion.

[839] V., à cet égard et entre autres, V. MIKALEF-TOUDIC, *Le Ministère public, partie principale dans le procès civil*, Marseille, Presses universitaires d'Aix-Marseille, 2006, n°°58 et s., p. 58 et s.

[840] Pour une idée de l'application de la notion de représentation d'autrui en droit des obligations et plus spécifiquement en matière contractuelle, par exemple, A. BENABENT, *Droit civil. Les obligations*, *op. cit.*, n°°41, p. 37.

[841] La légalité, ici, doit être entendue *lato sensu*, c'est-à-dire au sens large. Ainsi devrait-elle englober l'ensemble des normes juridiques y compris le règlement qui est visé, dans le cas présent.

principale ou lorsqu'il agit comme partie jointe. Lesdits auteurs estiment, en effet, que la représentation d'autrui par le ministère public est un variant de son intervention comme partie principale[842].

687. Qu'il s'agisse de soutenir qu'il existerait deux ou trois hypothèses où les officiers du ministère public interviendraient en matière civile et/ou commerciale, une telle lecture paraît procéder d'une confusion regrettable entre les notions d'hypothèses et de modalités de l'intervention du ministère public, d'une part, et de l'objet de ladite intervention, d'autre part. En effet, les notions de partie principale et de partie jointe renvoient, non pas aux hypothèses, mais plutôt aux modalités ou aux formes de l'intervention des officiers du ministère public en droit judiciaire privé.

688. Cela paraît d'autant plus vrai que, quel que soit l'objectif qu'il poursuit en matière civile ou commerciale, le parquet ne peut y intervenir que comme partie principale ou comme partie jointe. C'est dire conséquemment qu'il semble mal à propos de considérer que ces deux notions sont, non pas des formes ou des modalités de l'intervention du ministère public[843], mais au contraire des hypothèses d'une telle intervention.

689. La confusion entre lesdites notions apparaît davantage lorsque les auteurs en question tentent un certain rapprochement entre elles et la représentation d'autrui, une des nombreuses prérogatives reconnues au ministère public. Considérée à tort comme des « spécificités[844] » de l'intervention du ministère public comme partie principale, la représentation d'autrui par cet organe n'est, en vérité, que l'un des objectifs que poursuivent les officiers du ministère public en droit judiciaire privé.

690. Après ces quelques clarifications sémantiques, une analyse exégétique des dispositions de l'article 428 du CPCCS fait ressortir que la condition essentielle de la représentation d'autrui par le parquet est son habilitation légale[845]. En effet, en dehors des cas expressément déterminés par la loi, le ministère public doit se

---

842 *« Par conséquent, il faut en conclure que les hypothèses dans lesquelles le ministère représente autrui ne constituent pas une troisième catégorie de son intervention dans le procès civil, catégorie distincte des cas dans lesquels il est partie jointe ou partie principale. Il s'agit d'exemples dans lesquels il intervient comme partie principale »*, V. MIKALEF-TOUDIC, *Le Ministère public, partie principale dans le procès civil, op. cit.*, n°° 68, p. 66.

843 Sur la question, la position préférable est celle de la professeure Michèle-Laure RASSAT qui estime qu'il faille parler en la matière de « technique d'intervention » du ministère public. M.-L. RASSAT, *Le Ministère public entre son passé et son avenir*, Paris, LDGJ, 1967, p. 26.

844 MIKALEF-TOUDIC, *Le Ministère public, partie principale dans le procès civil, ibid.*

845 La légalité, ici, doit être entendue *lato sensu*, c'est-à-dire au sens large. Il doit en être ainsi d'autant que le code de procédure civile, commerciale et sociale est, intrinsèquement, de source non pas législative, mais réglementaire au Mali.

garder d'agir auprès des organes juridictionnels pour représenter autrui[846]. Comme dans le cadre d'un mandat ordinaire, le mandataire ne doit intervenir que dans les seuls termes définis par son mandant et ce, pour ne pas outrepasser ses pouvoirs. D'ailleurs, la représentation d'autrui est une dérogation à la règle selon laquelle *« nul ne plaide par procureur »*[847].

691. La représentation d'autrui par le ministère public est une mission qui lui est dévolue afin, d'une part, d'exercer certaines actions au compte de la puissance publique[848] ou, d'autre part, de favoriser la protection des droits de certaines catégories de personnes qui, laissées à elles-mêmes, seraient incapables de le faire ou ne le feraient que de façon limitée[849].

692. Le but recherché est donc de servir une fin qui est sinon clairement exprimée par la loi dans tous les cas, du moins, le plus souvent sous-entendue. Toutefois, l'expression *« dans les cas que la loi détermine »* doit être entendue au sens large. Ceci, pour dire qu'autant la loi que le règlement peuvent prévoir la faculté pour le ministère public de représenter autrui.

693. Lorsque le ministère public représente autrui dans une procédure judiciaire, au civil comme au commercial, les règles applicables ne sont pas toujours identiques à son action en matière répressive. C'est ainsi que contrairement à la matière pénale où le ministère public bénéficie, en principe[850], de l'opportunité des poursuites, en matière civile et précisément en matière de représentation d'autrui, il est soumis à ce qui peut être considéré comme une véritable obligation d'action[851].

---

[846] Il faut, en effet, éviter une intrusion excessivement intolérable du ministère public, organe de la loi et de la société, dans la sphère intime des particuliers.

[847] En matière civile, l'initiative de l'action doit être, en principe, entièrement laissée au titulaire du droit en cause. Chacun étant juge de ses intérêts, ce principe ne devrait souffrir d'exception que dans les seuls cas spécifiés par la loi où le titulaire du droit pourrait être représenté.

[848] Il en est ainsi en matière de nationalité, par exemple, comme le prévoient les dispositions des articles 271 et 272 de la loi n°°2011-087 du 30 décembre 2011 portant code des personnes et de la famille (CPF) en République du Mali.

[849] V. CPF, *op. cit.*, art. 61 et s. sur la situation de l'absent, art. 370 concernant la situation du mineur dans le cadre d'une procédure judiciaire de divorce, etc.

[850] Les nuances dans ces propos sur le sujet s'expliquent, car il est des cas, en matière pénale, où le ministère public n'a aucun pouvoir d'apprécier l'opportunité d'engager les poursuites. Les exemples sont nombreux en droit malien qui attestent à suffisance une telle affirmation. On peut citer, entre autres, le cas de la répression des infractions d'audience (cf. articles 25 à 28 de la loi n°°01-80 du 20 août 2001, modifiée par la loi n°°2013-016 du 21 mai 2013 portant code de procédure pénale).

[851] Pour un cas illustratif d'une telle hypothèse, v. le CPF, *op. cit.*, art. 273.

Cette lecture semble conforme à la teneur des dispositions de l'article 428 du CPCCS susvisé qui prévoient de façon impérative que : *« ... Il [le ministère public]* ***représente*** *autrui dans les cas que la loi détermine ».*

694. Plus qu'une faculté, cela paraît devoir s'interpréter en une obligation d'autant que le texte ne dit pas qu'il peut représenter mais décide impérativement que le ministère public représente autrui dans les cas déterminés par la loi. D'ailleurs, plus loin, ledit texte lève toute équivoque sur la question en prescrivant clairement que : *« Le ministère public n'est tenu d'assister à l'audience que dans les cas où il est partie principale, dans ceux où il représente autrui, ou lorsque sa présence est rendue obligatoire par la loi.*

Dans tous les autres cas, il peut faire connaître son avis à la juridiction soit en lui adressant des conclusions écrites qui sont mises à la disposition des parties, soit oralement à l'audience »[852].

695. Placé dans la posture d'un véritable mandataire, le parquet est tenu d'user de tous les moyens de droit possibles pour rechercher la réalisation efficiente du droit dont la défense ou l'exercice lui est confié dans le cadre de la représentation d'autrui. L'on pourrait, dès lors, se poser des questions sur la nature juridique de l'obligation à laquelle cette situation soumet le ministère public.

696. Comme un représentant ordinaire, la représentation par le parquet dans le but de la défense des droits d'autrui semble tout simplement assimilable à une obligation de moyen. Cela n'oblige le ministère public à agir que comme le ferait un bon père de famille[853] mais ne le contraint pas à atteindre l'objectif poursuivi.

697. Dès lors, une éventuelle légèreté des magistrats du ministère public, dans la conduite d'une telle action, pourrait engager sinon leur responsabilité pénale[854],

---

[852] CPCCS, *op. cit.*, art. 439.

[853] À la notion de *bon père de famille* s'est substituée celle de *personne raisonnable* en droit français. En effet, la loi n°°2014-873 du 4 août 2014 a supprimé l'expression du code civil et l'a remplacée par les adjectif et adverbe « raisonnable » et « raisonnablement », considérant que cette norme de comportement s'applique à l'homme et à la femme, parent d'enfant comme sans enfant et que l'expression est devenue dès lors un archaïsme inapproprié.

[854] Pour avoir une certaine idée de la responsabilité pénale des magistrats au Mali, cf. les articles 614 et 616 de la loi n°°01-080 du 20 août 2001 portant code de procédure pénale au Mali. L'article 614 prévoit que : *« Lorsqu'un un membre du Gouvernement ou toute personnalité ayant rang de ministre, un membre de la Cour suprême ou de la Cour constitutionnelle, un Haut-Commissaire, un magistrat de l'ordre judiciaire ou de l'ordre administratif est susceptible d'être inculpé d'un crime ou d'un délit commis hors l'exercice de ses fonctions, le procureur de la République compétent ou le magistrat qui le remplace réunit les éléments d'enquête et présente, sans délai le dossier au procureur général près la Cour suprême qui reçoit compétence pour exercer l'action publique. Si*

du moins leur responsabilité sur les plans disciplinaire[855] et civil, par notamment la voie de la procédure de prise à partie[856]. Dans tous les cas, en cas de condamnation pécuniaire d'un magistrat, fût-il du parquet, sur ce terrain ou sur tout autre mais en rapport avec l'exercice de ses fonctions, il appartient à l'État de répondre du fait de son agent, quitte à lui de se retourner contre celui-ci par le biais de l'action récursoire[857].

698. Si ces quelques développements permettent de découvrir les différentes justifications possibles de l'intervention du ministère public, en matière civile et commerciale au Mali, il est tout aussi essentiel de ne pas perdre de vue que l'action du parquet en ces matières a des déclinaisons ou des conséquences. Il s'agit néanmoins de conséquences qui ne sont pas toujours perceptibles, du moins, *a priori*.

---

celui-ci estime qu'il y a lieu à poursuite, il adresse une requête à la chambre criminelle de la Cour suprême qui procède et statue comme en matière de règlement de juges en désignant, dans les huit jours, la juridiction chargée de l'instruction ou du jugement de l'affaire. » Quant à l'article 616 du même texte, il prévoit que : *« Lorsqu'une personnalité ayant rang et prérogatives de ministre, un membre de la Cour suprême ou de la Cour constitutionnelle, un Haut-Commissaire, un magistrat de l'ordre judiciaire ou de l'ordre administratif ou un juge consulaire est susceptible d'être inculpé d'un crime ou d'un délit dans l'exercice de ses fonctions, le procureur de la République compétent ou le magistrat qui le remplace réunit les éléments d'enquête et transmet sans délai le dossier au procureur général près la Cour suprême qui apprécie la suite à donner.*
S'il estime qu'il y a lieu à poursuivre, le procureur général requiert l'ouverture d'une information.
À cet effet, il saisit le bureau de la Cour suprême aux fins de désignation d'une chambre civile pour connaître de l'affaire. »

855 S'agissant du droit disciplinaire applicable aux magistrats, v. loi n°°02-054 du 16 décembre 2002 portant statut de la magistrature ; v. également la loi n°°03-29/AN-RM du 11 août 2003 fixant l'organisation, la composition, les attributions et le fonctionnement du Conseil supérieur de la magistrature.

856 La prise à partie, en République du Mali, est réglementée par le code de procédure civile, commerciale et sociale (CPCCS) en ses articles 343 à 349. L'article 343 par exemple de ce texte prévoit que : *« Les juges peuvent être pris à partie dans les cas suivants :*

- *s'il y a dol, fraude, concussion ou faute lourde professionnelle qu'on prétendrait avoir été commis, soit dans le cours de l'instruction, soit lors des jugements ;*
- *si la prise à partie est expressément prononcée par la loi ;*
- *si la loi déclare les juges responsables, à peine de dommages-intérêts ;*
- *s'il y a déni de justice.*

L'État est civilement responsable des condamnations ou dommages-intérêts qui seront prononcés à raison de ces faits contre les magistrats, sauf son recours contre ces derniers. »

857 CPCCS, *op. cit.*, art. 343.

Section II : Les enjeux ignorés

699. Les enjeux de l'intervention du ministère public, en matière civile et commerciale, sont le plus souvent ignorés dans l'analyse qui peut être faite de cette question fort intéressante. Cette ignorance découle, essentiellement, du fait que la question ne retient qu'incidemment l'attention, aussi bien, de la plupart des doctrinaires que, surtout, des praticiens.

700. À cette « négligence » de la question, l'on pourrait adjoindre sa complexité d'autant que, comme la quasi-totalité des questions du genre, le droit processuel a, en général, une réputation redoutable du fait de son « inintelligibilité »[858].

Des auteurs ont ainsi pu écrire que : *« La procédure civile, [...], est un peu l'enfant terrible de la famille juridique, en tout cas celui qui n'a pas toujours bonne réputation : discipline aride et complexe elle serait l'apanage des plaideurs mesquins, de ceux dont on dit qu'ils utilisent précisément toutes les armes de la procédure, parce que leur cause est mal engagée au fond. »*[859]

701. Les enjeux ignorés de l'action du ministère public, en matière civile et commerciale, sont relatifs à ce que ladite action permet aux officiers dudit organe, d'une part, d'acquérir la qualité de partie au procès (paragraphe I). D'autre part, ladite intervention permet de découvrir les singularités du ministère public en cette posture (paragraphe II).

Paragraphe I : L'acquisition de la qualité de partie au procès

702. Pendant qu'en matière répressive le ministère public est toujours partie principale, en matière civile et commerciale les choses se présentent sous un trait totalement différent. En ces matières, le rôle et surtout les modes d'action des officiers du parquet, comme on le verra, sont beaucoup plus rigoureusement encadrés.

703. Dans certaines hypothèses, strictement déterminées par la loi, le ministère public a les véritables attributs d'une partie au procès, en la manière d'une personne privée. Cependant, même lorsqu'il en est ainsi, l'acquisition par le parquet de la qualité de partie au procès demeure un principe (A) qui admet des limites (B).

A. Une permission de principe

704. Par le droit qu'il tient de la loi d'intervenir, en matière civile et/ou commerciale, le parquet a ou peut acquérir la qualité de partie au procès. Il est l'un des organes judiciaires attitrés pour assurer la protection de moult intérêts ainsi que la représentation de divers sujets de droit à la fois. Devant les

---

[858] S. GUINCHARD, F. FERRAND, C. CHAINAIS et L. MAYER, *Procédure civile*, Paris, Dalloz, 7e éd., 2021, n°°7, p. 7.

[859] J. VINCENT et S. GUINCHARD, *Procédure civile*, Paris, Dalloz, 27e éd., 2003, p. 1.

juridictions civiles et commerciales, le ministère public demeure irremplaçable dans le système juridique et judiciaire malien.

Parce que ses attributions sont immenses et ses marges de manœuvre importantes, aussi bien sur le plan pénal que sur celui civil, qu'il bénéficie fort opportunément du pouvoir d'ester en justice, au civil comme au commercial. Il a donc le droit, voire le devoir dans certains cas, d'acquérir la qualité de partie au procès, en matière civile et commerciale.

705. D'ordinaire, une partie au procès ou à l'instance désigne toute personne, physique ou morale, poursuivant devant une juridiction[860] la réalisation de ses droits ou intérêts, soit comme demandeur ou requérant, soit comme défendeur ou, enfin, comme simple intervenant[861]. De cette définition, il résulte, d'une part, que c'est l'instance qui scelle le lien entre les parties litigantes et que, d'autre part, celles-ci poursuivent des agendas différents selon qu'il s'agit du requérant ou du défendeur.

706. L'instance désigne le *« rapport juridique d'ordre procédural unissant les parties au procès, qui engendre des droits et des obligations dont le contenu est déterminé par la loi. Ce lien juridique s'ajoute au rapport fondamental qui lie les parties (contrat, responsabilité délictuelle...) et qui est à l'origine du contentieux »*[862]. C'est dire qu'il s'agit du lien de droit entre les parties au procès prenant sa source de l'acte initial qui saisit la juridiction et se terminant par la décision de celle-ci tranchant le litige ou le différend à solutionner.

707. Conséquemment, tout citoyen, s'estimant titulaire d'un droit menacé ou devant judiciairement être concrétisé, est fondé à s'adresser au juge. Cette décision ou cette faculté de se pourvoir devant le juge pour la réalisation de son droit est justement appelée l'action.

Celle-ci garantit l'accès à la justice étatique tout en proscrivant la justice privée comme l'a fait observer un processualiste italien qui a soutenu que : *« le fait d'interdire à quiconque de se faire justice à soi-même a pour corollaire indispensable la faculté reconnue à tous, sans discrimination d'aucune sorte, de*

---

[860] Il peut s'agir d'un organe juridictionnel étatique ou, au contraire, d'une juridiction arbitrale. Dans les deux cas, la mission de l'organe saisi est de trancher un litige opposant deux personnes ou deux groupes de personnes.

[861] G. CORNU (dir.), *Vocabulaire juridique*, *op. cit.*, v. partie au procès, p. 1572.

[862] N. FRICERO, *Procédure civile, mémentos, cours intégral et synthétique*, Paris, Gualino, Lextenso, 19e éd., 2022, n°°94, p. 93.

saisir les tribunaux en vue d'obtenir justice »[863]. Il s'agit d'un droit fondamental de l'individu devant être garanti par l'État[864].

708. Des deux parties au procès, celle qui noue l'instance en prenant l'initiative d'agir en premier est le demandeur, autrement appelé le requérant[865]. Elle le fait en saisissant un organe juridictionnel, étatique ou arbitral, d'une demande qui se matérialise sous forme de requête[866] (écrite ou verbale, individuelle ou conjointe) ou d'assignation[867]. Parce qu'elle prend l'initiative de saisir la justice, le droit lui impose, sauf exception, de supporter les frais du procès, notamment la consignation ainsi que les frais d'huissier pour servir l'assignation ou citer le défendeur à comparaître.

709. Une telle contribution financière ne vaut principalement qu'en matière civile et commerciale. En effet, les frais de justice en matière pénale sont, en principe, à la charge de l'État[868]. Il en est de même en matière sociale[869]. Une

---

863 V. CHIOVENDA, *Istituzioni di diritto processuale civile*, Naples, vol. 1, 1933, nº 12, cité par S. GUINCHARD, F. FERRAND, C. CHAINAIS et L. MEYER, *Procédure civile*, *op. cit.*, n°°69, p. 51.

864 X. LAGARDE, *in Mélanges S. GUINCHARD*, Paris, Dalloz, 2010, p. 795 et s. ; v. également CEDH, 21 févr. 1975, série A ou, encore, CEDH, 9 oct. 1979, série A, n°°32 ; CEDH, 4 déc. 1995, *Bellet c/ France*, *JCP* 1996, I, 3910, n°°21, obs. F. Sudre ; même solution, CEDH, 30 oct. 1998, *F. E c/ France*, *D.* 1999. somm. 269, obs. N. Fricero et S. Pérez.

865 De cet adjectif qualificatif, l'on sous-entend aisément la notion de requête qui est synonyme de demande.

866 *« L'instance est introduite par une requête écrite, datée et signée du demandeur.*
Cette requête sur laquelle devra être apposé un timbre fiscal sera présentée au président du tribunal.
Exceptionnellement le tribunal peut recevoir des requêtes verbales », CPCCS, *op. cit.*, art. 1er.

867 CPCCS, *op. cit.*, art. 54.

868 Cependant, dans certains cas, le citoyen est tenu de supporter les frais du procès pénal, du moins jusqu'à ce que la justice pénale lui donne raison en condamnant celui contre qui il a porté plainte. Les hypothèses visées ici sont la plainte avec constitution de partie civile, d'une part, et, de l'autre, la citation directe devant le tribunal correctionnel. Ainsi, l'article 63 de la loi n°°01-080 du 20 août 2001 portant code de procédure pénale en République du Mali prévoit que : *« En toute matière, la partie civile qui n'a pas obtenu l'assistance judiciaire est tenue, sous peine d'irrecevabilité de sa plainte, de déposer au greffe la somme présumée nécessaire pour les frais de la procédure toutes les fois que, devant une juridiction d'instruction ou de jugement, son action n'est pas jointe à l'action préalable du ministère public.*
En cas de citation directe devant le tribunal ou en cas d'appel, la juridiction saisie fixe le montant de la consignation à la première audience où l'affaire est portée.
Un supplément de consignation peut être exigé au cours des poursuites soit pendant l'instruction, soit devant la juridiction de jugement, dès que le reliquat paraît insuffisant pour assurer le paiement de tous les frais, y compris l'enregistrement du jugement.

fois la procédure engagée, il est de son intérêt d'avancer les arguments nécessaires au succès de ses prétentions. Une éventuelle carence sur ce terrain conduira le juge à tirer les conséquences utiles de cet état de fait et à le débouter en conséquence[870].

710. De l'autre côté, se trouve le défendeur au procès. Il est celui-là qui est visé par le demandeur et contre qui des griefs sont formulés. Il permet, indirectement, dans bien des cas au demandeur de déterminer la juridiction compétente[871]. À l'entame de la procédure ou en cours d'instance, le défendeur ne supporte ni les frais de consignation ni ceux d'huissiers.

Il n'en est autrement qu'à l'issue du procès où il sera condamné à faire face auxdits frais[872] lorsque ses moyens de défense auront été jugés insuffisants ou inopérants par le juge[873]. Le défendeur a donc intérêt à démontrer que la demande portée à son encontre est infondée, dans le cas contraire, chercher à repousser les effets de la décision qui le condamne. Il réussirait une telle chose s'il bénéficiait d'un délai de grâce[874].

711. Cette présentation des choses ne joue pas dans tous les cas puisque[875] le jeu processuel peut donner lieu à des interversions de rôles. Ainsi le demandeur initial pourrait devenir défendeur et le défendeur initial, demandeur à son tour, tout cela par le biais d'une éventuelle demande reconventionnelle[876].

712. Appliquée au ministère public, la notion de partie au procès présente quelques spécificités en raison de la particularité de cet organe. Les sources de l'intervention du ministère public, en matière civile et commerciale, sont diversifiées. Elles résultent de plusieurs textes législatifs complétés par des actes

---

Il ne peut être exigé par le greffier aucune rétribution pour la garde de ce dépôt à peine de concussion.
Les reliquats des sommes consignées, non réclamées au-delà de six mois après que la juridiction saisie ait statué sur le fond, sont acquis au bénéfice du Trésor public. »
869 CPCCS, *op. cit.*, art. 667.
870 « *Il incombe à chaque partie de prouver conformément à la loi les faits nécessaires au succès de sa prétention* », CPCCS, *op. cit.*, art. 9.
871 CPCCS, *op. cit.*, art. 24.
872 Les frais dont il s'agit concernent les dépens.
873 Au contraire, en cas de péremption d'instance, il appartient au requérant de supporter les frais engagés. V., à cet égard, CPCCS, *op. cit.*, art. 397.
874 A. W. BERTHE, « Le délai de grâce selon l'acte uniforme de l'OHADA », *Revue de droit des affaires* de la Cellule de réflexion et de suivi de la réforme du droit des affaires, n°°00, octobre-novembre-décembre 1999, p. 47.
875 Pour avoir une idée des dérogations possibles à cette présentation des choses, il convient de se faire une idée des différentes demandes incidentes.
876 « *Constitue une demande reconventionnelle la demande par laquelle le défendeur originaire prétend obtenir un avantage autre que le simple rejet de la prétention de son adversaire* », CPCCS, *op. cit.*, art. 58.

réglementaires. Comme on l'a développé plus haut, l'intervention du ministère public dans les sphères civile et commerciale du droit a plusieurs justifications.

713. Celles-ci tiennent, d'une part, à la défense de l'intérêt général ou de l'ordre public et, d'autre part, à la représentation d'autrui. L'importance d'une telle mission explique que les officiers du ministère public soient fondés à se pourvoir devant les organes juridictionnels. C'est pourquoi nombreuses sont les hypothèses où l'intervention de cet organe est consacrée sous forme d'obligation, dans certains cas, et, dans d'autres, de façon facultative.

714. Dans certaines hypothèses, les officiers du ministère public sont tenus d'agir devant la justice civile pour la sauvegarde de certains intérêts juridiquement bien déterminés. Dans ce sens, il y a lieu de noter que : *« L'action aux fins d'établir ou de décliner la nationalité est ouverte à tout intéressé pour lui-même contre le ministère public qui a, seul, qualité pour défendre à l'action, sans préjudice du droit d'intervention des tiers.*

En tout état de cause, le procureur de la République est tenu de conclure par écrit y compris devant le juge de paix à compétence étendue »[877].

715. Aussi est-il prescrit que *« L'action principale aux fins d'établir ou de contester la nationalité du défendeur est ouverte au seul procureur de la République, sans préjudice du droit d'intervention des tiers »*[878]. Également, *« Le procureur de la République est tenu d'agir, s'il en est requis par une administration publique ou par une personne ayant soulevé l'exception de nationalité, devant une juridiction qui a sursis à statuer en application de l'article 267 ci-dessus »*[879]. Enfin, le procureur de la République est tenu de vérifier, trimestriellement, les registres de déclaration et les registres des actes de l'état civil de son ressort[880].

716. En dehors des cas où son intervention est obligatoire, il est d'autres situations où l'action du parquet est, au contraire, facultative. Tel est le cas, entre autres, en matière de défense de l'ordre public[881], de disparition et d'absence[882], de rectification d'actes de l'état civil[883], d'abréviation de délais de publication, de dispense de la publication et de l'affichage de la publication[884], etc.

717. Lorsqu'il se pourvoit en justice, sur le plan civil ou commercial, le ministère public contribue sans doute à la protection des droits et libertés

---

[877] CPF, *op. cit.*, art. 271.
[878] CPF, *op. cit.*, art. 272.
[879] CPF, *op. cit.*, art, 273, al. 1er.
[880] CPF, *op. cit.*, art. 112.
[881] CPCCS, *op. cit.*, art. 430.
[882] CPF, *op. cit.*, art. 83.
[883] CPF, *op. cit.*, art. 144.
[884] CPF, *op. cit.*, art. 178.

fondamentaux. Il participe, de même, à la préservation de la paix sociale, surtout lorsqu'il officie au compte de l'ordre public. C'est dire que la consécration de son intervention en matière civile et commerciale a des intérêts indiscutables.

Cependant, une fois qu'il agit, aussi bien comme demandeur que comme défendeur, il doit se soumettre aux différentes exigences procédurales déclinées par les textes. Il ne doit en être autrement que lorsqu'il bénéficie de certaines faveurs légales.

718. Le droit ou le devoir pour le ministère public d'être partie au procès civil ou commercial est un principe qui n'est, dès lors, pas sans limites.

B. Une interdiction exceptionnelle

719. L'intervention du parquet, en matière civile et commerciale au Mali, est strictement encadrée contrairement à l'impression que pourraient donner certaines dispositions du code de procédure civile, commerciale et sociale[885]. Ladite intervention connaît des restrictions découlant des textes mêmes qui consacrent ses modalités de mise en œuvre, notamment lorsque ceux-ci déterminent les conditions de l'action du ministère public comme partie principale au procès civil ou commercial.

En effet, une analyse des dispositions des articles 429 et 430 du CPCCS conduit à la conclusion que les officiers du ministère public ne doivent, d'initiative, exercer des actions devant les juridictions en charge des questions civiles et commerciales que lorsqu'il s'agit de « cas spécifiés par la loi ».

720. En dehors de tels cas, les dispositions de l'article 430 prévoient que le ministère public a la faculté d'agir, seulement pour la défense de l'ordre public. C'est dire, *a contrario*, qu'en dehors des cas spécifiés par la loi ou lorsque l'ordre public est en cause il n'est guère admis que le ministère public prenne l'initiative de saisir le juge civil ou celui commercial. Une telle action, menée au nom et éventuellement pour le compte de personnes dont la loi n'a pas cru devoir attribuer la défense des intérêts aux représentants de la société, devrait tout simplement être déclarée irrecevable.

721. Parmi les cas spécifiés par la loi, où les parquetiers sont fondés d'intervenir, *« il semble que leur domaine traditionnel soit le droit des personnes et de la famille*[886] *»*[887]. Le droit économique, du fait de l'évolution de la société, enregistre de plus en plus l'intervention du parquet qui va d'ailleurs

---

[885] *« Le ministère public peut prendre communication de celles des autres affaires dans lesquelles il estime devoir intervenir »*, CPCCS, *op. cit.*, art. 433.

[886] Pour une action en nullité d'un mariage fictif, v. Grenoble, 3 nov. 1998 : *D.* 1999, somm. 373, obs. LEMOULAN.

[887] L. CADIET et E. JEULAND, *Droit judiciaire privé*, Paris, LexisNexis, 7e éd., 2001, n°°373, p. 266.

crescendo[888]. Cette tendance est surtout soutenue en droit des entreprises en difficulté[889].

722. Dans une telle hypothèse, il ne saurait être opposé aux officiers du ministère public de poursuivre, devant les juridictions civiles et commerciales, la réalisation des droits et intérêts ainsi déterminés par le législateur. Le ministère public bénéficie, en effet, d'une habilitation légale[890] pour mener une telle mission comme un particulier aurait intérêt et qualité d'ester en justice. Au-delà de cette sphère d'intervention légalement circonscrite, il n'est permis au parquet d'agir que pour la seule défense de l'ordre public.

723. En dehors de ces différentes hypothèses, le droit ferme la possibilité aux officiers du ministère public d'agir par voie d'action devant les juridictions civiles et commerciales pour la défense ou la réalisation de quelque droit ou intérêt. Il ne saurait en être autrement quand on sait que les intérêts privés ne doivent, sauf exception, être défendus que par les individus qui en sont les légitimes propriétaires.

724. L'idée même de voir les magistrats du ministère public agir devant les organes juridictionnels en charge des questions civiles et/ou commerciales, *a priori*, suscite quelques interrogations. Comme des processualistes ont pu le soutenir, *« n'importe qui n'a pas le droit de demander n'importe quoi, n'importe quand à un juge »*[891]. Et *« en matière civile, les litiges opposent des particuliers relativement à des droits subjectifs. Il peut apparaître contestable, dans ces conditions, qu'un magistrat puisse s'immiscer au nom de la société dans des rapports d'intérêt privé pour, par exemple, faire annuler un contrat ou*

---

[888] CPCCS, *op. cit.*, art. 432 ; pour une idée de la question en droit français, v. F. DERRIDA, P. GODE et J.-P. SORTAIS, *Redressement et liquidation judiciaires des entreprises*, Paris, Dalloz, 3e éd., 1991, nos°9, 91 et 92 ; C. SAINT-ALARY HOUIN, *Droit des entreprises en difficulté*, Paris, Montchrestien, 6e éd., 2009, nos°29, 52, 93.

[889] *« Le ministère public est informé du déroulement de la procédure de redressement judiciaire et de liquidation des biens par le juge commissaire. Il peut, à toute époque, requérir communication de tous actes, livres ou documents relatifs à ladite procédure.*
Le défaut de communication d'information ou de document ne peut être invoqué que par le ministère public.
Le ministère public communique au juge-commissaire, sur sa demande ou d'office, tous renseignements utiles à l'administration de la procédure, y compris toute information provenant d'une procédure pénale concernant le débiteur, nonobstant le secret de l'instruction », AUPC, *op. cit.*, art. 47.

[890] Dans une telle hypothèse, *« la personne ainsi habilitée n'est pas un simple représentant, elle est titulaire d'un véritable droit d'agir »*, A. BERGEAUD WETTERWALD, E. BONIS et Y. CAPDEPON, *Procédure civile*, Paris, Éd. CUJAS, 2017, n°°178, p. 88.

[891] G. CORNU et J. FOYER, *Procédure civile*, Paris, PUF, coll. : « Thémis », 3e éd., 1996, p. 322.

pour contester la reconnaissance d'un enfant naturel contre le gré des intéressés eux-mêmes ».

725. Dans ces conditions, *« il y aurait sans doute danger à permettre au ministère public d'agir comme partie principale toutes les fois qu'il l'estime opportun. Ce serait la porte ouverte à bien des abus et l'action du ministère public comme partie principale deviendrait le principe en matière civile »*[892]. C'est pourquoi, sans être inconcevable, l'intervention du ministère public en matière civile et commerciale doit s'inscrire dans le strict cadre des prescriptions juridiques applicables en la matière.

726. Le souci de veiller à la saine participation des officiers du ministère public à l'animation des procédures civiles et/ou commerciales a conduit certains États[893] à leur étendre le champ de la récusation lorsqu'ils agissent comme partie jointe. Une telle action est inenvisageable dans l'hypothèse où le ministère public agit comme partie principale, d'autant qu'en ce cas il a, quasiment, la plupart des attributs d'une partie privée agissant comme demandeur ou comme défendeur. Une relecture des dispositions de l'article 336 du CPCCS est souhaitable pour consacrer un tel garde-fou dans le corpus juridique malien[894].

727. Il serait inconvenant, en effet, qu'un magistrat du parquet qui a des liens avérés avec une des parties à un procès civil ou commercial représente le ministère public dans une telle cause. Le risque de collusion est grand dans une telle éventualité pour laisser un parquetier entacher inopportunément la crédibilité de l'institution judiciaire.

Chaque fois qu'ils interviennent, en matière civile et/ou commerciale, les officiers du ministère public ne devraient tirer aucun intérêt personnel. Les bénéfices de leurs diligences doivent aller, directement ou indirectement, à la société.

728. Les citoyens sont libres de jouir de leurs droits comme ils l'entendent, pourvu qu'ils le fassent dans les limites prescrites par les lois de la République. Seuls juges de leurs intérêts, il ne devrait pas être permis à la société de se substituer à eux, sans raison valable, pour apprécier à leur place ce qu'ils estiment aller dans leur intérêt.

---

[892] L. CADIET et E. JEULAND, *Droit judiciaire privé*, *op. cit.*, n°°372, p. 265.

[893] Il en est ainsi du Bénin (art. 425 *in fine* de loi n°°2008-07 du 28 févr. 2011 portant code de procédure civile, commerciale, sociale, administrative et des comptes [CPCCSAC] ou encore du Niger (art. 340 *in fine* de la loi n°°2015-23 du 23 avril 2015 portant code de procédure civile).

[894] Le Togo aurait, lui aussi, tout intérêt dans le même exercice puisque son code de procédure civile n'encadre pas suffisamment l'action du ministère public comme partie jointe. Pour une idée de la question en droit togolais, v. la loi n°°2021-007 du 21 avril 2021 portant code de procédure civile.

Cela est d'autant plus vrai que l'on pourrait se demander l'intérêt qu'aurait la société à agir en lieu et place d'un bailleur pour obtenir l'expulsion de son preneur défaillant ; d'un créancier pour obtenir la condamnation de son débiteur au paiement d'une dette ; ou encore d'un époux pour solliciter le divorce d'avec son conjoint.

729. Toute action du parquet sortant du cadre des prescriptions légales sus-spécifiées doit être déclarée irrecevable par les juridictions civiles et/ou commerciales. Cette irrecevabilité se justifierait par le défaut de qualité, voire d'intérêt du ministère public qui ne saurait être fondé à se prévaloir de sa propre turpitude ou à se donner des droits qu'il n'a guère. Une telle sanction participerait d'une protection efficiente des droits fondamentaux des citoyens en les mettant à l'abri d'éventuels abus ou excès de la puissance publique[895] au nom de laquelle agiraient des parquetiers indélicats.

Un ancien haut magistrat a pu écrire à cet égard que : *« La magistrature ne remplira son rôle, dans le respect de la société, que si le magistrat, qui est appelé à la servir, accepte sereinement et intégralement ce singulier changement qui exige dans la vie publique comme dans la vie privée, une conduite d'un caractère qui convient à la noblesse de la fonction »*[896].

730. Parce qu'il s'agit d'une méconnaissance[897], voire d'une violation grave des règles de procédures[898], en plus du devoir légitime du juge civil ou commercial de débouter le ministère public d'une action illégitime, le magistrat qui aurait injustement engagé le ministère public à une telle fin pourrait engager sa responsabilité aussi bien sur le plan civil que sur celui disciplinaire[899].

---

[895] Y. DESLANDRES, *Le Costume, image de l'homme*, Paris, Éd. Albin Michel, 1976, p. 218.

[896] H. B. MAÏGA, *Le Manuel du juge au siège*, 1. *Le Siège civil*, Bamako, Éd. Jamana, 2009, p. 18. Ancien premier président de la cour d'appel de Kayes, Hamidou Banahari MAÏGA a fini sa carrière à la Cour suprême du Mali comme conseiller.

[897] *« La décision arbitraire repose sur des considérations occultes étrangères au dossier dans la mesure où elle est rendue en méconnaissance de la règle de droit »*, M. LEGRAND, *Les Secrets d'un juge. Comment la justice se fait le bras armé du pouvoir*, Paris, Éd. Fayard, 2015, p. 268.

[898] *« Tout manquement par un magistrat aux devoirs de son état à l'honneur, à la délicatesse ou à la dignité constitue une faute disciplinaire.*
Constitue de la part du magistrat une faute professionnelle, toute violation grave des règles de procédures, tout abus de droit notoire, tout manque avéré de diligence dans l'accomplissement de sa mission.
Sans préjudice des poursuites pénales ou civiles éventuelles, toute faute professionnelle peut donner lieu à des poursuites et des sanctions disciplinaires conformément au présent statut », loi n°°02-054 du 16 décembre 2002 portant statut de la magistrature en République du Mali, art. 71.

[899] *« ... on ne nait pas magistrat. On le devient chaque jour. Nourri par l'expérience, par l'humilité, par une permanente réflexion sur le sens de nos fonctions, la manière de les*

731. Si l'acquisition de la qualité de partie au procès est l'un des enjeux ignorés de l'intervention du ministère public, en matière civile et commerciale, il est également clair qu'une telle action permet de révéler la singularité des magistrats du parquet, une fois qu'ils sont dans ladite posture.

Paragraphe II : Le ministère public, une partie singulière

732. En matière civile et commerciale, le ministère public présente sans doute des particularités qui le distinguent d'une partie privée poursuivant la réalisation de ses intérêts devant les juridictions compétentes en ces matières. Une telle singularité n'est perceptible qu'à l'aune d'une approche comparatiste[900] entre le parquet et une simple partie privée, d'une part, et, d'autre part, en procédant à un diagnostic soigneux des différents textes régissant la question.

733. La singularité du ministère public, en matière civile et commerciale, a des manifestations que l'on va découvrir (A), dans un premier temps, avant de s'intéresser aux incidences dudit caractère, dans un second temps (B).

A. Les manifestations de la singularité du ministère public

734. Au procès civil et/ou commercial, la singularité du ministère public se manifeste diversement. La participation à l'animation des procédures civiles et commerciales constitue l'une des attributions secondaires du parquet[901]. Par la notion de singularité en matière civile et commerciale, il faut entendre les spécificités que revêt l'action des officiers du ministère public en ces matières.

735. La première manifestation de ces particularités tient à la qualité des officiers du ministère public. Au Mali, ces derniers sont exclusivement des magistrats professionnels affectés ès qualité[902] par décret du président de la République pris après délibération du Conseil supérieur de la magistrature (CSM).

---

exercer ; par une sage distanciation du pouvoir qu'offre le service de la loi. Bref, par un doute constructif qui doit être le viatique de ceux qui exercent la responsabilité de juger leurs semblables », Ph. COURROYE, *Reste la justice...*, Paris, Éd. Michel Lafon, 2018, p. 16.

[900] V. LE COQ, *Impunités. Une justice à deux vitesses. Pamphlet*, Paris, Nouveau Monde Éditions, 2017, p. 153.

[901] La fonction première ou principale du ministère public est, en effet, la mise en mouvement et l'exercice de l'action publique devant les juridictions répressives. À cet égard, v. la loi n°°01-079 du 20 août 2001, modifiée par celle n°°2013-016 du 21 mai 2013, portant code de procédure pénale en République du Mali, art. 3.

[902] De ce que l'on sait, la seule exception à cette règle, en droit malien, réside dans les dispositions de l'article 437 du CPCCS qui prévoient qu' : *« En cas d'absence ou empêchement des procureurs de la République et de leurs substituts, ils seront remplacés par l'un des juges suppléants. »*

Par le rôle important qu'ils jouent au procès civil[903], *« [...] leur mission consiste uniquement à défendre les intérêts de la collectivité publique, et plus spécialement de la loi qui en est l'expression [...] »*[904], les parquetiers présentent bien des traits sur ce terrain qui les distinguent d'une partie ordinaire à l'instance civile. Cela leur donne des particularités qu'ils n'ont pas en matière pénale. Outre l'importance de leur rôle, leur utilité sur ce plan explique que leurs conclusions *« influencent nécessairement le sens du jugement finalement rendu »*[905].

736. Tout d'abord, la singularité des officiers du ministère public, dans le procès civil et/ou commercial, se manifeste par le fait que ces derniers partagent avec les juges, leurs collègues du siège, l'estrade ou le présidium dans les salles d'audience en République du Mali[906].

Tout comme en matière pénale donc, le parquetier audiencier prend place sur la droite du président de l'audience[907], sur le banc du ministère public. Si cela a pu être qualifié d'*« erreur de menuisier »* par un avocat[908], il n'en demeure pas moins qu'aucune contestation n'est encore envisageable sur ce sujet de nos jours. Il s'agit là sinon d'un privilège, du moins d'une singularité à laquelle ne saurait prétendre une partie ordinaire.

737. Ensuite, tout comme les magistrats du siège, les magistrats du parquet qui représentent le ministère public au procès civil doivent observer l'obligation de

---

903 J.-C. MARIN, « Le rôle du ministère public en matière économique et financière », Allocution d'ouverture, vendredi 29 mai 2015, p. 1. Alors procureur général, ce haut magistrat français affirmait que : *« En une génération – croyez-moi j'en suis le témoin – le magistrat du parquet, garant de l'ordre public, est aussi devenu un acteur de contrôle, aussi respecté qu'écouté, dans la sphère économique. »*

904 R. PERROT, *Institutions judiciaires*, Paris, Montchrestien, 15e éd., 2012, p. 46.

905 M. DEGUERGUE, « Des influences sur les jugements des juges » *in L'Office du juge*, Colloque, 29 et 30 sept. 2006, Paris, p. 378.

906 L. FREMIOT, *Je vous laisse juges… Confidences d'un magistrat qui voulait être libre*, Paris, Éd. Michel Lafont, 2014, p. 219. Cet ancien avocat général français explique la nécessité de la sérénité de l'audience en affirmant que : *« La justice a besoin pour fonctionner d'une certaine solennité : elle rappelle aux plaideurs ainsi qu'aux justiciables que la situation qui les conduit devant elle n'est jamais banale et correspond souvent à une étape décisive de leur existence. »*

907 Ce président de l'audience n'est pas forcément le président du tribunal, chef administratif de la juridiction. En effet, tout juge présidant une audience est *ipso facto* président de l'audience et engage la juridiction comme le ferait le chef administratif de la juridiction.

908 *« C'est à maître Moro GIAFFERI, l'un des grands avocats de l'histoire du barreau français, que l'on doit cette provocation lors d'un procès qui se déroulait durant l'entre-deux-guerres »*, É. MAUREL, *Paroles de procureur*, Paris, Éd. Gallimard, 2008, p. 148.

port du costume d'audience autrement appelé la toge[909]. Sur ce point, il est fort malheureux de relever qu'une pratique *contra-legem* conduit la plupart des juges matrimoniaux, au Mali, à tenir les audiences en cette matière sans observer l'obligation du port de la toge.

738. L'on peut estimer que la tenue de ces audiences en chambre du conseil ne doit nullement être un prétexte pour justifier que les magistrats se dérobent à certaines des prescriptions statutaires qui les régissent. C'est pourquoi le magistrat du parquet qui participerait à de telles audiences, certainement comme partie jointe[910], se devrait d'arborer la robe comme exigé par le statut de la magistrature. Autrement, il serait en faute, tout comme son collègue juge au siège qui ignorerait ou refuserait de se plier à cette exigence statutaire.

739. Il y a lieu de déplorer, ici, que la composition[911] du costume d'audience des magistrats dont parle le statut de la magistrature, n'a jamais été fixée en République du Mali. Cette situation crée une véritable confusion entre les personnels judiciaires, d'autant qu'il est impossible de distinguer par la robe judiciaire un magistrat d'un greffier ou encore un avocat d'un huissier audiencier. En tout état de cause, sauf l'avocat qui jouerait pour lui le rôle de conseil et/ou de représentant, une partie ordinaire ne saurait enfiler ce costume officiel comme le ferait le parquetier audiencier.

740. Également, les officiers d'un parquet donné n'ont nullement besoin de se donner mutuellement procuration pour pouvoir monter, aux audiences civiles et/ou commerciales, les uns à la place des autres. Notant l'indivisibilité parmi leurs traits distinctifs, les magistrats du ministère public appartenant au même parquet peuvent s'interchanger au cours d'une procédure judiciaire donnée sans que cela entame la régularité des actes à poser. *« L'indivisibilité du ministère public consiste en ce que chacun de ses membres agissant dans l'exercice de ses fonctions représente ou engage le corps tout entier, y compris son chef, le garde des Sceaux, comme si l'acte par lui fait émanait de la plus haute autorité »*[912].

741. Cependant, il est nécessaire de préciser que *« l'indivisibilité ne peut être reconnue que dans la mesure où elle est évidente, ce qui est le cas au sein d'un*

---

[909] V. le Statut de la magistrature, *op. cit.*, où l'article 11 prévoit que : *« À l'audience, les magistrats sont astreints au port d'un costume dont la composition est fixée par décret pris en Conseil des ministres. »*

[910] Il est, en effet, impossible que le ministère public en vienne à agir par voie d'action, donc comme partie principale, en matière de divorce. Une telle action relèverait des hypothèses d'intervention inadmissibles qui devraient être sanctionnées par l'irrecevabilité par le juge civil, comme il a déjà été examiné.

[911] Par composition du costume d'audience, il faut entendre les différentes caractéristiques de la robe de magistrat.

[912] GARSONNET et CESAR-BRU, *Traité théorique et pratique de la procédure civile et commerciale*, Paris, Sirey, 3e éd., 1912, t. 1, n°°187.

même parquet, mais non de l'ensemble du ministère public »[913]. Au contraire, une partie privée, dans une telle situation, qui estimerait nécessaire de laisser agir une autre personne à sa place et pour son compte serait obligée de donner mandat[914] à cette dernière pour ce faire. Il ne pourrait en être autrement que dans les cas prévus par la loi où cette représentation pourrait se faire par le ministère public lui-même.

742. Enfin, la singularité des officiers du ministère public au procès civil et/ou commercial se manifeste à travers la protection dont, comme les juges au siège, ils ont droit. Convaincu de l'impérieuse nécessité d'une telle protection, du fait de l'extrême gravité des fonctions judiciaires, le législateur l'étend au-delà de la personne du magistrat. Ainsi est-il prévu qu'*« Indépendamment des règles fixées par le code pénal et les lois spéciales, les Magistrats sont protégés contre les menaces, attaques de quelque nature que ce soit dont ils peuvent faire l'objet dans l'exercice ou à l'occasion de l'exercice de leurs fonctions.*

L'État doit réparer le préjudice direct qui en résulte. Cette réparation s'étend à la famille et aux biens du Magistrat »[915].

743. Au regard de ces différents éléments, l'on ne peut qu'en inférer diverses particularités caractérisant l'action des magistrats du ministère public, en matière civile et/ou commerciale. Ces singularités, qui pour la plupart se justifient au regard de la toute importance de la mission du parquet, participent pour l'essentiel d'une bonne administration de la justice.

En effet, elles favorisent, d'une part, une protection beaucoup plus accrue des droits de l'Homme, notamment, les droits des personnes vulnérables tout comme, d'autre part, elles promeuvent une défense beaucoup plus efficiente des intérêts de la société en matière civile et/ou commerciale.

744. Il ne s'agit nullement, dès lors, de droits ou de préférences accordés aux officiers du ministère public dans leur intérêt personnel. Il s'agit, au contraire, de droits conférés au ministère public pour le compte de la loi et de la société pour l'atteinte de certains objectifs spécifiques déterminés par le seul législateur.

745. La singularité ainsi décrite du ministère public a des incidences dont l'examen n'est pas sans intérêt pour une judicieuse appréhension tant du système juridique malien que surtout du parquet, comme organe judiciaire.

---

913 M.-L. RASSAT, *Le Ministère public entre son passé et son avenir*, Paris, 1967, n°°108, p. 83.

914 *Gaz. Pal.*, 3-4 juin 2005, 4, concl. AGUILA ; *JCP* 2005, II, 10136, note SALHI ; v. également Cass. 2e civ., 28 mai 2003 : *Bull. civ.* 2003, II, n°°164. Cette hypothèse a trait à un appel dilatoire fait par un avocat en matière de saisie immobilière.

915 Code de déontologie annexé à la loi n°°02-054 du 16 décembre 2002 portant Statut de la magistrature, art. 6. La protection consacrée par ce texte concerne donc aussi bien les magistrats du siège que ceux du parquet. Il ne fait aucune distinction et prescrit impérativement que les « … les magistrats sont protégés contre… ».

B. Les incidences de la singularité du ministère public

746. Les professeurs Loïc CADIET et Emmanuel JEULAND ont, à juste titre, relevé que : *« [l]'assimilation de la situation du ministère public comme partie principale à celle d'un plaideur ordinaire s'observe à tous les stades de la procédure, mais il jouit, en vérité, de prérogatives supérieures de nature à rompre l'égalité des armes »*[916]. La dernière idée exprimée par cette citation, à savoir le primat du parquet sur une partie privée, accrédite à suffisance le postulat que la singularité des parquetiers, en matière civile et commerciale, a des incidences certaines dans l'animation du contentieux civil et/ou commercial.

747. Pour nettement appréhender la question, il est essentiel de se référer aux règles générales régissant le procès civil et, parmi celles-ci, aux principes et règles devant gouverner le cours ou la distribution de la justice sur les plans civil et commercial. Sous cet angle, l'on noterait facilement que le procès civil repose sur des principes fondamentaux. Ces principes en déterminent, d'une part, l'identité et les mécanismes d'organisation et, d'autre part, le déploiement.

748. Au rang desdits principes, figure en bonne place celui dit de l'égalité des armes dont l'égalité de traitement est l'une des manifestations. Un procès civil ou commercial équitable est celui qui assure et garantit aux plaideurs des différents bords une égalité indéniable de traitement. Il est un principe, en effet, que la justice demeure équidistante vis-à-vis des plaideurs qui la sollicitent en vue de trancher les litiges qu'ils la soumettent.

C'est cette exigence qui vaut au juge d'être perçu comme un personnage neutre puisque selon Denis SALAS *« [à] l'inverse de l'avocat qui se place dans la partialité et l'empathie, le juge demeure neutre, silencieux, « tiers » au milieu des autres »*[917].

749. Cependant, comme on a pu le relever en parlant des manifestations de la singularité[918] des officiers du ministère public en matière civile et commerciale au Mali, le droit positif malien consacre bien de dérogations au principe de l'égalité de traitement en faveur de ces derniers. D'un tel constat, il s'en infère un véritable « privilège procédural » institué en faveur des parquetiers. Cela conduit, conséquemment, sinon à briser du moins à réduire à sa plus simple expression l'égalité de traitement entre le ministère public et les plaideurs privés.

750. Chaque partie au procès civil ou commercial a ses spécificités qui la distinguent des autres acteurs du jeu processuel. Ces spécificités déterminent tant les droits que les obligations auxquels chaque plaideur est soumis dans le

---

[916] L. CADIET et E. JEULAND, *Droit judiciaire privé*, Paris, LexisNexis, 7e éd., 2011, n°°375, p. 266.
[917] D. SALAS, *Le Courage de juger. Le parcours d'un magistrat hors normes. Entretien avec Frédéric NIEL*, Paris, Éd. Bayard, 2014, p. 11.
[918] *Supra*, 356 et s.

cadre de la procédure civile. S'agissant du ministère public, ses spécificités sont telles qu'il n'est pas inutile de se demander ce qu'elles peuvent avoir comme effets ou comme incidences sur le procès civil[919].

751. En effet, si l'importance de cette institution ne peut plus encore se discuter tant en procédure pénale qu'en droit judiciaire privé, il n'en demeure pas moins que certaines de ses prérogatives en font quasiment plus qu'une partie au procès, ce qui, si l'on y prend garde pourrait facilement déséquilibrer la balance et, en conséquence, mettre à mal l'exigence d'équité attendue de tout procès sérieux.

Par la configuration de la salle d'audience, l'emplacement du fauteuil du parquet, les avis que les magistrats du ministère public peuvent être amenés à émettre à l'adresse de leurs collègues du siège qui ont souvent besoin d'un point de vue neutre[920], la singularité des officiers du parquet peut produire selon les cas une incidence positive ou négative sur le procès civil.

752. La singularité des magistrats du parquet, dans le procès civil, garantit une protection véritable des intérêts de ceux en faveur de qui ils interviennent. Qu'il s'agisse de la société dans sa globalité ou de personnes vulnérables, la qualité de sentinelle du ministère public dans la défense et la protection des droits fondamentaux consacre au profit de ces sujets de droit l'attention et la bienveillance de l'État.

753. Aussi convient-il de préciser que la participation des magistrats du parquet au procès civil permet souvent de combler des vides juridiques. En effet, pour la frange de justiciables insusceptibles de poursuivre la réalisation de ses droits subjectifs devant les instances juridictionnelles civiles, la participation du ministère public permet, à juste titre, de pallier cette situation. De cette perception des choses, il serait absurde d'affirmer que la singularité des officiers du ministère public produit une incidence négative sur le droit judiciaire privé.

754. Cependant et sous un tout autre angle il peut arriver que, plutôt que d'être salutaire, la singularité des officiers du ministère public engendre des effets négatifs sur le procès civil. Cette éventualité peut se produire soit en cas d'abus

---

[919] En effet, *« Les conclusions et rapports... [du ministère public] ont bien pour finalité de présenter le litige à résoudre, et d'éclairer le juge saisi. Cet avis, qui ne lie pas le magistrat du siège, doit en effet permettre à celui-ci de forger son opinion et de l'aider à trancher. Celui-ci influencera le juge et aura un impact certain sur la décision rendue. Il s'agit donc d'une influence professionnelle, certes, avérée mais assurément bénéfique, puisqu'elle permet l'interrogation, le doute, et in fine la prise de décision »*, J.-L. BONNEMAISON, « La responsabilité juridictionnelle », thèse de droit, Université Paul-Verlaine-Metz, France, 2011, p. 99.

[920] É. DE MONGOLFIER, *Le Devoir de déplaire*, *op. cit.*, p. 32. Cet ancien procureur de la République française, parlant du magistrat du ministère public, affirme que : « *Sa parole est libre et cette liberté ne trouve ses bornes que dans la décence et le respect de la vérité.* »

de la part des magistrats du Parquet, soit en cas de manque de dextérité de la part du magistrat du siège présidant l'audience.

755. L'abus du représentant du ministère public au procès civil peut se manifester lorsqu'il arrive que ce dernier ait un certain ascendant sur le magistrat du siège présidant l'audience[921]. Le caractère développé de l'esprit de corps explique que, dans la magistrature, les cadets ont, souvent, une certaine tendance à suivre les avis des plus anciens qui, eux aussi, ont quelquefois la propension à se comporter en véritables hiérarques[922].

Dans ces conditions, un jeune magistrat du siège[923] peut bien, s'il n'est pas « rebelle » à l'égard du suivisme, subir l'influence négative d'un vieux briscard du Parquet[924] peu attaché aux valeurs contenues dans son serment[925].

756. L'abus peut se manifester aussi à travers le tutorat du parquet sur certains collaborateurs de l'institution judiciaire tels que les huissiers-commissaires de justice, les notaires et même dans une certaine mesure les avocats. En effet, le parquet général de la cour d'appel intervient bien dans la surveillance et même souvent dans la discipline de ces différents professionnels du droit.

757. L'incidence négative de la singularité des officiers du ministère public sur le procès civil peut découler aussi du manque de dextérité du magistrat du siège. Ceci est d'autant plus évident que la loi confie à ce dernier la police de

---

[921] M. LEGRAND, *Les Secrets d'un juge. Comment la justice se fait le bras armé du pouvoir*, Paris, Éd. Fayard, 2015, p. 276. Selon ce haut magistrat français, « La maîtrise des débats est la clef de voûte du procès ».

[922] É. DE MONTGOLFIER, *Le Devoir de déplaire*, *op. cit.*, p. 15, cet ancien parquetier prévient que : *« La robe...que nous [magistrats] portons à l'audience est le symbole même de notre impartialité ; elle joue ce rôle aux yeux des parties au procès mais ne saurait nous protéger entièrement de nous-mêmes. »*

[923] M. LEGRAND, *Les Secrets d'un juge*, *op. cit.*, p. 10. Ce praticien du droit, magistrat français, soutient justement que *« le vrai visage des juges se révèle à la lecture des copies des procédures éparpillées dans leurs chemises colorées ; il apparaît dans la gestion interne entre les pouvoirs au sein de la justice ».*

[924] É. DE MONGOLFIER, *Le Devoir de déplaire*, *op. cit.*, p. 99. Parlant du danger de la routine, cet auteur soutient à juste titre que : *« Quand il s'inscrit dans la durée, tout pouvoir tend au déclin par l'incapacité qu'il acquiert de se soustraire aux mauvaises habitudes qui l'y ont porté. »*

[925] J. AUDRY, « La professionnalisation du juge », thèse de droit, Université de Toulon, France, 2016, p. 137 ; disponible sur www.google.com, consulté le 19 février 2019. Cette dernière estime, à juste titre sur cet aspect, que : *« L'importance du parquet est d'une grande dangerosité dans la mesure où le procureur de la République n'est pas un juge, mais un magistrat de l'ordre judiciaire défendant les intérêts de la société. Cette tendance à suivre les recommandations du ministère public constitue une violation du principe d'un procès équitable. »*

l'audience[926], ce qui le responsabilise par rapport au déroulement efficient de l'audience ainsi qu'à la gestion des parties au procès.

758. Le manque de tact et surtout d'indépendance d'esprit du président d'audience vis-à-vis du représentant du ministère public peut donc conduire le second à surplomber le premier et produire, en conséquence, un impact négatif sur le procès civil. La singularité des officiers du ministère public, s'il a des avantages indéniables, peut tout de même avoir des incidences négatives sur le procès civil si le juge ne fait pas preuve de tact[927] et de responsabilité.

759. En tout état de cause, s'il est évident que le ministère public demeure une partie au procès, il est aussi indéniable qu'il est loin d'être une partie ordinaire à l'image d'un plaideur privé. Toutefois, il est essentiel que le juge conduise ses procédures et surtout les audiences, en matière civile et commerciale, sans entraver l'action des officiers du ministère public tout en se gardant de toute faiblesse à leur égard. Une éventuelle impéritie du juge, sur ce terrain, se déteindrait à coup sûr sur la qualité du procès et, partant, sur la crédibilité de l'institution judiciaire.

---

[926] CPCCS, *op. cit.*, art. 446 et 447. L'article 446 de ce texte prévoit que : *« Le président veille à l'ordre de l'audience. Tout ce qu'il ordonne pour l'assurer doit être immédiatement exécuté.*
Les juges disposent des mêmes pouvoirs sur les lieux où ils exercent les fonctions de leur état. » L'article 447 poursuit en disposant que : *« Les personnes qui assistent à l'audience doivent observer une attitude digne et garder le respect dû à la justice. Il leur est interdit de parler sans y avoir été invitées, de donner des signes d'approbation ou de désapprobation, ou de causer du désordre de quelque nature que ce soit.*
Le président peut faire expulser toute personne qui n'obtempère pas à ses injonctions, sans préjudice des poursuites pénales ou disciplinaires qui pourraient être exercées contre elle. »

[927] Or, le juge *doit « ...avoir la capacité de s'adapter aux aléas de l'audience, de maîtriser les comportements des différents intervenants... »*, L. FREMIOT, *Je vous laisse juge... Confidences d'un magistrat qui voulait être libre, op. cit.*, p. 264 ;

Conclusion du titre II

760. La défaillance des textes, quoique susceptible de relever des raisons explicatives de l'inertie du ministère public en matière civile et commerciale, est cependant loin d'être suffisante pour justifier la carence des parquetiers en ces matières. Il est vrai que l'efficacité et l'efficience de l'action des officiers du ministère public sont, sans dans une large mesure, tributaires de l'exhaustivité des textes régissant la question.

761. Cette exhaustivité ou cette complétude des textes fait défaut dans moult hypothèses en droit positif malien sur la question ayant trait à la participation du parquet à l'animation du droit judiciaire privé. Cependant, même lacunaires, les parquetiers se doivent de poursuivre résolument la mise en œuvre des textes. Ce qui est loin d'être le cas dans la pratique judiciaire au Mali où les pratiques professionnelles des parquetiers, dans bien de cas, sont loin d'être satisfaisantes.

762. Ainsi, qu'il s'agisse de la nature prétendument privée du procès civil ou encore de la qualité de la formation des magistrats, l'on a affaire là à des arguments infondés pour tenter de justifier l'amorphisme des officiers du ministère public en matière civile et commerciale au Mali. Au même moment, pendant que les détracteurs de l'intervention du parquet en matière civile et commerciale s'accrochent à ces arguments, somme toute inopérants, les véritables raisons qui justifient ladite intervention sont superbement ignorées.

763. S'agissant desdites justifications de l'intervention du parquet dans les matières qui sont en cause, l'on aura relevé qu'elles reposent sur l'impérieuse nécessité d'assurer la défense de deux catégories d'intérêts. Une première catégorie d'intérêt propre à la société et, une seconde, ayant trait à une catégorie spécifique d'individus. Dans la première hypothèse, l'intérêt général et l'ordre public sont concernés tandis que dans le second cas, il est question de la représentation d'autrui par les officiers du ministère public.

764. Cette situation nécessite, d'une part, l'indispensable réappropriation des attributions du parquet en matière civile et commerciale et, d'autre part, des réformes juridiques et institutionnelles complétives en vue de combler les lacunes décelées. Dès lors, il y a lieu d'explorer quelques pistes réflexives susceptibles de donner au ministère public un nouveau visage en matière civile et commerciale au Mali.

Conclusion de la première partie

765. L'étude du ministère public, dans ses attributions en matière civile et commerciale au Mali, a conduit à s'interroger dans une première partie sur l'état ou la qualité de son action en ces deux matières fondamentales du droit privé. L'amorphisme ainsi relevé déteint fortement sur la qualité des pratiques professionnelles des parquetiers.

En effet, on aura noté que ces derniers sont partagés entre méconnaissance de leur rôle et désintérêt pour les aspects de leur compétence en lien avec la matière civile et commerciale. Cet exercice aura permis, d'une part, de faire le constat d'une inertie indéniable des officiers du ministère public en droit judiciaire privé.

766. D'autre part, il a permis de relever que les raisons invoquées, dans la pratique pour justifier cette carence des parquetiers sont totalement infondées. De cette situation, il ne pouvait qu'être inféré logiquement une insatisfaction certaine de l'intervention du ministère public en matière civile et commerciale au Mali.

767. Il a pu être démontré que l'amorphisme relevé s'explique, dans certains cas, par la non-application ou l'application biaisée des textes. Dans d'autres cas, l'on aura noté qu'il s'explique par la défaillance du dispositif juridique régissant lesdites questions. Ainsi a-t-on traité les causes de l'amorphisme des officiers du ministère public, en matière civile et commerciale, qui ont trait, dans un premier temps, à l'ineffectivité des textes et, dans un second temps, à l'incomplétude du droit positif.

768. L'efficacité du système judiciaire est, essentiellement, tributaire de l'observance des différents règles et principes par les acteurs judiciaires. Cet attachement des acteurs aux normes applicables assure l'effectivité de celles-ci. Le plus souvent, surtout s'agissant de l'intervention du ministère public en matière civile et commerciale au Mali, les normes juridiques sont délaissées, voire méconnues par les magistrats du parquet.

Ces derniers, pour diverses raisons, s'illustrent par une participation timide à l'animation des procédures civiles et/ou commerciales. Une telle attitude est totalement paradoxale puisque le droit malien exige, aussi bien dans les matières communicables que chaque fois que la loi l'estime nécessaire, la pleine participation des parquetiers à l'animation de ces procédures.

769. S'agissant de l'incomplétude des textes, l'analyse de la situation a permis de savoir que la question relative à l'intervention du ministère public en matière civile et commerciale au Mali est loin d'être judicieusement prise en compte par l'arsenal juridique. Ainsi a-t-on relevé qu'en matière civile et commerciale au Mali le statut des magistrats du parquet demeure mitigé de même que la question de communication des dossiers qui est totalement l'objet d'un déficit d'encadrement s'expliquant par l'absence de délai prescrit en la matière.

En matière commerciale, l'on a relevé que la Cour commune de justice et d'arbitrage de l'OHADA ne dispose pas de parquet dans sa composition. Une telle situation ne favorise guère la protection aussi bien de l'ordre public que des intérêts communautaires.

770. Le second axe de l'analyse a conduit au postulat que, d'une part, les arguments avancés dans la pratique pour tenter de justifier l'amorphisme du ministère public, en matière civile et commerciale au Mali, sont inexacts. Les justifications ainsi mises en avant sont relatives à la nature prétendument privée du procès civil, dans un premier temps, et, dans un deuxième temps, à la qualité de la formation.

Ainsi a-t-il été relevé qu'il est bien souvent considéré, à tort, que le procès civil ne serait que la chose des seules parties privées au procès ou que la qualité de la formation des magistrats serait bien mauvaise.

771. D'autre part, on aura trouvé que les véritables justifications de l'intervention du ministère public, en matière civile et commerciale au Mali, sont délaissées du fait, sans doute, de la méconnaissance des enjeux de ladite intervention. L'action du parquet, en la matière, est commandée par la protection de l'intérêt général et de l'ordre public, d'une part, et, de l'autre, par la nécessité de la représentation d'autrui.

Les enjeux d'une telle responsabilisation du ministère public sont qu'en matière civile et commerciale, cet organe peut acquérir la qualité de partie au procès. Cependant, lorsque c'est le cas, il présente sans doute des singularités qui le distinguent d'une partie ordinaire.

772. La réhabilitation du ministère public, en droit malien, appelle impérativement des réformes courageuses. Ces réformes sont nécessaires aussi bien en droit interne que dans les droits communautaires (OHADA et UEMOA).

SECONDE PARTIE : UN AMORPHISME RÉVERSIBLE

773. Autant le jeu processuel nécessite le respect des règles et principes gouvernant la conduite de l'instance, autant il est impérieux que les différents acteurs jouent pleinement et loyalement leurs partitions. Cette synergie d'action imprime au processus judiciaire la praxie ou la symphonie indispensable à son aboutissement quelle qu'en soit l'issue. Autrement, il s'installe un véritable malaise entre le dispositif juridique et institutionnel et les objectifs politiques visés à travers l'édiction des normes destinées à réguler les rapports entre sujets de droit.

774. C'est justement le cas en matière de traitement judiciaire des contentieux relatifs aux questions de droit civil et de droit des affaires au Mali. Dans ces deux matières principales du droit privé, on assiste à une véritable ankylose du ministère public qui ne participe que très timidement au traitement judiciaire des différends qu'enregistrent ces matières. Ces différentes tares, au-delà du discrédit qu'elles pourraient jeter sur le système judiciaire, pourraient être à l'origine du rejet ou de la méfiance des justiciables vis-à-vis de l'institution judiciaire dans un État.

775. La qualité de la réponse judiciaire, au Mali, est sinon désastreuse du moins largement perfectible. Parmi les facteurs explicatifs de la faible qualité des actes judiciaires, dans la prise en charge des contentieux civils et commerciaux au Mali, il est loin d'être superfétatoire de mentionner l'amorphisme du ministère public[928].

En effet, les parquetiers maliens, à l'instar de moult de leurs collègues sous d'autres cieux, brillent par la méconnaissance ou le délaissement de certains pans de leurs attributions. Cela a conduit Youssoupha DIALLO à soutenir que, parlant du procureur de la République, *« [i]l est généralement bien connu, mais pas forcément dans ses véritables attributions »*[929].

[928] Or, les officiers du ministère public ne doivent pas ne pas se considérer comme des acteurs à part entière en ces matières puisqu'*« ... ils interviennent aussi au civil, surtout lorsque la cause intéresse l'ordre public, le domaine de l'État et des collectivités locales, et les "faibles" (mineurs, aliénés, indigents) »*, B. GARNOT, *Histoire des juges en France, de l'ancien régime à nos jours*, Paris, Nouveau Monde Éditions, 2014, p. 11.

[929] Y. DIALLO, *Le Procureur de la République. La pratique du parquet*, *op. cit.*, p. 21.

776. Le constat de l'inertie des officiers du ministère public, en ces matières, ne doit cependant nullement être considéré comme une fatalité. Puisque le changement de comportement et de mentalité pourrait être le remède miracle à la dynamisation de l'office du parquet sur les terrains par lui insuffisamment investis.

777. Mais le changement positif, qu'il soit de l'ordre du comportement ou de celui de la mentalité, est le plus souvent motivé par le souci de poursuivre l'amélioration de la qualité soit du service rendu par une institution ou des pratiques professionnelles d'acteurs spécifiques. S'agissant de l'action du ministère public, en matière civile et commerciale au Mali, l'on aura déjà relevé que celle-ci recèle des défaillances de plusieurs ordres.

Cette situation nécessite par voie de conséquence des réflexions en vue d'explorer des pistes de réformes pouvant aider à corriger les difficultés. Cela contribuerait, à coup sûr, à l'amélioration de la qualité de la réponse judiciaire, ce qui, également, pourrait avoir un impact positif sur la perception de l'œuvre de justice dans le pays.

778. Ainsi, la réversibilité de l'amorphisme du ministère public, en matière civile et commerciale au Mali, dépend de la nécessaire réarticulation de l'intervention de cet organe, dans un premier temps (titre I). Une fois de nouvelles orientations déterminées et données à l'action du parquet, cela assurerait la consolidation de son office, dans un second temps (titre II).

TITRE I : LA NÉCESSAIRE RÉARTICULATION DE L'INTERVENTION DU MINISTÈRE PUBLIC

779. La praxis des normes juridiques en vue de la régulation et de la consolidation des rapports sociaux conduit, le plus souvent, à déceler leurs vides et insuffisances. C'est pourquoi, comme un être humain, les normes accèdent à la vie juridique et en sortent. Dans cette période intervallaire, leur existence les incorpore au droit positif qui, régulièrement, connaît des mues. Ces transformations ou réformes permettent, opportunément, d'assurer aux normes juridiques les adaptations et les peaufinages nécessaires pour leur évolution positive en vue de l'atteinte des objectifs poursuivis.

780. L'action du ministère public, en matière civile et commerciale au Mali, connaît déjà une certaine prise en charge par le droit positif. Toutefois, l'organisation et l'articulation de cette intervention révèlent, par endroits, des lacunes. Ces tares expliquent, dans une large mesure, l'inertie actuelle des officiers du parquet dans l'animation des procédures judiciaires ayant trait à ces matières.

Or, le but recherché lors de l'édiction des normes est, essentiellement, l'atteinte d'un objectif déterminé par les décideurs politiques. Sous cet angle, il est évident que le cours actuel de l'action judiciaire est fortement en deçà des attentes aussi bien des justiciables que du politique, même si ce dernier n'est pas toujours étranger à cette situation[930].

781. Au regard de ces données, une réarticulation de l'intervention du ministère public s'avère nécessaire. Une telle action contribuerait à renforcer cet organe pour lui permettre d'appréhender davantage toute l'étendue et surtout tous les enjeux de sa mission au service de la société et de certains des membres défavorisés de celle-ci.

C'est pourquoi il apparaît nécessaire, dans un premier temps, de redéfinir le champ de l'action des officiers du ministère public, en matière civile et commerciale au Mali (chapitre I). Une fois les nouveaux éléments détectés et mis en lumière pour le renforcement de l'office du parquet, il conviendra, dans un second temps, de s'intéresser aux mécanismes susceptibles de garantir ladite intervention (chapitre II).

---

930 Il est, en effet, du ressort du politique que de doter l'institution judiciaire en moyens (humain, matériel et financier) nécessaires à la réussite de la mission du magistrat.

CHAPITRE I : LA REDÉFINITION DU CHAMP D'INTERVENTION DU MINISTÈRE PUBLIC

782. Le champ de l'intervention du ministère public est déterminé par différents textes régissant, d'une part, les procédures applicables aussi bien en matière pénale qu'au-delà et, d'autre part, le statut et l'organisation de la magistrature, corporation dont relèvent les parquetiers. À la lumière de ces différentes normes, l'on est frappé par l'étendue, la complexité et surtout l'importance des attributions dévolues au parquet en droit malien.

Il est d'ailleurs essentiel de faire observer, dans ce registre, que contrairement à une certaine idée fortement répandue, le ministère public dispose de prérogatives et d'attributions beaucoup plus grandes que ces missions dans la sphère pénale.

783. Cependant, en dépit de l'importance du rôle qui lui est dévolu, en matière civile et commerciale au Mali, des réformes sont indispensables dans un souci de consolidation pour tendre, autant que faire se peut, à la perfection de leur action. Le caractère dual du droit positif malien, à l'instar de celui de bien d'autres États de la sous-région[931], explique que toute volonté de perfectionnement du système juridique et institutionnel doit concerner tant le droit interne que celui communautaire.

Ainsi est-il apparu la nécessité que plusieurs normes, de ces deux ordres, soient relues afin de donner un visage beaucoup plus luisant aux officiers du ministère public. Ces réformes permettraient également de jouer favorablement sur la perception de la justice par aussi bien les justiciables que les observateurs de la chose judiciaire.

784. C'est pourquoi l'on verra d'une part, le besoin évident d'explicitation du cadre juridique à l'échelon interne (section I) et, d'autre part, les progrès envisageables en droit communautaire (section II).

Section I : L'explicitation indispensable du cadre juridique interne

785. La consolidation de l'office du ministère public, en matière civile et commerciale au Mali, requiert l'explicitation du cadre juridique interne. Cela est d'autant plus vrai qu'à l'état actuel des choses, il est fortement déplorable de noter que parmi les justifications actuelles de l'inertie des officiers du ministère public en ces matières, il y a l'incomplétude des textes en vigueur. Or, la seule façon de combler les lacunes du droit positif est d'opérer des réformes qui, dans bien des cas, passent par la relecture des textes déjà existants.

---

[931] Au rang de ces États, on peut citer à titre illustratif, entre autres, le Bénin, le Burkina Faso, la Côte d'Ivoire, le Sénégal ou encore le Togo. Ces différents pays sont tous de ce type de système juridique, se caractérisant par la combinaison d'un droit interne avec des droits communautaires.

786. Un ancien ministre de la Justice, garde des Sceaux du Mali a pu écrire à ce sujet que, *« ... à travers la justice, c'est tout le lancinant problème du rapport des citoyens à l'État qui est posé, mais aussi celui de la confiance dans le système démocratique et l'occasion, pour les citoyens, de mesurer l'affirmation du principe de l'égalité de tous devant la loi. Aujourd'hui, ne pas traiter la question de la justice comme il convient, ne pas vouloir réellement la réformer, c'est aller au-devant de difficultés dont personne ne mesure les répercussions pour l'avenir du Mali et du continent »*[932].

787. Les évolutions normatives nécessaires, en droit interne malien, concernent le statut du parquet (paragraphe II), d'une part, et, de l'autre, l'organisation de l'intervention de celui-ci (paragraphe II).

Paragraphe I : La nécessaire détermination du statut du parquet

788. La détermination du statut du ministère public relève des impératifs que commandent les réformes juridiques nécessaires en droit interne malien. La problématique du statut des officiers du ministère public a des enjeux multiples, au rang desquels, l'indépendance même du pouvoir judiciaire dans un État donné. Cela explique que cette question est bien souvent soigneusement éludée par les politiques lorsqu'il s'agit pour eux de se prononcer sur le système judiciaire, notamment, sur l'indépendance du pouvoir judiciaire.

789. Les magistrats du parquet, de façon générale, sont d'un statut hybride (A) en droit malien. Cela explique qu'il soit nécessaire, de façon spécifique, de clarifier leur identité en matière civile et commerciale (B).

A. L'hybridité actuelle des magistrats du ministère public

790. Omniprésent et fortement influent en milieu judiciaire, le ministère public est d'un statut qui ne cesse de retenir l'attention lorsqu'il s'agit, le plus souvent, de discuter des questions relatives à la justice de l'ordre judiciaire[933]. Il s'agit d'une institution dont l'hybridité a été relevée, quoiqu'en d'autres termes, par des auteurs[934]. Ainsi en est-il de Noël Durbois TACHAGO YOUMSSI qui

---

932 M. I. KONATÉ, *Justice en Afrique. Ce grand corps malade. Le cas du Mali*, Bamako, Éd. La Sahélienne, 2018, p. 22.

933 Ainsi a-t-il pu être affirmé lors d'un congrès de magistrats : *« Vos premières semaines d'exercice ont été très occupées par le projet de loi rétablissant la confiance dans l'action publique, que le ministère de la Justice a porté. Nous avons regretté qu'à cette occasion, vous n'ayez pas souhaité poser la question du statut des magistrats du parquet, pourtant essentielle à la confiance de nos concitoyens dans l'action publique »*, V. DUVAL, présidente de l'Union syndicale des magistrats (USM), Discours au congrès de l'USM de 2017, devant Nicole BELLOUBET, garde des Sceaux, ministre de la Justice, Paris, le 13 octobre 2017, disponible sur www.union-syndicale-magistrats.org, consulté le 05 juin 2023.

934 L. CADIET (dir.), *Découvrir la justice*, Paris, Éd. PUF, 2004, p. 191 et s.

estime que le ministère public est d'un *« [...] statut ambigu qui ne sied pas toujours à la recherche de la justice »*[935].

Il s'agit, selon le professeur Roger PERROT, d'une question délicate puisque la pesanteur de la subordination hiérarchique *« [...] ne saurait cependant faire oublier que les magistrats du parquet sont appelés parfois à prendre en conscience des décisions extrêmement graves. On ne saurait donc admettre qu'ils soient exposés arbitrairement à tous les caprices du pouvoir »*[936].

791. La notion de statut, dans le contexte de la présente étude[937], renvoie à l'idée d'un *« [e]nsemble cohérent des règles applicables à une catégorie de personnes (statut des gens mariés) ou d'agents (statut des fonctionnaires) ou à une institution (statut des collectivités locales) et qui en déterminent, pour l'essentiel, la condition et le régime juridiques »*[938]. Le statut détermine donc la condition juridique d'un agent. Il détermine également les « obligations professionnelles » ainsi que les exigences de « moralité »[939] auxquelles est soumis ce dernier.

792. Au Mali, les magistrats relèvent d'un statut autonome[940] consacré par la Constitution[941] et déterminé, dans ses détails, par la loi[942]. Ce statut s'applique indistinctement aux magistrats des deux ordres, administratif et judiciaire. Il régit également, au sein de l'ordre judiciaire, aussi bien les magistrats du siège que ceux du ministère public.

793. Comme on pourrait l'entrevoir à travers cette ébauche éclaire, le statut de la magistrature détermine la condition juridique des magistrats c'est-à-dire les règles professionnelles auxquelles ils sont soumis ainsi que le régime disciplinaire qui leur est applicable. Cela se traduit par la consécration de règles juridiques communes aux types de magistrat ainsi que de règles spécifiques à chacun d'entre eux. S'agissant de ces règles spécifiques, elles sont abordées à l'égard du seul parquet, du fait du choix du thème soumis à l'analyse.

---

[935] N. D. TACHAGO YOUMSSI, *Le Ministère public et les voies d'exécution en droit OHADA. Étude à partir du droit positif camerounais*, Yaoundé, Éd. L'Harmattan-Cameroun, 2018, p. 136.

[936] R. PERROT, *Institutions judiciaires*, Paris, LGDJ, 15e éd., 2012, n°°370, p. 294.

[937] La notion de statut peut en effet avoir, dans d'autres contextes, le même sens que par exemple celle d'état. Ainsi, les notions de statut des personnes et d'état des personnes peuvent s'employer indifféremment.

[938] G. CORNU (dir.), *Vocabulaire juridique*, Paris, PUF, 12e éd., 2018, v. statut, p. 2085.

[939] D. SY, *Droit administratif*, Dakar, L'Harmattan, 3e éd., 2021, p. 591.

[940] R. CHAPUS, *Droit administratif général*, Paris, Montchrestien, t. 2, 15e éd., n°°81 et s., p. 92.

[941] Const. du Mali du 25 février 1992, art. 82 *in fine*.

[942] Loi n°°02-054 du 16 décembre 2002 portant statut de la magistrature en République du Mali.

794. Les magistrats du siège et du parquet sont tous soumis à des règles communes qui les régissent sans prendre en considération leurs spécificités propres. Ces règles, pour l'essentiel, sont déterminées par le statut de la magistrature ainsi que le code de déontologie annexé à ce texte. Elles sont, tout d'abord, attributives de droits et de privilèges. Ensuite, elles édictent souvent des obligations et sont, enfin, quelquefois porteuses d'interdictions[943]. Au rang desdites règles, il y'a le droit à la protection conféré à tout magistrat[944].

795. Parce qu'ils exercent des fonctions graves[945] pouvant les exposer à la haine, à la désapprobation et surtout à des risques d'atteinte à leur intégrité physique, que l'État a l'obligation d'assurer leur protection. Cette obligation de protection de la puissance publique s'étend aux membres de la famille du magistrat ainsi qu'à ses biens. Les magistrats bénéficient, à l'instar d'autres hauts dignitaires de la République, des honneurs, civil et militaire[946].

796. Dans ce même cadre, les chefs de juridictions et de parquets doivent être solennellement installés dans leurs fonctions[947]. Ils doivent bénéficier d'un régime de sécurité sociale spéciale et être dotés de macaron et de carte d'identité professionnelle[948]. Ils peuvent se livrer à des travaux scientifiques, littéraires ou artistiques et ce, sans autorisation préalable[949].

797. Sous l'angle des interdictions, devoirs et obligations statutaires, les magistrats, du siège et du parquet, tout d'abord, *« À l'audience, [...] sont astreints au port d'un costume dont la composition est fixée par décret pris en Conseil des ministres »*[950]. Ils ont, ensuite, l'obligation de n'exercer aucun autre emploi rémunéré, politique, public ou privé sauf la dérogation concernant les travaux scientifiques, littéraires et artistiques sus-spécifiés et les enseignements correspondant à leur spécialité ou pour exercer des fonctions ou des activités qui ne sont pas de nature à porter atteinte à leur dignité et à leur indépendance.

798. Également, *« Les parents ou alliés jusqu'au degré d'oncle ou de neveu inclus, ne peuvent simultanément, sans dispense préalable du président de la République, être membres d'une même juridiction.*

---

943 Sur ces différents aspects, v. L. BELFANTI, *Magistrat*, Paris, Éd. Dalloz, 2019, p. 251 et s.

944 Le statut de la magistrature, *op. cit.*, art. 4.

945 *« La sagesse du jugement consiste à élaborer des compromis fragiles où il s'agit de trancher moins entre le bien et le mal, entre le blanc et le noir qu'entre le gris et le gris, ou, cas hautement tragique, entre le mal et le pire »*, P. RICŒUR, *Le Juste*, Paris, Éd. Esprit, 1995, p. 220.

946 Statut de la magistrature, *op. cit.*, art. 7.

947 Statut de la magistrature, *op. cit.*, art. 8.

948 Statut de la magistrature, *op. cit.*, art. 9.

949 Statut de la magistrature, *op. cit.*, art. 12.

950 Statut de la magistrature, *op. cit.*, art. 11.

Lorsque dans une affaire, l'une des parties est parent ou allié, jusqu'au degré d'oncle ou de neveu inclusivement du magistrat, ce dernier ne pourra connaître de ladite affaire »[951].

799. De même, les magistrats, au Mali, sont astreints à résider au siège de leur juridiction d'affectation. Cela leur donne droit au logement d'astreinte ou, à défaut, à une indemnité compensatoire[952]. Par ailleurs, le magistrat doit promouvoir et développer en toute circonstance des normes élevées de conduite, il doit veiller à sa propre respectabilité ainsi qu'à celle de sa corporation[953] et défendre son indépendance[954].

800. Enfin, *« Toute activité ou toute délibération politique est interdite aux Magistrats »*[955] qui sont tous astreints aux devoirs : d'intégrité, de diligence, d'égalité, d'impartialité[956] , de réserve, de dignité, de délicatesse ou encore à de loyauté[957].

801. À côté de ces règles communes applicables à l'ensemble des magistrats, des exigences statutaires spécifiques s'appliquent aux membres du ministère public. C'est ainsi qu'à la différence des magistrats du siège, les officiers du ministère public ne bénéficient pas de l'inamovibilité. Véritable garde-fou constitutionnel, l'inamovibilité protège les juges de l'arbitraire éventuel du politique qui pourrait être, dans bien de cas, tenté de leur faire subir des mutations intempestives, comme ce fut le cas de Hady Macky SALL, un magistrat malien[958].

---

951 Statut de la magistrature, *op. cit.*, art. 13.
952 Statut de la magistrature, *op. cit.*, art. 14.
953 Code de déontologie annexé au statut de la magistrature, *op. cit.*, art. 4.
954 Code de déontologie annexé au statut de la magistrature, *op. cit.*, art. 5.
955 Code de déontologie annexé au statut de la magistrature, *op. cit.*, art. 19.
956 Code de déontologie annexé au statut de la magistrature, *op. cit.*, art. 7.
957 J. JOLY-HURARD et J. VANONI, *La Déontologie du magistrat*, Paris, Dalloz, 4e éd., 2020, p. 169 et s.
958 Veillant sur le respect scrupuleux de cette garantie constitutionnelle accordée aux magistrats du siège, la Cour suprême du Mali a, par l'arrêt n°°231 en date du 26 avril 2018, censuré le décret n°°0353/P-RM du 24 avril 2017 portant affectation et nomination de magistrats. En effet, affecté à un nouveau poste en violation de son inamovibilité, Hady Macky SALL a exercé un recours en annulation pour excès de pouvoir contre le décret sus-spécifié. Ce magistrat, à l'appui de son recours a expliqué que sa réaffectation de son poste de juge au siège au tribunal de commerce de Bamako vers la Direction nationale de l'administration de la justice, n'était qu'un subterfuge du Conseil supérieur de la magistrature (CSM) qui, à tort, se prévalait de la nécessité de service. La Cour suprême, prise en sa section administrative, a alors estimé que l'administration judiciaire avait méconnu à l'égard du juge SALL le respect de son inamovibilité et que la nécessité de service ne pouvait nullement couvrir une telle violation.

802. L'amovibilité[959] des parquetiers est expliquée comme un des corollaires de leur subordination hiérarchique. En effet, placés, en principe, sous la direction de leurs chefs hiérarchiques et sous l'autorité du garde des Sceaux, ministre de la Justice, les magistrats du parquet semblent être délibérément exposés à une certaine fragilité statutaire en vue de développer chez eux l'esprit de soumission.

Cela est d'autant plus vrai que l'insubordination chez les membres du ministère public entre fortement en ligne de compte dans l'appréciation des manquements disciplinaires qui pourraient leur être reprochés.

803. C'est pourquoi François MOLLINS, alors procureur général près la Cour de cassation française, a pu affirmer que : *« le magistrat du parquet se trouve évidemment dans une situation particulière qui explique son statut spécifique dû notamment au principe de la subordination hiérarchique à laquelle il est astreint. Vous le savez, ce statut est la conséquence de la dualité de sa nature puisque, magistrat garant des libertés individuelles et à ce titre indépendant, le magistrat du parquet est également représentant du pouvoir exécutif pour la mise en œuvre de la politique pénale, ce qui explique le principe de la subordination hiérarchique »*[960].

804. Comme on peut le relever dans ces différents traits distinctifs, les officiers du ministère public sont, incontestablement, d'un statut fort ambigu. Cette ambiguïté se traduit, essentiellement, par le fait qu'ils sont tout à la fois magistrats et, dans une certaine mesure, agents du pouvoir exécutif. C'est pourquoi ils peuvent être considérés comme relevant d'une magistrature spéciale ou comme des agents judiciaires hybrides.

Ils n'exercent la magistrature dans sa plénitude que dans leur prise de parole aux audiences. En dehors des audiences, ils peuvent recevoir, dans certaines circonstances, des instructions de leurs supérieurs hiérarchiques. L'inexécution de ces ordres, lorsqu'ils sont réguliers, peut être sanctionnée chez les parquetiers.

805. C'est justement à ce niveau que se situe le problème. Puisque la subordination d'un magistrat au pouvoir politique s'accommode mal avec l'impérieuse nécessité d'indépendance du corps judiciaire. S'il est vrai que l'existence du cordon ombilical entre le parquet et le ministre de la Justice s'explique par des considérations d'ordre historique, il n'en demeure pas moins qu'une telle situation n'est guère de nature à contribuer au respect ou à la consolidation de l'indépendance du pouvoir judiciaire.

---

[959] *« Ils peuvent être affectés par l'autorité de nomination d'une juridiction à une autre de même rang s'ils en font la demande ou d'office, dans l'intérêt du service, après avis du Conseil supérieur de la magistrature »*, Statut de la magistrature, *op. cit.*, art. 10 *in fine*.

[960] F. MOLLINS, « La formation judiciaire : un enjeu pour la démocratie », disponible sur www.courdecassation.fr, consulté le 07 juin 2023.

806. Ainsi, les officiers du ministère public passent, dans une certaine mesure, pour des espions du pouvoir exécutif auprès des juridictions alors que l'indépendance de l'institution commande qu'ils n'aient aucun rapport de subordination vis-à-vis du politique. Cette disposition des choses est autant incohérente, illogique que désastreuse pour la démocratie dont la vitalité dépend, essentiellement, d'une séparation véritable des pouvoirs exécutif, législatif et judiciaire.

807. La subordination hiérarchique du ministère public au pouvoir politique est tout aussi anachronique qu'inopportune. Sous cet angle, le renouveau de la justice au Mali commande l'organisation de la subordination hiérarchique à l'interne du seul ministère public. Cela nécessite la rupture de tout lien entre les officiers du ministère public et la chancellerie.

Ainsi, en lieu et place du ministre de la Justice, garde des Sceaux, le procureur général de la Cour suprême pourrait devenir le coordonnateur et la seule tutelle du parquet. Un tel schéma favoriserait l'indépendance du pouvoir judiciaire et contribuerait, avec d'autres mesures courageuses[961], à une séparation véritable des pouvoirs. Cela accroîtrait la crédibilité et la légitimité tant du ministère public que du système judiciaire.

808. Si telle est la réalité des choses s'agissant du statut des membres du ministère public, de façon générale, voyons, à présent, ce qu'il en est sur les terrains, civil et commercial.

B. Une clarification identitaire indispensable

809. Comme déjà relevé plus haut, dans la présente étude, le ministère public est d'un statut mitigé[962] et ses membres sont, sans doute, hybrides[963]. Parce que leur hybridité est manifeste qu'il s'avère nécessaire, surtout en matière civile et commerciale, de chercher à clarifier leur identité[964]. Un tel exercice devrait conduire à réfléchir aux mécanismes juridiques et institutionnels appropriés, susceptibles, par ailleurs, de lever toute équivoque sur l'identité ou le visage véritable des officiers du ministère public lorsqu'ils se prononcent sur les questions civiles et commerciales.

810. C'est en procédant à une comparaison entre l'action du ministère public en matière répressive et son office en matière civile et commerciale que l'on

---

[961] Parmi ces mesures, il peut être cité la nécessité de sortir le président de la République et le ministre de la Justice de la composition du Conseil supérieur de la magistrature. La présence de ces deux membres éminents du pouvoir exécutif, au sein de l'organe en charge de la gestion de la carrière des magistrats, est totalement incongrue.

[962] *Supra*, p. 81 et s.

[963] *Supra*, p. 226 et s.

[964] *« L'hybridation du parquet – mi-exécutif et mi-judiciaire – penche un peu du côté du judiciaire »*, D. SALAS, *Le Courage de juger. Entretien avec F. NIEL. Le Parcours d'un magistrat hors normes*, Paris, Éd. Bayard, 2014, p. 176.

aperçoit très facilement la nécessité de la clarification[965] identitaire sus-spécifiée. En effet, en matière pénale, les règles et principes déterminant le régime juridique applicable aux membres du ministère public sont quasiment explicites[966].

L'organisation du parquet, son champ d'intervention, ses moyens et ses modes d'action tout comme ses rapports avec aussi bien ses autorités hiérarchiques que ses différents partenaires, dans le cadre de la traditionnelle collaboration surtout dans la chaîne pénale, sont le plus souvent expressément déterminés par les différents textes répressifs.

811. Cette explicitation des choses a l'avantage de spécifier les « règles du jeu », de permettre aux magistrats du parquet d'appréhender l'étendue de leurs prérogatives ainsi que les limites de celles-ci. Aussi permet-elle, au parquet, de connaître tant le champ possible des interférences dans son action que les contours et les limites de ces immixtions[967]. C'est pourquoi, bien que fortement déplorée, voire critiquée par des doctrinaires et des praticiens, la subordination hiérarchique du ministère public en matière pénale est néanmoins beaucoup plus comprise[968], à défaut donc d'être totalement admissible.

812. En matière civile et commerciale, les choses se présentent fort différemment au regard d'un certain nombre de normes à savoir : le code de procédure civile, commerciale et sociale et la loi portant statut de la magistrature, etc. Puisque s'il est vrai que ces différents textes consacrent l'intervention du ministère public en matière civile et commerciale, il est cependant regrettable qu'ils soient quasiment tous muets sur l'identité ou sur le statut véritable des parquetiers, en ces matières.

---

965 Ph. BILGER, *Pour l'honneur de la justice*, Paris, Éd. Flammarion, 2006, p. 135.

966 G. STEFANI et G. LEVASSEUR, *Procédure pénale*, Paris, Dalloz, 8e éd., 1974, n°°98-101, p. 88-91.

967 *« En dépit du principe de la subordination hiérarchique du parquet, le chef du parquet peut faire preuve d'indépendance dans ses missions sans violer son statut. Tout tient à la personnalité du parquetier »*, Y. DIALLO, *Le Procureur de la République. La pratique du parquet*, Dakar, Éd. L'Harmattan, 2018, p. 78.

968 En la matière, le Conseil constitutionnel français a estimé qu'*« il découle de l'indépendance de l'autorité judiciaire, à laquelle appartiennent les magistrats du parquet, un principe selon lequel le ministère public exerce librement, en recherchant la protection des intérêts de la société, l'action publique devant les juridictions pénales »*, v. Cons. const. 22 juill. 2016, n°°2016-555 QPC, *AJDA* 2016. 1925 ; *D.* 2016. 1569, *D.* 2017. 1328, obs. N. Jacquinot et R. Vaillant ; Constitutions 2016. 532, chron. ; Constitutions 2016. 651, chron. L. Alice Bouvier ; *RSC* 2016, 529, obs. S. Detraz. – v. aussi récemment Cons. const. 8 déc. 2017, n° 2017-680 QPC, *AJDA* 2018. 509, chron. T. S. Renoux ; *D.* 2018. 1344, obs. E. Debaets et N. Jacquinot ; *AJ pénal* 2018. 83, note Akila Taleb-Karisson ; Constitutions 2017. 657 ; *RSC* 2018. 163, chron. B. de Lamy : § 11.

La conséquence d'un tel mutisme est qu'il est difficile pour les parquetiers de cerner et de saisir la réalité de leur état surtout vis-à-vis de ce qui est qualifié à leur égard, pompeusement, de hiérarchie.

813. L'on peut avoir comme conviction qu'il est difficile, à l'état actuel du droit positif malien, de soutenir et de convaincre qu'en matière civile et commerciale les magistrats du parquet demeurent dans les liens de la subordination hiérarchique à l'égard de leurs hiérarchies. Ce positionnement s'explique par le fait qu'aucun des nombreux textes qui régissent l'action du parquet en ces matières ne décline de façon claire et incontestable sa soumission à une quelconque hiérarchie, sous réserve des nuances apportées plus haut[969].

814. Au-delà de ces textes organisant les prérogatives et les modes de déploiement de l'action du parquet en matière civile et commerciale, certains textes généraux comme celui portant organisation judiciaire[970] n'apportent également aucune spécification sur l'identité véritable de cet organe en ces matières.

815. Quant au droit OHADA, il demeure, en l'état, allergique à certains égards à l'idée de l'implication même du parquet dans le traitement de certaines questions. C'est pourquoi *« Il est [...] donné de constater que le ministère public ne figure pas parmi [les] organes des voies d'exécution consacrés par l'AUPSRVE »*[971]. Tout cela installe une confusion qui est loin d'être favorable à toute forme de prise d'initiative chez les parquetiers et, au même moment, à des velléités d'envahissement de la part du pouvoir politique.

816. C'est pourquoi des réformes juridiques s'avèrent nécessaires en vue de combler ces lacunes dans le système judiciaire malien. Le plein épanouissement des institutions est fonction, dans bien des cas, de la détermination plus ou moins exhaustive du cadre institutionnel et juridique qui les régit. *A contrario*, *« la tragédie naît lorsque plusieurs normes d'une égale dignité s'affrontent entre elles jusqu'à faire préférer la mort à la soumission à un ordre juridique »*[972].

817. L'efficience d'un tel encadrement amoindrit alors les risques de ratés ou de dérives dans leur administration ou dans leur gestion. Cela accroît, par ailleurs,

---

969 *Supra*, p. 79 et s.

970 Loi n°°2011-037 du 15 juillet 2011 portant organisation judiciaire en République du Mali.

971 N. D. TACHAGO YOUMSSI, *Le Ministère public et les voies d'exécution en droit OHADA, op. cit.*, p. 14.

972 A. GARAPON, *Bien juger. Essai sur le rituel judiciaire*, Paris, Éd. Odile Jacob, 2001, p. 303.

leur performance[973] puisqu'elles se fixent des objectifs en tenant compte des orientations déclinées par les normes juridiques qui les régissent.

Ces différentes observations valent pour le ministère public dans la conduite des nombreuses et délicates missions qui lui sont assignées dans l'intérêt de la société ou de certaines personnes défavorisées[974]. Puisque *« les personnes vulnérables ont de tout temps bénéficié d'un droit spécifique et d'un traitement particulier »*[975].

818. Dans un contexte sociopolitique marqué par le goût de la communautarisation, voire de l'internationalisation des systèmes juridiques régissant les États, il est essentiel que les différents organes judiciaires soient aussi dénombrés que clairement spécifiés à travers leurs différents traits distinctifs ou caractéristiques. Cette dynamique des États à œuvrer, inlassablement, pour la construction et la consolidation d'institutions communes de gestion de leur destin, semble partagée par les peuples africains à travers le fait que les justiciables, de plus en plus, se tournent vers les instances communautaires surtout en matière de justice civile[976] et commerciale[977].

819. Une telle attitude n'est pas sans rapport avec le moindre degré de confiance[978] que ces derniers accordent aux systèmes et institutions judiciaires nationaux. En effet, ces systèmes judiciaires semblent surtout être perçus par les citoyens comme ne présentant pas des gages suffisants d'objectivité, ce qui affecte sérieusement leur crédibilité aux yeux des justiciables.

Toutefois, s'il faut reconnaître qu'il y a une part de vérité dans les nombreuses récriminations portées régulièrement à l'encontre de la justice et de ses acteurs,

---

973 É. MAUREL, *Paroles de procureur*, Paris, Éd. Gallimard, 2008, p. 178.

974 Pour un officier anonyme du ministère public, on devient *« [...] parquetier pour servir à quelque chose, pour protéger les plus fragiles et ceux qu'on piétine... »*, J. QUILFEN, *Dans les yeux du procureur. Chroniques de la justice ordinaire*, Témoignage, Paris, Éd., Hugo Doc, 2022, p. 280.

975 D. SALAS, *Le Courage de juger, op. cit.*, p. 84.

976 V., dans ce sens, A. SOMA et S. M. SÔG ME DABIRE (dir.), *Commentaire des grands arrêts de la Cour africaine des droits de l'homme et des peuples*, Paris, Éd. L'Harmattan, 2022.

977 Ainsi en est-il tant de la Cour de justice de la CEDEAO que de la Cour de justice et d'arbitrage de l'OHADA dont les décisions sont, de plus en plus, foisonnantes tant les justiciables des espaces communautaires correspondants y estiment leurs intérêts beaucoup mieux garantis.

978 *« ... dans un monde de plus en plus dangereux, exposé au populisme et à la démagogie, la République se trouve affaiblie lorsque les citoyens perdent confiance dans les institutions, spécialement dans une justice qui leur donnerait le sentiment qu'elle n'est pas en mesure de leur assurer la reconnaissance de leurs droits ou qu'elle ne respecte pas l'égalité de ceux qui comparaissent devant »*, J.-C. MAGENDIE, *Les Sept Péchés capitaux de la justice française*, Paris, Éd. Léo Scheer, 2012, p. 8 et 9.

force est cependant de se rendre à l'évidence que l'œuvre de justice, sous tous les cieux, est l'objet d'une perception[979] amphibologique, voire controversée.

820. Pour réduire la défiance et la méfiance des justiciables vis-à-vis de l'institution judiciaire et contribuer ainsi à l'amélioration de la perception et de l'acceptation de la justice par les citoyens, il est nécessaire que plusieurs actions soient envisagées. Certes, il est impérieux que la justice soit dotée de moyens suffisants pour pouvoir faire face à ses missions, lesquelles sont véritablement délicates, mais il est tout aussi nécessaire que les magistrats fassent œuvre de pédagogie en expliquant leurs décisions[980] à ceux auxquels elles sont destinées. Sans barguigner, la justice doit donc communiquer, même s'il est vrai par ailleurs qu'il s'agit là d'un exercice hautement délicat d'autant qu'il faudrait éviter, en la matière, d'écorner l'obligation de réserve[981] ou encore le secret, en matière pénale.

821. La clarification de l'identité du ministère public, en matière civile et commerciale au Mali, est plus que nécessaire. Elle permettrait aux officiers du ministère public de découvrir les règles et principes auxquels ils doivent s'en tenir dans l'accomplissement de leurs missions dans ces deux matières. Cela leur donnerait l'assurance indispensable pour le succès de leurs actions.

Un parquetier bien imprégné de ses missions et suffisamment outillé est sans doute un vecteur[982] de promotion de la démocratie en ce qu'il contribue substantiellement à l'amélioration de la qualité de la réponse judiciaire. Or, la bonne distribution de la justice favorise la paix sociale et le développement tout en renforçant l'adhésion et la confiance dans le système judiciaire.

---

[979] *« ... de plus en plus, le citoyen s'intéresse au fonctionnement de la justice, donne son point de vue, fait des critiques et la perception qu'il a de la justice est mise en exergue. Cette perception défavorable ou non doit compter. L'institution judiciaire n'est pas « un sanctuaire » où seuls les acteurs intra-muros ont droit de cité, mais un service public. Le citoyen, le peuple au nom de qui la justice est rendue a son mot à dire non pas pour tenir la plume au magistrat, le conspuer, ôter la liberté de défense à l'avocat, faire opposition à l'huissier exécutant, ou violenter un mandataire judiciaire, mais pour formuler des critiques objectives sur le fonctionnement de la justice, la manière de servir ou la tenue de ses acteurs. L'administration de la justice doit en tenir compte pour améliorer son fonctionnement »*, Y. DIALLO, *Le Procureur de la République. La pratique du parquet, op. cit.*, p. 184.

[980] La décision de justice *« passe souvent mal, et mieux vaut que le magistrat ne paraisse pas l'asséner du haut de sa toute-puissance »*, E. DE MONTGOLFIER, *Le Devoir de déplaire*, Paris, Éd. Michel Lafon, 2006, p. 48.

[981] *« La réserve, c'est la traduction dans le comportement d'une certaine dignité de la fonction »*, M. AYDALOT, *Magistrat. Un homme et son métier*, Paris, Éd. Robert Laffont, 1976, p. 340.

[982] M. MAÏGA, *La Responsabilité du professionnel de la santé en contexte africain. Étude de droit malien, op. cit.*, p. 428.

822. Cette clarification identitaire, qui nécessite quelques réformes juridiques, devrait être audacieuse en veillant à éviter toute entrave à l'action du parquet. Elle pourrait consister seulement à une articulation de la subordination hiérarchique à l'interne du seul ministère public, entre ses officiers propres. Cela commanderait qu'il ne soit exploré aucune piste pour placer le ministère public, en matière civile et commerciale, sous l'autorité du pouvoir exécutif.

823. Puisqu'un tel schéma laisserait toujours courir le risque soit d'obstruction, soit d'instrumentalisation du parquet par le pouvoir politique dont les motivations pourraient souvent être totalement étrangères à l'intérêt général, principale justification de l'action des parquetiers. Ladite clarification accroîtrait, par ailleurs, la légitimité[983] du ministère public tant en milieu judiciaire qu'au-delà. En effet, même sans que leur action soit dictée par une volonté extérieure, les officiers du ministère public sont régulièrement l'objet de suspicions d'accointances avec le pouvoir exécutif via le département de la justice[984].

824. La clarification de l'identité du ministère public, en matière civile et commerciale, comme d'autres mesures, serait donc de nature à soigner davantage son visage dans le paysage judiciaire et à renforcer sa crédibilité aux yeux du monde extérieur à l'institution. En plus, il est tout aussi nécessaire d'organiser son intervention, en matière civile et commerciale, pour beaucoup plus d'efficacité et d'efficience de son action.

Paragraphe II : L'organisation de l'intervention du ministère public

825. La cohérence, l'effectivité[985] ainsi que l'efficience dans une action donnée sont essentiellement tributaires de sa judicieuse conception et de sa mise en œuvre intelligente. L'intervention du ministère public, en matière civile et commerciale, ne déroge point à cette exigence.

En effet, organe exclusivement dédié au bien et au salut public, le parquet, dans sa dynamique de défense des intérêts de la société ainsi que de la préservation de l'ordre public[986] mérite d'évoluer dans un cadre légal et institutionnel parfaitement organisé. Cela requiert, dans le contexte malien, des réformes juridiques nécessaires.

---

[983] P. TRUCHE, *Juger, être jugé : le magistrat face aux autres et à lui-même*, Paris, Éd. Fayard, 2001, p. 163-164.

[984] C'est pourquoi, quelle que soit l'indépendance d'esprit d'un magistrat du parquet, il est systématiquement perçu par l'opinion dominante comme l'agent du pouvoir exécutif dans le paysage judiciaire. Or, cette perception des choses n'est pas toujours fondée d'autant plus que s'il est vrai dans une certaine mesure que le ministère public est soumis à la volonté politique, il n'en demeure pas moins qu'auprès des organes juridictionnels, il n'est le représentant que de la seule société.

[985] D. SALAS, *La Justice dévoyée : critique des utopies sécuritaires*, Paris, Éd. des Arènes, 2012, p. 39.

[986] J. VERGES, *Malheur aux pauvres*, Paris, Éd. Plon, 2006, p. 7.

826. Ainsi, l'organisation de l'intervention du ministère public, en matière civile et commerciale au Mali, commande-t-elle la constitutionnalisation de son office (A), ce qui n'empêche pas le concours nécessaire du cadre législatif et réglementaire (B).

A. La constitutionnalisation de l'office du ministère public

827. La constitutionnalisation figure parmi les améliorations juridiques nécessaires à l'explicitation et à la consolidation de l'action du ministère public, en matière civile et commerciale, au Mali. Il s'agit là, d'ailleurs, d'une question fondamentale pour qui sait la place ou l'importance de la Constitution dans la nomenclature juridique des États modernes.

828. *A priori*, il peut paraître étonnant de soutenir qu'il existe un lien entre l'office du ministère public dans les domaines civil et commercial, d'une part, et la Constitution, norme fondamentale dans un État[987], d'autre part. Mais c'est oublier que le parquet, avant tout, est un organe judiciaire et que, comme tel, il a forcément des rapports directs et privilégiés avec les autres acteurs du paysage judiciaire dans l'animation du pouvoir judiciaire.

829. La Constitution est définie par le vocabulaire juridique comme l'*« Ensemble des règles suprêmes fondant l'autorité étatique, organisant ses institutions, lui donnant ses pouvoirs, et souvent aussi lui imposant des limitations, en particulier en garantissant des libertés aux sujets ou citoyens »*[988].

En d'autres termes, il faut entendre par le terme Constitution, la norme juridique fondamentale déterminant l'articulation[989], la dévolution et les limites du pouvoir d'État, les différents organes chargés de la mise en œuvre dudit pouvoir ainsi que leurs relations entre eux, les droits et devoirs des citoyens ainsi que les liens entre normes internes et celles internationales dans un État[990]. Il s'agit, en clair, de la norme juridique tant fondatrice qu'inspiratrice des normes dérivées[991] dans un État.

830. Parce qu'elle est justement la norme fondamentale dans un pays que la théorie juridique lui réserve une place de choix dans ce qu'il convient d'appeler la hiérarchie des normes. Décrivant la hiérarchie des normes, dont la paternité

---

[987] « … la Constitution ne pourrait être considérée que comme supérieure à la loi sur le plan formel », B. FOMBA, *La Constitution malienne de 1992. De la rigidité à l'impossible révision*, Paris, Éd. L'Harmattan, 2020, p. 13.

[988] G. CORNU (dir.), *Vocabulaire juridique*, *op. cit.*, p. 557.

[989] Y. GUCHET, *Droit parlementaire*, Paris, Éd. Economica, 1996, p. 5.

[990] Il s'agit là du sens moderne de la notion, si l'on en croit des constitutionnalistes de renom, L. FAVOREU, P. GAÏA, R. GHEVONTIAN, J.-L. MESTRE, O. PFERSMANN, A. ROUX et G. SCOFFONI, *Droit constitutionnel*, Paris, Dalloz, 24e éd., 2022, p. 5.

[991] Par cette notion, il faut entendre les normes législative et réglementaire dans un État.

lui est attribuée, Hans KELSEN a pu écrire que : *« [p]our exprimer la relation en question, on peut utiliser l'image spatiale de la hiérarchie, du rapport de supériorité-subordination : la norme qui règle la création est la norme supérieure, la norme créée conformément à ses dispositions est la norme inférieure. L'ordre juridique n'est pas un système de normes juridiques placées toutes au même rang, mais un édifice à plusieurs étages superposés, une pyramide ou hiérarchie formée (pour ainsi dire) d'un certain nombre d'étages ou couches de normes juridiques. Son unité résulte de la connexion entre éléments qui découle du fait que la validité d'une norme qui est créée conformément à une autre norme repose sur celle-ci ; qu'à son tour, la création de cette dernière a été elle aussi réglée par d'autres, qui constituent à leur tour le fondement de sa validité ; et cette démarche régressive débouche finalement sur la norme fondamentale — norme supposée. La norme fondamentale hypothétique — en ce sens — est par conséquent le fondement de validité suprême, qui fonde et scelle l'unité de ce système de création »*[992].

831. Cette prééminence de la Constitution dans l'ordre juridique interne explique, dans certains pays comme le Mali, une certaine rigidité[993] de ladite norme, ce qui rend parfois difficile l'aboutissement de toute idée de son changement ou de sa modification.

C'est pourquoi *« [d]epuis 1992, souffle sur le Mali, un vent de révisions constitutionnelles officiellement orienté dans le sens de l'objectif affiché de consolidation d'acquis démocratiques, même si très souvent ces opérations se sont avérées des tripatouillages alimentés par des intérêts politiques personnels des initiateurs*[994]*. C'est ce qui explique que les projets de révision*

---

[992] H. KELSEN, *Théorie pure du droit*, Traduction française de la 2e éd., de la *Reine Rechtslehre*, par Charles EISENMANN, Paris, Dalloz, 1962, n°°35, p. 299.

[993] *« On peut formuler la notion de rigidité d'une Constitution à partir de la notion d''acte de révision''. Si on se réfère seulement aux constitutions écrites, il s'agit de la mise en place d'une procédure qualifiée visant à adopter des actes capables d'amender la Constitution et qui rend cette dernière ''rigide''. La notion d'''acte de révision'' se définit par différenciation entre l'acte législatif ordinaire et l'acte du pouvoir constituant »*, E. GROSSO, « Le problème de la rigidité et de la révision de la Constitution. Une approche théorique à la partir du débat italien », Conférence donnée le 22 mars 2016 à l'Université de Lorraine.

[994] *« Il ressort des révisions instrumentales de la Constitution par lesquelles les gouvernants ont découvert l'astuce pour user de la Constitution contre sa philosophie. En effet, au-delà du débat sur la mutabilité de la Constitution, persiste le besoin de prémunir celle-ci contre la fraude à la Constitution »*, G. LIET-VAUX, « LA fraude à la Constitution : essai d'une analyse juridique des révolutions communautaires récentes », *RDP*, 1943, p. 116-150, 39 ; v., également, J.-L. ATANGANA AMOUGOU, « Les révisions constitutionnelles dans le nouveau constitutionnalisme africain », *AJP*, n°°2, juillet 2006, p. 44-84 ; S. BOLLE, « Les révisions dangereuses. Sur l'insécurité

constitutionnelle ont pu être accueillis par des polémiques et de vives protestations de la rue ayant fini par faire reculer les trois présidents de la République[995] »[996].

832. Cette situation a finalement rendu obsolète la Constitution de la IIIe République du pays plongé depuis une dizaine d'années dans une grave crise politico-sécuritaire. Ces troubles ont conduit à un coup d'État militaire ayant mis un terme au régime de Ibrahim Boubacar KEITA le 18 août 2020. Ainsi, après convocation du collège électoral[997], un projet de Constitution a été soumis à referendum le 18 juin 2023. L'adoption de ce projet de Constitution et sa promulgation le 22 juillet 2023 ont signé la fin de la troisième République et le passage à la quatrième République.

833. Sur le plan comparatif, la nouvelle Constitution marque un grave recul du pouvoir judiciaire. En effet, pendant que l'ancienne Constitution du 25 février 1992 consacrait l'indépendance de l'ensemble des magistrats (du siège et du parquet) et leur soumission à la loi seule[998], celle nouvelle ne reconnaît l'indépendance que des seuls juges, magistrats du siège[999]. Une telle révision est régressive, à tous égards, envers le pouvoir judiciaire, en général, et les officiers du parquet, en particulier.

---

constitutionnelle en Afrique » *in Constitution et risque(s)*, Paris, Éd. L'Harmattan, 2010, p. 253.

995 Il s'agit de : Alpha Oumar KONARÉ (1992-2002), Amadou Toumani TOURÉ (2002-2012) et Ibrahim Boubacar KEÏTA (2013-2018). Ils ont, tous les trois, tenté en vain de réviser la Constitution de la IIIe République du Mali du 25 février 1992.

996 B. FOMBA, *La Constitution malienne de 1992. De la rigidité à l'impossible révision, op. cit.*, p. 13.

997 V., Décret n°°2023-0276/PT-RM du 05 mai 2023 portant convocation du collège électoral, ouverture et clôture de la campagne électorale, à l'occasion du referendum constitutionnel.

998 *« Les Magistrats ne sont soumis dans l'exercice de leur fonction qu'à l'autorité de la loi.*
Les Magistrats du siège sont inamovibles.
Le Président de la République est garant de l'Indépendance du pouvoir judiciaire.
Il est assisté par le Conseil supérieur de la magistrature.
Le Conseil supérieur de la magistrature veille sur la gestion de la carrière des Magistrats et donne son avis sur toute question concernant l'indépendance de la Magistrature.
Le Conseil supérieur de la magistrature statue comme Conseil de discipline pour les magistrats.
Une loi organique fixe l'organisation, la composition, les attributions et le fonctionnement du Conseil supérieur de la magistrature.
La loi fixe également le statut de la magistrature dans le respect des principes contenus dans la présente Constitution », Const. du Mali du 25 février 1992, art. 82.

999 *« Les juges ne sont soumis, dans l'exercice de leurs fonctions, qu'à l'autorité de la loi. Les magistrats du siège sont inamovibles »*., v. Const., art. 132.

C'est dire, subséquemment, que la réforme constitutionnelle de 2023 aura été une occasion manquée pour le ministère public de voir sa situation améliorée au Mali. Ainsi est-on fondé à espérer, voire à en appeler à la révision de cette nouvelle Constitution, en ses dispositions concernant les officiers du ministère public, même si on sait que ledit texte vient à peine d'intégrer le droit positif malien.

834. Les règles constitutionnelles peuvent être d'un apport inestimable pour la consolidation de l'action du ministère public, en matière civile et commerciale. Cela est d'autant plus vrai qu'elles balisent la voie aux normes juridiques dérivées qui se doivent d'être, par ailleurs, conformes à elles. La réforme constitutionnelle de 2023 au Mali est source de préoccupation pour tous ceux qui sont désireux de réserver un meilleur au ministère public.

835. Les raisons de ces inquiétudes ont trait essentiellement à ce que contrairement aux attentes légitimes de renforcement des institutions ainsi que des droits et libertés du citoyen, la nouvelle Constitution aggrave l'inféodation du pouvoir judiciaire au pouvoir exécutif[1000]. Elle est donc défavorable, d'une part, à une séparation véritable des pouvoirs et, de l'autre, à une protection effective et efficiente des droits de l'Homme.

836. L'accroissement des prérogatives du pouvoir exécutif se fait forcément au détriment d'un des deux autres pouvoirs. La lecture de la situation actuelle de la justice malienne aboutit à la conclusion qu'on *« a du mal à accepter que cette branche de l'État[1001], qui n'est ni plus ni moins mauvaise que les autres, se dise indépendante »*[1002].

Dans le contexte de la dernière réforme, c'est bien le pouvoir judiciaire qui pâtit de la redistribution des cartes en faveur de l'exécutif. Un ministère public davantage soumis au pouvoir politique ne saurait être suffisamment à l'aise pour prendre des initiatives dans le sens d'une protection adéquate des droits humains.

837. C'est le lieu de réitérer la nécessité pour le Mali d'évoluer sur la question relative au statut des magistrats du ministère public[1003]. Cette évolution devrait

---

[1000] D. DIARRA, *Leçon de démocratie et de déontologie au « temple de la discipline »*, Paris, Éd. L'Harmattan, 2023, p. 19-20.

[1001] Il s'agit de l'institution judiciaire qui est l'objet d'une telle perception biaisée, voire d'un véritable dédain de la part de la plupart des politiques.

[1002] D. SALAS, *La Justice dévoyée. Critique des utopies sécuritaires*, *op. cit.*, p. 13.

[1003] Cela permettrait de demeurer dans l'esprit de la Constitution de la IIIe République qui avait eu le mérite de renforcer quelque peu la situation identitaire des magistrats. Puisqu'avant l'avènement de la constitution du 25 février 1992 *« Les régimes qui se sont succédés depuis l'indépendance du Mali jusqu'à la révolution ont porté respectivement très peu d'attention sur les grands principes de la justice : séparation des pouvoirs, indépendance de la magistrature, droits de l'homme… d'où des désordres de toute*

conduire à la rupture de tout lien de subordination des parquetiers au pouvoir exécutif. Or, comme l'on vient de le voir, la Constitution est le siège juridique le plus approprié pour poser les bases véritables des grandes orientations que l'on entend donner à la politique judiciaire d'un État.

838. Le système judiciaire actuel du pays mérite des réarticulations et des évolutions[1004], sur la position et l'identité du ministère public, par exemple, en vue d'une modernisation plus poussée de son appareil judiciaire. Il est regrettable que le pays, à l'ère où la tendance est à la pleine émancipation des officiers du ministère public, se positionne tout à l'antipode en aggravant le sort de ces magistrats en les rabaissant[1005].

839. Si l'on s'aperçoit ainsi de la nécessité d'une réforme constitutionnelle en vue du renforcement de l'action du ministère public, en matière civile et commerciale au Mali, force est de reconnaître, également, que des besoins d'évolution se ressentent, sur le même sujet, à l'égard de certaines normes législatives et réglementaires.

---

nature, sources d'injustice », A. A. N'DIAYE, *L'Urne et le glaive. Réflexions sur les concepts socio-politiques et judiciaires au Mali (de 1960 à la troisième République)*, Bamako, Éd. Jamana, 1997, n°°698, p. 276.

[1004] Ainsi, à la veille de la réforme constitutionnelle de 1992 au Mali, l'état d'esprit général et les motivations des citoyens qui prévalaient à l'époque ont été, à peu près, dressés par Abdoulaye-Sékou SOW en ces termes : *« La revendication démocratique pour le changement concernait donc notamment la réforme complète de l'État et de ses institutions, fondée sur le multipartisme, condition sine qua non de la démocratie, mais aussi sur une demande sociale très forte. En d'autres termes, il s'agit de bâtir une nouvelle Constitution, fondement d'un État véritablement démocratique et républicain, cadre d'une gouvernance apte à satisfaire les aspirations des gouvernés »*, A. S. SOW, *L'État démocratique républicain. La problématique de sa construction au Mali*, Paris, Éd. Grandvaux, 2008, p. 140.

[1005] C'est pourquoi, protestant contre cette posture de liquidation de certains acquis démocratiques, tel que le sujet du statut des magistrats, le Syndicat libre de la magistrature (Sylima), une organisation professionnelle responsable de magistrat, a haussé le ton en *« attirant gravement l'attention du chef de l'État sur les conséquences néfastes de tout affaiblissement du Pouvoir Judiciaire, le Sylima fait observer que les différentes crises de gouvernance que vit le Mali sont exclusivement imputables aux pouvoirs politiques et non au pouvoir judiciaire qui, lui, de tout temps a été délibérément placé sous la férule du pouvoir exécutif. Le recrutement du magistrat, sa formation, son traitement, sa carrière ainsi que ses conditions de travail, sont tous déterminés par le gouvernement qui ne s'immisce pourtant pas dans les affaires du pouvoir législatif. Cela est loin de respecter tant l'indépendance du Pouvoir Judiciaire que les engagements internationaux auxquels le Mali a, souverainement, souscrit. C'est pourquoi le Sylima en appelle à une véritable séparation des pouvoirs qui passerait par le renforcement, sans délai, du Conseil supérieur de la magistrature, seul organe légitime pour gérer ces différentes questions »*, Com. n°°001-2023/B.E-Sylima en date du 1er mars 2023.

B. Le concours nécessaire de certains lois et règlements

840. Certaines normes législatives et réglementaires figurent en bonne place sur la liste des instruments juridiques devant connaître une certaine mue en vue de l'amélioration de la qualité de l'intervention du ministère public, dans la matière civile et/ou commerciale au Mali. Cela se comprend aisément quand on sait que ces normes dérivées[1006] ont pour vocation, le plus souvent, de servir de prolongement aux dispositions constitutionnelles, notamment, en leur apportant les clarifications ou explicitations indispensables en vue de leur efficiente application[1007].

841. Toutefois, ce rang modeste qu'elles occupent, vis-à-vis de la Constitution, dans la hiérarchie des normes n'est nullement synonyme de leur faible importance dans la consécration et l'organisation des actions du parquet en faveur des droits, civil et commercial.

Puisque l'essentiel des règles régissant ces questions est déclinée par des lois et règlements. Ce qui cadre parfaitement avec les techniques et exigences légistiques d'autant plus que la production normative requiert que la Constitution ne décline que les grandes orientations, politiques et institutionnelles, et que les normes dérivées (lois et règlements) s'occupent des détails.

842. L'explication que l'on pourrait donner à cela est, entre autres, que la rigidité de la norme constitutionnelle justifie bien que la mise en œuvre des politiques publiques, dans leurs spécificités, soit du ressort de la loi ou des règlements dont les modifications obéissent à plus de souplesse.

843. Les attributions civiles et commerciales du ministère public font intervenir plusieurs textes législatifs et réglementaires. Parmi ces différentes normes, l'on s'intéressera surtout à la loi n°°2011-037 du 15 juillet, modifiée, portant organisation judiciaire en République du Mali, à celle n°°02-054 du 16 décembre 2002, modifiée, portant statut de la magistrature et, enfin, au décret n°°99-254/P-RM du 15 septembre 1999, modifié, portant code de procédure civile, commerciale et sociale.

844. L'état actuel de ces différents textes ne permet que très maladroitement aux officiers du ministère public de se rassurer de leur identité, de leur rôle ou mission ou encore de leurs limites dans l'animation des procédures judiciaires ayant trait au traitement des contentieux en matière civile et commerciale. Dès lors, il est indispensable de rechercher non pas le seul perfectionnement des

---

[1006] P. A. TOURÉ, *La Juridiction compétente, statuant à bref délai dans l'espace OHADA. Un objet judiciaire non identifié ?*, Dakar, Éd. L'Harmattan, 2021, n°°4, p. 37.

[1007] A. A. N'DIAYE, *L'Urne et le glaive. Réflexions sur les conceptions socio-politiques et judiciaires au Mali, op. cit.*, p. 10.

dispositions constitutionnelles évocables mais aussi et surtout de celui des normes juridiques complémentaires dont le concours est incontournable.

Ainsi en vient-on à proposer une réforme d'ensemble susceptible d'englober les différentes pistes réflexives et réformatrices englobant tout un éventail de normes, quel que soit le rang que celles-ci occupent dans la hiérarchie ou la pyramide des normes.

845. S'agissant tout d'abord de la loi sus-spécifiée portant organisation judiciaire, il y a lieu de noter qu'elle détermine l'organisation du ministère public et sa représentation auprès de différentes juridictions. Elle est également et essentiellement génératrice d'obligations professionnelles pour les parquetiers. En ce qui concerne la représentation du ministère public auprès de certaines juridictions, l'on peut ainsi relever que ladite loi consacre la présence du ministère public dans la composition de la plupart des juridictions de l'ordre judiciaire.

Ainsi rencontre-t-on les officiers du parquet dans la configuration de la cour d'appel[1008], de la cour d'assises[1009], du tribunal de grande instance[1010] et du tribunal d'instance[1011]. Pour les autres juridictions nécessitant la présence du ministère public dans leur composition, des lois spécifiques trouvent application. Il en est ainsi de la Cour suprême[1012] ou encore du tribunal pour enfants[1013].

846. Au-delà de la question de représentation du ministère public auprès de certaines juridictions, comme on vient de le voir, la loi portant organisation judiciaire se prononce sur quelques obligations des officiers de cet organe. À cet égard, en plus de l'obligation de gestion administrative interne dévolue aux chefs de parquets[1014], ledit texte impose la participation des parquetiers à

[1008] Loi nº 2011-037 du 15 juillet portant organisation judiciaire en République du Mali, art. 9, 13 et 17.

[1009] Loi portant organisation judiciaire, *op. cit.*, art. 20 *in fine*. À ce niveau, il est consacré que le procureur général près la cour d'appel, ou son représentant, exerce les fonctions dévolues au ministère public auprès de la cour d'assises.

[1010] Loi portant organisation judiciaire, *op. cit.*, art. 26 et 31.

[1011] Loi portant organisation judiciaire, *op. cit.*, art. 26 et 31.

[1012] Loi nºº2016-046 du 23 septembre 2016 portant loi organique fixant l'organisation, les règles de fonctionnement de la Cour suprême et la procédure suivie devant elle, art. 67.

[1013] Loi nºº01-081 du 24 août 2001 portant sur la minorité pénale et institution de juridictions pour mineurs.

[1014] Ainsi, pour les obligations de cet ordre du procureur général près la cour d'appel, v. loi portant organisation judiciaire, *op. cit.*, art. 17 ; et pour celles du procureur de la République près le tribunal de grande instance ou d'instance, v. le même texte, art. 34, al. 2 et 3.

l'animation de toutes les procédures en appel[1015] ainsi que leur présence effective à l'audience dans toutes les affaires communicables[1016] en première instance.

847. Ensuite, le deuxième texte de la liste régissant l'intervention du ministère public, en matière civile et commerciale, est la loi n°°02-054 du 16 décembre 2002, modifiée, portant statut de la magistrature en République du Mali. En vérité, ce texte régit le sujet soumis à l'analyse, plutôt indirectement puisqu'aucune de ses dispositions n'évoque expressément la question relative spécifiquement aux attributions civiles et commerciales des officiers du parquet.

848. Néanmoins, il s'agit d'une thématique appelant l'interrogation de plusieurs matières du droit et surtout des particularités statutaires et organisationnelles du ministère public. C'est justement sous ce dernier angle que la loi portant statut de la magistrature est particulièrement intéressante. En effet, en plus de la détermination de la préséance au sein des parquets[1017], ledit texte consacre la subordination hiérarchique et ses limites des officiers du ministère public[1018].

849. La bonne lecture de ces dispositions, sur la question relative à la soumission du parquet au ministre de la Justice, garde des Sceaux est qu'une telle subordination ne vaut qu'en matière pénale. Même si les dispositions de l'article 10 du statut de la magistrature ne le spécifient pas, leur esprit ne peut que renvoyer à cela d'autant plus que pendant que le code de procédure pénale clarifie avec netteté le sujet, le code de procédure civile, commerciale et sociale (CPCCS) ne comporte aucune disposition relative à la question.

Consacré par un décret en République du Mali, ce silence du CPCCS ne traduit, de ce que l'on peut penser, que la pleine liberté des parquetiers dans les matières extra pénales. Puisqu'admettre le contraire reviendrait à permettre à l'autorité réglementaire de se prévaloir de sa propre turpitude[1019].

1015 « Les arrêts sont rendus en toute matière par un président et deux conseillers. La Cour statue en présence du procureur général ou de son représentant et avec l'assistance d'un greffier ». Loi portant organisation judiciaire, *op. cit.*, art. 12.

1016 Loi portant organisation judiciaire, *op. cit.*, art. 29, al. 3.

1017 *« Le procureur général est remplacé de plein droit par l'avocat général le plus gradé à défaut l'avocat général le plus ancien, le cas échéant par le substitut général le plus gradé. Le procureur de la République est suppléé dans ses fonctions par le premier substitut, à défaut de classement, par le substitut le plus gradé »*, loi n°°02-054 du 16 décembre 2002, modifiée, portant statut de la magistrature en République du Mali, art. 38.

1018 *« Les magistrats du parquet des cours et des tribunaux sont placés sous la direction et le contrôle de leurs chefs hiérarchiques et sous l'autorité du ministre chargé de la Justice. Ils ont la liberté de parole à l'audience »*, loi portant statut de la magistrature, *op. cit.*, art. 10.

1019 *Supra*, p. 229.

850. Enfin, le troisième texte applicable au ministère public, dans son office consistant à participer au traitement judiciaire des affaires civiles et commerciales au Mali, est, comme déjà effleuré, le décret n° 99-254/P-RM du 15 septembre 1999, modifié, portant code de procédure civile, commerciale et sociale (CPCCS). Cette dernière norme, en plusieurs de ses dispositions trouve application au présent sujet.

C'est ainsi qu'entre autres des questions comme : les mécanismes de l'intervention du ministère public en matière civile et commerciale[1020], les raisons ou justifications de l'action du parquet en ces matières[1021], les types d'affaires communicables au parquet[1022] et la sanction attachée à la non-communication[1023] de certaines affaires civiles et commerciales sont plus ou moins réglementées.

851. À se contenter d'une évocation ou d'une interrogation superficielle de ces trois normes juridiques, l'on ne se douterait de rien et l'on pourrait même être tenté de croire que la problématique relative à l'intervention du ministère public en matière civile et commerciale est suffisamment et judicieusement prise en charge par le droit positif malien. Cela est d'autant plus vrai que l'on a affaire à un sujet fortement négligé aussi bien par les théoriciens que par les praticiens de la discipline juridique au Mali.

852. Cependant, leur interprétation attentive et intelligente permet facilement de se rendre à l'évidence qu'elles recèlent de moult insuffisances, voire, dans certains cas, de véritables vides. Cet état de fait handicape inéluctablement l'action des officiers du ministère public, dans leur combat sur les terrains civil

---

1020 *« Le ministère public peut agir comme partie principale ou intervenir comme partie jointe. Il représente autrui dans les cas que la loi détermine »*, CPCCS, *op. cit.*, art. 431.

1021 CPCCS, *op. cit.*, art. 429 et 430.

1022 *« Le ministère public doit avoir communication :*

• des affaires qui concernent l'ordre public, l'État, le domaine, les communes, les établissements publics, les dons et legs au profit des pauvres ;

• les procédures qui concernent l'état des personnes et les tutelles ;

• les procédures collectives ;

• les déclinatoires sur compétence ;

• les règlements de juges, les récusations et renvois pour parenté et alliance ;

• les demandes en désaveu formulés contre un Avocat ;

• les prises à parties ;

• les causes concernant ou intéressant les personnes présumées absentes ;

• les causes de femmes non autorisées par leurs maris, ou même autorisées lorsqu'il s'agit de leur dot, et qu'elles sont mariées sous le régime dotal, les causes des mineurs, et généralement toutes celles où l'une des parties est défendue par un curateur ;

• les causes intéressant les personnes placées dans un établissement d'aliénés lors même qu'elles ne seraient pas mises en tutelle », CPCCS, *op. cit.*, art. 432.

1023 CPCCS, *op. cit.*, art. 585.

et commercial, pour la défense de l'intérêt général et de l'ordre public ou encore de la préservation des intérêts de certains sujets de droit vulnérables[1024].

853. Au rang des vides juridiques pouvant être relevés à travers l'examen desdits textes, il y a l'absence de réglementation du délai en matière de communication au parquet des affaires civiles et commerciales. Il s'agit là d'une tare fortement regrettable quand on sait que cela peut être l'un des facteurs explicatifs de la lenteur de la justice[1025] dans le pays. En effet, n'étant cantonné dans aucune contrainte de temps, il n'est pas impossible qu'un parquetier garde par-devers lui des dossiers civils et commerciaux en prétextant n'avoir pas eu suffisamment de temps pour les étudier.

854. S'il est vrai qu'au cours des entretiens avec certains magistrats on n'a pas eu vent d'incidents consécutifs à ces genres de situations, il n'en demeure pas moins qu'il a été signalé des cas où les juges, juste avant de monter à l'audience, se sont vus dans l'obligation de demander au parquet de leur retourner des dossiers communiqués. Le droit judiciaire malien gagnerait en efficacité d'évoluer sur ce sujet, notamment en impartissant un délai au ministère public, chaque fois qu'il y a communication d'affaires civiles et/ou commerciales.

855. Un autre vide[1026] juridique découlant des normes sus-spécifiées, qui gagnerait à être rapidement comblé a trait à la non-possibilité de récusation du ministère public lorsqu'il agit comme partie jointe. Dans l'hypothèse où il n'intervient que pour émettre un avis sur la bonne application des textes, il n'est pas impossible qu'un parquetier sorte de son rôle de commissaire de la loi pour jouer indûment à l'avocat en faveur d'une des parties privées à l'instance.

Il est même possible qu'un plaideur privé soit au courant de l'existence d'accointances entre son contradicteur et le parquetier audiencier ou que ce dernier ait des liens (de parenté, d'alliance, d'amitié, etc.) avec une des parties privées au procès.

856. Dans ces différentes hypothèses, il doit être juridiquement consacré le droit pour les justiciables de rechercher la récusation de l'officier du ministère public qui s'abstiendrait de se déporter. C'est pourquoi un tel dispositif est consacré en droits béninois[1027] et nigérien[1028].

[1024] N. D. BAH, *La Ronde des crocodiles*, Éd. L'Harmattan, 2018, Paris, p. 18.

[1025] G. FENECH, *Un juge en colère*, Paris, Éd. Le Félin, 2005, p. 46-47.

[1026] V. LE COQ, *Impunités. Une justice à deux vitesses. Pamphlet*, Paris, Nouveau Monde Éditions, 2017, p. 361.

[1027] Loi n°°2008-07 du 28 février 2011 portant code de procédure civile, commerciale, sociale, administrative et des comptes en République du Bénin (CPCCSAC), art. 425 *in fine*.

[1028] Loi n°°2015-23 du 23 avril 2015 portant code de procédure civile en République du Niger, art. 340 *in fine*.

857. Les insuffisances à corriger pourraient concerner, entre autres, le statut du ministère public en matière civile et commerciale au Mali ou encore la prise en compte par les textes susvisés de l'inertie des officiers du ministère public dans l'animation des procédures civiles et commerciales. Même si de ce que l'on pense la subordination hiérarchique ne devrait pas valoir en matière civile et commerciale au Mali, il demeure que le silence des textes sur le sujet peut donner matière à interprétation.

C'est pourquoi une explicitation ou clarification légale des choses mettrait les parquetiers à l'aise, surtout que la tendance semble à une certaine obéissance aveugle alors qu'au contraire, selon un ancien parquetier français, *« ... il vaut mieux penser que plaire »*[1029].

858. Dans le même ordre d'idée, l'amorphisme des parquetiers dans l'animation du droit judiciaire privé devrait être considéré par les textes, de façon expresse, comme une faute disciplinaire. Cela contribuerait sans doute à renverser la tendance actuelle qui est au délaissement par les parquetiers de ces matières.

859. Comme l'on vient de le voir, ces quelques pistes réflexives, à l'échelon interne, amélioreraient nettement la qualité de l'action du ministère public en matière civile et commerciale, au Mali. Il s'agit toutefois là d'une démarche qui devrait être étendue au droit communautaire.

Section II : Les progrès envisageables en droit communautaire

860. Le besoin d'évolution se ressent, avec la même acuité, dans le droit communautaire puisque le système juridique malien est marqué par la cohabitation de normes produites aussi bien par des instances normatives propres au pays que par d'autres, communes tant au Mali qu'à d'autres États. Ces derniers partagent avec le Mali la même vision et les mêmes préoccupations dans un certain nombre de domaines.

861. Ainsi, qu'il s'agisse du domaine des affaires ou de celui de l'économie, le Mali partage des espaces communs avec plusieurs autres. Cela explique l'appartenance du Mali à l'Organisation pour l'harmonisation en Afrique du droit des affaires (OHADA), également à la Communauté économique des États de l'Afrique de l'Ouest (CEDEAO) ou encore à l'Union économique et monétaire ouest-africaine (UEMOA).

862. Pour examiner les réformes envisageables au sein de ces différentes communautés, dans le sens de la consolidation de l'intervention du ministère public en matière civile et commerciale, l'on verra, d'une part, l'état de la question en droit des affaires (paragraphe I) et, de l'autre, le point en droit économique (paragraphe II).

[1029] E. DE MONTGOLFIER, *Le Devoir de déplaire*, Paris, Éd. Michel Lafon, 2006, p. 35.

Paragraphe I : Un cadre juridique des affaires à consolider

863. Des réformes s'avèrent nécessaires en droit des affaires pour, soit faire découvrir, soit renforcer l'office du ministère public dans le traitement des affaires civile et commerciale au sein de l'espace communautaire OHADA. Puisque toute norme nouvelle produite ou toute réforme d'une norme communautaire engendre des effets à l'égard de l'ensemble des États membres.

864. Ainsi, les évolutions ou réformes envisageables sont, dans un premier temps, d'ordre institutionnel (A) et, dans un second temps, d'ordre purement juridique (B).

A. Une complémentation institutionnelle de l'OHADA

865. L'Organisation pour l'harmonisation en Afrique du droit des affaires (OHADA) vit et sa viabilité n'est guère contestable[1030]. Cependant, comme toute organisation du genre, elle a besoin de changements évolutifs ou de mues progressives pour son adaptation aux évolutions du monde des affaires, d'une part, et, d'autre part, pour son efficacité.

C'est pourquoi le professeur Barthélémy MERCADAL a pu écrire que : *« Certes, des faiblesses handicapent le plein épanouissement de l'OHADA. Elles ne tiennent pas à son contenu mais à son application juridictionnelle. La Cour commune de justice et d'arbitrage (CCJA), localisée à Abidjan, est éloignée pour les justiciables des autres pays membres. Les cours suprêmes nationales sont montrées du doigt pour leur résistance à accepter de se départir à son profit »*[1031]. Ce même constat a été fait par le professeur Roger MASAMBA[1032].

866. Le Traité portant création de l'OHADA, signé le 17 octobre 1993 à Port-Louis (île Maurice), liait initialement 14 pays africains tous quasiment[1033] de la

---

[1030] Un juriste africain, célèbre de son époque, a pu écrire à ce sujet que : *« [l]e vœu des chefs d'État est en train de s'accomplir. L'OHADA fait tache d'huile. Des États non compris dans l'enceinte de la zone franc en font aujourd'hui partie. [...] D'autres membres éventuels frappent à sa porte »*, K. M'BAYE, préface B. MARTOR, N. PILKINGTON, D. SELLERS et S. THOUVENOT, *Le Droit uniforme africain des affaires, issu de l'OHADA*, Paris, LexisNexis, Litec, 2e éd., 2009, XII.

[1031] B. MERCADAL, préface P.-G., POUGOUÉ (dir.), *Encyclopédie du droit OHADA*, Paris, Éd. Lamy, 2011, XIV.

[1032] *« [...], force est de reconnaître que, dans la pratique, bon nombre d'obstacles freinent l'élan découlant du système OHADA et en affectent l'efficacité »*, R. MASAMBA, « Attractivité économique du droit OHADA » *in* POUGOUÉ (P.-G.) (dir.), *Encyclopédie du droit OHADA, op. cit.*, p. 387.

[1033] Cette nuance, par l'emploi de cet adverbe, s'explique par le fait que deux des États membres de l'organisation n'ont pas que le français comme langue officielle. Il s'agit du Cameroun et de la Guinée équatoriale. Le premier a l'anglais comme deuxième langue officielle, et la seconde, le portugais et l'espagnol, toutes les deux langues officielles en plus du français. Par ailleurs, la République du Mali, à la faveur de la révision

zone franc[1034]. Dans la dynamique de l'uniformisation[1035] de leurs droits des affaires, ces États ont fini par être rejoints, plus tard, par trois autres[1036]. Cette accession de l'organisation à la vie juridique a été précédée d'une longue phase (1991-1993) de conception, de plaidoyer et de négociations auprès des États ainsi que de l'élaboration du texte constitutif[1037].

867. Les objectifs recherchés par les États membres, à travers la création de l'OHADA, sont déclinés par les dispositions de l'article 1er du Traité qui disposent que : *« Le présent traité a pour objet l'harmonisation[1038] du droit des affaires dans les États Parties, par l'élaboration et l'adoption des règles communes, simples, modernes et adaptées à la situation de leurs économies, par la mise en œuvre de procédures judiciaires appropriées, et par l'encouragement au recours à l'arbitrage pour le règlement des différends contractuels. »*

868. C'est dire, subséquemment, tel que l'a relevé le professeur Paul Gérard POUGOUÉ que l'organisation poursuit essentiellement comme missions de « créer un climat propice à *l'investissement privé ; favoriser l'intégration en vue, à terme, de créer un vaste marché »*[1039]. Il s'agit, en d'autres termes, *« […] de favoriser la confiance en faveur des économies des pays membres afin de promouvoir le dynamisme et la compétitivité des entreprises »*[1040]. *Tout cela*

---

constitutionnelle de 2023, a érigé toutes les langues nationales du pays en langues officielles. Le français y devient désormais une simple langue de travail.

[1034] Ainsi les États fondateurs de l'OHADA sont : le Bénin, le Burkina Faso, le Cameroun, la République centrafricaine, la République des Comores, le Congo, la Côte d'Ivoire, le Gabon, la Guinée équatoriale, le Mali, le Niger, le Sénégal, le Tchad et le Togo.

[1035] H. F. MAHALMADANE, « La saisie immobilière » *in Revue trimestrielle de droit et de jurisprudence des affaires*, n°°001, octobre-novembre-décembre 2008, p. 11.

[1036] Les trois derniers États ayant adhéré à l'OHADA sont la République de Guinée, la République de Guinée-Bissau et la République démocratique du Congo.

[1037] Sur le processus ayant conduit à la création de l'OHADA, v. J. ISSA-SAYEGH et J. LOHOUES-OBLE, *Harmonisation du droit des affaires*, Bruxelles, Bruylant, UNIDA, 2002, n°°203-208, p. 95-97.

[1038] J. DJOGBENOU, « Commentaire de l'avis n°°1/2003/EP du 4 juin 2003 de la CCJA : Quel sort à la compétence du juge des référés en matière de résiliation du bail commercial et de l'expulsion du preneur au regard de l'article 101 de l'acte uniforme portant droit commercial général ? » *in Revue trimestrielle de droit et de jurisprudence des affaires*, n°°001, octobre-novembre-décembre 2008, p. 118.

[1039] P.-G. POUGOUÉ, « Présentation générale du système OHADA » *in* A. AKAM AKAM (dir.), *Les Mutations juridiques dans le système OHADA*, Yaoundé, Éd. L'Harmattan, 2009, p. 11.

[1040] P. A. TOURÉ, *La Juridiction compétente, statuant à bref délai dans l'espace OHADA. Un objet judiciaire non identifié ?*, Dakar, Éd. L'Harmattan, 2021, n°°1, p. 30.

devrait permettre dans la sous-région de « [...] servir l'intégration économique et la croissance »[1041].

869. Mais l'OHADA, en plus des normes juridiques qu'elle secrète[1042] sous forme essentiellement d'actes uniformes ou de règlements[1043], est avant tout bâtie suivant une architecture institutionnelle présentant ses spécificités. Ainsi, ses différents organes sont déterminés par le Traité constitutif qui en dénombre quatre à savoir : le Conseil des ministres, le secrétariat permanent, l'école régionale supérieure de la magistrature (ERSUMA) et la Cour commune de justice et d'arbitrage (CCJA).

870. Conçue suivant le schéma souple[1044], l'architecture institutionnelle de l'OHADA comprend, en tout premier lieu, le Conseil des ministres qui est composé des ministres de la justice ainsi que de ceux de l'économie des différents États membres. Il est l'organe suprême consacré par le Traité OHADA qui lui attribue en même temps le pouvoir normatif. Sa présidence est annuelle et tournante entre les États membres.

871. La deuxième institution consacrée par le Traité est le secrétariat permanent qui est l'organe administratif en ce qu'il *« propose au président du Conseil des ministres l'ordre du jour du Conseil, ainsi que le programme annuel d'harmonisation du droit des affaires [...] »*[1045]. Aussi prépare-t-il les projets d'actes uniformes, les soumet aux États parties qui les examinent avant la sollicitation de l'avis de la CCJA sur leur conformité au Traité avant toute adoption.

Ce n'est qu'après cela que le secrétariat permanent élabore la mouture finale des projets d'acte uniforme qui sont alors proposés à l'ordre du jour du Conseil des ministres le plus utile. Une fois adoptés, les actes uniformes sont publiés par le

---

1041 K. M'BAYE, « L'histoire et les objectifs de l'OHADA », *LPA*, 13 octobre 2004, n°°205, p. 04.

1042 P. S. A. BADJI, *Droit des sociétés OHADA. Représentation, décisions collectives, contractualisation (SAS, pacte d'actionnaires)*, Dakar, Éd. L'Harmattan, 2021, n°°1, p. 17. Cet auteur préfère plutôt parler de production normative.

1043 Il est également à noter que le Conseil des ministres prend des décisions qui sont différentes des actes uniformes et des règlements. C'est le cas, par exemple, de la *décision n°°004/99/CCJA du 3 février 1999* relative aux frais d'arbitrage ou encore de celle *n°°004/99/CM du 12 mars 1999* portant approbation de la décision ayant trait aux frais d'arbitrage.

1044 *« Contrairement aux Traités qui ont institué la Conférence des chefs d'État et de gouvernement comme organe suprême, le Traité OHADA confère au Conseil des ministres, les compétences reconnues traditionnellement aux chefs d'États »*, J. ISSA-SAYEGH et J. LOHOUES-OBLE, *Harmonisation du droit des affaires, op. cit.*, n°°359, p. 155.

1045 B. MARTOR, N. PILKINGTON, D. SELLERS et S. THOUVENOT, *Le Droit uniforme africain des affaires, issu de l'OHADA*, *op. cit.*, n°°46, p. 13.

secrétariat permanent, au Journal officiel de l'OHADA, pour leur assurer l'opposabilité aux États membres. Organe de tutelle de l'ERSUMA, le Secrétariat permanent établit la liste des candidats aux élections de juges à la CCJA. Il est basé à Yaoundé (Cameroun).

872. La troisième institution prévue par le Traité OHADA est l'école régionale supérieure de la magistrature (ERSUMA) établie à Porto-Novo (Bénin). La création d'une telle structure se justifie amplement puisqu'*« [i]l est apparu que l'insécurité judiciaire dénoncée par les opérateurs économiques découlait, notamment, d'une dégradation de la façon dont était rendue la justice. Ce dysfonctionnement a pour cause, en particulier, un manque de moyens matériels et une formation insuffisante des magistrats et des auxiliaires de justice, tant en droit qu'en matière de déontologie »*[1046].

873. Dirigée par un directeur général, l'école a sa gestion qui est assurée par un conseil d'administration avec la présence d'un conseil académique qui s'assure du respect des exigences ou normes académiques. Elle a essentiellement pour fonction d'assurer le renforcement des capacités des magistrats et auxiliaires de justice en leur offrant une formation continue de haut niveau.

874. Enfin, le quatrième organe créé pour assurer la mise en œuvre des clauses du Traité OHADA est la Cour commune de justice et d'arbitrage (CCJA), basée à Abidjan en République de Côte d'Ivoire. Parmi les différentes institutions de l'OHADA, l'on s'attardera sur ce dernier organe en ce qu'il a un rapport indéniable avec la thématique qui intéresse, à savoir les attributions du ministère public en matière civile et commerciale au Mali.

875. La CCJA, comme les autres structures de l'OHADA, demeure perfectible en ce qu'elle n'est pas sans connaître des difficultés qu'elle ne pourrait surmonter que par des réformes courageuses et ambitieuses[1047]. Dans sa configuration actuelle, la CCJA est composée de neuf (09) juges[1048], d'un greffier en chef[1049], d'un secrétaire général[1050], de deux juristes référendaires[1051],

---

[1046] J. ISSA-SAYEGH et J. LOHOUES-OBLE, *Harmonisation du droit des affaires*, *op. cit.*, n°°372, p. 158.

[1047] Cela demeure une évidence, même si des auteurs ont trouvé que la CCJA est un *« modèle spécifique et sans précédent, unique en son genre »*, G. NGOUMTSA ANOU, *OHADA et conflits de lois*, Paris, Éd. LGDJ, 2013, p. 14 et 17 ; ou qu'elle est *« l'une des plus osées de l'histoire des institutions internationales »*, D. NDOYE, *La Cour commune de justice et d'arbitrage des pays de l'OHADA*, Dakar, Éd. EDJA, 2009, p. 11.

[1048] Initialement au nombre de sept (07), le Traité révisé de l'OHADA a ajouté deux postes au nombre de juges de la CCJA. Cela s'explique par l'accroissement du volume du contentieux qu'enregistre la juridiction communautaire.

[1049] Il dirige le greffe de la Cour, joue un rôle administratif, de secrétariat et assiste la CCJA dans l'exercice de ses fonctions.

d'une direction financière et comptable et, enfin, d'une direction du centre de documentation et des services généraux. Elle a des fonctions judiciaires[1052], d'un côté, et des fonctions arbitrales, de l'autre.

876. Les fonctions judiciaires qui lui sont dévolues sont de nature consultative ou contentieuse. Les fonctions consultatives de la CCJA se manifestent par le contrôle *a priori* qu'elle exerce sur l'applicabilité des Actes uniformes, des règlements et des décisions des différents organes compétents de l'OHADA. Les fonctions contentieuses, elles, consistent au contraire en un contrôle *a posteriori* de l'interprétation et de l'application des Actes uniformes[1053].

877. La CCJA s'acquitte de cette mission en tranchant les litiges déférés par-devant elle et en assurant la mise en œuvre du droit OHADA. La mission essentielle de la Cour, dans ses fonctions judiciaires, voire juridictionnelles est, en sa qualité de juridiction supranationale, *« d'éviter les risques d'interprétations divergentes des Actes uniformes par les juridictions des différents États membres et, [...], d'aboutir à une interprétation unique des termes du Traité, de ses règlements d'application et des Actes uniformes »*[1054].

878. De cette brève présentation, l'on remarquera que la CCJA ne dénote pas dans sa composition de ministère public. Une juridiction suprême sans parquet, telle est la recette proposée par l'OHADA dans sa conception actuelle de la chose judiciaire.

Comme s'il n'était pas suffisant pour le législateur communautaire de se montrer allergique[1055] à toute idée de voir les officiers du ministère public intervenir en matière d'exécution forcée des décisions de justice, en matière

---

[1050] Institué par le Traité révisé, le secrétariat général est dédié à aider la Cour dans sa mission de centre d'arbitrage. Il pourrait substantiellement aider également le greffier en chef dans ses attributions.

[1051] Les « référendaires », qui sont des juristes de formation, ont pour fonctions d'instruire les dossiers dans les cabinets des juges une fois la mise en état terminée. Leur recrutement vise à contribuer au désengorgement de la Cour.

[1052] *« À travers sa jurisprudence, la CCJA met le droit OHADA en mouvement »*, E. D. FOTSO, *OHADA Recueil de jurisprudence CCJA*, Éd. LegiAfrica, 2019, p. 9.

[1053] *« Il n'y a pas de loi commune lorsque l'unification législative ne s'est pas accompagnée d'une unification juridictionnelle »*, P. MEYER et V. HEUZE, *Droit international privé*, Paris, Montchrestien, 10e éd., 2010, p. 93.

[1054] B. MARTOR, N. PILKINGTON, D. SELLERS et S. THOUVENOT, *Le Droit uniforme africain des affaires, issu de l'OHADA*, *op. cit.*, n°°59, p. 15.

[1055] À cet égard, un auteur s'est demandé si cette méfiance de l'OHADA vis-à-vis du ministère public n'était pas liée à la crainte que l'institution et l'intervention d'un parquet auprès de la CCJA n'affectent la célérité dans le traitement des procédures. H. TCHANTCHOU, « La place du parquet ou ministère public dans les processus judiciaires communautaires : le cas de l'OHADA », *Revue de l'ERSUMA. Droit des affaires – pratique professionnelles*, n°°1, juin 2012, p. 495.

civile et commerciale, voilà que l'OHADA estime inutile un parquet dans ses système et organisation judiciaires. Cet état de fait est surprenant pour qui sait le vide institutionnel effrayant et handicapant[1056] que créé l'absence de ministère public dans la composition de la CCJA.

879. Quoiqu'on ait tenté d'expliquer cette situation par *« le fait que la CCJA doit rester incompétente pour connaître des litiges relatifs aux infractions prévues par le droit de l'OHADA »*[1057], il demeure incontestable que, par ailleurs, les prérogatives des officiers du ministère public vont bien au-delà de la seule sphère répressive. Comme on l'a déjà vu, dans le domaine civil et commercial, le parquet a des attributions immenses qui le rendent tout aussi incontournable qu'en matière pénale. C'est pourquoi plusieurs auteurs estiment que c'est à tort que l'OHADA n'a pas institué un ministère public auprès de la CCJA[1058].

880. Pour justifier leur position, lesdits auteurs expliquent qu'à l'image des juridictions suprêmes nationales connaissant du pourvoi dans l'intérêt de la loi et de celui pour excès de pouvoir dont les parquets généraux près lesdites juridictions sont les défenseurs, le droit OHADA aurait dû permettre à la CCJA de connaître de ces types de recours dans les affaires relevant de sa compétence. Ils en déduisent qu'un ministère public aurait, dès lors, tout son sens pour exercer et défendre ces voies de recours.

[1056] *« L'analyse du dispositif mis en place dans le système Ohada conduit à considérer que ce droit uniforme nouveau n'a pas de prolongement procédural et que le juge, appelé à trancher un litige relevant au fond du droit Ohada, est obligé de se tourner vers le droit du procès tel qu'il existe sur le plan interne »*, N. DIOUF, préface P. A. TOURÉ, *La Juridiction compétente, statuant à bref délai dans l'espace OHADA. Un objet judiciaire non identifié ?*, *op. cit.*, p. 15.

[1057] S.-P. LEVOA AWONA, *La Cour commune de justice et d'arbitrage in* P.-G. POUGOUÉ (dir.), *Encyclopédie du droit OHADA*, *op. cit.*, p. 585.

[1058] P.-G. POUGOUÉ et Y.-R. KALIEU ELONGO, *Introduction critique à l'OHADA*, n°°28 ; J. ISSA SAYEGH et J. LOHOUES-OBLE, *OHADA Harmonisation du droit des affaires*, Bruxelles, Éd. Bruylant, 2002, n°°453 ; F. ANOUKAHA, « L'OHADA en marche », *Annales de la FSJP* de l'Université de Dschang, PUA, t. VI, 2002, p. 18 ; A. F. TJOUEN, « Les rapports entre les juridictions suprêmes nationales et la Cour commune de justice et d'arbitrage de l'organisation pour l'harmonisation en Afrique du droit des affaires (OHADA) », thèse de droit, Paris-II, 2006, p. 261 et s. ; E. NSIE, « La Cour commune de justice et d'arbitrage », *op. cit.*, p. 312 ; L. BENKEMOUN, « Les rapports entre les juridictions de cassation nationales et la CCJA de l'OHADA : aspects conceptuels et évaluation », Colloque international tenu à Lomé (Togo) du 6 au 9 juin 2006 sur le thème : « Les rapports entre les juridictions de cassation nationales et la Cour commune de justice et d'arbitrage de l'OHADA : bilan et perspectives d'avenir, Deuxième communication introductive », *Penant*, n°°860, juillet-septembre 2007, p. 303.

881. Une telle lecture des choses doit bénéficier de l'adhésion commune. L'absence d'un ministère public auprès de la CCJA, en plus de ne pas favoriser l'exercice des recours sus-spécifiés, empêche la défense efficiente de l'intérêt général et de l'ordre public communautaires[1059]. En effet, tout ordre juridique doit disposer d'outils ou d'instruments exclusivement dédiés à sa protection.

Cela en assure tant la viabilité que le plein épanouissement. Un parquet auprès de la CCJA contribuerait sans doute à l'effectivité[1060], à l'efficacité et à l'efficience du système judiciaire OHADA. Les intérêts communautaires tout comme ceux des justiciables de l'espace y gagneraient en protection.

882. En plus de ces réformes institutionnelles, le droit des affaires a besoin de rendre son arsenal juridique beaucoup plus adapté.

B. Un arsenal juridique perfectible

883. *« Le droit matériel OHADA comporte des lacunes et peut également susciter des problèmes d'interprétations. Pour préserver l'uniformisation acquise, il est préférable de dégager le sens des règles unifiées et d'en combler les lacunes par une interprétation autonome. Or, celle-ci n'est pas toujours possible… »*[1061] Ce constat du professeur Paul-Gérard POUGOUÉ relève de l'évidence d'autant plus que la mise en œuvre du droit conduit à y déceler des imperfections[1062] dont on ne se serait jamais douté au moment où la norme accédait à la vie juridique.

884. Ces insuffisances se manifestent soit par des incohérences[1063], soit par des omissions ou des vides. Or, en dépit de cette situation, les juges sont tenus d'assurer la distribution de la justice, notamment, en interprétant[1064] les dispositions légales obscures ou en recourant à d'autres sources du droit[1065].

[1059] L. J. B. TCHOUAMBIA TOMTOM, « La poursuite des infractions pénales OHADA devant les juridictions d'instances camerounaises : où est passé le ministère public ? » *in Revue de l'ERSUMA. Droit des affaires – pratique professionnelle*, n°°004, septembre 2014, p. 33.

[1060] N. D. TACHAGO YOUMSSI, *Le Ministère public et les voies d'exécution en droit OHADA. Étude à partir du droit positif camerounais*, Yaoundé, Éd. L'Harmattan, 2018, p. 37.

[1061] P.-G. POUGOUÉ (dir.), *Encyclopédie du droit OHADA*, *op. cit.*, p. 183.

[1062] *« La perfection du droit se trouve dans la reconnaissance de son imperfection. Toute volonté de dépasser cette fatale ignorance du droit, fût-elle guidée par de louables intentions, prend le chemin de l'abandon de l'État de droit »*, A. GARAPON, *Bien juger. Essai sur le rituel judiciaire*, Paris, Éd. Odile Jacob, 2001, p. 306.

[1063] J. KAMGA, « Réflexions "concrètes" sur les aspects judiciaires de l'attractivité économique du système juridique de l'OHADA », *Ohadata D-12-85*, p. 29.

[1064] É. MAUREL, *Paroles de procureur*, Éd. Gallimard, 2008, p. 40.

[1065] En l'absence de dispositions légales applicables, le juge peut interroger les autres sources du droit pour trancher entre les parties litigantes dans une affaire. Ces autres sources sont, notamment, la coutume, la jurisprudence et la doctrine.

Cependant, le pouvoir d'interprétation dévolu aux magistrats, quoique visant dans une certaine mesure à pallier le déni de justice[1066], n'est pas sans recéler souvent des risques[1067].

885. Comme il vient d'être relevé, dans le point précédent de la présente étude, la composition de la Cour commune de justice et d'arbitrage de l'OHADA n'enregistre pas de ministère public quand bien même cela semble nécessaire, voire indispensable. Ce déséquilibre institutionnel est la résultante de tares que traînent plusieurs textes relevant de l'ordre juridique communautaire de l'OHADA[1068]. Cela est d'autant plus vrai qu'il s'agit là d'une insuffisance qui ne saurait aucunement être comblée par le juge, en s'appuyant, notamment, sur d'autres sources créatrices du droit pour vouloir compléter la composition de la CCJA.

886. Face à la nécessité d'adapter l'organe juridictionnel de l'OHADA aux évolutions du monde des affaires ainsi qu'aux exigences de procès équitable, le renforcement de la Cour s'impose par une réarticulation des normes qui la régissent. C'est dans ce cadre qu'il devrait être envisagé sa recomposition en allant à l'institution d'un ministère public.

La création d'un parquet général auprès de la CCJA, loin de découler d'une simple volonté de calquer le système judiciaire communautaire sur les modèles nationaux de ses États membres, participerait sans doute à l'amélioration de la qualité aussi bien de la réponse judiciaire dans l'espace que des matières couvertes par l'OHADA.

887. Dès lors, qu'il est établi que toute réforme institutionnelle doit reposer sur une base légale, il convient en conséquence de s'intéresser aux normes juridiques interrogeables sur la question relative à la CCJA. Le premier texte devant alors être questionné est le Traité institutif de l'OHADA du 17 octobre 1993.

Cette norme communautaire joue un rôle essentiel dans la compréhension du sujet puisque c'est elle qui détermine les différents organes chargés de la mise en œuvre de la politique commune à l'espace, dans le domaine global des

---

[1066] *« Le juge qui refuse de juger, sous prétexte du silence, de l'obscurité ou de l'insuffisance de la loi, peut être poursuivi comme coupable de déni de justice »*, loi n°°2011-087 du 30 décembre 2011 portant code des personnes et de la famille en République du Mali, art. 22. V., également, R. JACOB, *Images de la justice*, Paris, Éd. Le Léopard d'Or, 1994, p. 19-46.

[1067] P. TRUCHE, *Juger, être jugé. Le magistrat face aux autres et à lui-même*, Paris, Éd. Fayard, 2001, p. 33.

[1068] Pourtant, l'ambition de l'OHADA est de doter le monde des affaires dans son espace d'une *« législation adaptée et efficace »* ; J.-C. B. BONZI, préface V. J. P. SILGA, *La Pratique de la saisie-attribution des créances en droit OHADA*, Ouagadougou, Éd. CGF, 2021, p. 11.

affaires[1069]. Or, il est clair que la CCJA relève des institutions conçues et mises en place pour l'atteinte des objectifs assignés à l'organisation.

888. Le format et les missions de cette juridiction sont déclinés par le Traité qui, délibérément, a fait le choix de se passer des services des officiers du ministère public. Le législateur communautaire a réitéré cette volonté à l'occasion de la révision du Traité le 17 octobre 2008 où il n'a daigné estimer nécessaire d'aller à la mise en place d'un ministère public auprès de la CCJA. Un tel instrument juridique, loin de la perfection à l'égard du ministère public, qu'il ignore d'ailleurs, mérite impérativement d'être révisé de nouveau si tant est que les parquetiers sont utiles au renforcement du système judiciaire communautaire.

889. La révision de 2008 du Traité aura ainsi été une occasion manquée pour le ministère public et les partisans de son implémentation au cœur du dispositif judiciaire de l'OHADA. La sécurité, juridique et judiciaire, en aurait substantiellement gagné d'autant que le ministère public est exclusivement dédié au salut et au bien-être publics qui se manifestent bien au-delà de la sphère territoriale des États membres pris individuellement.

890. Le second texte communautaire régissant l'organe juridictionnel de l'OHADA est le règlement de procédure de la Cour commune de justice et d'arbitrage (CCJA) du 18 avril 1996, modifié par le règlement n°°01/2014/CM/OHADA du 30 janvier 2014. Il s'agit d'un autre texte important à l'égard de la CCJA d'autant qu'il décline en détail les traits caractéristiques de cette haute instance juridictionnelle. C'est ainsi que son premier titre traite de l'organisation de la Cour[1070], son deuxième titre de la procédure contentieuse[1071] et son troisième titre de la procédure consultative[1072].

891. Au titre de l'organisation de la Cour, le règlement détermine les membres de la Cour[1073], la présidence de la haute juridiction[1074], ses différentes chambres[1075], le service du greffe[1076] et, enfin, le fonctionnement de l'organe[1077]. S'agissant de la procédure contentieuse, elle est traitée, dans ses généralités[1078],

---

1069 Un tel domaine, en plus de ceux que le droit communautaire OHADA réglemente déjà, concerne bien d'autres, au rang desquels le droit bancaire. Sur cette question précise, v. M. R. TCHEUMALIEU FANSI, *Droit et pratique bancaire dans l'espace OHADA*, Paris, Éd. L'Harmattan, 2013, p. 19.

1070 Règlement de procédure de la CCJA, *op. cit.*, art. 1er à 22 (nouveau).

1071 Règlement de procédure de la CCJA, *op. cit.*, art. 23 (nouveau) à 52.

1072 Règlement de procédure de la CCJA, *op. cit.*, art. 53 à 58.

1073 Règlement de procédure de la CCJA, *op. cit.*, art. 1er à 5.

1074 Règlement de procédure de la CCJA, *op. cit.*, art. 6 (nouveau) à 8.

1075 Règlement de procédure de la CCJA, *op. cit.*, art. 9 (nouveau).

1076 Règlement de procédure de la CCJA, *op. cit.*, art. 10 (nouveau) à 18.

1077 Règlement de procédure de la CCJA, *op. cit.*, art. 19 à 22 (nouveau).

1078 Règlement de procédure de la CCJA, *op. cit.*, art. 23 (nouveau) à 26 (nouveau).

dans ses caractères, écrit[1079] ou oral[1080], dans son régime linguistique[1081], au regard des arrêts de la Cour[1082], s'agissant des dépens[1083], relativement aux désistements, radiations et péremptions[1084], par rapport aux questions : d'intervention[1085], de rectifications et d'interprétations[1086], de l'exécution forcée[1087], des voies de recours extraordinaires[1088], du renvoi par le juge national[1089] et, enfin, du recours prévu à l'article 18 du Traité[1090].

892. La procédure consultative elle, y est, décrite de façon globale[1091]. Étant d'une certaine façon la norme explicative et applicative du Traité, le Règlement de procédure de la CCJA passe sous silence, en toute logique, la question relative au ministère public. Il se serait intéressé aux officiers du ministère public si la norme dont il est la résultante s'y était attelée.

893. Enfin, la troisième norme communautaire que l'on pourrait évoquer au sujet du ministère public est le règlement d'arbitrage de la CCJA du 23 novembre 2017 qui a abrogé celui du 11 mars 1999. Cet autre texte réglemente l'office de la Cour lorsqu'elle évolue sur le terrain de l'arbitrage, ce mode alternatif de règlement des litiges consacré et fortement recommandé[1092] par le Traité OHADA.

En effet, organe juridictionnel public ou commun, la CCJA a compétence, également, à servir de juridiction arbitrale. Cela cadre parfaitement tant avec les dispositions qu'avec l'esprit du Traité OHADA qui s'inscrit dans la dynamique d'œuvrer à l'accompagnement des acteurs économiques qui ont, plus que jamais, besoin de la célérité[1093] y compris dans le règlement des différends qui peuvent les opposer.

[1079] Règlement de procédure de la CCJA, *op. cit.*, art. 27.
[1080] Règlement de procédure de la CCJA, *op. cit.*, art. 34 à 38.
[1081] Règlement de procédure de la CCJA, *op. cit.*, art. 27 bis (nouveau) à 33.
[1082] Règlement de procédure de la CCJA, *op. cit.*, art. 39 à 42 (nouveau).
[1083] Règlement de procédure de la CCJA, *op. cit.*, art. 43.
[1084] Règlement de procédure de la CCJA, *op. cit.*, art. 44 (nouveau) à 44 quater (nouveau).
[1085] Règlement de procédure de la CCJA, *op. cit.*, art. 45.
[1086] Règlement de procédure de la CCJA, *op. cit.*, art. 45 bis (nouveau) à 45 ter (nouveau).
[1087] Règlement de procédure de la CCJA, *op. cit.*, art. 46.
[1088] Règlement de procédure de la CCJA, *op. cit.*, art. 47 à 50.
[1089] Règlement de procédure de la CCJA, *op. cit.*, art. 51 (nouveau).
[1090] Règlement de procédure de la CCJA, *op. cit.*, art. 52.
[1091] Règlement de procédure de la CCJA, *op. cit.*, art. 53 à 58.
[1092] Cela est d'autant plus vrai que l'article 1er du Traité instituant l'OHADA consacre expressément l'encouragement du recours à l'arbitrage.
[1093] *« Il est nécessaire que le service public de la justice soit scruté, que ses faiblesses soient dénoncées, que ses pannes ne soient pas tues. Mais dans quelle mesure la mise d'un dossier sur la place publique va-t-elle influencer le juge au point de lui faire oublier*

894. Nul n'ignore que les modes alternatifs de règlement des conflits se caractérisent par beaucoup plus de souplesse que la justice étatique. Pendant que les premiers sont marqués par la simplicité et la rapidité, la seconde, elle, se complaît dans la lourdeur et la complexification. Ces tares sont, pour beaucoup, à l'origine du désamour envers l'institution judiciaire publique.

895. De la glose de ces différents textes, l'on se rend à l'évidence que pour instituer un parquet auprès de la CCJA, une relecture ou révision de ces trois instruments juridiques s'avère incontournable. Une telle amélioration de l'arsenal juridique de l'OHADA paraît plus que jamais nécessaire. La nécessité de ces réformes découle du renforcement indéniable qu'apporterait un ministère public propre à la CCJA. Or, tout renforcement de cette juridiction en accroîtrait aussi bien la qualité de ses décisions que sa crédibilité et son utilité aux yeux des nombreux justiciables de la communauté.

896. En portant l'OHADA sur les fonts baptismaux, les différents États membres dont le Mali recherchaient essentiellement le bien-être de la sous-région. En effet, l'OHADA, qui est conçue comme un outil d'intégration économique, ne peut que favoriser l'investissement puisqu'elle assure substantiellement l'assainissement et la promotion des affaires. Cela contribue sans doute à l'essor économique et financier de l'espace sous-régional, ce qui est un facteur privilégié du développement des différents pays.

897. L'absence de ministère public auprès de la CCJA entraîne un déficit de protection des intérêts des États membres. En effet, il y a défaillance dans la sauvegarde des intérêts en jeu d'autant plus que de nos jours, il n'existe aucun organe judiciaire dédié, exclusivement, à la défense des intérêts communautaires dans l'attelage judiciaire actuel de l'OHADA. Par intérêts communautaires, il faut entendre, ici, l'ordre public et l'intérêt général à l'échelon supranational. En effet, ces deux notions ont leur prolongement dans la sphère communautaire.

898. À l'instar des États qui disposent d'institutions dédiées à la défense de leurs seuls intérêts, il urge que l'OHADA s'inspire de cette lecture des choses pour se doter sinon d'un *« agent judiciaire de la communauté »*[1094] du moins d'un

---

son obligation d'impartialité et en fait de confondre le temps judiciaire, qui impose le mûrissement de la décision, avec celui de l'immédiateté qui caractérise l'attente de l'opinion ? Lorsque sont livrés au public ses engagements syndicaux, ses affinités politiques présumées, que sa célérité est présentée comme une volonté d'occulter une partie du dossier, ou que la longueur de l'instruction est analysée comme une intention d'enterrer l'affaire, voilà notre magistrat sommé de conformer ses actes à ce que l'on attend de lui », P. TRUCHE, *Juger, être jugé. Le magistrat face aux autres et à lui-même, op. cit.*, p. 21 et 22.

[1094] À la différence de la plupart des États disposant d'un agent judiciaire du trésor dédié à la défense de leurs intérêts devant les organes juridictionnels, le Mali dispose d'un service central appelé « direction générale du Contentieux de l'État » (DGCE). Il est fort

ministère public. Cela permettrait de disposer d'un organe de veille sur l'ordre juridique et les intérêts communautaires. Les juges communautaires, parce que tenus à l'indépendance et surtout à l'impartialité, ne sauraient mener une telle mission.

899. Dès lors, pour l'efficacité du parquet à créer, il ne devrait être placé dans un quelconque lien de subordination hiérarchique dans le paysage institutionnel au sein de la communauté[1095]. Ses futurs membres devraient être choisis parmi les professionnels du droit ressortissants des États membres, répondant aux exigences d'expérience, de probité ainsi que de compétence. C'est ainsi que, de ce que l'on croit, la CCJA gagnerait aussi bien en efficacité qu'en utilité.

900. Cependant, autant il est nécessaire de reconfigurer la composition de la CCJA au compte du monde des affaires, autant il urge d'opérer des réformes en droit économique, notamment, en faveur de la CEDEAO et de l'UEMOA.

Paragraphe II : Une évolution souhaitable du droit économique

901. Dans le domaine purement économique, des efforts sont également consentis, depuis plusieurs années, pour créer des ensembles sous-régionaux afin d'optimiser et de promouvoir le développement des États ayant en partage la même zone. Cela explique l'existence, de nos jours, de diverses institutions communes aux différents blocs géographiques du continent africain[1096].

902. Parmi ces entités communautaires, l'on dénombre la Communauté économique des États de l'Afrique de l'Ouest (CEDEAO) ou encore l'Union économique et monétaire ouest-africaine (UEMOA). Le Mali relève des États membres de ces deux organisations politiques et sous-régionales dont les corpus juridiques se caractérisent par la supranationalité[1097].

à parier que l'OHADA ira, dans les années à venir, à cette école en se dotant d'un organe similaire pour échapper la saignée financière qu'entre le recours aux avocats.

[1095] Il s'agit d'éviter que le futur parquetier, en droit OHADA, devienne *« un être hybride, produit d'une longue histoire qui en fait un magistrat sans indépendance, un homme de pouvoir sans pouvoir propre, une sorte de préfet judiciaire auquel est dévolue, aujourd'hui, la rugueuse mission d'être le gardien des juges »*. J.-C. BOUVIER, P. JACQUIN et A. VOGELWEITH, *Les Affaires ou comment s'en débarrasser*, Paris, Éd. La Découverte, 1997, p. 5.

[1096] En ce sens J. TENIER, *Intégrations régionales et mondialisation. Complémentarité ou contradiction ?*, La Documentation française, Paris, 2003, p. 232.

[1097] *« La primauté bénéficie à toutes les normes communautaires, primaires comme dérivées, immédiatement applicables ou non, et s'exerce à l'encontre de toutes les normes nationales, administratives, législatives, juridictionnelles ou même constitutionnelles, parce que l'ordre juridique communautaire l'emporte dans son intégralité sur les ordres juridiques nationaux [...] Ainsi, le juge national, en présence d'une contrariété entre le droit communautaire et une règle de droit interne, devra faire prévaloir le premier sur la seconde, en appliquant l'un en écartant l'autre »*, CJ-

903. Il est toutefois à relever que du fait de certaines frictions d'ordre politique au sein de l'espace CEDEAO, trois pays, en l'occurrence, le Burkina Faso, le Mali et le Niger, ont engagé la procédure de retrait de cette entité. S'il peut être fait grief à la CEDEAO de s'être quelque peu montrée excessive dans la gestion politique consécutive à l'interruption de l'ordre constitutionnel dans ces États, il demeure que l'appartenance aux grands ensembles a des avantages indéniables.

904. Elles sont, chacune d'elle, dotées d'un organe juridictionnel qui connaît des différends nés à l'occasion de la mise en œuvre de leurs normes régulatrices. Ces deux cours de justice sous-régionales ont besoin de réformes en vue de leur permettre de réserver, dans leur architecture, la place qui sied au ministère public. C'est pourquoi il semble nécessaire de doter la Cour de justice de la CEDEAO d'un parquet propre (A). Dans la même veine, le renforcement du parquet de la Cour de justice de l'UEMOA paraît tout aussi opportun (B).

A. L'institution d'un parquet près la CJ-CEDEAO

905. Comme on l'a déjà relevé plus haut, dans la présente étude, la Cour de justice de la CEDEAO n'enregistre pas de ministère public dans sa composition ou dans son organisation[1098]. Cette juridiction supranationale n'enregistre que, fondamentalement, des juges et des greffiers pour son animation.

906. L'on sait bien que la mission du juge, qui est essentiellement de dire le droit pour trancher les litiges qui lui sont soumis, ne l'autorise nullement à privilégier les intérêts d'une partie au détriment de ceux de l'autre. Car *« un juge qui dépendrait en quelque façon d'une des parties, ou risquerait d'en dépendre par la contestation de sa décision et l'éventuelle sanction qui en découlerait, ne pourrait ni être ni apparaître impartial »*[1099].

907. Dans le même ordre d'idée, le juge communautaire ne saurait, au nom d'une certaine reconnaissance vis-à-vis de son institution employeuse[1100], se pencher du côté de la CEDEAO dans l'examen d'un litige opposant cette dernière à un autre justiciable (un des États membres ou un sujet de droit privé

UEMOA, 18 mars 2003, avis 001/2003, faisant suite à une demande d'avis de la commission de l'UEMOA relative à la création d'une cour des comptes au Mali.

[1098] *Supra*, p. 104 et s.

[1099] B. GARNOT, *Histoire des juges en France, de l'Ancien Régime à nos jours*, Nouveau Monde Éditions, Paris, 2014, p. 360.

[1100] *« Le juge, s'il est et sera toujours rattaché à un territoire comme à des procédures et in fine à un système de normes spécifiques, est conduit à s'ouvrir à d'autres juges rattachés à d'autres univers systémiques »*, L. BURGORGUE-LARSEN, « De l'internationalisation du dialogue des juges » *in Mélanges en l'honneur du Président Bruno GENEVOIS*, Paris, Dalloz-Sirey, 2009, p. 97.

relevant de son ressort). Le principe d'indépendance[1101] ainsi que l'obligation d'impartialité[1102] s'accommoderaient difficilement avec une telle pratique.

908. Cette juridiction supranationale, en plus de bien d'autres organes, permet d'assurer le fonctionnement et la régulation de la Communauté économique des États de l'Afrique de l'Ouest (CEDEAO). Composée de 15 États membres[1103], l'organisation sous-régionale a été créée par le Traité de Lagos en date du 12 mai 1975. Ce Traité a été révisé en 1993 par un Sommet tenu à Cotonou au Bénin. La CEDEAO s'étend sur une superficie de 5,1 millions de kilomètres carrés soit 17 % de la superficie totale du continent africain. Elle se donne comme missions de promouvoir la coopération et le développement dans tous les domaines de l'activité économique.

909. Ainsi poursuit-elle, dans ce cadre, la suppression de toutes les restrictions au commerce, de tous les obstacles à la libre circulation des personnes, des biens[1104] et des services. Elle poursuit, également, l'harmonisation des politiques sectorielles régionales. Le fonctionnement de l'organisation est assuré par divers organes à savoir : la Conférence des chefs d'État et de gouvernement, le Conseil des ministres, le Parlement de la communauté et, enfin, la Cour de justice de la communauté.

910. La Cour de justice de la CEDEAO est compétente pour interpréter le Traité institutif de l'organisation, juger du respect des États de leurs engagements vis-à-vis de la communauté, régler les différends et vérifier la légalité des actes des institutions communautaires. Nul ne saurait, dès lors, contester que la CEDEAO dispose d'intérêts propres ou qu'il soit nécessaire de veiller à la protection de l'ordre juridique qu'elle institue afin de réussir la saine application de ses textes.

[1101] *« Solitaire face à sa conscience, le juge finissait, comme sous l'effet d'un tropisme, par répugner à toute réflexion et action collectives, considérées comme autant d'atteintes à son libre arbitre, à son indépendance »*, J.-C. MAGENDIE, *Les Sept Péchés capitaux de la justice française*, Paris, Éd. Léo Scheer, 2012, p. 23.

[1102] Ph. COURROYE, *Reste la justice…*, Paris, Éd. Michel Lafon, 2018, p. 303-304.

[1103] Les États membres de la CEDEAO sont : le Bénin, le Burkina Faso, le Cap Vert, la Côte d'Ivoire, la Gambie, le Ghana, Guinée, la Guinée-Bissau, le Libéria, le Mali, le Niger, le Nigeria, le Sénégal, la Sierra Léone et le Togo. Il est à signaler que l'organisation comptait 16 membres au départ et a vu ce nombre passer à 15 après le retrait de la Mauritanie de ses membres en 2001. Cette décision de la République islamique de Mauritanie s'expliquerait par son appartenance à l'Union du Maghreb arabe (UMA).

[1104] V. le communiqué final de la cinquante-deuxième session ordinaire de la conférence des chefs d'État et de Gouvernement de la CEDEAO, du 16 décembre 2017, à Abuja en République fédérale du Nigeria. À la page 3 de ce communiqué, la conférence des chefs d'État et de Gouvernement des pays membres de la CEDEAO a, au titre de la libre circulation des personnes et des biens, déploré des pratiques anormales sur les corridors et les frontières des États membres et a décidé de renforcer les prérogatives de la task force pour lui permettre d'effectuer des contrôles inopinés.

911. Dans la même veine, à l'instar de l'ordre juridique des États membres connaissant déjà un schéma plus ou moins précis des modes d'actions du ministère public[1105], l'ordre juridique communautaire de la CEDEAO ne saurait manquer de besoins spécifiques dont la prise en charge commanderait l'intervention d'un organe judiciaire spécifique. Surtout que depuis 2005, un sommet des chefs d'État et de gouvernement de l'organisation a donné la latitude aux individus ressortissants de l'espace communautaire de saisir la Cour de justice de la communauté pour la réalisation de leurs éventuels droits sans besoin de l'aval de leur État d'appartenance.

912. Ce faisceau d'éléments donne suffisamment d'échos à l'appel de ceux qui estiment des réformes nécessaires, dans le domaine judiciaire, au dispositif juridique et institutionnel de la CEDEAO. Cette organisation n'est certes pas composée que d'États exclusivement francophones de tradition judiciaire d'inspiration civiliste. Elle enregistre des États d'autres obédiences linguistiques, voire de tradition, juridique et judiciaire, à connotation anglo-saxonne[1106].

913. Cependant, en dépit de la diversité identitaire de ses membres, le système judiciaire de la CEDEAO a forcément besoin de nouvelles initiatives pour lui insuffler beaucoup plus de vigueur, d'efficacité, voire de légitimité. C'est à ce prix que la volonté des États membres, de parvenir à une véritable intégration économique de la sous-région ouest-africaine, pourrait se réaliser[1107]. Cela est d'autant plus vrai que les institutions doivent s'inscrire dans une quête permanente de perfectionnement[1108]. Pour cela, elles doivent, autant que faire se peut, œuvrer à s'adapter aux évolutions du monde.

914. C'est pourquoi la Cour de justice de la CEDEAO a besoin qu'il soit instamment procédé à sa reconfiguration par des réformes profondes et ambitieuses. Cela, en dépit des premières réformes déjà opérées comme l'a déjà fait remarquer Alioune SALL qui a soutenu que : « *La cour de la CEDEAO a fait l'objet de plusieurs réformes dans le passé, les textes qui la régissent restent épars et parfois incohérents, et il ne semble pas que l'on ait une idée claire de*

1105 *Supra*, p. 228 et s.

1106 Tel est le cas, à titre illustratif, de la République fédérale du Nigeria et de la République du Ghana.

1107 Déclaration de Dakar du 25 mai 2022 de la conférence régionale de haut niveau sur le thème : Cour pénale internationale et justice nationale dans la lutte contre l'impunité des crimes du Statut de Rome et d'autres crimes graves ou connexes : Enjeux, défis et perspectives de la coopération et de la complémentarité, du 23 au 25 mai à Dakar, République du Sénégal. Cette Déclaration, en son point 3, encourage *« les efforts de renforcement des institutions judiciaires nationales et régionales [...] »*.

1108 *« Il semble que la perfection soit atteinte non quand il n'y a plus rien à ajouter, mais quand il n'y a plus rien à retrancher »*, Antoine de SAINT-EXUPERY, *Terre des hommes* (1939), cité par J.-P. VALETTE, *Droit constitutionnel*, Paris, Éd. L'Harmattan, 2013, p. 7.

ce qu'on souhaite que cette institution soit, d'où la nécessité d'une réflexion prospective sur cet organe. Un débat tourné vers le futur de la juridiction ne doit nullement faire litière des acquis actuels, dont certains doivent à notre sens être maintenus, sauvegardés. Il y va de la qualité de cette justice-là... »[1109].

915. Ainsi, dans le cadre des changements nécessaires au compte de cette justice communautaire, l'institution auprès de la Cour de justice de la CEDEAO d'un parquet serait bien indiquée. Loin d'un simple calquage[1110] sur les modèles judiciaires de la plupart de ses États membres, l'organisation régionale se donnerait ainsi un moyen de plus mais surtout un moyen déterminant en vue de conduire son système judiciaire à une performance certaine.

916. La réflexion et la conviction, en cela, sont guidées par la lecture lucide faite des missions du ministère public par Jean Marc Pierre Louis Charles DASTE. Cet ancien avocat général, lors d'une conférence, présentait le ministère public en ces termes : *« le parquet est sans doute partie dans un procès. Mais le ministère public n'est pas une partie comme les autres. Il n'a pas d'intérêt direct personnel dans l'affaire. Ce qu'il représente dans le procès, c'est l'intérêt supérieur de la société, c'est l'ordre public. Et un ordre public qui n'est pas cette espèce d'entité abstraite que l'on a trop souvent en vue quand on emploie ces deux mots. L'ordre public, pour moi, je le répète : c'est ce cadre concret, pratique, réel, à l'intérieur duquel les personnes humaines doivent pouvoir naître, vivre et s'épanouir dans toute leur dignité »*[1111].

En effet, ces traits caractéristiques du ministère public, sur le plan interne[1112], sont fort opportunément transposables à l'échelon sous-régional, voire international pour justifier la création d'un parquet propre auprès de la Cour de justice de la CEDEAO.

917. Le lien éventuel entre la Cour de justice de la CEDEAO et le ministère public, dont la création est vivement souhaitée auprès d'elle, relèverait de

---

[1109] A. SALL, *Le Contentieux de la violation des droits de l'homme devant la cour de justice de la CEDEAO*, Sénégal, Dakar, Éd. L'Harmattan, 2019, p. 236.

[1110] *« ... le principal danger qui, à mon sens, menace l'indépendance de la justice est plutôt celui du conformisme : le ralliement à la pensée dominante, aux idées du moment, savamment infusées par quelques grandes consciences et relayées par les médias. C'est ce lierre insidieux qui peut étouffer le sens critique du magistrat et entraver son indépendance d'esprit, d'action et de décision... les stratégies courtisanes : l'affiliation à un syndicat qui a le vent en poupe, la cour assidue faite à un hiérarque dont on attend des retombées gratifiantes et une accélération de sa carrière »*, Ph. COURROYE, *Reste la justice...*, *op. cit.*, p. 124.

[1111] J. M. P. L. Ch. DASTE, Conférence sur « Le ministère public en France » *in :* J.-P. DINTILHAC, *Le Procureur de la République. La justice au quotidien*, Paris, Éd. L'Harmattan, 2003, p. 15-16.

[1112] En effet, l'auteur présente le ministère public tel qu'il le conçoit dans son pays, en l'occurrence, la France.

l'évidence. En effet, il est traditionnellement acquis que les officiers du ministère public soient les représentants de la société auprès des organes juridictionnels. Aussi est-il consacré que ces derniers assurent la défense tant de l'intérêt général que de l'ordre public dans un État donné.

Or, ces différents éléments débordent des limites territoriales de tout État pour avoir des ramifications dans la sphère communautaire[1113], voire internationale. Très facilement, l'on se rend à l'évidence que la thématique soumise à l'analyse, dans la présente étude, intègre entièrement le droit communautaire CEDEAO.

918. C'est pourquoi il est incontestable qu'il existe une forte imbrication entre les questions relatives au droit économique, d'une part, et, de l'autre, le droit commercial. D'ailleurs, droit économique, droit commercial et droit civil ont des liens directs ou indirects indiscutables en ce qu'ils se rejoignent tous sous l'angle général des droits humains.

Ces derniers sont, en effet, de diverses natures d'autant qu'ils sont d'ordre civil, politique ou encore économique. Pour l'ensemble de ces raisons, une étude consacrée au ministère public, en matière civile et commerciale, ne saurait occulter le droit économique communautaire.

919. Dans la même veine, une juridiction communautaire dédiée à la régulation des rapports inter-États et entre les individus ressortissants d'un espace communautaire donné et les États membres de celui-ci ne saurait se passer des services du ministère public. Cela semble si vrai que de tous les organes judiciaires, le ministère public est celui qui est le plus à même d'asseoir la légitimité de la chose judiciaire en ce que les citoyens y voient, le plus souvent, leur représentant. Ainsi permet-il, dans une certaine mesure, de rapprocher la justice, sinon géographiquement du moins psychologiquement, du peuple et des justiciables.

920. Le parquet réussit un tel rapprochement psychologique en entretenant les relations publiques et en assurant la communication judiciaire. Ces missions ne peuvent être que difficilement exécutées par les juges qui, autant que faire se peut, doivent demeurer dans la réserve pour ne pas entacher la crédibilité et l'acceptabilité de leurs décisions. L'absence de ministère public, dans la composition de la Cour de justice de CEDEAO, en plus de handicaper, dans une certaine mesure, la distribution efficiente de la justice au sein de l'espace communautaire, peut être ainsi un facteur favorisant la mauvaise perception de la justice à ce niveau. C'est pourquoi le renforcement du parquet institué près la Cour de justice de l'UEMOA est nécessaire.

1113 M. K. KONATÉ, *Contentieux du droit communautaire africain. Le juge national et le contentieux des normes communautaires de l'UEMOA*, Paris, Éd. L'Harmattan, 2023, p. 15.

B. Un renforcement nécessaire du parquet près la CJ-UEMOA

921. À la différence des autres juridictions communautaires de la sous-région ouest-africaine, la Cour de justice de l'Union économique et monétaire ouest-africaine (CJ-UEMOA) dénote un ministère public dans sa composition. En effet, il ressort expressément des dispositions combinées du Traité instituant cette organisation ainsi que du protocole additionnel n°°1 relatif aux organes de contrôle de l'UEMOA qu'en plus des juges et du greffier elle enregistre la présence d'avocats généraux qui officient auprès de la cour pour assurer son fonctionnement.

922. Ainsi, pendant que le Traité crée la Cour de justice de l'Union[1114], le Protocole n°1, lui, en détermine le statut, la composition, les compétences ainsi que les règles de procédures et de fonctionnement. S'agissant du personnel appelé à assurer l'animation de la Cour, le protocole n°°1 dispose que : *« La Cour de justice est composée de membres nommés pour un mandat de six (6) ans, renouvelable, par la Conférence des chefs d'État et de gouvernement. Les membres de la Cour de justice sont choisis parmi des personnalités offrant toutes les garanties d'indépendance et de compétence juridique, nécessaires à l'exercice des plus hautes fonctions juridictionnelles.*

Les membres de la Cour désignent en leur sein pour trois (3) ans le président de la Cour de justice.

Ils répartissent entre eux les fonctions de juges et d'avocats généraux »[1115]. Le même texte ajoute, plus loin, que : *« La Cour de justice nomme un greffier. Le statut de celui-ci sera déterminé conformément aux dispositions de l'article 21 »*[1116].

923. Comme il peut être ainsi facilement relevé, les normes communautaires sus-spécifiées instituent un « parquet »[1117] auprès de la Cour de justice de l'UEMOA. Le ministère public ainsi prévu n'officie qu'au compte de la Cour de justice de l'UEMOA qui est son organe juridictionnel de rattachement. Il n'a pas à intervenir devant la Cour des comptes de l'UEMOA dont la composition ne mentionne nullement son intervention[1118] d'autant qu'il s'agit là d'une autre juridiction, de la même organisation, totalement différente de la première.

[1114] Traité modifié de l'Union économique et monétaire ouest-africaine, art. 38.
[1115] Protocole additionnel n°°1, art. 2.
[1116] Protocole additionnel n°°1, art. 4.
[1117] Il s'agit d'un parquet à l'état embryonnaire d'autant plus qu'il est loin d'avoir des similitudes avec le ministère public tel que pratiqué dans le système judiciaire interne de la plupart des États membres de l'Union. L'appellation des membres dudit parquet ainsi que les prérogatives dévolues à ces derniers accréditent à suffisance ces propos.
[1118] Protocole additionnel n°°1, art. 23 à 26.

924. Cependant, au-delà de la simple institution d'un ministère public, auprès de la Cour de justice de l'union économique, lesdits textes sont loin d'être suffisamment expressifs sur le statut, les attributions et les limites des avocats généraux. Pour tenter de combler ce déficit, le règlement n°°01/2012/CJ, abrogeant et remplaçant le règlement n°°01/2010/CJ relatif au règlement administratif de la Cour de justice de l'UEMOA apporte quelques clarifications. En effet, ce dernier texte prévoit que les avocats généraux sont assistés par le greffier. Ils bénéficient de la collaboration des auditeurs qui participent à l'instruction des affaires déférées devant la Cour.

925. Les avocats généraux participent comme membres délibérants lorsqu'il s'agit pour la Cour d'émettre un avis sur des demandes à elle adressées. Mais surtout, le règlement administratif dispose que : *« Dans le même temps, le président instruit le greffier à l'effet de communiquer au premier avocat général une copie intégrale du dossier pour ses conclusions. Pour une bonne administration de la justice, le président peut inviter l'avocat général à faire diligences »*[1119].

926. En complément de ces différentes dispositions, le règlement n°°1/96/CM portant règlement des procédures de la Cour de justice de l'UEMOA prévoit, en son article 9, que : *« Les avocats généraux sont chargés de présenter publiquement, en toute impartialité et en toute indépendance des conclusions motivées sur les affaires soumises à la Cour, en vue d'assister celle-ci dans l'accomplissement de sa mission. L'avocat général le plus ancien au sens de l'article 4 prend le titre de 1er avocat général. II décide de l'attribution des affaires aux avocats généraux et prend les dispositions nécessaires en cas d'absence ou d'empêchement d'un avocat général. »* Ces dispositions constituent la base légale de la communication judiciaire des affaires pendantes devant la CJ-UEMOA au ministère public institué auprès de celle-ci.

927. Toutefois, comme en droit interne, un examen même superficiel des dispositions sus-rapportées du règlement administratif conduit au constat que, là encore, la communication susdite n'est guère judicieusement réglementée. Elle n'est cantonnée dans aucun délai, sauf la faculté pour le président de la Cour d'inviter l'avocat général « à faire diligence »[1120].

[1119] V. le règlement n°°01/2012/CJ, abrogeant et remplaçant le règlement n°°01/2010/CJ relatif au règlement administratif de la Cour de justice de l'UEMOA, art. 19. 3.

[1120] Comme on l'a déjà suggéré, dans le cadre de la présente étude, la communication des affaires au ministère public doit être fortement encadrée. Elle doit, dans cette veine, être soumise à des exigences de délai pour éviter que le cours de la justice ne connaisse une certaine lenteur du fait des parquetiers qui pourraient ne pas retourner à temps les dossiers au juge. Plutôt que d'espérer sur la bonne foi des parquetiers, les textes communautaires doivent au contraire prescrire des délais dont l'observation s'imposerait aux officiers du ministère public. Sur ces aspect, v. Y. DIALLO, *Le Procureur de la République. La pratique du parquet*, *op. cit.*, p. 451.

C'est dire qu'en dépit de la volonté exprimée des membres de la Cour de compléter les deux premières normes communautaires applicables dans le cas d'espèce celles-ci semblent continuer à receler de plusieurs tares[1121]. Ces insuffisances, sans doute, sont de nature à entraver les officiers du ministère public dans l'accomplissement judicieux de leurs fonctions.

928. Il est impossible, à la lecture des diverses dispositions des textes communautaires sus-spécifiés de savoir comment et pourquoi les avocats généraux interviennent-ils devant cette juridiction communautaire. La dénomination y donnée au ministère public a tout le relent d'une perception au rabais de cet organe dans la distribution de la justice au sein de cet espace au service de l'économie.

929. S'il est vrai que mieux vaut peu que rien, il n'en demeure pas moins que le législateur communautaire aurait dû attribuer une autre dénomination beaucoup plus appropriée au contexte. En effet, dans la tradition juridique de nos États d'inspiration civiliste, l'avocat général est l'un des membres d'un parquet supérieur. Comme tel, il est inconvenant de désigner un organe tout entier par un seul de ses membres. C'est pourquoi des dénominations comme : « ministère public » ou « parquet », près la CJ/UEMOA, auraient été, au contraire, nettement préférables.

930. Toutefois, la décision de l'UEMOA d'instituer un ministère public auprès de sa Cour de justice s'inspire profondément de la politique et de la vision française sur la question relative au système judiciaire communautaire. En effet, en octobre 1951, la République française, à travers une délégation de son ministère des Affaires étrangères, a fait un rapport écrit sur le Traité CECA.

931. Dans ce document, la France a fait observer au soutien de sa proposition de création d'un parquet auprès de la Cour de justice de l'Union européenne que : *« Cette institution, sous réserve de la dénomination, qui aurait pu prêter à équivoque, est l'homologue des commissaires du Gouvernement qui existent généralement en France devant les juridictions administratives et, notamment, devant le Conseil d'État statuant au contentieux. Nul n'ignore le haut degré d'indépendance dont le corps des commissaires du Gouvernement du Conseil d'État est traditionnellement animé ni l'importance du rôle que ces magistrats ont exercé et continuent d'exercer, tant dans le développement de la jurisprudence que dans la collaboration avec ce qu'on est convenu d'appeler la doctrine. C'est avec la conviction qu'une telle institution procurera à la nouvelle Cour ces mêmes effets bienfaisants que nos partenaires ont accepté de les faire profiter des fruits d'une expérience essentiellement française »*[1122].

[1121] J.-C. MAGENDIE, *Les Sept Péchés capitaux de la justice française*, *op. cit.*, p. 10.

[1122] Rapport de la délégation française sur le traité CECA, ministère des Affaires étrangères, Paris, octobre 1951, p. 32, cité par J. BOUDANT, *La Cour de justice des communautés européennes*, Paris, Dalloz, 2005, p. 17.

932. De cette prise de position, l'on notera que l'institution d'un parquet auprès d'une juridiction suprême crée les conditions d'une construction jurisprudentielle[1123] solide et cohérente par l'expertise que les officiers du ministère public[1124] peuvent apporter à leurs collègues juges.

Cependant, qu'il s'agisse de la Cour de justice de l'Union européenne ou de celle de l'UEMOA, ces juridictions communautaires ont opté pour l'appellation « Avocats généraux » au détriment de la dénomination de parquet ou de ministère public. La délégation française a estimé qu'un tel choix pourrait prêter à équivoque puisqu'aussi bien dans le système judiciaire français que de celui de la plupart des États francophones dont le Mali, l'avocat général n'est qu'un élément ou un membre d'un parquet général.

933. Mais à se référer au statut ainsi qu'aux missions de l'avocat général, dans le contexte de la justice communautaire de l'Union européenne, on se rend compte que la préférence pour cette dénomination n'est guère anodine. En effet, fortement réductrice de la stature véritable du ministère public, devant les juridictions civiles et pénales dans l'ordre interne, la dénomination donnée au parquet devant la Cour de justice de l'UE semble révélateur de la quasi-insignifiance de ses missions à ce niveau.

934. Cela découle du fait que dans le système judiciaire de l'UE, *« l'avocat général n'est pas le représentant des intérêts des États ou même de son pays d'origine. Il n'est pas non plus le représentant ou le défenseur des intérêts de la communauté. Enfin, même si sa dénomination évoque le ministère public devant les juridictions civiles et pénales, l'avocat général n'est pas un procureur chargé de la poursuite des infractions du droit communautaire... le rôle des avocats généraux est un rôle de préparation à la décision de la Cour et consiste plus précisément à proposer dans leurs conclusions et en toute indépendance et impartialité, la solution juridique qui leur semble appropriée à l'affaire en cause... »*[1125].

935. D'ailleurs, la Cour de justice de l'Union européenne a eu l'occasion de se prononcer sur le statut de ses avocats généraux. Elle a notamment jugé que : *« Les avocats généraux, entre lesquels n'existe aucun lien de subordination, ne constituent pas un parquet ni un ministère public et ne relèvent d'aucune autorité, à la différence de ce qui ressort de l'organisation judiciaire dans*

[1123] Y. DIALLO, *Le Procureur de la République. La pratique du parquet*, *op. cit.*, p. 19-20.

[1124] *« Le procureur de la République, les magistrats du parquet, peuvent être porteurs de modernité, innover, être des acteurs déterminés de la construction d'une justice plus transparente, plus accessible, plus proche des victimes et plus à l'écoute des criminels et délinquants, en somme plus humaine »*, É. MAUREL, *Paroles de procureur*, Paris, Éd. Gallimard, 2008, p. 14.

[1125] S.-P. LEVOA AWONA, *La Cour commune de justice et d'arbitrage*, Paris, Éd. L'Harmattan, 2021, n°°28, p. 38.

certains États membres. Dans l'exercice de leurs fonctions, ils ne sont chargés de la défense de quelque intérêt que ce soit. Les conclusions de l'avocat général mettent fin à la procédure orale. Se situant en dehors du débat entre les parties, les conclusions ouvrent la phase du délibéré de la Cour. Il ne s'agit donc pas d'un avis destiné aux juges ou aux parties qui émanerait d'une autorité extérieure à la Cour ou emprunte(rait) son autorité à celle d'un ministère public, mais de l'opinion individuelle, motivée et exprimée publiquement, d'un membre de l'institution elle-même. L'avocat général participe ainsi publiquement et personnellement au processus d'élaboration de la décision de la Cour et, partant, à l'accomplissement de la fonction juridictionnelle confiée à cette dernière »[1126].

936. De ces différents éléments, il ne peut être qu'inféré une propension des systèmes de justice communautaire à privilégier un ministère public au rabais. Cela est d'autant plus vrai que les avocats généraux, devant les juridictions communautaires, ne sont nullement comparables aux magistrats du ministère public officiant auprès des juridictions suprêmes à l'échelon interne des États. Or, dans le système judiciaire malien, l'on ne saurait convaincre de l'inutilité de la présence et surtout des nombreuses fonctions du ministère public auprès de la Cour suprême. Ce constat vaut également pour la plupart des autres États membres de l'UEMOA.

937. C'est pourquoi il paraît urgent et souhaitable de renforcer le parquet près la Cour de justice de l'UEMOA. Ce renforcement, qui ne pourrait intervenir que dans le cadre d'une réforme bénéfique de l'architecture de cette juridiction communautaire, devrait, de ce que l'on croit, y voir naître un véritable parquet. Ainsi, à la différence du schéma actuel, la réforme devrait créer un « procureur général » ou un « procureur en chef » avec un premier avocat général faisant office d'adjoint au procureur en chef et, enfin, des avocats généraux.

938. Également, le parquet renforcé de la Cour de justice de l'UEMOA devrait être investi de l'ensemble des prérogatives d'un parquet suprême à l'exception des attributions en matière pénale pour respecter la souveraineté des États. Ces différentes mesures contribueraient, une fois effectives, au renforcement véritable du système judiciaire de l'UEMOA, au grand bonheur de l'économie et du commerce sous-régional.

939. La redéfinition de l'intervention du ministère public, en matière civile et commerciale au Mali, commande, comme on vient de le relever, une nouvelle délimitation de son champ d'action. Mais au-delà, l'intervention même du ministère public, dans ces différentes matières, doit être garantie.

[1126] CJUE, ord. du 4 févr. 2000, Emesa Sugar (Free Zone) NV et Aruba, aff. C-17/98, Rec. I-665.

CHAPITRE II : UNE INTERVENTION GARANTIE

940. La redéfinition de l'intervention du ministère public, en matière civile et commerciale au Mali, passe également par la recherche et le recours à des mécanismes juridiques susceptibles de garantir une telle action. En effet, la consécration d'une action demeure peu de chose si elle n'est pas exercée pour lui assurer la pleine effectivité. Ainsi, l'amorphisme du ministère public qui a déjà été décrit s'explique, sans doute, soit par l'absence soit par la non-mise en œuvre des sanctions susceptibles de frapper les officiers défaillants du ministère public.

941. Tel le créancier qui doit s'entourer du maximum de précautions pour se mettre à l'abri d'une éventuelle insolvabilité de son débiteur, il va de l'intérêt de la société que ses représentants auprès des organes juridictionnels jouent pleinement leur partition sous peine de sanction. C'est pourquoi, dans une dynamique d'anticipation, le législateur a prévu toute une gamme de sanctions pour prendre en charge un tel cas de figure.

Même si elles manquent d'effectivité, dans la pratique judiciaire au Mali, lesdites mesures sont cependant de nature à vaincre toute velléité de résistance. Dès lors, il ne peut qu'être souhaité leur mise en œuvre pour mettre fin à l'inertie des parquetiers dans l'animation des procédures judiciaires ayant trait aux questions civiles et/ou commerciale.

942. Ainsi, l'intervention du ministère public, en matière civile et commerciale, peut être garantie soit par la mise en œuvre de la responsabilité civile et disciplinaire (section I) soit par le concours éventuel du droit pénal (section II).

Section I : La garantie par la responsabilité civile et disciplinaire

943. L'intervention des officiers du ministère public, en matière civile et commerciale au Mali, pourrait sûrement être garantie par la mise en œuvre de sanctions d'ordre civil et/ou disciplinaire. Le recours à ces types de mesure peut donc être un remède contre l'inertie inadmissible des magistrats du parquet dans le traitement judiciaire des types d'affaires sus-spécifiés.

944. La prospection des mécanismes de sanction en vue de vaincre la carence des parquetiers dans l'animation des procédures, civiles et/ou commerciales, s'explique, dans une certaine mesure, par le déficit de conscience professionnelle de ces derniers. Puisqu'un agent bien imprégné et fortement attaché à ses devoirs s'évertue à ne pas se faire reprocher une quelconque insuffisance ou négligence professionnelle.

945. Pour un examen judicieux de ces deux catégories de garanties de l'intervention des officiers du ministère public, en matière civile et commerciale au Mali, on les abordera séparément. Ainsi traitera-t-on, d'un côté, la problématique de la responsabilité civile du parquetier (paragraphe I) et, de l'autre, la responsabilité disciplinaire (paragraphe II) de ce dernier.

Paragraphe I : La responsabilité civile, un tremplin sûr

946. La responsabilité civile du magistrat du parquet est consacrée en droit malien. En effet, lorsqu'il est convaincu de certaines fautes professionnelles, la responsabilité civile du parquetier peut être recherchée. Mais il s'agit d'une question qui obéit à une technique ou un mécanisme. Autrement dit, la responsabilité civile du magistrat du parquet ne peut être recherchée que suivant une procédure spéciale dérogatoire à la mise en jeu de la responsabilité civile de droit commun.

947. Pour une judicieuse appréhension de la problématique de la responsabilité civile des magistrats du parquet au Mali, il conviendra de traiter, dans un premier temps, la procédure initiale prévue en la matière à savoir la prise à partie (A), avant, dans un second temps, de s'intéresser à l'action récursoire (B), la procédure conséquentielle.

A. La prise à partie, un recours judicieux

948. La prise à partie est un recours judicieux susceptible d'être envisagé, par les justiciables, à l'encontre des magistrats, en général, et, en particulier, des officiers du ministère public dédaignant la participation au traitement judiciaire des affaires civiles et commerciales au Mali. Il s'agit d'un mécanisme juridique redoutable, au cœur de la problématique générale ayant trait à la responsabilité des magistrats dans plusieurs pays[1127].

949. La prise à partie est loin d'être méconnue du droit positif malien qui, cependant, ne la définit pas. On y trouve simplement les différentes hypothèses dans lesquelles la mesure peut être envisagée. En droit malien, elle est prévue et réglementée par le Code de procédure civile, commerciale et sociale (CPCCS) dont plusieurs articles y sont dédiés[1128].

950. En l'absence de définition légale, des auteurs ont pu l'appréhender comme la *« voie de droit ouverte en vue de faire condamner à des dommages et intérêts un magistrat qui s'est rendu coupable, dans l'instruction ou le jugement d'un procès, d'une faute lourde professionnelle, d'un dol, d'une fraude, de concussion ou d'un déni de justice... »*[1129].

951. C'est dire, en termes beaucoup plus explicites, que la prise à partie est le moyen légal accordé à un justiciable contre un magistrat fautif. Ce recours vise

---

[1127] *« ... dans les démocraties contemporaines, il n'y a pas de pouvoir sans responsabilité. À mesure que s'accroît la judiciarisation de la société, grandit également la nécessité pour les magistrats de répondre de leurs comportements professionnels »*, B. GARNOT, *Histoire des juges en France, de l'Ancien Régime à nos jours*, Paris, Nouveau Monde Éditions, 2014, p. 360.

[1128] Décret n°°99-254 du 15 septembre 1999, modifié, portant code de procédure civile, commerciale et sociale, titre 6, chap. 3.

[1129] G. CORNU (dir.), *Vocabulaire juridique*, *op. cit.*, v. prise à partie, p. 1709-1710.

pour le premier à obtenir réparation du second devant une juridiction civile. Toutefois, ledit recours doit s'exercer contre l'État, civilement responsable du magistrat.

952. La prise à partie pose la délicate équation relative à la conciliation de la préservation de l'indépendance des magistrats, d'une part, et, de l'autre, de l'impérieuse nécessité de mettre les usagers du service public de la justice à l'abri des abus[1130] éventuels des acteurs de cette institution. C'est pourquoi, dans la même veine, les professeurs Loïc CADIET et Emmanuel JEULAND ont pu soutenir que : *« L'indépendance du juge, si elle requiert une certaine immunité à l'égard du justiciable aussi bien que du pouvoir exécutif, ne va pas, cependant, jusqu'à son impunité. Le juge doit répondre de certaines fautes »*[1131].

953. Mais s'il est nécessaire que le magistrat ait à répondre de certaines de ses fautes, au civil, il n'en demeure pas moins que cela devrait se faire dans un cadre ou suivant un mécanisme juridique dérogatoire au droit commun de responsabilité applicable à tous. L'objectif étant de veiller à rendre justice au citoyen injustement victime[1132] d'une faute imputable à un magistrat sans pour autant anéantir l'autorité ou l'indépendance de l'institution d'appartenance de ce dernier.

C'est pourquoi, contrairement au Mali, certains pays anglo-saxons, comme le Royaume-Uni, le Chypre, les États-Unis, l'Irlande ou encore le Canada, consacrent, en revanche, l'immunité civile des magistrats[1133].

954. Pour avoir une certaine idée du champ opératoire de la prise à partie en droit malien, le CPCCS indique que : *« Les juges peuvent être pris à partie dans les cas suivants :*

- *s'il y a dol, fraude, concussion ou faute lourde professionnelle qu'on prétendrait avoir été commis, soit dans le cours de l'instruction, soit lors des jugements ;*
- *si la prise à partie est expressément prononcée par la loi ;*
- *si la loi déclare les juges responsables, à peine de dommages-intérêts ;*

1130 A. A. N'DIAYE, *L'Urne et le glaive. Réflexions sur les conceptions socio-politiques et judiciaires au Mali (de 1960 à la troisième République)*, Bamako, Éd. Jamana, 1997, p. 115-116.
1131 L. CADIET et E. JEULAND, *Droit judiciaire privé*, Paris, LexisNexis, 7e éd., 2011, n°°72, p. 65.
1132 *« Les victimes sont les grandes oubliées de la justice... »*, L. FREMIOT, *Je vous laisse juges... Confidences d'un magistrat qui voulait être libre*, Paris, Éd. Michel Lafont, 2014, p. 220.
1133 Sur ces aspects, v. G. CANIVET et J. JOLY-HURARD, « La responsabilité des juges, ici et ailleurs », *RIDC*, n° 4, 2006, p. 1061.

• s'il y a déni de justice.

L'État est civilement responsable des condamnations ou dommages-intérêts qui seront prononcés à raison de ces faits contre les magistrats, sauf son recours contre ces derniers »[1134].

955. Le déni de justice est appréhendé comme la situation du juge qui refuse de donner suite aux requêtes qui lui sont adressées ou qui néglige de juger les affaires en état de l'être[1135]. Il est constitué et peut être mis en œuvre à la suite de la carence du juge constaté après être requis deux fois vainement[1136].

956. Ces premières dispositions semblent donner l'impression que la prise à partie ne peut être envisagée qu'à l'encontre des seuls juges. À la vérité, il n'en est absolument rien puisque le CPCCS, plus loin, généralise la mesure en disposant que : *« La prise à partie contre* ***les magistrats*** *et contre les tribunaux de tous ordres sera portée devant la chambre civile de la Cour suprême.*

Néanmoins, aucun magistrat ne pourra être pris à partie sans une autorisation préalable du premier président, qui statuera après avoir pris l'avis du procureur général.

En cas de refus, celui-ci doit être motivé. Ce refus ne peut empêcher la partie plaignante de poursuivre son action »[1137].

957. Comme on peut aisément le remarquer, dans ces dernières dispositions, il est fait allusion non pas aux seuls juges, mais plutôt aux magistrats de façon générale. Cela inclut, sans conteste, les officiers du ministère public qui se trouvent dès lors concernés par la mesure. Aussi résulte-t-il desdites dispositions que la Cour suprême, prise en sa chambre civile, a compétence exclusive en la matière.

La partie qui entend initier une telle procédure doit se garder d'employer tout terme injurieux à l'encontre du magistrat qu'il entend prendre à partie. L'inobservation de ce devoir de courtoisie pourrait l'exposer à une amende de 10 000 à 100 000 F CFA, sans préjudice d'éventuelles poursuites pénales[1138].

[1134] CPCCS, *op. cit.*, art. 343.

[1135] CPCCS, *op. cit.*, art. 344.

[1136] CPCCS, *op. cit.*, art. 345.

[1137] CPCCS, *op. cit.*, art. 346.

[1138] *« Il sera présenté, à cet effet, une requête signée de la partie, ou de son fondé, une procuration authentique et spéciale, laquelle procuration sera annexée à la requête ainsi que les pièces justificatives s'il y en a à peine de nullité. Il ne pourra être employé aucun terme injurieux contre les juges et la juridiction, à peine, contre la partie, d'une amende de 10 000 à 100 000 F CFA, sans préjudice des poursuites pénales. Au cas où la requête signée par un conseil ou mandataire contiendra un terme injurieux contre les juges ou la juridiction, ce conseil ou mandataire sera passible des peines et voies de recours ci-dessus énoncées, sans préjudice des sanctions disciplinaires »*, CPCCS, *op. cit.*, art. 347.

958. Les effets de la procédure de prise à partie varient selon que le recours se solde par le rejet ou s'il est, au contraire, favorablement accueilli. Ainsi, le CPCCS prévoit-il que : *« Si la requête est rejetée, le demandeur sera condamné au paiement d'une amende de 10 000 à 100 000 FCFA et à des dommages-intérêts envers les parties, sans préjudice des poursuites pénales de la part des magistrats pris à partie.*

Si la requête est admise, elle sera signifiée dans les trois jours au juge pris à partie, qui sera tenu de fournir ses défenses dans la huitaine.

Il s'abstiendra de la connaissance du différend. Il s'abstiendra même jusqu'au jugement définitif de la prise à partie, de toutes les causes que la partie, ou ses parents en ligne directe, ou son conjoint, pourront avoir dans sa juridiction à peine de nullité des jugements »[1139]. La consécration d'éventuelles sanctions, en cas de rejet du recours, s'explique par le souci de prévenir les justiciables qui seraient tentés d'exercer des actions purement fantaisistes.

959. Selon que la procédure aboutit ou échoue, les conséquences varient et se manifestent différemment. En cas de succès de la procédure aux fins de prise à partie, le magistrat pris à partie est écarté du traitement des suites ultérieures de l'affaire dont l'examen a conduit à l'incident processuel.

Cela découle de la pure logique puisque c'est l'indélicatesse ou l'inconduite de ce dernier qui aura justifié la réaction du justiciable requérant par ailleurs dans la seconde instance dérivant incidemment de la première. En plus de cette mise à l'écart du magistrat fautif, il n'est pas à exclure que des comptes disciplinaires lui soient demandés.

960. En effet, la faute ayant justifié la prise à partie du magistrat peut, en même temps, être constitutive d'un manquement déontologique justifiant l'infliction de sanctions disciplinaires. La même faute, enfin, pourrait être d'une gravité telle qu'elle pourrait revêtir une connotation pénale.

Cette dernière éventualité rendrait envisageables des poursuites pénales à l'encontre du magistrat incriminé. La procédure applicable à ces éventuelles poursuites dépendrait selon que les faits infractionnels reprochés auraient été commis dans[1140] ou en dehors[1141] de l'exercice des fonctions assignées au magistrat.

961. Cependant, s'il est techniquement possible que des poursuites pénales puissent être engagées à l'encontre d'un magistrat à la suite d'une condamnation consécutive à une procédure de prise à partie, il n'en demeure pas moins que seul le ministère public, à l'exclusion du justiciable victime, pourrait initier une

---

1139 CPCCS, *op. cit.*, art. 348.

1140 Loi n°°01-80 du 20 août 2001, modifiée par la loi n°°2013-016 du 21 mai 2013 portant code de procédure pénale (CPP) en République du Mali, art. 616.

1141 CPP, *op. cit.*, art. 614.

telle action[1142]. C'est dire, en définitive, que le magistrat encoure gros, lorsqu'une procédure aux fins de prise à partie prospère à son encontre. Puisque pour les mêmes faits, des sanctions de divers ordres pourraient, concomitamment, le frapper.

962. Lorsqu'au contraire la procédure de prise à partie est sanctionnée par le rejet de la demande du requérant, ce dernier se verra infliger une amende comprise entre 10 000 et 100 000F CFA. Les termes employés par les dispositions du CPCCS à cet égard sont impératifs. Ils imposent à la chambre civile de la Cour suprême de prononcer à l'encontre du justiciable défaillant l'amende sus-spécifiée.

963. En plus de cette amende, le requérant à la procédure de prise à partie qui est débouté doit[1143] également être condamné à des dommages-intérêts envers le magistrat, alors injustement pris à partie. Toutefois, s'agissant d'une question purement privée, ces dispositions paraissent critiquables. En effet, il n'est pas à exclure que le magistrat injustement visé s'abstienne de demander des dommages-intérêts.

964. Dans un tel cas de figure, la chambre civile de la Cour suprême serait-elle bien fondée de le subroger, de déterminer le montant des dommages-intérêts à sa place et de l'infliger au requérant défaillant ? L'on peut soutenir que l'obligation légale de condamnation par le juge suprême, dans le cas d'espèce, devrait être réservée à la seule amende.

Ce dernier n'aurait nullement dû être proclamé *« juge de l'octroi d'office de dommages-intérêts »* qui sont destinés à réparer un préjudice causé. Une réécriture de ces dispositions serait salutaire dans une dynamique de consolidation de la garantie du procès équitable[1144] au Mali.

965. Enfin, le magistrat pris à partie, à tort, pourrait porter plainte à l'encontre du justiciable défaillant. Si les infractions comme la diffamation[1145] ou la

---

[1142] À cet égard, l'article 7 du CPP prévoit que : *« La partie qui a exercé son action devant la juridiction civile compétente ne peut la porter devant la juridiction répressive. Il n'en est autrement que si celle-ci a été saisie par le ministère public avant qu'un jugement sur le fond ait été rendu par la juridiction civile. »*

[1143] Le CPCCS prévoit en effet, à travers les dispositions de son article 348, que le justiciable qui est débouté *« sera condamné... à des dommages-intérêts »*. Une telle formulation ne laisse aucun pouvoir d'appréciation au juge qui est tenu de condamner le requérant débouté à des dommages-intérêts alors même que le magistrat incriminé n'aurait rien demandé dans ce sens.

[1144] *« Que chacun soit à sa place et que chaque chose vienne en son temps : tel est l'ordre du rituel judiciaire »*, A. GARAPON, *Bien juger. Essai sur le rituel judiciaire*, Paris, Éd. Odile Jacob, 2001, p. 59.

[1145] La diffamation, en droit malien, est un délit de presse qui nécessite pour sa commission l'intervention d'un organe de presse. Ce qui est difficile à envisager dans le cas d'espèce.

dénonciation calomnieuse[1146] ne paraissent pas évocables, dans le cas d'espèce, d'autres comme l'outrage à magistrat[1147] ou les injures par le biais d'un système d'information[1148] sont susceptibles d'être commises à l'occasion.

966. Il est évident que la découverte et surtout l'usage d'un tel instrument peuvent utilement contribuer à vaincre l'ignorance ou l'indifférence des officiers du ministère public pour les affaires civiles et commerciales au Mali. Certes, le mécanisme se caractérise par une certaine complexité[1149]. Mais il demeure qu'il n'est toutefois pas inintelligible au point de rendre sa mise en œuvre impossible. La prise à partie vise, in fine, le magistrat. Elle est directement dirigée contre l'État qui dispose de l'action récursoire à l'encontre du magistrat fautif, son agent.

B. L'action récursoire, un remède efficace

967. L'action récursoire est un remède fort efficace dont l'effectivité pourrait, sans doute, influer positivement sur les pratiques professionnelles des magistrats du ministère public qui en seraient l'objet. Au-delà des officiers du ministère public, elle obligerait immanquablement les autres magistrats, de façon générale, à *« promouvoir et à développer en toute circonstance des normes élevées de conduite*[1150] *»* sur le plan professionnel et même au-delà.

968. L'action récursoire a pu être définie par des doctrinaires comme cette *« action en justice exercée par celui qui a dû exécuter une obligation dont un autre était tenu en tout ou en partie, soit contre le véritable débiteur pour lui faire supporter le poids de la condamnation, soit contre un coobligé pour obtenir le paiement de la part lui incombant »*[1151]. Contextualisée, dans le cadre de la présente étude, elle désigne l'action dont dispose l'État, ayant agi en qualité de civilement responsable, à l'encontre d'un magistrat dont il est l'employeur et dont la faute lui a valu de supporter une condamnation à réparation.

[1146] La dénonciation calomnieuse suppose qu'il y ait au préalable une décision d'acquittement, de relaxe ou de non-lieu.

[1147] Loi n°°2001-79 du 20 août 2001, modifiée par : la loi n°°2005-45 du 18 août 2005 ; la loi n°°2016-39 du 7 juillet 2016 portant code pénal en République du Mali, art. 147.

[1148] Loi n°°2019-056 du 05 décembre 2019 portant répression de la cybercriminalité en République du Mali, art. 21.

[1149] *« La complexité formelle croissante ne doit pas être un obstacle. C'est en effet une constante du droit procédural moderne que de peaufiner davantage pour apporter de plus en plus de garanties »*, P. TRUCHE, *Juger, être jugé. Le magistrat face aux autres et à lui-même*, Paris, Éd. Fayard, 2001, p. 140.

[1150] Code de déontologie annexé à la loi n°°02-054 du 16 décembre 2002 portant statut de la magistrature en République du Mali, art. 4.

[1151] S. GUINCHARD, Th. DEBARD (dir.), *Lexique des termes juridiques*, v. action récursoire, Paris, Dalloz, 25e éd., 2017, p. 96.

969. Comme la plupart des procédures civiles et/ou commerciales, l'action récursoire met aux prises deux parties dont l'une est demanderesse et l'autre, défenderesse. La partie demanderesse est celle qui a fait face, dans un premier temps, à une action en réparation en qualité de civilement responsable.

Ce civilement responsable peut être une personne physique[1152] ou une personne morale (de droit privé comme de droit public). C'est dire en conséquence que l'action récursoire n'est pas du seul ressort de l'État contre ses agents. Il est vrai cependant qu'à l'égard des magistrats, seul pourrait avoir l'initiative de ladite action, la puissance publique qui est leur autorité employeuse.

970. L'action récursoire permet donc au civilement responsable de se retourner contre son préposé qu'il avait subrogé initialement. Quant à la partie défenderesse, elle est en toute logique le préposé, c'est-à-dire la personne investie d'une mission ou d'une fonction sous la subordination d'une autre personne appelée le civilement responsable[1153]. Dans le cadre de la présente étude, il s'agit donc du magistrat par la faute duquel l'État aura supporté des dommages-intérêts, en réparation du préjudice causé à un usager du service public de la justice.

971. L'action récursoire, qui est la résultante de l'action aux fins de prise à partie, est consacrée par plusieurs normes juridiques en droit malien. Elle est prévue tout d'abord par le régime général des obligations qui la réglemente dans l'hypothèse où l'État entend se retourner contre l'enseignant qui l'aura exposé à une condamnation. Dans ce cas de figure, la responsabilité de l'enseignant découlerait de sa négligence ou de son imprudence dans la garde d'un élève[1154].

[1152] Sur l'action récursoire intentée contre un particulier, débiteur d'une obligation alimentaire, par un organisme public, v., CJCE 14 nov. 2002, C-271/00, *Gemeente Steenbergen c/ Luc Baten*, Rec. I. 10489 : relève de la matière civile (et non de la sécurité sociale) une action récursoire par laquelle un organisme public poursuit auprès d'une personne de droit privé le recouvrement de sommes qu'il a versées à titre d'aides sociales au conjoint divorcé et à l'enfant de cette personne, pour autant que le fondement et les modalités d'exercice de cette action sont régis par les règles du droit commun en matière d'obligation alimentaire. V. encore CJUE 28 juill. 2016, Siemens Aktiengesellschaft Österreich, C-102/15 : *D.* 2016. 1710 ; *Jde* 2016. 319, note Kecsmar ; *Procédures* 2016, comm. 360, obs. Nourissat.

[1153] G. CORNU (dir.), *Vocabulaire juridique*, *op. cit.*, v. préposé, p. 1678.

[1154] *« La responsabilité de l'État est substituée à celle des membres de l'enseignement public.*
L'action de la victime est portée devant le tribunal civil, elle est prescrite par trois ans à compter du jour où le fait dommageable a été commis.
L'action récursoire est exercée par l'État soit contre l'agent soit contre le tiers conformément au droit commun », loi n°°087-31/AN-RM du 29 août 1987 portant régime général des obligations en République du Mali, art. 148.

972. Ensuite, le second texte incontournable sur la question est le code de procédure civile, commerciale et sociale. Même s'il ne le fait qu'en des termes un peu voilés ce texte institue incontestablement l'action récursoire de l'État à l'encontre des magistrats. Il prévoit que : *« Les juges peuvent être pris à partie dans les cas suivants :*

- *s'il y a dol, fraude, concussion ou faute lourde professionnelle qu'on prétendrait avoir été commis, soit dans le cours de l'instruction, soit lors des jugements ;*
- *si la prise à partie est expressément prononcée par la loi ;*
- *si la loi déclare les juges responsables, à peine de dommages-intérêts ;*
- *s'il y a déni de justice.*

L'État est civilement responsable des condamnations ou dommages-intérêts qui seront prononcés à raison de ces faits contre les magistrats, sauf son recours contre ces derniers »[1155].

973. Le recours de l'État dont parlent ces dispositions, *in fine*, à l'encontre des magistrats n'est autre chose que l'action récursoire. S'il est vrai qu'on ne peut qu'aboutir à cette conclusion en interprétant lesdites dispositions, il n'en demeure pas moins qu'elles pourraient davantage être explicitées en nommant expressément le type de recours visé. La clarification en matière de production de normes n'est jamais inutile même si quoi que l'on fasse le juge demeurait maître de leur interprétation.

974. Cela est d'autant plus vrai que décrivant l'« excellent juriste » selon le discours officiel, Denis SALAS, un habitué de la maison justice en France a pu écrire que : *« C'est celui qui parvient dans le maquis des textes à trouver la virgule décisive qui permettra d'échapper aux poursuites en toute légalité »*[1156]. Enfin, la troisième norme régissant la question est l'ordonnance n°°2014-018 /P-RM du 3 octobre 2014 portant création de la direction générale du contentieux de l'État[1157].

Cet autre texte prévoit que : *« [...] le cas échéant, de subroger l'autorité hiérarchique et d'exercer l'action récursoire contre tout fonctionnaire et tout agent public dont le comportement fautif a été à l'origine de la condamnation*

1155 CPCCS, *op. cit.*, art. 343.

1156 D. SALAS, *La Justice dévoyée. Critique des utopies sécuritaires*, Paris, Éd. des Arènes, 2012, p. 11.

1157 Cette ordonnance a été ratifiée par la loi n°°2016-015 du 10 mai 2016 qui a été votée le 28 avril 2016 et promulguée le 10 mai de la même année par le Président de la République.

pécuniaire prononcée contre l'État ou l'organisme public, sauf dispositions statutaires contraires »[1158].

975. De la lecture combinée de ces différentes dispositions, l'on ne peut que relever la prérogative conférée à l'État d'exiger des comptes de ses agents, en général, et des magistrats, en particulier, lorsqu'il aura subrogé ces derniers dans la réparation d'un préjudice qu'ils auront occasionné à un tiers. Il reste sous-entendu que pour que l'État soit déclaré civilement responsable, il faudrait qu'il existe un lien évident entre le préjudice subi et la faute imputable à son agent. Dans le cas contraire, l'agent répondrait personnellement et directement de toute faute détachable de ses fonctions.

976. Des États ont estimé la mise en œuvre de la prise à partie et de l'action récursoire d'une complexité telle qu'ils ont cru bon de recourir à un mécanisme plus simplifié de la mise en jeu de la responsabilité civile à la suite d'une faute ayant causé préjudice à un usager du service public de la justice.

C'est le cas, entre autres, de la France qui, depuis 1979[1159] a opté pour un dispositif beaucoup plus simplifié, notamment, en abandonnant le schéma de la prise à partie qui s'appesantit sur les notions de dol et de concussion pour finalement privilégier la notion de faute personnelle. Ainsi, dans ce pays, *« les magistrats du corps judiciaire ne sont responsables que de leurs fautes personnelles »*[1160]. L'on peut estimer que le dispositif, tel que prévu et réglementé par le droit positif malien, paraît approprié.

977. L'action récursoire, telle qu'ainsi présentée, est, sans aucun doute, une mesure judiciaire pouvant opportunément aider à vaincre l'inertie des officiers du ministère public dans l'animation des procédures civiles et/ou commerciales en République du Mali. Cela est si vrai qu'au-delà de son caractère dissuasif, sa mise en œuvre permet d'atteindre le magistrat fautif dans son patrimoine propre, ce qui est loin d'être insignifiant.

978. Pour des agents dont les conditions salariales ne sont pas toujours fameuses, la menace de l'action récursoire inclinerait certainement à plus d'engagement et surtout de professionnalisme dans l'exercice des fonctions assignées[1161].

[1158] Ord. n°°2014-018/P-RM du 3 octobre 2014, *op. cit.*, art. 3, al. 6.

[1159] Loi n°°79-43 du 18 janvier 1979.

[1160] V., l'ordonnance du 22 déc. 1958, art. 11-1. V. également le code de l'organisation judiciaire français (COJ), art. L. 141-1 à L 141-3.

[1161] Même s'il a pu être dit que *« Toute faute doit être sanctionnée, nous ne le savons que trop. Mais nous redoutons que les conditions de cette responsabilité en viennent à paralyser notre capacité décisionnelle et l'indépendance du juge dans la détermination et le prononcé de sa décision »*, É. MAUREL, *Paroles de procureur*, Paris, Éd. Gallimard, 2008, p. 248-249.

979. L'action récursoire aurait pu produire un tel effet sur les magistrats du ministère public au Mali si son effectivité était assurée par la puissance publique. Cependant, il est regrettable de relever que ce dispositif ne semble guère attiré ou inspiré l'État du Mali dans sa mission de réussir la discipline de ses agents dans les divers domaines[1162]. En effet, les nombreuses recherches sur le terrain, auprès de multiples services en charge de la question, n'ont aucunement permis de tomber sur un seul cas où l'État a exercé l'action récursoire contre un de ses agents[1163].

980. La direction générale du Contentieux de l'État qui est légalement investie de la prérogative de se substituer aux différentes autorités hiérarchiques, pour intenter une telle action contre les agents publics, ne s'est jamais essayée à cet exercice. Or, l'impunité ne se manifeste pas que sur le plan pénal par l'ankylose du système répressif. La mise en œuvre diligente et effective des dispositifs juridiques tant en matière civile que sur le plan disciplinaire peut également renforcer chez les agents publics l'esprit de redevabilité.

981. L'État malien serait, dès lors, bien inspiré de se servir de cet instrument comme de bien d'autres pour se donner des chances dans la quête de performance de ses services. Cependant, un tel désintérêt pour l'action récursoire ne semble pas être l'apanage du Mali seul, puisque selon Pierre TRUCHE, un magistrat français, *« Si l'on reproche à un juge une faute personnelle, ce n'est pas lui qu'il faut mettre en cause mais l'État, lequel, condamné, pourrait ensuite se retourner contre le magistrat ;* ***mais il n'est pas d'exemple d'exercice d'une telle action récursoire*** *»*[1164].

À sa suite, Jean-Claude MAGENDIE, un autre juge français, a ajouté que : *« [...] en France, en pratique l'État n'a jamais engagé l'action récursoire, que ce soit à l'encontre de magistrats de l'ordre judiciaire ou de juges administratifs »*[1165].

982. L'action récursoire est ainsi une des garanties certaines pour obtenir la pleine intervention des officiers du ministère public dans le traitement des affaires civiles et/ou commerciales au Mali. Pour son effectivité, le ministre de la Justice, garde des Sceaux pourrait utilement attirer l'attention des magistrats

---

1162 H. TOUMAGNON, « La responsabilité de la puissance publique et l'action récursoire », *in Justice en Question*, revue de droit d'information juridique et judiciaire du Syndicat libre de la magistrature (Sylima), n°°2, p. 73.

1163 Or, *« une amélioration de la qualité de la justice impose à l'activité judiciaire d'être attentive à ses résultats, à son effectivité, à son impact sur le justiciable, bref d'être conséquente avec elle-même »*, D. SALAS, « Le nouvel âge de l'erreur judiciaire », *Revue française d'administration publique*, n°°125, 2008, p. 176-177.

1164 P. TRUCHE, *Juger, être jugé. Le magistrat face aux autres et à lui-même*, Paris, Éd. Fayard, 2001, p. 53.

1165 J.-C. MAGENDIE, « La responsabilité des juges » *in Rec. Dalloz*, Paris, 2003, n°°18, p. 1179.

là-dessus à travers une lettre circulaire[1166]. Cet exercice pourrait permettre tant à ceux qui l'ignoreraient qu'à ceux qui la négligeraient de se raviser face aux conséquences pécuniaires extrêmement lourdes de leur inaction.

983. En plus de cette action du département en charge de la justice, la direction générale du contentieux de l'État n'a aucune excuse à l'inertie révoltante[1167] dont elle fait montre actuellement sur la question. Son indifférence face à cette question fondamentale est d'autant plus incompréhensible et inadmissible que l'action récursoire est un moyen privilégié pour obtenir, facilement, l'attachement des agents publics aux exigences professionnelles[1168] qui les régissent.

984. L'intervention des magistrats du ministère public est, comme on vient de le voir, garantie par leur responsabilité civile. Elle ne l'est pas moins, sur un tout autre plan, notamment par les éventuelles sanctions disciplinaires pouvant également les frapper.

Paragraphe II : La responsabilité disciplinaire, une mesure indiquée

985. La responsabilité des officiers du ministère public se manifeste, également, sur le plan disciplinaire. Cette autre responsabilité ne garantit pas moins l'intervention des parquetiers dans les affaires civiles et/ou commerciales pendantes devant les juridictions compétentes en ces matières. La distinction entre la déontologie et le droit disciplinaire[1169] n'a pas toujours été chose aisée par les doctrinaires[1170].

986. Cependant, certains auteurs, dont on pourrait partager l'approche, ont pu soutenir que *« La discipline peut à la fois se définir par son but et par ses*

[1166] *« ... le garde des Sceaux, par voie de circulaire, adresse au parquet d'instance des instructions générales sur la politique criminelle ou dans le cadre de l'exécution des règles de procédure »*, Y. DIALLO, *Le Procureur de la République. La pratique du parquet*, Dakar, Éd. L'Harmattan, 2018, p. 66.

[1167] Or, « Dans les périodes tumultueuses où les caractères sont indispensables, la mollesse est catastrophe », Chr. VIGOUROUX, *Du juste exercice de la force*, Paris, Éd. Odile Jacob, 2017, p. 34.

[1168] Puisque *« ...dans les démocraties contemporaines, il n'y a pas de pouvoir sans responsabilité. À mesure que s'accroît la judiciarisation de la société, grandit également la nécessité pour les magistrats de répondre de leurs comportements professionnels »*, B. GARNOT, *Histoire des juges en France, de l'Ancien Régime à nos jours*, Nouveau Monde Éditions, Paris, 2014, p. 360.

[1169] I. MEYRAT, « La référence à l'"éthique" dans le champ des relations de travail : nouveau facteur d'assujettissement des salariés ? » *in* E. DOCKES (dir.), *Actes du colloque « Pratique du droit, pensée du droit et engagement social »* organisé à Dijon les 11 et 12 mai 2006 par le CREDIMI (UMR 5598), le CNRS et l'Université de Bourgogne, p. 199.

[1170] G. CORNU (dir.), *Vocabulaire juridique*, *op. cit.*, v. déontologie, p. 718 et discipline p. 769 ; v., également, D. CHARVET, *Recueil Dalloz*, 2008, chron. 1634.

sanctions. Si elle a pour but le maintien de l'ordre dans un groupe social déterminé, ses sanctions, originales, frappent l'agent dans ses intérêts de membre du groupe. Le droit disciplinaire peut ainsi se définir comme le droit dont l'objet est l'infliction de sanctions disciplinaires. Les enjeux liés à cette activité sont loin d'être négligeables pour les justiciables puisque celle-ci peut aller jusqu'à l'exclusion de la personne du groupe intéressé, la plupart du temps professionnel »[1171].

987. La responsabilité disciplinaire des officiers du ministère public suppose dès lors l'existence d'une faute qui puisse leur être imputable (A). Cette faute, en toute logique, pourrait entraîner à leur encontre des sanctions disciplinaires (B).

A. Les fautes imputables aux parquetiers

988. En matière disciplinaire, certaines fautes peuvent être imputables aux magistrats du ministère public, dans l'exercice ou l'occasion de l'exercice de leurs fonctions. En effet, dans le cadre de leur participation au traitement judiciaire des procédures civiles et/ou commerciales, les parquetiers peuvent commettre des écarts de conduite difficilement admissibles aux regards des exigences éthiques et déontologiques qui leur sont applicables.

C'est dire, *a contrario*, que les fautes personnelles commises par ces magistrats, totalement détachables de l'exercice de leurs fonctions, n'entrent guère dans le cadre de l'hypothèse qui est envisagée. Celles-ci sont du ressort des juridictions soit civiles, soit pénales, qui n'ont pas forcément de lien avec les organes disciplinaires.

989. Les types de fautes que les magistrats, en général, et les officiers du ministère public, en particulier, sont susceptibles de commettre au Mali sont déterminés par la loi n°°02-054 du 16 décembre 2002 portant statut de la magistrature ainsi que le code de déontologie y annexé. Ainsi découle-t-il de ce statut que : *« Tout manquement par un magistrat aux devoirs de son état à l'honneur, à la délicatesse ou à la dignité constitue une faute disciplinaire.*

Constitue de la part du magistrat une faute professionnelle, toute violation grave des règles de procédures, tout abus de droit notoire, tout manque avéré de diligence dans l'accomplissement de sa mission.

Sans préjudice des poursuites pénales ou civiles éventuelles, toute faute professionnelle peut donner lieu à des poursuites et des sanctions disciplinaires conformément au présent statut »[1172].

990. Le code de déontologie annexé au statut de la magistrature reprend et consolide les dispositions de l'alinéa 1er de l'article 71 du statut de la

---

[1171] G. CANIVET et J. JOLY-HURARD, *La Déontologie du magistrat*, Paris, Dalloz, 2e éd., 2009, p. 18.
[1172] Statut de la magistrature, *op. cit.*, art. 71.

magistrature. Il prévoit donc à son tour que : *« Tout manquement par un Magistrat aux devoirs de son état, à l'honneur, à la délicatesse ou à la dignité, constitue une faute disciplinaire sanctionnée conformément aux dispositions du statut de la magistrature »*[1173].

991. De l'interprétation de ces différentes dispositions, il appert fondamentalement que deux types de fautes sont envisageables, en matière disciplinaire, contre les magistrats du ministère public comme à l'encontre de leurs collègues du siège. Le premier type de faute est la faute proprement disciplinaire et le second type, la faute professionnelle. Le législateur estime que la faute disciplinaire couvre les seuls manquements aux devoirs de l'état de magistrat, à l'honneur, à la délicatesse ou encore à la dignité.

992. S'agissant de la faute professionnelle, il l'entend comme toute violation grave des règles de procédures, tout abus de droit notoire, tout manque avéré de diligence dans l'accomplissement de sa mission. *A priori*, l'on pourrait être tenté de se poser des questions quant à l'opportunité d'une telle distinction entre faute disciplinaire et faute professionnelle. Mais une lecture attentive des dispositions de l'article 71 *in fine* du statut de la magistrature permet de comprendre que l'intérêt de cette dissociation réside, essentiellement, sur le plan conséquentiel des types de fautes.

993. Ainsi voit-on que pendant que la faute disciplinaire, selon le législateur, ne peut engager que la seule responsabilité disciplinaire du magistrat, la faute professionnelle, elle, pourrait engager outre la responsabilité disciplinaire, celles civile et pénale. Autrement dit, il est sous-entendu que le magistrat ne saurait causer de tort qu'à sa profession lorsqu'il commet une faute disciplinaire, contrairement à sa situation en faute professionnelle, où il pourrait causer préjudice à autrui, voire engager sa responsabilité pénale.

994. Cette présentation des choses semble quelque peu critiquable d'autant qu'il ne paraît pas impossible que ce qui est considéré par le législateur comme une faute disciplinaire puisse, au-delà de la dimension disciplinaire, justifier également dans certains cas des poursuites pénales. En effet, l'on ne saurait, par exemple, contester qu'un magistrat convaincu de vol ou de corruption aurait, en même temps, manqué au devoir de dignité et à l'honneur de sa profession[1174].

995. Dans une telle situation, il serait loin d'être critiquable que le magistrat ait à répondre aussi bien sur le plan disciplinaire que devant une juridiction répressive. Or, à s'en tenir aux dispositions de l'article 71 du statut de la magistrature, il ne devrait répondre que devant le seul organe disciplinaire. C'est

---

[1173] Code de déontologie annexé au statut de la magistrature, *op. cit.*, art. 24.

[1174] En effet, il est attendu du magistrat d'être digne en toute circonstance, y compris dans sa vie privée, donc en dehors du cadre de l'exercice de ses fonctions. Le magistrat, convaincu de vol ou de corruption, serait difficilement considéré comme digne au regard d'une telle exigence statutaire.

pourquoi une réécriture des dispositions dudit article, notamment son dernier alinéa, semble nécessaire pour étendre la possibilité de poursuites civiles et pénales aux différents types de faute en plus de leurs conséquences éventuelles sur le plan strictement disciplinaire.

Certes, cela accroîtrait la responsabilité des magistrats au Mali, mais il enlèverait surtout les incohérences découlant des dispositions légales qui régissent la question[1175], ce qui est tout aussi fondamental.

996. En appliquant les dispositions de l'article 71 susvisé du statut de la magistrature, spécifiquement aux magistrats du ministère du public, il sied de tenir compte aussi bien des fonctions propres de ces derniers que de leurs exigences statutaires[1176]. Les situations fautives s'apprécient au cas par cas et leur classification en faute disciplinaire ou professionnelle est du ressort du conseil de discipline qui devrait tenir compte des indications données par le législateur.

997. Pour l'ensemble des magistrats, l'organe habilité à officier en matière disciplinaire est le Conseil supérieur de la magistrature (CSM). Cet organe, au Mali, est régi par la loi organique n°°03-033 du 07 octobre 2003 qui en fixe l'organisation, la composition, les attributions et le fonctionnement.

998. Contrairement à la France où le ministre de la Justice a un pouvoir de sanction avéré à l'encontre des magistrats du parquet, il est à saluer qu'au Mali le régime disciplinaire applicable à ces magistrats est beaucoup plus protecteur. En effet, tout comme les magistrats du siège, les parquetiers répondent, eux aussi, de leurs fautes disciplinaires devant le même organe à savoir le CSM qui détient essentiellement le pouvoir disciplinaire[1177].

999. Cependant, lorsqu'il siège en matière disciplinaire, cet organe connaît deux formations, dont l'une compétente à l'égard des magistrats du siège et l'autre, à l'égard des officiers du ministère public. La formation disciplinaire compétente

---

[1175] En tout état de cause, ce qui est appelé faute professionnelle par le législateur malien est appréhendée plutôt comme un aspect de la faute disciplinaire en droit français, notamment, comme relevant des manquements aux devoirs découlant de l'état de magistrat. C'est pourquoi, des auteurs de ce pays ont pu écrire que : *« Constitue un des manquements aux devoirs de son état la violation grave et délibérée par un magistrat d'une règle de procédure constituant une garantie essentielle des droits des parties, constatée dans une décision de justice devenue définitive »*, J. JOLY-HURARD et J. VANONI, *La Déontologie du magistrat*, Paris, Dalloz, 4e éd., 2020, p. 42. Il peut être estimé que les deux positions sont défendables. L'essentiel en la matière est que les textes soient le plus explicites possible, ce qui semble être le cas de part et d'autre.

[1176] J. JOLY-HURARD et J. VANONI, *La Déontologie du magistrat, ibid.*, p. 42.

[1177] Le *« pouvoir disciplinaire [...] permet de frapper les fautes commises par les membres contre la discipline ou contre les normes indispensables à la vie et au fonctionnement de l'institution »*, R. MERLE et A. VITU, *Traité de droit criminel*, t. II : *Procédure pénale*, Paris, Cujas, 5e éd., 2001, n°°19, p. 34.

à l'égard des magistrats du siège est présidée par le président de la Cour suprême et celle compétente à l'égard des magistrats du ministère public, par le procureur général près ladite Cour.

1000. Dans l'un ou l'autre cas, le président de la République et le ministre de la Justice n'y siègent jamais en matière disciplinaire[1178]. Ces deux personnalités éminentes du pouvoir exécutif continuent toutefois à figurer dans la composition du CSM dans ses autres formations[1179]. Au regard de ces différents éléments, il est évident que sur le plan disciplinaire, le magistrat du parquet est mieux protégé au Mali qu'en France[1180] où il demeure, quasiment, à la merci du garde des Sceaux, ministre de la Justice[1181].

1001. La timidité de l'instance disciplinaire à l'égard des magistrats, en général, et des officiers du ministère public, en particulier, explique une certaine sécheresse jurisprudentielle sur ce terrain au Mali. Cette situation ne facilite guère la façon dont, concrètement, le CSM appréhende la notion de faute disciplinaire dans le pays.

Or, la vitalité[1182] et l'effectivité du droit disciplinaire, dans un pays, sont de nature aussi bien à améliorer la qualité de la gouvernance qu'à constituer des substituts efficients aux sanctions pénales qui se caractérisent par une rigueur telle qu'elles ne sont pas opportunes dans tous les cas. Le droit disciplinaire a un impact positif certain sur la conduite professionnelle des agents qui y relèvent.

[1178] *« Le Conseil supérieur de la magistrature est présidé par le Président de la République sauf lorsqu'il siège en formation disciplinaire.*
Le ministre chargé de la Justice en est le vice-président. Il peut suppléer à ce titre le Président de la République. » « Le Président de la République et le ministre de la Justice ne siègent pas au Conseil supérieur de la magistrature dans sa composition disciplinaire.
Le Conseil supérieur de la magistrature siégeant en matière de discipline des magistrats du siège est présidé par le président de la Cour suprême.
Le Conseil supérieur de la magistrature siégeant en matière de discipline des magistrats du parquet est présidé par le procureur général près la Cour suprême », cf. loi fixant l'organisation, la composition, les attributions et le fonctionnement du CSM, *op. cit.*, art. 1er et 14.

[1179] Const. du Mali, *op. cit.*, art. 137.

[1180] R. PERROT, *Institutions judiciaires*, Paris, Montchrestien, 15e éd., 2012, n°°52, p. 52, n°°392, p. 310.

[1181] C'est ainsi qu'en France, *« au contraire des magistrats du siège, le CSM, dans sa formation compétente pour les magistrats du parquet, ne donne qu'un avis que le garde des Sceaux est libre de suivre ou de ne pas suivre »*, L. BELFANTI, *Magistrat*, Paris, Éd. Dalloz, 2019, n°°1012, p. 334.

[1182] É. MAUREL, *Paroles de procureur*, Paris, Éd. Gallimard, 2008, p. 231.

C'est pourquoi son effectivité est de nature à assurer une régulation plus ou moins efficiente des corps intermédiaires[1183].

1002. Il ne saurait être contesté que la responsabilité disciplinaire relève des mécanismes juridiques pouvant garantir la pleine participation des officiers du ministère public, au traitement judiciaire des affaires civiles et/ou commerciales au Mali. Toutefois, pour que le droit disciplinaire puisse convenablement produire un tel effet, il importe que l'État en assure tant l'effectivité[1184] que la promotion.

1003. Cela passe par une volonté politique affichée et assumée de lutte implacable contre les comportements déviants des agents publics tant dans l'administration générale que dans les services judiciaires. La recherche des fautes disciplinaires et/ou professionnelles ainsi que la poursuite de leur sanction contribueraient sans doute à inciter les magistrats du parquet au Mali à plus d'engagement et de discipline professionnels. Cela améliorerait, conséquemment, la qualité de la réponse judiciaire[1185] en matière civile et commerciale dans le pays.

1004. Ainsi, la détection et le traitement des fautes disciplinaires et professionnelles, pour servir à quelque chose, doivent aboutir en toute logique à l'infliction de véritables sanctions contre les parquetiers indélicats.

B. Les sanctions à l'encontre des parquetiers

1005. L'institution de sanctions susceptibles de frapper les parquetiers réfractaires à l'accomplissement diligent et adéquat des missions qui leur sont assignées est indispensable au maintien de l'ordre et de la discipline au sein de la

---

1183 G. CANIVET et J. JOLY-HURARD, *La Déontologie du magistrat*, Dalloz, Paris, 2e éd., 2009, p. 17. Ces auteurs considèrent le droit disciplinaire comme *« le droit pénal des corps intermédiaires ».*

1184 *« Qui juge publiquement doit être jugé publiquement. La responsabilité disciplinaire, effectivement mise en œuvre, rappelle la véritable dimension de la profession. Elle trace la voie de l'éthique du magistrat, et lorsqu'elle est intégrée par chacun, rend sans objet le recours à d'autres formes de responsabilités. Se dégage alors le fondement de l'engagement pris solennellement, publiquement, devant leurs aînés par ceux qui choisissent cette profession. Ce serment n'est pas une formalité administrative nécessaire mais surannée. En le violant, le magistrat se parjure ; il trompe ceux avec lesquels il travaille et ceux qui, s'adressant à lui, attendent de lui qu'il respecte des engagements aux fortes exigences morales »*, P. TRUCHE, *Juger, être jugé. Le magistrat face aux autres et à lui-même*, Paris, Éd. Fayard, 2001, p. 55.

1185 *« Une amélioration de la qualité de la justice impose à l'activité judiciaire d'être attentive à ses résultats, à son effectivité, à son impact sur le justiciable, bref d'être conséquente avec elle-même »*, D. SALAS, « Le nouvel âge de l'erreur judiciaire », *Revue française d'administration publique*, n°°125, 2008, p. 176-177, cité par B. GARNOT, *Histoire des juges en France, de l'Ancien Régime à nos jours*, Paris, Nouveau Monde Éditions, 2014, p. 363-364.

corporation. Il s'agit là d'un impératif inhérent à une saine gestion du personnel judiciaire qui, autant que faire se peut, doit s'attacher aux règles et principes devant présider à l'exercice des fonctions dévolues. Une bonne distribution de la justice est, essentiellement, tributaire de l'exemplarité des acteurs judiciaires, avec à leur tête, les magistrats.

1006. C'est pourquoi Pierre TRUCHE a pu écrire que : *« Pour rétablir la paix sociale, un magistrat peut imposer à autrui, au besoin par la force, des contraintes parfois sévères. S'il est légitime que, détaché de tout intérêt personnel, il soit à même de le faire à l'abri de tout harcèlement qui le rendrait dépendant des plus vindicatifs, il ne l'est pas moins que la pertinence de sa décision soit soumise à un contrôle d'autres juges et, d'autre part, qu'une victime du service public ne reste pas sans recours. L'intérêt même du justiciable commande que le magistrat soit dégagé de la crainte d'interventions extérieures, y compris dans les apparences, ce qui ne signifie pas l'immunité ; c'est à l'intérieur du corps, au disciplinaire, que doit être jugé le magistrat pour apprécier s'il y a toujours sa place, et laquelle »*[1186].

1007. La sanction disciplinaire est une mesure destinée par la loi à réprimer une faute découlant de la violation d'un devoir professionnel. S'agissant de la faute disciplinaire, elle peut être appréhendée comme la violation par un agent public ou un travailleur des obligations professionnelles résultant de la discipline qui le régit[1187]. Entre les sanctions et les fautes disciplinaires, il se dégage dès lors une certaine consubstantialité.

1008. Comme en matière purement pénale, les sanctions disciplinaires doivent se caractériser par la proportionnalité, d'une part, et, de l'autre, par la légalité[1188]. La proportionnalité des sanctions disciplinaires renvoie à l'idée qu'elles doivent avoir non seulement un rapport avec la faute commise mais aussi et surtout que leur sévérité ou leur souplesse doit être fonction de la gravité ou de la bénignité du manquement constaté.

1009. Quant à la légalité des sanctions disciplinaires, elle a trait à la nécessité qu'elles doivent préalablement être consacrées par les textes régissant l'agent incriminé. Ces textes doivent décliner aussi bien le régime que la gamme de

---

[1186] P. TRUCHE, *Juger, être jugé. Le magistrat face aux autres et à lui-même*, *op. cit.*, p. 53-54.

[1187] G. CORNU (dir), *Vocabulaire juridique*, *op. cit.*, v. disciplinaire, p. 769.

[1188] C'est là peut-être une certaine manifestation du droit processuel, c'est-à-dire de ce droit commun à l'ensemble des types de procédures à savoir : la procédure pénale, la procédure civile, la procédure administrative et, enfin, la procédure disciplinaire. « Ce domaine nouveau du droit a pour objet de mettre en relief et d'étudier, selon la méthode comparative, les aspects communs aux diverses branches particulières de la procédure, d'en rechercher et d'en expliquer les fondements, les convergences et les différences », R. MERLE et A. VITU, *Traité de droit criminel*, t. II : *Procédure pénale*, *op. cit.*, n°°2, p. 13.

sanctions disciplinaires qu'encourent les agents en cas de manquement à la discipline au sein de la corporation ou de l'entité.

1010. S'agissant des officiers du ministère public, les sanctions disciplinaires qu'ils encourent sont déterminées par la loi portant statut de la magistrature. Ces sanctions sont les mêmes applicables aux magistrats du siège lorsque ces derniers aussi se retrouvent en faute vis-à-vis des règles disciplinaires qui les régissent.

Ainsi est-il prévu par le statut que : *« Les sanctions disciplinaires applicables aux magistrats sont :*

1) la réprimande avec inscription au dossier ;

2) le déplacement d'office ;

3) le retrait temporaire de certaines fonctions ;

4) l'abaissement d'échelon ;

5) la rétrogradation ;

6) la révocation avec ou sans suppression de droits à pension.

La sanction de la réprimande avec inscription au dossier constitue la sanction du premier degré ; les quatre suivantes, les sanctions de second degré, tandis que la dernière citée est du 3e degré.

La réprimande avec inscription au dossier produit un retard de douze (12) mois dans l'avancement tandis que le retrait de certaines fonctions et le déplacement d'office entraînent un retard de vingt-quatre (24) mois.

Le magistrat, poursuivi en même temps pour plusieurs faits, n'encourt qu'une des sanctions prévues ci-dessus »[1189].

1011. Ces dispositions déterminent les différentes sanctions disciplinaires susceptibles d'être infligées aux magistrats en rétribution des fautes par eux commises. Elles consacrent également le principe du non-cumul des sanctions disciplinaires c'est-à-dire que poursuivi concomitamment pour plusieurs fautes disciplinaires, il ne devra être infligé au magistrat qu'une seule sanction disciplinaire. S'il est vrai que le texte ne précise pas laquelle des sanctions doit être infligée, l'on ne peut que raisonnablement croire qu'il conviendrait de prononcer la sanction correspondant à la faute la plus grave[1190].

1012. Aussi procèdent-elles à la classification desdites sanctions en fonction de leur gravité ainsi qu'aux incidences y attachées. Sous cet angle, on dénote trois

---

[1189] Loi portant statut de la magistrature, *op. cit.*, art. 72.

[1190] Cette technique est appelée en droit criminel, le principe de la plus haute expression pénale. Sur le sujet, v., par exemple, n°°728 et s., J. PRADEL, *Droit pénal général*, Paris, Cujas, 17e éd., 2008, p. 668-669.

degrés de sanctions. La sanction du premier degré qui est la plus faible de l'éventail ne concerne que la réprimande avec inscription au dossier. Elle retarde l'avancement du magistrat qui en est l'objet d'une année.

1013. Le déplacement d'office, le retrait temporaire de certaines fonctions, l'abaissement d'échelon et la rétrogradation sont les sanctions du deuxième degré. La condamnation à une quelconque de ces sanctions entraîne un retard de 24 mois dans l'avancement.

1014. Enfin, la révocation avec ou sans suppression de droits à pension est la seule sanction du 3e degré. Elle entraîne, contrairement aux sanctions des deux degrés plus faibles, la perte de la qualité même de magistrat. C'est dire donc que les incidences de l'infliction d'une sanction disciplinaire dépendent de la gravité de la sanction prononcée, autrement du degré de sanction effectivement distribuée[1191].

1015. Les différentes sanctions sus-spécifiées ne doivent être prononcées à l'encontre des magistrats que par le CSM statuant comme conseil de discipline. Cette précision est importante quand on sait qu'il y a une certaine pratique consistant à infliger aux magistrats des sanctions déguisées à l'occasion des mouvements de mutation. Ainsi des ministres de la justice ont pu motiver des propositions de mutations, donc des déplacements de magistrats, par le simple fait que ces derniers étaient soupçonnés d'avoir commis des fautes disciplinaires.

1016. Ces manœuvres, constitutives de violations manifestes de l'inamovibilité des magistrats du siège, sont, à plusieurs reprises, passées sous le regard impuissant de quelques membres élus du CSM animés de l'intention d'imposer la légalité. C'est une situation du genre qui a justement abouti à un recours devant la section administrative de la Cour suprême qui a annulé un décret de mutation à l'égard d'un juge[1192].

1017. Comme on peut le voir, la responsabilité disciplinaire avec son corollaire de mesures sanctionnatrices constitue une dimension importante des différentes garanties de l'intervention des officiers du ministère public en matière civile et/ou commerciale au Mali. Il n'est que justice d'exiger des parquetiers d'être en phase avec l'orthodoxie dans l'exercice de leurs fonctions comme ils l'exigent eux-mêmes, par exemple, d'autres acteurs judiciaires.

[1191] S'agissant des magistrats, il y a lieu de noter que l'avancement d'échelon est automatique et s'effectue chaque deux ans dans la carrière. Loi portant statut de la magistrature, *op. cit.*, art. 88, 89 et 90.

[1192] Aff. Hady Macky SALL c/ Décret n°°0353/P-RM du 24 avril 2017 portant affectation et nomination de magistrats, arrêt n°°231 en date du 26 avril 2018 de la section administrative de la Cour suprême du Mali. *Supra*, p. 229.

1018. À ce propos, Éric MAUREL a fait observer qu'*« Un aspect méconnu de l'activité de procureur concerne le contrôle de l'activité des huissiers de justice, des notaires et des commissaires-priseurs ou sa participation, sous l'autorité du procureur général, à la discipline des avocats comme au contrôle et à la discipline des officiers de police judiciaire. Les lettres des justiciables qui se plaignent de leur huissier ou de leur notaire ou qui font état d'un refus de prise de plainte par un enquêteur conduisent systématiquement à des demandes d'explications aux officiers concernés et, le cas échéant, à une enquête »*[1193].

1019. Il s'agit d'un dispositif à valoriser, voire à privilégier d'autant qu'il est plus souple que la responsabilité pénale, par exemple, dont la mise en œuvre relève d'une certaine complexité[1194]. Comme la responsabilité civile, elle est bien à propos pour venir à bout de l'inertie actuelle que l'on relève de la part des magistrats du parquet à l'occasion du traitement judiciaire des affaires civiles et/ou commerciales dans le pays.

1020. Une telle inertie est d'ailleurs bien assimilable à un manquement aux devoirs découlant de l'état de parquetier ou de méconnaissance grave des règles de procédures. C'est dire qu'avec une certaine volonté politique, la mise en œuvre de ce dispositif pourrait permettre de rehausser la qualité de la réponse judiciaire[1195] sur les plans, civil et commercial.

1021. Cela est d'autant plus important que la qualité des décisions de justice détermine, dans une certaine mesure, l'image[1196] de l'État sur le plan communautaire, puisque la communautarisation du droit est plus qu'une réalité de nos jours dans la sous-région ouest-africaine[1197]. L'existence de l'Organisation pour l'harmonisation en Afrique du droit des affaires (OHADA), de l'Union économique et monétaire ouest-africaine (UEMOA) ou encore de la

---

[1193] É. MAUREL, *Paroles de procureur*, *op. cit.*, p. 162.

[1194] La complexité de la mise en œuvre de la responsabilité pénale du magistrat, au Mali, découle essentiellement du fait qu'à l'instar d'autres personnalités publiques les magistrats bénéficient du privilège de juridiction. Pour plus d'idées sur la question, v. la loi n°°01-80 du 20 août 2001 portant code de procédure pénale, modifiée par la loi n°°2013-016 du 21 mai 2013 portant code de procédure pénale en République du Mali, art. 614 et 616.

[1195] Cela est d'autant plus vrai qu' : *« Avec ces différents partenaires, le procureur conçoit et met en œuvre de multiples protocoles d'action pour coordonner le traitement des signalements relatifs à des mineurs en situation de danger, prévenir et s'il le faut réprimer les violences urbaines, les trafics de drogue, les violences scolaires, les atteintes à l'environnement ; pour que la réponse judiciaire – dans sa spécificité et son autonomie – reste cohérente avec les actions menées par l'État et les collectivités territoriales »*, É. MAUREL, *Paroles de procureur*, *op. cit.*, p. 182-183.

[1196] Ph. BILGER, *Pour l'honneur de la justice*, Paris, Éd. Flammarion, 2006, p. 32.

[1197] Y. DIALLO, *Le Procureur de la République. La pratique du parquet*, *op. cit.*, p. 19-20.

Communauté économique des États de l'Afrique de l'Ouest (CEDEAO) accrédite à suffisance cette affirmation.

1022. En plus de la responsabilité civile et de la responsabilité disciplinaire, il est tentant d'interroger également le droit pénal, pour savoir s'il n'existe pas quelques mécanismes susceptibles d'être appelés en renfort sur ce terrain.

Section II : La garantie par l'apport éventuel du droit pénal

1023. *« Gendarme du Droit, le droit criminel vient au secours de certaines règles de fond d'une grande importance sociale que les simples prescriptions civiles sont, en l'état actuel des mœurs, impuissantes à faire respecter »*[1198]. Cette citation des professeurs Roger MERLE et André VITU justifie amplement le désir légitime que l'on pourrait éprouver de se tourner vers le droit pénal, lorsqu'il s'agit de s'entourer des garanties nécessaires en vue d'obtenir l'effectivité d'une norme juridique donnée, au-delà de la sphère strictement pénale.

1024. Dès lors, à la recherche des différents mécanismes juridiques susceptibles de garantir la pleine participation des officiers du ministère public à l'animation des procédures judiciaires relatives aux affaires civiles et/ou commerciales, il se comprend aisément que l'on en vienne à sonder le droit pénal. Cela permettrait de savoir si cette discipline peut apporter une quelconque forme de concours dans la quête de solution pour vaincre l'amorphisme des parquetiers dans les deux matières sus-spécifiées.

1025. Dans une telle aventure, il convient de vérifier s'il ne pourrait pas être envisageable de recourir au déni de justice (paragraphe I), d'une part, et, de l'autre, si la piste du refus d'un service légalement dû (paragraphe II) pourrait être explorée.

Paragraphe I : Le recours au déni de justice

1026. À la recherche des différents mécanismes juridiques à même de garantir l'intervention du ministère public, en matière civile et commerciale au Mali, il peut effleurer l'esprit de recourir au déni de justice qui est un délit consacré en droit répressif malien. En effet, comme on l'a déjà fait remarquer, le droit civil et le droit commercial, bien que passant pour des matières saillantes du droit privé, peuvent avoir besoin du renfort du droit pénal pour vivifier leurs systèmes de sanction internes.

1027. C'est pourquoi, quoiqu'avec des réserves l'on estime que l'inertie des parquetiers dans l'animation des procédures judiciaires, en matière civile et commerciale, est assimilable au délit de déni de justice (A), puisqu'il s'agit là

[1198] R. MERLE et A. VITU, *Traité de droit criminel*, t. I : *Problèmes généraux de la science criminelle. Droit pénal général*, Paris, Cujas, 7e éd., 1997, n°°146, p. 216.

d'une infraction, il ne serait pas superflu de se faire une idée, par la suite, de la sanction qui y est attachée (B).

A. Une assimilation incontestable

1028. En procédant à une analyse attentive, on se demande si l'amorphisme des officiers du ministère public ne présente pas quelques traits de ressemblance avec le déni de justice[1199], comme infraction correctionnelle prévue et réprimée par le code pénal de la République du Mali. Une telle interrogation est loin d'être insensée même s'il est évident que l'on ne doit avancer sur le terrain répressif qu'avec la plus grande prudence[1200].

1029. Du fait de ces traits assimilatoires entre l'inertie des parquetiers en matière civile et commerciale, d'une part, et le délit de déni de justice, de l'autre, l'on peut bien soutenir que, dans une posture idéaliste, le droit pénal pourrait bien relever des instruments susceptibles de garantir une intervention effective[1201] du ministère public dans ces deux matières.

1030. Le déni de justice est une infraction prévue par la loi n°°2001-79 du 20 août 2001 portant code pénal en République du Mali. Cette loi a été modifiée d'abord par la loi n°°2005-45 du 18 août 2005 puis par celle n°°2016-39 du 7 juillet 2016. Ce texte prévoit que : *« Tout juge ou tribunal, tout administrateur ou autorité administrative qui, sous quelque prétexte que ce soit, même du silence ou de l'obscurité de la loi, aura dénié de rendre la justice qu'il doit aux parties, après en avoir été requis, et qui aura persévéré dans son déni, après avertissement ou injonction de ses supérieurs hiérarchiques, sera puni... »*[1202].

1031. De la glose de ces dispositions, il appert que l'on ne saurait parler de délit de déni de justice qu'à l'encontre de certaines autorités nommément désignées. Il ne doit en être ainsi que lorsque l'on se retrouve dans certaines hypothèses bien précises et qu'également, des conditions objectives se trouvent réunies. Ce

---

[1199] *« Une démarche qui simule l'objectivité, mais qui consiste à dénier en permanence la vérité et la dureté de ce qui crève les yeux ; offense la tranquillité publique et bouleverse de nombreux destins »*, Ph. BILGER, *Contre la justice laxiste*, Paris, Éd. L'Archipel, 2014, p. 22.

[1200] *« En droit criminel, les principes guidant l'interprétation ne peuvent pas être ceux qui ont cours pour les lois civiles ou commerciales. Pour ces dernières, on admet en effet l'usage de méthodes, non seulement extensives, mais même analogiques, qui permettent, sur la base de textes insuffisants, d'assurer le développement du droit et la construction de véritables institutions nouvelles. [...] En matière pénale, la méthode doit être différente, parce que les libertés individuelles sont toujours sous-jacentes à la l'application de la loi et s'opposent plus ou moins fortement aux nécessités de la défense de l'ordre public »*, R. MERLE et A. VITU, *Traité de droit criminel*, t. I : *Problèmes généraux de la science criminelle. Droit pénal général*, *op. cit.*, n°°168, p. 247.

[1201] D. SALAS, « Le nouvel âge de l'erreur judiciaire », *Revue française d'administration publique*, n°°125, 2008, p. 176-177.

[1202] CP du Mali, *op. cit.*, art. 155.

n'est qu'après tout cela que l'on vérifiera si toutefois l'assimilation[1203] dont on parle est justifiée ou non.

1032. Le déni de justice ne doit être reproché, selon les prescriptions de l'article sus-spécifié, qu'à un juge ou à un administrateur. Il s'agit là de deux agents publics investis de prérogatives importantes dans la distribution de services, sinon exclusivement du moins essentiellement[1204], dévolus à la puissance publique. Cette énumération, on l'aura remarqué, exclut les magistrats du ministère public du champ opératoire de l'infraction qui intéresse dans le cas d'espèce.

1033. La loi malienne ne donne pas de définition aux deux notions. Toutefois, l'on peut se faire rapidement une certaine idée des deux agents à travers leurs missions et surtout leurs institutions d'appartenance respectives. D'ailleurs, les dispositions visées *supra* et servant de base légale à l'infraction concernée orientent utilement sur les institutions dont relèvent le juge et l'administrateur.

1034. Pendant que le juge peut être perçu comme le magistrat, professionnel ou non professionnel, chargé de trancher un ou des litiges opposant des parties, l'administrateur lui, est un agent public (fonctionnaire) ou privé[1205] investi de l'autorité requise pour assurer la réalisation de divers besoins des citoyens sur les plans socio-économique et politique. L'impression que lesdites dispositions donnent, à savoir une éventuelle responsabilité des personnes morales, notamment, d'une juridiction ou d'une administration, n'est guère fondée.

1035. Il n'est réellement visé que la seule responsabilité pénale du juge ou de l'administrateur, c'est-à-dire des agents engageant ces deux types de service public. Dans cette même veine, il peut sembler curieux, *a priori*, que le code pénal ait fait allusion à une autorité administrative en matière de distribution de la justice.

1036. L'explication à cela est tout simplement qu'à une époque récente de l'histoire du Mali, les préfets étaient investis d'une certaine compétence en matière judiciaire. Ces derniers procédaient, dans certains cas par exemple, à la

---

[1203] B. GARNOT, *Histoire des juges en France, de l'Ancien Régime à nos jours*, *op. cit.*, p. 21.

[1204] La justice, surtout en matière civile et commerciale, peut être distribuée dans certains cas par des organes privés différents des structures classiques relevant de l'État. Les modes alternatifs de règlement des conflits, en général, et l'arbitrage, en particulier, témoignent à suffisance ces affirmations.

[1205] Il peut arriver, en effet, que des particuliers ou des personnes privées se trouvent investis d'une mission de service public. Cela peut arriver, à titre illustratif, s'agissant d'une personne privée chargée d'administrer provisoirement une entité publique ou dans laquelle l'État a une participation.

tentative de conciliation entre les époux dans le cadre des procédures de divorce[1206].

1037. Aussi est-il vrai que les autorités consulaires, véritable prolongement de l'État auprès des puissances étrangères, ont également la compétence d'accomplir certains actes assimilables aux actes proprement judiciaires. C'est pourquoi il est consacré qu'aussi bien le juge que ces agents administratifs puissent se rendre coupables du délit sus-spécifié, lorsque sollicités par les parties et par leurs hiérarchies, ils refusent de rendre justice.

1038. S'il n'est donc que ces agents publics qui puissent répondre du délit de déni de justice, il est encore nécessaire que les faits incriminés soient commis dans certaines hypothèses bien déterminées par la loi. Sous cet angle, il résulte des dispositions légales applicables que les cas visés concernent : tout prétexte, le silence de la loi et, enfin, l'obscurité de la loi.

1039. La formule « sous quelque prétexte », utilisée par la loi signifie que le législateur a entendu réduire à l'extrême les possibilités pour les agents concernés d'invoquer quelques justifications que ce soit à leur refus de rendre la justice à ceux qui la leur demandent. Il faut y déduire que le juge et l'administrateur, en la matière, n'ont à se conformer qu'à la loi seule et non à une quelconque autre autorité.

La notion de silence[1207] de la loi renvoie aux hypothèses où il existe des vides juridiques, c'est-à-dire où des questions déterminées ne se trouvent nullement prises en charge par les prévisions légales.

1040. Quant à l'obscurité[1208] de la loi, elle désigne les situations où bien que certaines situations se trouvent déjà régies par les normes juridiques, il se trouve que celles-ci ne le font que de façon maladroite ou de façon à obliger le juge à rechercher ce que le législateur a réellement voulu exprimer comme volonté. C'est là que les magistrats auront recours aux diverses techniques d'interprétation.

[1206] *« Le conjoint qui veut demander le divorce présente une requête écrite en personne ou une requête verbale au chef de la circonscription administrative du domicile légal qui, après avoir entendu le demandeur et lui avoir fait les observations qu'il croit convenables, fait citer les parties à comparaître devant lui aux jour et heure qu'il fixera. Il les entendra et tentera de les concilier ; le dossier est ensuite transmis au président du tribunal ou au juge de paix compétent »*, loi n°°62-17/AN-RM du 3 février 1962 portant code du mariage et de la tutelle en République du Mali, art. 61. Il est à noter que ces dispositions ont été abrogées par la loi n°°2011-087 du 30 décembre 2011 portant code des personnes et de la famille (CPF).

[1207] A. GARAPON, *Bien juger. Essai sur le rituel judiciaire*, Paris, Éd. Odile Jacob, 2001, p. 103-104.

[1208] Ph. BILGER, *Pour l'honneur de la justice*, *op. cit.*, p. 50-51.

Ces différents éléments déterminent ainsi les hypothèses où on peut valablement parler de déni de justice. Ils permettent d'établir la matérialité dudit délit dont le siège légal est bien l'article 155 du code pénal.

1041. En plus des hypothèses susdites, il est nécessaire qu'une condition essentielle soit réunie afin que l'on puisse parler du délit de déni de justice[1209]. Cette condition a trait au fait qu'il faudrait que le juge ou l'administrateur ait refusé de se plier à une réquisition, un avertissement ou une injonction de ses supérieurs hiérarchiques. Ce n'est qu'en présence d'un tel refus, manifestement délibéré, que l'agent aura persévéré dans le déni pour s'exposer dès lors à des poursuites, voire à une condamnation pour ce chef de prévention.

1042. C'est à travers les hypothèses et les conditions d'existence du délit de déni de justice que l'on découvre qu'il a une certaine similitude avec la recherche des garanties en vue d'avoir raison de l'inertie des officiers du ministère public dans l'animation des procédures civiles et/commerciales au Mali. Cela est d'autant plus vrai que l'objet de l'incrimination du déni de justice est de vaincre le refus des juges de rendre justice aux parties qui la leur demandent.

1043. C'est pourquoi, il eût été judicieux que les dispositions de l'article 155 visassent également les officiers du ministère public qui rechigneraient de s'impliquer pleinement dans le traitement judiciaire des affaires civiles et/ou commerciales. Un tel souhait se justifie par l'assimilation logique que l'on pourrait faire de l'inertie des parquetiers avec les hypothèses légales où il est autorisé de parler de déni de justice.

1044. C'est vrai que l'on peut supposer que l'omission des magistrats du ministère public, dans l'énumération des agents publics susceptibles d'être convaincus de déni de justice, pourrait s'expliquer par les spécificités statutaires qui sont les leurs. Cependant, ces contraintes statutaires[1210] ne justifient nullement qu'il soit donné aux parquetiers la possibilité, par exemple, de refuser de réserver une suite aux plaintes qui leur sont adressées ou encore de corroder la qualité de la réponse judiciaire[1211] par leur non-participation à l'examen des affaires civiles et/ou commerciales.

1045. Le moins que l'on puisse dire à ce niveau, c'est que les enjeux de la participation des officiers du ministère public, à l'examen des affaires civiles et/ou commerciales, sont suffisamment importants pour justifier qu'il soit exigé

[1209] Pour Michelle TORRECILLAS, alors juge de l'application des peines à Montpellier : *« Ce qui est commun à toutes les fonctions, c'est notre exigence de trouver chaque fois une solution. Il faut répondre à l'attente. Sinon il y a un déni de justice manifeste »*, v. D. VERDEILHAN, *Les Magistrats sur le divan*, Paris, Éd. du Rocher, 2017, p. 362.

[1210] P. TRUCHE, *Juger, être jugé. Le magistrat face aux autres et à lui-même*, Paris, Éd. Fayard, 2001, p. 127.

[1211] Ph. COURROYE, *Reste la justice…*, Paris, Éd. Michel Lafon, 2018, p. 216.

d'eux plus de responsabilités professionnelles. Cela n'est aucunement inconciliable avec l'irresponsabilité statutaire dont ils bénéficient et qui ne joue que lorsqu'*in fine* l'on se rend à l'évidence qu'ils ont, à tort, mis en mouvement et exercé l'action publique à l'encontre d'un sujet de droit.

D'ailleurs, Youssoupha DIALLO a, fort opportunément, fait observer qu'il existe bien des limites au principe. Il a notamment soutenu que : *« Cette irresponsabilité ne couvre le parquetier que s'il agit dans le strict respect de ses attributions. Il n'est pas couvert en cas de faute disciplinaire »*[1212].

1046. Pour l'ensemble de ces raisons, l'extension du champ opératoire du délit de déni de justice aux officiers du ministère public pourrait, immanquablement, contribuer à renforcer les garanties[1213] de leur intervention dans ces deux domaines. Une éventuelle relecture du code pénal qui consacrerait une telle mesure serait, à tous égards, salutaire.

Puisqu'en plus de la garantie de l'intervention des parquetiers dans l'animation des procédures judiciaires relatives à ces deux matières, cette réforme consoliderait le système de protection des droits humains[1214] ainsi que la protection des intérêts de la société[1215].

1047. S'il était applicable aux officiers du ministère public, le délit de déni de justice aurait fait courir à l'encontre de ces derniers des sanctions certaines.

B. Une assimilation, source de responsabilité

1048. Comme toute infraction[1216], le délit de déni de justice est passible de sanctions pénales. Consacrées en rétribution de comportements délictueux, ces sanctions doivent expressément être prévues par la loi. Cela est, avant tout, une pure exigence d'ordre juridique puisque la notion même d'infraction suppose, en principe, la réunion d'au moins trois éléments cumulatifs. Il s'agit des éléments : légal, matériel et moral[1217].

1212 Y. DIALLO, *Le Procureur de la République. La pratique du parquet, op. cit.*, p. 83.

1213 Ph. BILGER, *Pour l'honneur de la justice, op. cit.*, p. 128.

1214 *« ... des procureurs de la République ou membres du parquet peuvent être des militants des droits de l'Homme. Ainsi, certains ont été présidents des antennes régionales du Comité sénégalais des droits de l'Homme ou d'autres organismes de défense des droits de l'Homme »*, Y. DIALLO, *Le Procureur de la République. La pratique du parquet, op. cit.*, p. 184.

1215 Puisque : *« Les magistrats du parquet constituent le ministère public et sont les représentants de l'État au sein de l'appareil judiciaire, et plus largement de la société dans son ensemble... »*, B. GARNOT, *Histoire des juges en France, de l'Ancien Régime à nos jours*, Paris, Nouveau Monde Éditions, 2014, p. 11.

1216 S. MANACORDA, « La théorie générale de l'infraction pénale en France : lacunes ou spécificités de la science pénale ? », *RDPC*, 1999, p. 35 et s.

1217 L. LEMESLE et F.-J. PANSIER, *Le Procureur de la République*, Paris, Éd. PUF, 2023, p. 63.

1049. C'est dans le cadre de l'élément légal de l'infraction qu'il convient de rechercher les sanctions applicables à tel ou tel comportement incriminé par la loi pénale. Il s'agit là d'une condition essentielle, en matière répressive, puisqu'en l'absence de sanctions pénales on ne saurait parler d'infraction. Celle-ci a pu être définie comme *« toute action ou omission que la société interdit sous la menace d'une sanction pénale »*[1218].

1050. Les sanctions applicables au délit de déni de justice sont, à l'instar de l'incrimination elle-même, prévues par le code pénal dont les dispositions de l'article 155, *in fine*, en déterminent l'éventail. Ainsi est-il prévu que le juge ou l'administrateur qui en est convaincu *« [...] sera puni d'une amende de 20 000 FCFA au moins et de 240 000 FCFA au plus, et de l'interdiction d'exercer des fonctions publiques pendant cinq ans au maximum »*.

1051. Avant tout commentaire, il est évident, au seul regard des peines[1219] ainsi prévues, que le législateur s'est inscrit dans une certaine posture de mollesse dans la détermination des sanctions qu'il a entendu attacher à la commission de l'infraction incriminée. Puisque, manifestement, il a eu « la main légère » même si lesdites peines sont loin d'être négligeables, au regard de leurs incidences éventuelles. Toutefois, aucune peine d'emprisonnement n'est susceptible d'être prononcée en la matière, pour la simple raison que le législateur ne l'a pas jugé nécessaire[1220].

1052. Une telle mansuétude du législateur peut tout de même susciter des interrogations, surtout que dans un cas similaire il fait courir le risque de privation de la liberté d'aller et de venir jusqu'à cinq (5) ans[1221]. Cependant, il peut être supposé que le législateur pourrait avoir, essentiellement, tenu compte de la qualité des auteurs éventuels du déni de justice à savoir le juge et/ou l'administrateur.

Même en tenant compte de cette considération, des critiques seraient justifiées puisque cette façon d'aborder le sujet est difficilement conciliable avec l'indispensable égalité[1222] de tous devant la loi pénale.

[1218] J. PRADEL, *Droit pénal général*, Paris, Cujas, 17e éd., 2008, n°°258, p. 245.

[1219] *Malum passionis propter malum actionis* : la peine consiste dans un mal infligé au délinquant en raison du mal commis par lui.

[1220] *« Le droit pénal moderne est gouverné par un principe fondamental : la légalité des délits et des peines. Véritable rempart contre l'arbitraire, ce principe signifie qu'il ne peut y avoir d'infraction sans texte préalable, ce que traduit la maxime nullum crimen, nulla poena sine lege »*, F. DEBOVE, F. FALLETTI et I. PONS, *Précis de droit pénal et de procédure pénale*, Paris, PUF, 8e éd., 2020, p. 44-45.

[1221] Il s'agit du refus d'un service légalement dû qui sera abordé, immédiatement, après le présent paragraphe.

[1222] *« Tous les Maliens naissent et demeurent libres et égaux en droits et en devoirs. Toute discrimination fondée sur l'origine sociale, la région, la couleur, la langue, la*

1053. L'analyse des sanctions légalement consacrées, en matière de déni de justice, laisse apparaître que le législateur a estimé nécessaire de ne prévoir que les peines d'amende et d'interdiction d'exercer certaines fonctions publiques à temps. Ces peines sont ainsi les seules pouvant frapper les auteurs éventuels de cette infraction.

1054. L'amende pénale *« consiste, pour le condamné, à verser au Trésor public une somme d'argent dont le recouvrement est confié aux comptables publics compétents, ou le cas échéant à l'Agent de gestion et de recouvrement des avoirs saisis et confisqués »*[1223]. Il s'agit donc d'une peine patrimoniale[1224] ou pécuniaire destinée à atteindre le condamné dans son patrimoine pour l'obliger à verser le montant correspondant à la sanction prononcée dans les caisses de l'État.

1055. Si elle était réellement appliquée, l'amende aurait pu être un instrument répressif suffisamment dissuasif pour les magistrats maliens pour qui sait l'insignifiance des revenus de ces derniers. C'est pourquoi l'État du Mali a tout intérêt à poursuivre résolument l'exécution des décisions de justice, de façon générale, et des amendes, de façon particulière.

Cela permettrait non seulement de renflouer les caisses de l'État, mais aussi et surtout de lutter contre l'impunité découlant de l'ineffectivité des décisions de justice. Le recouvrement des amendes prononcées dissuaderait, par ailleurs, les condamnés à réitérer leur comportement délictueux puisqu'ils craindraient pour leur patrimoine en cas de nouvelle condamnation.

1056. S'agissant de l'interdiction d'exercer des fonctions publiques, elle vise à empêcher au condamné de jouir du droit d'être employé ou d'être susceptible d'être employé par l'État ou tout autre organisme public. Il s'agit d'une peine complémentaire tout aussi redoutable que les peines principales. En effet, il est évident que pour un agent public, les conséquences de l'interdiction d'exercer des fonctions publiques peuvent être suffisamment graves. Puisqu'une fois frappé par une telle sanction, l'agent public verrait sans doute son traitement suspendu.

Cela aurait un impact négatif certain sur ses conditions de vie, en général, et, précisément sur sa vie familiale, voire sur l'entretien de ses enfants puisque les seules allocations familiales ne représentent qu'une partie infime du salaire.

---

race, l'ethnie, le sexe, la religion ou l'opinion politique est prohibée », Const., de la République du Mali du 22 juillet 2023, art. 1er.

1223 F. DEBOVE, F. FALLETTI et I. PONS, *Précis de droit pénal et de procédure pénale*, *op. cit.*, p. 367-368.

1224 À propos de cette notion, v. E. CAMOUS, « La peine patrimoniale : une alternative prospective à la peine d'emprisonnement », *AJ pénal*, 2018, p. 25.

1057. S'agissant de peines correctionnelles, le régime prescriptif est de cinq (05) années à compter du prononcé[1225].

1058. Ces peines encourues[1226], en matière de délit de déni de justice, quoiqu'apparemment faibles, *a priori*, auraient sans doute sérieusement contribué à inciter les magistrats du ministère public à s'impliquer pleinement dans le traitement judiciaire des affaires civiles et commerciales dans le pays. Elles auraient ainsi pu occuper une bonne place dans le dispositif juridique susceptible de garantir l'intervention des parquetiers dans ces deux importantes matières.

1059. C'est pourquoi il ne paraît pas exagéré de suggérer qu'une éventuelle relecture du code pénal y prête attention. Il est important, en effet, que le système judiciaire, dans un pays, ne connaisse pas des défaillances telles qu'une certaine ankylose soit ressentie dans la saine distribution de la justice. Or, l'inertie des officiers du ministère public produit un impact si négatif sur la justice civile et commerciale qu'elle jette un véritable discrédit sur l'institution judiciaire tout en handicapant l'essor social et économique du pays.

1060. La responsabilité pénale est l'un des instruments juridiques appropriés pour utilement donner du sens à l'obligation de redevabilité des magistrats. Ces derniers ne devraient pas pouvoir se permettre tout, au nom de l'indépendance dont ils bénéficient et qui ne devrait profiter qu'aux seuls justiciables. Autrement, le risque serait élevé que les officiers du ministère public, par exemple, soient régulièrement convaincus d'arbitraire, voire de prévarication[1227].

1061. Dans l'un ou l'autre cas, l'image et la crédibilité de l'institution judiciaire en pâtiraient. Ce qui devrait être, autant que faire se peut, évité quand on sait le peu de confiance que place le peuple en sa justice[1228] ou plutôt en ses acteurs judiciaires à la tête desquels se trouvent les magistrats. C'est pourquoi, en définitive, l'extension des effets des dispositions de l'article 155 du code pénal aux magistrats du ministère public paraît autant juste que nécessaire.

1225 V. la loi n°°01-80 du 20 août 2001, modifiée par la loi n°°2013-016 du 21 mai 2013 portant code de procédure pénale en République du Mali, art. 14.

1226 J.-P. DINTILHAC, *Le Procureur de la République. La justice au quotidien*, Paris, Éd. L'Harmattan, 2003, p. 66.

1227 *« Pouvoir tout pour la justice, et ne pouvoir rien pour soi-même, c'est l'honorable mais pénible condition du magistrat »*, H. F. D'AGUESSEAU, « L'autorité du magistrat, Neuvième Mercuriale prononcée à la Saint-Martin », 1706, *in* M. E. FALCONNET, *Œuvres de D'Aguesseau*, t. Ier : *Mercuriales*, Paris, Chez Napoléon CHAIX et Cie, Imprimeurs-Éditeurs, 1865, p. 228.

1228 A. ROUTIER, *Enquête sur un juge au-dessus de tout soupçon* ; Philippe COURROYE, *Un pouvoir*, Paris, Éd. Fayard, 2011, p. 317.

1062. Si le délit de déni de justice est susceptible de contribuer aux mesures destinées à garantir l'intervention des magistrats du ministère public, en matière civile et commerciale au Mali, il n'en est pas moins du refus d'un service légalement dû, une autre infraction prévue par le droit positif malien.

Paragraphe II : Le recours au refus d'un service légalement dû

1063. La recherche de moyens juridiques susceptibles de garantir l'intervention des officiers du ministère public, en matière civile et commerciale au Mali, peut conduire à se demander si leur inertie n'est pas assimilable au refus d'un service légalement dû. Il s'agit là, comme on le verra à travers les lignes suivantes, d'une infraction proche mais différente du déni de justice que l'on vient de traiter dans le paragraphe précédent.

1064. En procédant à une confrontation entre l'infraction de refus d'un service légalement dû et l'inertie des officiers du ministère public en matière civile et commerciale, l'on verra qu'il existe un rapprochement évident (A). S'agissant d'une infraction, il ne serait pas inutile de se faire une idée, par la suite, des sanctions qui y sont attachées (B).

A. Un rapprochement évident

1065. Sans exagération aucune, on peut bien soutenir qu'il existe un rapprochement évident entre l'amorphisme du ministère public, en matière civile et/ou commerciale au Mali, et le refus d'un service légalement dû. Le rapprochement désigne l'action de rapprocher. Il dérive donc du verbe rapprocher qui, dans une de ses acceptions, signifie : *« rattacher, associer par des rapports logiques ou analogiques, en découvrant une certaine parenté, une certaine conformité »*[1229].

1066. Le rapprochement, dans le cas d'espèce, a trait dès lors à la possibilité d'établir un certain lien ou une certaine similitude entre l'inertie actuelle des officiers du ministère public, en matière civile et/ou commerciale au Mali, et l'infraction de refus d'un service légalement dû.

Un tel rapprochement est si évident que pendant que l'inertie des parquetiers désigne leur mollesse[1230] dans l'animation des procédures relatives aux affaires civiles et/ou commerciales, l'infraction de refus d'un service légalement dû sous-entend une défaillance professionnelle conduisant à priver injustement un usager d'un service qu'il est fondé d'attendre de l'État ou d'un organisme public. Ces clarifications d'ordre terminologique permettent, à suffisance,

---

[1229] A. REY et J. REY-DEBOVE (dir.), *Le Petit Robert de la langue française*, v. rapprocher, Paris, Nouvelle Édition millésime, 2022, p. 2121.

[1230] Or, *« La mollesse, personnelle comme institutionnelle, manque d'énergie et de rapidité dans l'action. Elle est émolliente. Elle sape la justice. Elle retarde les décisions, tergiverse, procrastine. Et l'histoire passe »*, Chr. VIGOUROUX, *Du juste exercice de la force*, Paris, Éd. Odile Jacob, 2017, p. 34.

d'accréditer ainsi l'idée de rapprochement qui cesse alors de relever de la saugrenuité entre les deux notions.

1067. Une fois établi le rapport entre les deux questions, il sied de s'intéresser en détail au refus d'un service légalement dû qui est, comme déjà ébauché, une infraction en droit positif malien. Il est consacré par la loi n°°2001-79 du 20 août 2001, modifiée d'abord par la loi n°°2005-45 du 18 août 2005 puis par celle n°°2016-39 du 7 juillet 2016 portant code pénal en République du Mali.

Les dispositions de l'article 154 de ce texte prévoient que : *« Tout commandant des forces de sécurité intérieure, légalement saisi d'une réquisition de l'autorité civile, qui aura refusé ses services ou se sera abstenu de faire agir les forces sous ses ordres, sera puni de la destitution et d'un emprisonnement d'un an à cinq ans ou de l'une de ces deux peines seulement. »*

1068. C'est dire en conséquence que ces dispositions servent de siège légal ou d'élément légal à cette infraction[1231]. Cela satisfait l'exigence fondamentale en matière répressive qu'une disposition légale incrimine préalablement un comportement donné pour que l'on puisse parler d'infraction. Autrement, le comportement incriminé ne pourrait être pris en charge que par un autre type de sanction propre à une autre matière.

1069. Sous l'angle de la matérialité, le refus d'un service légalement dû ne peut être constitué que lorsqu'il y'a la réunion d'un faisceau d'éléments. D'une part, il faudrait qu'un responsable des forces de sécurité intérieure ait légalement été saisi d'une réquisition de l'autorité civile. Cela pose, dans un premier temps, la question de la nature de l'acte ainsi que de la régularité de la saisine. C'est-à-dire qu'il faut que le commandant des forces de sécurité soit saisi et que la preuve d'une telle saisine puisse être rapportée ou rapportable.

1070. Ainsi, l'autorité civile qui requiert la force publique doit faire en sorte que son ordre soit donné suivant une forme dont la preuve pourrait facilement être faite en cas de contestation. Cela a l'avantage de veiller à ce qu'il n'y ait aucune contestation possible de l'autorité du civil sur le militaire ou qu'en cas de contestation les conséquences juridiques puissent être facilement tirées.

1071. *A contrario*, la vérification de l'existence de ce premier élément permet de savoir si le commandant des forces de sécurité ne s'est pas substitué à l'autorité civile, seul donneur d'ordre, pour simuler une saisine prétendument prêtée à celle-ci[1232].

[1231] R. MERLE et A. VITU, *Traité de droit criminel*, t. I : *Problèmes généraux de la science criminelle. Droit pénal général, op. cit.*, n°°384 et s., p. 506 et s.

[1232] Dans une telle hypothèse, la responsabilité pénale du commandant des forces de sécurité pourrait être recherchée non pas pour refus d'un service légalement dû, mais pour d'autres infractions.

1072. Dans un second temps, la régularité de la réquisition doit être vérifiée. Certes, un responsable du monde sécuritaire n'a pas à apprécier, *a priori*, l'ordre donné par l'autorité civile. Cependant, il est clair qu'il peut arriver que des instructions manifestement illégales soient adressées à un commandant des forces de sécurité.

L'irrégularité de l'ordre ainsi donné peut être bénigne ou grave, apparente ou cachée. En tout état de cause, le commandant des forces de sécurité devrait veiller à ce qu'il ne soit entraîné à actionner la force publique pour une fin dont l'illégalité est manifeste, c'est-à-dire clairement insoutenable du point de vue légal.

1073. Ainsi, le responsable sécuritaire devra-t-il s'assurer, par exemple, que lorsque la réquisition vise l'exécution d'un condamné qu'une copie de la décision de condamnation soit jointe à la réquisition ou que celle-ci y fasse allusion. Il est donc attendu du commandant des forces de sécurité de constamment se rappeler de « 'la théorie dite des baïonnettes intelligentes »[1233] en droit pénal et faire preuve de prudence[1234].

1074. D'autre part, pour pouvoir être convaincu du refus d'un service légalement dû, le commandant des forces de sécurité doit avoir refusé ses services ou s'être abstenu de faire agir les forces sous ses ordres. Il s'agit là de deux hypothèses tout aussi inadmissibles. Lorsqu'il reçoit des instructions régulières, le responsable sécuritaire n'a pas à refuser de les exécuter au risque d'engager sa responsabilité sur les divers plans : civil, disciplinaire et surtout pénal.

Le refus ici est une des formes graves de désobéissance de la part du commandant des forces de sécurité. C'est peut-être pour cette raison que le législateur a estimé nécessaire de prévoir des peines suffisamment lourdes en la matière pour dissuader les éventuels candidats à l'insoumission.

1075. L'abstention de faire agir les forces sous ses ordres est un variant du refus d'exécuter les instructions reçues. Puisque le commandant des forces de sécurité, s'il est vrai qu'il est le destinataire de la réquisition de l'autorité civile, il n'en demeure pas moins que ceux qui sont chargés de l'exécution matérielle desdites instructions sont les agents placés sous la responsabilité du commandant.

C'est pourquoi, au bout du compte, l'ordre ne peut être exécuté que lorsqu'il est répercuté sur l'agent à la base par le commandant. De ce fait, le commandant peut bien s'abstenir de faire agir ses hommes pour ainsi mettre en échec l'exécution des instructions matérialisées par la réquisition. Ces différents

---

1233 J. PRADEL, *Droit pénal général*, *op. cit.*, n°°313 et s., p. 304.

1234 « L'art de la prudence et de la prévention est inhérent à l'art de gouverner », Chr. VIGOUROUX, *Du juste exercice de la force*, *op. cit.*, p. 200.

éléments doivent être pris en compte, dans la détermination de l'élément matériel de l'infraction de refus d'un service légalement dû, telle que prévue par les dispositions légales sus-spécifiées.

1076. Naturellement, l'élément moral de ladite infraction devra, lui aussi, être démontré. Il découlera de la volonté du commandant des forces de sécurité de tenir tête à un donneur d'ordre afin de mettre en échec une mesure ordonnée par ce dernier dans le cadre de l'exercice régulier de ses fonctions[1235].

C'est pourquoi il semble nécessaire que l'autorité civile, dans sa réquisition, aille même jusqu'à attirer l'attention du responsable sécuritaire sur les conséquences éventuelles de son inaction ou de son refus. Cela pourrait se faire en faisant utilement référence aux dispositions de l'article 154 du code pénal.

1077. Sur un tout autre plan, il importe de faire observer que le refus d'un service légalement dû est une infraction correctionnelle dans le corpus juridique malien. En effet, la nature et le quantum de la peine attachée à ladite infraction en font un délit au regard des dispositions, aussi bien de l'article 154, que de celles des articles 2[1236] et 7[1237] du code pénal.

1078. Ledit délit ne peut être imputé qu'à un commandant des forces de sécurité. Bien qu'utilisée en droit pénal, la notion de commandant des forces de sécurité doit être entendue lato sensu, c'est-à-dire au sens large. Elle désigne tout responsable du monde sécuritaire ayant sous sa responsabilité des éléments relevant des forces armées et de sécurité.

1079. C'est la raison pour laquelle le qualificatif de commandant doit être compris comme désignant tout responsable du monde sécuritaire et non les seuls responsables dudit monde ayant le grade militaire de commandant. Peut donc être poursuivi pour refus d'un service légalement dû, tout agent des forces de sécurité placé à la tête d'une force, quel qu'en soit l'effectif, et qui,

---

[1235] *« La force publique a vocation à témoigner, et éventuellement à imposer, la force de la loi sans échappatoire possible »*, Chr. VIGOUROUX, *Du juste exercice de la force*, *op. cit.*, p. 200.

[1236] *« L'infraction que le présent code punit d'une peine criminelle est un crime.*
L'infraction que le présent code punit d'une peine de simple police est une contravention.
Toutes les autres infractions sont des délits sauf si la loi en dispose autrement », CP du Mali, *op. cit.*, art. 2.

[1237] *« Les peines applicables aux délits sont :*

- *1° l'emprisonnement de onze jours à cinq ans ;*
- *2° la peine de travail d'intérêt général ;*
- *3° l'amende.*

La peine de un jour d'emprisonnement est de vingt-quatre heures. Celle de un mois est de trente jours. Celle de un an est de douze mois », CP du Mali, *op. cit.*, art. 7.

régulièrement requis par une autorité civile, refuse ou s'abstient de faire agir ses éléments pour l'exécution correcte de l'ordre reçu.

1080. Aussi convient-il de préciser que la notion d'autorité civile désigne tout responsable public en dehors de l'armée. La notion couvre ainsi les responsables administratifs et judiciaires. Cependant, il s'agit seulement de ceux d'entre ces derniers qui sont habilités par la loi à requérir la force publique. S'agissant des magistrats, plusieurs dispositions légales prévoient la faculté pour eux d'actionner la force publique pour obtenir l'exécution des différents types de décisions que l'institution judiciaire peut être amenée à prendre[1238].

La pleine coopération de la force publique[1239] est ainsi indispensable aussi bien à l'effectivité des décisions de justice que pour le respect du caractère démocratique même de l'État qui voudrait que les forces de sécurité soient soumises aux autorités civiles.

1081. Au regard de ces différents éléments, l'on peut bien affirmer que le refus d'un service légalement dû s'apparente bien à la carence des parquetiers en matière civile et commerciale. Légalement autorisés, voire instruits de participer au traitement judiciaire du contentieux relatif à ces deux matières, les officiers du ministère public dédaignent de remplir cette mission.

Cela a un impact fortement négatif sur la qualité des décisions de justice dans ces domaines et, plus encore, sur la sauvegarde des intérêts de la société ainsi que sur le degré de protection des droits fondamentaux de certains citoyens.

1082. Pour ces différentes raisons, les dispositions de l'article 154 du code pénal sont extensibles aux magistrats du parquet qui faillissent également à leurs devoirs en matière civile et commerciale. Toutefois, cette extension n'est possible que par une réforme législative à laquelle l'on serait favorable.

Ainsi, lesdites dispositions pourraient être relues afin de rendre possible des poursuites à l'encontre des magistrats du parquet pour faits d'inertie, lorsque certaines conditions objectives sont réunies. Une telle réforme, à coup sûr, renforcerait les mécanismes juridiques actuels susceptibles de garantir l'intervention du ministère public en matière civile et commerciale.

1083. Le délit de refus d'un service légalement dû n'est redoutable que du fait des sanctions qu'il fait courir à ceux qui viendraient à le commettre. C'est

---

[1238] À cet égard, v. les dispositions des articles 48 *in fine*, pour le procureur général, 53, al. 5, pour le procureur de la République, 55, al. 5, pour le juge d'instruction, etc. du code de procédure pénale.

[1239] *« La garantie des droits de l'homme et du citoyen nécessite une force publique : cette force est donc instituée pour l'avantage de tous, et non pour l'utilité particulière de ceux auxquels elle est confiée »*, v. La Déclaration des droits de l'homme et du citoyen de 1789, art. 12.

pourquoi il importe, à présent, de s'intéresser aux peines encourues en la matière.

B. Les sanctions applicables

1084. Le délit de refus d'un service légalement dû, comme toutes les autres infractions, est assorti de sanctions pénales. Il s'agit là, avant tout, d'une question de logique juridique[1240] propre au droit criminel qui fait de l'infraction et de sa peine un tout compact et indissociable. Il n'y a qu'à se référer aux différentes définitions données par la doctrine à la notion d'infraction en droit pénal pour s'en convaincre.

1085. C'est ainsi que le professeur Jean PRADEL entend par la notion d'infraction *« toute action ou omission que la société interdit **sous la menace d'une sanction pénale** »*[1241]. Les auteurs Frédéric DEBOVE, François FALLETI et Iris PONS soutiennent, quant à eux, que : *« L'infraction peut être définie comme le comportement interdit par la loi **sous peine de sanction pénale** »*[1242].

1086. De façon précise, les sanctions du délit de refus d'un service légalement dû, en droit malien, sont prévues par le texte incriminateur dudit délit à savoir les dispositions de l'article 154 du code pénal. Ces dispositions, in fine, prévoient que l'auteur d'un tel délit *« sera puni de la destitution et d'un emprisonnement d'un à cinq ans ou de l'une de ces deux peines seulement »*.

La première impression que donnent ces dispositions est la sévérité certaine dans la répression de cette infraction, puisque les peines prévues sont autant lourdes et redoutables que diverses. Cependant, il y est apporté quelques tempéraments à travers le pouvoir modérateur dévolu au juge répressif[1243] dans la mise en œuvre desdites dispositions.

1087. L'analyse des dispositions de l'article 154 du code pénal laisse ainsi apparaître que les peines qui y sont prévues sont la destitution et l'emprisonnement. En effet, on y relève que le délit de refus d'un service légalement dû peut être sanctionné de ces peines, soit de façon cumulative, soit de façon alternative.

C'est-à-dire que le juge pénal a la faculté, au regard des réalités factuelles du dossier ainsi que de la personnalité de la personne poursuivie, de prononcer concomitamment l'emprisonnement et la destitution ou, au contraire, de ne

---

[1240] R. MERLE et A. VITU, *Traité de droit criminel. Problèmes généraux de la science criminelle. Droit pénal général*, *op. cit.*, n°°383, p. 504.
[1241] J. PRADEL, *Droit pénal général*, *op. cit.*, n°°258, p. 245.
[1242] F. DEBOVE, F. FALLETI et I. PONS, *Précis de droit pénal et de procédure pénale*, *op. cit.*, p. 159.
[1243] P. TRUCHE, *Juger, être jugé. Le magistrat face aux autres et à lui-même*, *op. cit.*, p. 173.

prononcer qu'une seule d'entre ces deux peines. Le législateur a ainsi entendu accorder un pouvoir d'appréciation[1244] assez important au juge, dans la répression du délit en question.

1088. La destitution est la sanction pénale consistant pour une juridiction répressive à mettre fin aux fonctions d'un agent public. Elle peut viser à empêcher la réitération d'un comportement infractionnel[1245] ou pour moraliser l'exercice d'une profession[1246] donnée dont l'ordre interne s'accommoderait difficilement avec l'encouragement de certains comportements indélicats. Il s'agit d'une peine, complémentaire en principe, propre aux infractions criminelles et correctionnelles.

1089. Bénigne en apparence, la destitution peut, dans certains cas, paraître plus redoutable que la détention pour l'auteur d'une infraction. En effet, les conséquences de la destitution peuvent durement affecter tant la personne même du condamné que surtout sa famille. Elle peut conduire d'une vie personnelle relativement stable à une véritable précarité.

1090. L'emprisonnement prévu en la matière est, quant à lui, d'un à cinq ans. Le quantum de cette peine est incontestablement lourd et dissuasif[1247]. L'emprisonnement est la sanction pénale consistant, pour une autorité judiciaire, à priver un délinquant ou un présumé délinquant de sa liberté d'aller et de venir. On distingue donc, en la matière, la détention provisoire[1248], d'une part, et, d'autre part, la détention à la suite d'une condamnation pénale.

1091. Pendant que la détention provisoire peut prendre fin par la remise en liberté avec ou sans condition[1249] avant la fin de la procédure, la détention à la suite d'une condamnation pénale, elle, prend fin, en principe, par la purgation de

---

1244 E. DE MONTGOLFIER, *Le Devoir de déplaire*, Paris, Éd. Michel Lafon, 2006, p. 48.

1245 Ph. BILGER, *Contre la justice laxiste*, Paris, Éd. L'Archipel, 2014, p. 41.

1246 P. TRUCHE, *Juger, être jugé. Le magistrat face aux autres et à lui-même*, *op. cit.*, p. 164.

1247 « *Parum est improbos coercere poena, nisi probos efficias disciplina* ». « *La peine est peu de chose si elle ne sert pas à l'éducation du condamné* ». Citation de pape Clément XI gravée sur le fronton de la prison Saint-Michel de Rome, construite à la fin du XVIIe siècle sur son initiative ; citée par S. GASTON, G. LEVASSEUR et R. JAMBU-MERLIN, *Criminologie et sciences pénitentiaires*, 2e éd., Paris, Dalloz, 1970, p. 345.

1248 CPP, *op. cit.*, art. 123 et s.

1249 « *En toute matière, la mise en liberté assortie ou non du contrôle judiciaire peut être ordonnée par le juge d'instruction soit sur demande de l'inculpé ou son conseil, soit sur réquisitions du ministère public, soit d'office, à charge pour l'inculpé de prendre l'engagement de se représenter à tous les actes de la procédure aussitôt qu'il en sera requis et de tenir informé le magistrat instructeur de tous ses déplacements* », CPP, *op. cit.*, art. 148.

la peine infligée. En matière de refus d'un service légalement dû, la peine d'emprisonnement encourue donne la latitude au juge répressif de fixer la peine à prononcer dans la fourchette comprise entre un à cinq ans.

1092. Si le juge peut bien descendre au-dessous du minimum fixé par peine, notamment, par l'octroi de circonstances atténuantes au délinquant, il lui est toutefois interdit d'aller au-delà du maximum prévu en la matière. Il ne peut violer cette interdiction que lorsqu'il se retrouve en la présence d'un récidiviste. Même là, il n'est pas tenu d'appliquer au délinquant la rigueur de la loi pénale telle qu'envisagée dans le cadre de la répression de la récidive qui fait courir au condamné jusqu'au double de la peine maximale encourue.

1093. Comme on vient de le voir, qu'il s'agisse de la peine de destitution ou de celle de l'emprisonnement d'un à cinq ans, il est évident que la commission du délit de refus d'un service légalement dû engendre des conséquences d'une gravité certaine. Cette gravité est telle que ceux qui peuvent en être frappés ne pourraient pas ne pas les redouter. Leur exemplarité est sans doute une des garanties de leur respect par les commandants des forces de sécurité qui sont, par ailleurs, les seuls à être visés par cette infraction.

1094. Nul ne peut douter que ces peines auraient pu influencer positivement le comportement professionnel des officiers du ministère public si ces derniers relevaient des agents publics justiciables de l'infraction de refus d'un service légalement dû. Dans le souci d'éviter une éventuelle destitution ou un emprisonnement d'un à cinq ans, les parquetiers se seraient gardés de toute forme d'amorphisme pouvant justifier qu'il leur soit fait application des peines sus-spécifiées.

1095. Or, puisqu'il y'a un rapprochement évident entre l'infraction en question et l'inertie des magistrats du ministère public en matière civile et commerciale au Mali, il pourrait bien se justifier que les dispositions de l'article 154 du code pénal soient étendues à ces magistrats. Cependant, des dérogations pourraient être prévues pour les parquets manifestement en sous-effectif puisqu'il manquerait de logique d'exiger d'un agent public une mission dont il n'a nullement les moyens. En effet, *« Ce n'est rien d'avoir de l'ambition, encore faut-il disposer des moyens de la satisfaire »*[1250].

1096. C'est pourquoi une relecture intelligente des dispositions de l'article 154 du code pénal malien serait salutaire sur ce terrain. Elle permettrait de réduire la marge d'iniquité dans le corpus juridique malien en ce que des agents publics dans des situations identiques doivent recevoir un traitement égalitaire devant la loi pénale. Certes tout doit être mis en œuvre en vue d'assurer la protection de

---

[1250] E. DE MONTGOLFIER, *Le Devoir de déplaire*, Paris, Éd. Michel Lafon, 2006, p. 129.

l'indépendance du magistrat. Cela est une des conditions essentielles du procès équitable et de la crédibilité même du système judiciaire.

1097. Cependant, la recherche de solution en vue de cultiver et de consolider la redevabilité[1251] des agents publics est plus que nécessaire. Une telle politique permettrait d'assurer l'amélioration de la qualité de la gouvernance judiciaire tout en contribuant au développement économique et social du pays.

Cela est d'autant plus vrai qu'aucun progrès valable n'est envisageable en l'absence de ressources humaines de qualité. Or, la multiplication et l'effectivité des mécanismes juridiques susceptibles d'assurer la discipline sont indispensables à l'émergence d'une politique efficiente de gestion des ressources humaines.

1098. Les sanctions pénales, par leur vigueur et leurs nombreuses conséquences possibles, occupent une place importante dans une telle mission[1252]. Elles pourraient passer pour une des meilleures garanties pour réussir l'intervention du ministère public dans la gestion judiciaire des contentieux relatifs aux affaires civiles et/ou commerciales tant au Mali que sous d'autres cieux.

Elles contribueraient, dès lors, à l'amélioration de la qualité des pratiques professionnelles[1253], ce qui serait bénéfique pour les justiciables et pour la société qui verrait l'ordre et la paix[1254] prospérer en son sein.

1099. Au regard des développements qui précèdent, on se rend à l'évidence que l'intervention du ministère public en matière civile et commerciale est garantie, essentiellement, par la consécration de la responsabilité du magistrat sur les plans civil et disciplinaire. S'agissant de la responsabilité pénale du magistrat, elle est également consacrée en droit malien[1255].

Toutefois, les infractions qui sont, quelque peu, en rapport avec l'inertie des parquetiers en ces matières ne leur sont pas, en l'état, applicables. Ce qui nécessite quelques réaménagements de l'arsenal juridique malien.

[1251] À cet égard, Philippe COURROYE fait observer que : *« L'idée de rendre des comptes sur sa manière de fonctionner, sur sa productivité, est très vite assimilée à une atteinte intolérable à l'indépendance. Paravent parfois pratique pour dissimuler quelques insuffisances et carences... »*, Ph. COURROYE, *Reste la justice...*, Paris, Éd. Michel Lafon, 2018, p. 131

[1252] D. ALLIX, *Le Droit pénal*, Paris, LGDJ, 2000, p. 89 et s.

[1253] D. SALAS, « Le nouvel âge de l'erreur judiciaire », *Revue française d'administration publique*, n°°125, 2008, p. 176-177.

[1254] V. LE COQ, *Impunités, une justice à deux vitesses, pamphlet*, Paris, Nouveau Monde Éditions, 2017, p. 149.

[1255] CPP, *op. cit.*, art. 614 et 616.

1100. L'examen de la problématique relative à la nécessaire redéfinition de l'intervention du ministère public en matière civile et commerciale appelle, à présent, à en tirer les données conclusives.

Conclusion du Titre I

1101. De ce qui précède, à ce niveau de la présente étude, l'on peut retenir que la redéfinition de l'intervention du ministère public, en matière civile et commerciale au Mali, requiert que son champ d'action soit redimensionné et que l'office du parquet en ces matières soit garanti. Cela a permis de se rendre à l'évidence que des réformes juridiques sont nécessaires, aussi bien à l'échelon interne, que dans le Droit communautaire. Ces réformes, indéniablement importantes, doivent être garanties par la responsabilité du parquetier sur les plans civil, disciplinaire et pénal.

1102. En droit interne, la consolidation de l'action du ministère public, en matière civile et commerciale au Mali, nécessite que son statut soit clarifié et que des garanties lui soient données pour le bon accomplissement de sa mission. Dans cette même veine, une réorganisation de l'office du parquet est indispensable pour, entre autres, réglementer les délais de procédure lorsque son intervention est souhaitable ou imposée.

1103. En droit communautaire, il urge qu'il soit institué auprès de la Cour commune de justice et d'arbitrage de l'Organisation pour l'harmonisation en Afrique du droit des affaires et de la Cour de justice de la Communauté économique des États de l'Afrique de l'Ouest un parquet pour veiller aussi bien à une défense efficiente des normes juridiques propres à ces différents espaces que pour, dans une certaine mesure, assurer la protection de l'ordre public[1256] et de l'intérêt général[1257] à ce niveau supranational.

1104. Un parquet communautaire contribuerait également à une protection efficiente des droits humains devant ces juridictions communautaires. S'agissant de la Cour de justice de l'Union économique et monétaire ouest-africaine, son parquet devra être renforcé pour lui permettre d'être beaucoup plus efficace.

1105. Un parquet nouveau ou un parquet réhabilité nécessite, enfin, que son intervention en matière civile et commerciale soit garantie par la mise en œuvre, au besoin, de la responsabilité du parquetier, sur les plans civil, disciplinaire et pénal. Cela procurerait au système judiciaire malien des bénéfices importants.

[1256] V. l'arrêt de la chambre civile de la Cour de cassation française du 17 décembre 1913 (*Bulletin des arrêts civils*, 1913, n°°241, p. 460).

[1257] J.-P. DINTILHAC, *Le Procureur de la République. La justice au quotidien*, *op. cit.*, p. 16.

TITRE II : LES BÉNÉFICES DE LA CONSOLIDATION DE L'ACTION DU MINISTÈRE PUBLIC

1106. Les différentes pistes de réforme que l'on vient de suggérer, en matière civile et commerciale au Mali, devraient permettre, *in fine*, d'améliorer la lisibilité des actions du ministère public en ces matières. Le parquet réformé, en matière civile et commerciale, c'est avant tout un champ d'intervention clairement délimité.

1107. S'ajoute à cela, des actions inscrites dans des délais de procédure clairement déterminés pour éviter toute lenteur inutile du fait d'un déficit de réglementation en matière de communication des affaires au ministère public. C'est aussi et surtout la présence accrue des officiers du ministère public devant les juridictions ayant en charge le traitement des questions civiles et commerciales et qui ne disposent pas de parquet dans leur organisation.

1108. Cet ensemble de mesures participe à ce que l'on a appelé la réécriture de l'action du ministère public en matière civile et commerciale au Mali. Une telle entreprise ne peut pas ne pas avoir des incidences positives sur l'office du parquet en ces matières et, par voie de conséquence, sur la qualité du traitement judiciaire du contentieux ayant trait auxdites matières. Cela est d'autant plus vrai que toute réforme poursuit forcément des objectifs dont la réalisation dépend de la pertinence des changements envisagés au regard des enjeux ainsi que de l'existence de moyens nécessaires à sa réalisation.

1109. La justice est une institution constamment décriée quel que soit le domaine où elle intervient. C'est dire que cela vaut, dès lors, tant en matière pénale qu'en matière civile et commerciale. Les raisons de ce quasi-rejet de l'œuvre de justice sont autant diverses que sérieuses. Elles découlent, dans une large mesure, d'une certaine insatisfaction de la réponse judiciaire face à une demande de justice de plus en plus croissante, diversifiée mais surtout exigeante.

1110. Tout cela est entretenu par, entre autres, le manque de moyens, la professionnalisation[1258] insuffisante des acteurs judiciaires et l'inadéquation, dans certains cas, de la réponse judiciaire. Cela contribue, sinon à annihiler, du moins à sérieusement corroder la confiance placée dans l'institution judiciaire.

1111. Les affaires civiles et commerciales, qui sont tout autant importantes que celles pénales, connaissent un traitement qui n'est pas moins remis en question par les observateurs et les justiciables. Si ces derniers ne se plaignent pas de sa

---

[1258] J. AUDRY, « La professionnalisation du juge », thèse de droit, Université de Toulon, France, 2016, p. 444, disponible sur : http://www.theses.fr, consultée le 10 juillet 2023,

lenteur ou de son coût, ils la trouvent difficilement accessible[1259] et surtout inintelligible.

Ce faisceau d'éléments oblige à faire un diagnostic sans complaisance de la situation, ce qui conduit à concevoir, élaborer et mettre en œuvre des réformes ambitieuses susceptibles de contribuer à satisfaire la soif de justice[1260] des usagers du service public de la justice.

1112. Parce qu'elle est nécessaire et bénéfique, une telle réécriture de l'action du ministère public marquerait, à coup sûr, l'émergence d'une justice plus efficace (chapitre I) et serait, par ailleurs, gage de consolidation de la paix sociale au Mali (chapitre II).

[1259] H. M. ABDOULKADER MOMINE, « L'accès des particuliers aux juridictions internationales africaines des droits de l'homme », mém. Université de Ouaga II, Burkina Faso, 2018, n°°152 et s., p. 81.

[1260] H. F. D'AGUESSEAU, *« Le magistrat doit se respecter soi-même »*, Douzième Mercuriale, prononcée à Pâques, 1709, *in* M. E. FALCONNET, *Œuvres de D'Aguesseau*, t. I : *Mercuriales*, Paris, Chez Napoléon CHAIX et Cie, Imprimeurs-Éditeurs, 1865, p. 256.

CHAPITRE I : UNE EFFICACITÉ ACCRUE DE LA JUSTICE CIVILE ET COMMERCIALE

1113. Instrument privilégié de la puissance publique pour assurer aussi bien la pacification des rapports sociaux que pour contribuer au rétablissement de l'ordre au sein de la collectivité, l'institution judiciaire mérite d'être constamment adaptée aux enjeux de sa mission. Cette indispensable adaptation s'opère dans le cadre des réformes[1261], c'est-à-dire des exercices ayant pour but de réorganiser, réorienter ou peaufiner une institution ou les actions de cette dernière.

La réforme visée ici a trait à la justice civile et commerciale et plus spécifiquement, aux changements susceptibles d'être apportés à l'office du ministère public en ces matières en vue d'y réussir une amélioration qualitative de la réponse judiciaire.

1114. Les réformes permettent à la justice de faire peau neuve et surtout d'être efficace dans l'accomplissement de ses missions. Une justice efficace est celle répondant, de façon plus ou moins adéquate, à la demande et au besoin de justice d'un peuple ou d'une catégorie de justiciables. Cependant, un tel schéma n'est envisageable que dans des régimes politiques respectueux des droits de l'homme et de la dignité humaine[1262].

C'est pourquoi de nos jours, le rôle et le regard du juge constitutionnel, tant dans certains processus normatifs que dans le contrôle *a posteriori*, dans d'autres, sont éminemment importants.

1115. L'efficacité du système judiciaire aboutit à la crédibilité renforcée (section I) de l'œuvre de justice en matière civile et commerciale. Elle est condition, par ailleurs, de l'efficiente garantie de l'action judiciaire (section II) en ces mêmes matières.

Section I : Une crédibilité renforcée

1116. La crédibilité est l'état de ce qui est crédible. La crédibilité d'une personne ou d'une institution s'entend de sa dignité à mériter l'adhésion ou la confiance de ceux qui y fondent leurs attentes ou qui y portent un jugement. La crédibilité de la justice civile et/ou commerciale signifie donc l'adhésion et la confiance dont un système judiciaire est investi de la part des justiciables et de certains organismes fondés à évaluer la conformité dudit système à certains standards essentiels et internationaux.

[1261] M. JEANTIN et P. LE CANNU, *Droit commercial. Entreprise en difficulté*, Paris, 7e éd., Dalloz, 2007, p. 15.

[1262] À cet égard, un auteur a pu écrire que : « ... *la justice... sera toujours le plus sûr auxiliaire pour une authentique démocratie...* », Ph. BILGER, *Pour l'honneur de la justice*, Paris, Éd. Flammarion, 2006, p. 5.

1117. S'il est difficile, voire impossible de dégager une unanimité autour de ces standards, il est évident tout de même que les systèmes judiciaires quels qu'ils soient s'entendent sur un minimum de règles fondamentales et incompressibles pour leur crédibilité.

1118. Le degré d'attachement des États à ces règles, en matière de gouvernance judiciaire, est essentiellement fonction du degré de l'engagement politique. Ainsi, est-il soutenable que les droits humains soient mieux reconnus et protégés par les grandes démocraties que par les États en voie de démocratisation ou ouvertement hostiles à un tel régime politique. En tout état de cause, tout système judiciaire a besoin, voire intérêt, d'avoir sinon la confiance du moins l'adhésion des forces vives.

1119. Pour être crédible, tout système judiciaire doit œuvrer à garantir l'équité du procès dans la conduite du jeu processuel (paragraphe I). Cela est un facteur indispensable pour l'amélioration de la qualité de la réponse judiciaire (paragraphe II).

Paragraphe I : La crédibilité découlant de l'équité du procès

1120. Il est une donnée essentielle des temps modernes que le procès soit équitable. En effet, le caractère équitable du procès devient de plus en plus de nos jours une exigence de l'opinion publique et surtout des différentes instances juridictionnelles supérieures de contrôle sur la distribution de la justice par les juridictions de base. Tout cela explique qu'il soit indispensable de nos jours d'assurer à tout usager du service public de la justice l'équité requise à l'occasion du traitement de sa cause par les organes juridictionnels.

1121. Pour une judicieuse appréhension de la question, il est nécessaire, dans un premier temps, de cerner la notion même de procès équitable (A), avant de voir ce qu'elle pourrait y avoir comme lien avec le ministère public (B), dans un second temps.

A. Le procès équitable et la crédibilité de la justice

1122. Le mot équitable est un adjectif qualificatif signifiant ce qui est conforme à l'équité. Il pourrait désigner également une personne qui se comporte avec équité. Utilisé dans le contexte de la présente étude, ledit adjectif s'associe à un nom commun, en l'occurrence, celui de procès pour former une notion. Cette notion, à savoir celle de procès équitable, est bien connue du droit processuel[1263].

[1263] Pour une application de la notion en droit pénal, v. M. ADAMOU, *L'Essentiel de la procédure pénale*, Cotonou, Éd. du CREDIJ, 2022, p. 74 et s. Cet auteur estime que le principe de procès équitable irradie toute la procédure pénale.

1123. Quoique polysémique[1264], le mot procès vient, sous l'angle étymologique, du latin *procedere* qui a le sens d'« aller en avant ». Les professeurs Aurélie BERGEAUD WETTERMALD, Evelyne BONIS et Yannick CAPDEPON l'ont défini *« comme la difficulté de fait ou de droit soumise à l'examen d'un juge »*[1265]. Du latin *aequitas*, de *aequus* signifiant respectivement égal, équitable, l'équité en matière processuelle renvoie au caractère de ce qui est juste, raisonnable ou encore égalitaire[1266].

1124. Le procès équitable n'a pas reçu de définition du législateur malien. La notion est, cependant, reconnue et magnifiée aussi bien par le code de procédure pénale[1267] que par celui relatif à la procédure civile, commerciale et sociale (CPCCS)[1268]. Ainsi, le législateur se contente-t-il, simplement, d'en énumérer certains de ses éléments caractéristiques.

1125. Du côté de la doctrine, la définition de la notion de procès équitable ne semble pas avoir été perçue comme ayant une grande importance. Elle est habilement et régulièrement esquivée par les théoriciens. Dès lors, les œuvres doctrinales, dans la plupart des cas, imitent-elles les textes processuels sus-spécifiés en ne s'intéressant véritablement qu'au seul contenu de ladite notion.

1126. Cependant, il a pu être soutenu par Mamadou Bakaye DEMBÉLÉ que : *« le procès équitable apparaît comme étant des garanties qui assurent aux justiciables l'égalité de chance de succès ou de perte du procès »*[1269]. Tout en saluant la hardiesse de cet auteur, il peut, cependant, être reproché à cette définition de ne tenir compte que de façon partielle des finalités des garanties

---

[1264] *« Il désigne non seulement le litige porté devant un juge, mais aussi la façon dont ce litige sera traité par la juridiction saisie, c'est-à-dire la procédure »*, L. CADIET et E. JEULAND, *Droit judiciaire privé*, Paris, LexisNexis, 7e éd., 2011, n°°7, p. 3.

[1265] A. BERGEAUD WETTERMALD, E. BONIS et Y. CAPDEPON, *Procédure civile*, Paris, Éd. CUJAS, 2017, n°°2, p. 9.

[1266] G. CORNU (dir), *Vocabulaire juridique*, Paris, PUF, 12e éd., 2018, p. 894.

[1267] *« La procédure pénale doit être équitable, contradictoire et préserver l'équilibre des droits des parties.*
Elle doit garantir la séparation des autorités chargées de l'action publique et des autorités de jugement.
Les personnes se trouvant dans des conditions semblables et poursuivies pour les mêmes infractions doivent être jugées selon les mêmes règles », loi n°°01-80 du 20 août 2001, modifiée par la loi n°°2013-016 du 21 mai 2013 portant code de procédure pénale (CPP) en République du Mali, art. 1er.

[1268] Décret n°°99-254 du 15 septembre 1999, modifié par le décret n°°09-220/P-RM du 11 mai 2009 portant code de procédure civile, commerciale et sociale (CPCCS), art. 1 à 16.

[1269] M. B. DEMBÉLÉ, *Le Procès équitable au Mali*, Paris, Éd. L'Harmattan, 2019, p. 32.

dont il y est fait cas alors que la question qui occupe est une *« exigence démocratique essentielle »*[1270].

1127. En effet, l'égalité de chance de succès ou de perte du procès des justiciables, qui s'apprécie à l'issue d'une procédure judiciaire, ne constitue qu'une seule dimension des garanties évocables en cette matière. Avant l'égalité de succès ou de perte du procès, il y a bien d'autres paris à relever pour qu'un procès puisse être considéré comme équitable. L'on pourrait noter, à cet égard, l'impérieuse nécessité d'assurer l'égalité de traitement des plaideurs dans le cours d'une instance judiciaire.

1128. En effet, l'égalité de traitement[1271] des justiciables peut être heurtée sans forcément que leur égalité de chance de succès ou de perte puisse être compromise. Cela est d'autant plus vrai que le plaideur ayant été l'objet d'une inégalité de traitement[1272] peut tout de même, au bout du compte, gagner le procès.

1129. Par ailleurs, les garanties dont il est question doivent, au-delà des justiciables, protéger les acteurs judiciaires qui, bien que pouvant subir des contraintes dans l'accomplissement de leurs fonctions, pourraient néanmoins assurer aux plaideurs une véritable égalité de chance de succès ou de perte. C'est dire, en somme, que la définition susvisée paraît partielle ou restrictive alors même que l'appréciation du caractère équitable peut concerner *« l'ensemble du procès mené dans l'ordre juridique interne*[1273] *»* et s'étendre *« à l'ensemble de l'affaire »*[1274].

1130. C'est pourquoi l'on pense qu'il aurait été préférable d'entendre par la notion de procès équitable l'ensemble des garanties et mécanismes susceptibles de protéger l'action juridictionnelle, d'assurer l'égalité de traitement ainsi que

---

1270 S. GUINCHARD, C. CHAINAIS, C. S. DELICOSTOPOULOS et I. S. DELICOSTOPOULOS, *Droit processuel. Droit commun et droit comparé du procès équitable*, Paris, 5e Dalloz, 2003, p. 884.

1271 A. GARAPON, *Bien juger. Essai sur le rituel judiciaire*, Paris, Éd. Odile Jacob, 1997, p. 97.

1272 Abordant furtivement cette question, Laurence VICHNIEVSKY, une magistrate française affirme que : « *La justice est la seule institution à rencontrer toutes les couches de la société. Le juge est sans doute celui qui est en position de faire le meilleur constat, d'analyser la situation, de réduire les inégalités. Mais force est de constater que cette réponse est marginale.* » Rapportée par D. VERDEILHAN, *Les Magistrats sur le divan*, Paris, Éd. du Rocher, 2017, p. 135 et 136.

1273 CEDH, 2 mars 1987, *Monnel et Morris c/Royaume-Uni*, req. nos 9562/81 et 9818/82, série A, n°°115.

1274 CEDH, 28 mars 1990, *Granger c/Royaume-Uni*, req. n°°11932/86, série A, n°°174 – CEDH 6 déc. 1988, req. n°°10590/83 ; *Barbéra, Mességué et Jabardo c/Espagne*, série A, n°°146 – BERGER, 13e éd., 2014, n°°91, p. 284.

l'égalité de chance ou de perte aux plaideurs poursuivant la réalisation de leurs droits devant les organes juridictionnels.

Une telle lecture, beaucoup plus extensive, a l'avantage d'englober les différents éléments nécessaires à une appréhension quelque peu judicieuse de la notion de procès équitable. Cela est extrêmement important quand on sait l'intérêt qu'il y'a à déterminer les différentes acceptions possibles d'une notion[1275].

1131. L'exigence que le procès soit équitable participe du souci de quête d'une justice crédible et surtout de qualité. Cela est essentiel quand on sait que *« Dans une démocratie, tout citoyen doit pouvoir s'adresser à la justice, laquelle doit être égale pour tous »*[1276]. Et *« Une justice de qualité doit permettre, malgré l'aléa inhérent à tout procès, de déterminer, à travers l'examen de la procédure, des règles de preuves, des règles de fond, de l'état de la jurisprudence, les chances raisonnables de succès ou d'échec »*[1277].

1132. En effet, la légitimité de l'institution judiciaire[1278] découle, en grande partie, de son aptitude à jouer son rôle de pacification des rapports sociaux et d'échapper à la suspicion[1279] sous quelque forme que ce soit. Cela suppose le caractère nécessairement équitable des procès régulièrement intentés, par et contre les sujets de droit, pour que la justice puisse avoir l'adhésion des justiciables et, le peuple, au-delà. Cela est si vrai que *« ... le droit, en mobilisant l'imaginaire des sujets, provoque leur adhésion »*[1280].

1133. La responsabilité de garantir aux justiciables un procès équitable, concret et effectif, incombe à l'État qui agit à travers le juge qui est investi du pouvoir de rendre la justice. En matière civile et commerciale, la notion de procès équitable

---

1275 G. BALANDIER, *Le Pouvoir sur scènes*, Éd. Balland, coll. : « Le commerce des idées », 1980, p. 23, cité par A. GARAPON, *Bien juger. Essai sur le rituel judiciaire, op. cit.*, p. 114.

1276 Cf. R. VAN RUYMBEKE, *Mémoires, d'un juge trop indépendant*, Paris, Éd. Tallandier, 2021, p. 298.

1277 J.-C. MAGENDIE, *Les Sept Péchés capitaux de la justice française*, Paris, Éd. Léo Scheer, 2012, p. 105.

1278 C'est pourquoi, disait Éric DE MONTGOLFIER, *« Juger au nom du peuple français me semble justifier que, sans l'entendre, on puisse au moins l'écouter. La Justice doit s'inscrire dans la réflexion, pas dans l'arrogance d'un pouvoir qui tiendrait sa légitimité institutionnelle pour un blanc-seing »*, E. DE MONTGOLFIER, *Le Devoir de déplaire*, Paris, Éd. Michel Lafon, 2006, p. 35.

1279 *« La qualité de la justice et la confiance que les citoyens placent en elle ne manquent pas de rejaillir sur l'image qu'ils se font de leur démocratie. Mais, parce que la justice constitue une institution régalienne, elle partage en retour, indépendamment de ses qualités ou de ses défauts propres, la faveur ou la défaveur dont l'État est l'objet et la confiance ou la suspicion qu'il suscite »*, J.-C. MAGENDIE, *Les Sept Péchés capitaux de la justice française, op. cit.*, p. 123.

1280 A. GARAPON, *Bien juger. Essai sur le rituel judiciaire, op. cit.*, p. 40.

fait essentiellement référence à trois catégories essentielles de garanties à savoir : l'égalité des armes, la contradiction et la motivation des décisions judiciaires. Il peut être, subsidiairement, ajouté à ces trois catégories de garantie la langue du procès[1281].

1134. L'égalité des armes est indiscutablement une des dimensions essentielles du procès équitable. Elle renvoie à l'idée que les parties à un procès doivent bénéficier du juge sinon le succès de leurs prétentions réciproques, du moins qu'elles soient placées sur le même pied d'égalité, bénéficier de la même écoute et de la même attention. Elles doivent donc recevoir un traitement égalitaire, sans discrimination et sans iniquité dans le droit à exposer leurs prétentions respectives.

1135. Elles ont également le droit à ce que l'ensemble de leurs moyens soient examinés par le juge[1282]. Certes, il ne s'agit pas d'occulter leur qualité de demandeur ou de défendeur, mais il est indispensable pour le juge, civil ou commercial, de veiller à ce que chacune d'elles soit traitée, de façon convenable, au regard des droits et obligations légales applicables dans le cas d'espèce.

À cet égard, le code de procédure civile, commerciale et sociale du Mali prévoit que *« Le juge veille au bon déroulement de l'instance ; il a le pouvoir d'impartir des délais et d'ordonner les mesures nécessaires. Il a, en outre, la faculté de tenter la conciliation des parties »*[1283].

1136. Dans le même sens, pour la Convention européenne des droits de l'homme (CEDH), il s'agit pour chaque partie d'avoir *« la possibilité raisonnable d'exposer sa cause dans des conditions qui ne la désavantagent pas d'une manière appréciable par rapport à la partie adverse »*[1284]. L'égalité des armes commande donc la recherche *« du juste équilibre »*[1285] entre les parties quelles qu'elles soient[1286], et ce, même en matière probatoire[1287].

[1281] S. GUINCHARD (dir.), *Droit et pratique de la procédure civile. Droit interne et européen*, Paris, Dalloz, 10e éd., 2021, n°°312. 30, p. 1010.

[1282] A. BERGEAUD WETTERMALD, E. BONIS et Y. CAPDEPON, *Procédure civile*, *op. cit.*, n°°53, p. 27.

[1283] CPCCS, *op. cit.*, art. 3, al. 1er.

[1284] CEDH, 28 oct. 1999, *Brum ?rescu c/ Roumanie*, req. n°°28342/95, § 61 ; *D.* 2000. 187, obs. N. Fricero. – CEDH, gr. ch. 20 oct. 2011, *Nejdet ?ahin et Perihan ? ahin c/ Turquie*, req. n°°13279/05, § 57.

[1285] S. GUINCHARD (dir.), *Droit et pratique de la procédure civile. Droit interne et européen*, *op. cit.*, n°°312. 43, p. 1011.

[1286] C'est-à-dire que le principe doit jouer même si c'est l'État qui agit ou est en cause. Il doit donc jouer tant à l'égard des parties privées qu'à l'égard de la puissance publique ou de ses services démembrés.

[1287] J. C. HOUNKPÈ, *Le Droit de la preuve dans l'espace OHADA*, Paris, Éd. L'Harmattan, 2021, n°°30, p. 23.

1137. La contradiction, un autre élément incontournable du principe de procès équitable, vient du latin *contradictio* dérivant lui aussi du verbe *contradicere* qui signifie contredire. La contradiction est consacrée par le droit positif malien[1288] qui l'impose au juge ainsi qu'aux parties à l'instance. S'agissant de l'application du principe à la juridiction de jugement, il est prévu que *« Le juge doit en toutes circonstances faire observer et observer lui-même le principe de la contradiction.*

Il ne peut fonder sa décision sur les moyens de droit qu'il a relevés d'office sans avoir au préalable invité les parties à présenter leurs observations »[1289]. Ces dispositions comportent deux dimensions à l'égard du juge.

1138. En effet, elles imposent, dans un premier temps, au juge d'observer lui-même le principe du contradictoire. Ainsi doit-il se garder de tout comportement de nature à laisser planer sur sa personne une quelconque forme de suspicion du fait de son allergie personnelle à faire jouer le principe dans toute sa plénitude. Dans un second temps, le juge doit également faire observer aux parties la contradiction. Cela doit se manifester aussi bien dans la prise de parole que dans la communication de pièces ou de conclusions qui pourraient être produites au cours de l'instance.

1139. À propos de ces différentes exigences, les professeurs Loïc CADIET et Emmanuel JEULAND écrivent que *« La fonction du contradictoire n'est pas seulement de protéger les personnes dont les intérêts peuvent être affectés par un procès ; le contradictoire sert le procès lui-même dans la mesure où il est l'instrument de l'élaboration du jugement, fonction heuristique : c'est la confrontation des moyens présentés au juge par les parties qui permet à celui-ci de trancher le litige en ajustant sa décision au plus près de la vérité des faits. Le procès est contradiction et la contradiction est le premier facteur d'une justice de qualité »*[1290].

1140. La motivation des décisions rendues est tout aussi importante que l'égalité des armes et le principe du contradictoire dans la quête d'équité en matière processuelle. La motivation de la décision renvoie à l'idée que les motifs y ayant conduit doivent être expressément exposés et détaillés. Le code de procédure civile, commerciale et sociale s'y intéresse et prévoit que : *« Le jugement doit exposer succinctement les prétentions respectives des parties et leurs moyens ; il doit être motivé à peine de nullité.*

[1288] *« Aucune partie ne peut être jugée sans avoir été au préalable dûment entendue ou appelée »*, CPCCS, *op. cit.*, art. 14.

[1289] CPCCS, *op. cit.*, art. 16.

[1290] L. CADIET et E. JEULAND, *Droit judiciaire privé*, *op. cit.*, n°°516, p. 379.

Le jugement énonce la décision sous forme de dispositif »[1291]. L'absence de motivation est inconciliable avec la garantie d'un procès équitable. C'est pourquoi, même en matière arbitrale, les décisions doivent être motivées[1292].

1141. Enfin, la langue joue un rôle non négligeable dans la réalisation d'un procès équitable. La compréhension de ce qui se dit ainsi que la nécessité de se faire également comprendre sont indispensables à une distribution efficiente de la justice[1293].

1142. Comme on peut aisément le relever, la notion de procès équitable est consubstantielle à l'existence d'une justice crédible et de qualité. Il reste à savoir maintenant ce qui pourrait exister comme rapport entre ladite notion et le ministère public.

B. La contribution du ministère public à la garantie d'un procès équitable

1143. *A priori*, il peut paraître étonnant, voire impossible de faire le lien entre la notion de procès équitable, en matière civile et commerciale, et le ministère public. En effet, il est un fait que relativement à la question d'équité du procès en ces matières, les textes désignent surtout le juge, en sa qualité de tiers régulateur chargé de départager deux parties antagonistes[1294].

1144. Il est un autre fait que le ministère public soit généralement perçu comme un organe exclusivement répressif n'ayant sa place que dans la procédure pénale. Une telle perception le met quasiment dans une posture d'intrus[1295], aux yeux de plus d'un, au-delà de la sphère pénale. Toutefois, une analyse attentive et approfondie des choses conduit rapidement à la conclusion que des rapports non négligeables existent bien entre le ministère public et l'impératif de procès équitable. Ces liens, naturels et profonds[1296], seront sinon démontrés du moins esquissés à travers les lignes qui suivent.

1291 CPCCS, *op. cit.*, art. 463.

1292 V. Cass. 3e civ., 13 oct. 1977 : *D.*, 1978, inf. Rap. 57, obs. JULIEN.

1293 S. GUINCHARD (dir.), *Droit et pratique de la procédure civile. Droit interne et européen, op. cit.*, n°°312. 111, p. 1025.

1294 Ph. COURROYE, *Reste la justice…*, Paris, Éd., Michel Lafon, 2018, p. 352.

1295 Selon la professeure Monique BANDRAC, *« … l'exégèse des articles 421, 422 et 423 du nouveau code de procédure civile, au surplus d'origine réglementaire, livre peu d'enseignement, sinon celui de la constance avec laquelle, depuis l'ancien droit, se fait sentir, envers l'intrusion du ministère public en matière civile, un mélange de méfiance et de besoin, révélateur, sans doute, d'un paradoxe institutionnel »*, M. BANDRAC, préf. V. MIKALEF-TOUDIC, *Le Ministère public, partie principale dans le procès civil*, Marseille, Éd. Presses universitaires d'Aix-Marseille, 2006, p. 10.

1296 *« … le procès crée des liens. Cela explique que, dans une époque aussi troublée que la nôtre, il demeure une manière de stimuler le lien social, une socialisation par défaut »*, A. GARAPON, *Bien juger. Essai sur le rituel judiciaire, op. cit.*, p. 142.

1145. S'il est vrai qu'en matière civile l'acteur processuel qui retient le plus l'attention, du côté des agents publics, est le juge, il n'est pas moins vrai également qu'une acception superficielle des mots peut entraîner, dans bien des cas, dans la confusion[1297], voire dans l'égarement. En effet, il est facile de relever que les différentes dispositions légales qui régissent l'équité du procès civil et/ou commercial ne désignent pas, expressément, le ministère public. Tel est l'état des lieux si l'on s'en tient, comme on vient de lire, à l'apparence des choses.

1146. Cependant, une telle lecture des dispositions légales sur le sujet s'effrite[1298] dès lors qu'on se rappelle que le ministère public a, en dépit de sa stature indéniablement imposante et influente[1299] en milieu judiciaire, avant tout la qualité de partie au même titre que les plaideurs privés.

Certes, l'importance de son rôle et ses spécificités statutaires expliquent qu'il ne puisse être considéré comme une simple partie devant les organes juridictionnels officiant en matière civile et commerciale. Malgré tout, le parquet demeure partie dans le jeu processuel. D'ailleurs ses traits caractéristiques en tant que partie, en matière civile et commerciale, sont expressément déclinés par des textes[1300].

1147. Or, il est un acquis qu'en matière de procès équitable il n'y a pas que le juge qui soit le seul à être soumis à des exigences pour l'effectivité de cette garantie procédurale. Autant le juge est astreint à tout mettre en œuvre pour se soumettre à l'observance de tout ce qui concourt à relever le défi de l'administration d'une justice de qualité, autant les parties aussi sont concernées par ce même devoir. D'ailleurs, au même moment où les textes invitent le juge à observer le caractère équitable du procès, il est attendu de lui de *« faire observer »*[1301] aux parties ce même devoir.

1148. Ce schéma relationnel, entre le juge et les parties a, en quelque sorte, été décrit par Paul RICŒUR lorsqu'il écrit que : *« C'est cette juste distance entre les partenaires affrontés, trop près dans le conflit et trop éloignés l'un de l'autre dans l'ignorance, la haine ou le mépris, qui résume assez bien, je crois les deux aspects de l'acte de juger : d'un côté, trancher, mettre fin à l'incertitude,*

[1297] À ce sujet, il a été fait observer que : *« ... le fonctionnaire et le juge obéissent au devoir absolu de ne tolérer ni jeux de mots ni confusion du langage »*, Chr. VIGOUROUX, *Du juste exercice de la force*, Paris, Éd. Odile Jacob, 2017, p. 71-72.

[1298] M. AYDALOT, *Magistrat. Un homme et son métier*, Paris, Éd. Robert Laffont, 1976, p. 327.

[1299] B. GARNOT, *Histoire des juges en France, de l'ancien régime à nos jours*, Paris, Nouveau Monde Éditons, 2014, p. 9.

[1300] CPCCS, *op. cit.*, art. 429 et s.

[1301] CPCCS, *op. cit.*, art. 16, al. 1er.

séparer les parties ; de l'autre, faire reconnaître par chacun la part que l'autre prend à la même société que lui »[1302].

1149. L'office du ministère public, en matière civile et commerciale, le place dans deux dimensions fondamentales qui font qu'il ne peut qu'avoir des liens intimes avec la notion de procès équitable. Dans la première posture, il a la qualité de sentinelle de l'ordre juridique et de certaines institutions et/ou missions et, dans la seconde, il est partie au procès civil ou commercial.

1150. Dans son rôle de sentinelle de l'ordre juridique et de certaines institutions spécifiques, le ministère public exerce une mission soit de prévention, soit de conseil. Il fait de la prévention en intervenant pour effectuer le contrôle sur, entre autres, l'état civil[1303] ou encore les centres recevant les aliénés[1304]. Cette mission de prévention commande aux officiers du ministère public d'être souvent sur le terrain.

Le parquet officie sur ce plan soit pour prévenir d'éventuels manquements aux droits humains, soit pour se prépositionner en vue de la détection d'infractions occultes pouvant être imputables à certaines catégories socio-professionnelles données.

1151. L'on peut bien affirmer que sous cet angle, le rapport entre le ministère public et la garantie de procès équitable est presque infinitésimal. Même si l'on sait, par ailleurs, qu'une bonne politique de prévention pourrait contribuer à réduire le taux de recours aux organes juridictionnels, ce qui, dès lors, éviterait bien des procès pour avoir à prétendre à l'exigence d'équité.

1152. Dans sa mission de conseil, le ministère public intervient comme partie jointe auprès des organes juridictionnels pour leur dire ce qu'il croit être le sens des textes ou qu'il croit aller de la bonne application de ces derniers. Nul ne peut douter que dans cette dynamique, les parquetiers peuvent contribuer, largement, à garantir la distribution d'une bonne justice, ce qui requiert que le procès,

---

[1302] P. RICŒUR, *Le Juste*, Paris, Éd. Esprit, 1995, p. 192.

[1303] *« Le procureur de la République ou le juge de paix à compétence étendue vérifie trimestriellement les registres de déclaration et les registres des actes de l'état civil de son ressort.*
Cette vérification porte sur tous les volets émis par les centres.
Le magistrat dresse un procès-verbal de cette vérification, en précisant les actes défectueux. Il indique les redressements à opérer, éventuellement, provoque des poursuites contre les officiers et agents de déclaration coupables d'infractions pénales.
Une ampliation du procès-verbal de vérification est transmise, par voie hiérarchique, à l'officier de l'état civil intéressé, au procureur général et au Ministre chargé de l'état civil », loi n°°2011-087 du 30 décembre 2011 portant code des personnes et de la famille en République du Mali, art. 112.

[1304] *Supra*, p. 43 et s.

servant le plus souvent de cadre de confrontation à des intérêts antagoniques, soit équitable.

Ils peuvent le faire en prenant des conclusions, écrites ou orales, pour alerter, pour conseiller, ou pour attirer l'attention du juge ou des plaideurs privés sur tel ou tel manquement de nature à compromettre la bonne qualité de la décision à intervenir.

1153. Mais c'est surtout dans sa posture de plaideur où il est partie principale au procès civil et/ou commercial que les rapports sont réellement soutenus entre ministère public et l'exigence d'équité du procès en ces matières. Cela est d'autant plus vrai qu'en tant que partie principale à un procès civil ou commercial le ministère public doit soit appliquer à lui-même ou se faire appliquer la nécessité du respect de l'équité du jeu processuel.

1154. Tout d'abord, le ministère public doit s'appliquer le devoir de respect du caractère équitable du procès, en matière civile et/ou commerciale. Ce devoir résulte d'une interprétation attentive des dispositions sus-spécifiées de l'article 16 alinéa 1er du code de procédure civile, commerciale et sociale.

En effet, en imposant au juge de faire respecter l'équité du procès, civil ou commercial, cela suppose que la loi confère à ce tiers une véritable prérogative de rappeler aux plaideurs certains devoirs dont ils sont tenus mutuellement les uns envers les autres et, entre eux et le juge appelé à trancher la contestation soulevée.

1155. En vérité, ce pouvoir de rappel « aux devoirs », dont est investi le juge, ne s'exerce que lorsque les plaideurs auront méconnu, négligé ou refusé d'observer l'exigence d'équité dans la conduite du jeu processuel. Cela signifie qu'il est du devoir des parties elles-mêmes de se résoudre à respecter l'équité du procès. Tout plaideur, y compris le ministère public, se doit d'être loyal aussi bien dans l'animation de la procédure que dans la production des éléments de preuves pour le succès de ses prétentions[1305]. Il doit s'appliquer le devoir de communication des pièces qu'il produit tant à la partie adverse qu'au juge.

1156. Ce n'est que lorsqu'un plaideur ignore, néglige ou refuse d'observer ces différentes exigences indispensables pour garantir l'équité du procès, que le juge peut user du pouvoir qu'il tient du CPCCS en faisant observer audit plaideur ses manquements à l'équité du jeu procédural. La prérogative ainsi conférée au juge est loin d'être négligeable puisqu'elle lui permet de « sanctionner » le plaideur transgresseur de l'équité du procès, civil ou commercial. Comme sanction, le juge pourrait, à titre illustratif, écarter du dossier ou des débats la pièce dont se

---

[1305] *« La preuve est la rançon des droits que l'on demande à la justice de consacrer »*, R. V. IHERING, *Esprit du droit romain*, traduction française, O. Meulnaere et A. de Masrescq Ainé, Paris, 1853, réimpression 1969, t. IV, p. 200.

prévaut un plaideur qui refuserait de la communiquer à la juridiction et à la partie adverse.

1157. Certes, les officiers du ministère public sont loin d'être comparables aux simples plaideurs privés, même dans le cadre d'une procédure, civile ou commerciale. Le parquet bénéficie, en effet, de plusieurs avantages qui en font, sans doute, un plaideur fort bien privilégié. Cependant, l'usage de ces privilèges ne doit en aucune matière conduire à sacrifier l'équité du procès civil ou commercial sur l'autel de la défense de l'ordre public ou de l'intérêt général.

1158. Les parquetiers sont tenus, comme les plaideurs privés, de communiquer les pièces dont ils se prévaudraient ou encore de se soumettre à l'égalité des armes, puisque selon Érick MAUREL : *« Il existe une éthique de l'audience. Le magistrat du parquet peut user de sa liberté de parole pour autant qu'il respecte les principes du débat contradictoire, de la loyauté et de l'égalité des armes, qu'il soutienne avec la même détermination la culpabilité ou l'innocence et n'hésite pas à manifester et à expliquer ses doutes »*[1306].

1159. Le ministère public doit être soucieux, beaucoup plus que les autres acteurs procéduraux, du respect du caractère équitable du procès. En effet, la mission consistant à veiller à une bonne application des lois de la République englobe nécessairement que les normes encadrant le jeu processuel soient respectées.

Or, la violation de l'exigence de procès équitable découle le plus souvent de la violation des normes régissant le jeu processuel. Il apparaît dès lors inconcevable que ceux-là mêmes qui sont chargés de veiller à la correcte application de ces règles procédurales soient considérés comme étrangers à la mise en œuvre de l'exigence de procès équitable devant les organes juridictionnels.

1160. Les liens entre le ministère public et la notion de procès équitable sont indéniables et méritent d'être renforcés. Les officiers du ministère public sont des acteurs clés de la bonne distribution de la justice au Mali. La bonne distribution de la justice favorise une protection efficiente des droits fondamentaux de l'individu dans une société moderne. Et l'équité du procès n'est envisageable que dans le cadre d'une bonne distribution de la justice. De tout cela, il découle qu'il y a des rapports entre le parquet et la réussite de l'équité du procès civil ou commercial.

1161. Si les lignes précédentes permettent de se faire une idée de la notion d'équité du procès civil ou commercial ainsi que des rapports entre cette notion et le ministère public, il y'a lieu, à présent, de s'intéresser à quelques mécanismes pouvant aider à améliorer la qualité de la réponse judiciaire au

---

[1306] É. MAUREL, *Paroles de procureur*, Paris, Éd. Gallimard, 2008, p. 269.

Mali, dans la gestion des contentieux en ces deux matières importantes du droit privé.

Paragraphe II : La réponse judiciaire améliorée

1162. L'amélioration de la qualité de la réponse judiciaire est un défi majeur pour tout système de justice puisqu'en cette matière l'insatisfaction semble passer pour la règle, quasiment sous tous les cieux. Le monde moderne est allergique à l'injustice, surtout lorsque l'institution judiciaire, elle-même, est soupçonnée de l'entretenir. C'est pourquoi le pari de la distribution d'une bonne justice doit être relevé.

1163. Ainsi, l'amélioration de la qualité de la réponse judiciaire nécessite, entre autres, que l'accessibilité à la justice soit renforcée (A). Un tel renforcement favorise la compréhension de l'action judiciaire (B).

A. Une accessibilité renforcée

1164. L'accessibilité est le caractère de ce qui est accessible. Une personne ou une chose accessible désigne, dans le contexte qui intéresse, ce *« Que l'on peut approcher, voir, rencontrer » ou qui est « ouvert, sensible à »*[1307]. Suivant cette acception du mot, l'accessibilité de la justice désigne l'état d'un système judiciaire se caractérisant par l'existence de voies et moyens rendant possible et facilitant l'accès des usagers aux services que rendent les organes juridictionnels[1308].

1165. Autrement formulée, elle fait allusion à un système judiciaire offrant aux différents usagers du service de la justice l'effectivité et l'efficience indéniables de l'accès à la justice. Il s'agit là d'un droit si vital ou important, que sa non-constitutionnalisation, en République du Mali, est fort bien étonnante[1309], puisque plusieurs droits voisins[1310] à la notion ont retenu l'attention du constituant. D'ailleurs, Carolyn LOGAN a pu, à juste titre, écrire à ce sujet que : *« L'accès de tous les citoyens à la justice est depuis longtemps considéré comme*

[1307] A. REY et J. REY-DEBOVE (dir.), *Le Petit Robert. Dictionnaire alphabétique et analogique de la langue française*, Paris, Nouvelle Édition millésime, 2022, v. accessible, p. 15.

[1308] A. O. LY, *L'Accès de la justice au Niger. L'autoreprésentation devant les juridictions*, Paris, Éd. L'Harmattan, 2021, p. 13.

[1309] Qu'il s'agisse de l'ancienne Constitution du Mali du 25 février 1992 ou de celle nouvelle du 22 juillet 2023, aucune disposition constitutionnelle ne prévoit, de façon expresse, l'accès à la justice comme un droit fondamental.

[1310] Pour avoir idée de ces droits, v. Const., du Mali, *op. cit.*, art. 6 et 7.

pierre angulaire de la démocratie, de la bonne gouvernance, et d'un développement efficace et équitable »[1311].

1166. La justice doit être accessible et cette accessibilité doit être renforcée puisque *« Dans une démocratie, tout citoyen doit pouvoir s'adresser à la justice, laquelle doit être égale pour tous »*[1312]. L'accessibilité de l'institution judiciaire est un facteur important pour réussir la sécurité juridique et judiciaire. Elle assure ainsi la garantie des droits[1313], ce qui est indispensable pour la préservation de la paix civile.

1167. Cela vaut tant au plan national que communautaire puisque selon Mahawa DIOUF *« [...] pour réussir l'intégration sous régionale, il est nécessaire de parvenir à une croissance économique solidaire et partagée, de consolider la paix et la sécurité au sein de l'espace intégré et d'organiser une justice communautaire accessible, efficace et de qualité »*[1314].

En effet, le besoin et la soif de justice des citoyens débordent, de nos jours, des frontières d'un seul État pour, dans bien des cas, avoir des ramifications sur le plan communautaire. C'est dire que les États se doivent d'assurer non seulement l'accès de leurs citoyens à la justice sur le plan national mais aussi consentir des efforts, dans le même sens, sur le plan supranational[1315] chaque fois qu'ils y ont souscrit à des engagements.

1168. L'accessibilité de la justice est tributaire de la réunion d'un certain nombre de conditions. En effet, il faut, entre autres, l'existence d'un cadre juridique approprié, des frais de justice raisonnables, le rapprochement de la justice des justiciables ou encore la possibilité de recourir aux services d'un conseil. L'accès à la justice ne peut être assuré que lorsqu'il existe un corpus juridique adapté ou, plus ou moins, exhaustif prenant en charge les préoccupations des usagers du service de la justice.

1169. Cela exige de l'État d'être à l'écoute de ses citoyens, d'avoir le sens de l'anticipation en imaginant des outils institutionnels et textuels toujours

---

[1311] C. LOGAN, « L'ambition des ODD confronté à la réalité : La justice demeure inaccessible à beaucoup d'Africains », *Synthèse de Politique* n°°39, Afrobaromètre, mars 2017, p. 1.

[1312] R. VAN RUYMBEKE, *Mémoires d'un juge trop indépendant*, Paris, Éd. Tallandier, 2021, p. 298.

[1313] D. SALAS, *Le Courage de juger. Le parcours d'un magistrat hors normes. Entretien avec Frédéric NIEL*, Paris, Éd. Bayard, 2014, p. 80.

[1314] M. DIOUF, « La Cour de justice de l'UEMOA et la protection des droits de l'homme dans l'Union économique et monétaire ouest-africaine », Discours de la rentrée judiciaire, prononcé à Ouagadougou, le 20 novembre 2019, disponible sur www.uemoa.int, consulté le 21 juillet 2023, à 17 h 33.

[1315] J.-P., DINTILHAC, *Le Procureur de la République. La justice au quotidien*, Paris, Éd L'Harmattan, 2003, p. 41.

innovants. Le cadre juridique régissant l'institution judiciaire doit également tenir compte des spécificités sociologiques et culturelles pour ne pas être en discordance avec les réalités du pays. Cela est si vrai que bien de dispositions inapplicables existent dans la plupart des législations africaines du fait d'un mimétisme déplorable conduisant certains pays africains à épouser des normes étrangères non inspirées de nos réalités endogènes.

1170. L'état des frais de justice joue, également, un rôle important dans l'accessibilité du service public de la justice. L'on sait bien que ce problème ne se pose pas ou ne se pose que faiblement en matière pénale où les frais engendrés sont, en principe[1316], supportés par la puissance publique[1317]. S'agissant au contraire du coût de la justice, en matière civile et commerciale, il y a lieu de noter que les frais sont, là encore en principe, à la charge des parties litigantes. Ainsi, c'est le décret n°°95-255/P-RM du 30 juin 1995 qui fixe le tarif des frais de justice en matière civile et commerciale.

1171. Ce texte, quoique ne définissant pas la notion, en détermine néanmoins les éléments y relevant en disposant que : *« Sont compris sous la dénomination des frais de justice en matière civile et commerciale les taxes ou droits fiscaux qui frappent les actes de procédure et les jugements »*[1318]. Il s'agit là en réalité des dépens, c'est-à-dire de la *« Partie des frais engendrés par le procès (droit de timbre et d'enregistrement, droits de plaidoirie, frais dus aux officiers ministériels, taxe des témoins, frais et vacations des experts) que le gagnant peut se faire payer par le perdant à moins que le tribunal n'en décide autrement »*[1319].

1172. Les frais de justice, en matière civile et commerciale au Mali, tels que fixés par le décret sus-spécifié, sont certes à la portée des justiciables mais leur modicité, de nos jours, explique qu'ils sont fortement majorés. En effet, les greffes, en dépit de l'interdiction formulée[1320] par le décret régissant la matière,

---

[1316] *« Le Trésor public fait l'avance des frais de justice en matière pénale pour les actes et procédures qui sont ordonnés d'office à la requête du ministère public. Le recouvrement desdits frais s'effectue dans la forme des règles établies par le présent décret »*, v. le décret n°°95-211/P-RM du 30 mai 1995 fixant les frais de justice en matière pénale en République du Mali, art. 2.

[1317] Cependant, les frais de justice en matière répressive doivent être supportés par les parties privées lorsque celles-ci prennent, elles-mêmes, l'initiative du procès pénal. C'est le cas, entre autres, en matière de plainte avec constitution de partie civile devant le juge d'instruction ou, encore, en cas de citation directe de la victime devant le tribunal correctionnel. V. loi n°°01-080 du 20 août 2001 portant code de procédure pénale (CPP) en République du Mali, art. 63.

[1318] Décret fixant les frais de justice en matière civile et commerciale en République du Mali, *op. cit.*, art. 2.

[1319] G. CORNU (dir.), *Vocabulaire juridique*, v. dépens, *op. cit.*, p. 722.

[1320] *« Il est interdit aux greffiers en chef, aux greffiers et aux employés du greffe d'exiger ou de recevoir d'autres droits de greffe que ceux exigés par le présent décret ou divers*

perçoivent un surplus substantiel sur les tarifs indiqués pour rendre les services correspondants.

1173. Il faut dire que cette violation de la loi, par les greffes, s'explique, quasiment, par l'obsolescence du décret applicable en la matière puisque les réalités socio-économiques du Mali de 1995 sont totalement différentes de celles de nos jours. C'est pourquoi il urge que ledit texte soit relu afin de mettre fin au désordre actuel sur le sujet caractérisé par des disparités intolérables entre les différents greffes à propos du coût d'un même acte.

1174. Dans le souci de préserver, voire de consolider l'accessibilité du service public de la justice, cette éventuelle relecture devrait éviter une augmentation exponentielle et démesurée. Cela pourrait, en effet, produire un impact fortement négatif sur les couches sociales les plus défavorisées, notamment, en leur interdisant quasiment l'accès au juge, faute de moyens pour supporter les frais d'un éventuel procès.

1175. Le rapprochement de la justice des justiciables relève des conditions susceptibles de garantir l'accès à la justice. En effet, l'implantation des juridictions à travers le territoire national doit permettre un maillage sinon total, du moins acceptable afin de permettre aux usagers du service public de la justice[1321] de ne pas avoir à faire face à des distances trop importantes pour obtenir la réponse à leurs besoins de justice.

1176. C'est certainement pour cette raison que plusieurs textes prévoient la possibilité de tenir des audiences foraines[1322] pour, autant que faire se peut, soulager les populations qui manquent de moyens, dans la plupart des cas, pour affronter de longues distances. Le rapprochement de la justice des justiciables est un défi majeur pour le Mali, aussi bien s'agissant des juridictions nationales que de celles communautaires.

1177. Pour les juridictions nationales, certaines localités sont confrontées à l'insécurité liée au terrorisme à laquelle l'État malien fait face depuis environ

---

textes spéciaux, sous peine, suivant la gravité de sanctions disciplinaires pouvant aller jusqu'à la révocation, sans préjudice, s'il y a lieu de l'application de l'article 93 du code pénal et dans tous les cas de destitution », v. décret fixant les frais de justice en matière civile et commerciale en République du Mali, *op. cit.*, art. 5. 74.

1321 Jean-Marie COULON attire l'attention sur le fait que *« [...] si la justice est une fonction spécifique, prérogative souveraine de l'État national ou des États qui la mettent en commun, en même temps, à travers tout ce qui concourt à l'institution judiciaire, c'est aussi un service public »*, J.-M. COULON et D. S. LARIVIERE, *La Justice à l'épreuve*, Paris, Éd. Odile Jacob, 2002, p. 16.

1322 R. PERROT, *Institutions judiciaires*, Paris, Montchrestien, 15e éd., 2012, n°°70, p. 71.

une décennie[1323]. À cette insécurité, s'ajoute l'éloignement véritable de certains villages et hameaux du chef-lieu de cercle où est basée la juridiction.

1178. S'agissant des juridictions communautaires, nul ne peut contester qu'elles posent un problème réel d'accessibilité. En effet, il s'agit d'instances qui ne sont aucunement représentées au sein des différents États membres. La Cour commune de justice et d'arbitrage de l'OHADA[1324] a son siège à Abidjan, en République de Côte d'Ivoire. La Cour de justice de l'UEMOA a le sien à Ouagadougou au Burkina Faso, et la Cour de justice de la CEDEAO est basée à Abuja au Nigéria.

1179. Même au sein de l'État abritant une de ces juridictions, il est loin d'être aisé pour les justiciables de certaines contrées lointaines de les atteindre *a fortiori* pour les ressortissants des autres États membres de ces espaces communautaires. Une telle situation peut être source d'iniquité[1325], voire de rejet en ce que l'accès au juge communautaire devient, dans ces conditions, un luxe que l'écrasante majorité des populations de la sous-région ne saurait se donner. Surtout que devant lesdites juridictions, le ministère d'avocat semble passer pour une exigence[1326].

1180. Il s'agit là d'un défi majeur à relever par les États membres ainsi que lesdits organes communautaires. Certes, la multiplication des audiences foraines pourrait apporter un début de solution à ce problème. Cependant, il demeure essentiel que des mécanismes ainsi que des outils judicieux doivent être imaginés pour apporter des apaisements aux justiciables communautaires sur ces questions. *« Le droit n'a pas réponse à tout, mais il aide à se poser les bonnes questions »*, enseigne Christian VIGOUROUX[1327].

1181. Ainsi sous cet angle, il pourrait être imaginé, par les États membres, l'institution d'un fonds devant permettre d'accorder une assistance judiciaire aux démunis chaque fois que ces derniers éprouvent le besoin de se pourvoir devant

---

1323 B. BADJAGA, « Des leçons à tirer des expériences subsahariennes dans le traitement judiciaire du terrorisme : cas de l'Afrique de l'Ouest et de l'Afrique Centrale », *in Justice en Question*, revue trimestrielle de Droit, d'informations juridiques et judiciaires du Syndicat libre de la magistrature (Sylima), n°°003, juillet-août-septembre 2022, p. 49 et s.

1324 A. SALL, *Singularités juridiques africaines. Ce que l'Afrique apporte au droit*, Paris, Éd. L'Harmattan, 2023, p. 229.

1325 B. GARNOT, *Histoire des juges en France, de l'Ancien Régime à nos jours, op. cit.*, p. 75.

1326 CCJA, arrêt n°°037 du 22 nov. 2007, Société générale de banque en Côte d'Ivoire, dite SGBCI c/ Société civile immobilière centre commercial de Treichville, dite SCI-CCT, *Recueil de jurisprudence de la CCJA*, n°°10, juill.-déc. 2007, p. 56 et s. ; v. aussi S. P. LEVOA AWONA, *La Cour commune de justice et d'arbitrage*, Paris, Éd. L'Harmattan, 2021, n°°149, p. 155.

1327 Chr. VIGOUROUX, *Du juste exercice de la force, op. cit.*, p. 70.

une instance juridictionnelle communautaire. Dans la même veine, il pourrait être institué dans chaque État membre une antenne locale ou un représentant local devant éventuellement examiner et décider du sort à réserver aux demandes d'assistances judiciaires enregistrées.

1182. Des autorités nationales pourraient être déterminées pour apporter des renseignements, à la demande du représentant résidant, sur tout demandeur d'assistance judiciaire[1328]. Enfin, la possibilité de recourir aux services d'un conseil fait partie des moyens susceptibles de garantir l'accès à la justice. Comme en matière pénale, la nouvelle Constitution du Mali aurait pu consacrer ce droit, en toute matière.

1183. Ces différents droits et moyens doivent être renforcés en vue de réussir l'amélioration de la qualité de la réponse judiciaire au Mali, dans les domaines civil et commercial. C'est dans ce cadre que le ministère public devrait être rappelé à la plénitude de ses responsabilités[1329] puisque, comme on le verra plus loin dans le cadre de la présente étude, il est l'organe le mieux indiqué pour assurer la communication judiciaire.

1184. Aussi devrait-il servir d'interface entre les juges et le politique, notamment, en imaginant des voies et moyens pour transmettre les préoccupations des premiers au second. Tout cela serait de nature à accroître la crédibilité du système judiciaire malien puisque cette communication produirait un effet positif sur la perception de la justice par ses nombreux usagers d'autant plus qu'*« Une justice plus accessible, c'est aussi une justice qui va vers ceux qui en ont besoin et qui aide le citoyen dans des étapes cruciales de la vie »*[1330].

1185. Pour le reste, l'État devrait veiller à ce que les bureaux d'accueil et d'orientation, à l'entrée des juridictions, soient fonctionnels. Aussi devrait-il veiller à ce que les agents d'accueil animant ces structures soient parfaitement formés à cette tâche pour qu'ils soient totalement disponibles, ouverts et surtout courtois vis-à-vis des justiciables qui, pour la plupart, franchissent le seuil d'un palais de justice pour la première fois.

[1328] Un tel mécanisme est indispensable pour faire le tri nécessaire entre les demandes d'assistance qui ne manqueraient pas. Il pourrait ainsi réduire la marge de fraude de la part de justiciables prétendant injustement au bénéfice de cette mesure.

[1329] *« Trop de magistrats ont une fâcheuse propension à se considérer plus comme les propriétaires d'une charge que les serviteurs d'une mission de service public. Cette attitude confine à l'indécence quand tout justiciable peut faire l'amère expérience de la lenteur de la justice et de ses dysfonctionnements. Le juge, faut-il le rappeler, ne tient sa légitimité que du peuple qui lui a remis le pouvoir de dire le droit et de trancher les litiges »*, G. FENECH, *Un juge en colère*, Paris, Éd. Le Félin, 2005, p. 46-47.

[1330] M. I. KONATÉ, *Justice en Afrique. Ce grand corps malade*, Paris, Éd. La Sahélienne, 2018, p. 21.

La qualité de l'accueil compte beaucoup pour le justiciable puisque ce dernier en tire un grand bénéfice qui l'aide, psychologiquement[1331], à faire face à la machine judiciaire.

1186. Ainsi, autant le renforcement de l'accessibilité de la justice aide à améliorer la qualité de la réponse judiciaire, autant il permet, par ailleurs, de faire en sorte que l'action judiciaire soit comprise.

B. Une action judiciaire comprise

1187. La compréhension[1332] de l'œuvre de justice aussi bien par les observateurs de la chose judiciaire que par, surtout, les justiciables dépend, dans une large mesure, du renforcement de l'accessibilité de l'institution judiciaire. L'accès à la justice, fût-il un droit fondamental, est peu de chose si l'action judiciaire n'est pas suffisamment comprise de ceux auxquels elle est destinée.

La compréhension désigne le fait pour l'esprit de saisir un phénomène ou un message. Une action judiciaire comprise signifie, dès lors, l'adhésion de l'esprit des usagers aux différentes missions ainsi qu'aux mesures de l'institution judiciaire. En d'autres termes, une action judiciaire comprise désigne une mission de la justice, parfaitement saisie ou appréhendée des justiciables et du monde extérieur au sanctuaire judiciaire.

1188. C'est dire, conséquemment, qu'il s'agit d'une justice bénéficiant de l'assentiment du peuple au nom duquel elle est rendue comme le fait si opportunément observer Jean-Claude MAGENDIE, un haut magistrat français, à l'époque, qui, déplorant l'isolationnisme des magistrats, au nom d'une prétendue nécessité de protéger la corporation, explique que : *« Cette autoprotection a contribué à isoler la justice et à rendre son fonctionnement difficilement compréhensible. Elle ne peut plus se désintéresser de la façon dont elle est perçue, elle ne peut plus s'affranchir d'une démarche pédagogique, en un mot, elle ne peut plus se passer de communiquer. Mais elle doit le faire dans des conditions telles qu'elle n'y perde pas son âme. C'est-à-dire en veillant à ce que cette communication ne mette pas en cause sa liberté, qui constitue une déclinaison de son indépendance »*[1333].

1189. La compréhension[1334] de l'action judiciaire a plusieurs vertus bénéfiques tant pour l'État que pour les usagers du service public de la justice. Ces vertus ont trait, entre autres, à la facilitation de l'action judiciaire, à l'acceptation de l'œuvre de justice, à la contribution à la paix sociale, au développement et à une meilleure protection des droits humains.

[1331] *Ibid.*, p. 72.
[1332] Ph. BILGER, *Pour l'honneur de la justice*, Éd. Flammarion, Paris, 2006, p. 26.
[1333] J.-C. MAGENDIE, *Les Sept Péchés capitaux de la justice française*, Paris, Éd. Léo Scheer, 2012, p. 55.
[1334] É. MAUREL, *Paroles de procureur*, *op. cit.*, p. 22.

1190. Une action judiciaire bien comprise est, tout d'abord, facteur de facilitation de l'action judiciaire. Tout comme le droit, l'action judiciaire se caractérise par une certaine complexité[1335]. Cela découle, dans une large mesure, de la particularité du langage juridique, voire du langage du palais, d'une part, et, de l'autre, de la singularité du décorum, des us et pratiques du monde judiciaire.

1191. La particularité du discours juridique a été judicieusement magnifiée par Antoine GARAPON qui a relevé que : *« Le langage juridique épure la réalité de toutes ses contradictions pour la ramener à des catégories simples et opérationnelles qui détermineront autant de régimes juridiques, c'est-à-dire autant de places assignées et de comportement obligés. Le palais de justice écrase souvent par sa monumentalité et pourtant sa fragilité est peut-être son secret »*[1336].

1192. En effet, le droit est certes une science, mais il a également son langage ou son discours, ses méthodes, ses moyens ainsi que sa finalité. Ces traits caractéristiques conduisent les détracteurs du juriste à lui reprocher un certain ésotérisme[1337], voire son goût immodéré pour une dialectique absconse. S'il s'agit là de jugements plus ou moins sévères envers la science juridique, il demeure à relever, néanmoins, que le juriste ne tolère *« ni jeux de mots ni confusion de langage »*[1338].

1193. Quoique nécessaire, le particularisme discursif du juriste doit être concilié avec le besoin de compréhension de l'acte de juger par les usagers du service public de la justice. Les magistrats doivent s'évertuer à expliquer leurs décisions afin qu'ils soient compris des justiciables. C'est pourquoi, selon Daniel Soulez LARIVIÈRE *« Si l'appareil judiciaire ne se met pas davantage à l'écoute de la*

1335 *« La justice est complexe ; la compréhension de la logique judiciaire, des contraintes procédurales, du sens de la décision rendue constitue la garantie d'une justice comprise et acceptée »*, J.-C. MAGENDIE, *Les Sept Péchés capitaux de la justice française*, *op. cit.*, p. 55.

1336 A. GARAPON, *Bien juger. Essai sur le rituel judiciaire*, Paris, Éd. Odile Jacob, 2001, p. 45.

1337 À cet égard, Maurice AYDALOT a pu écrire que : *« J'ai souvent mis mes collègues en garde contre la tentation de céder au mirage d'un triomphalisme dérisoire, triomphalisme qui ne serait qu'une déviation de la haute idée qu'à juste titre nous nous faisons de notre rôle, triomphalisme diffus qui se retrouve aussi bien dans l'architecture de nos palais, dans la décoration de nos prétoires, dans la richesse de nos cérémonies, dans l'archaïsme et ésotérisme soigneusement entretenus de notre langage que dans notre répugnance à admettre les réserves, à accueillir les suggestions ou à supposer les critiques qui peuvent nous être adressées. La justice elle aussi, ai-je écrit, doit être toujours militante, souffrante s'il le faut, mais elle ne gagne jamais, elle non plus, à chercher à être triomphante »*, M. AYDALOT, *Magistrat. Un homme et son métier*, Paris, Éd. Robert Laffont, 1976, p. 244.

1338 C. VIGOUROUX, *Du juste exercice de la force*, *op. cit.*, p. 71 et 72.

réalité, il sera rejeté ; d'autant plus que notre société n'a pas de culture juridique »[1339].

1194. S'agissant de la singularité du décorum[1340], des us et pratiques[1341] du monde judiciaire, il y a lieu de relever que l'action de la justice se déploie dans un cadre et suivant un schéma qui confine l'institution dans un certain hermétisme. Cette impénétrabilité ou cette froideur de la machine judiciaire ne facilite guère sa compréhension par le monde extérieur et surtout par ses propres usagers.

Cette rigueur du cadre du déroulement de l'œuvre de justice a été expliquée, dans une certaine mesure, par Luc FREMIOT en ces termes : *« On mesure mal le stress d'un témoin ou d'une victime devant un tribunal, ou pis encore devant la cour d'assises. Le protocole d'une audience dans son déroulement, les costumes d'apparat, le côté solennel des lieux, la prise de parole réglée par le Code de procédure pénale peuvent déstabiliser les plus aguerris »*[1342].

1195. C'est en considération de toutes ces réalités que les magistrats doivent faire des efforts dans le sens la simplification de leurs discours lorsqu'ils s'adressent aux usagers du service public de la justice, en général, et, aux justiciables, en particulier. Ces efforts éventuels contribueraient, certainement, à faciliter l'action judiciaire et, partant, à en renforcer la compréhension. Cela est d'autant plus vrai qu'une institution ne peut bénéficier de l'adhésion et de l'accompagnement de ses usagers que lorsque ces derniers s'y reconnaissent véritablement.

1196. Ensuite, la bonne compréhension de l'action judiciaire favorise l'acceptation de l'œuvre de justice par les usagers. En effet, une décision judiciaire comprise des justiciables passe beaucoup plus facilement qu'une décision incomprise. L'incompréhension ou l'incompréhensibilité d'une décision judiciaire n'est pas synonyme de son illégalité. Un jugement peut parfaitement et entièrement être motivé en droit[1343] mais ne pas avoir l'assentiment du justiciable, parce que tout simplement incompris.

[1339] J.-M. COULON et D. S. LARIVIÈRE, *La Justice à l'épreuve*, Paris, Éd. Odile Jacob, 2002, p. 19.

[1340] *« La justice est un spectacle et un commerce, qui fait prospérer médias, auteurs, réalisateurs et professions libérales. Sans décorum, elle ne ferait pas recette »*, M. LEGRAND, *Les Secrets d'un juge. Comment la justice se fait le bras armé du pouvoir*, Paris, Éd. Fayard, 2015, p. 285.

[1341] Ph. BILGER, *Pour l'honneur de la justice*, Paris, Éd. Flammarion, 2006, p. 21.

[1342] L. FREMIOT, *Je vous laisse juges... Confidences d'un magistrat qui voulait être libre*, Paris, Éd. Michel Lafont, 2014, p. 218.

[1343] *« Bien juger exige de motiver sérieusement les jugements, non pas seulement de fournir une argumentation solide juridiquement, mais de dire celle qui a réellement guidé le juge. Il est toujours possible de trouver un habillage qui "tienne la route*

1197. C'est pourquoi l'institution judiciaire doit intégrer la nécessité de se faire comprendre afin que ses décisions soient beaucoup plus acceptées. Il est évident que même de bonnes décisions peuvent ne pas être acceptées et être donc contestées du fait de la mauvaise foi de certains plaideurs. Mais tous les recours exercés contre les décisions judiciaires ne sont pas imputables à la seule mauvaise foi de leurs auteurs.

Des plaideurs, logiquement déboutés, peuvent ne pas estimer nécessaire de se plier à la décision intervenue, parce que tout simplement elle ne leur a pas été expliquée ou bien qu'expliquée, ils n'y ont rien compris. La compréhension de l'action judiciaire est donc un facteur indéniable de son acceptation par les plaideurs.

1198. Également, la compréhension de l'action judiciaire participe à la préservation et à la consolidation de la paix sociale[1344]. Celle-ci désigne l'état de quiétude et de bon ordre existant dans la cité. Elle marque le fonctionnement du vivre ensemble ainsi que l'harmonie entre les membres d'une collectivité donnée. La paix sociale, dans bien des cas, procède de la bonne compréhension de l'action judiciaire.

Cela est si vrai qu'une justice comprise est certainement plus acceptée et, ainsi, l'œuvre de justice peut contribuer à réduire les tensions sociales ou les relations conflictuelles au sein de la cité. En effet, *« Le juge a le pouvoir, non pas de changer la société, mais de changer, au cas par cas, des situations dans la société »*[1345].

1199. De même, l'action judiciaire judicieusement comprise favorise le développement économique, politique et social de l'État. Chargée de réguler et de pacifier les rapports sociaux, à la suite de différends à propos d'intérêts antagonistes, la justice joue un rôle irremplaçable dans la vie des hommes. La bonne distribution de la justice ainsi qu'une saine compréhension de l'office du magistrat sont indispensables pour l'essor de la cité. En effet, il est bien un leurre que d'aspirer au développement s'il ne prévaut un climat paisible au sein de la collectivité.

1200. Justice et développement sont étroitement liés d'autant que le magistrat demeure le personnage central, dans l'État démocratique, pour imposer la discipline et impulser le progrès dans l'ensemble des domaines d'intervention de la puissance publique. Il est comme investi d'un mandat général de régulation vis-à-vis de tous. Dans ces conditions, il ne peut qu'être incontournable dans le maintien et la consolidation de la paix sociale, lorsque son office est bien

---

juridiquement" et qui permette de justifier une décision prise en réalité pour d'autres motifs », A. GARAPON, *Bien juger. Essai sur le rituel judiciaire*, *op. cit.*, p. 313 et 314.

[1344] V. LE COQ, *Impunités. Une justice à deux vitesses. Pamphlet*, Paris, Nouveau Monde Édition, 2017, p. 149.

[1345] H. LEHMAN, *Justice. Une lenteur coupable*, Paris, Éd. PUF, 2002, p. 7.

appréhendé. C'est là qu'il devient, sans doute, un artisan privilégié du développement de la société.

1201. Enfin, une parfaite compréhension de l'office du magistrat dans la cité, outre les vertus sus-narrées, permet, par ailleurs, une meilleure protection des droits humains[1346]. La justice est indispensable dans la défense et dans la protection des droits fondamentaux[1347] de l'homme tant au Mali que sous bien d'autres cieux.

1202. Les officiers du ministère public sont des vecteurs essentiels et privilégiés de vulgarisation et d'explication de l'action judiciaire. Parce qu'ils se doivent d'être ouverts au monde extérieur au sanctuaire judiciaire, le ministère public doit être en contact avec sa hiérarchie et accessible pour la société civile, en général, et pour les justiciables, en particulier.

1203. Comme le souligne Érick MAUREL, *« Éclairé par sa connaissance du contexte social et économique, le magistrat du parquet peut développer des réquisitions, compréhensives ou particulièrement répressives selon le cas, et c'est aussi un aspect de sa liberté de parole d'être capable de restituer un fait, une infraction dans la globalité de son contexte et d'en tirer les conséquences. Il peut être l'interface entre le juge et le monde socio-économique et, en toute liberté – sans collusion ni compromission –, rapporter sa connaissance ou sa compréhension des réalités évoquées par les justiciables ; tout en conservant son "âme" de magistrat. Bien plus, ce qu'il a pu apprendre et comprendre du fonctionnement d'un secteur d'activité peut constituer une arme redoutable dans la répression de la délinquance économique et financière ou industrielle »*[1348].

1204. Tout cela s'explique par le fait que contrairement à leurs collègues du siège, les magistrats du parquet ne sont liés, avec la même rigueur que ces derniers, aux devoirs d'indépendance et surtout d'impartialité. C'est pour cela qu'ils gèrent les relations publiques au sein du paysage juridictionnel.

1205. La réforme de la justice commande ainsi que l'efficacité de son action soit renforcée afin que sa crédibilité puisse, conséquemment, être assurée. Cela pourrait contribuer à rendre efficiente la distribution de la justice sur les plans civil et commercial.

Section II : L'efficiente garantie de l'action judiciaire

1206. La distribution de la justice, en matière civile et commerciale, doit être assurée de façon efficiente. Cela veut dire qu'il ne suffit pas, pour l'État, de se

---

[1346] A. SALL, *La Justice de l'intégration. Réflexions sur les institutions judiciaires de la CEDEAO et de l'UEMOA, deuxième édition revue, corrigée et augmentée*, Paris, Éd. L'Harmattan, 2018, p. 26.

[1347] P. TRUCHE, *Juger, être jugé. Le magistrat face aux autres et à lui-même*, Paris, Éd. Fayard, 2001, p. 101.

[1348] É. MAUREL, *Paroles de procureur*, *op. cit.*, p. 278.

contenter de recruter des personnels et de mettre en place des institutions qu'il dédie à la prise en charge des besoins de justice des citoyens.

Il se doit de veiller, également, à ce que cette mission soit convenablement assurée afin que les populations puissent réellement être satisfaites de la qualité de la réponse judiciairement apportée à leurs problèmes. C'est donc l'efficience qui donne du sens à toute entreprise humaine puisque dans le cas contraire, il est fort à parier que les objectifs poursuivis ne seront pas atteints ou qu'ils ne le seront que faiblement.

1207. L'efficience de l'action judiciaire, en matière civile et commerciale, nécessite dès lors la consolidation de l'office du juge (paragraphe I), ce qui pourrait constituer une solution, dans bien des cas, contre la pénalisation à outrance (paragraphe II).

Paragraphe I : La consolidation de l'office du juge en droit judiciaire privé

1208. La consolidation de l'office du juge en droit judiciaire privé pourrait être de nature à favoriser l'efficience de l'action judiciaire dans le cadre de la mission de l'État consistant à assurer la préservation de la paix sociale. Elle participe, également, à une protection beaucoup plus dynamique des droits humains dans un pays donné.

1209. Pour réussir la consolidation de l'office du juge dans la gestion des contentieux, en matière civile et commerciale, il est essentiel, d'une part, que ce dernier réunisse en sa personne certaines qualités (A). D'autre part, quand bien même le juge aurait des qualités indéniables, il serait toujours davantage plus fort de compter sur l'apport du ministère public dans l'accomplissement de ses missions (B).

A. Les qualités attendues du juge

1210. Pour une judicieuse distribution de la justice, en matière civile et commerciale au Mali, la consolidation de l'office du juge sur ces questions est nécessaire. Cela passe par, essentiellement, la réunion chez le juge d'un certain nombre de qualités qui fondent la légitimité même de l'institution judiciaire. Il faut entendre par qualité, chez un juge, l'observance par ce dernier de certaines normes de conduite aussi bien dans l'exercice ou à l'occasion de l'exercice de ses fonctions que dans sa vie privée.

1211. C'est ce qu'a fait remarquer, en d'autres termes, Denis SALAS lorsqu'il écrit qu' : *« Une amélioration de la qualité de la justice impose à l'activité judiciaire d'être attentive à ses résultats, à son effectivité, à son impact sur le justiciable, bref d'être conséquente avec elle-même »*[1349]. Dans la même veine, Philippe BILGER a ajouté que : *« [...] pour répondre à notre mission d'utilité*

[1349] D. SALAS, « Le nouvel âge de l'erreur judiciaire » *in Revue française d'administration publique*, n°°125, 2008, p. 176-177.

sociale et de restauration personnelle, nous avons le bonheur d'être placés sous l'égide d'une qualité, la justice, dont la plénitude est telle qu'elle peut et doit inspirer l'ensemble des comportements, des plus intimes aux plus apparents, des privés aux publics »[1350]. Il est à signaler que l'un et l'autre de ces auteurs sont, par ailleurs, des magistrats français ayant blanchi sous le harnais et ayant, conséquemment, accumulé une somme d'expériences dans la pratique judiciaire de leur pays.

1212. De ces propos liminaires, il découle que le juge est soumis à des normes comportementales de deux ordres. D'une part, il doit observer certaines exigences professionnelles qui régissent son office, et, d'autre part, même dans sa vie privée, il doit constamment se rappeler de son état de magistrat. Toutefois, seules les obligations saillantes du juge seront abordées, à ce niveau de la présente étude.

1213. Les qualités attendues d'un juge résultent, dans un premier temps, de la bonne exécution des obligations professionnelles découlant de son statut. Ces obligations sont, dès lors, à rechercher, essentiellement, dans la loi portant statut de la magistrature ainsi que dans le code de déontologie annexé à ce texte. Dans l'accomplissement de ses missions, le juge se doit tout d'abord d'être indépendant.

1214. L'indépendance du pouvoir judiciaire, incarnée surtout par les magistrats du siège dont les juges, trouve son fondement dans plusieurs textes en République du Mali. Elle est consacrée, en premier lieu, par la Constitution, norme-mère de la République, et, en second lieu, par la loi portant statut de la magistrature et le code de déontologie y annexé.

L'indépendance est la condition *sine qua non* de la légitimité de l'institution judiciaire, de la crédibilité du juge et de la préservation de la liberté ainsi que de la dignité du justiciable[1351]. Elle peut être considérée comme la qualité première de tout juge puisque la fonction de juger s'accommode mal avec la soumission du juge à des influences autres que celles émanant de la loi et de sa propre conscience.

1215. Cependant, la plupart des analyses sur la notion d'indépendance du juge en occultent un aspect fondamental qui échappe le plus souvent à l'attention des observateurs de la chose judiciaire. Il s'agit de l'indépendance financière du pouvoir judiciaire dans la quasi-totalité des États, même dans ceux dits démocratiques. En effet, l'articulation institutionnelle actuelle du Mali est conçue de sorte que la justice, administrativement, se trouve placée sous la férule du pouvoir exécutif et ne dispose d'une quelconque autonomie financière.

1350 Ph. BILGER, *Pour l'honneur de la justice*, *op. cit.*, p. 131.
1351 J.-C. MAGENDIE, *Les Sept Péchés capitaux de la justice française*, *op. cit.*, p. 23.

1216. Ainsi, le ministère de la Justice pourvoie-t-il, en concertation avec l'hôtel des finances, aux besoins de matériels, de logistiques, voire de personnels des différents organes juridictionnels, excepté la Cour suprême et la Cour constitutionnelle. Ainsi, même pour obtenir de l'encre pour un ordinateur, le juge se doit-il de s'adresser au département de la Justice, à travers son chef de juridiction. Une telle situation est si déplorable et si paradoxale qu'il suffit de la seule humeur du département de « tutelle » pour doter ou non une juridiction en équipements ou en matériels.

1217. C'est pourquoi il est nécessaire de se demander si toutefois l'existence même d'un ministère dit de la Justice est compatible avec une garantie efficiente de l'indépendance du pouvoir judiciaire. Il peut être estimé qu'une réponse négative se justifie amplement à la question puisque, d'une part, sous l'angle du parallélisme des formes, il n'existe pas un ministère du Parlement, exclusivement dédié aux différentes questions ayant trait aux parlementaires.

1218. D'autre part, il est pour le moins curieux que des trois pouvoirs constitutionnels en République du Mali, le pouvoir judiciaire soit le seul à être considéré comme « incapable » pour justifier qu'il soit placé sous tutelle du pouvoir exécutif, à travers le département de la justice.

1219. Le renforcement du pouvoir judiciaire commande que les attributions actuelles du ministère de la Justice soient partagées entre le Conseil supérieur de la magistrature (CSM) et la Cour suprême. Cela devrait conduire au renforcement du CSM et à la disparition du département de la justice du paysage institutionnel malien. Ce CSM renforcé pourrait maintenir la composition égalitaire entre magistrats et non-magistrats pour éviter, dans ce schéma, que l'État ne finisse par être pris en otage par un éventuel corporatisme des magistrats[1352]. Cette nouvelle articulation institutionnelle devrait consacrer l'autonomie financière du CSM et renforcer celle actuelle de la Cour suprême qui verrait du coup ses prérogatives accrues.

1220. Un État, réellement démocratique, n'a aucun intérêt à se méfier du juge ou de le percevoir en « empêcheur de tourner en rond » si tant est que la puissance publique, elle-même, doit se considérer comme sujet de droit[1353].

[1352] *« Il est à l'évidence nécessaire de doter la magistrature d'un organe de régulation garantissant son indépendance vis-à-vis du pouvoir politique, mais il n'est pas moins nécessaire d'éviter l'écueil du corporatisme. Cette mission, le Conseil supérieur de la magistrature l'assure fort mal »*, V. LE COQ, *Impunités. Une justice à deux vitesses*, *op. cit.*, p. 81.

[1353] La vérité à ce niveau est que bien des dirigeants politiques confondent les intérêts de l'appareil d'État à leurs propres intérêts. Des entreprises d'anéantissement du pouvoir judiciaire sont alors entreprises dans le dessein caché de préserver des intérêts purement personnels. C'est pourquoi les contre-pouvoirs (société civile, syndicats de magistrats, l'institution judiciaire, etc.) doivent pleinement jouer leurs rôles de sentinelle pour mettre

L'indépendance du juge doit être renforcée. Mais ce renforcement doit être accompagné d'un véritable encadrement pour que la magistrature ne finisse pas par être un État dans l'État. Il y'a lieu, en effet, que les magistrats sortent du pharisaïsme actuel pour se considérer comme uniquement de véritables serviteurs de la loi, expression du peuple souverain.

1221. Outre l'indépendance, une autre qualité professionnelle essentielle attendue du juge est l'impartialité. Cela est si vrai que la neutralité fait partie de l'identité même de tout homme prétendant à la judicature. Allégoriquement, la justice est, en effet, représentée sous les traits d'une femme aux yeux bandés[1354]. L'impartialité impose l'équidistance du juge entre les parties au procès.

1222. Comme l'enseigne Vincent LE COQ, *« Le système judiciaire est, ou devrait être, une institution non partisane »*[1355]. Le juge cesse d'être juge dès l'instant où il choisit « son camp ». L'impartialité est, dans ces conditions, une qualité indispensable chez le juge. Elle oblige le juge à observer l'obligation de réserve[1356] qui peut être considérée comme un de ses corollaires. Le défaut d'impartialité ou la violation dudit devoir, par un juge, pourrait justifier qu'il lui soit infligé, selon les cas, une sanction civile, pénale ou disciplinaire.

1223. Au compte des autres obligations professionnelles incombant au juge, la loi prévoit l'égalité, l'intégrité et la diligence. Le juge doit assurer l'égalité de traitement entre les parties litigantes[1357]. Il s'agit là, d'une exigence constitutionnelle puisque *« Tous les maliens naissent et demeurent libres et égaux en droits et en devoirs. Toute discrimination fondée sur l'origine sociale,*

---

en échec ces genres de volonté. Il est à relever, malheureusement, que ces différents organes sont dans un état de fébrilité qui frise l'ankylose au Mali.

[1354] *« [...] le temps judiciaire exige de la rigueur dans l'administration de la preuve. De la discrétion pour assurer l'efficacité d'une enquête. De la prudence pour veiller au respect de la présomption d'innocence. De la distance pour conserver impartialité et objectivité, cariatides d'une justice digne de ce nom »*, Ph. COURROYE, *Reste la justice...*, Paris, Éd. Michel Lafon, 2018, p. 303-304.

[1355] V. LE COQ, *Impunités, Une justice à deux vitesses, Pamphlet*, Paris, Nouveau Monde Édition, 2017, p. 261.

[1356] L'obligation de réserve est *« [...] une qualité qui pousse à agir avec prudence, avec discrétion, et qui met en garde contre tout excès. Elle s'apparente à la délicatesse : finesse d'appréciation, sensibilité scrupuleuse à l'égard de tout ce qui peut choquer »*, B. GARNOT, *Histoire des juges en France, de l'Ancien Régime à nos jours, op. cit.*, p. 301.

[1357] *« [...] il (le bon juge) est d'abord un homme intègre, qui ne se laisse influencer ni par le statut social des parties, ni par le souci de l'opinion publique, ni même par l'appât du gain ; il ne doit pas prendre parti « pour l'accusé ou pour l'accusateur, pour l'appelant ou pour l'intimé,* et il doit rester neutre envers *« toutes personnes, de quelque grade, dignité, qualité et conditions qu'elles soient »*, B. GARNOT, *Histoire des juges en France, de l'Ancien Régime à nos jours, op. cit.*, p. 43.

la région, la couleur, la langue, la race, l'ethnie, le sexe, la religion ou l'opinion politique est prohibée »[1358].

Ces dispositions constitutionnelles interdisent au juge de se retrouver sous une quelconque influence que celle légale dans la distribution de la justice qui doit être égale pour tous les citoyens.

1224. Le juge ne doit contourner ce principe que lorsqu'il y est autorisé par une dérogation légale. *« Quand je vois, dit Tocqueville, parmi nous, certains magistrats brusquer les parties ou leur adresser des bons mots, lever les épaules aux moyens de la défense et sourire avec complaisance à l'énumération des charges, je voudrais qu'on essayât de leur retirer leur robe, afin de découvrir si, se trouvant vêtus comme les simples citoyens, cela ne les rappellerait pas à la dignité naturelle de l'espèce humaine »*[1359].

1225. L'intégrité est la qualité du juge qui est intègre. Est intègre, le juge qui ne se laisse pas corrompre[1360]. Il s'acquitte de ses obligations professionnelles avec dignité[1361] et rectitude[1362]. Pour le Conseil supérieur français de la magistrature *« les juges doivent présenter, dans leur personne même, les qualités de rigueur, d'intégrité et de loyauté qui seules traduisent le sens de leurs responsabilités et la conscience de leurs devoirs, les rendent dignes d'exercer leur mission et légitiment leur action »*[1363].

L'observance de ce devoir est importante puisque selon toujours le même organe, en sa formation disciplinaire compétente à l'égard des magistrats du parquet, *« tout juge doit donner l'exemple du civisme ; sa qualité implique responsabilité et non privilège »*[1364].

[1358] Const. du Mali du 22 juillet 2023, art. 1er.

[1359] A. DE TOCQUEVILLE, *De la démocratie en Amérique*, Paris, Garnier-Flammarion, Éd. Flammarion, 1981 (biographie, préface et bibliographie par François Furet), t. I, p. 292.

[1360] *« La corruption est une gangrène, une hydre insatiable à l'appétit vorace et féroce, elle étend ses tentacules partout, détruit tout sur son passage, laissant derrière elle un champ de ruines analogues aux cadavres d'essaims d'abeilles décimés par un bombardement intensif de pesticide corrosif. Elle n'épargne ni riches ni pauvres, elle frappe malheureusement tout le monde, c'est le mal du siècle, les dommages psychologiques qu'elle cause dans le corps et l'esprit sont irréversibles »*, N. D. BAH, *La Ronde des crocodiles*, Paris, Éd. L'Harmattan, 2018, p. 73.

[1361] *« Attribut essentiel de l'homme, la dignité est la valeur sans laquelle l'être humain descend de son piédestal pour devenir banal, anodin, vulgaire... »*, C. Y. SECK, *Kéba M'baye. Parcours et combats d'un grand juge*, Paris, Éd. Karthala, 2009, p. 196.

[1362] Ph. BILGER, *Contre la justice laxiste*, Paris, Éd. L'Archipel, 2014, p. 56.

[1363] CSM, France, rapport annuel, 1994, disponible sur www.conseil-superieur-magistrature.fr, consulté le 03 octobre 2023 à 11 h 07.

[1364] CSM-Parquet (France), 5 janvier 1994, disponible sur www.conseil-superieur-magistrature.fr, consulté le 03 octobre 2023 à 11 h 07.

1226. S'agissant de la diligence, elle renvoie à l'obligation pour le juge d'exécuter les tâches qui lui sont confiées dans les délais prescrits par les textes. En l'absence d'encadrement temporel rigoureux, le juge doit agir dans « un délai raisonnable ». L'appréciation du caractère raisonnable du délai dépend du juge.

Toutefois, elle peut être contrôlée par les juridictions supérieures, nationales, communautaires, voire internationales, pour sanctionner d'éventuelles procrastinations ou inerties intolérables. La diligence est une qualité importante chez le juge puisque, comme l'affirme Hervé LEHMAN qui a pu écrire que : *« [...] la justice ne peut pas être juste si elle tarde trop »*[1365].

1227. Par ailleurs, relativement aux qualités attendues du juge dans sa conduite privée, il est tout aussi important de faire observer que le magistrat se doit d'être exigeant vis-à-vis de lui-même sur cet autre terrain. En effet, le magistrat doit intégrer qu'il ne cesse jamais d'incarner son statut aux yeux des autres, et que même en dehors du sanctuaire judiciaire, il est perçu comme tel.

1228. N'est-ce pas d'ailleurs la raison pour laquelle son serment exige de lui de se *« conduire en tout comme un digne et loyal magistrat »*[1366] ? Le code de déontologie annexé au statut se veut beaucoup plus explicite. Il prévoit que : *« Le Magistrat doit promouvoir et développer en toute circonstance des normes élevées de conduite.*

Il doit en particulier éviter tout comportement susceptible d'ébranler la confiance du public en la primauté du droit et en l'indépendance de la magistrature »[1367].

1229. En définitive, il y a lieu de retenir que le juge, en matière civile et commerciale, doit réunir en sa personne toutes les qualités sus-décrites et l'octroi de l'autonomie financière à l'institution judiciaire contribuerait certainement à renforcer son indépendance. Il est nécessaire de s'intéresser, à présent, à ce que pourrait apporter le ministère public à l'action du juge en ces matières.

B. L'apport du ministère public à l'action du juge

1230. Dans la consolidation de l'office du juge en droit judiciaire privé, le ministère public peut être d'un apport inestimable[1368]. Cette utilité du parquet, en cette matière, peut échapper à l'attention quand on se réfère aux fonctions réciproques conférées au juge, d'une part, et au parquetier, de l'autre. Cela procéderait tout simplement d'une analyse, non pas en profondeur, mais

---

[1365] H. LEHMAN, *Justice. Une lenteur coupable*, *op. cit.*, 2002, p. 9.

[1366] Loi n°°02-054 du 16 décembre 2002 portant statut de la magistrature en République du Mali, art. 31.

[1367] Code de déontologie annexé au statut de la magistrature, *op. cit.*, art. 4.

[1368] Ph. COURROYE, *Reste la justice...*, Paris, Éd. Michel Lafon, 2018, p. 111.

superficielle des choses, car dans la réalité des faits, le juge et le parquetier sont deux acteurs majeurs et complémentaires du jeu processuel.

1231. Il a déjà été expliqué que l'une des fonctions du ministère public consiste à veiller à la bonne application des lois et donc à servir de sentinelle de l'ordre juridique national en vigueur. Partant de ce postulat, il découle de la logique même des choses qu'à défaut d'être sous la surveillance du ministère public, l'action du juge doit néanmoins être, dans une certaine mesure, scrutée par les officiers attitrés de l'intérêt général[1369].

L'objectif est loin de placer le juge sous l'autorité du ministère public, ce qui serait inconciliable avec l'indispensable indépendance du premier. Il s'agit, au contraire, d'inscrire l'action mutuelle des deux autorités dans le cadre de la complémentarité indispensable à l'aboutissement heureux de l'action judiciaire.

1232. En vérité, autant le juge, lui-même, que l'œuvre qu'il accomplit, gagnent en qualité et en efficacité dans cette collaboration poussée entre les juridictions et le ministère public, en matière civile et commerciale. La complémentarité entre le juge et le parquetier est bénéfique pour le premier en ce que la présence de l'officier du ministère public peut, dans certains cas, être source d'assurance ou de réconfort, dans la conduite d'une procédure.

1233. Cela pourrait être le cas dans l'éventualité où un juge inexpérimenté se retrouverait face à une horde d'avocats assistant ou représentant soit des parties au procès aux intérêts opposés, soit la même partie. Dans le déploiement de leurs stratégies, pour l'animation procédurale, le juge constitue un grand centre d'intérêt pour les avocats[1370]. L'objectif essentiel que poursuivent ces derniers est de le charmer ou de le convaincre afin qu'il partage leur lecture des faits de la cause et les suive dans leur ambition décisionnelle.

1234. Il est évident que la présence du ministère public, dans une telle situation, pourrait contribuer à desserrer l'étau autour du juge pour donner aux débats une orientation plus objective[1371]. En effet, dans sa posture de partie jointe au procès civil ou commercial, le ministère public joue fondamentalement le rôle de commissaire de la loi. Dans cette dynamique, il attire l'attention des juridictions sur le sens qu'il croit être celui donné, par le législateur, aux textes applicables ou le sens qu'il croit relever de leur saine application.

[1369] É. MAUREL, *Paroles de procureur*, Paris, Éd. Gallimard, 2008, p. 281.

[1370] *« Les relations entre magistrats et avocats ont toujours été complexes et empreintes d'une grande méfiance »*, L. FREMIOT, *Je vous laisse juges... Confidences d'un magistrat qui voulait être libre*, Paris, Éd. Michel Lafont, 2014, p. 204.

[1371] À cet égard, un fin connaisseur du sanctuaire n'a-t-il pas affirmé que : *« Je mesurais ainsi la fragilité du juge quand la pression de l'appareil pénal se saisit de sa proie et quand l'appui du parquet, qui est le premier protecteur de l'indépendance du juge, lui fait défaut »*, D. SALAS, « Le courage de juger », Entretien avec Frédéric NIEL, *Le Parcours d'un magistrat hors normes*, Paris, Éd. Bayard, 2014, p. 32.

1235. Dans la même veine, nul ne peut contester l'apport ou l'utilité des officiers du ministère public, dans la gestion des incidents d'audience[1372] même en matière civile et/ou commerciale. Comme le fait observer Maurice AYDALOT, un ponte du monde judiciaire français de son époque parlant des incidents d'audience, « *[...] le jeu comportait aussi une règle, du moins lorsque certains avocats tenaient la barre : les incidents d'audience. Encore une règle non écrite. Son application, ses chances de succès, les risques qu'elle comportait étaient laissés à la discrétion de celui qui l'utilisait. C'était une question de flair, ou, pour employer un style plus noble, d'inspiration. On disait de tel ou tel avocat qu'il "sentait" le moment. [...] L'incident relevait de l'art, ou du moins d'une technique certaine. Il fallait le créer au bon moment, soit pour faire une diversion quand l'affaire prenait mauvaise tournure [...] Mais ce n'était pas tout de créer l'incident. Encore fallait-il savoir en sortir... N'aller jamais plus loin que l'on ne doit aller. Là encore, c'était jeu d'artiste. Mais tous les avocats ne sont pas forcément des artistes et l'incident parfois tournait court, ou mal. Pas pour eux. Pour leur client. Et ce n'était pas justice* »[1373].

1236. Véritables experts en droit, à l'instar de leurs collègues du siège ou des avocats qui sont leurs contradicteurs privilégiés, les parquetiers contribuent substantiellement à déjouer les malices et les espiègleries visant à noyer les débats d'audience[1374]. Outre la possibilité qui leur est reconnue de faire face aux débordements graves, notamment, toutes les fois que les juges en réfèrent à eux relativement à une infraction d'audience, les parquetiers brisent, dans bien des cas, les ardeurs des parties privées pour empêcher que le cours normal de la procédure ne soit affecté.

Là encore, l'apport du ministère public se manifeste par le fait qu'il prend le relais dans la gestion des incidents d'audience, chaque fois que le juge croit être à ses propres limites en la matière[1375].

1372 L. CADIET et E. JEULAND, *Droit judiciaire privé*, Paris, LexisNexis, 11e éd., 2020, n°°623, p. 603.

1373 M. AYDALOT, *Magistrat. Un homme et son métier*, Paris, Éd. Robert Laffont, 1976, p. 61-62.

1374 « *Rien ne peut être enfermé dans un emploi du temps rigide tant sont imprévisibles le flux des affaires ou la durée des débats. Il est des professions qui exigent de ceux qui les exercent un rapport au temps particulier. Nul n'est obligé d'être magistrat, mais celui qui accède à cette fonction ne peut s'attendre à ce qu'elle soit circonscrite dans un cadre horaire précis et limité. Participant à la régulation de la vie sociale, faite d'attentes, d'accidents, d'impondérables, il doit y répondre dans un délai raisonnable* », P. TRUCHE, *Juger, être jugé. Le magistrat face aux autres et à lui-même*, Paris, Éd. Fayard, 2001, p. 133.

1375 Ainsi, dans cette logique, l'article 43 du code de procédure civile, commerciale et sociale prévoit que : « *Au jour fixé par la citation ou convenu entre elles, les parties comparaissent en personne ou par mandataire.*

1237. Certes, le juge a la police de l'audience, ce qui s'accommode mal avec l'impéritie. Cette prérogative lui permet de réglementer les débats, d'assurer la distribution de la parole entre les parties ou de faire régner l'ordre dans la salle d'audience, au besoin en faisant intervenir la force publique. Cependant, l'obligation de retenue ou de réserve à laquelle il est soumis lui interdit de se permettre des prises de position de nature à laisser entrevoir le sens décisionnel qu'il entend emprunter. Il doit donc s'interdire d'opiner.

1238. C'est pourquoi le juge trouve dans la présence de l'officier du ministère public, à ses côtés, un grand intérêt puisque ce dernier, n'étant pas astreint à la même réserve que lui, pourrait se permettre des positionnements plus osés, sans courir le risque de reproches. Il est important, toutefois, que le parquetier n'abuse pas non plus de son rôle, notamment, en se permettant un comportement manifestement déplacé.

En effet, l'officier du ministère public doit respecter l'autorité du juge, d'une part, et, de l'autre, ne pas manquer de courtoisie envers ses contradicteurs[1376]. Cela participe de la préservation de la sacralité de la chose judiciaire comme le rappelle aux gens de robe le rabat de la toge[1377].

1239. Sur un tout autre plan, les chefs de parquets ont un droit de regard sur le fonctionnement du greffe, en général, et, plus spécifiquement, sur la conservation des minutes[1378]. La minute désigne la copie du jugement signée du

---

Elles sont tenues de s'expliquer avec modération et de garder en tout le respect qui est dû à la justice ; si elles y manquent, le président les y rappellera, d'abord par un avertissement.

Dans le cas de récidive, d'insulte ou d'irrévérence grave envers le tribunal ou un de ses membres, il en sera dressé procès-verbal, et l'auteur sera conduit devant le procureur de la république aux fins de poursuites ».

[1376] *« Lors d'une audience, la parole d'un procureur est libre. Mais même lorsqu'il s'exprime publiquement au nom de la société pour défendre l'intérêt général, cette liberté trouve ses limites dans la loi. Son statut de magistrat, fait de règles déontologiques et juridiques, impose à son expression une obligation de réserve et le respect du secret de l'enquête et de l'instruction »*, É. MAUREL, *Paroles de procureur*, *op. cit.*, p. 9.

[1377] A. GARAPON, *Bien juger. Essai sur le rituel judiciaire*, *op. cit.*, p. 88.

[1378] *« Sous l'autorité des chefs de juridictions, de parquets et de services, le greffier en chef dirige le greffe, en assure la responsabilité et la gestion administrative.*

Il assiste le juge dans les actes de sa juridiction dans les conditions prévues par les textes en vigueur.

Il est dépositaire des minutes et archives dont il assure la conservation.

Il authentifie les décisions de justice et, à ce titre, il délivre les expéditions copies et grosses des jugements et arrêts.

Il assure la garde des scellés et de toutes sommes et pièces déposées, à quelque titre que ce soit, au greffe.

président et du greffier audiencier[1379]. Ce droit reconnu aux chefs de parquets de contrôler les minutes, entre les mains des greffiers en chef, établit un autre rapport entre le ministère public et l'action du juge.

Même si ledit contrôle intervient *a posteriori*, il demeure qu'il tisse un lien entre les deux acteurs judiciaires, par l'intermédiaire du greffier en chef. Certes, ce dernier se trouve aussi sous le contrôle des chefs de juridictions, mais il est à signaler que les minutes peuvent être l'œuvre d'autres juges relevant du siège de la juridiction.

1240. En plus de ces différents éléments, il y a lieu de noter, également, que les officiers du ministère public peuvent utilement apporter au juge leur avis et leur regard sur le litige soumis à son examen. Parce qu'il peut être nanti de certains renseignements que le juge ne saurait détenir, le parquet peut apporter à l'audience son expertise et surtout faire des observations. Ces contributions peuvent permettre à la juridiction de se décider en étant suffisamment éclairée sur les contours et surtout sur les enjeux réels d'une procédure que les parties privées pourraient bien lui cacher.

1241. Étant en contact avec la société civile, le monde sécuritaire et les politiques, les officiers du ministère public sont beaucoup plus renseignés que leurs collègues du siège. Ces derniers ont, en effet, comme seule source de renseignement[1380] les dossiers judiciaires soumis à leur examen. Il n'y a éventuellement qu'une expertise[1381] qui pourrait ainsi compléter ces renseignements bruts mis à leur disposition.

1242. Comme on vient de le voir, la consolidation de l'office du juge en droit privé peut contribuer au renforcement de l'efficience de l'action judiciaire, en matière civile et commerciale. Un des bénéfices de ce renforcement pourrait être la réduction de la pénalisation excessive de certains comportements déviants, sur le plan processuel.

Paragraphe II : Une solution contre la pénalisation à outrance

1243. Le renforcement de l'efficience de l'action judiciaire, en matière civile et/ou commerciale, peut bien être une solution contre la pénalisation à outrance[1382]. En effet, c'est bien le caractère inopérant des systèmes de sanction

---

Il peut désigner sous sa responsabilité un ou plusieurs greffiers ou secrétaires de greffes et parquets pour exercer tout ou partie des fonctions qui lui sont attribuées », Ord., n°°05-014/P-RM du 22 mars 2005 portant statut du personnel cadre des greffes et secrétaires des greffe et parquets au Mali, art. 8.

[1379] CPCCS, *op. cit.*, art. 464.

[1380] Or, *« Pour utiliser la force a bon escient, l'autorité a besoin de renseignement »*, C. VIGOUROUX, *Du juste exercice de la force*, Paris, Éd. Odile Jacob, 2017, p. 43.

[1381] Y. DIALLO, *Le Procureur de la République. La pratique du parquet*, Dakar, Éd. L'Harmattan, 2018, p. 111-112.

[1382] D. SALAS, *Le Tiers pouvoir. Vers une autre justice*, Paris, Éd. Fayard, 1998, p. 76.

internes au droit civil et/ou au droit commercial qui peut conduire à explorer la piste du droit pénal pour leur apporter beaucoup plus de vigueur.

1244. Comme l'on va tenter de le cerner, il existe un lien entre l'inflation pénale et l'inefficience des sanctions civiles et/ou commerciales (A). Cependant, l'implication du ministère public dans le traitement des affaires civiles et/ou commerciales pourrait permettre une certaine revigoration du système de sanction de ces deux matières (B).

A. L'inflation pénale, possible expression de l'inefficacité des sanctions civiles

1245. Le droit civil et le droit commercial ont leurs systèmes propres de sanction qui leur permettent, dans la plupart des cas, d'assurer leur autorégulation tout en réussissant à trouver des solutions aux situations pathologiques qu'ils peuvent enregistrer. C'est ce qu'a expliqué, en d'autres termes, le professeur Georges LEVASSEUR lorsqu'il écrit que : *« Les branches juridiques les plus anciennes n'ont guère besoin des sanctions pénales : le droit civil par exemple. Dieu sait combien d'obligations contractuelles ou extracontractuelles naissent à chaque jour, à chaque heure, mais le droit civil a des sanctions qui assurent, dans l'ensemble, une observation ou une réparation suffisante : nullité, inopposabilité, astreinte, dommages-intérêts, exécution forcée, saisies diverses, etc., sans parler des garanties nées de la solidarité, du cautionnement, etc. »*[1383].

1246. Pour l'essentiel, ces observations de cet éminent doctrinaire peuvent être partagées, surtout s'agissant de toute la gamme de sanctions qu'il rapporte du droit civil. Cependant, des réserves doivent être émises sur d'autres aspects de sa lecture de la question, notamment, lorsqu'il soutient que : *« Les branches juridiques les plus anciennes n'ont guère besoin des sanctions pénales. »* En effet, quelle que soit la diversité des sanctions qu'une matière peut développer, il est toujours que lesdites sanctions peuvent souvent montrer leurs limites.

1247. Cela étale, par voie de conséquence, l'insuffisance du régime de sanction interne à ladite matière. C'est pourquoi, il sied de souscrire, au contraire, à la démarche des professeurs Roger MERLE et André VITU qui estiment, quant à eux, que le droit pénal vient en renfort aux autres matières, lorsque les systèmes de sanction interne de ces dernières s'avèrent inefficaces[1384].

1248. Ainsi donc, le droit civil et le droit commercial peuvent être amenés à recourir au droit criminel, lorsque leurs mécanismes propres de régulation se

---

[1383] G. LEVASSEUR, « Le problème de la dépénalisation », Rapport de synthèse présenté aux troisièmes journées franco-italo-espagnoles de politique criminelle d'Aix-en-Provence en septembre 1982, disponible sur https://ledroitcriminel.fr, consulté le 29/07/2023.

[1384] R. MERLE et A. VITU, *Traité de droit criminel*, t. I : *Problèmes généraux de la science criminelle. Droit pénal général*, Paris, Cujas, 7e éd., 1997, n°° 146, p. 216.

montrent inefficients. Un tel recours, qui se justifie par la nature et le but spécifique du droit pénal, explique et donne du sens à la complémentarité indispensable entre les différentes branches du droit.

En effet, ni le droit privé ni le droit public ou encore le droit pénal ne peuvent, chacun pris individuellement, se suffire à assurer une régulation efficiente de la vie sociale. Ils ont besoin les uns des autres puisque les limites de l'un relèvent, opportunément, du champ opératoire de l'autre.

1249. Cependant, dans certains cas, les dysfonctionnements[1385] des sanctions internes au droit civil et/ou au droit commercial peuvent expliquer des irruptions profondes et fréquentes en leur sein du droit pénal. Ainsi se manifeste-t-il le lien entre l'inefficience des sanctions spécifiques à ces deux matières et ce que l'on peut appeler l'inflation pénale[1386]. L'inflation pénale est une notion qui recouvre deux réalités distinctes mais complémentaires pour en déterminer le sens. Il s'agit, d'une part, de la pénalisation et, d'autre part, de l'inflation appliquée à cette pénalisation.

1250. Dérivant du mot anglais *penalization*, la pénalisation a pu être définie comme l'*« Action de pénaliser – infliger une pénalité ou un handicap – et résultat de cette action ; désigne surtout en matière économique ou sociale la rupture de l'égalité des chances qui résulte d'un traitement discriminatoire ou d'une mesure jouant à la manière d'un tel traitement »*[1387]. L'on relèvera, d'emblée, que cette définition, dans son aspect final, marque un certain rapport avec la matière économique.

1251. C'est pourquoi, sous l'angle strictement juridique, il faut entendre par la notion[1388] le fait de recourir au droit pénal dans la détermination et la poursuite de la sanction d'un comportement ou d'un fait. En d'autres termes, la pénalisation consiste à étendre l'emprise du droit criminel sur une situation qui l'échappait, dans le dessein de réussir une régulation beaucoup plus efficiente. Quant à l'inflation, elle désigne l'*« Extension, [l']augmentation jugée excessive d'un phénomène »*[1389]. De ce fait, l'inflation a trait au développement soutenu, voire à la surabondance dans la manifestation d'un phénomène.

1252. Au regard de ces spécificités sémantiques, l'inflation pénale pourrait dès lors désigner le recours surabondant au droit pénal dans la dynamique de

---

[1385] V. LE COQ, *Impunités. Une justice à deux vitesses. Pamphlet*, Paris, Nouveau Monde Éditions, 2017, p. 7.

[1386] E. RASCHEL, *La Pénalisation des atteintes au consentement dans le champ contractuel*, Paris, Éd. LGDJ, 2014, n°°48, p. 47.

[1387] G. CORNU (dir.), *Vocabulaire juridique, op. cit.*, v. pénalisation, p. 1594.

[1388] J. DEGRANDI, « Discours à l'audience solennelle du 9 janvier 2013 », https://www.cours-appel.justice.fr, consulté le 30/07/2023.

[1389] A. REY et J. REY-DEBOVE (dir.), *Le Petit Robert. Dictionnaire alphabétique et analogique de la langue française*, nouvelle édition, Paris, 2022, v. inflation, p. 1328.

renforcement des sanctions propres à une autre matière. Comme phénomène juridique, elle est l'expression du désir de l'autorité normative de rechercher l'optimisation et l'efficacité du système de sanction au compte d'une matière donnée. Elle traduit, dans ces conditions, le malaise ou l'échec d'une matière autre que le droit pénal à réussir son autorégulation par son système propre de sanction.

1253. L'inflation pénale se manifeste, essentiellement, sous deux formes différentes puisqu'elle peut intervenir soit par l'aggravation ou le renforcement de sanctions pénales déjà existantes, soit par l'incrimination de certains faits qui, initialement, n'étaient pas sous l'emprise de la loi pénale.

1254. Dans la première hypothèse, l'inflation pénale intervient par le durcissement du régime répressif à l'égard de certains comportements. Le législateur peut s'inscrire dans cette dynamique lorsqu'il fait face à une crise sociale résultant d'un dysfonctionnement évident des mécanismes de sanction préexistants. Un tel procédé frappe plus facilement les esprits et pourrait contenter l'opinion, puisqu'il donnerait le sentiment aux citoyens que le politique a tiré les leçons les meilleures d'une situation donnée pour corriger son impéritie.

1255. Dans la seconde hypothèse de manifestation de l'inflation pénale, l'organe normatif au sein de l'État décide d'attacher des sanctions pénales à un fait qui, initialement, n'était pas du ressort du droit pénal. Cela se traduit par l'adoption de nouvelles incriminations[1390], c'est-à-dire que le législateur crée de nouvelles infractions, avec leurs sanctions, pour étendre le champ opératoire de la loi pénale à ces nouvelles situations. Le droit pénal relevant des questions intimes de la puissance publique, il est évident que, sauf dans quelques cas exceptionnels, c'est de façon souveraine[1391] que l'État saisira l'occasion de l'incrimination pour en déterminer la gravité.

1256. Tout système de régulation et de sanction vise des objectifs qui ne peuvent être atteints que lorsque les mécanismes y dédiés fonctionnent réellement. C'est justement pourquoi il existe un lien entre l'inefficience des sanctions civiles et/ou commerciales et l'inflation pénale. Comme on l'a en partie expliqué plus haut, cette inefficience peut découler soit de l'ineffectivité, soit de l'incomplétude des textes. Ici, c'est plutôt l'inefficience du fait de

---

[1390] L'incrimination *« c'est la description d'une certaine conduite humaine, que le législateur interdit ou impose aux individus, parce qu'il estime que la prohibition ou l'obligation d'agir établie par lui est le seul moyen d'assurer la protection de certaines valeurs sociales ou de certains « biens juridiques »*, R. MERLE et A. VITU, *Traité de droit criminel*, t. : I, *Problèmes généraux de la science criminelle. Droit pénal général*, Paris, Éd. CUJAS, 1997, n°°181, p. 263.

[1391] G. LEVASSEUR, « Le Problème de la dépénalisation », Rapport de synthèse présenté aux troisièmes journées franco-italo-espagnoles de politique criminelle d'Aix-en-Provence en septembre 1982, *op. cit.*, p. 3.

l'ineffectivité[1392] des textes qui est le plus en rapport avec le lien entre inflation pénale et inefficience des sanctions civiles et/ou commerciales.

1257. La pénalisation[1393] donne la faculté au législateur de recourir à des solutions plus pragmatiques et plus dissuasives. C'est surtout ce caractère, particulièrement dissuasif, qui justifie le goût ou la propension du législateur de se rabattre fréquemment sur le droit pénal. Dans certains cas, elle peut être critiquable puisqu'elle peut servir de moyen pour des gouvernants de jouer négativement sur les libertés publiques. Elle peut aussi être, dans certains cas de figure, disproportionnée par rapport au résultat qu'elle peut apporter. C'est pourquoi Jean-Marie COULON a relevé que : *« Le procès civil manque de solennité, alors qu'il pourrait contribuer à réduire la pénalisation de notre vie »*[1394].

1258. Dans la conception et la mise en œuvre de sa politique normative[1395], en matière civile et/ou commerciale, la puissance publique se doit, autant que faire se peut, d'imaginer des mécanismes ou des dispositifs juridiques anticipatifs[1396] et efficients. C'est à cette seule condition qu'elle pourrait empêcher l'envahissement de ces deux matières par le droit répressif. Cela est si important pour l'essor économique que l'épanouissement du droit des affaires, par exemple, est difficilement conciliable avec la rigueur ou la rigidité normative.

1259. Certes, cette question est prise en charge par le droit communautaire OHADA. Cependant, il est évident que même ce système juridique communautaire est, par endroits, perfectible. L'absence de ministère public auprès de la Cour commune de justice et d'arbitrage ou encore l'allergie dudit droit par rapport à l'intervention du parquet dans la mise en œuvre de l'exécution des décisions de justice[1397] témoignent à suffisance de la véracité de ces propos.

1392 *« Les moyens traditionnellement accordés à la justice sont chiches et ne lui permettent pas de fonctionner correctement ; pauvreté qui a pour corollaires la lenteur, l'inefficacité, l'inadaptation dont les citoyens se plaignent »*, J.-C. MAGENDIE, *Les Sept Péchés capitaux de la justice française*, Paris, Éd. Léo Scheer, 2012, p. 19-20.

1393 P. TRUCHE, *Juger, être jugé. Le magistrat face aux autres et à lui-même*, Paris, Éd. Fayard, 2001, p. 51.

1394 J.-M. COULON et D. S. LARRIVIÈRE, *La Justice à l'épreuve*, Paris, Éd. Odile Jacob, 2002, p. 33.

1395 B. GARNOT, *Histoire des juges en France, de l'Ancien Régime à nos jours, op. cit.*, p. 247.

1396 *« [...] chaque problème de justice que l'on anticipe ou que l'on règle est une contribution directe et positive à l'état du pays »*, M. I. KONATÉ, *Justice en Afrique. Ce grand corps malade, op. cit.*, p. 73.

1397 *« Le juge ne doit pas rendre une décision non susceptible d'exécution : il n'a pas pour fonction de produire du papier pour des archives »*, P. TRUCHE, *Juger, être jugé. Le magistrat face aux autres et à lui-même, op. cit.*, p. 180.

1260. La poussée répressive, en matière civile et/ou commerciale, explique, par exemple, l'existence de certaines infractions comme, entre autres, la bigamie, l'abandon de domicile conjugal ou encore l'usage frauduleux du chèque. Il est évident que si les systèmes de sanction interne au droit civil et au droit commercial fonctionnaient comme il se devait, on aurait pu se passer, volontiers, de ces infractions.

1261. Si l'on s'aperçoit, à travers ces quelques lignes qu'il peut bien exister un lien entre inflation pénale et inefficience des sanctions civiles et/ou commerciales, il est par ailleurs que l'implication du ministère public dans le traitement du contentieux ayant trait à ces matières pourrait contribuer à assurer à leurs sanctions une certaine revigoration.

B. La revigoration par l'implication du ministère public

1262. L'efficacité[1398] et l'efficience de l'action judiciaire, en matière civile et/ou commerciale au Mali, peuvent être obtenues, dans une certaine mesure, par la revigoration de l'implication du ministère public en ces deux domaines. Par revigoration, il faut entendre le fait de mettre de la vigueur dans une action[1399].

La revigoration de l'action judiciaire désigne donc le renforcement ou la revitalisation de l'œuvre de justice. Il s'agit, en d'autres termes, de la conception et de la mise en œuvre de mécanismes juridiques à même d'assurer une distribution efficiente[1400] de la justice dans les domaines, civil et/ou commercial.

1263. Que le ministère public soit fondé à intervenir dans la gestion du contentieux judiciaire, sur les plans civil et commercial au Mali, cela est déjà un acquis, même si en des endroits, cette intervention mériterait d'être étendue[1401] ou renforcée[1402]. En dépit de la consécration formelle de son action en ces domaines, il a cependant été relevé un véritable désintérêt des officiers du ministère public.

[1398] *« [...] le principe d'efficacité se concilie avec celui du respect des droits de la personne »*, R. VAN RUYMKEKE, *Mémoires d'un juge trop indépendant*, Paris, Éd. Tallandier, 2021, p. 292.

[1399] A. REY et J. REY-DEBOVE (dir.), *Le Petit Robert. Dictionnaire alphabétique et analogique de la langue française*, Paris, Nouvelle Monde Éditions, 2022, v. revigorer, p. 2243.

[1400] *« Un contrôle professionnel rigoureux aurait le mérite non pas de déstabiliser la magistrature mais de lui redonner sens et efficience »*, Ph. BILGER, *Pour l'honneur de la justice*, *op. cit.*, p. 133.

[1401] L'intervention du ministère public mérite, par exemple, d'être expressément consacrée en matière de voies d'exécution. Une évolution du droit OHADA sur ce plan paraît plus que nécessaire.

[1402] Le besoin de renforcement de l'intervention du ministère public se ressent, entre autres, devant la Cour de justice de l'UEMOA.

1264. Les raisons susceptibles d'expliquer un tel manque d'entrain des parquetiers, pour la chose civile et/ou commerciale, ont pu également être abordées. Cependant, quoiqu'il soit tentant pour les garants attitrés de l'ordre public et de l'intérêt général de se soustraire à leur mission d'animation de la procédure civile, il est constant que ce manque d'allant influe négativement sur la qualité de la réponse judiciaire[1403].

1265. C'est pourquoi il est loin d'être saugrenu de soutenir que la revigoration de l'action du parquet, en ces matières, pourrait contribuer tant à soigner la qualité des décisions judiciaires que, surtout, à éviter la tentation pour le tout pénal. Sous cet angle, Fatoma THERA a, à juste titre, fait observer que l'exercice judicieux d'une action de type civil par le ministère public pourrait aboutir à une certaine dépénalisation du droit des sociétés[1404].

1266. La pleine implication du ministère public, dans le traitement judiciaire des affaires civiles et/ou commerciales, participe d'une bonne administration de la justice[1405]. Cela est si vrai que l'effectivité d'une telle intervention contribue à l'amélioration de la qualité de la réponse judiciaire pour diverses raisons.

1267. Tout d'abord, la participation des officiers du ministère public à l'animation des procédures civiles et/ou commerciales est un moyen indéniable de renforcement capacitaire de ces magistrats. En effet, l'organisation judiciaire en République du Mali ne consacre pas la spécialisation[1406] au sein de la magistrature. Au cours de sa carrière, le magistrat peut être amené, constamment, à changer de fonction. Il peut ainsi passer du siège au parquet, de la fonction de juge au siège à celle de substitut du procureur de la République ou encore à celle de juge d'instruction.

1268. Les magistrats qui échappent à un tel « ballottage » dans la poursuite de leur carrière sont loin d'être légion. Dans ces conditions, le fait pour un parquetier de s'impliquer pleinement dans le traitement des causes civiles et/ou commerciales, lui permet non seulement d'être en phase avec la légalité mais aussi de s'aguerrir au droit processuel civil, ce qui pourrait utilement le servir s'il devenait, par la suite, juge dans sa carrière.

[1403] É. MAUREL, *Paroles de procureur*, *op. cit.*, p. 182-183.

[1404] F. THERA, « L'application et la réforme de l'acte uniforme de l'AHADA organisant les procédures collectives d'apurement du passif », thèse de droit, Université Jean-Moulin–Lyon-III, 2010, n°°494, p. 327, disponible sur https://scd-resnum.univ-lyon3.fr, consulté le 02/08/2023.

[1405] Y. DIALLO, *Le Procureur de la République. La pratique du parquet*, *op. cit.*, p. 447.

[1406] *« ... il n'existe pas à ce jour une formation spécifique pour les parquetiers. Les magistrats de l'ordre judiciaire sortent de la même école avec la même formation. Un système qui s'inscrit en droite ligne du principe de la non-spécialisation »*, Y. DIALLO, *Le Procureur de la République. La pratique du parquet*, *op. cit.*, p. 42.

1269. Ensuite, la pleine implication des parquetiers dans l'examen des affaires civiles et/ou commerciales participe d'une bonne administration de la justice puisqu'elle permet au juge de pouvoir compter sur l'expertise du ministère public[1407]. Investis de la mission d'assurer la défense de l'intérêt général et de l'ordre public, les parquetiers ne sortent nullement de la sphère de leurs attributions lorsqu'ils apportent leur concours au juge qui, lui aussi, poursuit, dans une certaine mesure, la défense de ces mêmes impératifs.

1270. Cela est d'autant plus une évidence qu'une bonne décision de justice est facteur de préservation de la paix sociale[1408] et, conséquemment, de l'ordre public et de l'intérêt général. L'ordre public commande que le cours régulier de la justice ne soit pas interrompu. Les officiers du ministère public pourvoient à cette exigence en accompagnant les juges ; ce qui permet à ces derniers de poursuivre, dans la quiétude, leur mission de distribution de la justice.

1271. Enfin, les justiciables gagnent dans la pleine implication des parquetiers à l'animation des procédures civiles et/ou commerciales en ce que le regard neutre du parquet, dans sa posture de partie jointe, contribue à une saine application de la loi. Cela est un facteur important de consolidation de la sécurité juridique[1409] et judiciaire dont tout justiciable a grand intérêt.

1272. Au regard de ces enjeux hautement importants, il est du salut commun, aussi bien de la société que de l'institution judiciaire, qu'il soit recherché la revigoration de l'action du ministère public, au-delà de la sphère pénale. En effet, le droit pénal est loin d'être le seul outil de prévention, de régulation, ou de rétablissement de l'ordre public au sein de la cité. La préservation de la paix sociale appelle, outre la mise en œuvre du droit répressif dans certains cas, l'application des normes consacrées à la matière civile et commerciale.

1273. Or, véritable artisan de cette paix sociale, le parquetier se permet, malheureusement, d'être absent sur certains terrains où l'ordre public est bien en cause. C'est pourquoi, des voies et moyens doivent être dégagés afin de corriger cette situation. Ainsi, la revigoration de l'action du ministère public, en matière civile et commerciale, peut être obtenue par des mesures soit incitatives, soit dissuasives.

[1407] *« [...] le procureur et, plus encore, le juge détiennent le pouvoir décisionnel. Pour le justiciable, la contrepartie de cette responsabilité est l'assurance qu'il peut avoir de la compétence du magistrat qui traite son dossier »*, É. MAUREL, *Paroles de procureur*, *op. cit.*, p. 246.

[1408] P. TRUCHE, *Juger, être jugé. Le magistrat face aux autres et à lui-même*, *op. cit.*, p. 53-54.

[1409] B. STIRN, « La qualité de la norme jurisprudentielle » *in* M. FATIN-ROUGE STEFANINI, L. GAY et J. PINI (dir.), *Autour de la qualité des normes. Actes du colloque d'Aix-en-Provence des 24 et 25 octobre 2008*, Bruxelles, Éd. Bruylant 2010, p. 262.

1274. La revigoration de l'action du ministère public, en matière civile et/ou commerciale, peut bien être obtenue par des mesures incitatives. Parmi les moyens pouvant permettre d'inciter les parquetiers à plus d'engagement, dans le traitement judiciaire du contentieux relatif à ces deux matières, il y a, tout d'abord, la prise en compte de cet élément dans leur ascension professionnelle[1410].

1275. Les promotions, au cours de la carrière, peuvent bien être subordonnées à un système d'évaluation prenant en compte, pour les officiers du ministère public, la participation effective et qualitative à l'animation des procédures civiles et commerciales. Il s'agit là, d'une mesure qui ne pourrait être exigée que des parquets de droit commun, puisqu'il existe au Mali, présentement, des parquets spécialisés n'officiant que dans des matières bien spécifiées[1411].

1276. Ensuite, un autre moyen incitatif des parquetiers à s'intéresser à la matière civile et commerciale est l'institution éventuelle d'une prime. Les agents sont davantage motivés, lorsqu'ils savent que leurs efforts sont reconnus et surtout récompensés. Une telle mesure, à coup sûr, produirait un effet positif sur les officiers du ministère public et les exhorterait dans l'exercice de leurs fonctions secondaires[1412] dont l'intervention sur les questions civiles et commerciales. Enfin, il pourrait être consacré une classification des parquets[1413] pour créer une certaine émulation entre les magistrats.

1277. Dans ce sens, une décision administrative pourrait, par exemple, prévoir le classement des différents parquets en « parquet modèle » et en « parquet ordinaire » avec à la clef des prix et d'autres mesures de reconnaissance et de motivation. Nul doute que cela pourrait contribuer à encourager les officiers du ministère public à développer les meilleurs pratiques et réflexes, ce qui

---

1410 *« Tout magistrat normalement constitué aspire [...] à accéder au grade immédiatement supérieur au sien, et dès que ce souhait se réalisera, il postulera aussitôt pour tenter d'atteindre une marche supérieure dans cette ascension que constitue la carrière. L'une de mes enseignants à l'Ecole nationale de la magistrature ne plaisantait-il pas lorsqu'il énonçait, non sans une certaine malice, que ''tout le temps passé au travail était perdu pour l'avancement ? »*, J.-P. MURCIANO, *Juge sur la Côte d'Azur. Mission impossibles*, Paris, Éd. Michel Lafon, 2001, p. 147.

1411 Le Mali, dans sa politique judiciaire, a opté pour la création de juridictions et de parquets spécialisés dans un certain nombre de domaines. Il s'agit, tout d'abord, de juridictions pour mineurs, du pôle judiciaire spécialisé en matière de lutte contre le terrorisme et la criminalité transnationale organisée, du pôle national économique et financier et, enfin, du pôle national de lutte contre la cybercriminalité.

1412 V. MIKALEF-TOUDIC, *Le Ministère public, partie principale dans le procès civil*, Marseille, Éd. PUAM, 2006, p. 18.

1413 Cela pourrait être pris en charge par une éventuelle modification du décret n°°2022-0793/PT-RM du 30 décembre 2022 portant classement des juridictions en République du Mali.

améliorerait la qualité de la réponse judiciaire, dans les domaines civil et commercial.

1278. À l'inverse, des mesures dissuasives pourraient être prévues pour jouer sur le moral des parquetiers, candidats à des pratiques professionnelles non recommandables. D'une part, une de ces mesures pourrait consister à ériger le refus de participation au traitement des affaires civiles et commerciales en faute disciplinaire, voire en infraction. En effet, on a déjà vu qu'il existe une certaine similitude entre un tel comportement et les délits de refus d'un service légalement dû, d'une part, et, d'autre part, le déni de justice.

Il est évident que la prise en charge de ces comportements par le droit disciplinaire et le droit pénal donnerait à réfléchir aux officiers du ministère public dans leur conduite professionnelle.

1279. D'autre part, il pourrait être prévu que les parquetiers qui se verraient reprocher cette insuffisance professionnelle[1414] manifeste ne puissent aucunement bénéficier de la possibilité d'occuper des postes de responsabilité élevés ou de servir dans les juridictions prestigieuses. Cela obligerait certainement les parquetiers à ne négliger aucun pan de leurs attributions pour pouvoir espérer sur une certaine ascension professionnelle sur des bases objectives.

1280. La mise en œuvre de ces différentes mesures devrait tenir compte des contraintes objectives des parquets. Cela est d'autant plus nécessaire que, de nos jours, il y a une insuffisance de ressources humaines qui, par endroits, pourrait expliquer certains dysfonctionnements. À cela s'ajoute, également, un déficit de moyen en termes d'équipements, puisque s'il est vrai que la loi d'orientation et de programmation du secteur de la justice[1415] a augmenté les budgets de fonctionnement, il n'en demeure pas moins que les problèmes d'équipement et de matériel demeurent entiers.

1281. En définitive, la revigoration de l'action des officiers du ministère public, en matière civile et commerciale, est plus que nécessaire. Elle pourrait être une des conditions *sine qua non* du renforcement du système judiciaire malien, en ce qu'elle permettrait une bonne administration de la justice et une protection beaucoup plus soutenue des droits humains. Par ailleurs, la réforme de l'action du ministère public, en matière civile et commerciale, peut certainement contribuer à la consolidation de la paix sociale.

[1414] Ph. BILGER, *Pour l'honneur de la justice*, *op. cit.*, p. 154.

[1415] Loi n°°2019-072 du 24 décembre 2019 portant loi d'orientation et de programmation pour le secteur de la justice 2020-2024.

CHAPITRE II : LA CONSOLIDATION CERTAINE DE LA PAIX SOCIALE

1282. La préservation et le rétablissement de la paix sociale sont les objectifs ultimes que poursuit l'institution judiciaire. En effet, qu'il s'agisse de la défense de l'intérêt général, de la préservation de l'ordre public ou encore du respect des droits humains, l'ensemble de ces éléments vise l'objectif essentiel ayant trait au maintien de l'harmonie entre les sujets de droit dans la vie en société.

1283. C'est dire, en conséquence, tout l'intérêt qu'il y a à ce que ces bons rapports puissent être entretenus et surtout défendus, puisqu'ils sont indispensables à l'instauration d'un climat de confiance, de paix et de cohésion entre les sujets de droit[1416]. Ils concourent même à l'essor économique de la cité puisque la stabilité est un facteur important d'attractivité des investisseurs dans un pays. Ils assurent, par ailleurs, la sécurité juridique et celle judiciaire qui sont indispensables pour la protection des droits fondamentaux, voire de la dignité de l'homme.

1284. Le ministère public, qui est censé être un artisan majeur de la défense et du maintien de la paix sociale, se montre, le plus souvent, indifférent à cette mission, surtout lorsque l'on se retrouve dans le domaine civil et/ou commercial. Cela rend nécessaires quelques réorientations en vue de rappeler aux officiers du ministère public le sens et les raisons de leur mission en ces matières. Les différentes réarticulations envisageables, sous cet angle, ont déjà été évoquées dans le cadre de la présente étude.

1285. À présent, il est nécessaire de démontrer en quoi est-ce qu'il existe des rapports entre le ministère public et la paix sociale et surtout ce qui explique que le parquet soit l'organe judiciaire le mieux indiqué pour œuvrer à ce salut collectif. Pour convenablement cerner la mission du ministère public en faveur de la paix sociale, il sera évoqué, d'abord, sa neutralité (section I) avant, ensuite, de démontrer qu'il est un véritable artisan en cette matière (section II).

Section I : La neutralité du ministère public

1286. La neutralité[1417] renvoie à l'équidistance entre des situations ou des personnes sur une question donnée. Elle est synonyme d'objectivité et surtout d'impartialité. La neutralité du ministère public désigne, dès lors, son

---

[1416] *« Elle [la justice] doit veiller à maintenir une cohésion sociale. L'apaisement est sa mission première. Son pouvoir de coercition ne vient qu'accessoirement : "Si force doit rester à la loi" ce n'est qu'après que toutes les tentatives pour obtenir l'exécution spontanée ont échoué. Il faut gagner la confiance du citoyen avant de prétendre lui imposer son autorité »*, C. BUTIN, *Ne faites jamais confiance à la justice de votre pays*, Paris, Éd. Orphie, 2021, p. 14.

[1417] Ph. BILGER, *Le Mur des cons*, Paris, Éd. Albin Michel, 2019, p. 11.

impartialité. Elle renvoie à l'idée que, dans une certaine mesure, l'action du ministère public se caractérise par l'objectivité en matière civile et commerciale.

1287. Pour expliciter l'idée recherchée, l'on verra, d'abord, que la neutralité du ministère public est gage de sa crédibilité, en matière civile et/ou commerciale (paragraphe I). Ensuite, il sera relevé que ce caractère autorise le parquet à contribuer à la régulation des contentieux relatifs à la matière civile et commerciale (paragraphe II).

Paragraphe I : La neutralité, gage de crédibilité

1288. La neutralité du ministère public est gage de sa crédibilité en matière civile et commerciale[1418]. Cela est d'autant plus vrai que ce trait caractéristique est antinomique de la partialité qui place un homme ou un organe au service exclusif d'un intérêt partisan. Or, le ministère public, dans sa posture de partie jointe, n'est au service d'aucun intérêt individuel ou partisan. Ce qui le rend totalement neutre ou impartial pour être crédible dans la poursuite de certaines missions données.

1289. Cependant, la neutralité requise du ministère public a des contours (A) qu'il convient de cerner. Par ailleurs, elle a une incidence certaine sur la crédibilité du ministère public, en matière civile et commerciale (B).

A. Les contours de la neutralité

1290. La neutralité du ministère public, même en matière civile et/ou commerciale, est une idée qui, a priori, pourrait paraître étonnante. Mais à se plonger dans les méandres du droit processuel civil, on se rend à l'évidence qu'il s'agit d'une affirmation qui est loin d'être saugrenue. Ainsi, dire du ministère public qu'il est neutre, en matière civile et commerciale au Mali, c'est parler dudit organe dans l'une des deux postures dans lesquelles il se déploie en ces matières.

1291. En effet, le déploiement de l'action des officiers du ministère public, dans la conduite d'une procédure judiciaire ayant trait à une question civile ou commerciale, se fait soit comme partie jointe à l'action des parties privées, soit comme partie principale[1419]. Si dans la seconde hypothèse le parquet a tous les attributs d'un véritable plaideur devant un organe juridictionnel, c'est-à-dire comme demandeur ou défendeur à une action, il demeure que, dans la première hypothèse, il n'est pas, au vrai sens du terme, une partie au procès civil ou commercial.

[1418] Même s'il a pu être soutenu que : *« La neutralité des représentants de l'État dans l'accomplissement des missions de service public est un dogme mais, dans le domaine judiciaire plus qu'ailleurs, c'est un leurre »*, Th. LÉVY, *Éloge de la barbarie judiciaire*, Paris, Éd. Odile Jacob, 2004, p. 129.

[1419] N. FRICERO, *Procédure civile, mémentos*, Paris, Gualino – Lextenso, 19e éd., 2022, n°°44, p. 60.

1292. En agissant en matière civile ou commerciale, comme partie jointe, le parquet, loin d'être véritablement une partie au procès, agit au contraire en jurisconsulte, en éclaireur pour apporter son regard et son expertise aux juges[1420]. C'est justement cette dimension de l'institution qui intéresse dans le cas d'espèce, puisque c'est en ce cas que le parquetier est tenu de l'obligation de neutralité[1421], en la manière du juge, entre les parties privées.

1293. La neutralité du ministère public, comme partie jointe officiant devant les juridictions compétentes en matière civile et commerciale, est bien un principe admettant des limites. Ce principe de neutralité du parquet, en ces matières, s'explique par le fait que lorsqu'il agit comme partie jointe, il ne poursuit guère la défense d'un intérêt partisan[1422].

1294. N'étant représentant ou conseil de l'une quelconque des parties privées, l'officier du ministère public sortirait de son rôle en se mettant, ouvertement ou de façon occulte, au service des intérêts d'un plaideur privé[1423]. Une telle attitude serait condamnable d'autant plus que le parquetier se substituerait alors, dans ces conditions, à l'avocat ou au représentant de l'État seuls susceptibles d'être engagés pour une telle fin.

1295. La neutralité ou l'impartialité assure au ministère public l'objectivité dans l'action. C'est cette objectivité qui est de nature à asseoir sa crédibilité aux yeux des différents acteurs du procès civil ou commercial. En effet, le jeu processuel se déroule sur la base d'une certaine logique qui attribue à chaque acteur ou intervenant un statut et un rôle bien déterminés[1424].

1296. De ces différents acteurs ou intervenants, le ministère public est le seul fondé à bénéficier d'une certaine polyvalence doublée d'un véritable polymorphisme. La véracité de ces affirmations découle de ce que, d'une part, le ministère public est autant un véritable plaideur qu'un commissaire de la loi[1425], devant les organes juridictionnels compétents en matière civile et/ou commerciale.

1420 É. MAUREL, *Paroles de procureur*, *op. cit.*, p. 71.

1421 S. GUINCHARD, F. FERRAND, C. CHAINAIS et L. MAYER, *Procédure civile*, Paris, Dalloz, 7e éd., 2021, n°°861, p. 425.

1422 P. LOMBARD, *Ma vérité sur le mensonge*, Paris, Éd. Plon, 1997, p. 181.

1423 *« Il a alors pour fonction d'éclairer le juge par l'avis qu'il exprime dans ses conclusions, où il lui dit la manière dont, selon lui, la loi devrait être appliquée dans l'affaire en cause »*, S. GUINCHARD, F. FERRAND, C. CHAINAIS et L. MAYER, *Procédure civile*, *op. cit.*, n°°924, p. 455.

1424 *« [...] le procès est une longue quête consensuelle de la Vérité par tous les membres de la grande famille judiciaire, magistrats assis et debout, avocats de la défense, avocats de la partie civile et policier, tous fidèles serviteurs de Thémis [...] »*. J. VERGES, *La justice est un jeu*, Paris, Éd. Albin Michel, 1992, p. 27.

1425 L. CADIET et E. JEULAND, *Droit judiciaire privé*, Paris, LexisNexis, 11e éd., 2020, n°°354, p. 318.

1297. Cela lui permet, tout à la fois, de poursuivre la réalisation de droits devant les juridictions, en exerçant lui-même des actions devant ces organes et, également, de veiller à la bonne application de la loi en émettant des avis éclairés susceptibles de guider utilement les juges[1426]. Tout dépend, en effet, de la nature de l'intérêt qu'il entend poursuivre.

1298. D'autre part, la spécificité statutaire du ministère public explique, justement, son polymorphisme. Cela se traduit par le fait que la loi permet au parquet de se déployer devant les juridictions civiles et/ou commerciales soit comme partie jointe, soit comme partie principale. Toutefois, il ne lui est nullement interdit de changer de statut au cours d'une même procédure civile ou commerciale.

1299. C'est dire que, quand bien même il aurait été partie jointe à l'entame d'une procédure judiciaire, il pourrait, par la suite, se muer en partie principale sans que cela affecte la régularité de son action. Il est évident que ni le juge ni un plaideur privé ne sauraient bénéficier d'un tel traitement de faveur en droit processuel.

1300. En effet, le juge est ténu de se confiner dans sa posture de tiers[1427] appelé à départager les parties litigantes tandis que le plaideur privé ne peut que demander ou contester des faits devant une juridiction. L'un comme l'autre se doit de respecter le statut procédural qui leur aura été assigné par la loi, contrairement au ministère public qui a l'avantage d'avoir plusieurs positions ou visages en droit judiciaire privé.

1301. Les limites du principe de neutralité du ministère public, en matière civile et/ou commerciale, découlent du caractère restrictif dudit principe, d'une part, et, d'autre part, de son encadrement rigoureux pour éviter que l'institution ne soit détournée de sa vocation.

1302. Ainsi, la première limite du principe de la neutralité découle du fait qu'il a un champ opératoire strictement limité. Pour comprendre cette limite au principe, il est indispensable de se rappeler des spécificités statutaires du parquet, notamment de son polymorphisme dont il déjà question précédemment.

À cet égard, il a été expliqué que le déploiement de l'action du ministère public se manifeste sous deux formes ou modalités. Dans ce cadre, il y a lieu de relever, qu'il est effectivement consacré par le code de procédure civile,

---

[1426] J. VINCENT et S. GUINCHARD, *Procédure civile*, Paris, Dalloz, 27e éd., 2003, n°°131 et s., p. 159.

[1427] *« Si les juges ne sont plus les serviteurs de Dieu, ils sont aujourd'hui les exécuteurs des politiques mises en place par le pouvoir politique qui donne le ton à la justice et qui fixe la norme morale applicable »*, C. BUTIN, *Ne faites jamais confiance à la justice de votre pays*, *op. cit.*, p. 12.

commerciale et sociale, que le ministère public intervient soit comme partie principale, soit comme partie jointe[1428].

1303. De cette schématisation légale de l'intervention des parquetiers en droit judiciaire privé, il convient de noter que lorsqu'il agit comme partie principale, le parquet poursuit la réalisation d'un intérêt ou d'un droit en la manière d'un plaideur privé. Dans cette posture, il est, au vrai sens du terme, partie au procès et bénéficie des mêmes droits et obligations que les plaideurs privés, à la différence que son statut d'organe dédié au salut public lui vaut quelques privilèges qui le distinguent d'un simple individu. Il est, en ce cas, soit demandeur, soit défendeur devant un organe juridictionnel auquel il soumet une prétention.

1304. Dans ces conditions, il relèverait du non-sens que de croire le ministère public neutre ou impartial dans l'exercice de son action devant le juge civil ou commercial. En effet, dès lors que le parquet se porte demandeur ou défendeur en justice, il s'inscrit dans une partialité indéniable et invite, *ipso facto*, à ce qu'il soit traité en conséquence. Ainsi, le juge devra-t-il alors accorder à ses prétentions et moyens la même attention et le même regard qu'il accorderait à ceux d'un plaideur privé.

1305. Aussi est-il évident que si d'aventure le ministère public formulait des observations ou émettait des avis, dans cette position, le juge serait bien inspiré de les noter avec grande réserve. Cela éviterait au magistrat appelé à trancher de violer le caractère équitable du procès en réservant un traitement de faveur immérité au ministère public. C'est bien là une limite au principe de neutralité ou d'impartialité du parquet en matière civile et/ou commerciale.

1306. La seconde limite à la neutralité du ministère public découle de l'encadrement rigoureux de son intervention en ces matières, notamment, lorsqu'il y agit comme partie jointe. En effet, même dans la position de partie jointe où il n'est nullement partie au procès au vrai sens du terme, l'action du paquet mérite de demeurer sous le regard de la loi pour éviter des abus.

1307. C'est pourquoi, plusieurs législations étrangères[1429] ont, fort opportunément, consacré la possibilité de récuser les officiers du ministère public[1430], lorsqu'ils officient comme partie jointe devant les juridictions civiles et/commerciales. Un tel encadrement de l'action du ministère public se justifie

---

[1428] À titre de rappel, v. décret n°°99-254 du 15 septembre 1999, modifié par le décret n°°09-220/P-RM du 11 mai 2009, art. 428.

[1429] C'est le cas, par exemple, de la République du Bénin, dont la norme applicable au procès civil et/ou commercial prévoit une telle possibilité.

[1430] Voir, entre autres, la position du législateur béninois ou togolais sur la question ; également, L. CADIET et E. JEULAND, *Droit judiciaire privé*, *op. cit.*, 11e éd., n°°663 et s., p. 633-634.

amplement quand on sait qu'il n'est pas impossible qu'un parquetier se retrouve dans une véritable collusion[1431] avec un plaideur privé.

Il y va, dès lors, de l'équité du procès que le parquetier surpris ou convaincu d'une telle intelligence puisse être récusable par la partie à l'encontre de laquelle cette complicité déplorable se déroule[1432].

1308. C'est pourquoi il semble urgent que le Mali s'inspire des États qui ont compris et judicieusement traité cette question, notamment en consacrant expressément la possibilité de récusation des officiers du ministère public, lorsque ces derniers interviennent comme partie jointe en matière civile et/ou commerciale.

Une telle réforme contribuerait à améliorer la perception de la justice par les citoyens qui comprendraient difficilement qu'un magistrat surtout du parquet, en totale violation de ses obligations déontologiques, se convertisse en avocat au compte d'un plaideur privé. C'est dire que l'état actuel du droit positif malien sur la question est fortement perfectible.

1309. Tel qu'ainsi exposé, le principe de neutralité du ministère public ainsi que ses limites, en matière civile et/ou commerciale, sont nécessaires à la crédibilité de cet organe lorsqu'il participe au traitement judiciaire des affaires de cet ordre. La crédibilité du système judiciaire favorise l'adhésion des citoyens et accroît l'acceptabilité des décisions de justice par ces derniers[1433].

1310. La neutralité, qui est synonyme d'impartialité, détermine, dans une large mesure, la crédibilité aussi bien du juge que de tout autre organe appelé à émettre un avis objectif sur une question donnée. En effet, la confiance en la justice est essentiellement tributaire de la quasi-irréprochabilité[1434] de ses acteurs qui ne doivent jamais perdre de vue l'extrême sensibilité[1435] des questions ayant trait à leurs fonctions.

[1431] É. MAUREL, *Paroles de procureur*, *op. cit.*, p. 278.

[1432] Cela est d'autant plus vrai qu'en toute circonstance le magistrat doit promouvoir et développer des normes élevées de conduite, ce ne serait guère le cas de l'officier du ministère public qui se donnerait une liberté.

[1433] *« ... dans un monde de plus en plus dangereux, exposé au populisme et à la démagogie, la République se trouve affaiblie lorsque les citoyens perdent confiance dans les institutions, spécialement dans une justice qui leur donnerait le sentiment qu'elle n'est pas en mesure de leur assurer la reconnaissance de leurs droits ou qu'elle ne respecte pas l'égalité de ceux qui comparaissent devant »*, J.-C. MAGENDIE, *Les Sept Péchés capitaux de la justice française*, Paris, Éd. Léo Scheer, 2012, p. 8-9.

[1434] P. TRUCHE, *Juger, être jugé. Le magistrat face aux autres et à lui-même*, *op. cit.*, p. 164.

[1435] *« La condition du bien juger est de rendre les juges aveugles à la réalité sensible : voilà peut-être le sens profond de bandeau »*, A. GARAPON, *Bien juger. Essai sur le rituel judiciaire*, *op. cit.*, p. 315.

1311. La neutralité rend le ministère public indéniablement objectif, en matière civile et/ou commerciale, ce qui favorise sa crédibilité dans la participation à la mission de distribution de la justice.

B. L'objectivité du parquet en matière civile et commerciale

1312. La neutralité[1436] du ministère public, en matière civile et commerciale, telle qu'elle vient d'être décrite a, sans doute, comme implication son objectivité surtout lorsqu'il officie en qualité de partie jointe. Cela a une incidence certaine sur la crédibilité de l'action de cet organe en ces matières. La crédibilité désigne le fait qu'une personne ou une institution soit digne de confiance.

1313. En d'autres termes, elle renvoie à la situation d'un individu ou d'une institution en lesquels l'on pourrait placer espoir sans courir le risque d'être déçu. La crédibilité du ministère public désigne alors le fait pour cet organe d'être à même de mériter la confiance pour l'accomplissement de ses missions. Il s'agit alors d'un parquet à la hauteur de la confiance pouvant lui être accordée.

1314. La crédibilité du ministère public, telle qu'ainsi appréhendée, peut bien découler de l'objectivité de cet organe, en matière civile et/ou commerciale, ce qui est synonyme de son impartialité. En effet, l'impartialité[1437] a la vertu de ne mettre l'individu ou la personne qui l'incarne au service d'une quelconque partisanerie. Elle rend, dès lors, les mains libres pour poursuivre, résolument, la réalisation de missions d'intérêt général.

1315. Or, il est presque une lapalissade que d'affirmer que le ministère public est une institution, exclusivement, dédiée à la défense, non pas d'intérêts individuels, mais au contraire, de ceux de la collectivité tout entière[1438]. Ainsi, pour être véritablement crédible, en matière civile et commerciale, le ministère public doit se retrouver dans la seule dimension d'objectivité, à savoir qu'il ne doit être que dans la seule dynamique de partie jointe.

1316. Cela est, avant tout, une question de logique procédurale. Puisque, autrement, lorsqu'il est partie principale, le parquet se retrouverait partie au procès tout en ayant le privilège d'être considéré, par les juges, comme un commissaire de la loi[1439] dont les avis pourraient influer sur le sens de la

---

[1436] J. HERON et Th. LE BARS, *Droit judiciaire privé*, Paris, LGDJ, 6e éd., 2015, n°°502, p. 400.

[1437] R. PERROT, *Institutions judiciaires*, Paris, Montchrestien, 15e éd., 2012, n°°408, p. 320.

[1438] « […] la défense de l'intérêt général […] peut parfois être nécessaire dans le cadre d'un procès civil », A. BERGEAUD WETTERWALD, E. BONIS et Y. CAPDEPON, *Procédure civile*, Paris, Éd. CUJAS, 2017, n°°170, p. 82.

[1439] J. VINCENT et S. GUINCHARD, *Procédure civile*, *op. cit.*, n°°132, p. 159 ; v. également, L. CADIET, *JCP* 1992, I, 3587.

décision à intervenir. Une telle situation serait intolérable sur le terrain de l'équité devant caractériser le procès civil ou commercial[1440].

1317. En vérité, synonyme d'impartialité, la neutralité est loin d'être l'apanage du seul juge dont la mission condamne constamment à l'équidistance[1441]. L'impartialité doit également caractériser la conduite de tous ceux qui se retrouvent dans la posture de tiers appelé à émettre un avis ou un jugement sur une situation où ils n'ont aucun intérêt personnel, direct ou indirect, immédiat ou futur.

1318. Tel est le cas, entre autres, de l'arbitre, de l'expert ou encore du ministère public, lorsqu'il est partie jointe en matière civile et/ou commerciale. En effet, en cette hypothèse, le ministère public se retrouve ni demandeur ni défendeur dans le cadre de l'examen d'une affaire civile ou commerciale. Il officie simplement aux côtés des juges, pour émettre son avis sur ce qu'il croit être le sens des textes[1442] dans un contexte donné.

1319. Cependant, quoiqu'impartial, le ministère public, pour être crédible en matière civile et/ou commerciale, ne doit pas se contenter d'officier en qualité de partie jointe. Bien qu'agissant dans cette posture, les officiers du ministère public doivent scrupuleusement veiller à observer le devoir de dignité[1443]. La dignité est la valeur humaine renvoyant à la grandeur ou à la noblesse pour mériter un titre ou une charge[1444]. Elle est l'un des devoirs statutaires exigés de tout magistrat.

1320. Le parquetier digne est celui qui respecte le serment qu'il a prêté, ce qui lui interdit tout comportement déshonorant. La dignité est la somme de toutes les valeurs pouvant être exigées d'un magistrat. Elle oblige le parquetier à respecter la loi et à la faire respecter, à développer un comportement professionnel exemplaire, ce qui lui permettrait d'asseoir son autorité et surtout sa crédibilité[1445].

[1440] S. GUINCHARD, F. FERRAND, C. CHAINAIS et L. MAYER, *Procédure civile*, *op. cit.*, n°°796, p. 394.

[1441] *« [...] le temps judiciaire exige de la rigueur dans l'administration de la preuve. De la discrétion pour assurer l'efficacité d'une enquête. De la prudence pour veiller au respect de la présomption d'innocence. De la distance pour conserver impartialité et objectivité, cariatides d'une justice digne de ce nom »*, Ph. COURROYE, *Reste la justice...*, Paris, Éd. Michel Lafon, 2018, p. 303-304.

[1442] *« Le parquet ne défend personne et aucune autre cause que celle de l'intérêt général »*, É. MAUREL, *Paroles de procureur*, Paris, Éd. Gallimard, 2008, p. 194.

[1443] Loi n°°02-054 du 16 décembre 2002 portant statut des magistrats en République du Mali, art. 12 et 71 ; v., également, le code de déontologie annexé audit texte, art. 17 et 24.

[1444] *Supra*, p. 346.

[1445] *« Finalement, le vrai salaire du magistrat, c'étaient principalement les honneurs et les privilèges ; d'ailleurs, l'office était considéré davantage comme une dignité que*

1321. Outre la dignité, le magistrat du parquet se doit d'être compétent[1446] pour être crédible dans l'exercice de ses fonctions, même en matière civile et/ou commerciale. La notion de compétence a, essentiellement, deux sens qu'on peut relever. Dans une première dimension, la compétence renvoie à l'aptitude à pouvoir connaître d'une affaire donnée. Il s'agit là, de l'acception juridique ou technique de la notion[1447].

1322. C'est dans ce cadre que l'on parle de compétence *ratione loci* ou compétence territoriale, de compétence *ratione materiae* ou compétence en raison de la matière ou, enfin, de compétence *ratione personae* ou compétence en raison de la personne. Dans la seconde dimension, la compétence désigne la connaissance approfondie dans un domaine ou l'habileté à pouvoir traiter une question technique ou d'ordre professionnel.

Il s'agit du sens général ou littéraire de la notion. En tout état de cause, le parquetier doit s'appliquer la notion de compétence dans ces différentes dimensions. Il doit s'abstenir d'intervenir sur les questions ne relevant pas de sa compétence et être un expert dans ses différents domaines d'intervention.

1323. Enfin, les officiers du ministère public, pour être crédibles en matière civile et/ou commerciale, doivent être d'un engagement incontestable[1448]. Cela est d'autant plus vrai que le désintérêt et le délaissement sont des défauts qui déteignent sur la qualité de la distribution de la justice au Mali.

Puisque comme l'a fait remarquer Philippe BILGER : *« [...] pour répondre à notre mission d'utilité sociale et de restauration personnelle, nous avons le bonheur d'être placés sous l'égide d'une qualité, la justice, dont la plénitude est telle qu'elle peut et doit inspirer l'ensemble des comportements, des plus intimes aux plus apparents, des privés aux publics »*[1449].

---

comme un capital », GARNOT (B.), *Histoire des juges en France, de l'ancien régime à nos jours*, Paris, Nouveau Monde Éditions, 2014, p. 66.

1446 Cette exigence de compétence vaut, également, pour les magistrats du siège puisque : *« Pour le justiciable concerné, chaque dossier est unique ; il est en droit d'attendre de celui qui va le juger d'être compétent »*, P. TRUCHE, *Juger, être jugé. Le magistrat face aux autres et à lui-même*, Paris, Éd. Fayard, 2001, p. 150.

1447 G. CORNU (dir.), *Vocabulaire juridique*, Paris, PUF, 12e éd., 2018, v. compétence, p. 479.

1448 *« Prendre la parole dans une salle d'audience n'est pas un exercice facile. Certains sont rebutés par cet acte pourtant consubstantiel à l'activité du parquet. C'est un engagement intellectuel, moral et physique. Pour d'autres, au contraire, il fait l'objet d'une presque addiction. Mais pour le magistrat du parquet, il y a une dimension inexplicable dans le fait de se lever devant les juges, de prendre la parole au nom de la société pour veiller à l'application de la loi, défendre l'intérêt général »*, É. MAUREL, *Paroles de procureur*, *op. cit.*, p. 275.

1449 Ph. BILGER, *Pour l'honneur de la justice*, Paris, Éd. Flammarion, 2006, p. 131.

1324. Sur ce registre, le ministère public n'est, cependant, guère exempt de reproche. Comme il a été expliqué plus haut, dans le cadre de la présente étude, l'inertie des officiers du ministère public[1450], en matière civile et commerciale, est fortement déplorable en ce qu'elle influe négativement sur la qualité de la réponse judiciaire en ces matières. Cela se ressent, malheureusement, aussi bien au plan interne qu'à l'échelon communautaire, notamment, dans les matières relevant du ressort de la CEDEAO, de l'OHADA ou encore de l'UEMOA.

1325. L'engagement du ministère public, en matière civile et commerciale au Mali, doit se traduire par la pleine implication de ses officiers dans le traitement judiciaire des affaires relevant de ces matières. La pertinence de cette affirmation découle du fait qu'il ne suffit nullement, pour les parquetiers d'intervenir dans ces deux matières, puisque dans la vie des prétoires, il ne sert à rien d'être présent sur l'arène pour faire de la simple figuration[1451].

1326. Une fois qu'une procédure civile ou commerciale enregistre leur intervention, les magistrats du parquet doivent être dans la proactivité, en jouant toute leur partition, en vue de l'aboutissement heureux du processus. C'est à ce prix que les droits fondamentaux des citoyens, tout comme l'intérêt général et l'ordre public, bénéficieront d'une protection judiciaire efficiente[1452].

1327. Pour l'ensemble de ces raisons, les officiers du ministère public se doivent de faire preuve d'engagement dans l'accomplissement de leurs missions diverses. Leur crédibilité[1453] est, en matière civile et commerciale, largement tributaire de cette appréhension des choses.

1328. En définitive, il est indéniable qu'il existe une véritable interconnexion ou interdépendance entre les notions de neutralité et de crédibilité des officiers du ministère public. Cependant, cela ne vaut que lorsqu'il est question, pour eux, de contribuer à l'animation des procédures judiciaires relatives aux affaires civiles et commerciales, au Mali, en la seule qualité de partie jointe[1454].

[1450] *Supra*, p. 27.

[1451] *« Le magistrat du parquet, que ce soit à l'audience dans ces réquisitions ou dans son cabinet dans les décisions qu'il prend, se sait responsable, personnellement responsable, pleinement responsable, précisément parce qu'un autre à sa place aurait pu prendre une position différente et ce sentiment de responsabilité se trouve même accru du fait que, en vertu de l'indivisibilité du parquet, la décision qu'il a prise, qui sera discutée, appréciée, critiquée, engage le parquet tout entier »*, M. AYDALOT, *Magistrat. Un homme et son métier*, Paris, Éd. Robert Laffont, 1976, p. 55.

[1452] A. A. N'DIAYE, *L'Urne et le glaive. Réflexions sur les conceptions socio-politiques et judiciaires au Mali (de 1960 à la troisième République)*, Bamako, Éd. Jamana, 1997, p. 115-116.

[1453] É. MAUREL, *Paroles de procureur*, *op. cit.*, p. 40.

[1454] Ph. COURROYE, *Reste la justice…*, *op. cit.*, p. 484.

1329. La neutralité du ministère public, nécessaire en matière civile et commerciale, lorsqu'il agit comme partie jointe, lui permet, par ailleurs, de contribuer à la gestion des procédures judiciaires relatives à ces matières.

Paragraphe II : La contribution au succès des procédures

1330. Au regard des différents éléments relevés, jusqu'ici, dans l'examen de la thématique relative à l'intervention du ministère public en matière civile et commerciale, il est indéniable que les parquetiers devraient contribuer, de façon substantielle, à la prise en charge des contentieux ayant trait à ces deux matières. Leur intervention, comme il déjà été compris, tire son origine dans le droit positif puisque plusieurs textes importants consacrent et réglementent la question.

1331. Cela vaut aussi bien en droit interne qu'en droit communautaire d'autant plus que le Mali relève, de nos jours, de plusieurs organisations sous-régionales qui ont une véritable incidence, à travers diverses normes supranationales, sur les États qui les composent.

1332. Le ministère public participe à l'animation des procédures civiles et/ou commerciales de diverses manières (A). L'utilité de son action se manifeste sur plusieurs plans dans la conduite des procédures, en général, et, en particulier, dans la gestion des incidents d'audience (B).

A. La diversité des contributions

1333. Le ministère public est censé contribuer, de diverses manières, à l'examen judiciaire des affaires civiles et/ou commerciales au Mali. Une telle contribution relève des missions secondaires des officiers du ministère public[1455] qui, à fort regret, manquent d'allant sur ce terrain pourtant non négligeable.

En effet, l'amorphisme des officiers du parquet, aussi bien dans le contrôle des activités de police judiciaire et des centres de détention que dans l'animation des procédures judiciaires relatives aux questions civiles et commerciales, est manifeste dans les prétoires maliens. Or, ces matières sont aussi importantes que celle répressive, puisque le législateur les a toutes consacrées et n'a nullement autorisé à considérer certaines comme primordiales ou principales et d'autres comme secondaires.

[1455] La classification des attributions du ministère public en fonction principale et en fonctions secondaires est l'œuvre, uniquement, de la doctrine. En effet, aucune disposition légale ou réglementaire ne consacre une telle classification. Ainsi, la doctrine considère-t-elle la mise en mouvement et l'exercice de l'action publique comme la fonction principale du ministère public et les autres de ses fonctions, comme celles secondaires. C'est dire que par sa perception même de l'institution, la doctrine consacre la prééminence du volet pénal sur celui civil du parquet.

1334. Par contribution, dans le présent contexte, il faut entendre ce que les officiers du ministère public font comme apport au processus juridictionnel en vue de réussir l'aboutissement des procédures judiciaires consacrées aux affaires civiles et/ou commerciales. En d'autres termes, la contribution désigne le concours que prêtent les magistrats du parquet au processus décisionnel dans le cadre de l'examen judiciaire d'une affaire civile et/ou commerciale.

1335. Pour qui sait l'importance qu'accorde l'opinion publique[1456] aux questions de justice, il va sans dire que cette participation des parquetiers à l'œuvre de justice doit être qualitative. Cela est d'autant plus vrai que les besoins de justice sont d'égale importance que l'on soit en matière pénale ou, en revanche, en matière civile, commerciale ou sociale.

Dès lors, les différents acteurs judiciaires, y compris les magistrats du parquet, doivent faire preuve d'engagement et, surtout, de professionnalisme[1457], en vue de relever le pari d'une réponse judiciaire efficiente aux nombreuses sollicitations des justiciables[1458].

1336. La diversité des contributions du ministère public, en matière civile et commerciale, se traduit par le fait qu'en ces matières les parquetiers agissent soit par écrit, soit oralement, pour développer leurs conclusions. Malheureusement, dans la pratique judiciaire au Mali, le constat est loin d'être fameux sur la consistance des efforts contributifs[1459], d'une part, et, de l'autre, sur l'importance de celles-ci.

1337. Cette situation découle essentiellement de deux facteurs importants à savoir la négligence[1460] et l'ignorance[1461] des officiers du ministère public de leurs attributions en matière civile et commerciale. La négligence des

---

[1456] B. GARNOT, *Histoire des juges en France, de l'Ancien Régime à nos jours*, *op. cit.*, p. 345.

[1457] J.-C. MAGENDIE, *Les Sept Péchés capitaux de la justice française*, Paris, Éd. Léo Scheer, 2012, p. 65.

[1458] *« Une amélioration de la qualité de la justice impose à l'activité judiciaire d'être attentive à ses résultats, à son effectivité, à son impact sur le justiciable, bref d'être conséquente avec elle-même »*, D. SALAS, « Le nouvel âge de l'erreur judiciaire » *in Revue française d'administration publique*, n°°125, 2008, p. 176-177.

[1459] Y. DIALLO, *Le Procureur de la République. La pratique du parquet*, Dakar, Éd. L'Harmattan, 2018, p. 460.

[1460] P. TRUCHE, *Juger, être jugé. Le magistrat face aux autres et à lui-même*, *op. cit.*, p. 140.

[1461] *« Ces dysfonctionnements, auxquels certains tentent de remédier depuis des générations, ne sont que les principes mêmes de son fonctionnement. Il n'y a jamais eu crise de l'institution, mais constante ignorance ou inconscience de sa fonction véritable »*, C. N. ROBERT, *L'Impératif sacrificiel*, Lausanne, Paris, Éd. d'en bas, 1986, p. 7.

parquetiers, en la matière, procède du fait que ces derniers manifestent un désintérêt incontestable pour les affaires civiles et commerciales.

Un tel désintérêt s'explique, dans une large mesure, par ce que les officiers du ministère public sont loin d'être suffisamment outillés afin d'appréhender, judicieusement, les techniques juridiques et professionnelles indispensables pour la maîtrise de la question[1462].

1338. Quant à l'ignorance des parquetiers de leurs attributions, en ces domaines, cela découle du fait que le système de formation actuelle des auditeurs de justice et des magistrats occulte quasiment les attributions autres que pénales de ces magistrats. Il n'est guère surprenant, dans ces conditions, que les officiers du ministère public s'étonnent, eux-mêmes, que leurs attributions soient aussi importantes au-delà de la sphère répressive.

1339. D'un côté, les officiers du ministère public agissent, devant les organes juridictionnels susceptibles d'enregistrer leur présence, par écrit. Lorsqu'ils agissent, sous cette forme, en matière civile et/ou commerciale, les actes par eux dressés sont appelés « conclusions ». C'est peut-être là une des spécificités du ministère public en ces matières puisqu'en matière pénale, au contraire, l'on parlerait, non pas de conclusions, mais plutôt de réquisitions ou de réquisitoires.

1340. Certes, des doctrinaires et même, parfois, les magistrats font souvent la confusion entre les deux notions et les emploient indistinctement. Cependant, leur distinction semble relever d'un bon usage du langage juridique et mériterait, en conséquence, d'être encouragée[1463].

1341. L'écrit est le mode d'action privilégié et, sans doute, le plus usité, curieusement, par les parquets d'instance en République du Mali. Cette affirmation ne vise nullement à contredire le constat d'inertie que l'on a fait de leur intervention en matière civile et commerciale. Au contraire, cette inertie se ressent surtout dans la qualité des écrits ainsi produits par les parquetiers, dans le cadre de l'animation des procédures judiciaires relatives à ces affaires.

1342. En effet, il a déjà expliqué plus haut, dans le cadre de la présente étude, qu'une certaine pratique malheureuse est en cours dans les prétoires maliens qui consistent pour les parquetiers à *« s'en rapporter à justice »* ou à *« requérir*

[1462] C'est pourquoi un auteur a, par exemple, suggéré que soit enseigné le droit communautaire spécifique aux cours de justice de la CEDEAO et de l'UEMOA. V., en effet, A. SALL, *La Justice de l'intégration. Réflexions sur les institutions judiciaires de la CEDEAO et de l'UEMOA*, Paris, L'Harmattan, 2e éd., 2018, p. 68.

[1463] *« La toute-puissance de la pensée n'est pas sans écho pour le droit qui est une organisation autoritaire du réel par un langage opérationnel. Elle est perceptible tout d'abord dans la valeur quasi magique que le langage juridique accorde aux mots »*, A. GARAPON, *Bien juger. Essai sur le rituel judiciaire, op. cit.*, p. 209.

l'application de la loi ». Ces formules[1464] évasives et insensées sont systématiquement utilisées par ces magistrats chaque fois qu'ils ont à se prononcer sur une affaire relevant des deux matières sus-spécifiées.

1343. Cela intervient, surtout, à l'occasion de la communication au ministère public des affaires civiles et commerciales expressément soumises à cette exigence par les textes. Ainsi, se résume, dans la plupart des cas, l'apport des officiers du ministère public à l'animation des procédures judiciaires relatives aux affaires civiles et/ou commerciales.

1344. La qualité d'une telle participation des officiers du ministère public au traitement des affaires civiles et/ou commerciales est bien déplorable vu les enjeux multiples et importants de la question. En effet, ces formules ne matérialisent, en réalité, qu'un simple visa du parquet et ne sauraient, en aucune manière, être considérées comme pouvant avoir une quelconque valeur autre.

1345. Lesdits visas, dans l'entendement de leurs auteurs, suffisent comme positionnement dans un dossier civil ou commercial et valent conclusions. C'est ce qui relève, justement, du paradoxe, puisque tomber sur des conclusions écrites du parquet, bien structurées et doctement motivées en matière civile et/ou commerciale, relève du miracle dans les prétoires maliens[1465].

1346. De l'autre côté, le ministère public peut agir également, en matière civile et commerciale, devant les organes juridictionnels en s'exprimant oralement[1466]. La joute oratoire est l'un des terrains favoris du parquet. Les officiers du ministère public doivent avoir un talent oratoire indéniable, puisque quelle que soit la posture dans laquelle ils se retrouvent devant les organes juridictionnels, ils se doivent de savoir exposer ou développer, étayer pour convaincre mais sans céder à la tentation de vouloir, à tout prix, s'imposer.

1347. Cela est d'autant plus essentiel que les magistrats du parquet ne doivent jamais perdre de vue leurs spécificités statutaires qui font d'eux, avant tout, une partie au procès. De ce fait, ils doivent se garder de toute velléité de nature à ruiner l'autorité du juge qui, à son tour, ne grandirait nullement à verser dans l'exhibitionnisme en cherchant à les rabaisser[1467]. La courtoisie, entre les acteurs judiciaires et entre ceux-ci et les justiciables, doit être de mise pour préserver,

---

[1464] V. LE COQ, *Impunités. Une justice à deux vitesses. Pamphlet*, Paris, Nouveau Monde Éditions, 2017, p. 81-82.

[1465] Lire, éventuellement, à ce sujet H. B. MAÏGA, *Le Manuel du juge au siège*, 1. *Le Siège civil*, Bamako, Éd. Jamana, 2009, p. 99.

[1466] *« En matière civile et commerciale, le parquet peut, en sus de réquisitions écrites, prendre des réquisitions orales sur l'affaire »*, Y. DIALLO, *Le Procureur de la République. La pratique du parquet*, *op. cit.*, p. 332.

[1467] *Supra*, p. 371 et s.

non pas la collusion mais, au contraire, la bonne intelligence dans les prétoires[1468].

1349. Les officiers du ministère public doivent, désormais, se conformer aux prescriptions légales en participant pleinement au traitement judiciaire des affaires civiles et/ou commerciales. Ils s'acquitteraient de ce devoir professionnel en s'obligeant de monter aux audiences chaque fois qu'il est question d'examiner une affaire communicable. Mais ils ne doivent pas se contenter de se retrouver dans la salle d'audience, aux côtés de leurs collègues juges chargés de trancher les litiges.

1350. Ils doivent s'évertuer de participer pleinement aux débats, soit en défendant comme il se doit leurs prétentions et moyens lorsqu'ils sont partie au procès, soit en émettant des avis éclairés lorsqu'ils interviennent comme partie jointe. En effet, les audiences civiles et/ou commerciales gagnent, tout comme celles pénales, en éclat, en solennité et en efficacité avec la présence des officiers du ministère public sur l'estrade ou le présidium[1469].

1351. Au regard de la pertinence des remarques, ci-dessus faites, il semble nécessaire que l'administration judiciaire soit bien avisée d'œuvrer à ce que les différents acteurs judiciaires exercent, désormais, leurs fonctions respectives dans toute leur plénitude. Cela est indispensable pour assurer aux normes juridiques[1470] en vigueur l'effectivité souhaitable en vue de mettre en adéquation la volonté politique qui les a portées avec la pratique judiciaire.

1352. Le respect du principe de la séparation des pouvoirs[1471] passe, dans une certaine mesure, par une telle appréhension des choses. En tout état de cause, la participation des officiers du ministère public, à l'examen des affaires civiles et/ou commerciales, relève des conditions en vue d'une bonne distribution de la justice au Mali. Cela, quelle que soit la forme choisie par les parquetiers pour prêter leur concours au traitement de ces affaires.

1353. S'il est incontestable que le ministère public peut participer diversement à l'animation des procédures judiciaires, en matière civile et/ou commerciale au

---

[1468] *« L'adversité doit être de rigueur mais empreinte de courtoisie car il y va de l'image et de la sérénité de la justice »*, Y. DIALLO, *Le Procureur de la République. La pratique du parquet, op. cit.*, p. 330.

[1469] *« C'est la parole portée au nom de la société, c'est cet espace et ce temps de liberté qu'est l'audience qui permet au ministère public de veiller à l'application sereine mais déterminée des lois de la République à l'égard de tous. Pour cette raison, la parole d'un procureur doit être, doit rester une parole libre »*, É. MAUREL, *Paroles de procureur, op. cit.*, p. 275-276.

[1470] *« Le droit est principalement une production de la puissance publique, notamment étatique »*, N. MEDE, *Finances publiques. Espace UEMOA/UMOA*, Paris, Éd. L'Harmattan, 2016, p. 25.

[1471] J.-C. MAGENDIE, *Les Sept Péchés capitaux de la justice française, op. cit.*, p. 31.

Mali, il est, par ailleurs, que cet organe est particulièrement utile dans la gestion des incidents d'audience.

B. L'utilité dans la gestion des incidents d'audience

1354. Dans la gestion des incidents[1472] d'audience, le ministère public est d'une utilité certaine que l'on soit en matière pénale ou, au contraire, en matière civile et/ou commerciale. Pour une judicieuse appréhension de la question, il est essentiel de se faire au préalable une idée des différents concepts invocables en la matière.

À cet égard, il y a lieu de noter que l'audience est définie, stricto sensu, par le lexique des termes juridiques comme la *« séance au cours de laquelle une juridiction prend connaissance des prétentions des parties, instruit le procès, entend les plaidoiries et rend son jugement »*[1473].

1355. Elle est la phase culminante du procès par les débats qui y sont menés et par le prononcé de la décision. Entendue lato sensu, l'audience peut désigner tout lieu ou endroit où se déroule une instruction judiciaire ou une enquête de police. Les dispositions des articles 25 et 29 du code de procédure pénale et 446 du code de procédure civile, commerciale et sociale[1474] étayent à suffisance cette extension de la notion.

1356. S'agissant de l'incident d'audience, il peut être défini comme un fait anormal qui survient pendant qu'une juridiction est en train, publiquement ou en chambre de conseil, d'examiner une affaire dont elle est saisie. En effet, il arrive fréquemment qu'au cours de l'audience, des événements inattendus se produisent et perturbent le déroulement harmonieux des débats[1475].

Ce sont ces événements que le droit processuel qualifie d'incidents d'audience, notion qui est, soigneusement, à distinguer d'institutions voisines à savoir : l'incident d'instance, l'incident de fond, l'incident de procédure et, enfin, la théorie des incidents de séance.

1357. L'instance commence par l'acte qui l'introduit pour se solder par la décision de la juridiction saisie. L'incident d'instance est, alors, l'ensemble des faits et actes (événements et décisions même non juridictionnelles) pouvant en

---

[1472] Ph. COURROYE, *Reste la justice…*, *op. cit.*, p. 55.

[1473] S. GUINCHARD et T. DEBARD (dir.), *Lexique des termes juridiques*, Paris, Dalloz, 25e éd., 2017, p. 224.

[1474] La procédure civile, commerciale et sociale en République du Mali est, comme il a déjà relevé, régie par le décret n°°99-254 du 15 septembre 1999, modifié par le décret n°°09-220/P-RM du 11 mai 2009.

[1475] *« L'apparence peut se révéler trompeuse, et des surprises désagréables se produire, notamment celle qui vous exposerait à un dangereux face-à-face avec un fauve redoutable, toutes griffes dehors »*, A. G. TAPO, *L'Héritage empoisonné*, Paris, Éd. L'Harmattan, 2003, p. 216.

affecter le cours[1476]. Il s'agit entre autres des cas de jonction et de disjonction d'instance, de l'interruption, de la suspension, de l'extinction de l'instance, du sursis à statuer, de la radiation, de la péremption d'instance, du désistement d'instance, de l'acquiescement.

1358. L'incident de fond, quant à lui, désigne les demandes incidentes qui, en lien avec la demande principale, modifient le fond du procès entre parties originaires ou enregistrent l'intervention de nouvelles parties. C'est dans ce cadre que l'on parle des demandes additionnelles ou reconventionnelles ou enfin des interventions volontaires ou forcées.

1359. S'agissant de l'incident de procédure[1477], il désigne, selon le *Vocabulaire juridique*, les : *« contestations distinctes du principal (on dit parfois accessoires, annexes, latérales) dont l'objet particulier très divers peut être de critiquer la validité d'un acte de procédure (incident de nullité) ou la saisine du juge (incident de compétence, de récusation, etc.) ou la valeur d'une preuve (incident de faux, vérification d'écriture), etc. »*[1478].

1360. Enfin, la théorie des incidents de séance[1479] s'entend de la faculté naguère reconnue à l'assemblée générale d'une société de se saisir des faits nouveaux et graves révélés à son occasion, donc non initialement inscrits à l'ordre du jour, pour révoquer ses dirigeants. Comme on peut le relever, ces spécifications permettent d'éviter toute confusion dans l'emploi des différentes notions susvisées.

1361. Aucun habitué des prétoires ne peut jurer, à l'avance, de ce qu'une audience se terminerait sans encombre. Les incidents d'audience sont tout aussi fréquents qu'imprévisibles[1480]. Il est rare, en effet, qu'on n'en enregistre pas un, au moins, à chaque audience. Ils agrémentent l'audience et peuvent, cependant, mettre le juge à rude épreuve.

1362. En effet, l'incident d'audience est l'occasion, surtout pour les assistants, de vivre des débats juridiques passionnants et des envolées lyriques. Ils donnent l'opportunité aux avocats de se donner, mutuellement et dans bien des cas, des estocades. Ils émerveillent fortement les étudiants en droit qui se font une idée, à l'occasion, de la rigueur des fonctions auxquelles ils sont destinés.

1476 A. BERGEAUD WETTERWALD, E. BONIS et Y. CAPDEPON, *Procédure civile, op. cit.*, n°°734, p. 306.

1477 J. HERON et Th. LE BARS, *Droit judiciaire privé, op. cit.*, n°°949, p. 761.

1478 G. CORNU (dir.), *Vocabulaire juridique, op. cit.*, v. incident de procédure, p. 477.

1479 L. CADIET et E. JEULAND, *Droit judiciaire privé, op. cit.*, n°°658 et s., p. 631.

1480 *« Il est rare qu'une instance se réduise à cette idéale simplicité, ne serait-ce que parce que tout demandeur est obligé de faire la preuve de son droit et que l'administration de cette preuve donne lieu souvent à une procédure incidente. Il y a donc, dans presque tous les procès, des incidents nombreux et variés [...] »*, J. VINCENT et S. GUINCHARD, *Procédure civile, op. cit.*, n°°979, p. 781.

1363. Cependant, dans certains cas, les incidents d'audience débordent, polluent sérieusement l'atmosphère au sein de la salle d'audience et peuvent, quelquefois, dépasser la formation de jugement, que celle-ci soit collégiale ou à juge unique. Ils peuvent, dans un tel cas de figure, conduire à la suspension de l'audience, le temps pour le président de trouver le moyen de faire calmer les esprits.

Le plus souvent, les débats reprennent dans la sérénité après que les uns et les autres se sont compris en passant l'éponge sur les propos toxiques qui, dans la majorité des cas, sont à l'origine de l'incident.

1364. En vérité, la tâche des juges est loin d'être facile lorsqu'ils ont à faire face à cette déferlante des parties et de leurs avocats, en l'absence du ministère public non représenté à l'audience. Les devoirs d'impartialité et surtout de réserve[1481] qui les lient expliquent qu'ils se doivent d'avoir de la retenue face aux comportements peu orthodoxes des parties.

1365. En effet, le président a certes la police de l'audience qui l'autorise à rappeler les parties à l'ordre, à les mettre en garde ou, plus encore, à les faire quitter la salle d'audience en cas de réitération de leurs manquements ou de résistance aux instructions reçues. Cependant, dans l'usage de ces différents moyens, le président doit être extrêmement prudent sur la façon d'y recourir. Cela est si vrai qu'il pourrait facilement lui être reproché de se ranger du côté de partie adverse à celle dont émane la protestation.

1366. Ces différents scénarii permettent de connaître l'utilité de la représentation du ministère public à l'audience, notamment, dans la gestion des incidents d'audience. En effet, chaque fois que le banc du ministère public est occupé, en matière civile et/ou commerciale, le président se doit de provoquer la réaction ou l'avis du ministère public sur tout incident qui viendrait à se produire[1482].

Certes, le parquetier, lui-même, peut se retrouver à l'origine de l'incident. Mais même là, son avis doit être recueilli par le juge présidant l'audience dès lors que ce dernier aura entrepris de vider l'incident enregistré.

1367. Il est impérieux que le président ne manque surtout pas de tact dans la gestion de l'incident. C'est pourquoi, chaque fois qu'il n'est pas sûr de garder son sang-froid ou qu'il sent que la situation pourrait le dépasser, il doit avoir la perspicacité d'ordonner la suspension de l'audience. Il serait bien averti de

---

[1481] *« L'obligation de réserve, qui interdit au magistrat toute critique de l'action gouvernementale, constitue une autre limite à cette liberté de parole. Le devoir de réserve est le pendant de l'indépendance du juge et de la liberté de parole du procureur. Il est un avatar du principe de séparation des pouvoirs »*, É. MAUREL, *Paroles de procureur*, *op. cit.*, p. 270.

[1482] Pour un cas illustratif, notamment en matière de dessaisissement, CPCCS, *op. cit.*, art. 363.

recourir à cette technique, surtout, dans les cas où l'incident aura été provoqué ou concernerait l'occupant du banc du ministère public.

1368. La situation est plus facile pour le président de l'audience lorsque l'incident ne concerne guère le représentant du ministère public. En ce cas, il pourrait, dans la plupart des cas, compter sur ce dernier dans le règlement de l'incident enregistré. Justement, en matière de gestion d'incidents d'audience, le ministère public peut être d'un apport inestimable pour le juge présidant les débats.

1369. En effet, bénéficiant de plus de liberté de ton et de marges manœuvres que ses collègues du siège, le parquetier bien instruit ne se confinerait nullement dans une posture de passivité lorsque son avis est sollicité sur les perturbations enregistrées[1483]. En cela, il s'acquitte d'une de ses nombreuses missions, notamment, de celle faisant de lui la sentinelle de l'ordre juridique[1484] en veillant ainsi à la bonne application des lois qu'il estimerait violées.

1370. Dans sa participation à la gestion d'un incident d'audience, le ministère public peut servir de rempart pour le juge, notamment en veillant à ce que l'autorité du sanctuaire judiciaire ne soit pas mise à mal par des plaideurs, ou leurs conseils, démesurément passionnés. Cela n'est nullement au-delà des prérogatives des officiers du ministère public d'autant plus que, même officiant en matière civile et/ou commerciale, ces derniers, aux yeux des différents protagonistes du procès, paraissent dans leur manteau répressif.

1371. Une telle perception des parquetiers les rend redoutables, pour plus d'un, puisqu'il leur est prêté, à tort ou à raison, la propension ou le goût immodéré d'actionner toujours la machine répressive. Aux yeux de beaucoup de personnes, surtout de ceux qui ne sont pas familiers des prétoires, le procureur de la République et ses substituts honorent toujours leur réputation, notamment celle de détenir les clefs de la prison.

Perception bien erronée, certes, mais tel semble être le destin de parquetier qui est régulièrement affublé de sobriquets tout aussi divers que factices. En tout état

---

[1483] *« […] le parquetier doit être en éveil permanent. Vouloir être magistrat du ministère public, c'est être assuré de ne jamais être en paix. Il faut avoir le goût de l'inconfort et du danger. Il faut aimer la tourmente, les combats, la prise de responsabilité et de décision sans recul face à l'événement, l'analyse rapide et la synthèse efficace, l'application du droit dans l'urgence. Être magistrat du parquet, c'est s'engager avec détermination et réflexion. Au grand dam de certains (qui silencieusement sont soulagés), le parquet exerce de plus en plus des fonctions de « juge », et ce dans un schéma qui, simultanément, fait du justiciable un acteur responsable du processus et non plus simplement un sujet passif du droit »*, É. MAUREL, *Paroles de procureur*, *op. cit.*, p. 171-172.

[1484] A. GARAPON, *Bien juger. Essai sur le rituel judiciaire*, *op. cit.*, p. 303.

de cause, il s'agit d'une situation dans laquelle les juges peuvent être amenés à tirer grand profit.

1372. Dans les observations qu'ils peuvent formuler ou les avis qu'ils peuvent être amenés à émettre, les officiers du ministère public doivent avoir un esprit constructif[1485]. En effet, garants attitrés de l'intérêt général et de l'ordre public, d'une part, et, de l'autre, cautions de la bonne application des normes juridiques, les magistrats du parquet ne doivent pas perdre de vue qu'ils s'honorent[1486] toujours en faisant en sorte que les audiences, quelles qu'elles soient, se tiennent et aboutissent.

C'est en cela qu'ils auront contribué à une bonne administration de la justice, ce qui est un facteur important de la préservation de la paix sociale.

1373. Justement, voyons à présent, en quoi est-ce que le ministère public peut-être un des artisans de la consolidation de la paix sociale dans le pays.

Section II : L'apport du parquet dans la consolidation de la paix sociale

1374. La finalité de l'œuvre de justice est, directement ou indirectement, la préservation de la paix sociale, qui désigne l'ensemble des mécanismes susceptibles de maintenir la cohésion, l'harmonie et la quiétude au sein de la société. La paix sociale[1487] est, dès lors, la condition sine qua non du vivre ensemble, puisque les dissensions intracommunautaires aiguës ainsi que les désunions, familiales et interhumaines, finissent, le plus souvent, par éroder le tissu social[1488].

1375. La paix sociale doit être entretenue, préservée et défendue, au besoin, par la force. Il y va de la viabilité ou de la survie de la cité. La justice relève des instruments dont dispose la puissance publique pour, d'une part, prévenir les troubles à l'ordre public et, de l'autre, poursuivre le rétablissement de la paix et de la quiétude publiques. La justice accomplit cette mission, par l'organe de ses acteurs parmi lesquels, il y a les officiers du ministère public. Ces derniers jouent un rôle incontournable, dans le système judiciaire actuel du Mali, surtout au compte des juridictions de l'ordre judiciaire.

1376. Pour démontrer que le parquet est l'un des artisans de la paix sociale, en matière civile et commerciale au Mali, l'on verra que, dans un premier temps, cet organe poursuit un rôle pédagogique (paragraphe I), avant, dans un second

[1485] Ph. COURROYE, *Reste la justice…, op. cit.*, p. 16.
[1486] D. SALAS, *Le Courage de juger. Le parcours d'un magistrat hors normes, op. cit.*, p. 151.
[1487] P. TRUCHE, *Juger, être jugé. Le magistrat face aux autres et à lui-même, op. cit.*, p. 53-54.
[1488] S. PORTELLI, *Juger. Spirale sécuritaire, libertés en danger*, Paris, Les Éd. de l'Atelier/Éditions ouvrières, 2011, p. 178.

temps, de voir concrètement ce qu'il pose comme acte en faveur de la paix publique (paragraphe II).

Paragraphe I : Le caractère pédagogique de l'action du ministère public

1377. Dans la poursuite de la réalisation des droits, de façon générale, la connaissance et la maîtrise de la démarche à adopter sont essentielles[1489]. L'observation de cette règle est une question de prudence pour tout sujet de droit désireux de se pourvoir devant les organes juridictionnels. Elle est donc question de savoir-faire, dans la quête de justice, ce qui est important d'autant plus que la mise en œuvre du droit est assurée par le droit processuel qui se caractérise par une complexité certaine.

1378. C'est ce savoir-faire, dans l'exercice de l'action judiciaire, qui est assimilable, justement au rôle pédagogique[1490] du ministère public officiant en matière civile et commerciale. Puisque les techniques ou modalités de l'intervention du parquet, en ces matières, sont fortement empreintes de pédagogie.

1379. Ainsi, lorsqu'il se pourvoit devant les juridictions civiles et/ou commerciales, le ministère public agit soit comme partie principale (A), soit comme partie jointe (B).

A. Le ministère public, comme partie principale

1380. En matière civile et commerciale, au Mali, le ministère public peut être partie principale au procès. Il s'agit là, d'une prérogative dévolue, par le droit positif, aux officiers du ministère public. En effet, plusieurs dispositions légales et réglementaires en vigueur, dans le pays, consacrent le droit, voire, dans certains cas, le devoir du ministère public de se porter partie principale[1491] devant les organes juridictionnels compétents en ces domaines, pour poursuivre la réalisation de certains droits et obligations.

1381. Comme déjà sommairement évoqué, plus haut[1492], dans le cadre de la présente étude, la notion de ministère public comme partie principale, en matière civile et commerciale, désigne la situation juridique où le parquet agit devant les organes juridictionnels compétents, en qualité de demandeur ou de défendeur[1493].

C'est-à-dire que le ministère public est partie principale, en matière civile et/ou commerciale, lorsqu'il se met véritablement dans la peau d'un plaideur privé

[1489] L. CADIET et E. JEULAND, *Droit judiciaire privé*, 11e éd., *op. cit.*, n°° 1, p. 1.

[1490] J.-L. DEBRÉ, *Ce que je ne pouvais pas dire*, Paris, Éd. Robert Laffont, 2017, p. 101.

[1491] CPCCS, *op. cit.*, art. 428 et 429.

[1492] *Supra*, p. 193 et s.

[1493] *Supra*, p. 136 et s.

agissant devant la justice, soit pour demander, soit pour contester le bien-fondé de l'existence d'un droit spécifique[1494].

1382. Ayant la spécificité de ne jamais agir, à son propre compte[1495], le ministère public bénéficie, de ce fait, de certains privilèges qui ont été, pour l'essentiel, déjà évoqués[1496]. Un de ces privilèges a trait au fait que quand bien même la décision rendue lui est entièrement favorable, le ministère public pourrait malgré tout, exercer les voies de recours[1497], ce qui ne saurait être toléré chez un plaideur privé[1498]. Comme partie principale, le parquet peut être, d'une part, demandeur à l'action.

1383. Dans cette hypothèse, il prend l'initiative d'une procédure, en saisissant la juridiction compétente, sur une question de droit civil ou de droit commercial. Sous cet angle, il y'a lieu de distinguer entre deux cas de figure. En effet, dans la première hypothèse, le parquet est ténu d'agir et, dans la seconde, il bénéficie d'une sorte d'opportunité d'agir qu'il apprécie.

1384. Les hypothèses où le ministère public est ténu d'agir, en matière civile et/ou commerciale, sont déterminées par la loi qui utilise, pour le faire savoir, le ton impératif. Dans ces cas, la norme prescriptrice ne donne aucune liberté d'appréciation aux officiers du ministère public. En légistique, elle s'élabore suivant l'emploi du mode impératif.

1385. En droit malien, des cas comme les questions relatives : à la vérification trimestrielle des registres de l'état civil[1499], à la mise en place de commission de reconstitution d'originaux d'actes d'état civil détruits[1500], aux demandes de

---

[1494] V. MIKALEF-TOUDIC, *Le Ministère public, partie principale dans le procès civil*, Éd. PUAM, Marseille, 2006, n°°72 et s., p. 69 et s.
[1495] « [...] il n'a pas d'intérêt direct et personnel... », L. CADIET et E. JEULAND, *Droit judiciaire privé*, 11e éd., *op. cit.*, n°°353, p. 317.
[1496] *Supra*, p. 202 et s.
[1497] Civ. 1re, 10 mars 1998, *Bull. civ.* I, n°°103, *RTC civ.*, 1999, p. 204, obs. R. PERROT. Dans le cas d'espèce, le parquet avait relevé appel d'un jugement pourtant conforme à ses conclusions sur une question de nationalité. S'étant, toutefois, rendu compte qu'il avait commis une erreur de droit, il a relevé appel dudit jugement et la cour d'appel a rendu un arrêt qui a reformé la décision du premier juge, conformément aux moyens développés par le parquet général près la cour d'appel. Plaideur dépourvu de tout intérêt personnel, le ministère public a été admis en cela pour la raison fondamentale qu'il poursuit la défense de l'intérêt général devant les juridictions civiles.
[1498] V. Civ. 2e, 6 mai 1998, *Bull. civ. II*, n°°146 ; 6 avril 2006, n°°04-12803, *Procédures* 2006, n°°149, note R. PERROT.
[1499] Loi n°°2011-087 du 30 décembre 2011 portant code des personnes et de la famille (CPF) en République du Mali, art. 112.
[1500] *« Lorsque tous les originaux auront été détruits, le procureur général près la cour d'appel compétente* ***désignera*** *une ou plusieurs commissions composées des personnes qu'il estimera les plus qualifiées pour la reconstitution dans leurs éléments essentiels des actes détruits »*, CPF, *op. cit.*, art. 136, al. 1er.

transcription d'actes d'état civil[1501], au contentieux ayant trait à la nationalité[1502], ou encore, à l'obligation de veiller sur les questions de faillite personnelle ou de réhabilitation[1503], en sont bien illustratifs.

1386. Dans ces différents, on remarquera que l'autorité productrice de la norme juridique emploie l'impératif en utilisant des formules comme *« le ministère public vérifie », « le ministère public désignera », « le ministère public est ténu de ... »*, ou encore, *« le ministère public surveille »*.

1387. S'agissant des cas où le ministère public bénéficie de la liberté ou de l'opportunité d'agir[1504], ils se distinguent par l'emploi de formules non contraignantes en légistique. Les dispositions des normes juridiques les énoncent par des formules comme *« le ministère public peut »* ou *« le ministère public a la faculté de... »*, etc.

1388. Des questions comme : l'annulation du jugement déclaratif d'absence[1505], l'abréviation des délais de publication et de dispense de publication de bans[1506], la visite de lieux de traitement des majeurs protégés[1507], tout comme la faculté pour le ministère public d'assister à l'inventaire des biens du débiteur, dans une procédure de redressement judiciaire ou de liquidation des biens, relèvent bien de cet ordre[1508].

1389. Par ailleurs, toujours en matière civile et/ou commerciale, le ministère public peut ou doit selon les cas, comme partie principale, avoir à jouer le rôle de défendeur au procès. Cela se passe dans des cas spécifiés par la loi comme, par exemple, en matière de contentieux relatif à la nationalité[1509]. Cet engagement rigoureux de l'office du ministère public, au-delà de la sphère pénale, est indispensable pour la protection des droits humains d'autant que, même en matière civile et commerciale, il existe quelques controverses sur le statut des parquetiers[1510].

1501 CPF, *op. cit.*, art. 151.
1502 CPF, *op. cit.*, art. 271 à 273.
1503 AUPC, *op. cit.*, art. 195.
1504 *« Le ministère public peut, dans toute une série d'hypothèses précisées par le législateur, agir librement, spontanément, de son propre chef sans qu'on puisse l'en empêcher, ni d'ailleurs l'y contraindre »*, J. VINCENT, S. GUINCHARD, G. MONTAGNIER et A. VARINARD, *Institutions judiciaires, op. cit.*, n°°532, p. 666.
1505 CPF, *op. cit.*, art. 72.
1506 CPF, *op. cit.*, art. 178.
1507 CPF, *op. cit.*, art. 712.
1508 Acte uniforme révisé portant organisation des procédures collectives d'apurement du passif, *op. cit.*, art. 63.
1509 CPF, *op. cit.*, art. 272 et s.
1510 L. LEMESLE et F.-J. PANSIER, *Le Procureur de la République, op. cit.*, p. 117.

1390. C'est pourquoi il n'est pas permis au ministère public d'agir, dans tous les cas et chaque fois qu'il l'estime nécessaire, en ces matières, puisque cela pourrait aboutir à une mise à mal certaine et intolérable de certains intérêts privés[1511]. Il ne pourrait qu'en être ainsi puisqu'une telle liberté, accordée aux officiers du ministère public, se traduirait par une immixtion inconvenante[1512] de cet organe qui n'est, en réalité, dédié qu'au seul salut public et à la défense des intérêts de la société.

1391. Comme défendeur à l'action, en matière civile et/ou commerciale, le ministère public se trouve mis en cause par un plaideur privé et se défend, en principe, contre le succès des prétentions de ce dernier qui se trouve être le requérant. Il doit user librement des moyens de défense qu'il estime être les mieux adaptés afin de faire échec à la demande du contradicteur[1513].

1392. Pour ce faire, il doit développer une bonne stratégie de défense basée sur des moyens juridiques suffisants, cohérents et convaincants en vue d'emporter la religion du juge. Il peut ainsi, avant d'opposer ses arguments sur le fond, provoquer tout incident de procédure qu'il estime nécessaire. À cet égard, il pourrait opposer toute fin de non-recevoir ou soulever toute exception de procédure qu'il estime à propos.

En cas d'insuccès de ces incidents de procédure, les officiers du ministère public ont toute latitude, une fois au fond, de produire toute pièce qu'ils estiment utiles à décrédibiliser les chefs de demande du requérant. Ils ont également le droit de répliquer, oralement ou par écrit, à tout chef de demande qui leur est opposé.

1393. Toutefois, rien ne leur interdit, lorsqu'ils estiment en leur conscience les arguments du requérant imparables, de s'abstenir de toute réaction inutile. En effet, la défense de certaines causes, manifestement insoutenables, pourrait, dans certains cas, ruiner l'autorité ou la crédibilité de l'institution. C'est pour cette raison que dans ces genres de situation, il est préférable pour les officiers du ministère public de tempérer leur ardeur quoique pouvant se voir apostropher par les conseils de la partie adverse[1514].

[1511] R. PERROT, *Institutions judiciaires*, *op. cit.*, n°°518, p. 400.

[1512] *« Il ne faut pas oublier en effet, que le ministère public est en quelque sorte un agent du pouvoir exécutif et il n'est pas a priori normal qu'il puisse intervenir systématiquement dans les litiges entre particuliers en engageant une procédure à laquelle ils étaient opposés au seul motif que l'ordre public est en cause »*, R. PERROT, *Institutions judiciaires*, *op. cit.*, n°°531, p. 666.

[1513] L. CADIET et E. JEULAND, *Droit judiciaire privé*, 11e éd., *op. cit.*, n°s°354 et 355, p. 318 et s.

[1514] Il appartiendra au juge, dans ces conditions, de veiller à ce que les différents protagonistes, dans leurs prises de parole, veillent à la courtoisie en s'exprimant avec pondération. Ayant la police des débats, le juge serait mal inspiré de laisser la salle

1394. Le meilleur moyen de défense consiste, dans certaines situations, à garder le silence[1515] pour ne pas prêter le flanc à une certaine goguenardise. C'est pourquoi l'exercice des fonctions de parquetiers requiert promptitude, aptitude[1516], rectitude[1517], tact[1518] et, surtout, flair[1519].

1395. L'attribution au ministère public de la qualité de partie principale découle d'une raison d'ordre éthique et/ou juridique. En effet, autant il est inadmissible de laisser le ministère public s'immiscer dans les affaires individuelles, autant il est indispensable que les actions judiciaires, sur les questions civiles et/ou commerciales mettant en cause l'intérêt général, aient un « titulaire »[1520].

Or, dans le paysage judiciaire, nul autre organe judiciaire mieux que le ministère public n'est mieux indiqué à exercer une telle mission. Cela est d'autant plus vrai que parmi les raisons d'être du ministère public, figure la défense de l'intérêt général[1521] et de l'ordre public[1522].

1396. Dès lors, il se comprend aisément que les officiers du ministère public occupent les terrains civil et commercial, en y apportant leur expertise et leur concours au service de la paix sociale. C'est pourquoi, en sa qualité d'organe exclusivement dédié au salut et à l'intérêt publics, le ministère public est dispensé de consignation, en matière civile et/ou commerciale. Mais puisque toute procédure, en ces matières, a un coût, les dépens sont, dès lors, supportés par le trésor public[1523].

1397. L'importance des enjeux d'une telle mission justifie amplement que l'on déplore la désaffection actuelle des officiers du ministère public pour les affaires civiles et/ou commerciales. En effet, les hypothèses sont diverses, en ces matières, où le ministère public est fondé à prendre l'initiative de la saisine des organes juridictionnels compétents.

---

d'audience se transformer en pétaudière en laissant les parties dire tout ce qu'elles veulent et comme elles le voudraient.

1515 *« Le silence est une arme redoutable aussi efficace que la parole »*, A. GARAPON, *Bien juger. Essai sur le rituel judiciaire, op. cit.*, p. 132.

1516 P. TRUCHE, *Juger, être jugé. Le magistrat face aux autres et à lui-même, op. cit.*, p. 49-50.

1517 Ph. BILGER, *Contre la justice laxiste*, Éd. L'Archipel, 2014, p. 56.

1518 Y. DIALLO, *Le Procureur de la République. La pratique du parquet, op. cit.*, p. 358.

1519 M. AYDALOT, *Magistrat. Un homme et son métier*, Paris, Éd. Robert Laffont, 1976, p. 61-62.

1520 L. CADIET et E. JEULAND, *Droit judiciaire privé*, 11e éd., *op. cit.*, n°°353, p. 318.

1521 É. MAUREL, *Paroles de procureur, op. cit.*, p. 281.

1522 V., arrêt de la Cour de cassation française du 17 déc. 1913, *Bulletins des arrêts civils*, 1913, n°°241, p. 460.

1523 Loi n°°2018-009 du 12 février 2018 portant modification de la loi n°°06-067 du 29 décembre 2006, modifiée, portant code général des impôts au Mali, art. 131.1.

Cependant, il est rare, dans la pratique, de tomber sur des cas de saisine du juge à l'initiative du parquet alors que les occasions ne semblent guère manquer. L'absence des parquets d'instance, sur le terrain du contrôle des actes d'état civil, à elle seule, atteste à suffisance la véracité de nos propos[1524].

1398. À défaut d'aller à la création de parquets exclusivement compétents en matière civile et/ou commerciale[1525], il est impératif que les officiers actuels du ministère public polyvalent s'intéressent, véritablement, à la conduite des procédures en ces matières. La mise en œuvre effective des dispositions juridiques, actuellement en vigueur, pourrait permettre d'obtenir, dans une certaine mesure, leur participation.

1399. Cependant, l'exploration d'autres pistes, comme l'extension aux parquetiers des effets des infractions comme le déni de justice ou le refus d'un service légalement dû, pourrait également contribuer à garantir davantage ladite participation[1526].

1400. Dans une procédure, civile ou commerciale, la démarche pédagogique du ministère public explique que s'il n'est pas partie principale, il est forcément partie jointe.

B. Le ministère public, comme partie jointe

1401. Notion propre au droit judiciaire privé, l'intervention du ministère public en matière civile et/ou commerciale l'amène, dans certains cas, à se retrouver partie jointe devant les organes juridictionnels officiant en ces matières. L'exclusivité de la notion, en droit judiciaire privé, s'explique par le fait qu'en matière pénale le ministère public est, toujours et uniquement, partie principale[1527].

[1524] CPF, *op. cit.*, art. 112.

[1525] *« ... les fonctions souvent méconnues du parquet, celles civiles et commerciales. Le divan assez large et épais du contentieux pénal les cache, même s'il ne parviendra jamais à les occulter ; la vie des affaires et son impact dans la société créeront un parquet de type nouveau au Sénégal »*, Y. DIALLO, *Le Procureur de la République. La pratique du parquet*, *op. cit.*, p. 28.

[1526] Toutefois, une éventuelle extension de ces incriminations aux officiers du ministère public devrait tenir compte de l'insuffisance actuelle de ressources humaines qui affecte le fonctionnement de quelques parquets. Si elle prospérait, ladite extension devrait cependant pouvoir concerner sans difficulté les magistrats servant dans les parquets dotés en personnel, en nombre objectivement suffisant.

[1527] Cela se justifie amplement quand on sait qu'en matière répressive l'État a le monopole de la répression comme l'atteste un arrêt de la chambre criminelle de la Cour de cassation française proclamant que le ministère public a le monopole de la défense de l'intérêt général devant les juridictions pénales, *Cass. crim.*, 19 déc. 2006 : *Bull. crim*, 2006, n°°316.

De ce fait, l'on se retrouve face à une dimension importante des attributions du parquet, notamment, en matière civile[1528] et/ou commerciale, qui rapproche, dans une certaine mesure, les officiers du ministère public des commissaires du gouvernement, devant les juridictions administratives.

1402. Se prononçant sur cette modalité de l'intervention du ministère public, en matière civile et/ou commerciale, Les professeurs Jean VINCENT, Serge GUINCHARD, Gabriel MONTAGNIER et André VARINARD ont pu écrire que : *« Lorsqu'il intervient comme partie jointe, il n'a pas la qualité de plaideur, il n'est l'adversaire ni du demandeur ni du défendeur et il se contentera de présenter au tribunal son opinion. Il agit comme une sorte de jurisconsulte officiel ou le commissaire du gouvernement devant les juridictions administratives, en requérant dans son intervention que les juges veuillent bien se conformer à son avis, mais il est évident que le tribunal reste libre de sa décision »*[1529]. Au regard de ces éléments caractéristiques de l'intervention du parquet, comme partie jointe dans les domaines concernés, un certain nombre d'observations semblent s'imposer.

1403. Tout d'abord, contrairement à l'hypothèse où il officie comme partie principale, le ministère public intervenant comme partie jointe n'est nullement, au sens propre du terme, partie au procès civil. Comme d'ailleurs on pourrait l'entrevoir dans la qualification qui lui est donnée en cette posture, le ministère public se joint à l'action exercée par les plaideurs privés[1530] devant une juridiction examinant un litige en matière civile, commerciale ou sociale.

1404. Parce qu'il n'est justement pas partie au procès, il ne doit intervenir, en son avis ou ses conclusions sur l'affaire, qu'en dernière position, après que le demandeur et le défendeur ont déjà fait valoir leurs prétentions et moyens respectifs. Il agit alors pour émettre un avis sur le sens qu'il croit devoir donner aux textes dans le cas soumis à l'analyse du juge. C'est pourquoi des doctrinaires qualifient cette modalité de l'intervention du ministère public de « voie de réquisition »[1531].

1405. Une telle appréhension de la question semble favoriser la confusion pour la raison essentielle qu'en matière civile et commerciale les actes écrits doivent être qualifiés d'avis ou de conclusions. La notion de réquisition, dans un souci de précision d'ordre terminologique, semble plutôt convenir en matière pénale.

[1528] J.-P. DINTILHAC, *Le Procureur de la République*, *op. cit.*, p. 70.

[1529] J. VINCENT, S. GUINCHARD, G. MONTAGNIER et A. VARINARD, *Institutions judiciaires. Organisation, juridictions, gens de justice*, Paris, Dalloz, 7e éd., 2003, n°°526, p. 663.

[1530] V. MIKALEF-TOUDIC, *Le Ministère public, partie principale dans le procès civil*, *op. cit.*, n°°32, p. 38.

[1531] L. CADIET et E. JEULAND, *Droit judiciaire privé*, 11e éd., *op. cit.*, n°°357, p. 321 ; v., également, J. VINCENT, S. GUINCHARD, G. MONTAGNIER et A. VARINARD, *Institutions judiciaires. Organisation, juridictions, gens de justice, op. cit.*, p. 663 et 664.

En effet, c'est en matière répressive que le ministère public prend des réquisitions.

1406. Certes, les termes de conclusion et de réquisition sont indistinctement employés en matière civile pour désigner les actes du parquet. Cependant, les textes processuels, au Mali, marquent leur penchant pour la notion de « conclusion ». C'est pourquoi, l'on peut être d'accord avec les professeurs JACQUES Héron et Thierry LE BARS[1532], ou encore, Jean-Pierre DINTILHAC[1533], pour dire que sur le terrain civil, les termes de conclusion et d'avis devraient l'emporter pour laisser au droit criminel l'usage du mot réquisition.

Dans la même veine, il semble préférable de parler de « voie de conclusion » ou de « requête » et non de celle « de réquisition », lorsqu'il s'agit d'évoquer le ministère public intervenant comme partie jointe, en matière civile et commerciale.

1407. Ensuite, quoiqu'il soit constant que le ministère public n'est nullement partie, lorsqu'il intervient comme partie jointe en matière civile et/ou commerciale, il demeure évident, cependant, que son avis ou ses conclusions ne pourraient pas ne pas être favorables à la position de l'une des parties à l'instance. Le parquet n'est aucunement l'avocat d'une quelconque des parties privées au procès. Il n'est pas non plus investi de la mission d'assurer la défense ou la protection du juge chargé de trancher le litige opposant le demandeur et le défendeur.

1408. Il a pour unique fonction de procéder à une analyse objective des faits de la cause et d'émettre, en conséquence, l'avis juridique qu'il estime être conforme à l'esprit de la loi. Cependant, dans l'exercice de cet office de jurisconsulte, au nom de la société, le sens qu'il estime être celui à donner aux textes applicables est, dans la plupart des cas, conforme à l'interprétation faite des normes par une des parties.

Ce n'est que dans quelques cas rares que le positionnement juridique développé par l'officier du ministère public pourrait aller à l'encontre de ceux des deux parties opposées.

1409. Également, il est à relever que le ministère public est, en principe, libre de donner la forme qu'il veut à ses prises de position, lorsqu'il agit comme partie jointe en matière civile et/ou commerciale. C'est-à-dire qu'en principe le parquet est libre de prendre des conclusions écrites ou orales lorsqu'il a à se prononcer

---

[1532] *« Le ministère public à qui une affaire est communiquée peut faire connaître son avis oralement ou par écrit. Dans les deux cas, on parle de conclusions »*, J. HERON et Th. LE BARS, *Droit judiciaire privé, op. cit.*, n°°476, p. 384.

[1533] J.-P., DINTILHAC, *Le Procureur de la République, op. cit.*, p. 71. Ce dernier auteur, magistrat de son état par ailleurs, préfère l'appellation de « voie de requête ».

sur une affaire civile ou commerciale. Toutefois, ce principe admet des exceptions puisque, dans certains cas, les textes imposent au ministère public une forme déterminée à laquelle il devra se conformer.

1410. C'est ainsi qu'entre autres, matière de contrainte par corps, le CPCCS impose au parquet de retourner le dossier qui lui aura été communiqué, avec son avis, sous forme, sans doute, écrite[1534]. C'est le cas, également, lorsque la section judiciaire de la Cour suprême estime nécessaire que les parquets près les juridictions, entre lesquelles un règlement de juge est nécessaire, lui transmettent les pièces relatives aux procédures concurrentes, et ce, avec leurs avis écrits[1535].

1411. Enfin, les conclusions et avis, quelles que soient leur forme et, surtout, leur pertinence, en termes de cohérence et de solidité du raisonnement juridique mis en avant par le ministère public, ne sauraient, en aucune manière, lier le juge. Il ne pourrait en être autrement que lorsque le ministère public aura attiré l'attention du juge sur des dispositions légales impératives. En effet, il est des normes juridiques qui ne donnent aucune marge de manœuvre au juge à l'occasion de leur mise en œuvre.

1412. Les officiers du ministère public auraient joué leur rôle de sentinelle de la bonne application des normes juridiques, en attirant l'attention des juges sur la particularité de ces genres de normes. Dans un tel cas de figure, ce serait non pas l'avis du ministère public, mais au contraire les dispositions légales en question qui lieraient le juge[1536] chargé de trancher le litige.

1413. Sur un tout autre plan, il est important de faire observer que le ministère public est partie jointe dans tous les cas où la loi déclare des matières qui lui sont communicables. C'est dire, par voie de conséquence, que les questions civiles et commerciales où le ministère public est partie jointe sont, incontestablement, légion, en droit positif malien.

1414. Une liste indicative de ces matières est prévue par le code de procédure civile, commerciale et sociale en vigueur au Mali qui prévoit que : *« Le ministère public doit avoir communication :*

[1534] *« La contrainte par corps est mise en œuvre par une requête écrite du créancier transmise au juge des référés du tribunal du domicile du débiteur.*
La requête devra obligatoirement être accompagnée de l'original ou des copies certifiées conformes de la décision de justice, ou des titres établissant la créance, ainsi que les actes extrajudiciaires constatant le refus du débiteur de payer et l'épuisement de l'exercice de toutes les voies ordinaires d'exécution et de recouvrement.
Le dossier de l'affaire est communiqué au ministère public lequel doit le faire retourner dans les soixante-douze heures de la communication avec son avis », CPCCS, *op. cit.*, art. 726.

[1535] CPCCS, *op. cit.*, art. 417.

[1536] Pour des cas illustratifs, AUPC, *op. cit.*, art. 125 et 126.

- *des affaires qui concernent l'ordre public, l'État, le domaine, les communes, les établissements publics, les dons et legs au profit des pauvres ;*
- *les procédures qui concernent l'état des personnes et les tutelles ;*
- *les procédures collectives ;*
- *les déclinatoires sur compétence ;*
- *les règlements de juges, les récusations et renvois pour parenté et alliance ;*
- *les demandes en désaveu formulées contre un Avocat ;*
- *les prises à parties ;*
- *les causes concernant ou intéressant les personnes présumées absentes ;*
- *les causes de femmes non autorisées par leurs maris, ou même autorisées lorsqu'il s'agit de leur dot, et qu'elles sont mariées sous le régime dotal, les causes des mineurs, et généralement toutes celles où l'une des parties est défendue par un curateur ;*
- *les causes intéressant les personnes placées dans un établissement d'aliénés lors même qu'elles ne seraient pas mises en tutelle »*[1537].

1415. En plus des affaires sus-énumérées, le ministère public[1538] lui-même ou le juge[1539] peuvent prendre l'initiative de la communication d'autres non expressément mentionnées parmi celles communicables par essence. La loi accorde une importance si grande à l'intervention du ministère public, comme partie jointe, qu'elle prévoit qu' : *« En cas d'absence ou empêchement des procureurs de la République et de leurs substituts, ils seront remplacés par l'un des juges suppléants »*[1540].

Ces dispositions font de tout juge au siège, un potentiel parquetier occasionnel. Cela pourrait bien trouver sa justification sous l'angle de la nécessité impérieuse d'assurer la défense de l'intérêt général, au besoin par la mise à contribution des magistrats du siège.

1416. Comme on vient de voir, les modalités de l'intervention du ministère public, en matière civile et commerciale, sont judicieusement schématisées. Cela imprime à la démarche des officiers du ministère public, en ces matières, un véritable caractère pédagogique, ce qui facilite la compréhension de leur mission, en droit judiciaire privé. Aussi permet-il de déterminer, plus facilement, le régime juridique applicable selon le cas de figure, comme on vient de le remarquer.

1417. S'il ne paraît pas nécessaire d'opérer une quelconque modification dans les mécanismes de l'intervention du ministère public, comme l'on vient de les

---

1537 CPCCS, *op. cit.*, art. 432.
1538 CPCCS, *op. cit.*, art. 433.
1539 CPCCS, *op. cit.*, art. 434.
1540 CPCCS, *op. cit.*, art. 437.

découvrir, il semble, toutefois, nécessaire que des réformes juridiques soient poursuivies afin de garantir leur mise en œuvre effective. Ces réformes éventuelles pourraient concerner, d'une part, le régime disciplinaire des parquetiers, notamment, l'érection, de façon expresse, de leur inertie en matière civile et commerciale comme faute professionnelle.

1418. D'autre part, ceux des parquetiers dont le comportement ne devrait s'analyser qu'en refus délibéré de s'intéresser à ces matières devraient pouvoir se retrouver sous le coup de la loi pénale, par l'extension éventuelle aux parquetiers des incriminations de refus d'un service légalement dû ou encore, de déni de justice.

1419. Cette compréhension de la démarche du ministère public, en matière civile et commerciale, permet par ailleurs de découvrir les actions que cet organe judiciaire exerce quotidiennement en faveur de la paix sociale.

Paragraphe II : L'action du parquet en faveur de la paix sociale

1420. Comme on l'a effleuré plus haut, dans le cadre de la présente étude, en matière civile et commerciale au Mali, le ministère public peut être amené à exercer des actions importantes, en faveur de la paix sociale. Cela relève, d'ailleurs, de la bonne logique des choses, puisque les officiers du ministère public sont les garants attitrés de la défense de l'ordre public et de la préservation de l'intérêt général.

1421. Concrètement, le ministère public est, en premier lieu, l'organe indiqué pour la communication judiciaire (A). En second lieu, il joue un rôle majeur, dans la gestion des relations publiques au compte de l'institution judiciaire (B).

A. L'entretien de la paix sociale par la communication judiciaire

1422. De tous les gens de justice, les officiers du ministère public sont les mieux indiqués pour assurer la communication avec le monde extérieur. La communication désigne le *« Fait de porter un événement ou un élément d'information à la connaissance d'une personne déterminée (adversaire, organe de contrôle) d'un groupe d'intéressés ou du public ; désigne, par extension, l'obligation d'informer le destinataire de la communication ou le droit pour celui-ci de prendre lui-même connaissance d'éléments mis à sa disposition »*[1541].

1423. En d'autres termes, il s'agit de l'exercice consistant à porter un événement ou toute autre situation factuelle ou juridique à l'attention d'un individu, d'un groupe d'individus ou, de façon beaucoup plus large, du public. De ces précisions, il ressort clairement qu'il ne s'agit nullement de la communication à l'interne de l'institution judiciaire qui est déployée pour les besoins de fonctionnement du service ou pour l'animation d'une procédure judiciaire.

[1541] G. CORNU, *Vocabulaire juridique*, *op. cit.*, v. communication, p. 470.

La communication visée, ici, est celle qui est mise en œuvre par l'institution judiciaire en destination du monde qui lui est extérieur. Elle est essentielle puisqu'*« une justice sans communication ne peut fonctionner harmonieusement »*[1542].

1424. *A priori*, l'on pourrait être tenté de se demander le rapport qui pourrait bien exister entre le ministère public, d'une part, et, de l'autre, la question de communication qui renvoie, d'emblée, aux journalistes dont c'est le métier. Mais c'est oublier que la justice est, avant tout, un service public et que, comme tel, elle ne saurait se complaire dans un certain ésotérisme[1543] au point de vouloir se dérober de tout regard sur son fonctionnement, sur ses pratiques, voire sur ses résultats.

1425. Agents publics, par excellence, les magistrats ne peuvent pas ne pas être astreints à l'obligation de redevabilité. Le devoir de redevabilité est indispensable pour la culture d'une gouvernance vertueuse. Il oblige l'agent qui y est soumis à constamment se rappeler qu'il est investi d'une charge qui exige de lui de servir et non de se servir.

1426. Les rapports entre le monde des médias, d'une part, et, l'institution judiciaire, d'autre part, ne sont pas toujours des plus apaisés[1544]. Cela se comprend aisément quand on sait que les deux poursuivent des agendas différents et connaissent des modes d'action fondamentalement inconciliables. En effet, la presse est, dans la plupart du temps, dans l'instantanéité ou la promptitude, dans le traitement de l'information[1545].

1427. Nul ne peut douter que la démultiplication des scoops, qui se traduit par la fraîcheur de l'information, fait gagner tout organe de presse en audience ou en audimat. En effet, celui qui donne la primeur de l'information ou qui donne régulièrement des nouvelles en exclusivité est considéré comme crédible à tous égards puisque censé disposer de sources bien introduites et bien diverses. Rien qu'une telle réputation assure de la côte élevée à l'organe de presse, ce qui a une incidence positive indéniable sur ses recettes.

1428. Tout cela fait que la plupart des médias sont, le plus souvent, dans le sensationnel pour se faire connaître le plus possible et faire sinon fortune, du moins recette[1546]. Il ne faudrait pas, surtout, perdre de vue que la communication

---

[1542] L. FREMIOT, *Je vous laisse juges... Confidences d'un magistrat qui voulait être libre*, Paris, Éd. Michel Lafont, 2014, p. 196.

[1543] Y. DIALLO, *Le Procureur de la République. La pratique du parquet*, *op. cit.*, p. 360.

[1544] Ph. COURROYE, *Reste la justice…*, *op. cit.*, p. 304.

[1545] J.-M., DECUGIS, P. GUENA et M. LEPLONGEON, *Ministère de l'injustice*, Paris, Éd. Grasset et Fasquelle, 2022, p. 39 et s.

[1546] M. LEGRAND, *Les Secrets d'un juge. Comment la justice se fait le bras armé du pouvoir*, Paris, Éd. Fayard, 2015, p. 285.

a un coût élevé. En effet, elle nécessite des équipements de pointe et du personnel qualifié. Ces impératifs font des entreprises de comminations de véritables machines à dépenses.

1429. Certes, les journalistes se doivent de vérifier les informations avant de les diffuser. Ils se doivent également, dans le cadre du traitement de l'information, de veiller, autant que faire se peut, à avoir les différentes versions possibles sur les faits qu'ils entendent révéler pour leur propre couverture. Mais ces différents devoirs professionnels sont insuffisants pour permettre aux journalistes d'assumer la communication officielle au compte de l'institution judiciaire.

1430. Tout ce qui a trait à la justice est, par essence, tout à la fois, sensible et délicat. De même, nul, mieux que les magistrats eux-mêmes, ne peut suffisamment appréhender avec plus ou moins d'exactitude les contraintes, les techniques et les besoins spécifiques du métier judiciaire[1547]. Puisqu'il est imprudent de laisser des professionnels extérieurs au sanctuaire judiciaire assurer la communication officielle au compte des juridictions, il s'impose, dès lors, de voir parmi les acteurs judiciaires ceux qui se trouvent les mieux indiqués à l'assurer[1548].

1431. Ainsi, l'on pourrait, tout d'abord, penser au personnel d'appui au sein des juridictions, à savoir les greffiers et secrétaires des greffes et parquets. Mais le niveau d'étude moins élevé de ces derniers conjugué à leur faible degré d'imprégnation des contraintes de la profession de magistrat commanderait d'écarter cette piste.

1432. Ensuite, l'idée que les magistrats du siège puissent assurer la communication judiciaire peut effleurer l'esprit. Cela conduirait, d'un côté, les juges au siège à communiquer, chaque fois que de besoin, sur les événements majeurs relatifs aux affaires pendantes devant les juridictions qu'ils ont la charge d'animer.

[1547] *« Montrer la justice sous un autre jour que celui, nécessaire, de la distance et de l'intimidation légale, avec la découverte du rôle de chaque professionnel, constitue, à mon sens, une démarche infiniment plus positive que toutes celles qui peuvent être concoctées dans le secret des bureaux par des spécialistes en communication qui, dans leurs plans, négligent le principal. La meilleure communication passe directement de celui qui sait vers celui qui désire connaître et savoir »*, Ph. BILGER, *Pour l'honneur de la justice*, *op. cit.*, p. 43.

[1548] À ce niveau, il est évident que les syndicats de magistrats tout comme le conseil supérieur de la magistrature peuvent, chacun en ce qui le concerne, contribuer à la communication judiciaire. Mais il est essentiel de faire observer qu'il s'agit là d'organes extérieurs aux juridictions, dans le schéma institutionnel actuel du pays. C'est pourquoi le CSM et les syndicats ne seront pas mentionnés à ce niveau, même s'il peut leur arriver, eux aussi, de communiquer pour le compte de leurs missions respectives.

1433. De l'autre côté, les juges d'instruction, quant à eux, communiqueraient sur les dossiers pendants devant leurs cabinets chaque fois que nécessaire pour le succès des informations judiciaires et pour tenir l'opinion informée. Mais un tel procédé passerait difficilement pour essentiellement deux raisons, à savoir : la nécessité de sauvegarder la crédibilité de l'institution judiciaire, d'une part, et, de l'autre, le risque de désordre au sein du sanctuaire judiciaire[1549].

1434. Le fait pour les magistrats du siège, juges au siège et juges d'instruction, d'assurer la communication judiciaire est à éviter puisque cela conduirait, sans doute, à l'effritement de la crédibilité de leur institution d'appartenance[1550]. En effet, l'exercice des fonctions de juge requiert chez ceux qui en sont investis des qualités morales et surtout des devoirs professionnels divers. C'est ainsi qu'en plus de l'indépendance et de l'impartialité qui doivent les caractériser les juges se doivent d'observer le devoir ou l'obligation de réserve.

1435. Pendant que les devoirs d'indépendance et d'impartialité protègent les intérêts des justiciables, l'obligation de réserve, elle, protège la personne même du magistrat. La réserve est beaucoup exigée du magistrat du siège que de celui du parquet. En effet, un juge serait difficilement crédible lorsqu'il se retrouve régulièrement sur la place publique pour commenter ses décisions ou pour laisser croire ce qui pourrait être le sens décisionnel dans lequel il abonderait dans l'examen d'une affaire. Outre le risque pour lui d'opiner, un tel comportement jetterait un discrédit certain sur l'acte de juger et, par effet de contagion, sur toute l'institution judiciaire.

1436. D'autre part, le fait de laisser tous les magistrats du siège communiquer comme ils le voudraient sur les affaires soumises à leur examen ou même sur l'ensemble des réalités internes à leurs juridictions créerait immanquablement du désordre au sein de l'institution judiciaire. Outre le goût pour un certain vedettariat, une telle politique encouragerait les juges à se critiquer mutuellement sur la place publique.

1437. Cet ensemble de risques, difficilement conciliable avec le devoir de réserve, devrait incliner à émettre de sérieuses réserves sur la participation des juges à cet exercice. C'est pourquoi les magistrats du siège, eux aussi, ne semblent nullement bien indiqués pour assurer la communication judiciaire.

1438. Enfin, il reste les magistrats du ministère public qui, par les spécificités statutaires qui sont les leurs, ne sont pas des juges d'autant qu'en principe leur office ne les place pas dans une posture qui les contraigne à l'impartialité[1551]. En

---

[1549] V., à cet effet, la lettre circulaire n°°061/MJDH-SG du 03 février 2022 du ministre de la Justice, garde des Sceaux, déplorant les sorties intempestives des magistrats, aussi bien sur les réseaux sociaux que dans la presse.

[1550] A. GARAPON, *Bien juger. Essai sur le rituel judiciaire*, *op. cit.*, p. 133.

[1551] Voir, cependant, l'hypothèse où le ministère public est partie jointe, en matière civile et/ou commerciale. Quoique le droit malien ne le consacre pas encore, en ce cas de

dépit de l'absence de base légale à la pratique, il est néanmoins que la communication judiciaire est, pour l'essentiel, assurée par les officiers du ministère public.

1439. S'il faut commencer par en appeler, d'emblée, à la légalisation d'une telle pratique au Mali, il convient, par ailleurs, de faire remarquer qu'il s'agit là d'une mission qui cadre parfaitement avec le statut et les attributions du ministère public. En effet, n'étant nullement appelé à trancher les litiges, surtout en matière civile et commerciale, le ministère public n'a aucune obligation particulière de prudence vis-à-vis des plaideurs privés. De ce fait, il ne peut être l'objet d'aucune forme de suspicion de la part de ces derniers, sauf lorsqu'il intervient comme partie jointe dans la procédure.

1440. Dans le cadre de l'exercice de leur fonction de communication, les officiers du ministère public doivent veiller à informer l'opinion publique sur les seuls aspects strictement nécessaires d'un dossier ou d'un événement. Ils doivent éviter toute prise de position qui pourrait compromettre l'aboutissement du processus judiciaire ou les chances d'un examen objectif et impartial de l'affaire.

1441. Lorsqu'ils ont à communiquer, en matière pénale, ils doivent employer des termes appropriés pour éviter non seulement de violer la présomption d'innocence, mais aussi pour préserver les chances de succès des investigations policières ou judiciaires. En matière civile et commerciale, où les besoins de communication ne sont pas aussi élevés, l'officier du ministère public doit faire attention au choix des mots.

Cela a pour intérêt soit pour ne pas inopportunément heurter les parties à l'instance, soit pour ne pas employer des propos toxiques qui pourraient indigner, voire révolter l'opinion publique. En effet, le défaut de communication tout comme la mauvaise communication aboutissent tous les deux au même résultat, à savoir soit l'incompréhension, soit la frustration ou encore l'indignation.

1442. Au regard de ces différentes réalités, il semble nécessaire que les magistrats, de façon générale, et les parquetiers, en particulier, soient initiés aux techniques de communication pour éviter tout raté à l'occasion de l'exercice de cette autre fonction du ministère public[1552]. Cela pourrait nécessiter l'approfondissement de la formation initiale des auditeurs de justice ou de la diversification de la formation continue des magistrats en activité.

---

figure, le parquet doit être tenu par le devoir d'impartialité. Pour plus de détails sur le sujet, *supra*, p. 364 et s.

[1552] *« Une professionnalisation de la communication, outre qu'elle protégerait les juges, éviterait les liaisons dangereuses qui peuvent se nouer entre ces derniers et les journalistes, lesquelles se traduisent parfois par de curieux "renvois d'ascenseur" »*, J.-C. MAGENDIE, *Les Sept Péchés capitaux de la justice française*, *op. cit.*, p. 56.

1443. Ces techniques évoluant au gré des évolutions de la société et de la science, l'idéal serait que le département de la justice veille à la formation des magistrats du parquet aux techniques de communication à la suite de chaque mouvement de mutation. Cela participerait d'une bonne administration de la justice en ce que la communication judiciaire favorise la compréhension et l'acceptation de l'œuvre de justice. Elle contribue ainsi à la légitimation de l'institution judiciaire, ce qui est essentiel pour la préservation et la consolidation de la paix sociale.

1444. En plus de la communication, le ministère public entretient également les relations publiques au compte de l'institution judiciaire, ce qui n'est pas sans avoir un rapport, aussi, avec la paix sociale.

B. La bénéfique gestion des relations publiques

1445. Le Robert de la langue française définit les relations publiques comme l'*« ensemble des méthodes et des techniques utilisées par des groupements (entreprises, syndicats, partis, États) et spécialement par des groupements d'intérêt, pour informer le public de leurs réalisations, promouvoir leur image de marque, susciter de la sympathie à leur égard à l'extérieur et favoriser les bonnes relations à l'intérieur »*[1553].

1446. Ces éléments définitionnels permettent de comprendre que, sur le plan judiciaire, les relations publiques consistent dans le fait, pour le ministère public, d'entretenir des rapports entre les juridictions et le public en vue d'informer, sensibiliser ou apaiser éventuellement à propos d'événements divers.

1447. L'appareil d'État se caractérise par la complexité et, surtout, la diversité des acteurs œuvrant quotidiennement pour assurer son fonctionnement. La multiplicité des intervenants, à l'occasion du déploiement du service public, impose dans bien des cas la concertation, la collaboration, voire, dans certains cas, la coanimation. Cela est si important que les différents acteurs ne doivent jamais perdre de vue qu'ils servent tous et chacun la même cause, c'est-à-dire la participation à la réalisation de l'intérêt général.

1448. Certes, la spécificité de certains services, comme l'armée et la justice, explique qu'il soit accordé à ces institutions une certaine autonomie fonctionnelle. Toutefois, l'ensemble des structures publiques ont en commun de servir la puissance publique pour lui permettre de faire face à ses différentes missions.

1449. Véritable mission régalienne de l'État, la distribution de la justice classique est assurée par des organes publics qui, à l'instar des organes évoluant

---

[1553] A. REY et J. REY-DEBOVE (dir.), *Le Petit Robert. Dictionnaire alphabétique et analogique de la langue française*, Nouvelle Édition millésime, Paris, 2022, v. relation, p. 2174-2175.

dans d'autres domaines, ont besoin du concours d'autres acteurs, publics comme privés, pour la réussite de leur mission. Ainsi, l'institution judiciaire a-t-elle besoin du concours des services de santé aux fins d'expertise, du monde sécuritaire pour l'exercice serein de ses fonctions, des sociétés de téléphonie pour obtenir des renseignements, pour ne citer que ces quelques exemples.

1450. Au-delà de ce petit monde, où la collaboration est étroite, la justice se doit d'être en contact avec d'autres services, publics ou privés, ou même avec des individus. Toutefois, du fait de sa singularité, toute démarche de l'institution judiciaire, vis-à-vis du monde extérieur au sanctuaire judiciaire, doit être méthodique et organisée, pour ne pas ruiner sa respectabilité et/ou sa crédibilité. C'est pourquoi la gestion des relations publiques relève des fonctions secondaires du ministère public.

1451. Dans le cadre de la mise en œuvre de cette mission, les officiers du ministère public entretiennent des relations étroites avec plusieurs structures. Tout d'abord, le ministère public est régulièrement en contact avec le ministère de la Justice. Avec son département de tutelle, le ministère public entretient des échanges réguliers soit pour recevoir des orientations, en matière pénale, soit pour s'ouvrir sur ses propres difficultés. Il faut préciser que sur ce dernier aspect, les procureurs de la République se mettent surtout en rapport avec les procureurs généraux près les cours d'appel[1554].

1452. Pour le compte de leurs juridictions d'attache, les parquets d'instance sont régulièrement en contact avec les autorités administratives et municipales dans le cadre de la gestion de certaines situations dans leurs ressorts judiciaires respectifs. C'est ce qui explique que les procureurs de la République sont, fréquemment, en liaison avec les gouverneurs, les préfets ou les maires pour réussir, dans la plupart du temps, la gestion collégiale de certains événements.

1453. Il s'agit là, d'initiatives importantes qui permettent aux différents services de travailler dans la collaboration indispensable tout en gagnant en efficacité, puisque les limites des uns relèvent de la sphère de compétence des autres. Ce dialogue entre les structures permet de gérer et d'évacuer, dans la célérité, plusieurs situations humanitaires ou sécuritaires qui peuvent se poser.

1454. Avec le préfet, le procureur de la République participe à l'animation de la commission locale de sécurité[1555]. Il s'agit là, de rencontres qui se tiennent

---

[1554] P. TRUCHE, *Juger, être jugé. Le magistrat face aux autres et à lui-même*, *op. cit.*, p. 23-24.

[1555] *« ... le chef du parquet est ce qu'on pourrait appeler le pont entre la justice et les autorités administratives déconcentrées. Il est le lien entre les institutions extérieures ou les particuliers et l'institution judiciaire. Il assiste aux réunions dites de sécurité périodiques présidées par le gouverneur de région ou le préfet du département et qui se tiennent en général une fois par mois ou chaque fois que de besoin et sur une question*

hebdomadairement ou mensuellement et qui donnent l'occasion à chaque service de venir signaler ses appréhensions par rapport aux risques potentiels liés à son domaine d'intervention.

1455. Ces rencontres permettent de se faire une idée sur la situation sécuritaire générale de la commune ou de la localité concernée et permettent, par ailleurs, au parquet de se mettre, dans certains cas, en ordre de bataille pour faire face aux situations prévisibles relevant de son champ de compétence. Ledit cadre, parce qu'il met en contact les différents services, facilite au parquet l'obtention de la collaboration des autres sur des questions ponctuelles.

1456. Le procureur de la République entretient un contact encore plus soutenu avec les maires relevant de son ressort judiciaire. Plus proches des populations que les acteurs judiciaires, les maires sont des informateurs privilégiés pour le ministère public, ce qui fait qu'ils sont d'une utilité indéniable pour le procureur de la République en matière pénale.

1457. En matière civile, leur importance est loin d'être moindre pour le parquet. C'est ainsi que pour plusieurs situations sociales, ils appuient le parquet dans sa mission. C'est le cas, par exemple, en matière de prise en charge d'enfants[1556] abandonnés où le procureur de la République sert d'intermédiaire entre la mairie et le centre d'accueil ou de placement de ces enfants.

1458. En plus de ces autorités administratives et municipales, le ministère public sert, par ailleurs, de porte d'entrée aux autorités politiques ayant besoin de s'adresser à la justice, pour une raison ou pour une autre. Dans ce cadre, les officiers du ministère public reçoivent des députés qui, dans la plupart des cas, sont élus dans la circonscription électorale correspondant au ressort judiciaire.

1459. Dans la même veine, les partenaires techniques et financiers, qui manifestent de l'intérêt pour l'institution judiciaire et qui éprouvent le désir de descendre sur le terrain, ont comme interlocuteurs le parquet. Dans un tel cas de figure, la hiérarchie directe du procureur de la République ou la direction nationale de l'administration judiciaire (DNAJ) avertissent au préalable le chef de parquet par une correspondance ou par appel téléphonique.

1460. Sous un autre angle, il est inutile de dire que le secrétariat d'un chef de parquet ne se désemplit que rarement. Des justiciables aux simples curieux résolus de voir le visage du procureur en passant par les notabilités du ressort judiciaire, le chef de parquet passe le clair de son temps à recevoir des visiteurs aux motivations diverses.

1461. Un aspect ignoré chez les observateurs de la chose judiciaire est que la gestion des relations publiques contribue à charger substantiellement

---

spéciale ou de l'heure », Y. DIALLO, *Le Procureur de la République. La pratique du parquet*, *op. cit.*, p. 108.

[1556] É. MAUREL, *Paroles de procureur*, *op. cit.*, p. 166.

l'agenda[1557] des chefs de parquet[1558]. Cela a pour conséquence que ces derniers ne participent que faiblement au traitement des procédures judiciaires. Ainsi, pendant que les substituts conduisent les procédures, au pénal comme au civil, le chef de parquet surveille et coordonne le fonctionnement général du service. Il donne les orientations nécessaires et accompagne par son expertise et son expérience.

1462. Ces différentes actions du ministère public participent de l'œuvre de défense et de protection de la paix sociale puisque le maintien de l'ordre et de la cohésion sociale nécessite la conjonction des efforts des agents publics intervenant dans les divers domaines d'activité. Une société qui aspire au développement devrait, avant tout, pouvoir compter sur une justice performante. Le rôle du ministère public est essentiel dans la coordination des différentes actions visant à assurer à l'institution judiciaire le dynamisme et l'efficacité nécessaires.

[1557] *« L'agenda d'un procureur est rythmé par sa participation à moult entités étrangères au monde judiciaire mais où il apporte l'expertise de l'autorité judiciaire. Paradoxalement, l'implication des magistrats du parquet dans de telles actions assure l'indépendance de l'autorité judiciaire ; car une justice éclairée et informée est bien plus libre que des juridictions aveugles et sourdes aux stratégies des services publics de l'État comme de celles des collectivités territoriales »*, É. MAUREL, *Paroles de procureur*, *op. cit.*, p. 175.

[1558] *« Ces participations extérieures présentent un incontestable intérêt et permettent au procureur d'être pleinement informé de l'activité de nombreux secteurs de la vie sociale et économique locale. Elles ont par contre l'inconvénient d'être « chronophage »*, J.-P. DINTILHAC, *Le Procureur de la République. La justice au quotidien*, *op. cit.*, p. 73.

Conclusion du titre II

1463. La réécriture de l'action du ministère public, en matière civile et/ou commerciale, est de nature à opérer des réformes susceptibles de rendre l'action judiciaire beaucoup plus efficace, ce qui serait gage d'une consolidation certaine de la paix sociale au Mali. L'action judiciaire, en général, et l'office du ministère public, en particulier, visent, essentiellement, la prévention des troubles à l'ordre au sein de la cité ainsi que la préservation et le rétablissement de l'harmonie et de la cohésion entre les sujets de droit. C'est dire qu'elle assure la pacification ainsi que la régulation des rapports sociaux.

1464. Le ministère public, qui est incontournable dans cette dynamique, se doit de disposer de leviers solides sur lesquels il pourrait s'appuyer pour convenablement assumer les responsabilités qui sont les siennes. C'est pourquoi il est proposé, ici et là, des mesures qui pourraient contribuer à corriger certaines insuffisances notées dans la formulation ainsi que le déploiement, actuels, de l'action des parquetiers. Ainsi, ces propositions de réforme accroîtraient, d'une part, la crédibilité de la justice civile et commerciale, dans le pays, et, d'autre part, permettraient de tendre à l'efficience.

1465. Il est évident qu'une justice, crédible et efficiente, recèle en elle les atouts nécessaires afin de consolider la paix sociale. Les officiers du ministère public jouent un rôle fondamental pour assurer et garantir le bon ordre et la paix publique. Ils sont fondés, en cela, puisque lorsqu'ils interviennent comme partie jointe, ils sont dans une posture de pure neutralité, ce qui est un gage certain de crédibilité.

1466. De ce fait, ils deviennent des artisans engagés au service de la paix sociale puisqu'ils sont, partout, interpellés chaque fois que l'intérêt général et l'ordre public sont en cause.

1467. Il est certain, dans ces conditions, que la réécriture de l'action du ministère public, en matière civile et/ou commerciale, servirait amplement l'action judiciaire en ces domaines, notamment, en obtenant, plus ou moins, l'amélioration de la qualité de la réponse judiciaire.

Conclusion de la seconde partie

1468. À la lumière des développements qui précèdent, l'on relève moult suggestions et recommandations susceptibles de combler, sinon totalement, du moins en grande partie les lacunes nombreuses décelées dans l'action des officiers du ministère public, en matière civile et/ou commerciale. Dès lors, l'on ne peut qu'inférer que la redéfinition de l'office du ministère public, en ces matières au Mali, serait d'un apport, à tous égards, bénéfique.

Cela est d'autant plus vrai que les réformes proposées sont, à n'en point douter, de nature à apporter des correctifs et des réaménagements nécessaires en vue d'obtenir la consolidation du rôle de ces magistrats en droit judiciaire privé.

1469. La consécration de l'intervention du ministère public, en matière civile et/ou commerciale, est peu de chose si certaines conditions essentielles ne sont pas réunies. La première série de ces conditions a trait à la qualité des normes prescriptrices d'une telle intervention. En effet, les textes consacrant la participation des officiers du ministère public au traitement des contentieux civils et commerciaux doivent être conçus de sorte à leur assurer le plus de perfection possible. Ils doivent ainsi répondre au critère qualitatif pour pouvoir régir de façon efficiente les différentes situations factuelles envisageables.

1470. C'est dans ce cadre qu'il a été relevé que le corpus juridique nécessite quelques réformes pour, par exemple, encadrer la question de la communication des affaires civiles et/ou commerciales au ministère public. Cet encadrement devrait permettre, notamment, de cantonner l'action du parquet dans un délai bien déterminé afin d'éviter, éventuellement, que des retards importants ne soient imputés aux officiers du ministère public.

Cet effort de perfectionnement du cadre juridique devrait également permettre de lever toute équivoque sur le statut des magistrats du parquet, en matière civile et commerciale.

1471. La seconde condition a trait à la mise en œuvre diligente et effective des normes applicables. L'effectivité des textes leur donne du sens puisque la désuétude[1559] enlève aux normes juridiques non pas leurs effets, mais, au contraire, toute utilité sociale. Les officiers du ministère public doivent pleinement s'impliquer dans la gestion des contentieux relatifs à ces deux matières.

1472. Dans le cas contraire, leur responsabilité devrait pouvoir être recherchée sur les plans, civil et disciplinaire. À ce niveau, l'on a relevé qu'il existe une certaine analogie entre l'amorphisme des parquetiers et les délits de refus d'un service légalement dû ou encore de déni de justice. Un tel rapprochement

---

[1559] G. CORNU (dir.), *Vocabulaire juridique*, *op. cit.*, v. désuétude, p. 745.

pourrait permettre une réforme pénale pour éventuellement étendre aux officiers du ministère public les effets de ces deux infractions.

1473. C'est dire que, s'il est inenvisageable, à l'état actuel du droit positif malien, de rechercher la responsabilité pénale des magistrats du parquet du fait de leur inertie sur les questions civiles et commerciales, il demeure vrai, cependant, que ces derniers pourraient être atteignables sur ce plan par une éventuelle relecture du code pénal. Cela pourrait être l'occasion de les inclure dans les prévisions des dispositions légales régissant les deux infractions sus-spécifiées.

1474. C'est au prix de ces quelques réformes que l'action du ministère public pourrait, on le croit profondément, gagner en efficacité et surtout en efficience. Cette réécriture du schéma de l'intervention du parquet serait, alors, d'un apport inestimable en ce qu'elle contribuerait à améliorer la qualité de la réponse judiciaire sur le plan civil et commercial.

CONCLUSION GÉNÉRALE

1475. Au stade conclusif de la présente étude, consacrée au ministère public en matière civile et commerciale au Mali, il est à retenir que la participation actuelle des parquetiers, au traitement des contentieux relatifs à ces matières, est d'une faible qualité. Cela traduit un contraste indéniable entre le sens exact de la mission du parquet, telle qu'elle est conçue et déclinée par les textes, d'une part, et la pratique professionnelle actuelle des magistrats de cet organe, d'autre part.

1476. Les raisons de cet état de fait découlent soit de l'état actuel du droit positif, qui se trouve par endroits perfectible, soit du comportement des officiers du ministère public qui font, le plus souvent, preuve d'une inertie intolérable face aux affaires civiles et/ou commerciales. Tout cela aboutit à une perception totalement biaisée de l'institution même du ministère public qui, plutôt que d'être considérée comme commune à la procédure pénale et au droit judiciaire privé, est, au contraire et à tort, perçue comme ayant une vocation exclusivement répressive.

1477. Le ministère public est destiné à la procédure pénale et au droit judiciaire privé, pour la raison essentielle que ces deux droits processuels ont, chacun, des rapports directs et profonds avec l'ordre public et l'intérêt général. Contrairement à l'idée qui apparaît, *a priori,* du droit judiciaire privé que l'on tente de placer au service exclusif des intérêts privés, il est indéniable que cette matière touche, également, les intérêts supérieurs de la collectivité.

1478. C'est d'ailleurs, ce qui explique que l'intervention du ministère public en matière civile et commerciale se justifie par des raisons qui sont, pour la plupart, étrangères aux seuls intérêts individuels. En effet, l'action des officiers du ministère public, en ces matières, a, notamment, pour justifications : la défense de l'intérêt général, la protection de l'ordre public et, enfin, la représentation d'autrui, en l'occurrence, de certains sujets de droit spécifiques.

1479. Ces éléments justificatifs de l'intervention des parquetiers dans le domaine civil et commercial se manifestent aussi bien sur le plan interne que sur celui communautaire. Cela est d'autant plus vrai que l'on ne saurait contester qu'à l'instar de l'ordre public interne aux États il existe un ordre public et des intérêts généraux propres à l'ordre communautaire qui dispose de son système judiciaire spécifique.

1480. Le droit judiciaire privé a fait un insigne honneur au ministère public en lui attribuant un rôle éminemment important et polyforme dans l'animation des procédures judiciaires ayant trait à certaines affaires de nature civile ou commerciale. Le code de procédure civile, commerciale et sociale du Mali a, ainsi, organisé l'intervention du ministère public, dans ces matières, en déterminant, dans un premier temps, un certain nombre d'affaires qu'il lui a déclarées, impérativement, communicables avant leur examen par les juges.

1481. Ces affaires sont de nature civile ou commerciale et la non-participation des officiers du ministère public à leur traitement peut être sanctionnée par la rétractation de la décision judiciaire rendue dans ces conditions[1560]. Les affaires communicables vont de la question relative à l'état des personnes à la conduite des procédures collectives, en passant par la question de nationalité ou, encore, la situation de certaines personnes vulnérables.

1482. Dans un second temps, le même texte organise les modalités de l'intervention du ministère public en matière civile et commerciale en lui donnant la latitude d'être, véritablement, partie au procès ou de servir, au contraire, d'organe faisant office de conseil privilégié auprès et au service des organes juridictionnels.

1483. Dans la première hypothèse, il se met dans la peau d'un véritable plaideur, comme demandeur ou défendeur pour poursuivre la réalisation d'un droit. Dans la seconde hypothèse, il constitue une sorte de force fanal destinée à guider l'action des juges pour une saine application des normes juridiques. Sous cet angle, il émet des avis éclairés, à l'attention des organes juridictionnels, pour leur faire savoir ce qu'il croit être le sens qu'il faille retenir d'une disposition textuelle ou ce qu'il estime participer d'une administration de la justice.

1484. La pratique judiciaire, actuellement au Mali, permet aisément de relever que les contentieux, en matière civile et commerciale, sont évacués par les juridictions compétentes sans, quasiment[1561], la participation des officiers du ministère public. De ce fait, des matières importantes appelant le regard ou l'attention du ministère public du fait, soit de leur caractère sensible, soit de leur importance particulière, sont délaissées ou, dans le meilleur des cas, traitées avec une inattention insoutenable des parquetiers.

1485. Dans bien des cas, les juges aussi ignorent le rôle qui est le leur, par rapport à ce qui doit être le positionnement ou la posture du ministère public dans l'animation des procédures relatives aux affaires civiles et/ou commerciales.

1486. Ainsi, soit le ministère public ne participe pas du tout au traitement de ces procédures, ou il ne s'y intéresse que rarement avec un apport technique

---

[1560] Sous d'autres cieux tel qu'en France, une telle non-communication entraînerait l'annulation de la procédure.

[1561] Il a été expliqué, à cet égard, que les officiers du ministère public ne sont véritablement sollicités, en matière civile et commerciale au Mali, que lorsqu'il s'agit d'examiner quelques types de procédures à savoir : les cas de prestation de serment et de contrainte par corps. Pour les autres affaires civiles et commerciales, il est rarissime de voir les parquetiers s'associer à leurs collègues du siège dans la conduite des audiences.

insignifiant à la qualité du débat judiciaire. C'est ainsi que de simples visas, se matérialisant par des formules évasives comme *« vu au parquet, le ministère public s'en rapporte »* ou *« vu au parquet, le ministère public requiert l'application de la loi »*, sont, alors, inopportunément considérés comme des conclusions.

1487. Or, lesdites formules, quoique systématiquement utilisées, ne permettent aucunement de savoir l'avis véritable ou le fond de la pensée du ministère public sur une affaire donnée, ce qui est, pourtant l'objectif véritablement recherché. Ces pratiques malheureuses sont entretenues par les différents acteurs du jeu processuel de façon, le plus souvent, inconséquente. Dans ces conditions, la méconnaissance et l'indifférence, alliées à l'amorphisme, font passer les officiers du ministère public, aux yeux même des acteurs judiciaires, pour des quasi-intrus en matière civile et commerciale.

1488. Dès lors, aussi bien la surveillance des officiers et agents chargés de l'état civil que la participation au traitement du contentieux ayant trait à cette matière sont négligées par les magistrats du parquet, au Mali. Pour qui connaît l'importance de la bonne tenue de l'état civil, non seulement pour la fiabilité de ces données mais aussi et surtout pour tout l'intérêt que le citoyen en tire, une telle situation ne peut que susciter étonnement.

1489. Par ailleurs, les parquetiers ne se considèrent que peu concernés par le sort de certaines personnes vulnérables, en l'occurrence, les enfants et les majeurs admis dans les établissements d'aliénés. Ces causes, d'une sensibilité indéniable, ne mobilisent malheureusement pas les magistrats du parquet qui sont pourtant chargés, par les textes, d'en faire une de leurs préoccupations, notamment, dans le cadre de leurs « fonctions secondaires ».

1490. Ce désintérêt se ressent, également, dans la gestion du contentieux judiciaire en matière de nationalité. Là encore, des efforts doivent être consentis par les officiers du ministère public, en vue de mieux appréhender leur rôle dans la gestion de ces procédures. Cela est d'autant plus nécessaire que la nationalité joue un rôle éminemment important dans la vie de l'homme en ce qu'elle sert de lien de rattachement d'un citoyen à un État. Elle touche, dès lors, intimement aux intérêts vitaux des États pour justifier que le ministère public y attache le plus grand intérêt en vue de veiller à ce que son usage se fît dans la parfaite orthodoxie.

1491. Comme si tout cela ne suffisait pas, l'attention qu'accordent les officiers du ministère public à la situation de certaines personnes vulnérables est loin d'être suffisante. Il s'agit de la prise en charge judiciaire de la situation des enfants, d'une part, et, de l'autre, de celle des majeurs admis dans des centres de prise en charge psychiatrique. La sensibilité de la situation de ces deux catégories de personne est indéniable.

1492. C'est pourquoi les textes imposent que le ministère public leur accorde un intérêt tout particulier compte tenu, surtout, de leur extrême fragilité. Malheureusement, la pratique contraste avec ce vœu protecteur du législateur, puisque l'apport technique des magistrats du parquet, sur ce terrain, est manifestement insignifiant. Il est même des cas où des procédures judiciaires, concernant des mineurs, sont conduites sans leur participation.

1493. Aussi ignorent-ils, pour la plupart, qu'il relève de leurs attributions que de surveiller les établissements recevant les aliénés. Tout cela expose ces sujets de droit à des risques multiformes aussi bien de maltraitance que, possiblement, de trafic illicite d'organes humains.

1494. Par ailleurs, le ministère public fait preuve d'une inertie évidente dans la gestion judiciaire des procédures collectives, au Mali. Cela se traduit par la non-participation des officiers du ministère public à l'animation des procédures de redressement judiciaire ou de liquidation des biens de sociétés commerciales.

1495. Pourtant, il résulte des décisions rendues, en ces matières, que le ministère public a conclu alors qu'une simple consultation des pièces de ces procédures dément, dans la plupart des cas, une telle mention. Plus qu'une simple conclusion, le ministère public est ténu de prendre une part active à l'animation des procédures collectives et, surtout, d'être présent à toute audience y ayant trait.

1496. Cette situation incline, légitimement, à se poser des questions sur la régularité des décisions rendues dans ces conditions. L'assainissement du monde des affaires nécessite une participation active et effective du ministère public à l'animation des procédures collectives. Cela est indispensable à la moralisation des pratiques des agents économiques et, également, au combat contre le blanchiment de capitaux en veillant à ce que les sociétés commerciales ne soient pas détournées de leur objet révélé.

1497. À défaut de doter les tribunaux de commerce au Mali d'un parquet propre, il urge de veiller à ce que leurs parquets d'attache respectifs participent, impérativement, à la conduite de toutes les procédures nécessitant leur intervention. Cela est indispensable à une bonne administration de la justice, surtout que le pourvoi en cassation, en cette matière, relève de la compétence d'une juridiction communautaire, à savoir, la Cour commune de justice et d'arbitrage (CCJA).

1498. Sur le plan communautaire, le Mali appartient à divers espaces, en vue de s'insérer et de s'épanouir dans les domaines économiques et politiques tant sur le plan sous-régional que régional. Dans un marché économique fortement mondialisé, l'appartenance à ces types d'entités est indispensable pour obtenir certaines facilités dans le commerce et pour promouvoir les investissements.

1499. Tout cela explique que le Mali soit, aujourd'hui, membre de la Communauté économique des États de l'Afrique de l'Ouest (CEDEAO), de l'Union économique et monétaire ouest-africaine (UEMOA) et de l'Organisation pour l'harmonisation en Afrique du droit des affaires (OHADA).

1500. Chacune de ces organisations communautaires dispose d'un organe juridictionnel[1562] ayant pour vocation de veiller à l'application effective et cohérente des normes communautaires tout en assurant, dans certains cas, la protection des droits des citoyens de la communauté.

1501. Cependant, l'analyse de la structuration actuelle de ces juridictions permet de relever que seule la Cour de justice de l'UEMOA dispose, dans sa composition, d'avocats généraux pour y jouer le rôle de ministère public. La Cour de justice de la CEDEAO ainsi que la CCJA de l'OHADA ne disposent pas de ministère public dans leur organisation actuelle.

1502. Une telle situation semble fortement préjudiciable tant pour l'essor du droit que pour la protection même des intérêts communautaires qui sont, à l'évidence, le prolongement de l'intérêt général sur le plan communautaire. C'est pourquoi il serait judicieux d'instituer un parquet auprès de chacune de ces deux juridictions communautaires, non pas pour faire du suivisme ou du mimétisme, mais pour doter ces instances juridictionnelles d'un organe exclusivement dédié au salut du droit et des intérêts communautaires. Cet éventuel parquet veillerait, par ailleurs, à la bonne application des normes supranationales applicables devant ces différentes Cours de justice.

1503. Au regard de l'ensemble des éléments qui précède, il y a lieu de noter qu'il est nécessaire d'évoluer au Mali vers *« un parquet de type nouveau »*[1563]. Cela requiert que les parquetiers sortent des sentiers battus pour assumer la plénitude de leurs différentes attributions.

1504. Une telle dynamique commande, tout d'abord, un renforcement pointu des capacités tant des auditeurs de justice, dans le cadre de la formation initiale, que des magistrats en activité, par une formation continue rigoureuse. Ensuite, il est nécessaire de renforcer l'effectif actuel des magistrats en procédant à un recrutement massif pour pouvoir atteindre les ratios indiqués.

1505. Cela est d'autant plus vrai qu'il est, quelque peu, difficile pour les six cents magistrats, environ, actuels du Mali de couvrir convenablement l'ensemble des besoins de justice par une animation quantitative des juridictions. Pour ce faire, la loi actuelle de programmation pour le secteur de la justice pourrait être reconduite pour une nouvelle période de quelques années, surtout

---

1562 M. FALL, *Les Cours de justice africaines et l'intégration*, Paris, Éd. L'Harmattan, 2021, p. 49.
1563 Y. DIALLO, *Le Procureur de la République. La pratique du parquet*, Paris, Éd. L'Harmattan, 2018, p. 28.

que les recrutements prévus, dans le cadre de ladite loi, n'ont pu être tous effectués pour des contraintes de divers ordres.

1506. Enfin, des réformes juridiques et institutionnelles ambitieuses sont indispensables pour la consolidation de l'action du ministère public. Cela devrait se traduire, au plan national, par la relecture d'un certain nombre de textes pour davantage encadrer l'intervention du parquet en matière civile et commerciale. Ainsi, verrait-on le statut du ministère public suffisamment clarifié, en matière civile et commerciale, ou encore, le délai rigoureusement déterminé en matière de communication des affaires de cette nature.

1507. Des primes incitatives pourraient être instituées pour encourager les magistrats du parquet à s'intéresser et à traiter convenablement les affaires civiles et commerciales. Au contraire, pour vaincre les cas de résistance, au sein des parquets disposant de moyens humains nécessaires, l'extension des incriminations de déni de justice ainsi que de refus d'un service légalement dû pourrait être envisagée. Cela nécessiterait la relecture de certaines dispositions du code pénal.

1508. Au plan communautaire, le renforcement de l'actuel parquet institué auprès de la Cour de justice de l'UEMOA serait salutaire. À l'inverse, il est souhaitable, voire urgent qu'il soit institué auprès de la Cour de justice de la CEDEAO ainsi que de la CCJA un ministère public.

Ces mesures, qui nécessiteraient une révision des traités instituant ces différentes organisations, permettraient d'assurer davantage de protection de l'ordre juridique communautaire par l'institution d'un organe ne poursuivant, quasiment, que ce seul objectif. Cela renforcerait, par ailleurs, la protection des droits des ressortissants de ces communautés tout en consolidant le cadre actuel de protection et de promotion du climat des affaires.

1509. Les officiers du ministère public, effectivement imprégnés de leurs différentes attributions et véritablement engagés au service de l'ordre public et de l'intérêt général, sont indispensables aussi bien à la procédure pénale qu'au droit judiciaire privé. Le renouveau du ministère public, au Mali, passe dès lors par la réappropriation identitaire des parquetiers, une immersion totale dans l'essence de l'institution en vue d'une résolution réfléchie à l'action, aussi bien en matière répressive qu'en celle civile et commerciale.

INDEX ALPHABÉTIQUE

Les chiffres renvoient aux numéros de paragraphes.

BIBLIOGRAPHIE

I- OUVRAGES

A- Ouvrages généraux

1. ADAMOU (M.), *L'Essentiel de la procédure pénale*, Cotonou, Éd. CREDIJ, 2022, 423 p.
2. AKA (N.), FÉNÉON (A.) et TCHAKOUA (J.-M.), *Le Nouveau Droit de l'arbitrage et de la médiation en Afrique*, Paris, Éd. LGDJ, 2018, 372 p.
3. AKAM AKAM (A.) et BAKREO (V.), *Droit des sociétés commerciales OHADA*, Paris, Éd. L'Harmattan, coll. : « Dynamiques du droit OHADA », 2017, 752 p.
4. AKAM AKAM (A.), *Les Deux Visages de la juridicité. Écrits sur le droit et la justice en Afrique*, Paris, Éd. L'Harmattan, 2020, 448 p.
5. ALLIX (D.), *Le Droit pénal*, Paris, Éd. LGDJ, 2000, 144 p.
6. ASCENSI (L.), *Droit et pratique des saisies et confiscations pénales*, 2e éd., Paris, Dalloz, 2021, 580 p.
7. AUDIT (B.), *Droit international privé*, 6e éd., Paris, Economica, 2010, 1024 p.
8. AYDALOT (M.), *Magistrat*, Paris, Éd. Robert Laffont, coll. : « Un homme et son métier », 1976, 348 p.
9. BAH (N. D.), *La Ronde des crocodiles*, Paris, Éd. L'Harmattan, 2018, 132 p.
10. BADJAGA (B.), *Le Présumé Innocent face à la justice et à la presse au Mali*, Bamako, Éd. La Sahélienne, 2015, 178 p.
11. BADJI (P. S. A.), *Droit des sociétés OHADA. Représentation, décisions collectives, contractualisation (SAS, pacte d'actionnaires)*, Paris, Éd. L'Harmattan, 2021, 232 p. ; *Pour un droit des affaires. Quand une approche pluridisciplinaire du droit s'impose*, Paris, Éd. L'Harmattan, 2018, 528 p.
12. BADOU (C.), *La Protection contre les atteintes aux droits sur les signes distinctifs dans l'espace OAPI*, Paris, Éd. L'Harmattan, 2017, 470 p.
13. BECOT (J.), *De l'organisation de la justice répressive aux principales époques historiques*, Paris, Éd. Hachette, 1860, 332 p.
14. BELFANTI (L.), *Magistrat*, Paris, Éd. Dalloz, 2019, 400 p.
15. BENABENT (A.), *Droit civil. Les obligations*, 11e éd., Paris, Montchrestien, 2007, 713 p.

16. BERGEAUD WETTERWALD (A.), BONIS (E.) et CAPDEPON (Y.), *Procédure civile*, Paris, Éd. CUJAS, 2017, 624 p.

17. BERTHE (I.), *Sur le chemin des saisies. L'huissier de justice d'hier à demain*, Paris, Éd. L'Harmattan, 2017, 270 p.

18. BILGER (Ph.), *Contre la justice laxiste*, Paris, Éd. l'Archipel, 2014, 157 p.

19. BILGER (Ph.), *Le Mur des cons*, Paris, Éd. Albin Michel, 2019, 256 p.

20. BILGER (Ph.), *Pour l'honneur de la justice*, Paris, Éd. Flammarion, 2006, 156 p.

21. BONNET (B.) et DEUMIER (P.) (dir.), *De l'intérêt de la summa divisio droit public-droit privé ?*, Paris, Éd. Dalloz, 2010, 298 p.

22. BOUDANT (J.), *La Cour de justice des communautés européennes*, Paris, Éd., Dalloz, 2005, 164 p.

23. BOUVIER (J.-C.), JACQUIN (P.) et VOGELWEITH (A.), *Les Affaires ou comment s'en débarrasser*, Paris, Éd. La Découverte, 1997, 264 p.

24. BRENNER (C.) (dir.), *Le Droit de l'exécution forcée : entre mythe et réalité*, Paris, Éd. EJT, coll. : « Droit et procédures », 2007, 618 p.

25. BUTIN (C.), *Ne faites jamais confiance à la justice de votre pays*, Saint-Denis à La Réunion, Éd. Orphie, 2021, 272 p.

26. CADIET (L.), *Découvrir la justice*, Paris, Éd. Dalloz, 1999, 266 p.

27. CADIET (L.), AMRANI-MEKKI (S.), CHEVALLIER (J.) et al. (dir.), *Dictionnaire de la justice*, Paris, Éd. PUF, 2004, 1362 p.

28. CADIET (L.), NORMAND (J.) et AMRANI-MEKKI (S.), *Théorie générale du procès*, Paris, Éd. PUF, 2013, 1080 p.

29. CANIVET (G.) et JOLY-HURARD (J.), *La Déontologie du magistrat*, 2e éd., Paris, Dalloz, 2009, 187 p.

30. CARBONNIER (J.), *Écrits*, Paris, Éd. PUF, 2008, 1613 p.

31. CARBONNIER (J.), *Flexible droit. Pour une sociologie du droit sans rigueur*, Paris, Éd. LGDJ, 2013, 496 p.

32. CARREAU (D.) *Droit international*, Paris, A. Pedone, 7e éd., 2001, 688 p.

33. CHAINAIS (C.), FERRAND (F.), MAYER (L.) et GUINCHARD (S.), *Procédure civile. Droit interne et européen du procès civil*, Paris, Dalloz, 34e éd., 2018, 1802 p.

34. CHAPUS (R.), *Droit administratif général*, Paris, Éd. Montchrestien, t. 1, 15e éd., 2001, 1428 p.

35. CHARPENEL (Y.), *Le Glaive et la rustine. 15 questions pour sortir la justice française de l'impasse*, Paris, Éd. Economica, 2012, 120 p.

36. CISSOUMA (S.-F.), *Droit civil. Les obligations au Mali*, Bamako, Amecom, 1re éd., 2011, 400 p.

37. COMBACAU (J.) et SUR (S.), *Droit international public*, Paris, Montchrestien, coll. : « Domat droit public », 6e éd., 2004, 810 p.

38. CORNU (G.) et FOYER (J.), *Procédure civile*, Paris, PUF, 3e éd., 1996, 780 p.

39. CORNU (G) (dir.), *Vocabulaire juridique*, Paris, PUF, 12e éd., 2018, 2300 p.

40. COULON (J.-M.) et LARIVIERE (D. S.), *La Justice à l'épreuve*, Paris, Éd. Odile Jacob, 2002, 338 p.

41. COURBE (P.) et BERGE (J.-S.), *Introduction générale au droit*, Paris, Dalloz, mémento, 17e éd., 2021, 250 p.

42. COURROYE (Ph.), *Reste la justice…*, Neuilly-sur-Seine, Éd. Michel Lafon, 2018, 492 p.

43. CUCHE (P.) et VINCENT (J.), *Précis de procédure civile*, Paris, Dalloz, 13e éd., 1963, 719 p.

44. CUISINIER (A.), *Le Solidarisme contractuel*, Paris, Éd. Litec, 2006, 741 p.

45. DAILLIER (P.) et PELLET (A.), *Droit international public*, Paris, LGDJ, 7e éd., 2002, 1510 p.

46. DEBOVE (F.), FALLETI (F.) et PONS (I.), *Précis de droit pénal et de procédure pénale*, Paris, PUF, 8e éd., 2020, 1172 p.

47. DEBRÉ (J.-L.), *Ce que je ne pouvais pas dire*, Paris, Éd. Robert Laffont, 2016, 400 p.

48. DECUGIS (J.-M.), GUENA (P.) et LEPLONGEON (M.), *Ministère de l'Injustice*, Paris, Éd. Grasset et Fasquelle, 2022, 256 p.

49. DEGNI-SEGUI (R.), *Introduction au droit*, Abidjan, Éd. EDUCI, 2009, 384 p.

50. DEKEUWER-DEFOSSEZ (F.) et BLARY-CLEMENT (E.), *Droit commercial*, Paris, Éd. LGDJ, coll. : « Domat droit privé », 2011, 547 p.

51. DELMAS-MARTY (M.), *Droit pénal des affaires*, Paris, PUF, 1re éd., 1973, 744 p.

52. DELPON (J.-A.), *Essai sur l'histoire de l'action publique et du ministère public*, Charleston-Caroline du Sud, États-Unis, Éd. Nabu Press, 1830, 2 vol., 442 p.

53. DE MONTGOLFIER (E.), *Le Devoir de déplaire*, Neuilly-sur-Seine, Paris, Éd. Michel Lafon, 2006, 345 p.

54. DERRIDA (F.), GODE (P.) et SORTAIS (J.-P.), *Redressement et liquidation judiciaires des entreprises*, Paris, Dalloz, 3e éd., 1991, 676 p.

55. DESLANDRES (Y.), *Le Costume, image de l'homme*, Paris, Éd. Albin Michel, coll. : « L'Aventure humaine », 1976, 302 p.

56. DE TOCQUEVILLE (A.), *De la démocratie en Amérique*, Paris, Éd. Flammarion, 1981 (biographie, préface et bibliographie par François Furet), t. I, 574 p.

57. DEVEDJIAN (P.), *Le Temps des juges*, Paris, Éd. Flammarion, 1996, 252 p.

58. DIARRA (D.), *Leçon de démocratie et de déontologie au « temple de la discipline »*, Paris, Éd. L'Harmattan, 2023, 108 p.

59. DIEUX (X.), *Le Respect dû aux anticipations légitimes d'autrui. Essai sur la genèse d'un principe général de droit*, préface M. HANOTIAU, Paris, Éd. LGDJ, 1995, 281 p.

60. DINTILHAC (J.-P.), *Le Procureur de la République. La justice au quotidien*, Paris, Éd. L'Harmattan, 2003, 111 p.

61. DIOUF (N.), *L'État civil au Sénégal. Cadre organisationnel et juridique*, t. 1, Abis Éditions, 2015, 204 p.

62. DJOGBENOU (J.), *Introduction à la théorie générale de la justice et du procès*, Cotonou, Éd. CREDIJ, 2022, 122 p.

63. DJOGBENOU (J.), *L'Exécution forcée. Droit OHADA*, Cotonou, CREDIJ, 2e éd., 2011, 338 p.

64. DUPUIS (M.), *Droit commercial. Les actes de commerce, le commerçant, le fonds de commerce, les partenaires contractuels de l'entreprise*, Paris, Éd. Ellipses, 2018, 430 p.

65. ESMEIN (A.), *Histoire de la procédure criminelle en France*, Paris, Éd. L. Larose et Forcel, 1882, 596 p.

66. EWICK (P.) et SILBEY (S.), *The Common Place of Law: Stories from Everyday Life*, Chicago, The University of Chicago Press, 1998, 336 p.

67. FAKOLY (D.), *Mon séjour en prison*, Maat Kem Editions, 2024, 94 p.

68. FALCONNET (M. E.), *Œuvres de D'Aguesseau*, Paris, t. 1, *Mercuriales*, Paris, Chez Napoléon CHAIX et Cie, Imprimeurs-Éditeurs, 1865, 498 p.

69. FALL (M.), *Les Cours de justice africaines et l'intégration*, Paris, Éd. L'Harmattan, 2021, 516 p.

70. FARCY (J.-C.), *Magistrats en majesté. Les discours de rentrée aux audiences solennelles des cours d'appel (XIXe-XXe siècles)*, Paris, CNRS Éditions, 1998, 440 p.

71. FAVOREU (L.), GAÏA (P.), GHEVONTIAN (R.), MESTRE (J.-L.), PFERSMANN (O.), ROUX (A.) et SCOFFONI (G.), *Droit constitutionnel*, Paris, Dalloz, 24e éd., 2022, 1200 p.

72. FENECH (G.), *Un juge en colère*, Paris, Éd. Le Félin, 2005, 136 p.

73. FENEON (A.) et TCHAKOUA (J.-M.), *Le Nouveau Droit de l'arbitrage et de la médiation en Afrique (OHADA)*, « Commentaires de l'acte uniforme relatif au droit de l'arbitrage, du règlement d'arbitrage de la CCJA et de l'acte uniforme relatif à la médiation, du 23 novembre 2017 », Paris, Éd. LGDJ, 2018, 372 p.

74. FEVILIYE (I.), *Le Droit des affaires commun des États membres de l'OHADA*, Brazzaville, Éd. Primo, 2021, 380 p.

75. FOMBA (B.), *La Constitution malienne de 1992. De la rigidité à l'impossible révision*, Paris, Éd. L'Harmattan, 2020, 364 p.

76. FOPI TETJOUON (V.-P.), *Droit pénal OHADA. Analyse critique et prospective*, Paris, Éd. L'Harmattan, 2022, 502 p.

77. FOTSO (E.-D.), *OHADA. Recueil de jurisprudence CCJA*, Paris, Éd. Legiafrica, 2018, 690 p.

78. FREMIOT (L.), *Je vous laisse juges…, Confidences d'un magistrat qui voulait être libre*, Neuilly-sur-Seine, Éd. Michel Lafont, 2014, 301 p.

79. FRICERO (N.), *Procédure civile*, 19e éd., Paris, Éd. Lextenso, 2022, 272 p.

80. GARAPON (A.), ALLARD (J.) et GROS (F.), *Les Vertus du juge*, Paris, Éd. Dalloz, 2008, 184 p.

81. GARAPON (A.), *Bien juger. Essai sur le rituel judiciaire*, Paris, Éd. Odile Jacob, coll. : « Opus 1997 », 2001, 352 p.

82. GARÇON (E.), *Code pénal annoté*, Paris, Éd. Sirey, 1952, 606 p.

83. GARNOT (B.), *Histoire des juges en France, de l'ancien régime à nos jours*, Paris, Éd. Nouveau Monde, 2014, 396 p.

84. GASTON (S.), LEVASSEUR (G.) et JAMBU-MERLIN (R.), *Criminologie et sciences pénitentiaires*, Paris, Dalloz, 2e éd., 1970, 697 p.

85. GLASSON (E.), *Histoire du droit et des institutions de la France*, Paris, Éd. Librairie Cotillon, 1895, t. 6, 705 p.

86. GOASDOUE (P.), *L'Impartialité du ministère public*, Paris, Éd. L'Harmattan, 2018, 262 p.

87. GOITA (M.), *Justice au Mali : Juge, Avocat et Témoin. Cahier d'un rebelle*, Éditions universitaires européennes, Sarrebruck, 2019, 128 p.

88. GROTIUS (H.), *Le Droit de la guerre et de la paix*, traduit par PRADIER-FODÉRÉ (P.), 1625, rééd. par ALLAND (D.) et GOYARD-FABRE (S.), Paris, Éd. PUF, 1999, 888 p.

89. GUCHET (Y.), *Droit parlementaire*, Paris, Éd. Economica, 1996, 203 p.

90. GUIMDO DONGMO (B.-R.) (dir), *Le Dialogue des juges. Une analyse des rapports fonctionnels entre les juges*, Paris, Éd. L'Harmattan, 2022, 284 p.

91. GUINCHARD (S.) (dir.), *Droit et pratique de la procédure civile. Droit interne et européen*, Paris, Dalloz, 10e éd., 2020, 2582 p.

92. GUINCHARD (S.), CHAINAIS (C.), DELICOSTOPOULOS (C. S.) et DELICOSTOPOULOS (I. S.), *Droit processuel. Droit commun et droit comparé du procès équitable*, Paris, Dalloz, 5e éd., 2003, 1548 p.

93. GUINCHARD (S.) et DEBARD (Th.) (dir.), *Lexique des termes juridiques*, Paris, Dalloz, 25e éd., 2017, 1200 p.

94. GUINCHARD (S.), FERRAND (F.), CHAINAIS (C.) et MAYER (L.), *Procédure civile*, Paris, Dalloz – Hypercours, 7e éd., 2021, 900 p.

95. GUINCHARD (S.), MOUSSA (T.), CAYROL (N.) et LEIRIS (E. de) (dir.), *Droit et pratique des voies d'exécution*, Paris, Dalloz Action, 10e éd., 2022, 2468 p.

96. GUYON (Y.), *Droit des affaires. Entreprises en difficultés. Redressement judiciaire – faillite*, Paris, Éd. Economica, vol. 2, 2003, 1060 p.

97. HALPHEN (E.), *Sept ans de solitude*, Paris, Éd. Denoël, 2002, 248 p.

98. HAURIOU (M.), *Précis élémentaire de droit administratif*, Paris, Sirey, 12e éd., 1933, 1178 p.

99. HERON (J.) et LE BARS (Th.), *Droit judiciaire privé*, Paris, LGDJ, 6e éd., 2015, 998 p.

100. HOUNKPE (J. C.), *Le Droit de la preuve dans l'espace OHADA*, Paris, Éd., L'Harmattan, 2021, 462 p.

101. IHERING (R. V.), *Esprit du droit romain*, traduit en français par O. Meulnaere, Paris, Éd. A. de Masrescq Ainé, 1853, réimpression 1969, t. IV, 378 p.

102. ISSA-SAYEGH (J.) et LOHOUES-OBLE (J.), *OHADA. Harmonisation du droit des affaires*, Bruxelles, Éd. Bruylant, 2002, 245 p.

103. JACOB (R.), *Images de la justice*, Paris, Éd. Le Léopard d'Or, 1994, 256 p.

104. JEANDIDIER (W.), *Droit pénal des affaires*, Paris, Dalloz, 2000, 4e éd., 589 p.

105. JEANTIN (M.) et LE CANNU (P.), *Droit commercial. Entreprise en difficulté*, Paris, 7e éd., Dalloz, 2007, 874 p.

106. JESTAZ (Ph.), *Connaissance du droit. Le droit*, Paris, Dalloz, 10e éd., 2018, 180 p.

107. JEULAND (E.), *Droit processuel général*, Paris, LGDJ, coll. : « Précis Domat », 3e éd., 2014, 734 p.

108. JOLY-HURARD (J.) et VANONI (J.), *La Déontologie du magistrat*, Paris, Dalloz, 4e éd., 2020, 284 p.

109. KELSEN (H.), *Théorie pure du droit*, traduction française de la 2e éd. de la *Reine Rechtslehre* par Charles EISENMANN, Paris, Éd. Dalloz, 1962, 496 p.

110. KOM (J.), *Droit des entreprises en difficulté, prévention – traitements – sanctions*, deuxième édition revue, corrigée et augmentée, Paris, Éd. L'Harmattan, 2021, 418 p.

111. KONATÉ (M. I.), *Justice en Afrique. Ce grand corps malade*, Bamako, Éd. La Sahélienne, 2018, 164 p.

112. KONATÉ (M. K.), *Contentieux du droit communautaire africain. Le juge national et le contentieux des normes communautaires de l'UEMOA*, Paris, Éd. L'Harmattan, 2023, 140 p.

113. KODO (M. J. V.), *L'Application des actes uniformes de l'OHADA*, Paris, Éd. PUR, 2010, 358 p.

114. KUATETEMEGHE (S. S.), *La Protection du débiteur dans les procédures individuelles d'exécution*, Paris, Éd. L'Harmattan, 2004, 460 p.

115. LABOULAYE (E.), *Essai sur les lois criminelles des Romains concernant la responsabilité des magistrats*, Paris, Éd. Hachette, 1845, 492 p.

116. LAGARDE (P.), *Recherches sur l'ordre public en droit international privé*, Paris, Éd. LGDJ, 1959, 254 p.

117. LARGUIER (J.) et CONTE (Ph.), *Droit pénal des affaires*, Paris, Armand Colin, 9e éd., 1998, 505 p.

118. LA ROCHE-FLAVIN (B.), *Treize livres des parlements de France*, Éd. A. Bovrdeavs, 1617, 775 p.

119. LAUDE (A.), MATHIEU (B.) et TABUTEAU (D.), *Droit de la santé*, Paris, PUF, 3e éd., 2012, 752 p.

120. LE COQ (V.), *Impunités. Une justice à deux vitesses. Pamphlet*, Paris, Nouveau Monde Éditions, 2017, 366 p.

121. LE CORRE (P.-M.) (dir.), *Droit et pratiques des procédures collectives*, Paris, Dalloz, 7e éd., 2013, 2623 p.

122. LEGRAND (M.), *Les Secrets d'un juge. Comment la justice se fait le bras armé du pouvoir*, Paris, Éd. Fayard, 2015, 320 p.

123. LEHMAN (H.), *Justice, une lenteur coupable*, Paris, Éd. PUF, 2002, 192 p.

124. LEMESLE (L.) et PANSIER (F.-J.), *Le Procureur de la République*, Paris, Éd. PUF, 1998, 127 p.

125. LEVOA AWONA (S.-P.), *La Cour commune de justice et d'arbitrage*, Paris, Éd. L'Harmattan, 2021, 214 p.

126. LEVY (Th.), *Éloge de la barbarie judiciaire*, Paris, Éd. Odile Jacob, 2004, 192 p.

127. LOCHAK (D.), *Étrangers : de quel droit ?*, Paris, Éd. PUF, 1985, 256 p.

128. LOCHAK (D.), *Le Rôle politique du juge administratif français*, Paris, Éd. LGDJ, 1972, 362 p.

129. LOCKE (J.), *Traité du gouvernement civil*, traduction de MAZEL (D.), 1728, impr. Desveux, 1795, rééd. avec introduction, bibliographie, chronologie et notes de GOYARD-FABRE (S.), Paris, Flammarion, 2e éd., 1992, 597 p.

130. LOMBARD (P.), *Ma vérité sur le mensonge*, Paris, Éd. Plon, 1997, 216 p.

131. LY (A. O.), *L'Accès de la justice au Niger. L'autoreprésentation devant les juridictions*, Paris, Éd. L'Harmattan, 2021, 144 p.

132. MAGENDIE (J.-C.), *Les Sept Péchés capitaux de la justice française*, Paris, Éd. Léo Scheer, 2012, 132 p.

133. MAÏGA (H. B.), *Le Manuel du juge au siège. Le siège civil*, Bamako, Éd. Jamana, 2009, 597 p.

134. MAIGA (M.), *La Responsabilité du professionnel de la santé en contexte africain, étude de droit malien*, Paris, Éd. L'Harmattan, 2022, 490 p.

135. MAKABA (P. M.), *Constitution et Risque(s)*, Paris, Éd. L'Harmattan, 2010, 356 p.

136. MALAURIE (Ph.), AYNES (L.) et STOFFEL-MUNCK, *Droit des obligations*, Paris, LGDJ, 7e éd., 2015, 857 p.

137. MALAURIE (Ph.), *Droit des personnes. La protection des mineurs et des majeurs*, Paris, LGDJ, 9e éd., 2017, 406 p.

138. MARTOR (B.), PILKINGTON (N.), SELLERS (D.) et THOUVENOT (S.), *Le Droit uniforme africain des affaires, issu de l'OHADA*, Paris, LexisNexis, 2e éd., 2009, 400 p.

139. MASSIP (J.), *La Réforme du droit des incapables majeurs*, Paris, Éd. Defrénois, 1968, 455 p.

140. MAUREL (É.), *Paroles de procureur*, Paris, Éd. Gallimard, 2008, 288 p.

141. MAYER (P.) et HEUZE (V.), *Droit international privé*, Paris, Montchrestien, 7e éd., 2001, 784 p.

142. MEDE (N.), *Finances publiques. Espace UEMOA/UMOA*, Paris, Éd. L'Harmattan, 2016, 546 p.

143. MEERBEECK (J. V.) et OST (F.), *De la certitude à la confiance. Le principe de sécurité juridique dans la jurisprudence de la Cour de justice de l'Union européenne*, Éd. Limal, Anthemis, 2014, 736 p.

144. *L'État de droit : mélanges en l'honneur de Guy Braibant*, Paris, Éd. Dalloz, 1996, 818 p.

145. *Justices et droit du procès : du légalisme procédural à l'humanisme processuel : mélanges en l'honneur de* Serge Guinchard, Éd. Dalloz, 2010, 1106 p.

146. *Le droit international privé : esprit et méthodes : mélanges en l'honneur de Paul Lagarde*, Éd. Dalloz, 2005, 1166 p.

147. MERLIN (P.-A. de), *Répertoire universel et raisonné de jurisprudence*, Paris, Éd. Hachette, 1812-1825, 872 p.

148. MEYER (P.) et HEUZE (V.), *Droit international privé*, Paris, Montchrestien, 10e éd., 2010, 820 p.

149. MEYER (N.), *L'Ordre public en droit du travail. Contribution à l'étude de l'ordre public en droit privé*, Paris, LGDJ, 2006, 392 p.

150. MINCKE (C.), *Efficacité, efficience et légitimité démocratique du ministère public, Quand l'arbre cache la forêt*, Éd. Presses universitaires de Louvain, 2002, 144 p.

151. MONTEBOURG (A.) et COLCOMBET (F.), *Les Tribunaux de commerce : une justice en faillite ?*, Neuilly-sur-Seine, Éd. Michel Lafon, 1998, 393 p.

152. MOTULSKY (H.), *Droit processuel*, Paris, Éd. Montchrestien, 1973, 392 p.

153. MUNEMEKA (K.-A.), *Le Droit OHADA de l'exécution forcée*, Louvain-la-Neuve, Éd. Academia, 2019, 98 p.

154. N'DIAYE (A. A.), *Droit civil. Droit patrimonial de la famille au Mali. Régimes matrimoniaux, successions et libéralités*, Paris, Éd., L'Harmattan, 2021, 516 p.

155. N'DIAYE (A.-A.), *L'Urne et le glaive. Réflexions sur les conceptions socio-politiques et judiciaires au Mali (de 1960 à la III*e *République)*, Bamako, Éd., Jamana, 1997, 418 p.

156. NDOYE (D.), *La Cour commune de justice et d'arbitrage des pays de l'OHADA*, Dakar, Éd. EDJA, 2009, 143 p.

157. NGOUMTSA ANOU (G.), *OHADA et conflits de lois*, Paris, LGDJ, 2013, 456 p.

158. NICOD (M.), *Qu'en est-il de la sécurité des personnes et des biens ?*, Paris, Presses universitaires des sciences sociales de Toulouse, LGDJ, 2008, 302 p.

159. PERRIN (J.-F.), *Pour une théorie de la connaissance juridique*, Genève, Éd. Droz, 1979, 177 p.

160. PERROT (R.), *Institutions judiciaires*, Paris, LGDJ, 15e éd., 2012, 542 p.

161. PERROT (R.) et THERY (Ph.), *Procédures civiles d'exécution*, Paris, Dalloz, 3e éd., 2013, 1086 p.

162. PORTELLI (S.), *Juger. Spirale sécuritaire, libertés en danger*, Paris, Les Éditions de l'Atelier, 2011, 187 p.

163. POUGOUÉ (P.-G.) (dir.), *Encyclopédie du droit OHADA*, Paris, Éd. Lamy, 2011, 2191 p.

164. POUGOUÉ (P.-G.) et KALIEU ELONGO (Y. R.), *Introduction critique à l'OHADA*, Yaoundé, Éd. PUA, 2008, 228 p.

165. POUGOUÉ (P.-G.) et KOLLOKO (F. T.), *La Saisie immobilière dans l'espace OHADA*, Yaoundé, PUA, 3e éd., 2016, 514 p.

166. QUILFEN (J.), *Dans les yeux du procureur. Chroniques de la justice ordinaire*, Témoignage, Paris, Éd. Hugo Doc, 2022, 284 p.

167. RANCE (P.), *Les Ennemis jurés. Juges et politiques*, Paris, Éd. Robert Laffont, 2020, 330 p.

168. RASCHEL (E.), *La Pénalisation des atteintes au consentement dans le champ contractuel*, Paris, Éd. LGDJ, 2014, 488 p.

169. RASSAT (M.-L.), *Institutions judiciaires*, Paris, PUF, 2e éd., 1996, 320 p.

170. RASSAT (M.-L.), *Procédure pénale*, Paris, Ellipses, 3e éd., 2017, 808 p.

171. REDOR (M.-J.) (dir.), *L'Ordre public : ordre public ou ordres publics ? Ordre public et droits fondamentaux*, Bruxelles, Éd. Bruylant, 2001, 436 p.

172. REVET (T.) (dir.), *L'Ordre public à la fin du XXe siècle*, Paris, Éd. Dalloz, 1996, 111 p.

173. REY (A.) et REY-DEBOVE (J.) (dir.), *Le Petit Robert. Dictionnaire alphabétique et analogique de la langue française*, Paris, Nouvelle Éd. millésime, 2022, 2880 p.

174. RICŒUR (P.), *Le Juste*, Paris, Éd. Esprit, 1995, 224 p.

175. RIPERT (G.), *Le Déclin du droit. Études sur la législation contemporaine*, Paris, Éd. LGDJ, 1949, 225 p.

176. ROBERT (C. N.), *L'Impératif sacrificiel*, Lausanne, Éd. d'en bas, 1986, 157 p.

177. ROBILLARD (C.-J.), *Considérations sur l'institution du ministère public dans le système de l'accusation judiciaire*, Paris, Éd. Hachette, 1821, 222 p.

178. ROUBIER (P.), *Théorie générale du droit*, Paris, Dalloz, 3e éd., 2005, 360 p.

179. ROULAND (N.), *Anthropologie juridique*, Paris, Éd. PUF, 1988, 496 p.

180. ROUTIER (A.), *Enquête sur un juge au-dessus de tout soupçon. Philippe COURROYE, un pouvoir*, Paris, Éd. Fayard, 2011, 328 p.

181. SAINT-ALARY HOUIN (C.), *Droit des entreprises en difficulté*, Paris, Montchrestien, 6e éd., 2009, 896 p.

182. SALAS (D.), *La Justice dévoyée. Critique des utopies sécuritaires*, Paris, Éd. des Arènes, 2012, 200 p.

183. SALAS (D.), *Le Courage de juger. Le parcours d'un magistrat hors normes*, Entretien avec Frédéric NIEL, Paris, Éd. Bayard, 2014, 228 p.

184. SALAS (D.), *Le Tiers Pouvoir. Vers une autre justice*, Paris, Éd. Fayard, 1998, 300 p.

185. SALAS (D.), *Les 100 Mots de la justice*, Paris, Éd. PUF, 2018, 128 p.

186. SALL (A.), *La Justice de l'intégration. Réflexions sur les institutions judiciaires de la CEDEAO et de l'UEMOA, deuxième édition revue, corrigée et augmentée*, Paris, Éd. L'Harmattan, 2018, 484 p.

187. SALL (A.), *Le Contentieux de la violation des droits de l'homme devant la Cour de justice de la CEDEAO*, Paris, Éd. L'Harmattan, 2019, 270 p.

188. SALL (A.), *Singularités juridiques africaines. Ce que l'Afrique apporte au droit*, Paris, Éd. L'Harmattan, 2023, 324 p.

189. SAUVE (J.-M.), *L'Ordre public. Regards croisés du Conseil d'État et de la Cour de cassation*, Éd. La Documentation française, 2018, 204 p.

190. SAWADOGO (F.-M.), *OHADA. Droit des entreprises en difficulté*, Bruxelles, Éd. Bruylant, coll. : « Droit uniforme africain », 2002, 444 p.

191. SECK (Ch. Y.), *Kéba M'baye. Parcours et combats d'un grand juge*, Paris, Éd. Karthala, 2009, 226 p.

192. SILGA (V. J. P.), *La Pratique de la saisie-attribution des créances en droit OHADA*, Ouagadougou, Éd. CGF, 2021, 364 p.

193. SIDIBÉ (A.-Y.), *Droit et pratique du droit au Mali*, Bamako, Éd. Jamana, 2007, 158 p.

194. SOLUS (H.) et PERROT (R.), *Droit judiciaire privé*, Paris, Éd. Sirey, t. 1, 1961, 1147 p.

195. SOMA (A.) et SÔG ME DABIRE (S. M.) (dir.), *Commentaire des grands arrêts de la Cour africaine des droits de l'homme et des peuples*, Paris, Éd., L'Harmattan, 2022, 336 p.

196. SOW (A.-S.), *L'État démocratique républicain. La problématique de sa construction au Mali*, Paris, Éd. Grandvaux, 2008, 455 p.

197. SY (D.), *Droit administratif*, CREDILA, Paris, L'Harmattan, 3e éd., 2021, 720 p.

198. TAPO (A. G.), *L'Héritage empoisonné*, Paris, Éd. L'Harmattan, 2003, 218 p.

199. TCHEUMALIEU FANSI (M.-R.), *Droit et pratique bancaire dans l'espace OHADA*, Paris, Éd. L'Harmattan, 2013, 446 p.

200. TENIER (J.), *Intégrations régionales et mondialisation : complémentarité ou contradiction ?*, Paris, Éd. La Documentation française, 2003, 232 p.

201. TERRE (F.), *Introduction générale au droit*, Paris, Dalloz, 10e éd., 2015, 644 p.

202. TERRE (F.) et FENOUILLET (D.), *Droit civil. Les personnes, la famille, les incapacités*, Paris, Dalloz, 7e éd., 2001, 1385 p.

203. TERRE (F.), SIMLER (Ph.) et LEQUETTE (Y.), *Droit civil. Les obligations*, Paris, 11e éd., Dalloz, 2013, 1620 p.

204. TERRE (F.), SIMLER (Ph.) et LEQUETTE (Y.), *Droit civil. Les obligations*, Paris, 9e éd., Dalloz, 2005, 1474 p.

205. TEYSSIE (B.), *Droit des personnes*, Paris, LexisNexis, 20e éd., 2018, 720 p.

206. TOURÉ (P.-A.), *La Juridiction compétente, statuant à bref délai dans l'espace OHADA. Un objet judiciaire non identifié ?*, Paris Éd. L'Harmattan, 2021, 522 p.

207. TRUCHE (P.), *Juger, être jugé. Le magistrat face aux autres et à lui-même*, Paris, Éd. Fayard, 2001, 192 p.

208. URVOAS (J.-J.), *De l'indépendance de la justice, le vrai rôle du garde des Sceaux*, Paris, Éd. Odile Jacob, 2023, 192 p.

209. VALETTE (J.-P.), *Droit constitutionnel*, Paris, Éd. L'Harmattan, 2013, 460 p.

210. VAN RUYMBEKE (R.), *Mémoires d'un juge trop indépendant*, Paris, Éd. Tallandier, 2021, 272 p.

211. VAN RYN (J.), *Principes de droit commercial*, t. 1, Bruxelles, Éd. Établissement Émile Bruylant, 1954, 620 p.

212. VERDEILHAN (D.), *Les Magistrats sur le divan*, Paris, Éd. du Rocher, 2017, 380 p.

213. VERGES (J.), *Dictionnaire amoureux de la justice*, Paris, Éd. Plon, 2002, 772 p.

214. VERGES (J.), *La Justice est un jeu*, Paris, Éd. Albin Michel, 1992, 164 p.

215. VERGES (J.), *Les Erreurs judiciaires*, Paris, Éd. PUF, 2002, 128 p.

216. VERGES (J.), *Malheur aux pauvres*, Paris, Éd. Plon, 2006, 201 p.

217. VINCENT (J.), GUINCHARD (S.), MONTAGNIER (G.) et VARINARD (A.), *Institutions judiciaires. Organisation, juridictions, gens de justice*, Paris, Dalloz, 7e éd., 2003, 876 p.

218. VIGOUROUX (Ch.), *Du juste exercice de la force*, Paris, Éd. Odile Jacob, 2017, 314 p.

219. WALINE (J.), *Droit administratif*, Paris, Dalloz, 23e éd., 2010, 729 p.

B- Ouvrages spécialisés

1. CADIET (L.) et JEULAND (E.), *Droit judiciaire privé*, Manuel, Paris, LexisNexis, 7e éd., 2011, 1104 p.
2. CADIET (L.) et JEULAND (E.), *Droit judiciaire privé*, Manuel, Paris, LexisNexis, 9e éd., 2016, 950 p.
3. DELATTRE (Ch.), *Le Cadre d'intervention du ministère public en droit des entreprises en difficulté. Pratique des affaires*, Paris, Joly éditions, 2018, 144 p.
4. DE MOLÈNES (A.), *Traité pratique des fonctions du procureur du Roi*, Paris, Éd., Hachette, t. 1, 1843, 492 p.
5. DESPORTES (F.) et LAZERGES-COUSQUER (L.), *Traité de procédure pénale*, Paris, Economica, 3e éd., 2013, 2416 p.
6. DIALLO (Y.), *Le Procureur de la République. La pratique du parquet*, Paris, Éd. L'Harmattan, 2018, 552 p.
7. GARSONNET (E.) et CESAR-BRU (Ch.), *Traité théorique et pratique de procédure civile et commerciale*, Paris, L. Larose et L. Tenin, 3e éd., 1912, t. 1, 804 p.
8. GLASSON (E.-D.) et TISSIER (A.), *Traité théorique et pratique d'organisation judiciaire, de compétence et de procédure civile*, Paris, Recueil Sirey, 3e éd., 1925, t. 1, 851 p.
9. HELIE (F.), *Traité de l'instruction criminelle ou théorie du code d'instruction criminelle*, Paris, A. Marescq Aîné, t. 1, 2e éd., 1866, 732 p.
10. JAPIOT (R.), *Traité élémentaire de procédure civile et commerciale*, Paris, 2, Rousseau, 3e éd., 1935, 744 p.
11. MERLE (R.) et VITU (A.), *Traité de droit criminel*, t. I : *Problèmes généraux de la science criminelle. Droit pénal général*, Paris, Cujas, 7e éd., 1997, 1072 p.
12. MERLE (R.) et VITU (A.), *Traité de droit criminel*, t. II : *Procédure pénale*, Paris, Cujas, 4e éd., 1989, 1008 p.
13. MERLE (R.) et VITU (A.), *Traité de droit criminel*, t. II : *Procédure pénale*, CUJAS, 5e éd., 2001, 1184 p.
14. MOREL (R.), *Traité élémentaire de procédure civile*, Paris, Recueil Sirey, 2e éd., 1949, 606 p.
15. PRADEL (J.), *Droit pénal général*, Manuel, Paris, Cujas, 17e éd., 2008, 840 p.

16. TACHAGO YOUMSSI (N. D.), *Le Ministère public et les voies d'exécution en droit OHADA. Étude à partir du droit positif camerounais*, Paris, Éd. L'Harmattan, 2018, 172 p.

17. VINCENT (J.) et GUINCHARD (S.), *Précis de procédure civile*, Paris, 27e éd., Dalloz, 2003, 1156 p.

II- THÈSES DE DOCTORAT

1. AGBOGBO (T. C.), « Le droit à la nationalité à l'épreuve de l'apatridie dans les États africains », thèse de droit, Université d'Abomey-Calavi, 2021, 525 p.

2. AUDRY (J.), « La professionnalisation du juge », thèse de droit, Université de Toulouse, 2016, 666 p.

3. AZAVANT (M.), « L'ordre public et l'état des personnes », thèse de droit, Pau, 2000, 849 p.

4. BALBO-IZARN (N.), « Convention entre époux et divorce : contribution à la définition d'un ordre public conjugal de séparation », thèse de droit, Toulon, 2000, 397 p.

5. BALEMAKEN (E. L. R.), « Le juge et le sauvetage de l'entreprise en difficulté en droit OHADA et en droit français étude de droit comparé », thèse de droit, Université Panthéon-Assas, Paris-II, 2013, 666 p.

6. BEAUBRUN (M.), « L'ordre public successoral », thèse de droit, Université Panthéon-Assas, Paris-II, 1979, 314 p.

7. BETAILLE (J.), « Les conditions juridiques de l'effectivité de la norme en droit public interne : illustrations en droit de l'urbanisme et en droit de l'environnement », thèse de droit, Université de Limoges, 2012, 776 p.

8. BONNEMAISON (J.-L.), « La responsabilité juridictionnelle », thèse de droit, Université Paul-Verlaine-Metz, 2011, 321 p.

9. CALVET (C.), « Voies de recours et droit des entreprises en difficulté », thèse de droit, Université Toulouse-I Capitole, 302 p.

10. CAZALS, « Âge et droit privé », thèse de droit, Université Panthéon-Assas, Paris-II, 1976, 1096 p.

11. COGNETTI (J.), « La notion d'ordre public. Étude limitée au droit administratif », thèse de droit, Reims, 1998, 552 p.

12. COQUERET (A.), « Droit français des attributions du ministère public en matière civile », thèse de droit, Caen, 1895, 235 p.

13. COULIBALY (M.), « L'adoption et les droits de l'enfant en Afrique francophone : réflexions sur les droits malien et sénégalais », thèse de droit, Université Grenoble Alpes et Université Cheikh Anta Diop, 2015, 542 p.

14. DEMBÉLÉ (M. B.), *Le Procès équitable au Mali*, thèse de droit, Paris, Éd. L'Harmattan, 2019, 424 p.

15. DIAKITÉ (M.), « L'arbitrage institutionnel Ohada, instrument émergent de sécurisation juridique et judiciaire des activités économiques en Afrique », thèse de droit, Université Toulouse-I Capitole, 2016, 414 p.

16. DIOUF (M.), « L'intervention du juge dans la vie des sociétés commerciales », thèse de droit, Université Cheick Anta DIOP, 2007, 491 p.

17. DUARD-BERTON (C.), « L'ordre public dans le droit de la famille », thèse de droit, Université Panthéon-Assas–Paris-II, 2004, 463 p.

18. FARJAT (G.), *L'Ordre public économique*, thèse de droit, Paris, LGDJ, 1963, 543 p.

19. GERVIER (P.), « La limitation des droits fondamentaux constitutionnels par l'ordre public », thèse de droit, Université Montesquieu, Bordeaux-IV, 2013, 540 p.

20. GUÈDÈGBÉ (S. I. B.), « Le crédit-bail mobilier en droit OHADA : Contribution à l'étude de l'affectation de la propriété en garantie d'une créance », thèse de droit, Université d'Abomey-Calavi, 2012, 383 p.

21. GUYOT (H.), « Droit français. Étude sur le ministère public en France », thèse de droit, Nancy, Bar-Le-Duc, 1894, 298 p.

22. HARDY (H.), « Le principe de sécurité juridique au sens du droit de la Convention européenne des droits de l'homme », thèse de droit, Université Montpellier, 2019, 882 p.

23. JAHIER (S.), « La responsabilité comparée des acteurs du procès », thèse de droit, Aix-Marseille Université, 2015, 392 p.

24. LE GOUES (M.), « Le consentement du patient en droit de la santé », thèse de droit, Université d'Avignon et des Pays de Vaucluse, 2015, 601 p.

25. MARIGNOL (L.), « La prévisibilité en droit des contrats », thèse de droit, Université Toulouse Capitole, 2017, 627 p.

26. MIKALEF-TOUDIC (V.), « Le ministère public, partie principale dans le procès civil », thèse de droit, Presses universitaires d'Aix-Marseille, 2006, 403 p.

27. NIBOYET (F.), *L'Ordre public matrimonial*, thèse de droit, Paris, LGDJ, 2008, 456 p.

28. PIERI (G.), « Les censeurs, contribution à l'histoire du recensement romain des origines à Auguste », thèse de droit, Paris, 1965, 2013 p.

29. PLUYETTE (C.), « Du ministère public », thèse de droit, Rennes, 1877, 189 p.

30. RASSAT (M.-L.), *Le Ministère public entre son passé et son avenir*, thèse de droit, Paris, Éd. LGDJ, 1965, 285 p.

31. RECEVEUR (B.), « La force obligatoire du contrat de société contribution à l'étude des relations entre droit des contrats et droit des sociétés », thèse de droit, Université de Cergy-Pontoise, 2013, 606 p.

32. SALOMON (E.), « Le juge pénal et l'émotion », thèse de droit, Université Panthéon-Assas–Paris-II, 2015, 426 p.

33. SEIFELNASR (S.), « Regards croisés sur la théorie de l'imprévision en droit des pays arabes et en droit français », thèse de droit, Université Montpellier, 2020, 498 p.

34. TESSIER (E. A.), « Des origines du ministère public, étendue de son droit d'action en matière civile », thèse de droit, Caen, 1868, 142 p.

35. THERA (F.), « L'application et la réforme de l'acte uniforme de l'AHADA organisant les procédures collectives d'apurement du passif », thèse de droit, Université Jean-Moulin, Lyon-III, 2010, 533 p.

36. TRUCHET (D.), *La Fonction de la notion d'intérêt général dans la jurisprudence du Conseil d'État*, thèse de droit, Paris, LGDJ, 1977, 394 p.

III. ARTICLES

1. AMSELEK (P.), « Le rôle de la pratique dans la formation du droit : aperçus à propos de l'exemple du droit public français », *RDP*, 1983, p. 1471-1508, 37 p.

2. ANOUKAHA (F.), « L'OHADA en marche », *Annales de la FSJP de l'Université de Dschang*, Éd. PUA, t. VI, 2002, p. 7-21.

3. ATANGANA AMOUGOU (J.-L.), « Les révisions constitutionnelles dans le nouveau constitutionnalisme africain », *AJP*, n°°2, 2006, p. 44-84.

4. AUTIN (J.-L.), « La motivation des actes administratifs unilatéraux, entre tradition nationale et évolution des droits européens », *RFAP*, p. 85-99.

5. BAZEX (H.), « Les facteurs et les effets du stress chez les juges des enfants », *Annales médico-psychologiques*, vol. 170, 2012, p. 127-131.

6. BERNATCHEZ (S.) et LALONDE (B.) (dir.), « Approches et fondements du droit. Branches du droit et concepts juridiques », Éd. *Yvon Blais*, 2019, p. 325-363.

7. BERTHE (A. W.), « Le délai de grâce selon l'acte uniforme de l'OHADA », *Revue de droit des affaires* de la Cellule de réflexion et de suivi de la réforme du droit des affaires, n°°00, octobre-novembre-décembre 1999, p. 47-51.

8. BONZOM (B.), « De l'indépendance des magistrats du parquet à l'égard des tribunaux », *Rev. pénit.*, 1984, p. 47-69 et 165-179.

9. BURDEAU (G.), « Essai sur l'évolution de la loi en droit français », *Arch. Phil. Dr.*, 1939, p. 7-55.

10. CALLE (P.), « L'efficience des décisions de justice civile », *in* COHEN (D.) (dir.), *Droit et économie du procès civil*, Paris, Éd. LGDJ, 2010, 298 p.

11. CAMOUS (E.), « La peine patrimoniale : une alternative prospective à la peine d'emprisonnement », *AJP*, 2018, p. 25-30.

12. CARBONNIER (J.), « Effectivité et ineffectivité de la règle de droit », *L'Année sociologique*, LVII, 1958, p. 3-17.

13. CHAMPAUD (C.), « Contribution à la définition du droit économique », *Dalloz*, 1967, chron. p. 215-217.

14. CHEVALLIER (J.), « L'intérêt général dans l'Administration française », *RISA*, IV, 1975, p. 325-350.

15. DEHARO (G.), « Ce qu'exécuter veut dire… Une approche théorique de la notion d'exécution », *Dr. et proc.* 2005, n°°4, p. 208-214.

16. DELATRE (Ch.), « L'intervention du ministère public dans la désignation des administrateurs et mandataires judiciaires », *Rev. proc. coll.*, 2009, n° 3, p. 14-31.

17. DOMINIQUE (S. R.) et PHILIPPE (R.), « Nature et racines du principe de sécurité juridique : une mise au point », *in Revue internationale de droit comparé*, vol. 55, n°°1, 2003, p. 85-103.

18. DUGUIT (L.), « L'acte administratif et l'acte juridictionnel », *Revue du droit public et de la science politique en France et à l'étranger*, 1906, t. XXIII, p. 413-471.

19. DU MARAIS (B.), « Entre la Jamaïque et le Kiribati. Quelques réflexions sur l'attractivité du droit français dans la compétition économique internationale », *in Rapport public du Conseil d'État*, 2005, p. 377-389.

20. DUTHEILLET DE LAMOTHE (O.), « La sécurité juridique : le point de vue du juge constitutionnel », *in Sécurité juridique et complexité du droit*, Rapport public du Conseil d'État, Paris, Éd. La Documentation française, 2006, p. 368-375.

21. GILBERT (K.), « Indicateurs de l'État : l'efficacité, étalon des qualités de la justice ? », *Gaz. Pal., Doctrine*, 2013, n°°237-241, p. 10-14.

22. GOBERT (M.), « Réflexions sur les sources du droit et les "principes" d'indisponibilité du corps humain et de l'état des personnes. À propos des maternités de substitution », *RTD civ.*, 1991, p. 489-528.

23. HEBRAUD (P.), « L'exécution des jugements civils », *RID comp.*, 1957, p. 170-202.

24. KAMGA (J.), « Réflexions "concrètes" sur les aspects judiciaires de l'attractivité économique du système juridique de l'OHADA », *Ohadata* D-12-85.

25. KAMTO (M.), « La Communauté économique des États de l'Afrique centrale, une Communauté de plus ? » *in Annuaire français de droit international*, vol. 33, 1987, p. 839-862.

26. LEMAIRE (F.), « La force majeure : un événement irrésistible », *Rev. dr. publ. sc. pol.*, 1999, p. 1722-1740.

27. LIET-VAUX (G.), « La fraude à la Constitution : essai d'une analyse juridique des révolutions communautaires récentes », *RDP*, 1943, p. 116-150.

28. LONG (M.), « L'état actuel de la dualité de juridictions », *RFDA*, 1990, p. 689-700.

29. LYON-CAEN (G.), « Contribution à la recherche d'une définition du droit commercial », *RTDC*, 1949, p. 5-77.

30. MAHALMADANE (H. F.), « La saisie immobilière », *in Revue trimestrielle de droit et de jurisprudence des affaires*, n°°001, p. 9-28.

31. MANACORDA (S.), « La théorie générale de l'infraction pénale en France : lacunes ou spécificités de la science pénale ? », *RDPC,* 1999, p. 35-53.

32. MASAMBA (R.), « L'OHADA et le climat d'investissement en Afrique », *Penant*, n°°855, 2006, p. 137-150.

33. MAYAUD (Y.), « La condamnation de l'évêque de Bayeux pour non-dénonciation ou le tribut payé à César… », *RD*, 2001, p. 3454-3561.

34. MAZEAUD (D.), « L'arrêt Canal "moins" ? », *Recueil Dalloz*, 2010, p. 2481-2486.

35. MOISAN (P.), « Technique contractuelle et gestion des risques dans les contrats internationaux », *in Cahiers de droit*, faculté de droit de l'Université Laval, vol. 35, n°°2, 1994, p. 281-334.

36. MOULAYE (Z.), DIABATÉ (A.) et DOUMBIA (Y.), « Gouvernance de la justice au Mali », *Étude*, Fondation Friedrich Ebert Stiftung, 2007, 188 p.

37. NSIE (E.), « La Cour commune de justice et d'arbitrage », *Penant*, n°°828, septembre-décembre 1998, p. 308-323.

38. PACTEAU (B.), « La sécurité juridique, un principe qui nous manque ? », *AJDA*, 1995, n°°H.S, p. 151-155.

39. PETIT (J.), « Les ordonnances Dieudonné : séparer le bon grain de l'ivraie », *AJDA*, 2014, p. 866-874.

40. PERIER (E.), « Des fonctions du ministère public à l'audience civile », *Revue critique de législation et de jurisprudence*, t. XXVII, 15e année, 1865, vol. 2, p. 494-513.

41. POUGOUÉ (P.-G.), « OHADA, instrument d'intégration juridique », *Revue africaine des sciences juridiques*, vol. II, n°°2, 2001, p. 11-30.

42. RAMSES (A.-A.), « Réflexions sur la théorie de l'imprévision en droit OHADA des contrats », *Penant*, n°°910, janvier-mars 2020, p. 72-120.

43. SALA (Y.), « Rôle et pouvoirs du ministère public, sanctions pénales et loi de sauvegarde des entreprises », *LPA* 2006, p. 121-128.

44. SAVATIER (R.), « L'ordre public économique », *Dalloz*, 1965, Chron. p. 37-44.

45. SAWADOGO (F. M.), « L'application judiciaire du droit des procédures collectives en Afrique francophone, à partir de l'exemple du Burkina Faso », *Revue burkinabè de droit*, 1994, p. 191-248.

46. SEILLER (B.), « La notion de police administrative », *RFDA*, 2015, p. 876-880.

47. SISSOKO (D. I), « Les mécanismes réactifs à la modification du contrat en droit positif malien », *in Justice en question*, revue trimestrielle de droit, d'informations juridiques et judiciaires du Syndicat libre de la magistrature (Sylima), n°°004, décembre 2022, p. 40-57.

48. TERRE (F.), « À propos de la doctrine de la doctrine de la doctrine », *RDA*, février 2011, p. 38-40.

49. TOUMAGNON (H.), « La responsabilité de la puissance publique et l'action récursoire », *in Justice en question*, revue de droit, d'informations juridiques et judiciaires du Syndicat libre de la magistrature (Sylima), n° 2, p. 73-86.

50. VIGOUROUX (Chr.), « Complexité et sécurité juridique », *RJTUM* 48, 2014, p. 193-199.

IV- RAPPORT

MAÏGA (I. E. S), « Rapport de stage », disponible à la bibliothèque de l'Institut national de formation judiciaire, 2010, 63 p., inédit.

V- NOTES ET OBSERVATIONS

1. LOMBAERT (Br.) et NIHOUL (M.), « Tous les moyens sont-ils bons pour s'exonérer d'une taxe en matière d'immeubles abandonnés ? Politique fiscale, proportionnalité du taux, preuve de la publication d'un règlement et force majeure exonératoire », *Droit communal*, note sous civ. Bruxelles, 2003, p. 39-58.
2. MAYAUD (Y.), « L'esclavage, un crime contre l'humanité exclu des sanctions de l'apologie… », note sous Crim., *RSC*, n°°11-85.909, 2013, chronique, p. 79-81.

VI- LÉGISLATION

Actes uniformes

1. Acte uniforme relatif au droit des sociétés commerciales et du groupement d'intérêt économique, adopté le 30 janvier 2014 à Ouagadougou, Burkina Faso.
2. Acte uniforme portant sur le droit commercial général, modifié, adopté le 15 décembre 2010 à Lomé, République du Togo ; *JO* n°°23 du 15 février 2011.
3. Acte uniforme portant organisation des procédures simplifiées de recouvrement et des voies d'exécution (AUPSRVE) adopté le 10 avril 1998 et paru au *Journal officiel (JO)* OHADA, n°°6 du 1er juillet 1998.

Chartes et protocoles

1. Charte africaine des droits et du bien-être de l'enfant adoptée en juillet 1990 à Addis-Abeba et entrée en vigueur le 29 novembre 1999.
2. Charte africaine des droits des peuples et du citoyen du 18 juin 1981, adoptée à Nairobi, Kenya.
3. Protocole n°°1 au traité du 29 janvier 2003 instituant l'UEMOA.
4. Protocole à la Charte africaine des droits de l'homme et des peuples relatif aux droits de la femme du 11 juillet 2003.

Constitutions

1. Constitution de la République du Mali du 22 juillet 2023.
2. Constitution de la République du Mali du 25 février 1992.

Convention et déclarations

1. Convention internationale des droits de l'enfant du 20 novembre 1789.
2. Déclaration des droits de l'homme et du citoyen de 1789.
3. Déclaration universelle des droits de l'homme de 1948.

Décrets

1. Décret n°°2023-0276/PT-RM du 05 mai 2023 portant convocation du collège électoral, ouverture et clôture de la campagne électorale en République du Mali, *JO* spéc. n°°05 du 17 mai 2023.
2. Décret n°°2022-0793/PT-RM du 30 décembre 2022 portant classement des juridictions en République du Mali, *JO* n°°41 du 30 décembre 2022.
3. Décret n°°0353/P-RM du 24 avril 2017 portant affectation et nomination de magistrats en République du Mali, *JO* n°°18 du 5 mai 2017.
4. Décret n°°2014-0849/PRM du 12 novembre 2014 fixant l'organisation et les modalités de fonctionnement de la direction générale du Contentieux de l'État (DGCE), *JO* n°°52 du 26 décembre 2014, République du Mali.
5. Décret n°°99-254 du 15 septembre 1999 portant code de procédure civile, commerciale et sociale (CPCCS) en République du Mali.
6. Décret n°°95-211/P-RM du 30 mai 1995 fixant les frais de justice en matière pénale en République du Mali.

Lois et ordonnances

1. Loi n°°2021-007 du 21 avril 2021 portant code de procédure civile en République du Togo, *JO* n°°19 *bis*, spéc., du 21 avril 2021.
2. Loi n°°2019-056 du 05 décembre 2019 portant répression de la cybercriminalité en République du Mali.
3. Loi n°°2019-072 du 24 décembre 2019 portant loi d'orientation et de programmation pour le secteur de la justice 2020-2024 en République du Mali.
4. Loi n°°2018-009 du 12 février 2018 portant modification de la loi n°°06-067 du 29 décembre 2006, modifiée, portant code général des impôts au Mali, *JO* n °07 du 16 février 2018.
5. Loi n°°2016-006 du 24 février 2016 portant organisation de la concurrence en République du Mali, *JO* n°°12 du 18 mars 2016.
6. Loi n°°2016-046 du 23 septembre 2016 portant loi organique fixant l'organisation, les règles de fonctionnement de la Cour suprême et la procédure suivie devant elle.

7. Loi n°°2016-053 du 20 décembre 2016 portant statut des huissiers-commissaires de justice au Mali.

8. Loi n°°2015-23 du 23 avril 2015 portant code de procédure civile en République du Niger.

9. Loi n°°2014-873 du 4 août 2014 portant modification du code civil français.

10. Loi n°°2011 du 15 juillet, modifiée, portant organisation judiciaire en République du Mali.

11. Loi n°°2011-087 du 30 décembre 2011 portant code des personnes et de la famille au Mali.

12. Loi n°°2008-07 du 28 février 2011 portant code de procédure civile, commerciale, sociale, administrative et des comptes (CPCCSAC) en République du Bénin.

13. Loi n°°02-050 du 22 juillet 2002 portant loi hospitalière en République du Mali.

14. Loi n°°02-054 du 16 décembre 2002 portant statut de la magistrature en République du Mali.

15. Loi n°°01-079 du 20 août 2001, modifiée d'abord par la loi n°°2005-45 du 18 août 2005, puis par celle n°°2016-39 du 7 juillet 2016, portant code pénal en République du Mali.

16. Loi n°°01-80 du 20 août 2001 portant code de procédure pénale en République du Mali.

17. Loi n°°01-081 du 24 août 2001 portant sur la minorité pénale et institution de juridictions pour mineurs en République du Mali, modifiée par la loi n°°07-016 du 16 février 2007.

18. Loi n°°97-001 du 13 janvier 1997 fixant la composition et les règles de fonctionnement de la Haute Cour de justice ainsi que la procédure suivie devant elle, *abrogée.*

19. Loi n°°92-020 du 18 août 1992 portant code du travail en République du Mali.

20. Loi n°°87-31/AN-RM du 29 août 1987 portant régime général des obligations en République du Mali.

21. Ordonnance n°°2014-018/P-RM du 03 octobre 2014 portant création de la direction générale du Contentieux de l'État en République du Mali.

22. Ordonnance n°°05-014/P-RM du 22 mars 2005 portant statut du personnel cadre des greffes et secrétaires des greffes et parquets en République du Mali.

23. Ordonnance n°°00-057 du 28 septembre 2000 portant création de l'inspection des services judiciaires en République du Mali.
24. Ordonnance du 23 décembre 1958 portant statut de la magistrature en République française.

Règlements et traité

1. Règlement n°°5/CM/UEMOA relatif à l'harmonisation des règles régissant la profession d'avocat dans l'espace UEMOA du 25 septembre 2014.
2. Règlement n°°01/2012/CJ, abrogeant et remplaçant le règlement n°°01/2010/CJ relatif au règlement administratif de la Cour de justice de l'UEMOA.
3. Traité révisé de l'OHADA du 17 octobre 2008.

V- JURISPRUDENCE ET AVIS

1. Avis n°°1/2003/EP du 4 juin 2003 de la CCJA.
2. Avis n°°001/2001/EP du 30 avril 2001 émis par la CCJA, *RDAI/IBLJ*, n°°6, 2001, p. 756.
3. Cass. civ., 28 nov. 1995 : *JCP* 1996, I, 3925, n°°16, obs. CHEVILLARD.
4. Cass. civ., 19 déc. 1995 : *JCP* 1996, I, 3925, n°°15, obs. RAIMBAULT.
5. Cass., 1re civ., 23 juin 2010 : *D.* 2010, 1626 ; *AJ famille*, 2010, 399, obs. S. MILLEVILLE.
6. Cass. 1re civ., 17 déc. 2008 : *Gaz. Pal.* 2009, 2703.
7. Cass. 1re civ., 9 mai 2001, n°°00-16.319, *Bull. civ.* I, n°°127.
8. Cass. 1re civ., 1er juill. 1992 : *Bull. civ.* I, 1992, n°°194 ; *RTD civ.* 1993, 657, obs. PERROT.
9. Cass. 1re civ., 20 janv. 1981 : *Bull. civ.* I, p. 17, n°°22.
10. Cass. ch. réunies, 15 janv. 1923 : S. 1924, 1, 49, rapp. BOULLOCHE et note CHAVEGRIN : DP 1924, 1, 153, concl. MERILLON et note ROLLAND.
11. Cass. ch. réunies, 5 avr. 1913 : DP 1914, 1, 65, rapp. FALCIMAIGNE, concl. SARRUT et note NAST ; S. 1920, 1, 49, note A. MESTRE.
12. Cass. civ., 6 juill. 1998, avis : *Bull. civ.*, n°°10.
13. Cass. crim., 19 déc. 2006 : *Bull. crim.* 2006, n°°316.
14. Cass. com., 8 juill. 2008 : *JCP* 2008, act. 507, obs. LUCIANI et I, 206, n°°14, obs. SERINET ; *D.* 2008, 2046, note BANDRAC.
15. Cass. com., 2 nov. 1994 : *JCP* 1994, II, 22337, note PERDRIAU.

16. CCJA, 10 janv. 2002, n°°003.

17. CE, 14 févr. 2012, n° 217.957, *BAJ Architects*, p. 4.

18. CE, 19 oct. 2001, n° 99.928, Varec, p. 3.

19. CE, 10 avr. 2009 : *RD sanit. soc.* 2009, 688, note F. DIEU.

20. CE, 15 oct. 1986, req. n°°67857. – CE 9 avr. 2004, req. n ° °24 3001, *D.* 2004, 1284.

21. CEDH, arrêt *Centro Europa* 7 SRL et di Stefano/Italie, 7 juin 2012, n°°38433/09, § 143.

22. CEDH, gr. ch. 20 oct. 2011, *Nejdet ?ahin et Perihan ? ahin c/ Turquie*, req. n°°13279/05, § 57.

23. CEDH, 7 juill. 2009, *Stagno c/ Belgique*, *JCP* G 2010, act. 135, n°°5, n. M. Aznavant.

24. CEDH, 16 juill. 2009, *Zehenter c/ Autriche, ib.*

25. CJCE, 17 juill. 2008, ASM Brescia SpA, aff. C-347/06.

26. CEDH, 7 juin 2005, *Fouklev c/ Ukraine*, req. n°°71186/01, § 84.

27. CEDH, 18 avr. 2002, *Ouzounis c/ Grèce*, req. n°°49144/99.

28. CEDH, 28 juill. 1999, *Immobilare Saffi c/ Italie*, req. n°°22774/93, § 64 à 66.

29. CEDH, 28 oct. 1999, *Brum ?rescu c/ Roumanie*, req. n°°28342/95, § 61 ; *D.* 2000. 187, obs. N. Fricero.

30. CEDH, 21 avr. 1998, *Estima Jorge c/ Portugal*, req. n°°24550/94.

31. CEDH, 30 oct. 1998, *F.E. c/ France*, *D.* 1999. Somm. 269, obs. N. Fricero et S. Pérez.

32. CEDH, arrêt *Horsby c/ Grèce* du 19 mars 1997, *Recueil des arrêts et décisions 1997-II*, p. 510-511, § 40.

33. CEDH, 4 déc. 1995, *Bellet c/ France*, *JCP* 1996. I. 3910, n°°21, obs. F. Sudre.

34. CEDH, 28 mars 1990, *Granger c/ Royaume-Uni*, req. n°°11932/86, série A, n°°174.

35. CEDH, 6 déc. 1988, req. n°°10590/83, *Barbéra, Mességué et Jabardo c/ Espagne*, série A, n°°146 – BERGER, 13e éd., 2014, n°°91, p. 284.

36. CEDH, 2 mars 1987, *Monnel et Morris c/ Royaume-Uni*, req. n^os°9562/81 et 9818/82, Série A, n°°115.

37. CEDH, 26 avr. 1979, n°°6538/74, *Sunday Times c/ Royaume-Uni*, § 49.

38. CEDH, 9 oct. 1979, série A, n°°32.

39. CEDH, 21 févr. 1975, série A.

40. CJCE, 26 mai 1982, *Allemagne c/ Commission*, aff. 44/81, Rec. p. 1855.

41. Ch. mixte, 21 juill. 1978, n°°75-147.31 ; *Bull. ch. mixte*, n°°5 ; *Gaz. Pal.* 1978, II, 579, note Viatte ; *RTD civ.* 1979. 192, obs. Perrot ; *Rev. sociétés* 1979. 573, note Chartier.

42. Civ. 1re, 28 avr. 2011, *D.* 2012. 47.

43. Civ., 25 mai 1948, Lautour, *D.* 1948. 357, note P. L.-P. ; *Rev. crit. DIP* 1949. 89 note H. Batiffol, *Grands arrêts DIP*, n°°19.

44. Civ. 1re, 17 févr. 1982 : *Gaz. Pal.* 1982. 2. Pan. 224 ; *Rev. crit. DIP* 1983. 249, note H. Batiffol.

45. Civ. 2e, 1er sept. 2016, n°°15-14596 : *Gaz. Pal.* 2017, n°°42, p. 70, note Bléry.

46. Civ. 1re, 14 mars 2012 : *Rev. crit. DIP* 2012. 553, note Marchadier.

47. CJCE, 14 nov. 2002, C-271/00, *Gemeente Steenbergen c/ Luc Baten*, Rec. I. 10489.

48. CJCE, 21 juin 1988, *Commission c/ Italie*, aff. 257/86, Rec. p. 3249.

49. CJUE, 28 juill. 2016, Siemens Aktiengesellschaft Österreich, C-102/15 : *D.* 2016. 1710 ; *JDE* 2016. 319, note Kecsmar ; *Procédures* 2016, comm. 360, obs. Nourissat.

50. CJUE, ord. du 4 févr. 2000, *Emesa Sugar (Free Zone) NV c/ Aruba*, aff. C-17/98, Rec. I-665.

51. CJ-UEMOA, 18 mars 2003, avis 001/2003.

52. Cons. const., 22 juill. 2016, n°°2016-555 QPC : *AJDA* 2016. 1925 ; *D.* 2016. 1569 ; *D.* 2017. 1328, obs. N. Jacquinot et R. Vaillant ; Constitutions 2016. 532, chron. ; Constitutions 2016. 651, chron. L. Alice Bouvier ; *RSC* 2016. 529, obs. S. Detraz.

53. Cons. const., 22 juill. 2016, n°°2016-555 QPC, *AJDA* 2016. 1925 ; *D.* 2016. 1569, *D.* 2017. 1328, obs. N. Jacquinot et R. Vaillant.

54. Cons. const., 8 déc. 2017, n°°2017-680 QPC : *AJDA* 2018. 509, chron. T. S. Renoux ; *D.* 2018. 1344, obs. E. Debaets et N. Jacquinot.

55. Cons. const., 10 nov. 2017, n°°2017-672 QPC, § 6.

56. Cons. const., 13 mai 2011, n°°2011-126 QPC.

57. Crim., 3 déc. 1991, *B. 456.*

58. Crim., 26 mars 1996, *B. 134.*

59. Crim., 16 avr. 1980 : *D.* 1981, *68*, note MESTRE (J.).

60. Crim., 14 fév. 1845 : *D.*, 1846, I, 349.

61. Crim., 23 août 18866, B., 211 : *D.*, 1867.1.47.

62. Crim., 26 sept. 1990, B. 322.

63. Crim., 21 mars 2007, B. 88.

64. Crim., 6 janv. 1998, B. 1.

65. Crim., 9 déc. 1981, B. 308.

66. Crim., 3 déc. 1991, B. 456.

67. Crim., 26 mars 1996, B. 134.

68. Crim., 11 déc. 1984, *JCP*.

69. Crim., 5 févr. 2013, n°°11-85.909, *RSC* 2013.

70. CS-Mali, arrêt n°°231 en date du 26 avril 2018.

71. Décision du 30 décembre 1927 du tribunal arbitral mixte franco-allemand, Rec. T.A.M., vol. VII, p. 655.

72. Décision du 1er juillet 1923 du T.A.M. anglo-autrichien, REC. T.A.M., vol. III, p. 236.

73. Décision n°°004/99/CCJA du 3 février 1999 relative aux frais d'arbitrage.

74. Décision n°°004/99/CM du 12 mars 1999 portant approbation de la décision ayant trait aux frais d'arbitrage.

75. Lyon, 17 juin 1925, *Gaz. Pal.* 1925. 2. 487 – Req. 4 nov. 1946, S. 1947. 1. 43 – Req. 7 mars 1944, *DP* 1944. 74 – Paris, 5 mars 1956, *D.* 1956. 632, note R. Lindon.

76. Soc. 3 oct. 2007, n°°05-44.652, NP ; *JCP S* 2008. 1011, comm. Dumont.

77. TGI CI du district de Bamako, 23 novembre 2020.

78. TGI Riom, 27 sept. 1967 : *D.* 1967, 743, note G.A.

79. TGI Nice, 30 juin 1976 : *D.* 1977, 45, note D. HUET-WEILLER : *JCP G* 1977, II, 18597, note M. HARICHAUX-RAMU. – Rappr.

VI- WEBOGRAPHIE

1. BERGEL (J.-L.), « La Sécurité juridique », *Revue du notariat*, 110 n°°2, 2008, p. 271-285, 14 p., disponible sur https://doi.org/10.7202/1045538ar ; consulté le 13 avril 2023 à 17 h 49 mn.

2. BONNECHERE (M.), « L'ordre public au sens du droit du travail », disponible sur https://ledroitouvrier.cgt.fr, consulté le 16 mars 2023 à 21 h 55 mn.

3. CANIVET (G.) et JOLY-HURARD (J.), « La responsabilité des juges, ici et ailleurs », disponible en ligne sur https://www.courdecassation.fr, consulté le 23 décembre 2022 à 17 h 03 mn.

4. CHÉNON (É.), « Étude historique sur le *defensor civitatis* », disponible sur https://www.gallica.bnf.fr, consulté le 17 novembre 2022 à 23 h 06 mn.

5. COTIN (M.), BOUABDALLAH (S.), DE JONG (N.), DEUMIER (P.), GOUT (O.) et al., « Le parquet en matière civile, sociale et commerciale : recensement des textes et étude empirique des activités non pénales du parquet ». [Rapport de recherche] Mission de recherche droit et justice, 2011, 504 p., disponible sur https://www.google.fr, consulté le 29 août 2020, à 17 h 05 mn.

6. CUMYN (M.), « Les sanctions des lois d'ordre public touchant à la Justice contractuelle : leurs finalités, leur efficacité », disponible sur https://www.ssl.editionsthemis.com, consulté le 17 février 2022, à 21 h 31 mn.

7. DELNOY (P.), « Le rôle des légistes dans la détermination du contenu des normes », pp. 65-80, 15 p., disponible sur https://www.justice.gc.ca, consulté le 08 mars 2023 à 07 h 49 mn.

8. DIOUF (M.), « La Cour de justice de l'UEMOA et la protection des droits de l'homme dans l'Union économique et monétaire ouest-africaine », discours de la rentrée judiciaire, disponible sur https://www.uemoa.int, consulté le 28 avril 2023 à 21 h 22 mn.

9. DJOGBENOU (J.), « Commentaire de l'avis n°°1/2003/EP du 4 juin 2003 de la CCJA : quel sort à la compétence du juge des référés en matière de résiliation du bail commercial et de l'expulsion du preneur au regard de l'article 101 de l'acte uniforme portant droit commercial général ? », disponible sur https://www.ohada.com, consulté le 03 avril 2023 à 11 h 04 mn.

10. DJOGBENOU (J.), « Le contrôle de constitutionnalité des décisions de justice : une fantaisie de plus ? », disponible sur https://data.over-blog-kiwi.com, consulté le 27 février 2023, à 22 h 07 mn.

11. DUTHEIL (P.-H.) et VACCARO (A.), « Étude sur la rénovation de l'intérêt général en France », disponible sur https://www.associations.gouv.fr, consulté le 13 février 2023 à 21 h 43 mn.

12. DUVAL (V.), « Discours au congrès de l'Union syndicale des magistrats (USM) », 2017, disponible sur https://www.union-syndicale-magistrats.org, consulté le 02 janvier 2023 à 12 h 43 mn.

13. GHESTIN (J.) « l'interprétation d'un arrêt de la Cour de cassation », 2004, p. 2239-2248, disponible sur https://signal.sciencespo-lyon.fr

14. ISSA-SAYEGH (J.), « Quelques aspects techniques de l'intégration juridique : l'exemple des actes uniformes de l'OHADA », *Revue de droit uniforme*, 1999, 30 p., disponible sur https://www.unidroit.org ; consulté le 1er avril 2023 à 17 h 47 mn.

15. JAMET (J.-F), « Comment recréer un environnement économique européen prévisible ? », *Question d'Europe* (Fondation Robert-Schuman), disponible sur https://www.robert-chuman.ue ; consulté le 15 février 2023, à 21 h 52 mn.

16. LOUVEL (B.), « Pour l'unité de juridiction », *Tribune*, disponible sur https://www.courdecassation.fr , consulté le 30 janvier 2023 à 21 h 07 mn.

17. MARIN (J.-C.), « Le rôle du ministère public en matière économique et financière », disponible sur https://www.courdecassation.fr, consulté le 03 septembre 2022 à 21 h 17 mn.

18. MARIN (J.-C.), « L'ordre public : regards croisés du Conseil d'État et de la Cour de cassation », disponible sur https://www.courdecassation.fr, consulté le 30 décembre 2022 à 23 h 21 mn.

19. MAZEAUD (P.), « Vœux au Président de la République », 2006, disponible sur https://www.conseil-constitutionnel.fr, consulté le 03 mai 2022 à 22 h 16 mn.

20. MEERBEECK (J.-V.), « Les principes de légalité et de sécurité juridique : des faux amis ? », disponible sur https://www.dial.uclouvain.be, consulté le 07 mars 2023, à 17 h 03 mn.

21. MOLLINS (F.), « La formation judiciaire : un enjeu pour la démocratie », disponible sur https://www.courdecassation.fr, consulté le 07 juin 2023 à 23 h 18 mn.

22. SAUVE (J.-M.), « Dialogue entre les deux ordres de juridiction », disponible sur https://www.conseil-etat.fr, consulté le 02 janvier 2022 à 22 h 37 mn.

23. SIMAR (R.), DE JONGHE (D.) et VANDERSTRAETEN (M.), « La force majeure en droit administratif : balises théoriques et illustrations », 47 p., disponible sur : https://dial.uclouvain.be, consulté le 05 mars 2023 à 18 h 31 mn.

24. TCHANTCHOU (H.), « La place du parquet ou ministère public dans les procédures judiciaires communautaires : le cas de l'OHADA », *Revue de l'ERSUMA*, n°°1, disponible sur https://www.revue.ersuma.org, consulté le 13 janvier 2022 à 22 h 19 mn.

25. TCHOUAMBIA TOMTOM (L. J. B.), « La poursuite des infractions pénales OHADA devant les juridictions d'instances camerounaises : où est passé le ministère public ? » *in Revue de l'ERSUMA*, Droit des affaires – pratique professionnelle, n°°004, septembre 2014, disponible sur https://www.revue.ersuma.org, consulté le 13 janvier 2022 à 21 h 28 mn.

26. TOUNKARA (D.), « L'ordre public procédural ouest-africain : contribution à la théorie du procès équitable en Afrique de l'Ouest », disponible sur https://afrilex.u-bordeau.fr, consulté le 16 mars 2022 à 23 h 09 mn.

27. WARSMANN (J.-L.), « Rapport n°°856 au nom de la commission des Lois constitutionnelles, de la législation et d'administration générale de la République sur le projet de loi (n°°784), portant adaptation de la justice aux évolutions de la criminalité », 2003, [monographie en ligne] sur https://www.assembleenationale.fr, consulté le 25 janvier 2023.

TABLE DES MATIÈRES

Structures éditoriales du groupe L'Harmattan

L'Harmattan Italie
Via degli Artisti, 15
10124 Torino
harmattan.italia@gmail.com

L'Harmattan Hongrie
Kossuth l. u. 14-16.
1053 Budapest
harmattan@harmattan.hu

L'Harmattan Sénégal
10 VDN SICAP AMITIE 3
BP 45034 Dakar-Fann
direction@senharmattan.com

L'Harmattan Cameroun
Tsinga/Derrière polyclinique FECAFOOT
BP 11486 Yaoundé
Jacques.koukam@harmattan.fr

L'Harmattan Burkina Faso
Villa 281, secteur 23 623, rue 14.32
Ouagadougou
zagbie@outlook.fr

L'Harmattan Guinée
Almamya, rue KA 028 OKB Agency
BP 3470 Conakry
harmattanguinee@yahoo.fr

L'Harmattan RDC
185, avenue Nyangwe
Commune de Lingwala - Kinshasa
matangilamusadila@yahoo.fr

L'Harmattan Congo
219, avenue Nelson Mandela
BP 2874 Brazzaville
deunovmikhael@gmail.com

L'Harmattan Mali
Immeuble Mgr Jean Marie Cissé
Aci Hamadallaye
BP 145 Bamako
syllaka@yahoo.fr

L'Harmattan Togo
Djidjole - Maison Amela
face EPP BATOME
02 BP 20680 Lomé
didieramela11@gmail.com

L'Harmattan Côte d'Ivoire
Résidence Karl - Cité des Arts
Abidjan-Cocody
03 BP 1588 Abidjan
harmattan.ivoire@gmail.com

L'Harmattan Bénin
Rue 604, (Immeuble à l'entrée
de la rue UCAO- Cite de Saint-Jean)
Cotonou
stepcorpus@gmail.com

Nos librairies en France

Librairie internationale
16, rue des Écoles
75005 Paris
librairie.internationale@harmattan.fr
01 40 46 79 11
www.librairieharmattan.com

Librairie des savoirs
21, rue des Écoles
75005 Paris
librairie.sh@harmattan.fr
01 46 34 13 71
www.librairieharmattansh.com

www.ingramcontent.com/pod-product-compliance
Lightning Source LLC
LaVergne TN
LVHW021147061026
849535LV00002B/384